Nord-Norrland
Seiten 266–279

Gotland
Seiten 162–173

Süd-Norrland
Seiten 250–265

Stockholm
Seiten 50–123

Ost-Svealand
Seiten 128–143

VIS-À-VIS

SCHWEDEN

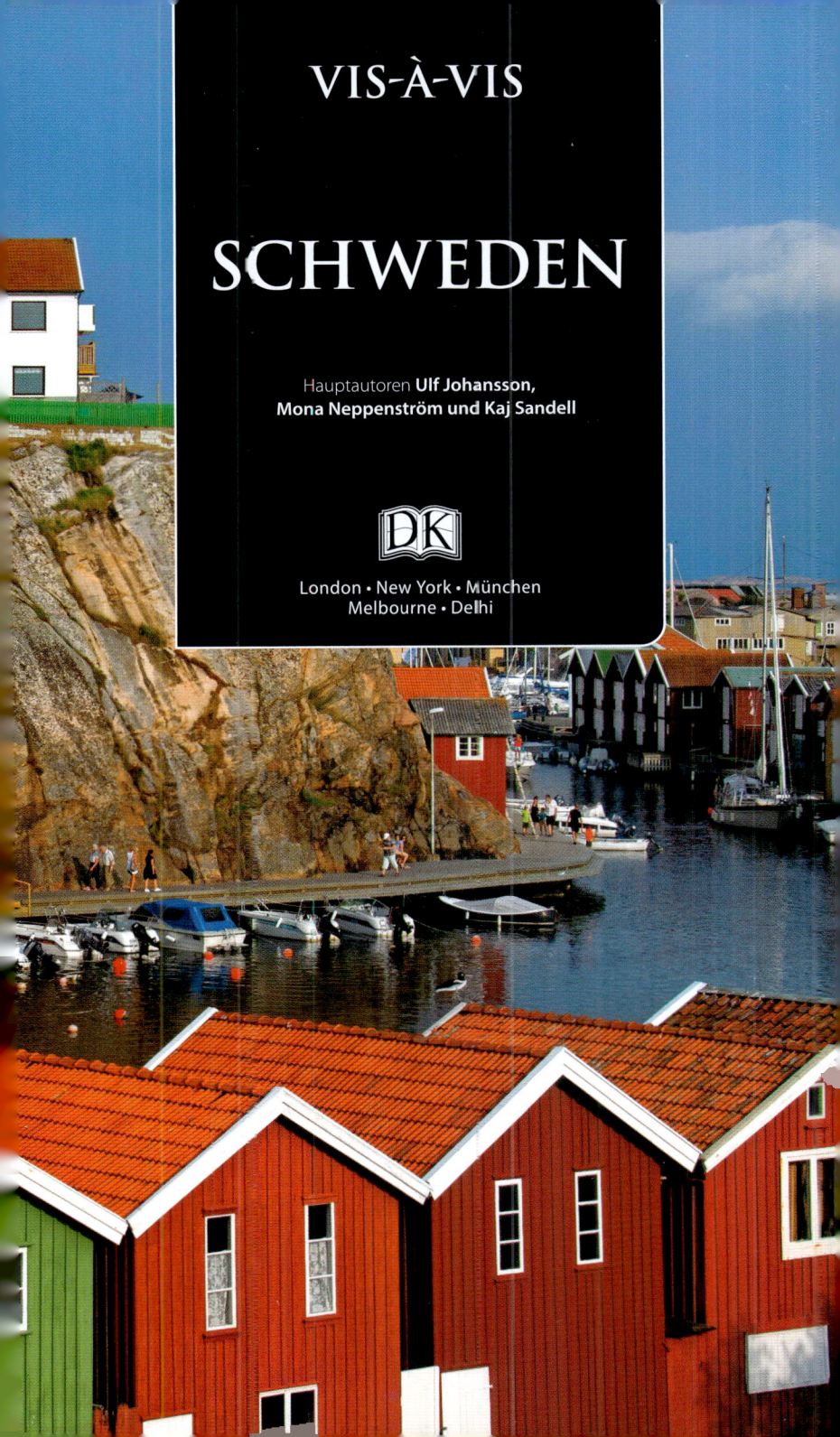

www.dorlingkindersley.de

Produktion
Streiffert Förlag AB, Stockholm
Chefredaktion Bo Streiffert
Redaktion Guy Engström

Texte
Ulf Johansson, Mona Neppenström, Kaj Sandell

Fotografien Peter Hanneberg, Erik Svensson, Jeppe Wikström

Kartografie Stig Söderlind

Illustrationen Stephen Conlin, Gary Cross, Urban Frank, Claire Littlejohn, Jan Rojmar, John Woodcock

Redaktion und Gestaltung
Streiffert Förlag AB, Stockholm: Bo Streiffert, Guy Engström, Ebba Mörner
Dorling Kindersley Ltd., London: Douglas Amrine, Jane Ewart, Anna Streiffert, Christine Stroyan, Casper Morris, Jason Little, Linda Dare

© 2005, 2015 Dorling Kindersley Ltd., London
Titel der englischen Originalausgabe:
Eyewitness Travel Guide *Sweden*
Zuerst erschienen 2005 in Großbritannien
bei Dorling Kindersley Ltd., London
A Penguin Random House Company

Für die deutsche Ausgabe:
© 2005, 2015 Dorling Kindersley Verlag GmbH, München
Ein Unternehmen der Penguin Random House Group

Aktualisierte Neuauflage 2015/2016

Alle Rechte vorbehalten. Reproduktionen, Speicherung in Datenverarbeitungsanlagen, Wiedergabe auf elektronischen, fotomechanischen oder ähnlichen Wegen, Funk und Vortrag – auch auszugsweise – nur mit schriftlicher Genehmigung des Copyright-Inhabers.

Programmleitung Dr. Jörg Theilacker, DK Verlag
Projektleitung Stefanie Franz, DK Verlag
Projektassistenz Antonia Knittel, DK Verlag
Übersetzung Linde Wiesner, Pullach; Barbara Rusch, München
Redaktion Dr. Gabriele Rupp, München
Schlussredaktion Susi Traub-Schweiger, München
Umschlaggestaltung Ute Berretz, München
Satz und Produktion DK Verlag, München
Druck RR Donnelley Asia Printing Solutions Ltd., China

ISBN 978-3-7342-0020-5
7 8 9 10 17 16 15 14

Dieser Reiseführer wird regelmäßig aktualisiert. Angaben wie Telefonnummern, Öffnungszeiten, Adressen, Preise und Fahrpläne können sich jedoch ändern. Der Verlag kann für fehlerhafte oder veraltete Angaben nicht haftbar gemacht werden. Für Hinweise, Verbesserungsvorschläge und Korrekturen ist der Verlag dankbar. Bitte richten Sie Ihr Schreiben an:

Dorling Kindersley Verlag GmbH
Redaktion Reiseführer
Arnulfstraße 124 • 80636 München
travel@dk-germany.de

◄ ◄ Skogavik-Naturreservat auf Bullerö im Stockholm-Archipel *(siehe S. 116f)*
◄ ◄ Umschlag: Segelboot und rotes Holzhaus an der schwedischen Küste

Wollgrasblüte in den Bergen von Sylarna

Inhalt

Schweden stellt sich vor

Schweden entdecken **10**

Schweden auf der Karte **18**

Ein Porträt Schwedens **20**

Das Jahr in Schweden **32**

Die Geschichte Schwedens **36**

Stockholm

Stockholm im Überblick **52**

Gamla Stan **54**

City **68**

Krone Eriks XIV., Schatzkammer Königliches Schloss, Stockholm

West-Götaland **210**

West-Svealand **232**

Süd-Norrland **250**

Nord-Norrland **266**

Preiselbeeren sind in Schweden sehr beliebt

Rast beim Wintersport auf dem Åreskutan *(siehe S. 263)*

Blasieholmen und Skeppsholmen **78**

Abstecher **88**

Stadtplan **118**

Zu Gast in Schweden

Hotels **282**

Restaurants **290**

Shopping **302**

Unterhaltung **308**

Sport und Aktivurlaub **312**

Grund-informationen

Praktische Hinweise **318**

Reiseinformationen **326**

Textregister **334**

Danksagung und Bildnachweis **349**

Sprachführer **351**

Öffentliche Verkehrsmittel Stockholm
Hintere Umschlaginnenseiten

Innenhof des Läckö Slott, Västergötland *(siehe S. 224)*

Die Regionen Schwedens

Schweden im Überblick **126**

Ost-Svealand **128**

Ost-Götaland **144**

Gotland **162**

Süd-Götaland **174**

Göteborg **194**

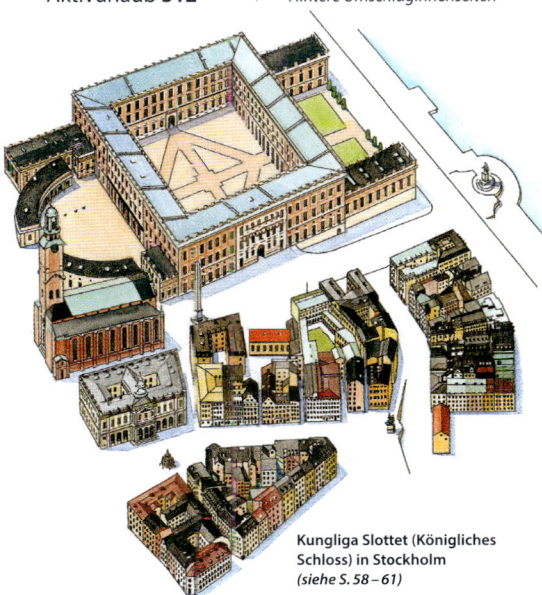

Kungliga Slottet (Königliches Schloss) in Stockholm *(siehe S. 58–61)*

Benutzerhinweise

Dieser Reiseführer macht aus Ihrem Schweden-Besuch ein besonderes Erlebnis. Er enthält sowohl profunde Empfehlungen wie detaillierte praktische Informationen. Das Einleitungskapitel *Schweden stellt sich vor* erläutert die geografische Lage sowie den historischen und kulturellen Hintergrund. In den zehn Regionalkapiteln, darunter auch *Stockholm*, werden mittels Karten, Fotos und Illustrationen die Hauptsehenswürdigkeiten vorgestellt. Der Abschnitt *Zu Gast in Schweden* enthält Informationen über Hotels, Restaurants, Shopping und Unterhaltung. Die *Grundinformationen* bieten Tipps für Ihre Reiseplanung sowie für Ihren Aufenthalt.

Orientierung in Stockholm

Das Zentrum Stockholms und die angrenzenden Regionen sind in vier Bereiche unterteilt. Bei jedem Kapitel findet sich auf der ersten Seite eine Zusammenstellung der Sehenswürdigkeiten. Diese sind mit Nummern versehen, die mit denen auf der *Stadtteil-* und *Detailkarte* identisch sind. Die Beschreibung der Sehenswürdigkeiten folgt dieser Nummerierung.

Alle Seiten zu Stockholm haben eine rote Farbcodierung.

Sehenswürdigkeiten auf einen Blick listet die Sehenswürdigkeiten eines Stadtteils auf.

Die Orientierungskarte zeigt, wo sich der besprochene Stadtteil befindet.

1 Stadtteilkarte
Zum leichteren Wiederfinden sind die Sehenswürdigkeiten nummeriert. Die Sehenswürdigkeiten im Zentrum finden sich auch im *Stockholm-Stadtplan* auf den Seiten 118–123.

Die Routenempfehlung
führt durch die interessantesten Straßen eines Stadtteils.

Sterne verweisen auf ein Highlight, das man nicht verpassen sollte.

2 Detailkarte
Auf dieser Karte ist der wichtigste Teil des Viertels aus der Vogelperspektive zu sehen. Eine rot gestrichelte Routenempfehlung führt Sie zu den Attraktionen.

3 Detaillierte Informationen
Die Sehenswürdigkeiten in Stockholm werden detaillierter beschrieben. Praktische Informationen wie Öffnungszeiten und Telefonnummern ergänzen die Beschreibungen.

BENUTZERHINWEISE | 7

Die Regionen Schwedens

Neben Stockholm ist Schweden in neun Regionen unterteilt mit jeweils eigenem Kapitel. Die interessantesten Städte und Reiseziele sind auf der jeweiligen *Regionalkarte* mit Nummern versehen.

1 Einführung
Hier werden Landschaft, Geschichte und Charakter jeder Region beschrieben. Die Einführung gibt einen kurzen Abriss zur Entwicklung des Gebiets und wie es sich heute präsentiert.

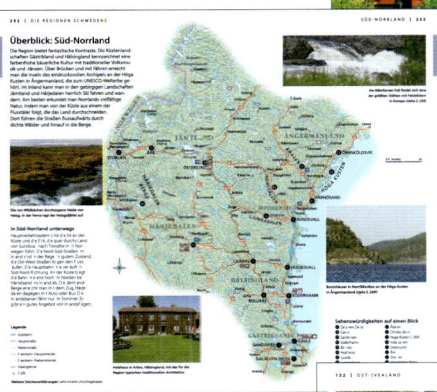

Jede Region Schwedens kann anhand der Farbcodierung *(siehe vordere Umschlaginnenseiten)* leicht gefunden werden.

2 Regionalkarte
Diese Karte zeigt das Straßennetz und gibt eine Übersicht über die gesamte Region. Die Nummern der Sehenswürdigkeiten stehen auf der Karte. Hier finden Sie auch Tipps für die Erkundung des Gebiets per Auto, Bus und Zug.

3 Detaillierte Informationen
Die Reihenfolge der Orte und Reiseziele entspricht ihrer Nummerierung auf der *Regionalkarte*. Bei interessanten Städten oder Orten finden Sie jeweils detaillierte Informationen zu den einzelnen Sehenswürdigkeiten.

Die Infobox auf den Doppelseiten der Highlights enthält zahlreiche praktische Informationen für die Planung eines Besuchs.

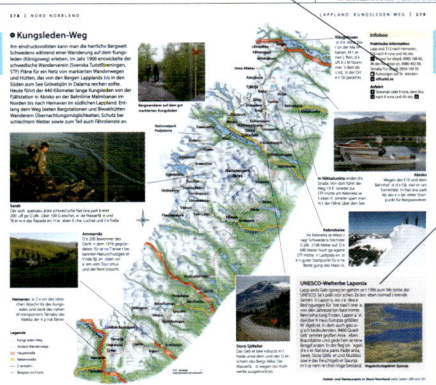

Textkästen versorgen Sie mit interessanten Hintergrundinformationen.

4 Hauptsehenswürdigkeiten
Highlights werden auf zwei oder mehr Seiten beschrieben. Historische Gebäude sind im Aufriss abgebildet. Interessante Orte und Stadtzentren werden zur besseren Orientierung in 3-D-Perspektive dargestellt, Touren auf detaillierteren Karten.

SCHWEDEN STELLT SICH VOR

Schweden entdecken	10–17
Schweden auf der Karte	18–19
Ein Porträt Schwedens	20–31
Das Jahr in Schweden	32–35
Die Geschichte Schwedens	36–49

Schweden entdecken

Die folgenden Touren wurden entlang von einigen der schönsten Sehenswürdigkeiten zusammengestellt. In einem Land von der Größe Schwedens sind einige Langstreckenfahrten unvermeidlich, um entlegenere Orte wie etwa Lappland zu erreichen. Die Touren sind jedoch so zusammengestellt, dass die Entfernungen ohne Weiteres machbar sind. Zu Beginn werden drei zweitägige Städtetouren durch Stockholm, Göteborg und Malmö vorgestellt. Man kann sie allein absolvieren oder mit zusätzlichen Reisevorschlägen zu einer sieben- bis zehntägigen Tour kombinieren. Danach folgen zwei siebentägige Touren: entlang der Westküste und durch Südschweden. Zum Schluss wird eine 14-tägige Tour durch ganz Schweden vorgestellt.

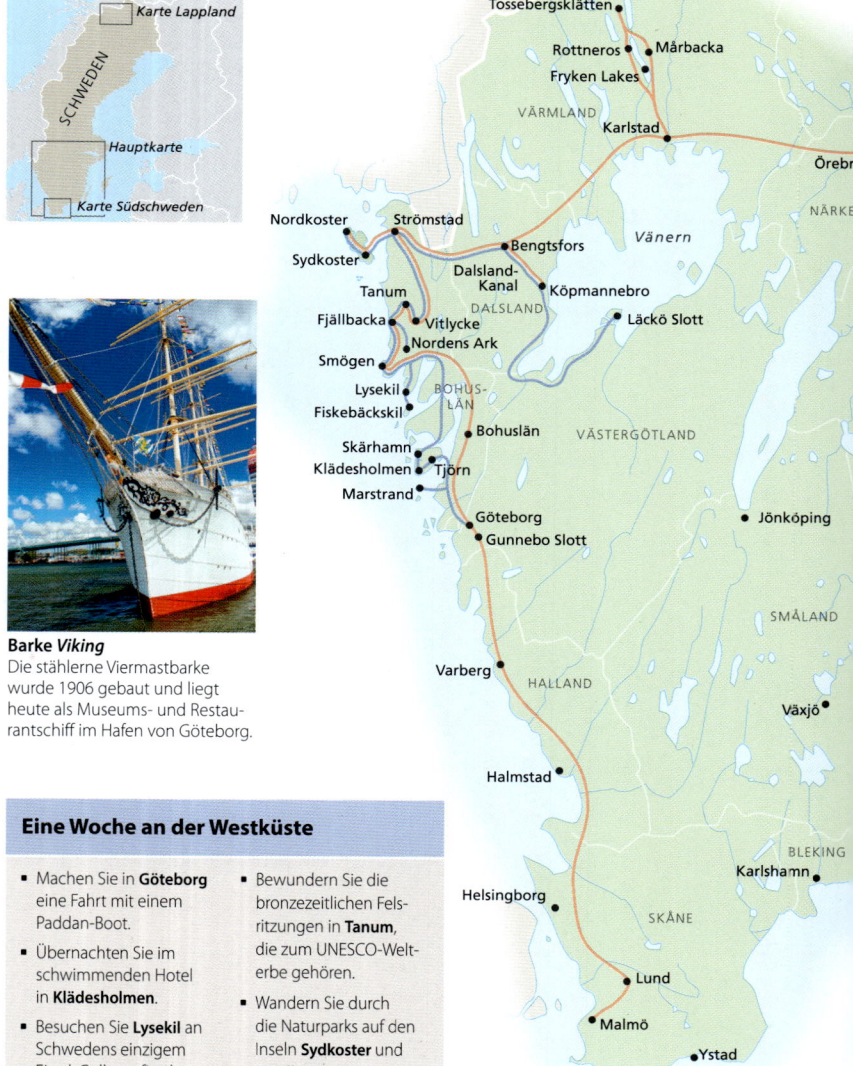

Barke *Viking*
Die stählerne Viermastbarke wurde 1906 gebaut und liegt heute als Museums- und Restaurantschiff im Hafen von Göteborg.

Eine Woche an der Westküste

- Machen Sie in **Göteborg** eine Fahrt mit einem Paddan-Boot.
- Übernachten Sie im schwimmenden Hotel in **Klädesholmen**.
- Besuchen Sie **Lysekil** an Schwedens einzigem Fjord, Gullmarsfjorden.
- Bewundern Sie die bronzezeitlichen Felsritzungen in **Tanum**, die zum UNESCO-Welterbe gehören.
- Wandern Sie durch die Naturparks auf den Inseln **Sydkoster** und **Nordkoster**.

Zwei Wochen in Schweden

- Besuchen Sie das Badehaus im maurischen Stil in **Varberg**, einem berühmten Seebad.
- Fahren Sie an Mittsommer zu Europas nördlichstem Skiort **Riksgränsen**.
- Besuchen Sie die schönen Seen in der ländlichen Provinz **Värmland**.
- Bewundern Sie die beeindruckenden Türme von **Örebro Slott**.
- Spazieren Sie durch die Gassen von Stockholms **Gamla Stan**.
- Entdecken Sie das Kriegsschiff *Vasa* (17. Jh.) im **Vasamuseet**.
- Verbringen Sie eine Nacht im **Icehotel** in Lappland (im Winter).
- Entdecken Sie die samische Kultur und Rentierherden in **Jukkasjärvi**.
- Erkunden Sie an der Westküste die Fischerdörfer von **Bohuslän**.

Legende
— Tour durch Schweden
— Tour Westküste
— Tour Südschweden

Örebro Slott
Das Schloss auf einer Insel in Svartån ist eines der Highlights von Örebro.

Eine Woche in Südschweden

- Bewundern Sie in **Malmös** Stadtteil Västra Hamnen den »Turning Torso«.
- Besuchen Sie das ehemalige Benediktinerkloster **Bosjökloster**.
- Spazieren Sie durch den **Nationalpark Söderåsen**.
- Machen Sie eine Bootstour in **Kristianstad**, besuchen Sie das Feuchtbiotop und das Ökomuseum Vattenriket.
- Bewundern Sie das Steinschiff **Ales Stenar** aus der Wikinger-Zeit.

Zwei Tage in Stockholm

Schwedens Hauptstadt liegt auf 14 Inseln und wartet mit vielen Sehenswürdigkeiten auf, darunter die mittelalterliche Altstadt (Gamla Stan) und das beeindruckende maritime Museum Vasamuseet.

- **Anreise** Arlanda, Stockholms Hauptflughafen, liegt 37 km nördlich der Stadt. Der Arlanda Express fährt vom Hauptbahnhof nonstop zum Flughafen. Es gibt noch drei kleinere Flughäfen.
- **Weiterreise** Die Fahrt mit dem Schnellzug von Stockholm nach Göteborg dauert etwa drei Stunden. Man kann auch ein Auto mieten oder einen Inlandsflug nehmen.

Erster Tag
Vormittags In ein paar Tagen können Sie die Hauptsehenswürdigkeiten besuchen. Verbringen Sie den Morgen in der **Gamla Stan** (S. 54 – 67). Sehen Sie sich einige der 608 Zimmer des **Kunglina Slottet** (S. 58 – 61) an und besuchen Sie Schwedens ältestes Museum **Livrustkammaren** (S. 62). Sehen Sie sich mittags die Wachablösung im Schlosshof an. In **Gamla Stan** gibt es viele Lokale – perfekt für die Mittagspause.

Nachmittags Spazieren Sie über den **Stortorget-Platz** (S. 64), vorbei an der eindrucksvollen, 700 Jahre alten spätgotischen Kathedrale **Storkyrkan** (S. 63), bevor Sie die königliche Begräbniskirche **Riddarholmskyrkan** (S. 66) betreten. Überqueren Sie danach den Riddarfjärden und gehen Sie zum **Stadshuset** (S. 106f), in dem das Nobelpreis-Dinner stattfindet. Beenden Sie den Tag mit einem Drink im **Grand Hôtel** (S. 83) und genießen Sie den schönen Blick auf die Stadt.

Zweiter Tag
Vormittags Nehmen Sich sich Zeit für den Besuch des **Vasamuseet** (S. 96f) auf der Halbinsel Djurgården. In dem populärsten Museum der Stadt ist die *Vasa* ausgestellt, das einzige verbliebene Schiff aus dem 17. Jahrhundert, das 1628 im Stockholmer Hafen sank.

Nachmittags Spazieren Sie durch das Freiluftmuseum **Skansen** (S. 98), ebenfalls auf Djurgården, entdecken Sie historische Gebäude aus ganz Schweden und lokale Folklore. Fahren Sie mit einer Fähre nach Nybroplan und entspannen Sie in der Bar des **Berns** (S. 85), einer Institution in Stockholm.

> **Tipp zur Verlängerung**
> Machen Sie einen Tagestrip nach **Schloss Drottningholm** (S. 112 –115) und zum Wikingerort **Birka** (S. 136f), erkunden Sie am nächsten Tag den **Stockholm-Archipel** (S. 116f) mit dem Boot.

Die prächtige Freskodecke in Stockholms barockem Kungliga Slottet

Zwei Tage in Göteborg

Göteborg, nach Stockholm Schwedens zweitgrößte Stadt, bietet eine interessante Mischung aus Kanälen im dänischen Stil, schönen Gärten und exzellenten Shopping-Möglichkeiten.

- **Anreise** Landvetter, Göteborgs Hauptflughafen, liegt 20 km südöstlich der Stadt. Vom Hauptbahn-/Busbahnhof verkehrt ein Flughafenbus. Der kleinere Flughafen Göteborg City wird von einigen Billigfliegern angesteuert.
- **Weiterreise** Die Zugfahrt von Göteborg nach Malmö dauert etwas mehr als drei Stunden. Man kann auch einen Mietwagen nehmen.

Erster Tag
Vormittags Beginnen Sie den Tag im **Trädgårdsföreningen** (S. 202), einem Park, in dem Sie die Flora von fünf Kontinenten bewundern können, darunter 1900 Rosenarten. Machen Sie eine **Paddan-Bootstour** (S. 209)

Nachmittags Gehen Sie nach dem Mittagessen die **Kungsportsavenyn**, Göteborgs Hauptboulevard, entlang und sehen Sie sich auf dem Weg zum **Götaplatsen** (S. 204f), dem kulturellem Zentrum, das **Stora Teatern** an. Bewundern Sie die Sammlung nordischer Kunst im **Konstmuseum** (S. 204f) oder

Kinder haben ihren Spaß im Freilichtmuseum Skansen

Weitere Informationen zu den Verkehrsmitteln innerhalb Schwedens *siehe Seiten 328 – 331*

STÄDTETOUREN | 13

Die Burganlage Malmöhus ist von einem Wassergraben umgeben

besuchen Sie eine Ausstellung in der nahen **Konsthallen** (S. 205). Weiter geht es zum Vergnügungspark **Liseberg** (S. 204), der mit der größten Achterbahn Nordeuropas aufwartet. In dem Park gibt es auch viele Essens- und Unterhaltungsmöglichkeiten.

Zweiter Tag
Vormittags Machen Sie am Morgen einen Shopping-Ausflug ins **Nordstan** (S. 303), die größte Mall Skandinaviens. Wer kleine Läden vorzieht, besucht die Designerboutiquen nahe dem **Kronhuset** (S. 201) und die Kunsthandwerksläden in den **Kronhusbodarna** (Kronhus-Häuserzeilen) (S. 201). Besuchen Sie mittags den Fischmarkt, **Feskekörka** (S. 205), und essen Sie köstlichen Fisch.

Nachmittags Besuchen Sie den friedvollen **Slottsskogen** (S. 208). In dem Park stehen einige interessante alte Häuschen, im Frühjahr sollte man unbedingt das Azaleen-Tal ansehen. Im Park liegt auch Göteborgs ältestes Museum, das **Naturhistoriska Museet** (S. 208), mit mehr als zehn Millionen Exponaten.

> **Tipp zur Verlängerung**
> Fahren Sie mit dem Boot zur **Nya Älvsborgs Fästning** (S. 209), einer Festung an der Mündung des Göta Älv.

Zwei Tage in Malmö

Malmö, Schwedens drittgrößte und ethnisch durchmischteste Stadt, liegt direkt am Öresund gegenüber von Kopenhagen und ist sehr lebendig und kosmopolitisch.

- **Anreise** Vom Flughafen Sturup im Osten sind es 28 km nach Malmö; Flughafenbusse fahren 30 Mal am Tag ins Zentrum. Malmö erreicht man auch von Kopenhagens Flughafen Kastrup, der eine halbe Zugstunde entfernt liegt.

Erster Tag
Vormittags Gehen Sie in das von Kanälen umschlossene historische Zentrum. Der Hauptplatz, **Stortorget** (S. 182), ist von schönen Gebäuden umgeben. Beachten Sie die eindrucksvollen Fassaden von **Rådhuset** (S. 182) und **Jörgen Kocks Hus** (S. 182) aus dem 16. Jahrhundert sowie von **Residenset** (S. 182). Besuchen Sie die Kathedrale **St. Petri Kyrka** (S. 182) und bewundern Sie den Renaissance-Altar, bevor Sie am **Lilla Torg** (S. 184), einem der schönsten Plätze der Stadt, einen Kaffee trinken.

Nachmittags Verbringen Sie den Nachmittag in einem der führenden europäischen Museen für moderne Kunst, dem **Moderna Museet** (S. 182) in einem alten Kraftwerk.

Zweiter Tag
Vormittags Spazieren Sie entlang malerischer Kanäle durch die schönen Parks **Slottsparken** (S. 184) und **Kungsparken**. Machen Sie halt beim **Malmöhus** (S. 184). Das riesige Gebäude aus dem 15. Jahrhundert, das von einem tiefen Graben umgeben ist, ist das älteste Renaissanceschloss in Skandinavien und birgt heute das **Malmö Museum** (S. 184). Besuchen Sie unbedingt den Turm (18. Jh.) mit Originalkanonen.

Nachmittags Nicht weit vom Malmöhus entfernt steht das frühere Waffenlager **Kommendantshuset** (S. 184), in dem heute Ausstellungen zeitgenössischer Kunst stattfinden. Gehen Sie weiter zum Stadtviertel **Västra Hamnen** (S. 184f), das in den letzten Jahren modernisiert wurde. Das Viertel liegt direkt am Meer, wo sich früher das westliche Hafengebiet befand. Hier steht auch der **Turning Torso** (S. 185), der 2005 eingeweiht wurde. In dem Gebäude befinden sich in erster Linie Wohnungen, deshalb ist es für die Öffentlichkeit nicht zugänglich, aber man kann es von außen bewundern. Lassen Sie den Nachmittag in einer der Bars an der Uferpromenade ausklingen.

> **Tipp zur Verlängerung**
> Bewundern Sie im malerischen **Ystad** (S. 186) die mittelalterliche Architektur.

Der »Turning Torso« in Malmö ist abends bunt illuminiert

Eine Woche an der Westküste

- **An-/Abreise** Ankunft und Abreise von Göteborgs Flughafen Landvetter.
- **Weiterreise** Die Westküste bereist man am besten mit dem Auto, obwohl viele Küstenorte auch mit Zug oder Bus zu erreichen sind. Es gibt regelmäßig Fähren vom Festland zu vielen der Inseln, auch nach Syd- und Nordkoster. Die Zugfahrt von Göteborg nach Strömstad dauert drei Stunden.
- **Vorab buchen** Tag 2: Schwimmendes Hotel Salt & Sill; Tag 5: Nordens Ark. Tipp zur Verlängerung: Gunnebo Slott, Bootsfahrt auf dem Dalsland-Kanal.

Erster Tag: Göteborg
Wählen Sie einen Tag aus der Stadttour auf Seite 12f aus.

> **Tipp zur Verlängerung**
> Machen Sie einen Tagestrip zum neoklassizistischen **Gunnebo Slott** (S. 229) mit seinem wunderschönen Park.

Zweiter Tag: Von Göteborg nach Klädesholmen
Erkunden Sie am Morgen weiter Göteborg, spazieren Sie durch das alte Arbeiterviertel **Haga** (S. 205), heute eines der hippsten Viertel. Sehen Sie sich die alten Holzhäuser an, in denen sich Kunsthandwerk- und Designläden befinden, und entspannen Sie danach in einem der schönen Cafés.

Fahren Sie danach nach **Marstrand** (S. 220f) – mit dem Auto sind es 45 Minuten, mit dem Bus eine Stunde – und sehen Sie sich Carlstens Fästning an, eine Festung (17. Jh.), die im 18. Jahrhundert als Gefängnis diente. Bei einer geführten Tour bekommen Sie einen Einblick in das Leben hinter den Mauern. Verbringen Sie die Nacht in Schwedens erstem schwimmendem Hotel, dem Salt & Sill, bei **Klädesholmen** auf der Insel **Tjörn** (S. 220).

Dritter Tag: Von Skärhamn nach Lysekil
Beginnen Sie den Tag in **Skärhamn** (S. 220), der größten Stadt auf **Tjörn**. Bekannt ist die lebendige Gemeinde in schöner Lage für das Nordiska Akvarellmuseet (Nordisches Aquarellmuseum), das in einem Gebäude liegt, das ins Wasser ragt. Sehen Sie sich eine der Ausstellungen an, bevor Sie zum nahe gelegenen Pilane Gravfält gehen, einer Begräbnisstelle aus der Eisenzeit mit eindrucksvollen Steinkreisen und stehenden Steinblöcken an der Nordwestseite von Tjörn. Fahren Sie auf der Küstenstraße gen Norden nach **Lysekil** (S. 218). Die Stadt, die am **Gullmarsfjorden**, Schwedens einzigem echtem Fjord, liegt, ist ein entzückendes Seebad. Spazieren Sie durch die 200 Jahre alte Gammelstan und bewundern Sie die Häuser aus dem 19. Jahrhundert.

Vierter Tag: Von Lysekil nach Fjällbacka
Nehmen Sie die Fähre nach **Fiskebäckskil** (S. 219). Die alte Seefahrergemeinde entstand im späten 19. Jahrhundert, ist Heimat hübscher Holzhäuser und hat viel Lokalkolorit. Spazieren Sie am Morgen durch das Dorf und kehren Sie danach mit der Fähre nach Lysekil zurück. Fahren Sie weiter nach **Smögen** (S. 217), einem der Hauptumschlagplätze der schwedischen Fischindustrie, und genießen Sie Fischspezialitäten. Fahren Sie am Nachmittag weiter nach **Fjällbacka** (S. 216f). Übernachten Sie hier die nächsten zwei Nächte.

Kajakfahren rund um Fjällbacka

Fünfter Tag: Fjällbacka und Nordens Ark
Der frühere Fischereihafen **Fjällbacka** hat trotz des zunehmenden Tourismus seinen Seefahrercharme behalten. Die Holzhäuser sind in hellen Pastellfarben gestrichen, am Hafen gibt es viele Restaurants und Bars. Machen Sie eine Kajaktour oder besuchen Sie mit der Fähre einige der entlegeneren Inseln. Sehen Sie sich dann den nahen Naturpark **Nordens Ark** (S. 217), Heimat einiger vom Aussterben bedrohter Arten, an. Im Sommer werden auf dem drei Kilometer langen Weg Führungen angeboten.

Sechster Tag: Tanum und Vitlycke
Besuchen Sie Tanum (S. 216), das wegen seiner bronzezeitlichen Felsritzungen zum UNESCO-Welterbe zählt. Im **Vitlycke Museum** (S. 216), das über eine interessante bronzezeitliche Sammlung verfügt, kann man das größte Felsbild (200 m²) bewundern. Weitere Zeichnungen gibt es bei Fossum, Tegneby und Asberget.

Panoramablick auf Marstrand, ein elegantes Seebad

Weitere Informationen zu den Verkehrsmitteln innerhalb Schwedens siehe Seiten 328–331

Siebter Tag: Koster-Inseln

Nehmen Sie morgens eine Fähre von Strömstad (S. 215) und besuchen Sie Schwedens westlichste bewohnte Inseln, **Sydkoster** und **Nordkoster** (S. 215), die Teil eines Naturschutzgebiets sind. Sydkoster erkundet man am besten mit dem Rad, Nordkoster zu Fuß. Beide Inseln sind für ihre Pflanzenvielfalt bekannt.

> **Tipp zur Verlängerung**
> Machen Sie eine Bootsfahrt auf dem **Dalsland-Kanal** (S. 214) zum Vänern oder besuchen Sie **Läckö Slott** (S. 224) an der Seesüdseite.

Schöne mittelalterliche Kirche in der Küstenstadt Åhus

Eine Woche in Südschweden

- **An-/Abreise** Ankunft und Abreise von Malmös Flughafen Sturup.
- **Weiterreise** Südschweden bereist man am besten mit dem Auto, obwohl viele Orte auch mit Zug oder Bus zu erreichen sind.
- **Vorab buchen**
  Tag 3: Steinzeitdorf Höör
  Tag 4: Nationalpark Söderåsen;
  Tag 5: Biotop Vattenriket.

Erster Tag: Malmö
Wählen Sie einen Tag aus der Stadttour auf Seite 13 aus.

Zweiter Tag: Lund
Beginnen Sie Ihr Sightseeing in **Lund** (S. 181) mit der Domkyrka. Die Kathedrale (12. Jh.) verfügt über eine schöne astronomische Uhr (14. Jh.). Gehen Sie weiter zum Campus, auf dem einige der ältesten Universitätsgebäude des Landes stehen. Besuchen Sie als Nächstes das Freiluftmuseum Kulturen mit Bauernkaten und Stadthäusern. Sehen Sie sich danach das Historiska Museet mit seiner großen archäologischen Sammlung an.

Dritter Tag: Bosjökloster, Höör und Frostavallen
Beginnen Sie den Tag in **Bosjökloster** (S. 180) am See Ringsjön. Das Gebäudeensemble war früher ein Benediktinerkloster, das 1080 gegründet wurde. Heute ist es Skånes populärstes Schloss mit Gärten, Restaurant, Café und Bootsverleih. In **Höör** (S. 180) gibt es ein Steinzeitdorf, in dem Besucher in das vorzeitliche Leben eintauchen können. Fahren Sie weiter Richtung **Frostavallen** (S. 180), eine der schönsten Gegenden Skånes, mieten Sie sich ein Kanu oder schwimmen Sie im Vaxsjön. Es gibt auch Wanderwege, weitere Freizeitmöglichkeiten und viele Übernachtungsoptionen.

Vierter Tag: Nationalpark Söderåsen und Kristianstad
Besuchen Sie den **Nationalpark Söderåsen** (S. 179), der viele unterschiedliche Landschaftsformen bietet. Bei einer Führung bekommt man einen guten Überblick. Am Nachmittag sollten Sie in **Kristianstad** (S. 190) ankommen und sich die Hauptsehenswürdigkeit, die Renaissancekirche Heliga Trefaldighetskyrkan, ansehen.

Altes Fachwerkhaus in einer kleinen idyllischen Gasse in Ystad

Fünfter Tag: Kristianstad und Åhus
Kristianstads Feuchtgebiet **Vattenriket** (S. 190) kann man bei einer geführten Flusstour erkunden. Fahren Sie danach nach **Åhus** (S. 190), einem schönen, von Stränden umgebenen Küstenort. Folgen Sie der Küstenstraße nach Süden und lassen Sie die schöne Landschaft von **Österlen** (S. 187) im Südosten an sich vorbeiziehen.

Sechster Tag: Ystad mit Ales Stenar und Marsvinsholm Slott
Beginnen Sie den Tag in **Ystad** (S. 186) mit seinen mittelalterlichen Gebäuden, von denen einige ins 11. Jahrhundert zurückreichen. Besuchen Sie am Nachmittag **Ales Stenar** (S. 186), ein Megalithmonument in Form eines Schiffs, bevor Sie sich **Marsvinsholms Slott** (S. 186) ansehen, ein Schloss aus dem 14. Jahrhundert mit wunderschönem Park.

Siebter Tag: Östarp, Övedskloster und Malmö
Besuchen Sie **Östarp** (S. 180f), ein Freilichtmuseum mit nettem Gasthaus. Sehen Sie sich **Övedskloster** (S. 180) an, ein ehemaliges Kloster, das heute ein Rokokoschloss mit schönem Park ist. Kehren Sie nachmittags nach Malmö zurück.

> **Tipp zur Verlängerung**
> Entspannen Sie in **Skanör** und **Falsterbo** (S. 181). Besuchen Sie **Helsingborg** (S. 178f), **Schloss Sofiero** (S. 179) und **Bjärehalvön** (S. 178) an Skånes Westküste.

Zwei Wochen in Schweden

- **An-/Abreise** Ankunft an Malmös Flughafen Sturup, Abreise vom Fluhafen Kiruna via Stockholm.
- **Weiterreise** Aufgrund von Schwedens Größe bereist man das Land am besten mit dem Auto, vor allem, um entlegenere Regionen zu erreichen. Züge und Busse verbinden kleinere Städte mit den Zentren, Fähren verkehren an der Westküste, im Stockholm-Archipel und auf einigen der größeren Seen. Nach Lappland kommt man mit einem Inlandsflug nach Kiruna oder mit dem Nachtzug von Stockholm.
- **Vorab buchen** Tag 3: Besuch Gunnebo Slott; Tag 7: Fahrt auf dem Dalsland-Kanal; Tag 8: Besuch von Mårbacka und Rottenros; Tag 9: Gripsholms Slott; Tage 11–12: Nachtzug oder Inlandsflug; Tage 12–14: Kungsleden-Weg.

Die neoklassizistische Südfassade von Gunnebo Slott

Erster Tag: Malmö
Wählen Sie einen Tag aus der Stadttour auf Seite 13 aus.

Zweiter Tag: Lund
Entdecken Sie das mittelalterliche **Lund** (S. 181). Die frühere dänische Hauptstadt ist heute eine lebendige Universitätsstadt. Besuchen Sie das Freilichtmuseum Kulturen im mittelalterlichen Zentrum mit alten Katen und Stadthäusern. Die Universität, Schwedens zweitgrößte, wartet mit einigen der ältesten Universitätsgebäuden des Landes auf. Sehen Sie sich die Kathedrale Lund Domkyrka an mit einem schönen gotischen Altarbild und einer astronomischen Uhr.

Dritter Tag: Südliche Küstenstraße von Lund nach Göteborg
Folgen Sie der südlichen Küstenstraße nördlich von Lund und machen Sie halt in dem Seebad **Varberg** (S. 230). Besuchen Sie das Badehaus im maurischen Stil und die eindrucksvolle Festung Varbergs Fästning. Fahren Sie weiter zu **Gunnebo Slott** (S. 229), einem wunderbaren Herrenhaus im neoklassizistischen Stil außerhalb von Göteborg. Sehen Sie sich Gebäude, Park und Gärten an, bevor Sie den Tag in Göteborg beschließen.

Vierter Tag: Göteborg
Wählen Sie einen Tag aus der Stadttour auf Seite 12f aus.

Fünfter Tag: Nördliche Küstenstraße von Göteborg nach Strömstad
Fahren Sie weiter auf der nördlichen Küstenstraße durch **Bohuslän** (S. 215–221), eine der malerischsten schwedischen Provinzen mit vielen Fischerdörfern und Badeorten. Passieren Sie zwei der größten Inseln, Tjörn (S. 220) und Orust (S. 220), und legen Sie in **Smögen** (S. 217) eine Pause ein. Spazieren Sie auf dem Holzsteg und genießen Sie den Fang des Tages – die Garnelen sind fantastisch. Fahren Sie weiter gen Norden nach **Fjällbacka** (S. 216f), einem weiteren hübschen Küstenort. Bewundern Sie die schönen Holzhäuser und schlendern Sie durch die kleinen Gassen. Fahren Sie kurz landeinwärts nach **Tanum** (S. 216) und betrachten Sie die bronzezeitlichen Felszeichnungen in **Vitlycke**, die zum UNESCO-Welterbe zählen (S. 216). Beenden Sie den Tag in **Strömstad** (S. 215), dem nördlichsten Ort an der schwedischen Westküste.

Carl Milles' Statue von *Poseidon* auf dem Götaplatsen, Göteborg

Sechster Tag: Koster-Inseln
Verbringen Sie einen ruhigen Tag auf **Sydkoster und Nordkoster** (S. 215). Die zwei Inseln, die einfach von Strömstad aus zu erreichen sind, bilden ein Naturschutzgebiet, das für

Efeubewachsenes Gebäude auf dem Campus der Universität Lund

Weitere Informationen zu den Verkehrsmitteln innerhalb Schwedens *siehe Seiten 328–331*

seine Pflanzenvielfalt berühmt ist. Außerdem sind sie Teil von Schwedens erstem Meeresnationalpark **Kosterhavet** (S. 215). Erkunden Sie am Morgen die größere Insel Sydkoster mit dem Rad und nehmen Sie dann die Fähre zur ruhigeren Nordkoster. Kehren Sie am späten Nachmittag nach Strömstad zurück.

Siebter Tag: Dalsland-Kanal

Fahren Sie nach Bengtsfors und beginnen Sie den Tag mit einem Spaziergang durch das Freilichtmuseum Gammelgården, bevor Sie an einer **Dalsland-Kanaltour** (S. 214) teilnehmen. Auf der fünfeinhalbstündigen Bootsfahrt von Bengtsfors nach Köpmannebro auf dem See **Vänern** sieht man beeindruckende Landschaft, Felszeichnungen und das spektakuläre Håverud-Aquädukt. Mit Bus oder Zug geht es zurück nach Bengtsfors. Fahren Sie dann nach **Karlstad** (S. 238) und lassen Sie dort den Tag ausklingen.

Achter Tag: Värmland

Übernachten Sie zweimal in Karlstad. Machen Sie einen Tagesausflug in die Provinz Värmland, Heimat vieler Künstler und Schriftsteller. Fahren Sie nach Norden zu den **Fryken-Seen** (S. 236), drei eindrucksvollen Seen im Herzen von Värmland. An der Ostseite der Seen liegt **Mårbacka** (S. 236), das Familienanwesen von Selma Lagerlöf, der ersten Frau, die den Literatur-Nobelpreis gewann. Nehmen Sie an einer Führung

Auf Gripsholms Slott befindet sich die Staatliche Porträtgalerie

durch das schöne Haus und die Gärten teil. Fahren Sie gen Norden, überqueren Sie die Seen bei Sunne, um nach **Tossebergsklätten** (S. 236) zu kommen, einem Hügel beim nördlichsten See, Övre Fryken, und genießen Sie von hier die Aussicht über die Gegend. Fahren Sie an der Westseite der Seen südlich nach **Rottneros** (S. 236), ein weiteres schönes Anwesen mit einem einzigartigen Skulpturenpark. Kehren Sie am Abend nach Karlstad zurück.

Neunter Tag: Örebro und Gripsholms Slott

Örebro (S. 242f) am Fluss Svartån nahe dem See Hjälmaren hat einige interessante Sehenswürdigkeiten, darunter eine Festung aus dem 13. Jahrhundert, Örebro Slott. Sehen Sie sich den nordwestlichen Turm an (freier Eintritt) und bewundern Sie das neugotische Rathaus und die St. Nicolai Kyrka. Verbringen Sie den Nachmittag auf Gripsholms Slott (S. 138f), einem wunderschönen Schloss, das vom See Mälaren umgeben ist. In dem Schloss sind die Nationale Porträtgalerie und einige sehr schöne Möbelstücke untergebracht.

Zehnter und elfter Tag: Stockholm

Siehe S. 12.

Zwölfter bis 14. Tag: Lappland

In Lappland, Schwedens entlegenstem Teil, haben Besucher die Möglichkeit, ganz in die Natur einzutauchen.

Kommen Sie im Winter hierher, verbringen Sie eine Nacht im **Icehotel** in **Jukkasjärvi** (S. 276), probieren Sie die arktische Küche, lernen Sie die samische Kultur kennen, bewundern Sie das Nordlicht und machen Sie eine Ausfahrt mit dem Hundeschlitten. Fahren Sie danach zu einem der drei Skiorte **Björkliden**, **Abisko** oder **Riksgränsen** (S. 279) zum Ski- oder Langlaufen.

Verbringen Sie im Sommer ein paar Tage mit Wanderungen in der fantastischen Landschaft. Fahren Sie von **Kiruna** (S. 276), dem Hauptort im nördlichen Lappland, nach **Abisko**, Teil des **Kungsleden-Wegs** (S. 278f), und folgen Sie dem Wanderweg durch den Nationalpark Abisko nach Abiskojaure. Alternativ können Sie mit dem Zug nach **Riksgränsen** fahren, wo man bis Mittsommer Ski fahren kann.

Öffnen einer der 19 Schleusen am Dalsland-Kanal

Schweden auf der Karte

Das Königreich Schweden (Konungariket Sverige) ist mit ca. 450 000 Quadratkilometer Fläche das drittgrößte Land Westeuropas. Der südlichste Punkt, Smygehuk, liegt ungefähr auf demselben Breitengrad wie Edinburgh in Schottland. Die nördlichste Spitze, Treriksröset, befindet sich 300 Kilometer nördlich des Nördlichen Polarkreises. Große Teile des Landes sind dank des warmen Golfstroms bewohnbar. Von Süden nach Norden misst Schweden 1572 Kilometer (Luftlinie) – von Smygehuk nach Rom ist es etwa genauso weit. Schweden grenzt im Westen an Norwegen, im Osten an Finnland. Das Kattegat, eine Meerenge, trennt das Land von Dänemark im Südwesten. Schweden hat 9,4 Millionen Einwohner.

Legende
- Autobahn
- Hauptstraße
- Nebenstraße
- Eisenbahn
- Fährlinie
- Staatsgrenze

Weitere Zeichenerklärungen *siehe hintere Umschlagklappe*

Ein Porträt Schwedens

Schweden lieben die Natur und verbringen viel Zeit im Freien – nicht zuletzt, weil ihr Land einige der ursprünglichsten Gegenden ganz Europas aufzuweisen hat. Ihren Reichtum verdankt die Nation den natürlichen Ressourcen, dem Einfallsreichtum ihrer Ingenieure sowie der Expansionslust ihrer Kaufleute. Schweden hat ein reiches Literatur- und Volkskunsterbe, seine Bewohner schätzen Frieden und Demokratie.

Kaum eine europäische Nation bietet so vielfältige Landschaften wie Schweden. Das Land erstreckt sich von weit nördlich des Polarkreises 1572 Kilometer nach Süden und besitzt somit eine Länge, die halb Europa entspricht.

Der hohe Norden ist das Land der Mitternachtssonne. Im Hochsommer bleibt es immer hell, im Winter regiert jedoch die Dunkelheit. Hier leben die Samen (Lappen) mit ihren Rentierherden. Weiter südlich sind Norrlands Wälder und Feuchtgebiete die Heimat von Elchen und Vögeln. Ganz im Süden bieten die Ebenen von Skåne und das Gebiet um die großen Seen ideale Bedingungen für den Ackerbau. Die grünen Inseln des Stockholm-Archipels im Osten des Landes stehen in starkem Kontrast zur schroffen Felsenküste im Westen.

Von Eis geformtes Land

In der Bergkette zwischen Schweden und Norwegen ragen mehrere über 2000 Meter hohe Gipfel empor. Der Gebirgszug entstand, als sich das Eis, welches das Land bis vor 10 000 Jahren bedeckte, zurückzog. Noch immer findet man im Norden Schwedens Gletscher aus jener Zeit.

Klima

Schweden besitzt trotz der nördlichen Lage ein recht mildes Klima. Zwischen Nord- und Südschweden können die Temperaturen im Frühjahr und im Herbst um bis zu 20 °C differieren. Der Kälterekord in Nordschweden liegt bei minus 53 °C, in Ultuna bei Uppsala wurde mit 38 °C die höchste Sommertemperatur gemessen.

Start des Wasalaufs (Vasaloppet; siehe S. 249), an dem jährlich mehr als 16 000 Langläufer teilnehmen

◀ Ein Ritter bei der Gotland-Mittelalter-Woche in Visby *(siehe S. 33)*

EIN PORTRÄT SCHWEDENS

Mit der Firmengründung bereitete L. M. Ericsson 1876 Schwedens Weg in die Industrialisierung

Der Süden Schwedens erlebt bisweilen milde Winter, heftige Schneefälle sind jedoch eher die Norm. Am meisten Schnee verzeichnete Gävle: Dort fielen am 4./5. Dezember 1998 150 Zentimeter.

Platz für alle

Schweden hat eine Fläche von rund 450 000 Quadratkilometern und lediglich 9,4 Millionen Einwohner. In kaum bewohnten Gebieten liegen die Ortschaften weit auseinander.

Mit dem Eisenbahnbau Ende des 19. Jahrhunderts begann Schweden damit, seine Naturschätze zu nutzen. Man betrieb Forstwirtschaft und Kupferabbau, an den Flüssen entstanden Wasserkraftwerke. Große Firmen wurden gegründet, z. B. Ericsson, Volvo und Scania, deren Produkte noch heute weltweit vertrieben werden. Die Industrialisierung hatte eine massive Bevölkerungsverschiebung zur Folge: Heute leben 85 Prozent der Schweden in Städten, in der Landwirtschaft sind nur zwei Prozent tätig.

Nach dem Zweiten Weltkrieg führte der Bedarf an Arbeitskräften zu einer Einwanderungswelle. Noch mehr Immigranten kamen Ende des 20. Jahrhunderts.

Regierung und Politik

Schweden ist eine parlamentarische Monarchie. Der König als Staatsoberhaupt hat keine politische Macht, gilt aber als Repräsentant Schwedens. Carl XVI. Gustaf ist der Nachfahre Jean-Baptiste Bernadottes, eines Marschalls Napoléons. Diesen hatte der letzte Wasa-König, der kinderlose Karl XIII., als Thronerben bestimmt. 1818 wurde der Franzose als Karl XIV. Johan zum König Schwedens und Norwegens gekrönt. 1973 bestieg Carl XVI. Gustaf den Thron. Er heiratete 1976 die Deutsche Silvia Sommerlath. Auch wenn man anfangs nicht erfreut war, dass der König eine Bürgerliche erwählt hatte, gewann Silvia bald die Herzen der Schweden. Ihre älteste Tochter, Kronprinzessin Victoria, ist die Thronerbin. Ihr folgt ihre Tochter Estelle.

Das schwedische Parlament, der Riksdag (Reichstag), hat 349 Mitglieder. Wahlen finden alle vier Jahre statt.

Seit dem Zweiten Weltkrieg ist die Verteilung von nichtsozialistischen und sozialistischen Parteien im Reichstag ausgewogen. Mit wenigen Unterbrechungen regierten meist die Sozialdemokraten, allein oder mit kleineren Parteien. Die Steuern sind auf Rekordniveau, doch die meisten Schweden glauben, dass ihr Geld sinnvoll ausgegeben wird. Der dramatische Anstieg der Sozialkosten führte jedoch in den 1990er Jahren zu Einschnitten im Gesundheits- und Bildungswesen.

Staatswappen

Der Umweltschutz ist ein wichtiges Thema. Die Liebe der Schweden zur Natur spiegelt sich im »Allemansrätten« (»Jedermannsrecht«) wider, das jedem freien Zugang zu Wäldern und Wiesen gewährt. Pilze und Beeren dürfen überall gesammelt werden, ohne dass man den Landbesitzer fragen muss. Der Kampf gegen Umweltverschmutzung hat viele Anhänger. 2010 wurde Stockholm von der Europäischen Kommission zur ersten Grünen Hauptstadt Europas gewählt.

Sprachen und Dialekte

Neben Schwedisch hört man Finnisch, Tornedalsfinska (Dialekt der Finnen im Torne-Tal), Samisch (20 000 Einwohner) und Romani (10 000 Einwohner). Die meisten Schweden sind mehrsprachig. Englisch ist die meistverbreitete Fremdsprache.

POLITIK UND KULTUR | 23

Die Schwedinnen freuen sich nach einem Tor gegen die USA bei der Fußball-Weltmeisterschaft 2011

Kultur

Neben zahlreichen spezialisierten Museen in den Städten finden sich über 1000 ländliche Museen, die sich der Regionalgeschichte und -kultur widmen. Kunst und Kunsthandwerk gibt es in zahllosen Galerien und Läden.

Die Schweden sind große Musikfans: Viele spielen in Kapellen, noch mehr singen in Chören. Volksmusik und -tanz erfreuen sich von Ende Juni (Mittsommer) bis Ende August großer Beliebtheit.

Auch in der internationalen Filmgeschichte füllt Schweden mehr als nur ein Kapitel – dank der früheren und heutigen Leinwandstars wie Greta Garbo, Ingrid Bergman, Max von Sydow und Stellan Skarsgård sowie des Regisseurs Ingmar Bergman (der übrigens nicht mit Ingrid Bergman verwandt war).

In den geschützten Buchten finden Schwedens Segler ideale Bedingungen

Eine Nation von Sportlern

Die Schweden bewegen sich gern an der frischen Luft. Dank des klaren, unverschmutzten Wassers an den vielen Seen ist Angeln ein beliebtes Hobby. Die lange Küste, die Archipele sowie die zahlreichen Seen und Wasserstraßen machen Schweden zu einer Nation von Seglern. Beliebt sind neben Wintersportarten wie Skifahren, Bandy und Eishockey auch Fußball, Handball, Tennis, Tischtennis und Golf. In Disziplinen wie Schwimmen, Leichtathletik, Boxen, Wasser- und Motorsport mischen Schweden bei internationalen Wettkämpfen oft vorn mit.

Schweden auf der Weltbühne

Die Neutralität, die Schweden während der beiden Weltkriege bewahrte, ist nach wie vor festes Prinzip. Schweden trat nicht der NATO bei und richtete das Augenmerk auf die eigene Verteidigung und die damit verbundene Industrie. Seit 1995 ist Schweden in der EU. Die Einstellung dazu ist jedoch gespalten: Im Volksentscheid über die Einführung des Euro im Jahr 2003 stimmten 56,1 Prozent der Bürger mit Nein und damit für die Beibehaltung der Krone.

Schweden unterstützt mit viel Engagement die Arbeit der UN. Dag Hammarskjöld war 1953–61 UN-Generalsekretär. An Friedensmissionen auf der ganzen Welt sind regelmäßig schwedische Truppen beteiligt.

Flora und Fauna

Schweden besitzt eine unglaublich vielfältige Landschaft. Das ebene Ackerland von Skåne im Süden geht Richtung Norden in Wälder und Seengebiete, zerklüftete Berge, rauschende Flüsse und offenes Sumpfland über und schließlich in die arktische Tundra. Pflanzen und Tiere sowohl aus Kontinentaleuropa als auch aus der Arktis leben in diesem Land. In den weiten, ursprünglichen Gebieten abseits der Zivilisation findet man gefährdete Arten wie Bären und Wölfe, Schlangen und Eulen. Auch die Küste bietet vielen Tieren ideale Bedingungen. Die Meeresfauna ist einzigartig, weil Nordseefische in die salzärmere Ostsee ziehen und sich mit Arten mischen, die man sonst nur im Süßwasser findet.

Wölfe sind vom Aussterben bedroht. Obwohl Tiere aus den Nachbarländern einwandern, gibt es in Schweden nur noch etwa 300 Exemplare.

Küste und Inseln
Glatte Felsen und Sandstrände prägen die Westküste, vor der im Meer Salzwasserfische wie Kabeljau und Schellfisch leben. Sogar Süßwasserfische wie Hechte und Renken tummeln sich vor der nördlichen Ostküste. Auf den Kalksteininseln Öland und Gotland sieht man Orchideenwiesen.

Fruchtbarer Süden
Die Ebenen von Skåne mit ihren Getreidefeldern, den Weiden als Windschutz und Fachwerkhäusern mit Storchennestern auf den Dächern sind der Inbegriff Schwedens. Aber genauso typisch sind Smålands steinige Weideflächen, Wacholderhänge und rote Hütten sowie Mälardalens Wiesen.

Robben wurden durch Jagd, Krankheiten und Umweltverschmutzung dezimiert. Heute vermehren sich Kegelrobbe, Ringelrobbe und Seehund *(links)* wieder, weil sie unter Naturschutz gestellt wurden.

Rehe waren Anfang des 19. Jahrhunderts fast ausgestorben. Heute sind sie in Süd- und Mittelschweden wieder so zahlreich, dass die Futtersuche sie zuweilen in Privatgärten führt.

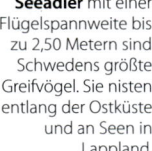

Seeadler mit einer Flügelspannweite bis zu 2,50 Metern sind Schwedens größte Greifvögel. Sie nisten entlang der Ostküste und an Seen in Lappland.

Igel sind durch rund 5000 Stacheln geschützt, bei Gefahr rollen sie sich zum Ball zusammen. Gegen Autoreifen richtet das wenig aus – der niedliche Zaungast wird immer seltener.

FLORA UND FAUNA | 25

Schwedens Flora

Angesichts Schwedens ungewöhnlich vielfältiger Pflanzenwelt scheint es geradezu logisch, dass der Vater der Botanik, Carl von Linné *(siehe S. 134)*, hier zur Welt kam. Es gibt allein 2000 Blumenarten. Nach einem langen, kalten Winter explodiert die Natur, z. B. auf Ölands Orchideenwiesen. Schweden lieben Wildblumen, bunte Blumengirlanden schmücken auf Mittsommerfesten die Maibäume.

Buschwindröschen-Teppiche in den Wäldern künden vom Frühling.

Die Rote Seerose sieht man nur in ein paar Seen im Nationalpark Tiveden.

Orchideen wachsen vor allem in sumpfigen Bergregionen. Manche werden bis zu einem Meter hoch, alle stehen unter Naturschutz.

Wälder

Mehr als die Hälfte Schwedens ist von Wald bedeckt, mit Laubbäumen im Süden und mit Nadelbäumen wie Kiefern und Fichten im Norden. Hier findet man Preisel- und Blaubeeren sowie Pfifferlinge. Dies ist auch die Heimat von Elchen, Bibern und Waldvögeln wie Auerhahn und Birkhuhn

Hoher Norden

Die Nähe zur Arktis prägt die Berge und Sumpfgebiete im Norden Schwedens. Im späten Frühjahr, wenn die Wildblumen blühen, kommen Zugvögel wie Höckerschwäne und Zwerggänse. Wölfe, Bären und Luchse sind in den Nationalparks dieser Region zu Hause.

Der Elch ist das Großwild des Waldes. In der Jagdsaison werden jährlich an die 100 000 Tiere erlegt. Trotz zahlreicher Warnschilder werden viele bei Autounfällen getötet.

Rentiere werden von den Samen in Nordschweden als Nutztiere gehalten. Im Winter ziehen die Herden zum Grasen weiter in den Süden.

Der Braunbär, Schwedens größtes Raubtier, wiegt bis zu 300 Kilogramm. Er wirkt behäbig, kann aber sehr flink sein. Wenn man ihn stört, ist er gefährlich.

Bergschneehühner leben oberhalb der Baumgrenze. Bergwanderer sehen sie häufig, da sie nicht scheu sind. Sie wechseln bis zu viermal im Jahr ihr Gefieder.

Schwedens Holzhäuser

Ein typisches Merkmal Schwedens sind die rot-weiß bemalten Holzhäuser. Ursprünglich galten Holzbauten nicht eben als schön, man strich sie rot oder gelb an, um ihnen den Anschein von Ziegel- bzw. Steingebäuden zu geben. Von der schlichten Hütte bis zur majestätischen Villa – die meisten Häuser werden aus dem Holz gebaut, das aus Schwedens Wäldern stammt. Holz dominiert in den herrlichen Herrenhäusern Hälsinglands und in den wunderbaren Kaufmannsresidenzen im Stockholm-Archipel. Noch heute ersinnen Architekten immer wieder neue Arten, Holz einzusetzen.

Glockenturm
Viele Kirchen aus dem 18. Jahrhundert haben hölzerne Glockentürme: Delsbos Kirchturm mit Zwiebelkuppel wurde 1742 gebaut.

Hütte in Härjedalen
Die einfache Holzhütte im Bergland von Ruändan hat ein Grasdach – diese Bautradition ist mehrere Jahrhunderte alt.

Ineinandergreifende Pfosten
verbinden Außen- und Innenwand. Die Fassade ist oft mit Schindeln verkleidet.

Skogaholm-Herrenhaus
Das karolinische Holzgebäude aus den 1680er Jahren in Närke war ursprünglich rot bemalt. In den 1790er Jahren bekam es größere Fenster und wurde gelb verputzt. Heute steht es im Freilichtmuseum Skansen *(siehe S. 98)*.

Die Fassade ist mit Kiefernschindeln verkleidet und – um das Holz zu schützen – mit Kupfer-Vitriolfarbe in »Falu-Rot« gestrichen.

Hälsinglands Herrenhäuser
Aus den Erträgen des lukrativen Holzgeschäfts bauten sich Hälsinglands Waldbesitzer im 19. Jahrhundert selbst extravagante Häuser. Die Größe des Hauses und die Pracht des bemalten Portikus zeigten Reichtum und Status des Besitzers. Innen waren viele Bauten mit Wandmalereien verziert.

Swedenborgs Pavillon
Das Miniatur-Herrenhaus des Philosophen Emanuel Swedenborg (1688–1772) steht im Freilichtmuseum Skansen *(siehe S. 98)*.

Societetshuset
Schöne Holzgebäude wie dieses Clubhaus für wohlhabende Besucher der Küstenstadt Marstrand *(siehe S. 220)* waren Ende des 19. Jahrhunderts typisch für die Seebäder der Westküste.

SCHWEDENS HOLZHÄUSER | 27

Moderne Holzarchitektur
Das Nordische Aquarellmuseum in Skärhamn *(siehe S. 220)* an der Westküste wurde 2000 eröffnet. Die dänischen Architekten Bruun und Corfitsen verkleideten den Stahl-Beton-Bau mit vertikalen roten Holztafeln – Tradition trifft auf Moderne.

Hölzerner Leuchtturm
Der Holz-Leuchtturm in Böran (1840) diente auch als Lotsenstation. Er markierte die Schifffahrtsroute nach Gävle. Heute ist das Gebäude ein Museum.

Zweistöckige Häuser sind typisch für Hälsingland. Einige haben ein Dachgeschoss mit kleinen Fenstern.

Kaufmannshaus im Archipel
Im späten 19. Jahrhundert verbrachte Stockholms obere Mittelklasse die Sommer im Archipel, wo sie sich prächtige Holzvillen mit Veranden, Sommerhäuschen, Badehütten und Bootshäuser bauen ließ.

Das Fundament besteht aus Pflastersteinen.

Portikus und Haustür
sind besonders reich verziert und bemalt. Weitere Details sind gedrehte Pfeiler, kunstvolle Schnitzereien und elegante Dächer. Das Design variierte von Gemeinde zu Gemeinde.

Fischerhäuser in Kungshamn
In Fischerdörfern auf den felsigen Inseln von Bohuslän, wo Baugrund rar ist, drängen sich Schindelhäuser in Pastelltönen um die Häfen.

Holzdekorationen
Veranden, Eingänge und Giebel von kostspieligeren Häusern aus der Zeit um 1900 wurden mit Laubsägearbeiten – »Freude des Zimmermanns« genannt – reich verziert.

Traditionen und Bräuche

Globalisierung und der fortschreitende Verlust an regionaler Identität haben seit Ende des 20. Jahrhunderts Schwedens Traditionen und Lebensstil beeinflusst. Die Etikette wurde weniger streng, heute sind die Schweden in Sachen Kleidung und Umgangsformen viel legerer. Gleichzeitig stieg das Interesse an den Wurzeln der Nation, an Tradition und Geschichte. Die Schweden lieben ihre kleinen Hütten, die Natur, die ersten Erdbeeren und den Brauch, an Mittsommer Hering zu essen.

Ein Samenpaar in traditioneller Tracht

Feste und Feiertage

Die Höhepunkte im Jahr mit der Familie zu feiern, das ist heute wieder wichtig – in den 1960er und 1970er Jahren standen die Schweden solchen Traditionen eher kritisch gegenüber.

Viele Traditionen haben vorchristliche Wurzeln, meist hängen sie mit dem Kommen und Gehen der Jahreszeiten zusammen und sind willkommener Anlass für Festmahle und Spiele. Am wichtigsten ist Mittsommer, das Fest zur Sommersonnwende. Man spielt und tanzt um den Maibaum – während der kurzen Nacht sieht man die Sonne unter- und wenige Stunden darauf wieder aufgehen. Wer lieber Süßigkeiten geht, pflückt sieben verschiedene Blumen und legt sie unters Kopfkissen. Im Traum sieht man dann den künftigen Partner. In der Walpurgisnacht am 30. April wird der letzte Wintertag mit Freudenfeuern, Liedern und Ansprachen vertrieben. Die Lucia-Feiern im Dezember sind ein vorchristlich-christlicher Mix, ein Lichterfest zum Beginn der Finsternis. Im Mittelpunkt steht die christliche Märtyrerin als Symbol der Hoffnung auf Licht. Jede Schule, jede Behörde und jede Kirche hat eine Lucia: ein weiß gewandetes Mädchen mit rotem Band um die Taille (Symbol ihres Bluts) und einer Kerzenkrone auf dem Kopf *(siehe S. 35)*.

Auch Ostern hat Elemente alten Volksglaubens. Am Gründonnerstag fliegen Hexen nach Blåkulla *(siehe S. 158)*, um mit dem Teufel zu tanzen. Heute verkleiden sich Kinder und tauschen ihre selbst gemachten Osterkarten gegen Süßigkeiten.

In der Vorweihnachtszeit gehen die Schweden auf Partys und trinken zu *lussebullar* (Safrangebäck) viel *glögg* (Glühwein mit Cognac oder Wodka) und *pepparkakor* (Ingwergebäck).

Kleidung und Umgangsformen

Wer eine Tracht im Schrank hat, führt sie zu Volkstänzen, Mittsommer-, Hochzeits- und anderen Festen aus. Neben der regionalen gibt es auch eine Nationaltracht. Die Samen haben ihre eigenen kunstvollen Gewänder.

Für Hochzeiten kleidet man sich so, wie es in der Einladung verlangt wird (Anzug, weiße oder schwarze Krawatte), im Alltag trägt man, vor allem im Sommer, legere Kleidung.

Zwar sind die Schweden inzwischen um einiges lockerer, sie legen aber nach wie vor viel Wert auf gute Manieren. Das zeigt sich beim »skål«. Der Mann prostet zuerst seiner Tischnachbarin zu, dann der Gastgeberin. Wenn man die Gläser erhebt, schaut man sich in die Augen und sagt »skål«, nach dem Trinken wird wieder Augenkontakt hergestellt. Wenn der Toast die ganze Runde betrifft, schaut jeder jedem in die Augen, ehe man trinkt.

Obwohl man in Schweden auf die Etikette achtet, hält man sich mit Kleinigkeiten – Türen aufhalten, sich fürs Anrempeln entschuldigen o. Ä. – nicht groß auf. Man redet sich generell von Anfang an mit Vornamen an, auch im Geschäftsleben.

Sänger und Musiker

Mehr als eine halbe Million Schweden singt in einem Chor, die Freude am Singen

Beim Mittsommerfest tanzen die Schweden um den Maibaum

drückt sich etwa in Partyliedern und einem riesigen Repertoire an Trinkgesängen aus. Zu runden Geburtstagen gibt's schon mal ein eigenes Liederbuch, Freunde des Jubilars stimmen einen eigens komponierten und getexteten Song an. Jeder Schwede kennt zudem die Lieder des Troubadours Carl Bellman (1740–1795) und die Balladen von Evert Taube *(siehe S. 66)*.

Volksmusik hört man in Clubs und auf speziellen Festivals, die sich Instrumenten wie dem Akkordeon widmen. Historische Umzüge und Spiele werden ebenso immer beliebter.

Ritterturnier bei der Mittelalter-Woche in Visby

Nahe an der Natur

Die Liebe der Schweden zur Natur ist tief verwurzelt. Viele Menschen fühlen eine – oft unbewusste – Affinität zum Wald, zu den Bergen oder zum Meer. Volkssagen und Mythen haben mit der Natur zu tun und sind voller Zauberwesen. Die Trolle etwa leben im Wald, Gleiches gilt für die Skogsrå bzw. Huldra (Sirene), eine schöne junge Frau, die Männer tief in den Forst lockt. Dort dreht sie sich um – und alles, was die heillos verirrten Herren sehen, ist ein hohler Baum. Frauen, die sich im Wald zu weit vorwagen, hören eventuell einen lieblichen Ton – das ist Näcken, ein hübscher männlicher Nackedei der in Bächen seine Fiedel spielt. Die Frauen tun gut daran, ihm nicht zu folgen. Riesen und Zwerge leben in den Bergen, Elfen tanzen auf Wiesen und in Sümpfen. Manche Figuren haben moderne Gestalt angenommen: Der Tomte etwa, traditionell ein finsterer, grauer kleiner Mann, der Vieh und Scheunen bewacht, wurde zu einem netten Mann, der an Weihnachten Geschenke verteilt. Auf dem Land jedoch stellt man ihm einen Teller Leckereien vor die Tür – sicher ist sicher!

Jahreszeiten sind sehr bedeutsam, alle sehnen sich nach den Sommermonaten. Der Frühling ist eine langwierige Angelegenheit – die Blüte jeder einzelnen Blume wird heiß ersehnt und kommentiert. Die Zeitangabe »zwischen Vogelkirsche und Flieder« bedeutet Ende Mai.

Man kann sich frei in der Natur bewegen – dank des schwedischen »Jedermannsrechts« *(siehe S. 22 und 312),* das jedem den Zugang auch zu Privatländereien, ausgenommen direkt an Häusern, gewährt. Die Schweden machen davon rege Gebrauch, ob zum Wandern, zum Zelten, zum Pilze- oder Beerensammeln.

Ein Haus auf dem Land

Kleine rote Häuschen verheißen das Paradies. Vielleicht liegt es an Schwedens landwirtschaftlichen Wurzeln und den kurzen Sommern, dass Ferienhäuser auf dem Land oder auf einer Insel hier so beliebt sind.

Sobald es warm wird, wird gegärtnert. Bis weit in den Herbst hinein sitzt man abends zusammen vor dem Kamin im Landdomizil. Mehr als 20 Prozent der Schweden besitzen ein Ferienhäuschen, fast die Hälfte hat Zugang zu einem.

Kulinarisches Erbe

Alte schwedische Kochrezepte werden wiederentdeckt, die *husmanskost* (Hausmannskost) feiert ein Comeback. Nur wenige Menschen haben jedoch die Zeit, täglich selbst zu kochen, man geht deshalb auch häufig ins Restaurant, um Lieblingsgerichte wie *kalops* (langsam geschmorter Fleischeintopf), *köttbullar* (Hackfleischbällchen) und Heringsfilets zu genießen.

Erdbeer-Sahne-Kuchen

Die Schweden trinken gern und viel Kaffee. Die *fika paus* (Kaffeepause) wird auch am Arbeitsplatz streng eingehalten, und nicht nur in Städten gibt es unzählige Cafés. Zum Kaffee isst man eine der zahllosen Varianten von *bullar* (Hefegebäck), Kuchen, Torten und Keksen. Selbst gemachter Biskuitkuchen mit Schlagsahne und Erdbeeren ist im Sommer der Favorit, insbesondere an Geburtstagen.

Das Gemälde zeigt bekannte mythische Waldbewohner

Schwedisches Design

Schwedisches Design fand erstmals 1925 bei der Weltausstellung in Paris internationale Beachtung. Besonders die Glaswaren eroberten die Welt im Sturm, es war die Rede von »schwedischer Anmut«. Das Design ist charakterisiert durch Einfachheit und Funktionalität, gepaart mit der Vorliebe für natürliche Materialien. Schwedische Designer und Architekten sind bekannt für das Gestalten einfacher, attraktiver, benutzerfreundlicher Gebrauchsgegenstände. Seit den 1990er Jahren findet Schwedens Design erneut weltweit Anerkennung.

Steingut von Hans Hedberg
Schwedisches Steingut, Mitte des 20. Jahrhunderts gefertigt, findet weltweit Beachtung und ist begehrtes Sammlerobjekt.

Armlehnstuhl (1969) von Bruno Mathsson
Bruno Mathsson ist einer der berühmtesten schwedischen Möbeldesigner und Begründer der sogenannten schwedischen Moderne. Die erste Version des Armlehnstuhls entwarf er bereits 1942.

Helles Holz
und einfache Formen werden vor allem mit dem schwedischen Stil assoziiert.

Webteppiche
sind in Schweden Tradition. Neu belebt wurde diese Technik von Karin Larsson, die nun als Textildesignerin arbeitet.

Kommode (1952) von Josef Frank
Josef Frank wurde in Österreich geboren, arbeitete aber in Schweden. Am bekanntesten wurde er mit seinen Textildrucken für die Firma Svenskt Tenn *(siehe S. 306)*, doch auch als Möbeldesigner machte er sich einen Namen.

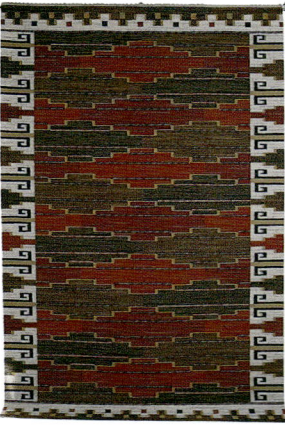

Teppich (1931) von Märta Måås-Fjetterström
Seit 1919 schuf Måås-Fjetterström in Südschweden viel beachtete Teppiche. Ihre Arbeit war inspiriert von Brauchtum und Natur. Sie schuf ein neues Designkonzept, das zugleich tief in der Tradition verwurzelt war.

SCHWEDISCHES DESIGN | 31

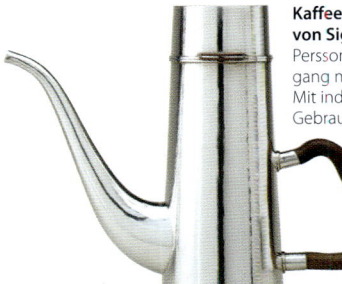

Kaffeekanne (1953) von Sigurd Persson
Perssons Fähigkeit im Umgang mit Metall ist unerreicht. Mit industriell gefertigten Gebrauchsgegenständen und künstlerischen Arbeiten schrieb er Designgeschichte.

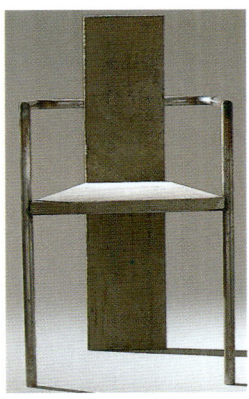

Stuhl Concrete (1981) von Jonas Bohlin
Der Stuhl, eine Examensarbeit, wurde zum meistbeachteten Stück schwedischen Möbeldesigns in den 1980er Jahren. Er steht für eine neue Interpretation des Begriffs Möbeldesign.

Blumen und Pflanzen statt Gardinen und Vorhängen charakterisierten Larssons Vorstellung vom Wohnen.

Bücherregal (1989) von John Kandell
Die Bücher werden auf die Ablagebretter der Regalsäule gelegt statt wie üblich gestellt. Der Hersteller Källemo ist einer der unkonventionellsten schwedischen Möbelhersteller.

Gustavianische Stilelemente aus dem 18. Jahrhundert haben jahrhundertelang das schwedische Design geprägt und in den letzten Jahren ein Comeback gefeiert.

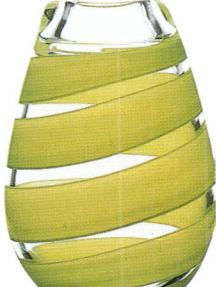

Vase (1998) von Ann Wåhlström
Wåhlström gehört zur Gruppe junger Glasgestalter von Kosta Boda. Ihre Vase *Cyklon* ist ein Beispiel zeitgenössischer Glaskunst.

Design: Museen und Läden

Asplund
Sibyllegatan 31, Stockholm. **Stadtplan** 2 E3.

Nationalmuseum
Södra Blasieholmshamnen, Stockholm. **Stadtplan** 4 D2.

Nordiska Museet
Djurgårdsvägen 6–16, Stockholm. **Stadtplan** 4 F1.

Svenskt Tenn
Strandvägen 5, Stockholm. **Stadtplan** 2 E4.

DesignTorget
Mehrere Filialen, z.B. Vallgatan 14, Göteborg.

Röhsska Museet
Vasagatan 37–39, Göteborg.

Malmö Modern
Skeppsbron 3, Malmö.

Glasläden
Mehrere Filialen, Småland *(siehe S. 156f)*.

Das Jahr in Schweden

Aufgrund der geografischen Lage gibt es in Schweden große jahreszeitliche und klimatische Unterschiede. Den Norden hat der eisige Winter bis in den Mai hinein fest im Griff, während es in Skåne zu diesem Zeitpunkt dann schon schön warm ist. Wenn aber der Frühling Einzug hält und die Tage länger werden, holt auch der Norden schnell auf. Im Sommer ist es im ganzen Land angenehm warm – dann zieht es viele Schweden raus aufs Land in ihre Sommerhäuser, wo sie in den Seen schwimmen und die Natur genießen. Die Ferienzeit von Ende Juni bis August ist auch die Tourismus-Hauptsaison. Dann ist es zwar überall etwas voller, aber den Urlaubern wird auch vielerlei geboten. Sobald im November dann wieder der erste Schnee fällt, fahren die Schweden zum Ski- oder Langlaufen in die Berge. Die Schweden lieben es zu feiern. Festivitäten wie Weihnachten, Neujahr, Ostern, Walpurgisnacht und vor allem auch Mittsommer werden im ganzen Land mit viel Enthusiasmus begangen.

Im April beginnt die Saison für das Lachsfischen in Mörrum

Frühling
Nach dem langen, dunklen Winter freut man sich auf den Frühling. In Skåne kehren im März die Zugvögel zurück. Dann blühen dort schon Blumen, während der Norden erst Mitte Mai aus dem Winterschlaf erwacht. Das Sahnegebäck *semla* wird traditionell vor der Fastenzeit verzehrt. In der Walpurgisnacht zum 1. Mai verabschiedet man mit Tanz, Fackelzügen, Chören, Feuern und Feuerwerk den Winter.

März
Wasalauf (Vasaloppet) *(1. So im März)*. Ältester (seit 1922) und mit 90 Kilometern längster Langstrecken-Skilauf von Sälen nach Mora *(siehe S. 249)*.
Internationale Bootsmesse Stockholm *(Anfang März)*. Die größte Frühjahrs-Bootsmesse findet auf Stockholms Messegelände (Stockholm International Fairs) in Älvsjö statt.
Åsele Nappet *(Ende März)*. Der Wettbewerb im Eisfischen ist der traditionelle Höhepunkt des Wintermarkts in Åsele, Lappland.
»Tanz der Kraniche«, Hornborgasjön *(März/Apr)*. Mehrere Tausend Kraniche versammeln sich in den Feldern rund um den See in Västergötland für ihr spektakuläres Paarungsritual.

April
Beginn der Lachssaison *(1. Apr)* an der Mörrumsån, Schwedens größtem »Lachsfluss« *(siehe S. 191)*.
Walpurgisnacht *(30. Apr)*. Überall in Schweden begrüßt man mit Feuern den Frühling. Studenten tragen ihre weißen Kappen und haben ihren Spaß. In der Universitätsstadt Uppsala gehören Studentenchöre, Floßparaden und andere Veranstaltungen dazu.

Mai
Maifeiertag *(1. Mai)*. Überall gibt es Arbeiterumzüge.
Linnés Geburtstag, Stenbrohult *(23. Mai)*. Der Vater der Botanik wird in seinem Heimatort in Småland geehrt.
Elite-Rennen *(letztes Wochenende im Mai)*. Traberrennen in Solvalla.
Trollhättan-Wasserfälle *(Mai, Juni, Sep: Sa; Juli, Aug: tägl.)*. Die herrlichen Wasserfälle, sonst vom Kraftwerk »gezähmt«, sprudeln ungebändigt.
Stockholm Photography Week *(Ende Mai/Anf. Juni)*. Ein Event für Profis, Amateure und Liebhaber der fotografischen Kunst. Veranstaltungsort ist das Museum für Fotografie (Fotografiska), Stadsgårdshamnen 2.

Sommer
Mit dem Ende des Schuljahrs Anfang Juni bricht der Sommer an – eingeläutet von Mittsommerfesten und Tänzen um

Walpurgisnachtfeuer *(30. Apr)* in Riddarholmen, Stockholm

DAS JAHR IN SCHWEDEN: FRÜHLING UND SOMMER | 33

Mittsommerfeier *(Juni)* im Freilichtmuseum Skansen in Stockholm

den Maibaum. Auch abends ist es jetzt oft noch warm, die Nächte sind kurz und hell – man kann rund um die Uhr feiern. Im hohen Norden geht die Sonne gar nicht mehr unter. Im Juli, dem Haupt-Urlaubsmonat, sind beliebte Orte oft überlaufen. Aber Schweden ist groß, hier findet jeder Platz. Ende August beginnt zwar die Schule wieder, doch es finden auch beliebte kulinarische Feste – mit Krebsen und eingelegten Ostseeheringen – statt.

Juni

Stockholm Marathon *(Anfang Juni)*. Gehört mit bis zu 21 500 Teilnehmern zu den zehn größten Marathonläufen der Welt.
Archipel-Bootstag, Stockholm *(Juni)*. Dampfschiffe fahren vom Strömkajen nach Vaxholm.
Nationalfeiertag *(6. Juni)*. Offizieller Feiertag seit 2005. Die Königsfamilie wohnt Feierlichkeiten im Freilichtmuseum Skansen in Stockholm bei.
Postrodden – Rennen der Postboote, Grisslehamn *(Mitte Juni)*. Ruderregatta auf der alten Postroute zu den Åland-Inseln.
»Vätternrundan« *(Mitte Juni)*. An dem Radrennen über 300 Kilometer um den Vättern-See nehmen rund 20 000 Radfahrer teil. Start und Ziel ist Motala.
Mittsommer *(vorletzter Sa im Juni)*. Großes Fest mit Tänzen um den blumengeschmückten Maibaum. Die Mittsommer-Feierlichkeiten in Dalarna, Rättvik,
Leksand und Mora sind besonders schön, mit Volksmusik und bunten Trachten.
Peace & Love Festival, Borlänge *(Ende Juni)*. Großes Kulturfestival mit jährlich wechselndem Thema.
ÅF Offshore Race *(Ende Juni/Anfang Juli)*. Große Segelregatta rund um Gotland. Startpunkt ist Stockholm, Ziel Sandhamn im Archipel von Stockholm.

Juli

Skule-Liederfestival *(1. Wochenende im Juli)*. Eines der größten Sängerfeste Schwedens am Berg Skule an der Höga Kusten.
Vansbro-Schwimmen *(Anfang Juli)*. In den Flüssen Vanån und Västerdal schwimmen bis zu 8700 Teilnehmer drei Kilometer weit. Start ist in Vansbro.
Stånga-Spiele, Gotland *(Mitte Juli)*. Veranstaltungen mit alten »gutnischen« Sportarten wie *Bakpärk* (Ballspiel), *Varpa* (ähnlich dem Diskuswerfen), *Stanggstörtningg* (Stangenstoßen) und *Gutnisk femkamp* (Gutnischer Fünfkampf).
Gammelvala Brunskog, Värmland *(Ende Juli)*. Einwöchiges Festival, das häusliche Fertigkeiten feiert. Musik, Ausstellungen, Theater und kulinarische Spezialitäten.
Storsjöyran-Festival *(Ende Juli)*. Das einwöchige Rock- und Popfestival in der »Republik Jämtland« bietet auch Theater,
Ausstellungen, Filme und Straßenkunst.
Musik im Königreich des Kristalls, Smålands Glasfabriken *(Ende Juli)*. Volksmusik, Chorgesang, Oper, Blaskapellen und Jazz in schöner Kulisse.
Kukkolaforsen-Renkenfest *(letztes Wochenende im Juli)*. Feier in Schweden und Finnland, wenn die Renken den Fluss Torneälven erreichen, die Grenze zwischen den Ländern. Die Fische werden gefangen, gegrillt oder geräuchert.

August

Skänninge-Markt, Ost-Götaland *(1. Mi und Do im Aug)*. Einer der traditionsreichsten Märkte in Schweden mit 120 000 Besuchern.
Mittelalter-Woche Gotland *(Anfang Aug)*. Visby verwandelt sich in eine Hansestadt des 14. Jahrhunderts, mit Turnieren, Spielen, Musik und Teilnehmern in bunter Tracht.
Philharmonikerna i det Gröna, Stockholm *(Mitte Aug)*. Open-Air-Konzert der Königlichen Philharmoniker auf dem Rasen vor dem Sjöhistoriska Museet.
Hjo-Akkordeon-Festival *(Mitte Aug)*. Akkordeonspieler aus aller Welt treffen sich in Hjo am Vättern-See.
Göteborgs Jazzfestival *(Ende Aug)*. Das dreitägige Festival mit vorwiegend traditionellem Jazz wird an sieben Orten in der ganzen Stadt veranstaltet.
Krebse und eingelegte Heringe *(Ende Aug)*. Es ist nicht mehr gesetzlich vorgeschrieben, ab wann man diese Delikatessen – zu eisgekühltem Schnaps und Käse und mit verrückten Papierhüten auf – essen darf, aber Ende August wird gefeiert.

Turnier bei der Mittelalter-Woche *(Aug)* in Visby

Herbstlicher Buchenwald bei Söderåsen, Skåne

Herbst

Die Nächte werden allmählich länger, aber am Morgen ist es häufig frisch und klar. Im Spätherbst leuchten die Laubbäume in wunderbaren Farben. Im Wald und auf den Feldern ist jetzt Erntezeit. Eine große Vielzahl an essbaren Pilzen sowie Blaubeeren, Preiselbeeren und die rotgoldenen Moltebeeren im nördlichen Marschland sind reif und können gesammelt und danach verarbeitet werden.

September

Oxhälja-Markt, Filipstad (Anfang Sep). Traditionsreicher Markt in Ost-Värmland.
Tjejmilen, Stockholm (Anfang Sep). Im königlichen Park Djurgården treten bis zu 33 000 Frauen zum Zehn-Kilometer-Lauf an.
Schwedisches Traberderby, Jägersro (Sep). Schwedens beste Vierjährige streiten alljährlich auf der Trabrennbahn in Malmö um den Derby-Titel.

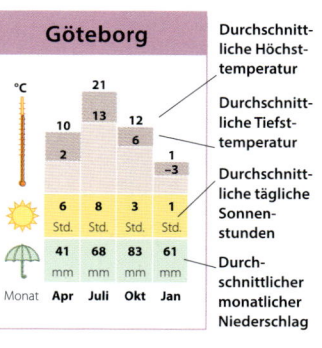

Pfifferlinge

Äpplemarknaden, Kivik (Ende Sep). Auf dem zweitägigen Festival, das bis zu 20 000 Besucher anzieht, dreht sich alles um Äpfel. Dazu gehören auch riesige Kunstinstallationen aus Tonnen von Äpfeln.

Oktober

Erntedankfest, Öland (Anfang Okt). Schwedens größtes Erntedankfest steigt an vier Tagen auf der Ostseeinsel um den Tag des Erzengels Michael (8. Okt). Über 900 Veranstaltungen locken mit Essen, Konzerten und Ausstellungen an die 200 000 Besucher an.
Lidingöloppet (1. Wochenende im Okt). Am weltweit größten Geländelauf nehmen mehrere Zehntausend Läufer teil, von Profis und Amateuren bis zu Senioren und Teenagern.
Internationales Jazzfestival Umeå (Ende Okt). Das führende Jazzfestival gibt es seit den 1960er Jahren.

Klima

Zwischen Norden und Süden gibt es im Winter große klimatische Unterschiede: Oft herrschen in Südschweden Plusgrade, während der Norden von einer dicken Schneedecke überzogen ist. Im Sommer sind die Unterschiede weniger extrem. Auswirkungen des Golfstroms merkt man an der Westküste an lauem Wind und viel Regen.

Stockholm

Monat	Apr	Juli	Okt	Jan
°C Höchst	9	22	10	-1
°C Tiefst	1	13	5	-5
Sonnenstd.	6	8	3	1
mm	30	72	50	39

Göteborg

Monat	Apr	Juli	Okt	Jan
°C Höchst	10	21	12	1
°C Tiefst	2	13	6	-3
Sonnenstd.	6	8	3	1
mm	41	68	83	61

Durchschnittliche Höchsttemperatur
Durchschnittliche Tiefsttemperatur
Durchschnittliche tägliche Sonnenstunden
Durchschnittlicher monatlicher Niederschlag

Malmö

Monat	Apr	Juli	Okt	Jan
°C Höchst	10	21	12	2
°C Tiefst	2	13	7	-3
Sonnenstd.	6	7	3	1
mm	38	61	57	49

Östersund

Monat	Apr	Juli	Okt	Jan
°C Höchst	5	19	6	-6
°C Tiefst	-3	10	1	-13
Sonnenstd.	6	7	2	1
mm	32	86	45	36

Luleå

Monat	Apr	Juli	Okt	Jan
°C Höchst	4	20	6	-7
°C Tiefst	-4	11	0	-16
Sonnenstd.	7	10	7	0,6
mm	29	50	50	40

HERBST UND WINTER

Winter
Häufig liegt zu Weihnachten in Südschweden noch kein Schnee, die Chancen auf einen weißen Januar stehen besser. Die Berge sind im Winter ein Paradies für Skifahrer. Vom ersten Advent an bereitet man sich auf das Weihnachtsfest vor, dessen Höhepunkt die Bescherung an Heiligabend ist. In dieser Zeit verzeichnen Restaurants die höchsten Gästezahlen. Lucia-Prozessionen bringen etwas Licht in das Dunkel des Winters.

November
Gustav-Adolf-Tag *(6. Nov)* Göteborg feiert seinen königlichen Stadtgründer an dessen Todestag *(siehe S. 199)*.
Martinstag *(10./11. Nov)*. Auf Feiern zu Ehren Martin Luthers und des hl. Martin von Tours isst man Gänsebraten und »schwarze Suppe« mit Gänseblut.

Dezember
Nobeltag *(10. Dez)*, Stockholm. Die Nobelpreisträger werden in einer Zeremonie im Konserthuset und bei einem Bankett im Stadshuset (Rathaus) in Anwesenheit von König und Königin geehrt.
Lucia-Feiern *(13. Dez)*. Schwedens Lichterkönigin und ihre Begleiterinnen servieren den Nobelpreisträgern Morgenkaffee mit Safrangebäck und singen traditionelle Lieder. Abends findet eine Lichterprozession statt. Ähnliche Prozessionen gibt es in ganz Schweden.

Lichterkönigin Lucia *(13. Dez)* **mit ihren Begleiterinnen in Skansen**

Weihnachtsmärkte, überall in Schweden *(ab Anfang Dez)*. Die Märkte in Skansen und auf dem Stortorget in Stockholm sind besonders stimmungsvoll.
Weihnachten *(24. – 26. Dez)*. Das auf traditionelle Art gefeierte Weihnachten ist die wichtigste Feier in Schweden. Höhepunkt ist Heiligabend, wenn nach dem *smörgåsbord* Geschenke verteilt werden. Am ersten Feiertag geht man zur Messe.
Silvester und Neujahr *(31. Dez/1. Jan)*. Überall finden Partys statt. Die Feiern in Skansen, bei denen um Mitternacht ein Tennyson-Gedicht vorgelesen wird, werden im Fernsehen übertragen. Beim Jahreswechsel läuten die Kirchenglocken. Es steigen Feuerwerke.

Januar
Hindersmässan *(Ende Jan)*. Den Markt in Örebro, auf dem früher Eisen verkauft wurde, gibt es seit dem Mittelalter.
Kiruna Schnee-Festival *(letzte Woche im Jan)*. Berühmtes Festival, das vor allem für sein aufregendes Rentierrennen bekannt ist.

Februar
Jokkmokks Wintermarkt *(1. Wochenende im Feb)*. Traditioneller Markt, der seit 1605 abgehalten wird, mit Rentier-Schlittenrennen.
Göteborger Bootsschau *(Anfang Feb)*. Im Schwedischen Ausstellungszentrum werden neue Boote gezeigt.
Vikingarännet *(sobald das Eis trägt)*. 80 Kilometer langes Schlittschuhrennen auf dem Mälarsee.
Globen Gala, Stockholm *(2. Hälfte Feb)*. Leichtathletik-Wettkämpfe.
Frühlings-Salon, Stockholm *(Feb – März)*. Kunstausstellung mit überwiegend jungen Talenten in Liljevalchs Konsthall in Djurgården.

Traditionell gekleideter Lappe auf dem Jokkmokks Wintermarkt *(Jan)*

Der zugefrorene Riddarfjärden in Stockholm

Feiertage
Nyårsdagen Neujahr *(1. Jan)*
Trettondagen Dreikönig *(6. Jan)*
Långfredagen Karfreitag *(März/Apr)*
Påskdagen Ostern *(März/Apr)*
Kristi Himmelfärdsdag Christi Himmelfahrt *(6. Do nach Ostern)*
Första Maj Tag der Arbeit *(1. Mai)*
Nationalfeiertag *(6. Juni)*
Midsommardagen *(Juni)*
Juldagen Weihn. *(25. Dez)*

Die Geschichte Schwedens

Schon im 4. Jahrhundert v. Chr. wurde das Land der zugefrorenen Seen und der Mitternachtssonne erwähnt, im 9. Jahrhundert waren aus den Rentierhirten die gefürchteten Wikinger geworden. Im 17. Jahrhundert – Schwedens Zeit als Großmacht – beherrschte das Land die gesamte Ostseeregion. Nach der Einnahme durch Russland im Jahr 1809 gelangte das Land zu einer friedlicheren Rolle in der Weltgeschichte.

Seit den letzten 100 000 Jahren war Schweden mindestens dreimal von einer dicken Eisschicht bedeckt. Als sich das Eis um 12 000 v. Chr. das letzte Mal nach Norden zurückzog, ließen nomadische Hirten ihre Rentiere auf dem freigelegten Land grasen. Doch erst um 6500 v. Chr. war ganz Schweden eisfrei.

Ab 4000 v. Chr. entwickelte sich in Südschweden der Ackerbau, während in den Binnenregionen Norrlands noch lange Zeit die Jagd dominierte. Erste Tongefäße stammen aus jener Zeit, ebenso Grabhügel in den südlichen Provinzen.

Fundstücke aus der Bronzezeit (1800–500 v. Chr.) zeugen vom vermehrten Kontakt mit der Außenwelt. Es entwickelte sich eine hierarchische, auf Macht und Bündnissen basierende Gesellschaft. Aus dieser Zeit sind Bronzeobjekte, riesige Hügel- und Steingräber mit Grabbeigaben sowie Felszeichnungen erhalten *(siehe S. 216)*.

Am Übergang zur Eisenzeit wurde Skandinavien erstmals schriftlich erwähnt. Im 4. Jahrhundert v. Chr. schilderte der griechische Händler und Geograf Pytheas von Massalia die Reise nach »Thule« mit seinen zugefrorenen Seen und der Mitternachtssonne. Der Römer Tacitus beschrieb in seiner *Germania* (98 n. Chr.) die *Suiones* als mächtiges Volk mit kräftigen Männern, Waffen und Flotten.

Als das Römische Reich sich ausbreitete, entstanden mehr und mehr Kontakte mit Kontinentaleuropa – Funde belegen den Handel mit Rom (mit germanischen Stämmen nördlich des Rheins als Zwischenstation). Roms Niedergang und die anschließenden Völkerwanderungen hatten viele kurzlebige kleine Reiche in ganz Europa zur Folge. In Schweden entstand ein Königreich mit dem Zentrum Uppsala, wo man noch immer große *kungshögar* (Königsgräber) sieht *(siehe S. 135)*.

Von 800 bis zur Christianisierung Schwedens Mitte des 11. Jahrhunderts nahmen die Wikinger die Welt im Sturm. Als Händler, Siedler und Plünderer setzten sie Segel, um Land, Schätze und Sklaven zu suchen. Wikingerraubzüge waren in ganz Europa gefürchtet, christliche Mönche berichteten von Überfällen auf reiche Klöster und Städte. Die Wikinger kamen mit ihren Schiffen bis nach Bagdad und sogar Amerika. Und sie waren sicher viel mehr als wilde Barbaren, sondern erfahrene Seefahrer, aber auch hart arbeitende Bauern, Handwerker, Schiffbauer und Kaufleute.

12 000 v. Chr.	4000 v. Chr.	2000 v. Chr.	0	500	1000
um 12 000 v. Chr. Das Land liegt unter einer dicken Eisschicht. Als das Eis zurückgeht, ziehen Rentierherden in südliche Gebiete	**1500 v. Chr.** Hügel- und Steingräber für die Mächtigen in einigen Provinzen		**500 v. Chr.** Frühe Eisenzeit. Klimaverschlechterung und Rückgang der Landwirtschaft		*Wikingerschiff, um 980*
	4000 v. Chr. Nach und nach entwickelt sich im Süden des Landes die Landwirtschaft	**3700 v. Chr.** Bestattungen in Grabhügeln, den ersten Monumenten auf schwedischem Land	**1800 v. Chr.** In Schweden werden erste Bronzeobjekte angefertigt	**98 n. Chr.** Tacitus erwähnt in seinen Schriften die *Suiones*	**800** Beginn der Wikingerzeit. Gründung des Handelszentrums Birka auf Insel im Mälarsee

◀ *Gustav I. Wasa* (reg. 1523–60). Gemälde von Cornelius Arendtz (1590–1655)

Christentum und Geburt eines Königreichs

Im 11. und 12. Jahrhundert kämpften mehrere Familien aus verschiedenen Provinzen um die Macht im Zentrum des heutigen Schweden. Das Land war eher eine Föderation aus selbstständigen Provinzen, von denen mal die einen, mal die anderen einflussreicher waren.

Über die Herrscher im frühen Mittelalter sind lediglich knappe Erwähnungen in Sagen überliefert. 1008 ließ sich König Olof Skötkonung (gest. 1020) mit seinen Söhnen Anund Jakob (gest. 1050) und Edmund (gest. 1060) christlich taufen. Nach ihnen übernahm die Stenkil-Familie die Macht. Sie hatte Verbindungen mit Västergötland, wo die christliche Kirche am meisten Einfluss besaß.

Die Kirche und die vielen Übertritte zum Christentum im 12. Jahrhundert stärkten die Macht des Königshauses. Die Priester brachten eine Tradition der Verwaltung und des Beamtentums mit sowie ein System zur Vermögensregulierung und Besteuerung. Zudem unterstützte die Kirche den König durch die Idee, dass ihm seine Macht von Gott verliehen sei.

König Olof Skötkonung wird 1008 in der Husaby-Quelle von Västergötland getauft

Als die Stenkil-Dynastie um 1120 ihr Ende fand, stritten die Königshäuser von Västergötland (Erik) und Östergötland (Sverker) um die Vorherrschaft. Beide Familien starben im frühen 13. Jahrhundert aus, als die Macht des *riksjarl* (Reichsverweser) ihren Höhepunkt erreichte und viele Städte gegründet wurden. Noch mehr Einfluss gewann die Position des *riksjarl* durch Birger Magnusson, bekannt als Birger Jarl. Er wurde 1248 von König Erik Eriksson berufen. Bis zu seinem Tod 1266 hatte de facto Birger Magnusson die Macht in Schweden inne.

Hanse und Bjälbo-Dynastie

Im 13. Jahrhundert wurden viele der bis heute existierenden Städte gegründet. Dokumente belegen, dass Stockholm schon 1252 blühte, vier Jahre nachdem Birger Jarl *riksjarl* geworden war. 1289 war Stockholm die größte Stadt in Schweden. Zu dieser Zeit war es nicht Hauptstadt, sondern als Handelszentrum – vor allem für die deutsche Hanse im 14. Jahrhundert – von Bedeutung. Der Hansebund hatte zuvor in Visby auf Gotland eine Niederlassung gegründet. Mancherorts war der Einfluss der Hanse so groß, dass der König die Deutschen daran hindern musste, mehr als die Hälfte der führenden Positionen in der Stadt einzunehmen.

Durch Birger Jarls Sohn Waldemar, der 1250 zum König gewählt wurde, ging die Macht an die Bjälbo-Dynastie über. Nach einem Aufstand wurde Waldemar durch seinen Bruder Magnus Ladulås abgelöst, der 1275 zum König gewählt wurde. In seiner Regierungszeit wurde die schwedische

---

1080 Nach Volksaufständen ersetzt die Svea-Familie den Christen Inge d. Ä. Neuer König wird Blot-Sven

1143 Zisterzienser gründen das Alvastra-Kloster in Östergötland

Birger Jarl

1248 Birger Jarl wird *riksjarl*, Repräsentant des Königs

| 1100 | 1150 | 1200 | 1250 |

1008 Olof Skötkonung konvertiert in Västergötland zum Christentum

1101 Das Treffen der drei Könige in Kungahälla legt skandinavische Grenzen fest

1130 Östergötland-Regent Sverker d. Ä. wird zum König gewählt

1222 Der Letzte der Sverker-Dynastie, Johan Sverkersson, stirbt. Nachfolger wird Erik Eriksson

1250 Waldemar Birgersson, Sohn von Birger Jarl und Erster der Folkung-Dynastie, folgt nach Erik Eriksson

Rechtsprechung reformiert. 1280 gewährte der Erlass von Alsnö dem Adel und der Kirche viele Privilegien und einen Steuererlass. Der Beiname des Königs, Ladulås (»Scheunenschloss«), soll daher rühren, dass er den Adligen verboten haben soll, sich auf ihren Reisen aus den Scheunen der Bauern zu bedienen.

Nach Magnus' Tod 1290 vertrat ein Regent seinen minderjährigen Sohn Birger. Als dieser 1303 volljährig wurde, brach zwischen ihm und seinen Brüdern Erik und Waldemar ein Nachfolgestreit aus. Schweden wurde daraufhin zwischen den Brüdern aufgeteilt, bis Birger 1317 Erik und Waldemar zu einem Bankett auf Schloss Nyköping einlud und dabei beide ins Verlies steckte, wo sie starben. Bald war Birger jedoch durch einen Aufstand gezwungen, das Land zu verlassen, 1319 wurde Magnus Eriksson, der dreijährige Sohn seines Bruders Erik, zum König gewählt.

Die Regentschaft von Magnus Eriksson wurde von innenpolitischen und finanziellen Problemen überschattet, zudem fiel 1350 ein Drittel der Bevölkerung der Pest zum Opfer. Die Krise führte dazu, dass der schwedische Adel 1363 den Herzog von Mecklenburg um Hilfe bat. Dessen Sohn Albrecht wurde im Jahr darauf zum König Schwedens ernannt.

Kalmarer Union

Albrecht von Mecklenburg bestieg den Thron zwar mithilfe des Adels, dieser reagierte jedoch mit einer Revolte, als der König allzu sehr nach Macht strebte. Unterstützt wurde der schwedische Adel dabei von der dänisch-norwegischen Königin

Enthauptung von 100 Mitgliedern des schwedischen Adels beim Stockholmer Blutbad 1520

Margarete. Nachdem Albrecht 1389 in Fallköping geschlagen worden war, kamen Norwegen und Schweden unter Dänemarks Herrschaft. Auf einer Zusammenkunft in Kalmar wurde Margaretes Neffe Erich von Pommern 1397 zum König von Dänemark, Norwegen und Schweden gekrönt. Damit war die Kalmarer Union begründet, die bis 1523 Bestand hatte.

Diese Phase war für Schweden konfliktträchtig. Unter Erich von Pommern war das Volk unzufrieden mit den neu eingeführten Steuern. Ein Bauernaufstand unter dem Anführer Engelbrekt führte im Jahr 1439 zur Absetzung von Erich. Schweden hatte keine anerkannte oberste Autorität, die Kalmarer Union konnte die Ratsaristokratie nicht mehr kontrollieren. Die Dänenkönige wurden nur wenige Jahre als Regenten respektiert, ansonsten herrschten Vertreter des Adels über das Land. Mit der Schlacht von Brunkeberg in Stockholm wollte der dänische König Christian I. im Jahr 1471 seine Macht stärken, er wurde jedoch von Vizekönig Sten Sture d. Ä. besiegt. 1520 kulminierte ein neuerlicher dänischer Feldzug unter Christian II. im Stockholmer Blutbad, bei dem 100 schwedische Adlige hingerichtet wurden.

1275 Magnus Ladulås wird in Mora Stenar zum König gewählt

1349/50 Die Pest wütet in Schweden

1364 Albrecht von Mecklenburg wird König von Schweden

Königin Margarete

1434 Engelbrekt führt den Aufstand der Schweden gegen die dänische Vorherrschaft an

1520 Schwedische Adlige werden beim Stockholmer Blutbad hingerichtet

1280 Der Erlass von Alsnö gewährt dem Adel Steuerfreiheit

1350 Magnus Erikssons Recht gilt landesweit, Städte jedoch haben ihre eigenen Gesetze

1397 Die Kalmarer Union vereint die nordischen Länder unter Königin Margarete

1471 Sten Sture d. Ä. besiegt in Brunkeberg den dänischen König Christian I.

Der neu gewählte König Gustav I. Wasa zieht am Johannistag 1523 in Stockholm ein

Wasa-Zeit

Unter den Adligen, die dem Stockholmer Blutbad entkommen konnten, war auch der junge Gustav Eriksson. Ende 1520 stellte er eine Armee zusammen, um den dänischen König Christian aus Schweden zu vertreiben. Gustav Eriksson siegte. Am 6. Juni 1523, dem späteren Nationalfeiertag Schwedens, wurde er zum König gewählt.

Als Gustav I. Wasa bestieg er den Thron und fand ein Land in großen wirtschaftlichen Schwierigkeiten vor. Er forderte vom Parlament die Verabschiedung eines Gesetzes, nach dem der kirchliche Besitz auf den Staat übertragen wurde. Zugleich förderte er die Abkehr vom Katholizismus und die Einführung der protestantischen Staatskirche, was bis zum Jahr 2000 Bestand haben sollte.

Gustav setzte eine strikte Wirtschaftspolitik durch und konzentrierte die Zentralgewalt in Stockholm. Der Erfolg seiner Politik führte zum Parlamentsbeschluss von 1544, der die Monarchie erblich machte. Die Nachkommen von Gustav I. Wasa brachten Schweden in die Liga der europäischen Großmächte. Erik XIV., Gustavs Sohn, führte Krieg gegen Dänemark, Lübeck und Polen. Sein Bruder Johan III. entthronte ihn. Erik starb im Gefängnis, wahrscheinlich an einer vergifteten Erbsensuppe. Während der Regierungszeit des dritten Sohns, Karls IX., führte Schweden Krieg gegen Dänemark und Russland.

Porträt von Erik XIV. (1561)

Gustav II. Adolf und Kristina

Als Gustav II. Adolf 1611 an die Macht kam, befand sich Schweden im Kriegszustand mit Russland, Polen und Dänemark. Unter seiner Regierung vergrößerte sich Schwedens Einfluss über den Ostseeraum. Stockholm entwickelte sich langsam zum politischen und administrativen Zentrum des Landes. 1630 beschlossen Gustav II. Adolf und sein einflussreicher Kanzler Axel Oxenstierna, an der Seite der Protestanten in den Dreißigjährigen Krieg *(siehe S. 42)* einzutreten. Religiöse Motive dienten dabei

---

1523 Gustav I. Wasa wird zum König gewählt und zieht in Stockholm ein

1527 Reformation; der Reichstag konfisziert Kirchenbesitz

1542 Nils Dacke führt den Bauernaufstand in Småland an

1544 Monarchie für die männlichen Nachfahren von Gustav I. Wasa erblich

1560 Gustav I. Wasa stirbt

Wasa-Wappen

1561 Erik XIV. wird zum König gekrönt, seine Brüder haben keine Macht

1568 Erik XIV. in Gripsholm von seinen Brüdern inhaftiert

1577 Erik XIV. stirbt, vermutlich vergiftet

1570 Ende des Siebenjährigen Kriegs

1569 Johan III. wird in Stockholm gekrönt

1587 Sigismund, Sohn Johans III., wird König Polens

1611 Gustav II. Adolf wird König

1612 Axel Oxenstierna wird Staatskanzler

1525 — 1550 — 1575 — 1600

nur als Vorwand. Schweden konnte während des Kriegs einige Siege verbuchen, musste jedoch 1632 für den Sieg von Lützen einen hohen Preis bezahlen: In dieser Schlacht fiel der König.

Kristina, das einzige Kind von Gustav II. Adolf, bestieg im Alter von sechs Jahren den Thron. Während ihrer Regentschaft (1633–54) förderte sie Wissenschaft und Philosophie. Kristina holte den französischen Philosophen René Descartes an den schwedischen Hof, der allerdings bald nach seiner Ankunft in Stockholm im Jahr 1650 verstarb. Die Festung Tre Kronor wurde zur königlichen Residenz. Kristinas Weigerung zu heiraten, führte dazu, dass ihr Cousin Karl Gustav Kronprinz wurde. Kristina dankte ab und ging nach Rom, wo sie zum Katholizismus übertrat.

Ära der Karls

Nacheinander regierten drei Könige mit Namen Karl das Land. Als sich Schweden auf dem Gipfel seiner Vorrangstellung befand, eroberte Karl X. Gustav (1654–60) Dänemark in einer der kühnsten Unternehmungen der Kriegsgeschichte. Er führte

Königin Kristina korrespondiert mit führenden Wissenschaftlern ihrer Zeit

Karl XII. verlässt mit der verwitweten Königin das brennende Schloss Tre Kronor

seine Armee über das Eis des Großen Belt (siehe S. 43). Karl XI. (1660–97) sicherte die Südprovinzen und teilte Schweden gerechter unter Krone, Adel und Bauern auf.

Während der Leichnam Karls XI. im Jahr 1697 in Tre Kronor aufgebahrt lag, zerstörte ein Brand den größten Teil der Festung. Der neue König, der jugendliche Karl XII. (1697–1718), sah sich einer Allianz von Dänemark, Polen und Russland gegenüber, die die Macht Schwedens brechen wollten. Karl XII. zog in die Schlacht. Dänemark und Polen mussten bald um Frieden bitten, doch Russland war nicht zu bezwingen. Ein Vorstoß in Richtung Moskau blieb erfolglos, die schwedische Armee erlitt 1709 bei Poltawa eine vernichtende Niederlage.

Karl XII., der wohl umstrittenste König, kehrte 1715 nach 15-jähriger Abwesenheit nach Schweden zurück. Seine Pläne, Schwedens Vormachtstellung zu festigen, waren gescheitert. Er wurde 1718 in Norwegen getötet. Zu diesem Zeitpunkt befand sich Schweden in einer Krise. Missernten und Epidemien hatten die Bevölkerung Stockholms um ein Drittel dezimiert.

1617 Auf den Übertritt zum Katholizismus steht Todesstrafe

1632 Tod von Gustav II. Adolf

1633 Die sechsjährige Kristina wird Königin

1654 Kristina dankt ab, Karl X. Gustav wird König

1655 Kristina tritt zum Katholizismus über und wird in Rom feierlich begrüßt

1697 Tre Kronor durch Brand zerstört. Karl XII. mit 15 Jahren gekrönt

1709 Peter der Große schlägt schwedische Armee

1625 — **1650** — **1675** — **1700**

1618 Beginn des Dreißigjährigen Kriegs

1648 Westfälischer Friede teilt Schweden neue Gebiete zu

1658 Schweden erhält im Frieden von Roskilde neue Gebiete

1680 Karl XI. sichert sich absolute Macht über den Adel

1718 Karl XII. stirbt in der Festung Fredriksten, Norwegen

Gustav II. Adolf

Schwedens Zeit als Großmacht

Über ein Jahrhundert lang, von 1611 bis 1721, war Schweden die führende Großmacht im Norden Europas und die Ostsee quasi ein schwedisches Binnenmeer. Das Land erreichte seine größte Ausdehnung 1658 nach dem Frieden von Roskilde, als Schweden sieben neue Provinzen von Dänemark und Norwegen erwarb. Ganz Finnland, große Gebiete des Baltikums und Teile Norddeutschlands gehörten zu Schweden. In den 111 Jahren führten die Schweden 72 Jahre lang Krieg, trotzdem war diese Ära auch geprägt von kultureller Entwicklung und einer gut funktionierenden Regierung.

Schwedisches Reich
Schweden nach dem Frieden von Roskilde 1658

Burg Tre Kronor
Tre Kronor wurde nach 1180 als Verteidigungsturm errichtet. Ab 1520 war der Komplex Sitz der schwedischen Könige und Verwaltungszentrum des schwedischen Reiches. Seinen Namen hat Tre Kronor wegen der drei Kronen am Turm, der 1697 abbrannte.

Die Truppen ziehen in festen Verbänden über das Eis auf Dänemark zu.

Dreißigjähriger Krieg

1618–48 wütete in ganz Europa, vor allem aber in Deutschland, der Dreißigjährige Krieg. Schweden trat als Verbündeter Frankreichs 1631 in den Krieg ein. Gustav II. Adolf war ein fähiger Feldherr, der mit seinem modernen Heer sofort größere Erfolge erzielte, so in den Schlachten von Breitenfeld (1631) und Lützen (1632), wo der König allerdings fiel. Später drangen die schwedischen Truppen bis nach Süddeutschland vor, 1648 plünderten sie Prag. Schweden brachte viele Kulturschätze aus dem Krieg mit nach Hause und bekam im Westfälischen Frieden (1648) größere Besitzungen in Norddeutschland.

Gustav II. Adolf fällt in der Schlacht von Lützen im Jahr 1632

Stockholm im Jahr 1640
Die Entwicklung vom mittelalterlichen Städtchen zur Hauptstadt lässt sich am Netz der Straßen ablesen, die auch heute nicht viel anders verlaufen.

SCHWEDENS ZEIT ALS GROSSMACHT | 43

Triumphe Karls XI.
Das Deckengemälde (1693) im königlichen Palast *(siehe S. 60)* schuf der französische Maler Jacques Foucquet. Es zeigt die Siege König Karls XI. bei Halmstad, Lund und Landskrona.

Macht des Adels
Der Adel besaß im 17. Jahrhundert viel Einfluss, viele erfolgreiche Soldaten wurden in den Adelsstand erhoben. Das Wappen der Familie Banér von 1651 zeigt drei Helme mit Kronen.

Graf Carl Gustav Wrangel *(siehe S. 133)*

König Karl X. Gustav führt die 17 000 Mann starke Armee persönlich an.

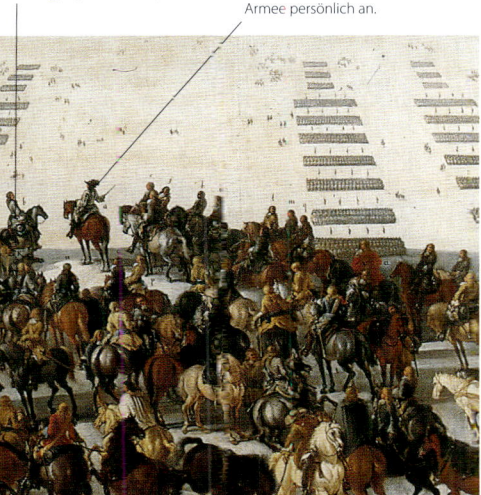

Karl X. Gustav
Das Porträt zeigt Karl X. Gustav (1654–60) als General. Er wurde in der letzten Phase des Dreißigjährigen Kriegs in ganz Europa bekannt.

Überquerung des Großen Belt

Das schwedische Heer war gerade in Polen, als Dänemark im Herbst 1657 Schweden den Krieg erklärte. Daraufhin eroberte Karl X. Gustav das dänische Festland, kam aber ohne Flotte nicht bis nach Kopenhagen. Eine plötzliche Kältewelle ließ den Großen Belt gefrieren. So konnten ihn die schwedischen Soldaten zu Fuß überqueren, und Dänemark kapitulierte.

Taschenuhr Karls XII.
Die Uhr des kriegerischen Königs stammt aus dem Jahr 1700. Sie zeigt das Staatswappen und alle Provinzen, die zu jener Zeit zu Schweden gehörten.

Karls XII. letzte Reise
Der König wurde 1718 bei Fredrikshald in Norwegen von einer Kugel getroffen. Man brachte seine Leiche zur Einbalsamierung nach Uddevalla. Das Gemälde (1878) stammt von Gustav Cederström.

Gustav III. mit dem weißen Tuch, das er bei seinem Staatsstreich 1772 um den Arm gebunden hatte

Freiheitszeit und Ära Gustavs III. und IV.

Eine neue Verfassung übertrug 1719 die Macht vom König auf den Reichstag. In Schweden entwickelte sich eine parlamentarische Demokratie. Diese »Freiheitszeit« fiel mit der Aufklärung zusammen und zeichnete sich durch enorme kulturelle, wissenschaftliche und industrielle Fortschritte aus. Der Botaniker Carl von Linné war einer der berühmtesten Schweden seiner Zeit, fast ebenso bekannt war der Wissenschaftler, Philosoph und Schriftsteller Emanuel von Swedenborg. In Stockholm entwickelte sich die Textilindustrie, auf Kungsholmen wurde das erste schwedische Krankenhaus gebaut.

Um 1770 herrschte jedoch allgemeine Unzufriedenheit mit der Politik des Reichstags. Der junge König Gustav III. nutzte dies, um wieder absolute Macht zu erlangen. Am 19. August 1772 erklärte er während der Wachparade seinen Plan eines unblutigen Staatsstreichs. Die Leibwache und andere Militäreinheiten schworen dem König Treue. Gustav band sich ein weißes Tuch um den Arm, ritt durch die Stadt und wurde vom Volk als König bestätigt. Die absolute Monarchie war wiederhergestellt.

Gustav III. war stark von der Aufklärung und der französischen Kultur beeinflusst, was positive Auswirkungen auf Schwedens kulturelles Leben hatte *(siehe S. 46f)*. Doch bald regte sich erneut Widerstand gegen die absolute Macht des Königs – insbesondere wegen des kostspieligen Kriegs, den Gustav III. gegen Russland führte. 1792 schoss der Adlige Jacob Johan Anckarström während eines Maskenballs in der Oper auf Gustav III., 14 Tage später starb der König.

Nachfolger wurde sein Sohn, Gustav IV. Adolf. Unter seiner Regierung schloss sich Schweden in den Napoleonischen Kriegen der Koalition gegen Napoléon an. Nach einem weiteren Krieg gegen Russland 1808/09 verlor Schweden Finnland. Der König wurde daraufhin abgesetzt und floh ins Exil. Mit der königlichen Alleinherrschaft war es daraufhin endgültig vorbei.

Napoléons Ex-Marschall Jean-Baptiste Bernadotte als König Karl XIV. Johan, umgeben von seiner Familie

---

1719 Neue Verfassung überträgt Macht vom König auf den Reichstag

1738 Die Macht des Reichstags festigt sich in der Freiheitszeit

1741 Carl von Linné wird Professor in Uppsala

1754 Die königliche Familie bezieht das Schloss in Stockholm

1772 Gustav III. wird gekrönt und sichert sich in einem Staatsstreich absolute Macht

1778 Kleiderordnung eingeführt. Todesstrafe für manche Verbrechen abgeschafft

1780er Jahre Immigranten erhalten Religionsfreiheit

1786 Gründung der Schwedischen Akademie

1790 Schwedischer Sieg über Russland

1792 Ermordung von Gustav III.

1809 Schweden verliert Finnland. Gustav IV. Adolf dankt ab

Carl von Linné (1707–1778)

FREIHEITSZEIT BIS INDUSTRIALISIERUNG | 45

Zeitungsleser vor dem Gebäude des *Aftonbladet* 1841

Bürgerlicher Liberalismus und Ära Karl Johans

Am Anfang des 19. Jahrhunderts wurde die absolute Macht des Königs endgültig beseitigt. 1809 entwarf der Reichstag eine neue Verfassung, die die Gewaltenteilung zwischen König, Regierung und Reichstag festschrieb. Die Privilegien des Adels wurden beschnitten. Nicht zuletzt unter dem Eindruck der Französischen Revolution entstand eine neue Mittelschicht, die immer mehr nach Einfluss strebte. Diese liberalen Bürger schufen sich mit dem *Aftonbladet*, der wohl berühmtesten Zeitung dieser Zeit, ihr Sprachrohr.

Schwierigkeiten in der Thronfolge führten dazu, dass ein Marschall Napoléons, Jean-Baptiste Bernadotte, zum König gewählt wurde. Er nannte sich Karl Johan und begründete eine eigene Dynastie. Allerdings lernte der neue König nie richtig Schwedisch, er sprach weiterhin Französisch. Das lag auch an seiner französischen Gattin Desideria, für die Stockholm im Vergleich zu Paris tiefste kulturelle Provinz war.

1813 brach Karl Johan seinen Treueid gegenüber Frankreich und kämpfte an der Seite der Koalition gegen Napoléon. Die Schlacht von Leipzig endete mit einer Niederlage Frankreichs. In der Folge musste 1814 Dänemark Norwegen an Schweden abtreten. Es kam zur Union der beiden Staaten, die bis zum Jahr 1905 andauerte.

Eine lange Friedenszeit brach an, in der die Bevölkerungszahl stark anstieg. Um 1850 gab es 3,5 Millionen Schweden, für die das Land zu wenig Arbeit hatte. Breite Schichten verarmten, was zur Massenauswanderung führte. Zwischen den Jahren 1850 und 1930 wanderten rund 1,5 Millionen Schweden aus, die meisten nach Nordamerika.

Industrialisierung und Volksbewegungen

Die Entwicklung Schwedens von einem Agrar- zu einem Industriestaat entschärfte allmählich das Problem der Überbevölkerung. Die industrielle Revolution begann um 1850 und erreichte ihren Höhepunkt im späten 19. Jahrhundert. Die meisten Arbeiter waren in der Textil-, Holz- und Metallindustrie beschäftigt. Der schnelle Ausbau des Eisenbahnnetzes spielte dabei eine wichtige Rolle.

Schweden suchen ihr Glück in Nordamerika

Kennzeichnend für das 19. Jahrhundert in Schweden war auch das Aufkommen starker Volksbewegungen. Angesichts des weitverbreiteten Alkoholmissbrauchs (1820 wurden pro Jahr und Einwohner durchschnittlich etwa 46 Liter Schnaps konsumiert) entwickelte sich eine Abstinenzbewegung, die zur Mäßigkeit mahnte.

1810 Reichstag wählt Jean-Baptiste Bernadotte zum Thronfolger	**1842** Einführung der Grundschulen	**1869** Missernten führen zu Emigrationswelle nach Amerika	**1876** L. M. Ericsson beginnt, Telefone herzustellen *August Strindberg*		**1905** Reichstag löst Union mit Norwegen auf
1820	**1840**	**1860**	**1880**		**1900**
1818 Karl XIV. Johan wird König von Schweden und Norwegen		**1856** Schwedens erste Eisenbahn wird eingeweiht	**1879** August Strindbergs Roman *Das rote Zimmer* wird veröffentlicht		**1908** In Stockholm wird das Königliche Theater eröffnet
1814 Schweden bekommt im Friedensvertrag Norwegen zugesprochen		**1850** Schweden hat 3,5 Millionen Einwohner, 93 000 leben in Stockholm			

Ära Gustavs III.

Gustav III. ist eine der schillerndsten Figuren der schwedischen Geschichte. Sein Interesse an Kunst, Literatur und Theater sowie die Gründung von Akademien machten das späte 18. Jahrhundert kulturell zu einer goldenen Zeit. Nach einer unblutigen Revolution 1772 regierte Gustav III. als absoluter Monarch, rief aber zugleich ein Reformprogramm ins Leben. Die Angriffe auf die Privilegien des Adels sowie seine abenteuerliche und teure Außenpolitik machten ihm viele Feinde. Gustav III. wurde 1792 während eines Maskenballs in der Stockholmer Oper ermordet.

Schwedische Akademie
Ziel der 1786 gegründeten Akademie war es, die schwedische Sprache zu bewahren. Mitglieder bekamen bei jedem Treffen eine Münze mit Königsporträt.

Krönung Gustavs III. 1772
Die Krönung des Königs in der Kathedrale von Stockholm war eine prunkvolle Zeremonie, 1782 dargestellt von C.G. Pilo. Jedes Detail war von Gustav selbst bedacht worden. Sein dramatisches Gespür kam ihm auch in der Politik zugute.

Ein Höfling liest den Anwesenden vor.

Gustav III. studiert Baupläne.

Der Hof in Drottningholm
Hilleströms Gemälde (1779) vermittelt einen Einblick in das höfische Leben in Drottningholm, wo der König zwischen Juni und November residierte. Im heutigen Blauen Salon sitzen Gustav III. und Königin Sofia Magdalena im engsten Kreis. Die Etikette orientierte sich am französischen Hof und war hier sogar strenger als in Versailles.

Schlacht von Svensksund
Gustav III. war als Krieger nicht besonders erfolgreich, aber 1790 führte er die schwedische Flotte zu ihrem größten Triumph, als er Russland in einer Seeschlacht im Finnischen Meerbusen schlug.

Wirtshäuser
In Stockholm gab es im 18. Jahrhundert relativ viele Wirtshäuser für die 70 000 Einwohner. J.T. Sergels Skizze zeigt ein ausgelassenes Fest.

Mord beim Maskenball

1792 fiel Gustav III. einer Verschwörung zum Opfer. Auf der Bühne der Oper wurde er von maskierten Männern umstellt, Anckarström schoss auf ihn. Zwei Wochen später erlag Gustav III. seinen Verletzungen.

Maske und Hut König Gustavs III.

Trotz Maske war Gustav III. am Hut mit dem Abzeichen zweier Ritterorden zu erkennen. Die Tat sorgte für Aufregung in ganz Europa und inspirierte Verdi zu seiner Oper *Un ballo in maschera*.

Auspeitschung des Mörders

Von den Verschwörern wurde nur Anckarström zum Tode verurteilt. Vor seiner Hinrichtung in Södermalm wurde er an drei aufeinanderfolgenden Tagen vor dem Ridcarhuset öffentlich ausgepeitscht.

Königin Sofia Magdalena mit Stickerei

Büste Katharinas der Großen von Russland, einer Cousine des Königs

Gustavianischer Stil

Die Verehrung der Antike und der griechischen Ideale führte Mitte des 18. Jahrhunderts zum Neoklassizismus. Gustav III. griff diesen Stil begeistert auf und unterstützte begabte Künstler und Schriftsteller des Landes. Er gründete ein eigenes Antikenmuseum (siehe S. 61) und bestückte es mit Marmorstatuen, die er aus Italien mitgebracht hatte. Außerdem ließ Gustav III. die Innenräume des königlichen Schlosses im neuen Stil einrichten. So wurden die verspielten Linien des Rokoko verdrängt durch die strengeren Formen dessen, was man später den Gustavianischen Stil nannte.

Stuhl im Gustavianischen Stil

Schwedische Hoftracht

1778 führte Gustav III. eine Kleiderordnung ein, die modische Exzesse unterbinden sollte. Dies ist die männliche Hoftracht für den Alltag.

Allgemeines Wahlrecht

Schwedens Bevölkerungszahl erreichte um 1900 trotz der Auswanderungswelle die Fünf-Millionen-Marke. Viele Menschen zogen vom Land in die Städte. Stockholm hatte im frühen 20. Jahrhundert etwa 300 000 Einwohner.

Der Aufstieg sozialdemokratischer und liberaler Parteien sowie ein wachsendes politisches Bewusstsein ließen die Forderung nach einem allgemeinen Wahlrecht laut werden. Schriftsteller wie August Strindberg wurden zu Wortführern. Die Debatte endete im Jahr 1921 mit der Einführung des Wahlrechts für Männer und Frauen.

Ebenso strittig war die Frage der Machtbefugnisse des Königs. 1914 forderte König Gustaf V. die militärische Aufrüstung, was zu einer Verfassungskrise und zum Rücktritt der liberalen Regierung führte. Bei Ausbruch des Ersten Weltkriegs erklärte sich Schweden als neutral. Nach der Wahl von 1917 war der König gezwungen, eine sozialdemokratische Regierung mit dem späteren Ministerpräsidenten Karl Hjalmar Branting zu akzeptieren. Mit kurzen Unterbrechungen blieb die Sozialdemokratische Arbeiterpartei bis 1928 an der Macht.

Branting und Gustaf V. 1909 im Gespräch

Wohlfahrtsstaat

1936 bildeten Sozialdemokraten und Bauernpartei eine Koalition, die einen modernen Sozialstaat entwickelte. Der sozialdemokratische Ministerpräsident Per Albin Hansson (1885–1946) definierte den Wohlfahrtsstaat als Solidargemeinschaft, die jedem Bürger finanzielle Sicherheit gewähren müsse. In diesem Sinn wurden Arbeitslosengeld, bezahlter Urlaub und Kinderbetreuung eingeführt. Resultat war, dass in den 1930er und 1940er Jahren die Armut praktisch verschwand.

Auch das Recht auf angemessenes Wohnen war Teil der Idee eines Wohlfahrtsstaats. In den 1950er Jahren wurde der Stockholmer Stadtteil Vällingby nach neuen städtebaulichen Prinzipien errichtet. Zielvorstellung war es, Trabantenstädte in blühende Gemeinden zu verwandeln, in denen Menschen sowohl arbeiten als auch leben sollten. Es stellte sich jedoch heraus, dass die Bewohner nach wie vor anderswo arbeiteten und die neuen Viertel reine Schlafstädte blieben. Die Wohnungsnot in den 1960er Jahren führte zum sogenannten »Millionenprogramm«. Dabei wurde eine Million Wohnungen aus dem Boden ge-

Im Juni 1917 führte der Ruf nach demokratischen Reformen zu Unruhen, wie hier vor dem Reichstagsgebäude in Stockholm

---

1921 Allgemeines Wahlrecht für Männer und Frauen

1930 Durchsetzung des funktionalen Stils der Architektur, angeregt durch die Stockholmer Ausstellung

1940 Transitabkommen zwischen Schweden und Deutschland für Truppentransporte

1955 Staatliche Krankenwird Pflichtversicherung

1958 Frauen können zur Priesterin geweiht werden

1967 Einführung des Rechtsverkehrs

1920 · **1940** · **1960**

Selma Lagerlöf bekam 1909 den Literatur-Nobelpreis

1939 Schwedens Koalitionsregierung erklärt bei Ausbruch des Zweiten Weltkriegs Neutralität

1952 Stockholms U-Bahn wird eingeweiht

1950 Erste Fernsehausstrahlung in Schweden

1964 Kunstausstellung im Moderna Museet zeigt Werke von Andy Warhol, Roy Lichtenstein und Claes Oldenburg

Kriegsjahre

Schweden erklärte sich in beiden Weltkriegen neutral. Da es aber während des Ersten Weltkriegs weiterhin Handel mit den Krieg führenden Ländern betrieb, verhängten einige Länder eine Handelsblockade. Die Situation führte zur Hungersnot in einigen Städten. Der Zweite Weltkrieg bedeutete einen noch größeren Balanceakt für das neutrale Schweden, denn jetzt waren auch die Nachbarn in den Krieg verwickelt. Mit Glück und Taktik gelang es Schweden, sich aus dem Krieg herauszuhalten, aber die Zugeständnisse, zu denen es sich bereit erklärte, wurden national und international stark kritisiert.

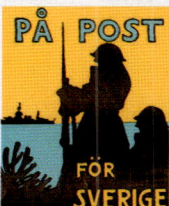

»Neutrale« Briefmarke, 1942 herausgegeben

Schweden lehnte zwar eine Mitgliedschaft in der NATO ab, die Politik der Nichteinmischung war jedoch kein Hindernis für das internationale Engagement des Landes bei den Vereinten Nationen. Schweden gewährte Hunderttausenden von Flüchtlingen und politisch Verfolgten Asyl. Ministerpräsident Olof Palme (1927–1986) war sehr engagiert in Fragen der Demokratie, der Abrüstung und der Probleme der Dritten Welt und verurteilte jede Form der Diktatur aufs Schärfste. 1986 schockierte Palmes Ermordung auf offener Straße in Stockholm die ganze Welt. Bis heute ist der Fall nicht aufgeklärt.

Bedeutende Veränderungen vollzogen sich im späten 20. Jahrhundert. Die neue Verfassung von 1974 entmachtete den König politisch völlig. 1995 trat Schweden nach einer Volksabstimmung der Europäischen Union bei.

stampft. Obwohl sie gut durchdacht waren, bekamen die neuen Wohngebiete nach kurzer Zeit den Ruf von »neuen Slums«.

Nachkriegszeit

Auch wenn die Sozialdemokraten zwischen den 1930er und 1970er Jahren die Regierung stellten, war das Kräfteverhältnis zwischen Sozialisten und bürgerlichem Lager seit dem Zweiten Weltkrieg ausgewogen.

Schweden heute

Im Jahr 2000 erhielt Schwedens Kirche eine neue Rolle: Nach mehr als 400 Jahren löste sie ihre Verbindung zum Staat.

Schwedens Wirtschaft zeichnet sich durch ein relativ stabiles Wachstum aus. Der Großteil der Bevölkerung ist vergleichsweise wohlhabend. Die rasante technische Entwicklung und die Globalisierung bescherten dem Land neue Arbeitsplätze sowie einen Zuzug an Fachkräften – mit dem Resultat, dass Schweden inzwischen international eine führende Rolle vor allem in der Informationstechnologie und im Dienstleistungssektor einnimmt.

Stockholms Stadtteil Vällingby erregte in den 1950er Jahren bei Stadtplanern Aufmerksamkeit

Kronprinzessin Victoria

1974 Der König verliert alle politischen Rechte

1980 Eine neue Verfassung lässt Frauen für die Thronfolge zu

1995 Schweden tritt der EU bei

2000 Einweihung der Öresund-Brücke zwischen Dänemark und Schweden

2003 Schweden stimmt gegen die Einführung des Euro

1980 | **2000** | **2020**

1986 Ministerpräsident Olof Palme wird in Stockholm ermordet

1973 Gustaf VI. Adolf stirbt, sein Enkel Carl XVI. Gustaf ist Thronfolger

2003 Ermordung der Außenministerin Anna Lindh

2000 Trennung von Kirche und Staat

2014 Reichstagswahl, Regierung: Sozialdemokratische Arbeiterpartei unter Ministerpräsident Stefan Löfven

2013 König Carl XVI. Gustaf feiert 40-jähriges Krönungsjubiläum

2012 Geburt von Estelle, Tochter von Victoria

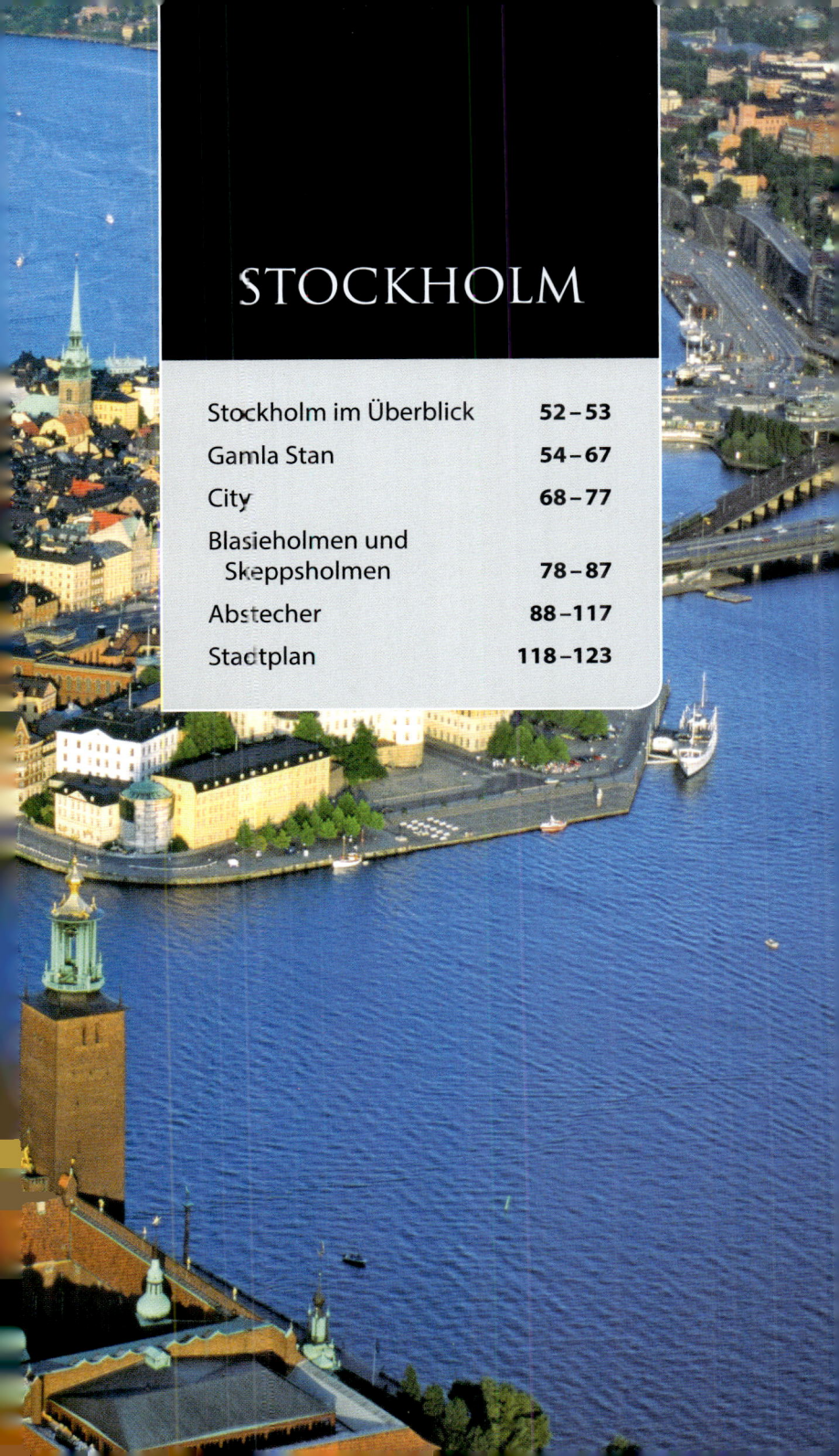

STOCKHOLM

Stockholm im Überblick	52–53
Gamla Stan	54–67
City	68–77
Blasieholmen und Skeppsholmen	78–87
Abstecher	88–117
Stadtplan	118–123

Stockholm im Überblick

Stockholm hat um die 100 Museen mit den verschiedensten Schwerpunkten sowie Gebäude von historischem und architektonischem Interesse, etwa das Stadshuset (Rathaus). Die musealen Sammlungen reichen von den Schätzen und Antiquitäten des Kungliga Slottet (Königliches Schloss) bis zu zeitgenössischer Kunst im Moderna Museet und zum historischen Kriegsschiff *Vasa* im Vasamuseet. Überall findet man schöne Plätze mit viel Grün – sogar schwimmen kann man mitten in der Stadt.

Hallwylska Palatset
Dank einer kunstsinnigen Gräfin wurde aus dem verschwenderisch ausgestatteten Palais (19. Jh.) ein großartiges Museum mit 67 000 Exponaten.

Vasastaden

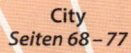
City
Seiten 68–77

Stadshuset
Das auffällige, 1923 eingeweihte Gebäude ist Sitz der Stadtverwaltung und Wahrzeichen Stockholms. Hier finden auch die Feierlichkeiten zur Nobelpreisverleihung statt.

Kungsholmen

0 Meter 500

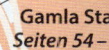
Gamla Sta
Seiten 54–

Schwimmen in der Stadt
Im Sommer kann man in der Innenstadt baden, das saubere Wasser ist etwa 20 °C warm. Långholmen *(siehe S. 108)* besitzt Sandstrände und glatte Felsen – ein idealer Ort zum Schwimmen.

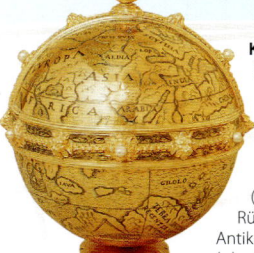

Kungliga Slottet
Das an sich sehenswerte Königliche Schloss beherbergt noch vier Museen: die Schatzkammer mit dem Reichsapfel Eriks XIV. (1561), die königliche Rüstkammer, das Antikenmuseum Gustavs III. und das Museum Tre Kronor.

◀ Blick aus der Luft auf das Zentrum von Stockholm

STOCKHOLM IM ÜBERBLICK | 53

Nationalmuseum
Schwedens größtes Kunstmuseum besitzt eine grandiose Sammlung: schwedische Malerei des 18. und 19. Jahrhunderts sowie französische Kunst des 18. und niederländische Werke des 17. Jahrhunderts. Das Gemälde *Bacchanal auf Andros* schuf Rubens um 1630.

Nordiska Museet
Eine Statue von Karl X. Gustav thront vor dem beeindruckenden Gebäude von 1907. Die hier gezeigten Exponate beleuchten schwedische Lebensweise und Gebräuche.

Östermalm

Skansen
Das erste Freilichtmuseum der Welt (gegründet 1891) zeigt das Schweden vergangener Tage: Bauernhöfe, Herrenhäuser und Handwerker bei der Arbeit. Nordische Fauna und Flora bilden einen weiteren Schwerpunkt.

**Blasie-
holmen**

Djurgården

**Skepps-
holmen**
Seiten 78 – 87

öder-
almn

Moderna Museet
Die Skulptur *Paradies* (1966) von Tinguely und Niki de Saint Phalle weist den Weg zum Modernen Museum mit seiner exquisiten Sammlung.

Vasamuseet
Prunkstück des Museums ist die *Vasa*. Das Kriegsschiff ging 1628 unter, 333 Jahre später wurde das Wrack geborgen. Auch nach der Restaurierung sind 75 Prozent der Teile original.

Gamla Stan

Reste des alten Stockholm aus dem 13. Jahrhundert findet man auf Stadsholmen, der größten Insel von Stockholms Gamla Stan (Altstadt). Die Insel ist ein riesiges Areal historischer Relikte, viele Sehenswürdigkeiten liegen hier nahe beieinander.

Das Königliche Schloss ist Symbol für Schwedens Großmachtstellung im 17. und frühen 18. Jahrhundert (siehe S. 42f). Seine prunkvollen Säle, die Gemächer und die Einrichtung passen gut zum Bau im Barockstil. Die majestätischen Gebäude in der Umgebung unterstreichen Stockholms Rolle als Hauptstadt. Dieser Stadtteil mit seiner speziellen Ausstrahlung hat viel zu bieten: geschäftige Straßen mit Souvenirläden, Buchhandlungen und Antiquitätengeschäften, elegante Palais, Kirchen und Museen. Viele mittelalterliche Keller sind heute Restaurants oder Cafés. Die engen Straßen erinnern an eine vergangene Zeit.

Brücken führen nach Riddarholmen mit Bauten aus dem 17. Jahrhundert und der königlichen Krypta sowie nach Helgeandsholmen mit dem prächtigen Riksdagshuset (Parlamentsgebäude).

Sehenswürdigkeiten auf einen Blick

Schlösser und Museen
- ❶ Kungliga Slottet (Königliches Schloss) S. 58 – 61
- ❷ Livrustkammaren
- ❸ Kungliga Myntkabinettet
- ❿ Postmuseum
- ⓰ Stockholms Medeltidsmuseum

Öffentliche Gebäude
- ⓮ Riddarhuset
- ⓯ Riksdagshuset

Historische Gebäude
- ❹ Tessinska Palatset
- ⓬ Wrangelska Palatset

Straßen und Plätze
- ❻ Stortorget
- ❽ Mårten Trotzigs Gränd
- ❾ Västerlånggatan
- ⓭ Evert Taubes Terrass

Kirchen
- ❺ Storkyrkan
- ❼ Tyska Kyrkan
- ⓫ Riddarholmskyrkan

Restaurants in diesem Stadtteil
siehe S. 294

Stadtplan 3

◀ Bernt Notkes Skulptur Der heilige Georg und der Drache in der Storkyrkan (siehe S. 63)

Zeichenerklärung
siehe hintere Umschlagklappe

Im Detail: Slottsbacken

Slottsbacken ist mehr als nur ein steiler Hügel, der Skeppsbron mit dem höchsten Teil von Gamla Stan verbindet. Hier finden die feierlichen Aufmärsche und der Wachwechsel der Hofgarde statt, ausländische Staatsbesuche gelangen von hier zur Audienz ins Königliche Schloss. Entlang Slottsbacken präsentiert sich das Schloss mit den Eingängen zur Schatzkammer (Skattkammaren), zum Reichssaal (Rikssalen) und zur Schlosskirche (Slottskyrkan) von seiner schönsten Seite. Der 1799 aufgestellte Obelisk entsprach dem Ehrgeiz von Nicodemus Tessin d. J.: Er wollte Stockholm zu einer führenden europäischen Stadt ausbauen und das Ganze entsprechend prächtig gestalten.

Die Statue von Olaus Petri bei der Storkyrkan steht vor einer Tafel mit der Geschichte der Kathedrale seit 1264.

Äußerer Hofplatz

Axel Oxenstiernas Palats (1653) ist ein für Stockholm untypisches Beispiel des römischen Manierismus. 30 Jahre lang war der Kanzler Axel Oxenstierna (1583–1654) eine der wichtigsten Figuren im Gefüge der schwedischen Machtpolitik (siehe S. 40f).

TRÅNGSUND

STORTORGET

Der Obelisk von Louis Jean Desprez wurde 1799 errichtet, um den Bürgern für die Unterstützung im Krieg gegen Russland 1788–90 zu danken.

Börse (siehe S. 64)

❺ ★ **Storkyrkan**
Die Kathedrale mit dem spätgotischen Innenraum ist voller Schätze aus verschiedenen Epochen.

0 Meter 100

❻ **Stortorget**
Der Platz ist das Herz der »Stadt zwischen den Brücken«. Hier fand 1520 das »Stockholmer Blutbad« statt. Der heutige Brunnen stammt von 1778.

Hotels und Restaurants in Stockholm siehe Seiten 284f und 294f

GAMLA STAN: SLOTTSBACKEN | 57

❷ ★ Livrustkammaren
Schwedens ältestes Museum zeigt königliche Waffen, Kleidungsstücke und Wagen aus über fünf Jahrhunderten. Links ist der Hengst von Gustav II. Adolf zu sehen, wie er ihn 1632 bei der Schlacht von Lützen ritt.

Zur Orientierung
Siehe Stadtplan 3

❶ ★ Kungliga Slottet
Die Südfassade des Königlichen Schlosses weist einen Mitteltorbogen und vier Statuen auf, die französische Künstler im 18. Jahrhundert fertigten.

Die Statue Gustavs III. wurde 1799 von J. T. Sergel geschaffen, zum Gedenken an den im Jahr 1792 ermordeten König.

↓ Slussen

Auf dem Köpmantorget steht der hl. Georg mit dem Drachen (1912).

❸ Kungliga Myntkabinettet
Das königliche Münzkabinett besitzt die größte Münze der Welt. Sie stammt aus dem Jahr 1644.

Legende
— Routenempfehlung

Finska Kyrkan ist Slottsbackens ältestes Gebäude (um 1640). Ursprünglich diente es für königliche Ballspiele, aber seit 1725 ist es das religiöse Zentrum der finnischen Gemeinde.

❹ Tessinska Palatset
Nicodemus Tessin d. J., Baumeister des Königlichen Schlosses, errichtete das Palais 1694–97 für sich selbst. Seit 1968 ist es der Wohnsitz des Landeshauptmanns der Region Stockholm.

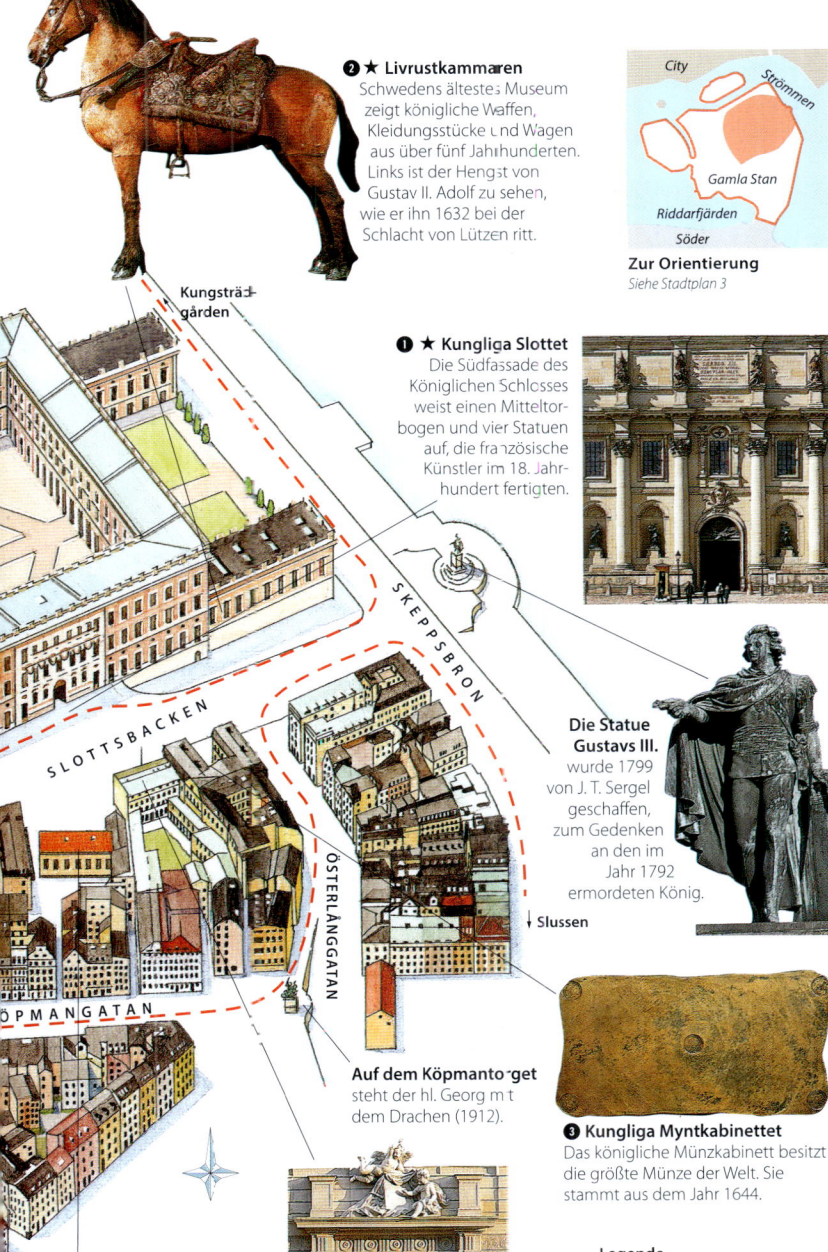

Stadtplan Stockholm *siehe Seiten 118–123*

❶ Kungliga Slottet (Königliches Schloss)

Verteidigungsanlagen und Festungen gab es auf der Insel Stadsholmen bereits seit dem 11. Jahrhundert. Die Burg Tre Kronor (Drei Kronen) wurde Mitte des 13. Jahrhunderts vollendet, aber erst 100 Jahre später als Residenz genutzt. Die Wasa-Könige bauten die Burg zu einem Renaissanceschloss um, das 1697 bis auf die Grundmauern abbrannte. An derselben Stelle errichtete der Baumeister Nicodemus Tessin d. J. ein neues Schloss mit italienischer Fassade und französischem Interieur. Die 608 Räume wurden von den besten Künstlern und Handwerkern Europas gestaltet. Adolf Fredrik bezog das Schloss 1754 als erster König. Heute ist Kungliga Slottet nicht mehr königliche Privatresidenz, dafür eine der größten Sehenswürdigkeiten.

★ Wachablösung
Eine der beliebtesten Attraktionen Stockholms ist die Wachablösung jeden Mittag im Schlosshof.

Treppenhaus im Westflügel
Der besondere Stolz Tessins waren die zwei Treppenhäuser aus schwedischem Marmor und Porphyr. Im westlichen Treppenhaus steht eine Büste des Baumeisters.

Eingang zu den Prunksälen

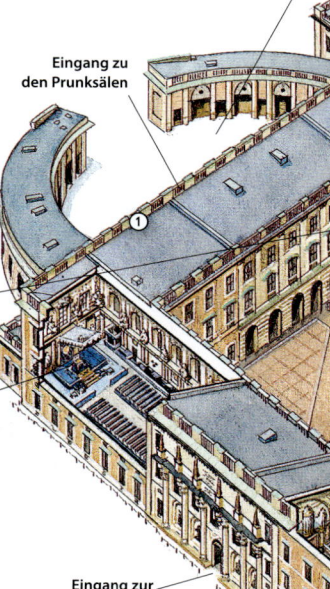

★ Reichssaal
Dieser opulente Saal lässt den Glanz höfischer Zeremonien erahnen und ist der ideale Rahmen für den wertvollsten Schatz des Schlosses, den Silberthron der Königin Kristina.

Eingang zur Schatzkammer und Schlosskirche

Außerdem

① **Der Gästetrakt** beherbergte lange Zeit wichtige Staatsgäste.

② **Die Bernadotte-Räume** liegen unter der Galerie Karls XI.

③ **Museum Tre Kronor** mit dem Eingang von Lejonbacken *(siehe S. 61)*.

④ **Carl Hårleman** spielte eine besondere Rolle bei der Gestaltung des Schlosses. Seine Büste steht hier.

⑤ **Logården** wird die Terrasse zwischen den Ostflügeln genannt.

⑥ **Livrustkammaren** *(siehe S. 62)*.

Schlosskirche
Die zauberhafte kleine Kirche wurde von vielen verschiedenen Künstlern ausgestaltet. Die Kanzel stammt von J. P. Bouchardon.

GAMLA STAN: KUNGLIGA SLOTTET | **59**

Ein königlicher Arbeitsplatz

Auch heute noch gibt es im Schloss Arbeitsräume, in denen das Königspaar Audienzen und offizielle Empfänge abhält.

Carl XVI. Gustaf und Silvia

König und Königin sind oft unterwegs, sie repräsentieren im ganzen Land bei wichtigen Ereignissen und statten dem Ausland Staatsbesuche ab. Der König ist vor allem im Bereich Umweltschutz aktiv, während sich die Königin besonders für behinderte Kinder engagiert.

Infobox

Information
Gamla Stan. **Stadtplan** 3 B2.
(08) 402 61 30.
Königl. Räume, Schatzkammer, Museum Tre Kronor ☐ Mitte Mai–Mitte Sep: tägl. 10–17 Uhr; Mitte Sep–Mitte Mai: Di–So 10–16 Uhr. ● Königl. Räume: bei offiziellen Anlässen. Mitte Mai–Mitte Sep: tägl.; Mitte Sep–Mitte Mai: Di–So.
Antikenmuseum Gustavs III.
☐ Mitte Mai–Mitte Sep: tägl. 10–17 Uhr. **Schlosskirche**
☐ Mitte Mai–Mitte Sep: tägl. 10–17 Uhr. So 11 Uhr.
W kungahuset.se

Anfahrt
Gamla Stan, Kungsträdgården.
2, 43, 55, 76.

Königliches Schlafzimmer Gustavs III.

Sergels Büste von Gustav III. (1779) steht dort, wo der König nach dem Attentat aufgebahrt lag. Das Dekor (um 1775) stammt von J. E. Rehn.

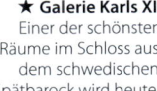

★ **Galerie Karls XI.**
Einer der schönsten Räume im Schloss aus dem schwedischen Spätbarock wird heute für königliche Bankette genutzt. In diesem Trakt befindet sich auch der berühmte Salzkeller von 1627/28.

Antikenmuseum Gustavs III.
Ein wichtiger Teil der Sammlung sind die antiken Skulpturen, die Gustav III. aus Rom mitbrachte.

Stadtplan Stockholm siehe Seiten 118–123

Kungliga Slottet: Säle und Museen

Die öffentlich zugänglichen Bereiche des Schlosses ermöglichen einen Rundgang durch prachtvolle Säle, die Kunstgegenstände von unschätzbarem Wert enthalten. Reichssaal und Schlosskirche sind prächtig ausgestattet, im Antikenmuseum Gustavs III. stehen die Marmorskulpturen, die der König von seiner Italienreise mitbrachte. Dazu kommen die Schatzkammer mit den Reichsinsignien, das Museum Tre Kronor, welches das Schloss vor dem Brand von 1697 zeigt, sowie die Livrustkammaren *(siehe S. 62)*.

Im Originalzustand: Säulenhalle in den Bernadotte-Räumen

Die Galerie Karls XI., das schönste Beispiel des Spätbarock in Schweden

Prunksäle

Seit 1982 lebt die königliche Familie auf Schloss Drottningholm *(siehe S. 112–115)*, aber offizielle Gäste werden immer noch in den Prunksälen empfangen, und auch Staatsbankette sowie die Ehrung der Nobelpreisträger finden hier statt.

Getafelt wird bei solchen Anlässen in der Galerie Karls XI. Der prachtvolle Raum ist dem Spiegelsaal von Versailles nachempfunden und das beste Beispiel für schwedischen Spätbarock. In den Nischen gegenüber den Fenstern sind unbezahlbare Kostbarkeiten ausgestellt. Sehr sehenswert ist auch der Salzkeller, der vom flämischen Maler Rubens mit Elfenbein und vergoldetem Silber ausgeschmückt wurde.

Der Raum, der als »Weißes Meer« bekannt ist, dient als Salon. Das fürstliche Schlafzimmer von Gustav III., in dem der König nach dem Attentat in der Oper 1792 starb *(siehe S. 46f)*, bildet den Höhepunkt gustavianischer Eleganz. Der Raum wurde zusammen mit dem Schlafzimmer der Königin Sofia Magdalena vom Baumeister Jean Eric Rehn entworfen. Die Türeinfassungen zum Don-Quichotte-Zimmer, das nach den Mustern seiner Tapete benannt wurde, stammen von François Boucher.

Gästetrakt

Staatsbesuche wurden in einem imposanten Teil des Schlosses beherbergt. In diesem Trakt befinden sich der Meleager-Salon, in dem Staatsgeschenke ausgetauscht und Orden verliehen werden, und ein großes Schlafgemach mit einem vergoldeten Bett. Beeindruckend sind auch der Innere Salon, dessen Ausstattung von den Ausgrabungen in Pompeji inspiriert ist, und der Margareta-Raum, benannt nach der Großmutter des Königs.

Eierbecher von König Karl XIV. Johan

Alle Räume dieses Trakts enthalten bemerkenswerte Stücke handwerklichen Könnens, geschaffen von Meistern wie Georg Haupt, Ephraim Ståhle und Jean Baptiste Masreliez.

Bernadotte-Räume

Die Suite hat ihren Namen von der Bernadotte-Ahnengalerie, die hier zu betrachten ist. Die sehenswerten Räume mit den Deckengemälden und Lüstern aus der Mitte des 18. Jahrhunderts werden zu vielen feierlichen Anlässen genutzt. In der eleganten Säulenhalle werden hohe Ämter vergeben, in dem achteckigen östlichen Kabinett, dem reinsten Rokokoraum des Schlosses, empfängt der König ausländische Botschafter. Hier und im westlichen Kabinett ist die Ausstattung genau so belassen, wie sie Carl Hårleman vor über 250 Jahren geplant hat.

Das Schreibzimmer von Oscar II. aus den 1870er Jahren befindet sich ebenfalls im ursprünglichen Zustand. Natürlich wurde das Schloss jeweils dem technischen Standard angepasst. So gibt es dort seit 1883 elektrischen Strom und seit 1884 Telefon.

Reichssaal

Die Harmonie von Rokoko und Klassizismus, die den Reichssaal auszeichnet, ist das Werk der Baumeister Nicodemus Tessin d. J. und Carl Hårleman. Der Reichssaal bietet einen angemessenen Rahmen für den silbernen Thron der Königin Kristina – ein Geschenk zur Krönung 1650 von Magnus Gabriel de la Gardie, gefertigt vom Goldschmied Abraham Drentwett in Augsburg. Der Baldachin, eine Arbeit von Jean Eric Rehn, kam erst 100 Jahre später anlässlich der Krönung König Adolf Fredriks hinzu.

GAMLA STAN: KUNGLIGA SLOTTET

Die Ausstattung des Reichssaals ist überaus prunkvoll. Zwei riesige Statuen von Karl XIV. Johan und Gustav II. Adolf flankieren den Thron. Auf den Simsen sind Frieden, Stärke, Frömmigkeit und Gerechtigkeit symbolisch dargestellt.

Bis zum Jahr 1975 war der Reichssaal Schauplatz für die feierliche Eröffnungssitzung des Parlaments (Riksdagen), begleitet vom traditionellen Aufmarsch der königlichen Leibwache. Heute wird der Reichssaal zu anderen offiziellen Anlässen genutzt. Wie auch in der Schlosskirche finden hier im Sommer Konzerte statt.

Der Reichssaal wird bei wichtigen offiziellen Anlässen genutzt

Schlosskirche

Es dauerte 50 Jahre, bis das Königliche Schloss fertig war, wobei man der Innenausstattung der Schlosskirche viel Zeit widmete. Die Arbeiten wurden vor allem von Carl Hårleman unter Anleitung Tessins ausgeführt. Wie schon beim Reichssaal brachte die Zusammenarbeit der beiden, unterstützt von ausländischen Künstlern, ein großartiges Ergebnis hervor.

Einige bemerkenswerte Kunstwerke sind erst im Lauf der Jahrhunderte hinzugekommen. Jüngeren Datums sind beispielsweise sechs Bronzekronen im Stil des 17. Jahrhunderts sowie zwei Kristallkronen, die König Carl XVI. Gustaf und Königin Silvia von der königlichen Familie im Jahr 1976 als Hochzeitsgeschenk erhielten.

Ebenfalls zu sehen sind Überreste der Festung Tre Kronor: Die von Tessin georderten Bänke wurden 1697 aus den Flammen gerettet, aber erst im 19. Jahrhundert in der Kirche aufgestellt. Sie sind von Georg Haupt, dem Großvater jenes Georg Haupt, der viele Möbel für das Schloss schuf.

Antikenmuseum Gustavs III.

Das Museum wurde 1794 zum Gedenken an den ermordeten König eröffnet und beherbergte ursprünglich mehr als 200 Ausstellungsstücke, die zum Großteil von Gustavs Italienreise 1783/84 stammten und später durch Ankäufe ergänzt wurden.

1866 wurde die Sammlung ins Nationalmuseum (siehe S. 86f) verlegt. In den Jahren um 1950 wurde der Hauptraum renoviert, 30 Jahre später die kleineren Nebenräume, sodass die Ausstellung wieder an ihren Originalplatz zurückverlegt werden konnte.

Im großen Raum findet man die berühmtesten Exponate, darunter die bekannte Plastik von Endymion, dem in den ewigen Schlaf versetzten Schafhirten, dem Geliebten der Mondgöttin Selene. Johan Tobias Sergel ist mit seiner Skulptur *Die Priesterin* vertreten, die von zwei Leuchtern flankiert wird und als zweitwichtigstes Stück der Sammlung gilt.

Schatzkammer

Am Fuß von 56 ausgetretenen Stufen, unterhalb der Reichshalle an der Südseite des Schlosses, befindet sich der Eingang zur Schatzkammer (Skattkammaren), in der die Reichsinsignien, die wichtigsten Symbole königlicher Macht, aufbewahrt werden.

Bei den wenigen Gelegenheiten, zu denen man Krone, Zepter, Reichsapfel und Reichsschlüssel von König Erik XIV. aus ihrer Vitrine nimmt, werden die Insignien neben dem un-

Die Krone Eriks XIV., gefertigt 1561 von Cornelis ver Weiden

gekrönten König Carl XVI. Gustaf aufgebaut.

Das ein Meter hohe silberne Taufbecken, für dessen Herstellung der französische Silberschmied Jean François Cousinet elf Jahre benötigte, wird auch heute noch für königliche Taufen genutzt.

Museum Tre Kronor

Ein Highlight bei einer Schlossbesichtigung ist das Museum Tre Kronor (Drei Kronen). Es wurde 1999 im ältesten Teil der zerstörten Festung unter der Nordseite des Schlosses eröffnet. Ein Teil einer massiven Verteidigungsmauer aus dem 12. Jahrhundert sowie Ziegelgewölbe aus dem 16. und 17. Jahrhundert bilden eine einzigartige Kulisse, in der man sich die fast tausendjährige Geschichte des Schlosses vergegenwärtigen kann.

Zwei Modelle zeigen die Veränderungen der Festung Tre Kronor im 17. Jahrhundert bis zum großen Brand. Unter den Gegenständen, die aus der Asche gerettet werden konnten, befinden sich Gefäße aus Bernstein und Bergkristall.

Glasschale im Museum Tre Kronor, die den Brand 1697 überstand

Stadtplan Stockholm siehe Seiten 118–123

❷ Livrustkammaren

Slottsbacken 3. **Stadtplan** 3 C2.
📞 (08) 402 30 30. 🚇 Gamla Stan.
🚌 2, 43, 55, 76. 🕐 Mai: tägl. 11–17 Uhr; Juni: tägl. 10–17 Uhr; Juli–Mitte Aug: tägl. 10–18 Uhr; Mitte Aug–Apr: Di–So 11–17 Uhr (Do bis 20 Uhr).
🌐 livrustkammaren.se

Die königliche Leibrüstkammer von 1628 ist Schwedens ältestes Museum. Gezeigt werden Kunstobjekte und Gebrauchsgegenstände der königlichen Familie aus fünf Jahrhunderten. Ältestes Exponat ist der Helm von Gustav I. Wasa von 1542. Man sieht den ausgestopften Hengst von Gustav II. Adolf, den er 1632 in der Schlacht bei Lützen ritt. Das Kostüm von Gustav III., in dem er während des Maskenballs 1792 ermordet wurde, ist ebenso ausgestellt wie die blaue Uniform Karls XII. mit den immer noch schmutzigen Stiefeln, die er 1718 bei seinem Tod während der Belagerung von Fredriksten in Norwegen trug.

Die Krönungsgewänder, die König Adolf Fredrik und Königin Lovisa Ulrika im Jahr 1751 trugen, geben einen Eindruck von der Hofzeremonie. Des Königs Kleidung war mit zwei Kilogramm Silber geschmückt. Die Krönungskarosse (17. Jh.) wurde dafür aufgepeppt. Die Restaurierung in den 1970er Jahren dauerte acht Jahre und verschlang 700 000 Kronen. Im Kellergewölbe – einst das Brennholzlager – werden die Stücke stimmungsvoll angestrahlt präsentiert.

❸ Kungliga Myntkabinettet

Slottsbacken 6. **Stadtplan** 3 C3.
📞 (08) 519 553 00. 🚇 Gamla Stan.
🚌 2, 43, 55, 76. 🕐 tägl. 10–16 Uhr.
⚫ Feiertage. 🆓 Mo frei. 📅 nach Vereinbarung.
🌐 myntkabinettet.se

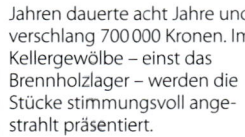

Schwedens erste Münze aus dem Jahr 995

Das Königliche Münzkabinett verfügt über eine umfangreiche Sammlung und dokumentiert die Geschichte des Geldes vom 10. Jahrhundert bis heute, vom Muschelgeld über Drachme und Denar bis zur Geldkarte. Man bekommt einen Einblick in die Kunst der Medaillenprägung während der letzten 600 Jahre, sieht traditionelle Porträtmedaillen und zeitgenössische Exemplare, auch diejenigen, die den Nobelpreisträgern verliehen werden. Zu bewundern ist die erste schwedische Münze, die im späten 10. Jahrhundert unter König Olof Skötkonung herausgegeben wurde, sowie die 1644 unter Königin Kristina geprägte Münze, die mit 19,7 Kilogramm schwerste Münze der Welt. Von der Insel Yap in Mikronesien hat das Museum das wohl größte Zahlungsmittel der Welt erworben, einen sogenannten Rai-Stein, der die Besucher im Foyer erwartet.

Für Kinder gibt es ein spezielles Spielzimmer. Zu den Highlights gehören u. a. ein Piratenschiff mit einer Schatztruhe voller Goldmünzen und eine Sammlung von kitschigen Sparschweinen.

Der elegante Barockgarten des Tessinska Palatset

❹ Tessinska Palatset

Slottsbacken 4. **Stadtplan** 3 C3.
🚇 Gamla Stan. 🚌 2, 43, 55, 71, 76.
⚫ für die Öffentlichkeit.

Das Palais Tessin am Slottsbacken wird von vielen als das schönste Privathaus nördlich von Paris bezeichnet. Es ist das besterhaltene Palais aus Schwedens Großmachtzeit im 17. Jahrhundert. Tessin d. J. (1654–1728), Schwedens berühmtester Baumeister, entwarf das Haus für sich selbst.

Der relativ schmale Grundriss des 1697 fertiggestellten Gebäudes weitet sich auf einen Hof, in dem sich ein entzückender Barockgarten befindet. Die zurückhaltende Fassade mit ihrem schönen Portal ist römischen Palästen nachempfunden, Innenausstattung und Garten verweisen auf Tessins Aufenthalt in Paris und Versailles.

Tessin, der Graf und Staatsrat wurde, ließ sich die Gestaltung seines Hauses viel kosten. Skulpturen und Gemälde stammen von denselben französischen Meistern, die das Königliche Schloss ausstatteten. Allerdings musste Tessins Sohn Carl Gustav das Palais später wegen finanzieller Probleme verkaufen.

1773 erwarb die Stadt das Gebäude als Amtssitz für den Bürgermeister, seit 1968 ist es Amtssitz des Landeshauptmanns der Region Stockholm.

Hochzeitskarosse von König Adolf Fredrik und Königin Lovisa Ulrika in der Livrustkammaren

Hotels und Restaurants in Stockholm *siehe Seiten 284f und 294f*

❺ Storykyrkan

Trångsund 1. **Stadtplan** 3 B3.
📞 (08) 723 30 16. 🚇 Gamla Stan.
🚌 2, 43, 55, 76. 🕐 tägl. 10–16 Uhr.
⛪ So 11 Uhr. 📷 💶 Juli, Aug: tägl.;
Sep – Juni: Mi 10.15 Uhr. 🅿 ♿
🌐 storkyrkan.nu

Die Fassade der Storykyrkan im Stil des italienischen Barock

Stockholms 700 Jahre alte Kathedrale St. Nikolai war für Schwedens Staatskirche von großer Bedeutung. Von hier verbreitete der schwedische Reformator Olaus Petri (1493–1552) seine lutherische Botschaft über das Königreich. Nach wie vor finden in der Kirche alle großen königlichen Zeremonien statt.

Im 13. Jahrhundert stand an dieser Stelle eine kleine Kirche. 1306 wurde sie durch die größere Nikolausbasilika ersetzt und über die Jahrhunderte hinweg umgebaut. Die Innenräume wurden im 15. Jahrhundert gotisch ausgestaltet. Als man 1908 während der Restaurierungsarbeiten den Verputz von den Säulen entfernte, kamen darunter die typischen roten Ziegel zum Vorschein. Aus der späten Barockzeit stammen die »Königlichen Stühle« und die Kanzel. Die Fassade wurde dem Schloss angeglichen. Der 66 Meter hohe Turm hat vier Glocken, die größte wiegt sechs Tonnen.

Die Kathedrale beherbergt zahlreiche Kunstwerke, darunter die Skulptur *Der heilige Georg und der Drache*, eine der besten spätgotischen Arbeiten Nordeuropas. Die Skulptur links vom Altar wurde 1489 vom Lübecker Bildhauer Bernt Notke aus Eichenholz und Elchgeweih geschaffen und erinnert an den Sieg von Sten Sture d. Ä. im Jahr 1471 über die Dänen *(siehe S. 39)*. *Das Jüngste Gericht* (1696) ist ein monumentales Barockgemälde des Hamburgers David Klöcker von Ehrenstrahl. Der 3,7 Meter hohe Bronzeleuchter vor dem Altar ist wahrscheinlich deutschen Ursprungs und befindet sich seit gut 600 Jahren hier.

Einer der größten Schätze des Sakralbaus ist der Silberaltar, eine Schenkung des Diplomaten Johan Adler Salvius.

Die Kirchenbänke unweit der Kanzel, die »Königlichen Stühle«, wurden 1684 von Nicodemus Tessin d. J. entworfen. 1705 entstand die Kanzel über dem Grab von Olaus Petri.

Am 20. April 1535 war ein Lichtphänomen über Stockholm zu beobachten: sechs funkelnde Sonnenringe. Das Gemälde, das dieses erstaunliche Ereignis festhielt, hängt in der Storkyrkan und gilt als die älteste Ansicht der Hauptstadt. Man sieht die damals noch recht bescheidene Skyline Stockholms, die von der Kirche beherrscht wurde. Anlässlich der Heirat von Kronprinzessin Victoria 2010 wurde die Kathedrale renoviert.

Silberaltar (Detail) in der Storkyrkan

Der heilige Georg und der Drache (1489), Skulptur von Bernt Notke in der Storkyrkan

Stadtplan Stockholm siehe Seiten 118–123

Das imposante Gebäude der Börse an der Nordseite von Stortorget

❻ Stortorget

Stadtplan 3 B3. Gamla Stan. 2, 3, 43, 53, 55, 76. **Nobelmuseet** (08) 23 25 06. Juni–Aug: tägl. 10–18 Uhr; Sep–Mai: Di–So 11–17 Uhr (Di bis 20 Uhr). 21. Juni. tägl. nobelmuseum.se

Erst 1778, mit der Fertigstellung der Börse, erhielt der Platz im Herzen der Altstadt ein geschlossenes Erscheinungsbild. Zuvor standen an der Stelle verschiedene Bauten. Seit dem frühen Mittelalter wurde der Stortorget als Marktplatz genutzt. Früher war hier auch der Pranger, der zum Gefängnis an der nahen Kåkbrinken gehörte und heute im Rathaus auf Kungsholmen zu sehen ist.

Mittelalterliche Prägung zeigt Stortorgets Westseite, an der sich das rote Schantzska Huset (Nr. 20) und das schmale Seyfridtska Huset befinden (beide um 1655). Das Schantzska Huset ist unverändert, sein schönes Kalksteinportal zeigt ruhende römische Krieger. Wie die meisten bemerkenswerten Portale in der Altstadt stammt es von Johan Wendelstam. Auch der Giebel des Grilska Huset (Nr. 3) aus dem 17. Jahrhundert ist näherer Betrachtung wert. Heute findet man in den mittelalterlichen Gewölbekellern Cafés und Restaurants.

Die Entscheidung, eine Börse zu errichten, wurde schon 1667 getroffen, aber die vielen Kriege verzögerten den Baubeginn um 100 Jahre. Baumeister war der junge Erik Palmstedt (1741–1803), nach dessen Plänen auch der Brunnen entstand. 1990 stellte man die Börsentätigkeit hier ein.

2001, zum 100. Jahrestag des Nobelpreises, wurde das **Nobelmuseet** eröffnet. Es erklärt mit Kurzfilmen und Exponaten das Werk und die Ideen von über 700 kreativen Köpfen. Im oberen Stockwerk hält die Schwedische Akademie ihre feierlichen Versammlungen ab, eine Tradition, seit Gustav III. hier im Jahr 1786 seine Eröffnungsrede hielt.

Vom Stortorget weg führen die drei Hauptstraßen Köpmangatan, Svartmangatan und Skomakargatan. Alle drei sind die damals vorgeschriebenen acht Ellen (4,80 m) breit.

❼ Tyska Kyrkan

Svartmangatan 16. **Stadtplan** 3 B3. (08) 411 11 88. Gamla Stan. 2, 3, 43, 53, 55, 71, 76. Mai–Sep: tägl. 11–17 Uhr; Okt–Apr: Mi, Fr, Sa 12–16 Uhr. während Messen. So 11 Uhr (deutsch). nach Voranmeldung (schwedisch und deutsch).

Die »Deutsche Kirche« (St. Gertrud) erinnert an den großen Einfluss der Deutschen auf das Stockholm des 18. Jahrhunderts. Damals kontrollierte die Hanse die Ostsee, was erklärt, warum Gamla Stan in seiner Anlage der Stadt Lübeck ähnelt. Der politische Einfluss Deutschlands war nach dem Stockholmer Blutbad und der Machtübernahme Gustav Wasas im Jahr 1523 *(siehe S. 40)* zwar vorüber, der kulturelle und wirtschaftliche Einfluss blieb jedoch weiterhin stark, da sich deutsche Kaufleute und Handwerker in Stockholm niederließen.

Die Gründung der Kirchengemeinde, die heute etwa 2000 Mitglieder hat, erfolgte 1571. Die heutige Kirche mit ihren zwei Schiffen wurde von 1638–42 als Erweiterung einer kleineren Kirche erbaut, die die Gemeinde seit 1576 genutzt hatte.

Stockholmer Blutbad

Detail einer Radierung (1524) des Blutbads

Der Name Stortorget ist untrennbar mit dem Stockholmer Blutbad vom November 1520 verbunden. Der dänische König Christian II. belagerte den schwedischen Regenten Sten Sture d.J., bis dieser kapitulierte. Die Schweden machten daraufhin Christian zum König. Er versprach Amnestie und veranstaltete ein dreitägiges Gelage auf der Festung Tre Kronor. Doch gegen Ende der Feierlichkeiten warf man die Gäste in den Kerker. Am Tag darauf wurden etwa 100 Adlige und Bürger auf dem Platz enthauptet.

Die königliche Galerie (17. Jh.) in der Tyska Kyrkan

Hotels und Restaurants in Stockholm *siehe Seiten 284f und 294f*

Der Innenraum im Stil der deutschen Spätrenaissance und des deutschen Barock erhielt 1672 eine zusätzliche Galerie für die deutschen Mitglieder des Königshauses. Die Kanzel, 1660 aus Ebenholz und Alabaster gefertigt, ist in Schweden einzigartig. Der Altar (um 1645) weist Gemälde und Apostelfiguren auf. Die Skulpturen am Südportal von Jobst Hennen zeigen Jesus, Moses sowie die Allegorien von Glaube, Liebe und Hoffnung.

Mårten Trotzigs Gränd, die schmalste Gasse der Stadt

8 Mårten Trotzigs Gränd

Stadtplan 3 C4. (T) Gamla Stan. 2, 3, 43, 53, 55, 71, 76.

Mit nur 90 Zentimeter Breite ist Mårten Trotzigs Gränd die engste Gasse der Stadt. Ihre 36 Stufen machen einem die Höhenunterschiede in der Altstadt und die dichte Bebauung bewusst. Mårten Trotzigs Gränd ist nach dem deutschen Kaufmann Traubzich benannt, der hier Ende des 16. Jahrhunderts zwei Häuser besaß. Nachdem die Gasse über 100 Jahre lang selbst für Fußgänger gesperrt war, wurde sie 1945 wieder geöffnet.

9 Västerlånggatan

Stadtplan 3 B3. (T) Gamla Stan. 2, 3, 43, 53, 55, 71, 76.

Früher lag die Straße außerhalb der eigentlichen Stadt und verlief teils entlang der Stadtmauer. Heute führt die Västerlånggatan durch das Herz der Altstadt. Gewöhnlich drängeln sich hier Einheimische und Besucher beim Shoppen oder Bummeln. Im Norden beim Mynttorget befinden sich das Kanzleramtsbüro (Kanslihuset) und Lejonbacken, im Süden liegt Järntorget, auf dem früher die Ausfuhr von Eisen kontrolliert wurde. Daneben erhebt sich das Bancohuset, das von 1680 bis 1906 als Zentrale der Staatsbank diente.

Das Gebäude Nr. 7 wird seit Mitte der 1990er Jahre vom schwedischen Parlament genutzt. Die Fassade aus dem später 19. Jahrhundert ist südeuropäisch geprägt. Haus Nr. 27 erbaute Erik Palmstedt, der auch Börse und Brunnen auf dem Stortorget entworfen hatte, für sich. Haus Nr. 29 ist ein Gebäude aus dem frühen 15. Jahrhundert. Die ursprünglichen gotischen Spitzbogen kamen bei der Restaurierung in den 1940er Jahren wieder zum Vorschein.

Haus Nr. 33 ist ein Beispiel dafür, wie es im späten 19. Jahrhundert mit neuen Materialien und Techniken gelang, Schaufenster in alte Häuser zu integrieren. Auch die gusseisernen Säulen stammen aus dieser Zeit.

Das Von-der-Lindeska-Haus (Nr. 68) besitzt eine majestätische Fassade (17. Jh.) und ein schönes Portal mit Skulpturen, die Neptun und Merkur darstellen.

10 Postmuseum

Lilla Nygatan 6. **Stadtplan** 3 B3. (010) 436 44 39. (T) Gamla Stan. 3, 53. Di–So 11–16 Uhr (Sep–Apr: Mi bis 19 Uhr). nach Voranmeldung. postmuseum.posten.se

Schon das Gebäude ist beeindruckend und erstreckt sich über ein großes Areal, das die schwedische Post 1720 erwarb.

Västerlånggatan ist die beliebteste Shopping-Meile in Gamla Stan

Mauritius-Briefmarke im Postmuseum

Etwa 100 Jahre später wurde mit dem Bau begonnen, wobei man Teile der existierenden Gebäude aus dem 17. Jahrhundert mit einbezog. Bis 1869 war dies Stockholms einziges Postgebäude, 1906 wurde es Postmuseum.

Briefe konnten in Schweden seit 1636 verschickt werden, ein Bild zeigt frühe Postboten, wie sie in ihrem Boot *Simpan* gegen die Åland-See kämpfen. Im Museum stehen auch der erste Postbus, der in den 1920er Jahren im Norden Schwedens unterwegs war, und eine Postkutsche aus dem Osten des Landes.

Eine umfangreiche Philatelie-Sammlung zeigt Schwedens erste Briefmarkendruckpresse und vier Millionen Briefmarken, darunter die ersten schwedischen von 1855. Ebenfalls ausgestellt sind die »One Penny Black«, die erste Briefmarke der Welt von 1840, sowie einige 1847 in Mauritius ausgegebene Marken.

Zum Museum gehört eine philatelistische Bibliothek. Im Workshop »Kleines Postamt« erfahren Kinder, wie ein Postamt in den 1920er Jahren funktionierte.

⓫ Riddarholms-kyrkan

Birger Jarls Torg. **Stadtplan** 3 A3.
📞 (08) 402 61 30. Ⓣ Gamla Stan.
🚌 1, 3, 14, 53. ⚪ Mitte Mai – Mitte Sep: tägl. 10–17 Uhr. 📷 tägl. 12 Uhr (englisch). ♿

In dieser Kirche auf der Insel Riddarholmen finden die königlichen Begräbnisse statt. Innen sind geschmückte Sarkophage und alte Grabsteine zu sehen. Gegenüber dem Altar befinden sich die Grabstätten der mittelalterlichen Könige Karl Knutsson und Magnus Ladulås.

Die majestätische Ziegelkirche wurde an der Stelle der Franziskanerabtei (spätes 13. Jh.) erbaut und im Lauf der Jahrhunderte ständig vergrößert. Nach einem Brand im Jahr 1835 erhielt sie ihre gusseiserne Turmspitze.

Die Kirche ist von bedeutenden Grabstätten umgeben, deren älteste aus dem 17. Jahrhundert stammen. Das letzte Grabmal wurde 1858–60 für die Bernadotte-Dynastie errichtet. Die Gräber enthalten die sterblichen Überreste aller schwedischen Könige von Gustav II. Adolf (17. Jh.) bis in die Gegenwart. Es gibt nur zwei Ausnahmen: Königin Kristina wurde 1689 im Petersdom in Rom beigesetzt, Gustav VI. Adolf 1973 in Hagaparken *(siehe S. 102f)*. Der prächtigste Sarkophag ist derjenige von Karl XIV. Johan aus dem 19. Jahrhundert. Er wurde per Schlitten von den Porphyr-Werkstätten in Nordschweden nach Stockholm gebracht.

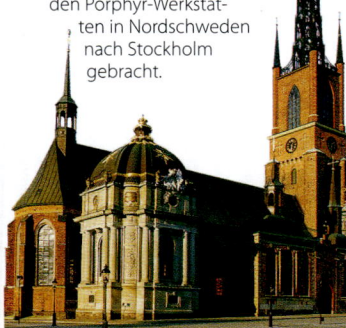

Riddarholmskyrkan mit Grabgewölben von Tessin und Hårleman

Wrangelska Palatset, die königliche Residenz nach dem Brand von 1697

Besonders bewegend sind die Gräber der Königskinder und die vielen kleinen Zinnsärge um die letzte Ruhestätte von Gustav II. Adolf und Königin Maria Eleonora.

⓬ Wrangelska Palatset

Birger Jarls Torg 16. **Stadtplan** 3 A3.
Ⓣ Gamla Stan. 🚌 3, 53. ⚫ für die Öffentlichkeit.

Von dem groß angelegten Festungsbau, den Gustav I. Wasa um 1530 errichten ließ, existiert heute nur noch der Birger-Jarl-Turm. Der Wrangelska Palatset wurde 1629 als Residenz für den Adligen Lars Sparre erbaut und nur wenige Jahrzehnte später erweitert. Besitzer war jetzt Feldmarschall Carl Gustav Wrangel, der sich Nicodemus Tessin d. Ä. als Architekten nahm. Nach dem Umbau war das Palais Wrangel Stockholms größte Privatresidenz. 1693 verlor Wrangel bei einem Brand einen Großteil seiner Besitztümer. Als die Festung Tre Kronor *(siehe S. 58)* vier Jahre später abbrannte, wurde das Palais Wrangel zur königlichen Residenz. Hier legte 1697 der 15-jährige Karl XII. nach dem Tod seines Vaters den Regierungseid ab, 1746 kam hier Gustav III. zur Welt, 1792 saß sein Mörder im Verließ ein. Heute nutzt das Berufungsgericht den Wrangelska Palatset sowie das Rosenhane-Palais (Birger Jarls Torg 10) und das Hessenstein-Haus (Birger Jarls Torg 2), das Bengt Bengtsson Oxenstierna im Jahr 1630 erbauen ließ.

⓭ Evert Taubes Terrass

Norra Riddarholmshamnen. **Stadtplan** 3 A3. Ⓣ Gamla Stan. 🚌 3, 53.

Eine Statue von Evert Taube, dem beliebten Sänger und Balladenschreiber, steht auf der Terrasse unterhalb des Wrangelska Palatset und blickt über die Wasser von Riddarfjärden. Willy Gordon schuf die Bronzeskulptur 1990. In der Nähe wurde 1966 Christer Bergs elegante Granitskulptur *Solbåten* (Sonnenboot) enthüllt, die einer Muschel gleicht und aus manchen Blickwinkeln wie ein Segel wirkt.

Evert Taube (1890–1976)

⓮ Riddarhuset

Riddarhustorget 10. **Stadtplan** 3 A3.
📞 (08) 723 39 90. Ⓣ Gamla Stan.
🚌 3, 53. ⚪ Mo–Fr 11.30–12.30 Uhr.
⚫ Feiertage. 📷 nach Vereinbarung. 🌐 riddarhuset.se

Das Ritterhaus wird häufig als Stockholms schönstes Gebäude bezeichnet. Es steht am Riddarhustorget, Mitte des 19. Jahrhunderts das Zentrum der Stadt. 1641–47 wurde das

Hotels und Restaurants in Stockholm siehe Seiten 284f und 294f

GAMLA STAN | 67

Das Riddarhuset (17. Jh.) im imposanten holländischen Barockstil

Haus auf Initiative des Reichskanzlers von den Architekten Simon und Jean de la Vallée, Heinrich Wilhelm und Justus Vingboons geplant und erbaut. Damit hatte der Adel, dessen Privilegien seit 1280 festgeschrieben waren, einen Ort, wo man sich treffen und feiern konnte.

Das Riddarhuset ist ein herausragendes Beispiel für niederländischen Barock. Über dem Nordportal ist der Leitspruch des Adels, »Arte et Marte« (»Kunst und Krieg«, zu lesen, eingerahmt von Minerva, der Göttin der Künste und Wissenschaften, sowie dem Kriegsgott Mars. Die Skulpturen auf dem Dach symbolisieren die ritterlichen Tugenden. Auf der Südseite steht *nobilitas* (Adel), flankiert von *studium* (Fleiß) und *valor* (Mut). Die Entsprechungen im Norden sind *honor* (Ehre), *prudentia* (Klugheit) und *fortitudo* (Tapferkeit).

Innen führen zwei Treppen zum Rittersaal, der in die Deckengemälde von David Klöcker Ehrenstrahl (1628–1698) und einen Ebenholzstuhl von 1623 aufweisen kann. Die Wände des Saals schmücken Wappen.

❶ Riksdagshuset

Riksgatan 3 A. **Stadtplan** 3 B2. (08) 786 40 00. Kungsträdgården. 3, 43, 53, 62. für Führungen und Besichtigungen der Kammer. Sommer: tägl.; Winter: Sa, So; informieren Sie sich vorab telefonisch. riksdagen.se

Das Reichstagsgebäude (Riksdagshuset) und die Reichsbank (Riksbanken) auf Helgeandsholmen wurden 1905 bzw. 1906 eröffnet. In den 1970er und 1980er Jahren wurden die Gebäude restauriert und miteinander verbunden, um auf diese Weise eine neue, große Parlamentskammer zu schaffen. Die Einrichtung ist nordisch, mit Bänken aus schwedischer Birke und Wandpaneelen aus finnischer Birke, die mit Schnitzarbeiten versehen wurden. Der Wandteppich *Erinnerung an eine Landschaft* (1983) von Elisabeth Hasselberg-Olsson bedeckt 54 Quadratmeter Wand. Von einer Zuschauergalerie kann man die Reichstagsdebatten verfolgen.

Die renovierten Räume des alten Zwei-Kammer-Parlaments werden heute für Versammlungen der Regierungspartei genutzt. Im früheren Oberhaus hängen drei Gemälde von Otte Sköld (1894–1958). Im Unterhaus sind Werke von Axel Törneman und Georg Pauli zu sehen. In der 45 Meter langen Halle dazwischen hängen Wappen und einige Gemälde.

Der Finanzausschuss tagt in der eichengetäfelten Bibliothek mit Jugendstilleuchten.

Der alte Eingang gegenüber der Norrbro-Brücke hat eine wundervolle Treppe aus Marmor. Den jetzigen Eingang, bis 1976 der Hauptraum der Staatsbank, zieren Gemälde.

❶ Stockholms Medeltidsmuseum

Strömparterren, Norrbro. **Stadtplan** 3 B2. (08) 508 317 90. Kungsträdgården. 43, 62. Di–So 11–17 Uhr (Mi 12–17 Uhr). medeltidsmuseet.stockholm.se

Porträt von Birger Jarl, Stockholms Medeltidsmuseum

Das Museum erweckt das mittelalterliche Stockholm zum Leben. Hier werden die archäologischen Relikte der Stadt bewahrt. Wichtigste Fundstücke sind Teile der Stadtmauer, die um 1535 erbaut und während Grabungsarbeiten 1978–80 entdeckt wurde.

Das Museum ist großteils unterirdisch und beherbergt u. a. das 22 Meter lange Riddarholm-Schiff, das 1930 gefunden wurde und aus den 1520er Jahren stammt. Vom Eingang führt ein 350 Jahre alter Tunnel in eine rekonstruierte mittelalterliche Welt. Es gibt einen Pranger, einen Galgenhügel sowie Henkerswerkzeuge. Der alte Hafen wurde mit Kaimauer, Landungsstegen, Bootshäusern und Läden nachgebaut.

Vor dem Museum liegt ein mittelalterlicher Kräutergarten. Neben Wechselausstellungen organisiert das Museum Vorträge sowie Workshops für Kinder.

Der neue Reichstag auf Helgeandsholmen, dahinter das alte Gebäude

Stadtplan Stockholm *siehe Seiten 118–123*

City

Bürgerliche und Adlige bauten sich Mitte des 18. Jahrhunderts in dem Gebiet, das wir heute als City kennen, Häuser und Palais aus Stein. Nach dem Zweiter Weltkrieg riss man viele Gebäude um den Hötorget ab, um den heutigen Sergels Torg aufzubauen. Schöne alte Wohnhäuser wurden durch Bürobauten ersetzt. In den letzten Jahren blühte die Gegend jedoch wieder auf und wurde zur wirklichen Mitte Stockholms, ein Dreh- und Angelpunkt für den öffentlichen Verkehr und das Bankwesen. Hier findet man die attraktivsten Kaufhäuser und Shopping-Passagen, die schicksten Boutiquen und angesagtesten Clubs der Stadt. Es gibt viele hübsche Plätze und Parkanlagen, die als sehr beliebte Treffpunkte dienen. Die einzigartige Lage Stockholms ist auch in der City allerorts zu spüren: Oft wird man von einem unerwarteten Blick aufs Wasser, auf den lebhaften Bootsverkehr und auf die geduldigen Angler entlang dem Ufer überrascht.

Sehenswürdigkeiten auf einen Blick

Museen
- ❺ Dansmuseet
- ❻ Medelhavsmuseet
- ⓫ Strindbergsmuseet Blå Tornet
- ⓮ Armémuseum
- ⓯ Musik- & Teatermuseet
- ⓲ Hallwylska Palatset

Kirchen
- ❸ Jacobs Kyrka
- ❽ Klara Kyrka
- ⓬ Adolf Fredriks Kyrka

Platz
- ❷ Kungsträdgården

Öffentliche Gebäude
- ❶ Nordiska Kompaniet (NK)
- ❼ Arvfurstens Palats
- ⓭ Kungliga Biblioteket
- ⓰ Hovstallet

Theater und Konzertsäle
- ❹ Kungliga Operan
- ❾ Kulturhuset und Stockholms Stadsteatern
- ❿ Konserthuset
- ⓱ Kungliga Dramatiska Teatern

Stadtplan *1, 2 und 3*

Restaurants in diesem Stadtteil *siehe S. 294*

◀ Statue von Gustav II. Adolf auf dem Gustav Adolfs Torg *(siehe S. 70)*

Im Detail: Kungsträdgården

Der ehemalige Schlossgarten (wörtlich: »Schrebergarten des Königs«) hat eine Geschichte, die bis ins 15. Jahrhundert zurückreicht. Schon seit König Gustav III. ist er öffentlich zugänglich, heute halten sich hier Einheimische und Besucher gern auf. Im Sommer gibt es zahlreiche Open-Air-Veranstaltungen und Konzerte, im Winter kann man Schlittschuh laufen. Rings um den Kungsträdgården findet man viele Kirchen und Museen, aber auch Läden, Cafés und Restaurants. Nur ein Katzensprung ist es zu Gustav Adolfs Torg mit der Oper und dem Außenministerium.

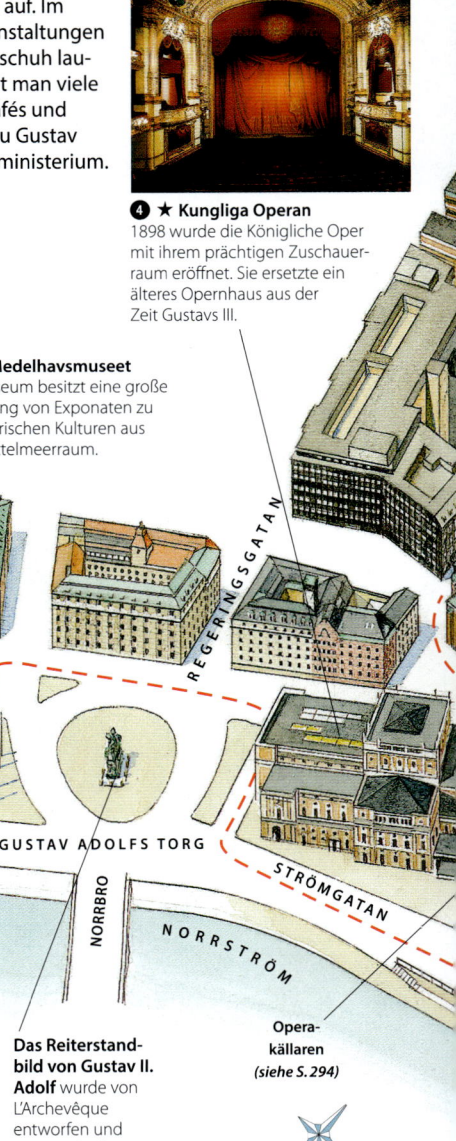

❹ ★ Kungliga Operan
1898 wurde die Königliche Oper mit ihrem prächtigen Zuschauerraum eröffnet. Sie ersetzte ein älteres Opernhaus aus der Zeit Gustavs III.

❻ ★ Medelhavsmuseet
Das Museum besitzt eine große Sammlung von Exponaten zu prähistorischen Kulturen aus dem Mittelmeerraum.

Sagerska Palatset

FREDSGATAN

REGERINGSGATAN

STRÖMGATAN

GUSTAV ADOLFS TORG

NORRBRO

NORRSTRÖM

STRÖMGATAN

Operakällaren
(siehe S. 294)

Das Reiterstandbild von Gustav II. Adolf wurde von L'Archevêque entworfen und 1796 enthüllt.

❼ Arvfurstens Palats
Der Palast, der 1794 für Sofia Albertina, die Schwester Gustavs III., erbaut wurde, ist Sitz des Außenministeriums.

Legende
— Routenempfehlung

Hotels und Restaurants in Stockholm siehe Seiten 284f und 294f

CITY: KUNGSTRÄDGÅRDEN | 71

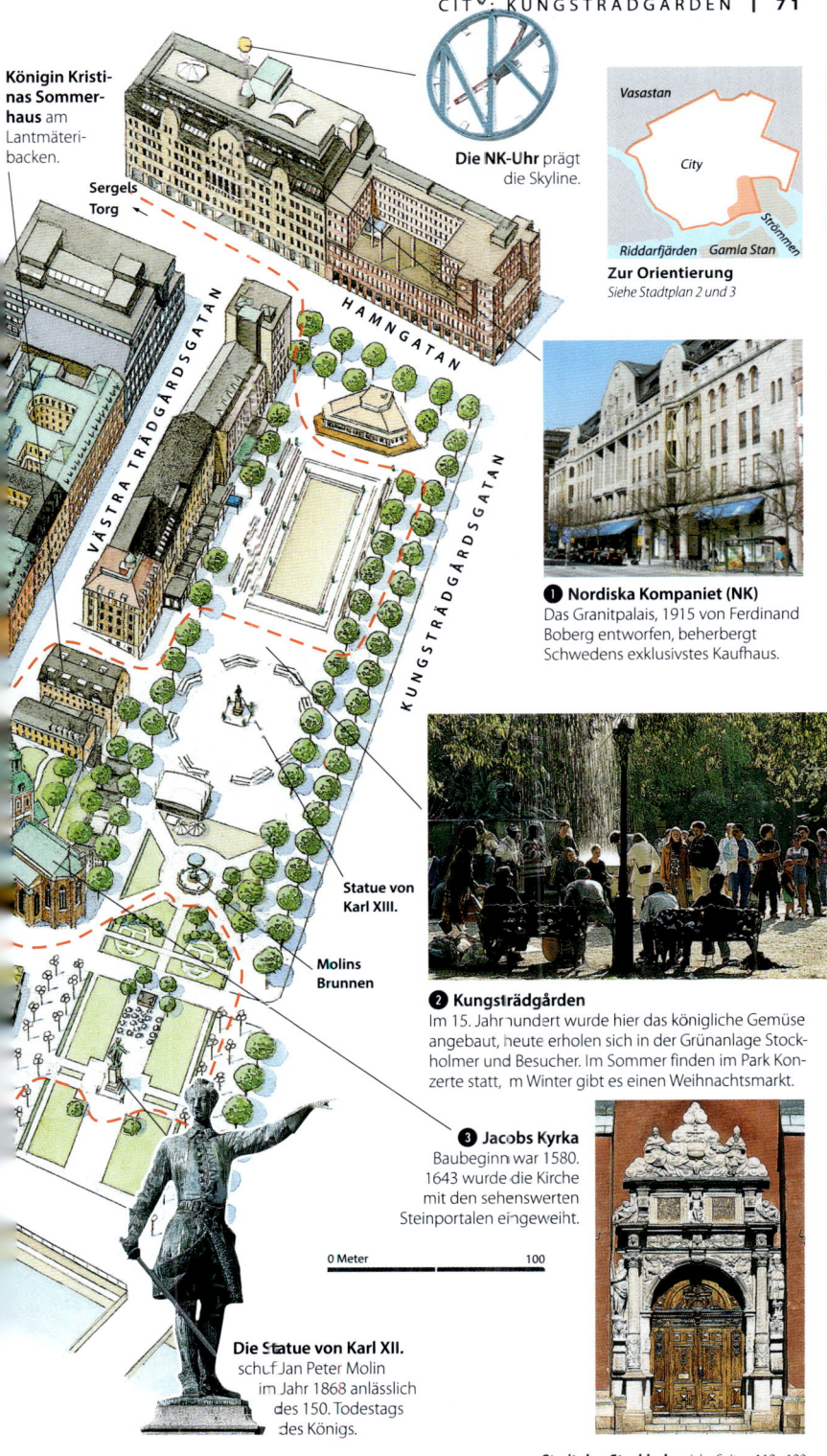

Königin Kristinas Sommerhaus am Lantmäteribacken.

Die NK-Uhr prägt die Skyline.

Sergels Torg

Zur Orientierung
Siehe Stadtplan 2 und 3

❶ Nordiska Kompaniet (NK)
Das Granitpalais, 1915 von Ferdinand Boberg entworfen, beherbergt Schwedens exklusivstes Kaufhaus.

Statue von Karl XIII.

Molins Brunnen

❷ Kungsträdgården
Im 15. Jahrhundert wurde hier das königliche Gemüse angebaut, heute erholen sich in der Grünanlage Stockholmer und Besucher. Im Sommer finden im Park Konzerte statt, im Winter gibt es einen Weihnachtsmarkt.

❸ Jacobs Kyrka
Baubeginn war 1580. 1643 wurde die Kirche mit den sehenswerten Steinportalen eingeweiht.

0 Meter — 100

Die Statue von Karl XII.
schuf Jan Peter Molin im Jahr 1868 anlässlich des 150. Todestags des Königs.

Stadtplan Stockholm *siehe Seiten 118–123*

❶ Nordiska Kompaniet (NK)

Hamngatan 18–20. **Stadtplan** 2 D4.
☎ (08) 762 80 00. Ⓣ T-Centralen.
🚌 47, 69, 76. 🕐 Mo–Fr 10–20,
Sa 10–18, So 12–17 Uhr.

Ferdinand Boberg entwarf das Granitpalais für das exklusive Kaufhaus Nordiska Kompaniet (NK), das seit 1915 von betuchten Kunden aufgesucht wird. Es machte sich mit schwedischem Kunsthandwerk einen Namen und schrieb Designgeschichte, als 1937 seine Textilabteilung (Textilkammaren) eröffnet wurde. Geschäftsführerin war die Textilkünstlerin Astrid Sampe, die führende Künstler und Designer wie Olle Baertling, Arne Jacobsen, Alvar Aalto und Viola Gråsten mit Stoffentwürfen beauftragte. Sampe führte zudem neue Stoffdrucktechniken ein.

Heute findet man hier nahezu alles – von Parfüm über Kleidung und Sportzubehör bis zu Glas, Silber und Porzellan. Aber eigentlich ist das NK, wie sein Gründer Josef Sachs sagte, ein kommerzielles und kulturelles Theater.

❷ Kungsträdgården

Stadtplan 3 B1. Ⓣ Kungsträdgården.
🚌 47, 69.

Der »Garten des Königs« war im 15. Jahrhundert der königliche Gemüsegarten. Heute ist die Anlage, in der das ganze Jahr über etwas los ist, ein beliebter Treffpunkt für Stockholmer. Der älteste Park der Stadt geht am Ende von der Strömgatan in einen Platz über: Karl XII:s Torg mit der von J. P. Molin geschaffenen, 1868 enthüllten Statue des kriegerischen Königs in der Mitte. Im Kungsträdgården stehen auch die Statue Karls XIII. (1809–18) von Erik Göthe sowie Molins Springbrunnen, der 1866 aus Gips hergestellt und sieben Jahre später in Bronze gegossen wurde.

Jeden Sommer finden hier etwa 150 Veranstaltungen statt. Es gibt eine überdachte Open-Air-Bühne für Konzerte, Theater, Kindertheater, Flamenco- und andere Tanzaufführungen. Viele der Veranstaltungen sind kostenlos. Hinzu kommen Festivals, etwa das Gospelchor-Festival im August.

Molins Brunnen

Im Winter verwandelt sich der zentrale Platz in eine Eislaufbahn. Ab Anfang Dezember findet hier der Weihnachtsmarkt statt.

Im Park sind Straßencafés und an beiden Enden Lokale.

❸ Jacobs Kyrka

Jakobs Torg 5. **Stadtplan** 3 B1.
☎ (08) 723 30 38. Ⓣ Kungsträdgården. 🚌 55. 🕐 Di 12–16, Mi 13–16, Do 11–18, Fr 13–18, Sa 14–17 Uhr. So 18 Uhr (englisch). ♿

Im Mittelalter befand sich an der Stelle des heutigen Kungsträdgården eine kleine Kapelle. Die dem Schutzpatron der Reisenden, dem hl. Jakob, gewidmete Kirche sowie eine weitere wurden von König Gustav I. Wasa im 16. Jahrhundert zerstört. Johann III. plante daraufhin zwei neue Kirchen in Norra Malmen, wie dieser Stadtteil genannt wurde.

Die Arbeiten an den Kirchen St. Jacob und St. Klara *(siehe S. 74)* begannen im Jahr 1580. St. Jacob wurde 1643 als erste Kirche eingeweiht. Sie ist seitdem mehrmals restauriert worden, zum Teil ziemlich ungeschickt. Dennoch sind einige Kostbarkeiten erhalten geblieben: das Taufbecken, das Kirchensilber sowie die von den Steinmetzmeistern Henrik Blom und Hans Hebel geschaffenen Portale.

Die Orgelfront entwarf Carl Hårleman, das große Gemälde an der Westwand des südlichen Kirchenschiffs stammt von Fredrik Westin, der sich im 19. Jahrhundert als Schwedens angesehenster Historienmaler hervortat.

Altar in der Jacobs Kyrka, zum Teil aus dem 17. Jahrhundert

❹ Kungliga Operan

Gustav Adolfs Torg. **Stadtplan** 3 B1.
☎ (08) 791 44 00. Ⓣ Kungsträdgården. 🚌 2, 43, 55, 62, 65.
Kartenbüro 🕐 Mo–Fr 9–18, Sa 10–14 Uhr, So bei Vorstellungen.
Sa 13 Uhr (englisch).
operan.se

Opern werden in Schweden seit dem 18. Januar 1773 gespielt, dem Tag der ersten Aufführung im Bollhuset am Slottsbacken. Das Königliche Opernhaus am Gustav Adolfs Torg wurde 1782 eingeweiht. Im späten 19. Jahrhundert jedoch war der Bau so brandgefährdet, dass man den Architekten Axel Anderberg beauftragte, ein neues Opernhaus zu entwerfen. 1898 übergab ein

Blick vom Kungsträdgården in Richtung Hamngatan

Hotels und Restaurants in Stockholm *siehe Seiten 284f und 294f*

CITY | 73

Das 28 Meter lange, goldene Foyer in der Kungliga Operan

von K. A. Wallenberg gegründetes Konsortium die neue Kungliga Operan an den Staat.

Die Bemalung des Gebäudes im Stil der Spätrenaissance ist auf das Schloss und das Parlamentsgebäude abgestimmt, an allen drei Gebäuden gibt es vergleichbare architektonische Details. Die Gestaltung des Treppenhauses mit dem Deckengemälde von Axel Jungstedt ist von der Pariser Oper inspiriert. Ein Porträt Oscars II., ebenfalls von Jungstedt, hängt im 28 Meter langen goldenen Foyer, dessen Bemalung Carl Larsson schuf. Die Flügel auf beiden Seiten der Bühne und der 11,40 Meter breite Prosceniumsbogen sind noch original. Erhalten blieb auch J.T. Sergels Engelsgruppe mit dem Nationalwappen über der Treppe. Ein Engel in Vicke Andréns Deckenfresko hält eine Skizze des Opernhauses in Händen.

❺ Dansmuseet

Drottninggatan 17. **Stadtplan** 3 A1. 🕿 (08) 441 76 50. 🚇 Kungsträdgården. 🚌 52. 🕙 Di–Fr 11–16 Uhr (Juni–Aug: Mo–Fr), Sa, So 12–16 Uhr. 🎫🍴🛍️📷♿ 🌐 dansmuseet.se

Das Tanzmuseum befindet sich in einem früheren Bankgebäude in der Drottninggatan. Das Museum wurde ursprünglich 1953 zur Ausstellung der Sammlung des schwedischen Aristokraten Rolf de Maré (1888–1964) eröffnet. Maré war ein bemerkenswerter Kunstsammler und Gründer der weltberühmten Ballets Suédois.

Das Museum erfasst alle Aspekte des Tanzes – Kostüme und Masken, Bühnenbildentwürfe, Kunst und Plakate, Bücher, Fotografien und Dokumente. Neben der Ausstellungshalle gibt es auch eine Datenbank, das Rolf-de-Maré-Studienzentrum mit Bibliothek und Archiv. Der Museumsshop bietet Schwedens größte Auswahl an Tanz-DVDs an.

Vergoldete Decke, Kungliga Operan

❻ Medelhavsmuseet

Fredsgatan 2. **Stadtplan** 3 B1. 🕿 (08) 519 553 80. 🚇 Kungsträdgården. 🚌 3, 43, 52, 62, 65. 🕙 Di–Fr 12–20, Sa, So 12–17 Uhr. 🎫🍴🛍️📷♿ 🌐 medelhavsmuseet.se

Götter und Menschen aus prähistorischen Mittelmeerkulturen stehen nahe beieinander im Medelhavsmuseet (Museum des Mittelmeerraums und des Nahen Ostens). Zu den Schätzen gehört eine große Gruppe von Terrakottafiguren, die in den 1930er Jahren von Archäologen auf Zypern entdeckt wurden. In der ägyptischen Abteilung findet man Waffen und Mumien. Modelle aus vielerlei Materialien zeigen, wie früher Häuser gebaut wurden. Das Museum besitzt auch einen faszinierenden »Goldsaal«. Die Exponate werden durch Wechselausstellungen ergänzt.

Das Gebäude wurde im 17. Jahrhundert für Gustav Horn, einen General im Dreißigjährigen Krieg, errichtet. Allein schon das Treppenhaus von 1905 und die Säulengänge um den oberen Teil der Halle sind einen Besuch wert.

❼ Arvfurstens Palats

Gustav Adolfs Torg 1. **Stadtplan** 3 B1. 🚇 Kungsträdgården. 🚌 43, 62. ⊘ für die Öffentlichkeit.

Gegenüber der Königlichen Oper, auf der anderen Seite von Gustav Adolfs Torg, steht das Palais des Erbfürsten, das für Sofia Albertina, die Schwester Gustavs III., erbaut und 1794 eingeweiht wurde. Mit dem Bau war Erik Palmstedt beauftragt worden, ein Schüler von Carl Fredrik Adelcrantz, dem Erbauer des ursprünglichen Opernhauses.

Das Palais ist dank der Arbeiten von Louis Masreliez und Georg Haupt sowie ihrer Schüler Gustav Adolf Ditzinger, Johan Tobias Sergel und Gottlieb Iwersson ein wahres Prunkstück des Gustavianischen Stils. 1906 wurde das Gebäude vom schwedischen Außenministerium als Amtssitz übernommen.

In der Nähe steht der im Stil der französischen Renaissance gehaltene Sagerska Palatset (1894), der heute als Amtssitz des Ministerpräsidenten dient.

Der Arvfurstens Palats (1794), Sitz des Außenministeriums

Stadtplan Stockholm *siehe Seiten 118–123*

Edvin Öhrströms Obelisk am Sergels Torg, links das Kulturhuset

❽ Klara Kyrka

Klara Östra Kyrkogata. **Stadtplan** 1 C4. (08) 411 73 24. T-Centralen. 47, 52, 59, 65. So–Fr 10–17, Sa 17–19.30 Uhr. **Konzerte** Do 12, Sa 18 Uhr. Sa 17, So 11 Uhr (So 14 Uhr auf Suaheli).

Bis 1527 stand an der Stelle der heutigen Kirche das Kloster St. Klara. Dann wurde es auf Befehl von Gustav I. Wasa abgerissen. Sein Sohn Johann III. gab den Auftrag zum Bau einer neuen Kirche, der 1590 vollendet wurde.

1751 brannte die Kirche ab. Den Neubau planten Carl Hårleman und C.F. Adelcrantz. Die Kanzel nach Entwürfen Hårlemans stammt von 1753. J.T. Sergel *(siehe S. 86)* schuf die Figuren der nördlichen Galerie. Ein Paar identischer Engel, ausgeführt nach Gipsmodellen des Bildhauers, schmückt die Kanzel. In den 1880er Jahren wurde der 116 Meter hohe Turm hinzugefügt, den man viele Jahre von jedem Punkt der Stadt aus sehen konnte. 1904 schuf Olle Hjortzberg die Gewölbemalereien.

Klara Kyrka, ausgeschmückt von Olle Hjortzberg

❾ Kulturhuset und Stockholms Stadsteatern

Sergels Torg 3. **Stadtplan** 1 C4. **Kulturhuset** (08) 508 315 08. **Stadsteatern** (08) 506 202 00. T-Centralen. 52, 59, 69. Di, Mi, Fr 11–19, Do 11–21, Sa, So 11–17 Uhr. für einige Bereiche. kulturhuset.stockholm.se stadsteatern.stockholm.se

Das 1974 eröffnete, von Peter Celsing entworfene Kulturhaus harmoniert gut mit Sergels Torg und ist ein Symbol der schwedischen Moderne geworden. Die Glasfassade erstreckt sich über die ganze Südseite des Platzes.

Drei Galerien des Kulturhuset bieten Wechselausstellungen. Im Kino »Klara« kann man sich Dokumentationen und Kurzfilme ansehen. »Sergels Torg 3« bietet u. a. Konzerte und hat eine Open-Air-Bühne auf dem Dach. Die »Ecotec« widmet sich Umweltfragen. »Lava« ist ein Treffpunkt für junge Leute.

Es gibt fünf Bibliotheken: In der »Kidszone« können kleine Kinder Bilder malen und Geschichten hören, »TioTretton« ist für Kinder zwischen zehn und 13 Jahren gedacht. »Serieteket« ist Schwedens einzige Bibliothek für Comics. Zur »Bibliotek Plattan« gehört ein Lesesaal mit internationalen Zeitungen und Magazinen (mit Computer-Nutzung). Die »Bibliotek Film & Musik« besitzt ein großes Archiv, das Besuchern zugänglich ist.

Es befinden sich einige hübsche Cafés im Haus. Shops bieten Designartikel an.

Auch Stockholms Stadsteater, dessen großer Zuschauerraum 1990 eröffnet wurde, liegt im Kulturhuset. Lars Fahlsten und Per Ahrbom entwarfen sechs verschiedene Bühnen – vom größten Saal (Stora Scenen) mit 550 bis zum Puppentheater mit 70 Plätzen.

❿ Konserthuset

Hötorget. **Stadtplan** 1 C4. (08) 786 02 00. Hötorget. 1, 56, 59. **Ticketbüro** Mo–Fr 11–18, Sa 11–15 Uhr und zwei Stunden vor Konzerten. konserthuset.se

Als nordische Version eines griechischen Tempels ist der Konzertsaal ein Meisterwerk des Architekten Ivar Tengbom (1878–1968) und ein Musterbeispiel für den Neoklassizismus um 1920. Tengboms Werk wurde von seinem Sohn An-

Stockholms Verwandlung

Im 20. Jahrhundert wuchs die Bevölkerung Stockholms von 250 000 auf über 1,6 Millionen im Großraum an. In den 1920er Jahren wurde offenbar, dass das alte Stadtzentrum den Bedürfnissen von Geschäftswelt, Verwaltung und Verkehr nicht mehr gerecht wurde. 1951 nahm man ein umstrittenes 30-Jahre-Programm zur Sanierung des unteren Norrmalm in Angriff. 335 von den 600 Wohnhäusern wurden abgerissen, 78 neue gebaut. Zwei Drittel der Gebäude der City stammen aus dieser Zeit.

Die ersten Schritte zur Sanierung, 1958

Hotels und Restaurants in Stockholm *siehe Seiten 284f und 294f*

CITY | 75

Carl Milles' Skulpturengruppe
Orpheus vor dem Konserthuset

Nobelpreis

Alfred Nobel (1833–1896) war Chemiker und Erfinder. Der Nobelpreis, bestehend aus einem Geldpreis und einer Medaille, wird seit 1901 jährlich am 10. Dezember, Nobels Todestag, verliehen. Die Feierlichkeiten finden im Konserthuset statt. Hier werden die Preise für Physik, Chemie, Medizin und Literatur überreicht. Seit 1969 vergibt die Bank von Schweden im Gedenken an Nobel einen Preis für Wirtschaftswissenschaften. Der Friedensnobelpreis wird im Osloer Rathaus verliehen. 1901 betrug das Preisgeld noch 150 000 Kronen, mittlerweile sind es acht Millionen Kronen.

Nobelpreis-Medaille

ders (1911–2009) weitergeführt, der für die Renovierung von 1970/71 verantwortlich war. Die Renovierung zwischen 1993 und 1996 leitete Tengboms Enkel Svante (geb. 1942).

Der 1923–26 errichtete Hauptsaal wurde aufgrund akustischer Probleme aufwendig umgebaut und modernisiert. Seine Innengestaltung ist schlicht im Vergleich mit dem Grünewald-Saal, den Isaac Grünewald (1889–1946) im Stil eines italienischen Renaissancepalais gestaltete. Die vier Marmorstatuen im großen Foyer stammen von Carl Milles, der auch die Skulpturengruppe *Orpheus* vor dem Konserthuset schuf.

Der Konzertsaal ist seit 1926 Heimat der Königlichen Philharmoniker. Das Orchester gibt rund 70 Konzerte im Jahr. Außerdem wird hier der Nobelpreis verliehen.

⓫ Strindbergsmuseet Blå Tornet

Drottninggatan 85. **Stadtplan** 1 C3. (08) 411 53 54. Rådmansgatan 52, 65. Juli, Aug: Di–So 10–16 Uhr; Sep–Juni: Di–So 12–15 Uhr. Do–So 13 Uhr (nur schwedisch).
strindbergsmuseet.se

Der weltberühmte Dramatiker August Strindberg (1849–1912) zog innerhalb von Stockholm 24 Mal um. Seine letzte Wohnstätte, der er den Namen Blå Tornet (»Blauer Turm«) gab, bezog er 1908. Zu jener Zeit genoss er bereits internationale Anerkennung.

Die Wohnung, heute das Strindberg-Museum, war damals neu gebaut, ausgestattet mit Zentralheizung, Toilette und Lift, aber ohne Küche. Strindberg nahm für Essen und andere Dienste die Pension Falkner im selben Haus in Anspruch. In seinen letzten Jahren stand er an seinem Geburtstag immer auf dem Balkon, um den Fackelzug zu genießen, den Bewunderer für ihn veranstalteten.

Das 1973 eröffnete Museum zeigt die Wohnung des Dramatikers, sein Schlaf-, Ess- und Arbeitszimmer wie zu seinen Lebzeiten, sowie 3000 Bücher, Fotos, Zeitungsausschnitte und Plakate. Im Nebengebäude würdigt eine Ausstellung den Autor, Theaterdirektor, Maler und Fotografen. Hier finden oft Wechselausstellungen und andere Veranstaltungen statt.

Auf Strindbergs Schreibtisch im Arbeitszimmer liegen noch Papiere

⓬ Adolf Fredriks Kyrka

Holländargatan 16. **Stadtplan** 1 C3. (08) 20 70 76. Hötorget. 52. Mo 10–19, Di–So 10–16 Uhr. **Konzert** Di 12.15 Uhr. Mo 19, Mi, Do 12.15, So 11 Uhr. nach Vereinbarung.

König Adolf Fredrik legte 1768 den Grundstein, Carl Fredrik Adelcrantz erbaute die klassizistische, ein wenig vom Rokoko beeinflusste Kirche in Form eines griechischen Kreuzes mit einer zentralen Kuppel.

Der Innenraum wurde im Lauf der Jahre häufig verändert, aber Altar und Kanzel sind noch im Originalzustand. Bildhauer J.T. Sergel schuf das Altarrelief, sein bedeutendstes religiöses Kunstwerk. Auch das Denkmal für den französischen Philosophen Descartes, der 1650 in Stockholm starb, stammt von

Denkmal für Descartes

Sergel. Die Kuppel wurde 1899/1900 von Julius Kronberg ausgemalt. Zu den wertvollen Schätzen aus jüngerer Zeit gehört das Altarsilber von Sigurd Persson.

Der Friedhof ist die letzte Ruhestätte von J.T. Sergel, Hjalmar Branting sowie des ermordeten Ministerpräsidenten Olof Palme (1927–1986).

Stadtplan Stockholm *siehe Seiten 118–123*

Das Armémuseum, dahinter die Kuppel der Hedvig Eleonora Kyrka

⓭ Kungliga Biblioteket

Humlegården. **Stadtplan** 2 D3. (010) 709 30 30. Östermalmstorg. 1, 2, 55, 56. Mo–Do 9–19, Fr 9–18, Sa 11–17 Uhr; Anfang Juni–Mitte Aug: Mo–Do 9–18, Fr 9–17, Sa 11–15 Uhr; nach Vereinbarung. kb.se

Die Königliche Bibliothek ist Schwedens Nationalbibliothek und zugleich eine selbstständige Abteilung der Regierung. Schon 1661, als es in Schweden nur neun Druckerpressen gab, musste von allem, was gedruckt wurde, ein Exemplar in der Königlichen Bibliothek hinterlegt werden. Das Reglement wurde 1993 auch auf elektronische Dokumente ausgeweitet. Da es heute in Schweden rund 3000 Druckereien und Verlage gibt, wird die Materialfülle immer größer.

Die Bibliothek hat inzwischen rund vier Millionen Bücher, über 14 Millionen Grafiken, 500 000 Poster, 300 000 Karten, 750 000 Porträts und 500 000 Bilder gesammelt. Die Abteilung für audiovisuelles Material besitzt acht Millionen Stunden Video- und Tonmaterial, das öffentlich zugänglich ist.

Die Bibliothek liegt im Humlegården, den Gustav II. Adolf 1619 anlegen ließ, um Hopfen anzubauen.

Die »Teufelsbibel« (13. Jh.), Kungliga Biblioteket

⓮ Armémuseum

Riddargatan 13. **Stadtplan** 2 E4. (08) 519 563 00. Östermalmstorg. 62, 69. Di 11–20, Mi–So 11–17 Uhr. sfhm.se

Das alte Zeughaus im Artilerigården beherbergt seit 1879 das Königliche Armeemuseum. In den 1990er Jahren wurde das 250 Jahre alte Gebäude renoviert, heute ist es eines der durchdachtesten und interessantesten Museen der Stadt. Die vielfältigen Exponate verteilen sich über drei Stockwerke. Lebensgroße Arrangements erzählen von Schwedens Kriegs- und Verteidigungsgeschichte. Sie zeigen nicht nur, was in der Schlacht passierte, sondern auch die Auswirkungen auf die Menschen daheim. Tagebücher, Waffen, Flaggen und Bestecke tragen zur realistischen Wirkung bei.

Im Sommer marschieren die Wachen täglich um 11.45 Uhr von hier zur Wachablösung am Königlichen Palast.

⓯ Musik- & Teatermuseet

Sibyllegatan 2. **Stadtplan** 2 E4. (08) 519 554 90. Östermalmstorg, Kungsträdgården. 47, 62, 69, 76. Di–So 12–17 Uhr. nur nach Vereinbarung. musikmuseet.se

Das Museum wurde 1979 in der ehemaligen Königlichen Bäckerei eröffnet, in der bis 1958 Brot für das Militär gebacken worden war. Es ist das älteste erhaltene Industriegebäude im Stadtzentrum. Auf drei Stockwerken gibt es Musikinstrumente sowie Exponate zur Welt der Musik, des Theaters und des Puppenspiels zu sehen. Man kann sich etwa an Harfe oder E-Gitarre erproben. Besucher bewundern Bühnenbildmodelle sowie Stockholmer und traditionelle Marionetten aus China, Birma und Mali. Im Museumsshop kann man kleinere Musikinstrumente erwerben.

Schwedisches Kornett aus der Sammlung des Musikmuseet

⓰ Hovstallet

Väpnargatan 1. **Stadtplan** 2 E4. (08) 402 61 06. Östermalmstorg. 2, 5, 71, 76. nur mit Führung. Sa, So 14 Uhr; Juli, Aug: Mo–Fr 14 Uhr. kungahuset.se

Der Marstall, zuständig für den Transport von Königsfamilie und Hofstaat, besitzt etwa 40 Kutschen, zwölf Wagen, Kutsch- und Reitpferde, allesamt schwedische Halbblüter. Zu den wertvollsten Kutschen gehört die als »Berliner« bekannte glasverkleidete Staatskarosse, die in Schweden in den Werkstätten von Adof Freyschuss hergestellt wurde. Sie kam erstmals im Jahr 1897 bei den Feierlichkeiten anlässlich des 25-jährigen Thronjubiläums von Oscar II. zum Einsatz.

Ausländische Botschafter fahren mit dem Zweisitzer Karls XV. zum Antrittsbesuch im Schloss. Die offenen Zweispänner aus der Mitte des 19. Jahrhunderts kommen normalerweise bei Umzügen zum Einsatz.

CITY | 77

Ingmar Bergman (1918–2007)

Der Regisseur Ingmar Bergman wurde 1918 in Uppsala geboren und wuchs in Östermalm auf. Seine Filme haben ihn weltberühmt gemacht, doch seine Laufbahn begann am Theater. 1963–66 war er Intendant des Dramatiska Teatern, insgesamt inszenierte er rund 120 Stücke. Der Durchbruch als Filmregisseur gelang ihm mit *Das Lächeln einer Sommernacht* (1955), mit *Das siebente Siegel* (1957) schrieb Bergman Filmgeschichte. Sein bekanntester Film ist *Szenen einer Ehe* (1973). Bergman starb im Juli 2007 auf der schwedischen Insel Fårö.

Ingmar Bergman 1998 bei einer Pressekonferenz

Der Hof des Hallwylska Museet, durch den Torbogen gesehen

⓱ Kungliga Dramatiska Teatern

Nybroplan. **Stadtplan** 2 E4. (08) 667 06 80. Östermalmstorg. 69, 76. **Ticketbüro** Di–Sa 12–9, So 12–16 Uhr (außer Juni–Aug). dramaten.se

Als im frühen 20. Jahrhundert die Idee aufkam, das heutige Kungliga Dramatiska Teatern am Nybroplan zu bauen, verweigerte der Staat jeden finanziellen Zuschuss. Deshalb beschaffte man sich Geld mit Lotterien. Die Einnahmen übertrafen alle Erwartungen, der Architekt Fredrik Lilljekvist konnte beim Bau aus dem Vollen schöpfen.

Das »Dramaten«, wie das Theater auch genannt wird, wurde nach sechsjähriger Bauzeit 1908 eröffnet. Die Auswahl an Materialien war üppig, die Künstler gingen verschwenderisch damit um.

Die am Wiener Jugendstil orientierte Fassade besteht aus hellem Marmor. Christian Eriksson schuf den gewaltigen Relieffries, Carl Milles den Mittelteil und John Börjesson die Bronzestatuen *Poesie* und *Drama*, die im Foyer neben *Tragödie* und *Komödie* von Börjesson und Theodor Lundberg stehen.

Das Deckengemälde im Foyer stammt von Carl Larsson, das Wandgemälde in der oberen Halle von Oscar Björk. Das Deckengemälde im Zuschauerraum und das Bühnenportal schuf Julius Kronberg. Gustav Cederström lieferte das zentrale Gemälde im Marmorfoyer.

Als König Gustav III. das Theater im Jahr 1788 gründete, spielte das Ensemble in einem Gebäude am Slottsbacken. Dessen Farbgebung – Blau, Weiß und Gold – wurde im neuen Theaterraum übernommen, in den 1930er Jahren aber durch »Theaterrot« ersetzt. 1988 gab man dem Ganzen wieder die Originalfarben.

Jugendstilfassade des Kungliga Dramatiska Teatern aus hellem Marmor

⓲ Hallwylska Palatset

Hamngatan 4. **Stadtplan** 2 D4. (08) 519 555 99. Östermalmstorg. 2, 69, 76. Di–So 12–16 Uhr (Mi bis 19 Uhr; Juli, Aug: Di–So 10–16.30 Uhr). So 15 Uhr (englisch). hallwylskamuseet.se

Die eindrucksvolle Fassade von Hamngatan 4 ist nur ein Vorgeschmack darauf, was einen hinter den schweren Toren erwartet. Das Hallwyl-Palais wurde 1892–97 als Residenz für das reiche gräfliche Paar Walther und Wilhelmina von Hallwyl erbaut. Als die Gräfin 1930 verstarb, fiel dem Staat ein fantastisches Erbe zu: ein verschwenderisches Palais mit einer unbezahlbaren Kunstsammlung, die die Hausherrin über Jahrzehnte hinweg zusammengetragen hatte. Acht Jahre später öffneten sich die Tore zu einem neuen Museum mit 67 000 Exponaten.

Wilhelmina überließ beim Bau und bei der Ausstattung des Palais nichts dem Zufall. Weder der Architekt Isak Gustaf Clason (1856–1930) noch Julius Kronberg, Dekormaler und künstlerischer Berater, mussten sich Sorgen um die Kosten machen. Typische Beispiele sind der Billardraum mit vergoldeten Ledertapeten und Walnusspaneelen oder die Gobelins.

Die Gemälde in der Galerie, zumeist flämische Meister aus dem 16. und 17. Jahrhundert, wurden innerhalb von zwei Jahren erworben.

Stadtplan Stockholm siehe Seiten 118–123

Blasieholmen und Skeppsholmen

Gegenüber dem Schloss an der Ostseite des Strömmen-Kanals liegt Blasieholmen – quasi ein natürliches Sprungbrett zu den Inseln Skeppsholmen und Kastellholmen.

Während Schwedens Großmachtzeit im 17. und frühen 18. Jahrhundert baute man auf Blasieholmen elegante Palais, das heutige Erscheinungsbild entstand jedoch erst Mitte des 19. Jahrhunderts bis zum Ersten Weltkrieg. Im frühen 20. Jahrhundert wurden ehrwürdige Bauten wie der Bååtska Palatset in den Schatten gestellt von Prestigehotels, protzigen Bankgebäuden und Unterhaltungslokalen. In Blasieholmen sind heute viele Auktionshäuser, Galerien, Antiquitätengeschäfte und Antiquariate angesiedelt. Von der Promenade starten Fähren und Ausflugsboote zu den Inseln.

Skeppsholmen ist über eine schmiedeeiserne Brücke, vor der alte Holzboote liegen, erreichbar. Mitte des 17. Jahrhunderts wurde die Insel schwedischer Marinestützpunkt. Heute liegen die ehemaligen Marinegebäude neben dem avantgardistischen Bau des Moderna Museet und beherbergen Museen und kulturelle Einrichtungen.

Sehenswürdigkeiten auf einen Blick

Museen
- ① Östasiatiska Museet
- ② *Moderna Museet S. 84f*
- ③ Arkitekturmuseet
- ⑦ *Nationalmuseum S. 86f*

Inseln und Plätze
- ⑥ Kastellholmen
- ⑨ Blasieholmstorg
- ⑫ Raoul Wallenbergs Torg

Synagoge
- ⑩ Synagogan

Hotels und Restaurants
- ④ *af Chapman*
- ⑧ Grand Hôtel
- ⑪ Berns

Konzertsaal
- ⑬ Musikaliska

Öffentliches Gebäude
- ⑤ Kungliga Konsthögskolan

Restaurants in diesen Stadtteilen *siehe S. 294*

Stadtplan 2, 3 und 4

◀ **af Chapman**, Stockholms ungewöhnlichste Jugendherberge *(siehe S. 83)*

Im Detail: Skeppsholmen

Skeppsholmen hat seine Bedeutung als Hafen schon lange verloren und sich zum Kulturzentrum entwickelt. Viele alte Hafengebäude wurden aufwendig restauriert, und traditionelle Holzboote haben hier ihren Liegeplatz, aber der ganze Stolz von Skeppsholmen ist das interessante neue Moderna Museet. Für die Insel sollte man sich einen ganzen Tag Zeit nehmen, denn die wunderbare Lage zwischen Strömmen-Kanal und Nybroviken ist ideal für Spaziergänge zwischen attraktiven Gebäuden und alten Bäumen. Allein der Blick auf Skeppsbron und Strandvägen lohnt einen Besuch.

Das Teater Galeasen ist Stockholms Avantgardetheater.

Blasieholmen

Skeppsholmsbron

❶ ★ **Östasiatiska Museet**
Dieser Porzellanteller gehört zu einer bemerkenswerten Sammlung von Kunst- und Gebrauchsgegenständen aus China, Japan, Korea und Indien.

Die Kirche von Skeppsholmen (1824–42) im Empirestil ist gut erhalten.

Salutgeschütze *(siehe S. 82)*

Admiralitätsgebäude

Paradies (1963), eine Skulpturengruppe, die Jean Tinguely und Niki de Saint Phalle für die Weltausstellung in Montréal geschaffen haben, steht seit 1972 vor dem Moderna Museet.

SVENSKSUNDVÄGEN

VÄSTRA BROBÄNKEN

Jugendherberge

Gesellschaft für Handwerk und Design

❹ **af Chapman**
Der Dreimaster wurde 1888 gebaut, diente als Fracht- und Schulschiff und ist seit 1949 eine Jugendherberge. Im Hintergrund sind die Kirche von Skeppsholmen und das Admiralitätsgebäude (1647–50) zu sehen.

❺ **Kungliga Konsthögskolan**
Der erste Teil der heutigen Kunsthochschule wurde um 1775 gebaut, sein heutiges Gesicht bekam das Gebäude Mitte der 1990er Jahre. Der Eber ziert den Eingang.

Hotels und Restaurants in Stockholm *siehe Seiten 284f und 294f*

SKEPPSHOLMEN | 81

Ladekran von 1751 – der älteste seiner Art in Schweden.

Das Festivalgelände am Kai unterhalb des Moderna Museet wurde für die Feierlichkeiten zur Jahrtausendwende gebaut. Hier finden im Sommer viele Open-Air-Konzerte statt.

Zur Orientierung
Siehe Stadtplan 4

❸ **Arkitekturmuseet**
Mehrere Tausend Jahre Architekturgeschichte können anhand der Modelle von Bauwerken aus aller Welt nachvollzogen werden – hier ein Modell der Stadsbiblioteket von Asplund.

❷ ★ **Moderna Museet**
Der Museumsbau wurde von Rafael Moneo entworfen und 1998 eröffnet, als Stockholm Kulturhauptstadt Europas war. Das Museum bietet moderne Kunst, kombiniert mit einem schönen Blick aufs Wasser.

Denkmal für die Schlacht bei Svensksund von 1790 (siehe S. 46)

In der Långa Raden stehen Gebäude von 1700, in denen ursprünglich die Leibwache von König Karl XII. wohnte. Heute sind hier Ausstellungsräume und Abteilungen des Kulturamts.

Legende
— Routenempfehlung

0 Meter   100

Stadtplan Stockholm siehe Seiten 118–123

Arkitekturmuseet in der neoklassizistischen ehemaligen Exerzierhalle der Marine

❶ Östasiatiska Museet

Tyghusplan. **Stadtplan** 4 D2. (010) 456 12 00. Kungsträdgården. 65. Djurgårdsfärja. Di 11–20, Mi–So 11–17 Uhr. nur nach Vereinbarung. ostasiatiskamuseet.se

Für eine westliche Hauptstadt ist ein Museum mit chinesischer, japanischer, koreanischer und indischer Kunst und Archäologie nichts Ungewöhnliches. Das Östasiatiska Museet kann jedoch im Gegensatz zu anderen ostasiatischen Museen für sich beanspruchen, eine der bedeutendsten Sammlungen chinesischer Kunst außerhalb Asiens zu besitzen.

Bei einer China-Expedition um 1920 entdeckte der schwedische Geologe Johan Gunnar Andersson im Tal des Gelben Flusses Wohnstätten und Gräber, die Gegenstände aus der Jungsteinzeit enthielten. Er durfte viele Fundstücke exportieren, die zum Grundstock für das 1926 gegründete Museum wurden. Eine Schlüsselfigur bei der Gründung war der damalige Kronprinz und spätere König Gustav VI. Adolf, der sich mit Archäologie befasste. Er vermachte dem Museum schließlich seine eigene große Sammlung alter chinesischer Kunst.

Das Museum ist seit 1963 auf Skeppsholmen in einem Gebäude untergebracht, das 1699/1700 für die Leibwache König Karls XII. gebaut worden war.

❷ Moderna Museet

Siehe S. 84f.

❸ Arkitekturmuseet

Exercisplan. **Stadtplan** 4 E3. (08) 587 270 00. Kungsträdgården. 65. Djurgårdsfärja. Di 10–20, Mi–So 10–18 Uhr. freier Eintritt bis 19 Jahre; Fr 16–18 Uhr frei. nur nach Vereinbarung. arkitekturmuseet.se

Das schwedische Architekturmuseum teilt sich die Eingangshalle und das Restaurant mit dem Moderna Museet und ist auch in dessen früheren neoklassizistischen Räumen in der ehemaligen Exerzierhalle der Marine untergebracht.

In der Dauerausstellung veranschaulichen über 100 Modelle eine jahrtausendealte Baugeschichte – von den ältesten und einfachsten Holzhäusern bis zu den sehr differenzierten Bautechniken und Architekturstilen der Gegenwart.

Es ist faszinierend, zwischen einem 2000 Jahre alten Langhaus und einem Supermarkt zu pendeln oder einen Sprung zu machen aus dem Göteborg des 17. Jahrhunderts in die 1930er Jahre zur neuen Årsta-Brücke im Süden Stockholms.

Neben nordeuropäischen Beispielen sind Architekturmodelle aus der ganzen Welt von 2000 v. Chr. bis in die Gegenwart zu sehen.

Das Museum bietet neben Dauer- und Wechselausstellungen ein anspruchsvolles Programm. Es werden Vorträge, Studientage, Stadtführungen und nach Anmeldung auch Führungen durch das Museum angeboten. Der Sonntagnachmittag mit Modellbau ist Familientag.

Grabfigur der Song-Dynastie (12. Jh.), Östasiatiska Museet

Die Kanonen von Skeppsholmen

Auf Skeppsholmen stehen vier 57-Millimeter-Schnellfeuerkanonen. Zu feierlichen Anlässen werden damit Salutschüsse abgegeben, werktags um 12 Uhr, am Wochenende um 13 Uhr: am Namenstag (28. Jan) und am Geburtstag (30. Apr) des Königs, am Namenstag (8. Aug) und am Geburtstag (23. Dez) der Königin, am Geburtstag von Kronprinzessin Victoria (14. Juli) und am Nationalfeiertag (6. Juni).

Salutschüsse auf Skeppsholmen

❹ af Chapman

Västra Brobänken. **Stadtplan** 4 E3.
☎ (08) 463 22 66. Ⓣ Kunsträdgården. 🚌 65. ⛴ Djurgårdsfärja.
📖 ♿ *Siehe* **Hotels** *S. 284.*

Das Segelschiff *af Chapman* ist Schwedens attraktivste und ungewöhnlichste Jugendherberge mit 136 Betten. Angeschlossen ist das gegenüberliegende Gebäude mit 152 Schlafplätzen.

Besucher, die eine herkömmliche Unterkunft vorziehen, können trotzdem an Bord gehen und die besondere Atmosphäre eines Segelschiffs schnuppern. Der Dreimaster wurde 1888 im englischen Whitehaven gebaut und als Frachtschiff genutzt. 1915 kam er nach Schweden und war bis 1934 Schulschiff. Die Stadt kaufte das Schiff nach dem Zweiten Weltkrieg, seit 1949 liegt es hier vor Anker. Es wurde nach Fredrik Henrik af Chapman benannt, einem 1721 in Göteborg geborenen Schiffsbaumeister.

❺ Kungliga Konsthögskolan

Flaggmansvägen 1. **Stadtplan** 4 E3.
☎ (08) 614 40 00. Ⓣ Kunsträdgården. 🚌 65. ⛴ Djurgårdsfärja.
⏰ bei Veranstaltungen. 📖 ♿

Ein Spaziergang auf Skeppsholmen bietet die Möglichkeit, die schön restaurierte Marinekaserne aus dem 18. Jahrhundert, die heute die Kunsthochschule beherbergt, näher in Augenschein zu nehmen. Am Eingang stehen zwei Skulpturen, ein Löwe und ein Eber. An der traditionsreichen Hochschule kursiert ein alter Spruch: »Hinein wie ein Löwe und heraus wie ein Schwein.«

Die Hochschule entstand 1735 als Akademie für Malerei und Bildhauerei für diejenigen, die an der Gestaltung von Tessins neuem Schloss mitwirkten. Gustav III. garantierte mit einer königlichen Gründungssatzung ihren Bestand. Bevor sie im Jahr 1995 hierher zog, war sie als Teil der Konstakademien an der Fredsgatan beheimatet,

obwohl sie bereits seit 1978 in den Fachbereichen Malerei, Bildhauerei, Grafik, digitale Medien und Videokunst selbstständig war.

Kungliga Konsthögskolan ist nur bei Veranstaltungen, an den Skeppsholm-Tagen und am Tag der offenen Tür einmal im Jahr für die Öffentlichkeit zugänglich.

Fredrik Bloms Kastellet (1846–48) präsentiert sich mittelalterlich

❻ Kastellholmen

Stadtplan 4 F4. Ⓣ Kunsträdgården. 🚌 65. ⛴ Djurgårdsfärja.

Mitten in Stockholm ist Kastellholmen eine typische Archipelinsel mit Granitfelsen und steilen Klippen. Von Skeppsholmen aus ist die Insel über eine Brücke von 1880 zugänglich. Seit 1640 hisst jeden Morgen ein Matrose Schwedens dreischwänzige Kriegsflagge. Immer wenn ein Marineschiff einläuft, werden von der Burgterrasse aus vier Kanonen abgefeuert.

Der Ziegelpavillon an der Brücke wurde 1882 für den Königlichen Eislaufclub gebaut, dessen Mitglieder im Winter zwischen den Inseln Schlittschuh liefen.

❼ Nationalmuseum

Siehe S. 86f.

❽ Grand Hôtel

Södra Blasieholmshamnen 8.
Stadtplan 3 C1. ☎ (08) 679 35 00.
Ⓣ Kunsträdgården. 🚌 55, 62, 65, 76. 📖 ♿ *Siehe* **Hotels** *S. 284 und* **Restaurants** *S. 294.* 🌐 grandhotel.se

Der Franzose Jean-François Régis Cadier, Koch von Oscar II., gründete 1874 das Grand Hôtel, Schwedens führendes Fünf-Sterne-Haus. Seit 1901 wohnen hier jedes Jahr die Nobelpreisträger. Auf der eleganten Veranda werden beim *smörgåsbord* schwedische Delikatessen serviert. Mathias Dahlgren ist ein Feinschmeckerrestaurant, die Cadier Bar hat ihren Namen nach dem Hotelgründer.

Es gibt 24 Veranstaltungsräume. Der bekannteste ist der *Vinterträdgården* (Wintergarten) mit 20 Meter Deckenhöhe. Der *Spegelsalen* ist eine Kopie des Versailler Spiegelsaals. Bis 1929 wurde dort jedes Jahr das Festessen anlässlich der Nobelpreisverleihung abgehalten. Erst als die Veranstaltung zu groß wurde, zog man ins Stadshuset *(siehe S. 106f)* um.

Das Grand Hôtel auf Blasieholmen, Schwedens erstes Fünf-Sterne-Hotel

Stadtplan Stockholm siehe Seiten 118–123

❷ Moderna Museet

Das Museum für moderne Kunst ist seit 1998 in einem vom spanischen Architekten Rafael Moneo geplanten Neubau untergebracht. Hier ist genügend Raum für die weltberühmte Sammlung internationaler und schwedischer Kunst sowie für die Fotografie- und Filmabteilung. Das zum Teil unterirdische Museum beherbergt auch ein Kino und einen Vortragssaal. Seine fotografische Bibliothek ist die umfangreichste in Nordeuropa. Der Buchladen hat eine gute Auswahl an Kunst-, Foto-, Film- und Architekturbüchern, das Restaurant MM Mat bietet einen wundervollen Blick aufs Wasser.

Frühstück im Grünen (1962)
Picassos Skulpturengruppe, die Carl Nesjar in sandgestrahltem Beton ausführte, steht im Garten nahe dem Eingang.

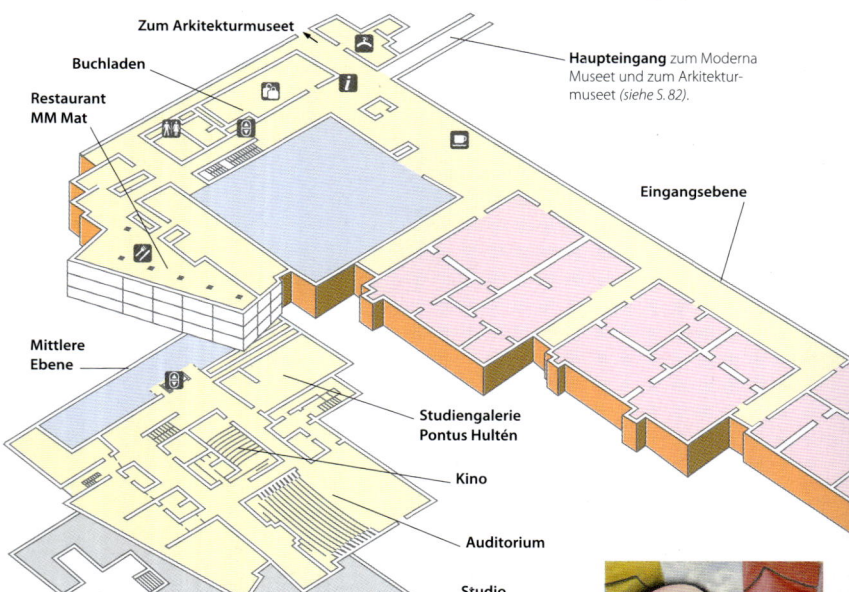

Haupteingang zum Moderna Museet und zum Arkitekturmuseet *(siehe S. 82)*.

Rafael Moneo

Der Spanier Rafael Moneo (geb. 1937) gehört zweifellos zu den führenden Baumeistern der Gegenwart. Als junger Architekt war er schon an der Planung des Opernhauses von Sydney beteiligt. Sein Gespür, ein Gebäude sensibel in die Landschaft zu integrieren, war 1989 ausschlaggebend, als er unter 211 Bewerbern ausgewählt wurde, das Moderna Museet zu bauen.

Nordfassade des Moderna Museet

★ **Marzella (1909/10)**
Das berühmte Porträt von Ernst Ludwig Kirchner (1880–1938) verdeutlicht dessen Bemühungen, althergebrachte Kunstkriterien zu überwinden.

★ **Landschaft bei Céret (1913)**
Der spanische Maler Juan Gris (1887–1927) wurde stark von Picasso und Braque beeinflusst, entwickelte aber seinen eigenen, unverwechselbaren Stil, der sich auch im obigen Bild zeigt.

Infobox

Information
Exercisplan. **Stadtplan** 4 E3.
📞 (08) 520 235 00.
🕐 Di, Fr 10 – 20, Mi, Do, Sa,
So 10 –18 Uhr. ⛔ 1. Jan, Ostern/
Pfingstmontag, Midsommar,
24., 25., 31. Dez. 🎫 freier Eintritt
bis 18 Jahre und für Studenten.
🗣 Juli – Sep auch auf Englisch.
📷🛍☕♿🚻
🌐 **modernamuseet.se**

Anfahrt
🚌 65. ⛴ Djurgårdsfärja.
🚇 Kungsträdgården.

Kurzführer
In dem großen Raum im Erdgeschoss finden Wechselausstellungen statt. Drei weitere Räume im Erdgeschoss zeigen eine alternierende Auswahl aus drei Epochen: von 1900 bis 1945, von 1946 bis 1970 und von 1971 bis zur Gegenwart. Im mittleren Stock befinden sich ein Vortragssaal, ein Kino und die Studiengalerie Pontus Hultén.

Legende
▢ Eigene Sammlungen
▢ Wechselausstellungen
▢ Keine Ausstellungsfläche

★ **Das Gehirn des Kindes**
Der Surrealist Giorgio de Chirico gab seinem Bild 1914 den Titel *Der Geist*, aber in seinem Pamphlet anlässlich einer De-Chirico-Retrospektive 1927 benannte es Louis Aragon um.

9 Blasieholmstorg

Stadtplan 3 C1. 🚇 Kungsträdgården. 🚌 2, 55, 62, 65, 71, 76.

Zwei der ältesten Stadtpalais stehen an diesem Platz, flankiert von zwei Bronzepferden. Das Palais am Blasieholmstorg 8 wurde um die Mitte des 17. Jahrhunderts vom Feldmarschall Gustav Horn erbaut und 100 Jahre später im Stil eines französischen Palais aus dem 18. Jahrhundert umgebaut. Als dann ausländische Botschafter und Minister während ihres Aufenthalts in der Hauptstadt hier logierten, erhielt es den Namen Ministerpalast. Später wurde es zum Sitz der Behörde für Übersee-Angelegenheiten und heißt jetzt Utrikesministerhotellet (Außenministerhotel). Teile des Gebäudes werden von der Musikakademie und vom Schwedischen Institut genutzt.

Nebenan, am Blasieholmstorg 6, steht auch das Bååtska Palatset. Das restaurierte Palais wurde 1669 von Tessin d. Ä. entworfen. 1876/77 baute F.W. Scholander Teile für die Freimaurer um, die noch heute hier logieren.

Auf einen weiteren interessanten Gebäudekomplex stößt man am Blasieholmstorg 10. Die Fassade entlang dem Nybrokajen ist ein sehenswertes Stück Neorenaissance aus den 1870er und 1880er Jahren.

10 Synagogan

Wahrendoffsgatan 3B. **Stadtplan** 3 C1.
📞 (08) 587 858 54. 🚇 Kungsträdgården. 🚌 2, 55, 62, 65, 71, 76.
⭐ Sa 9.15 Uhr; Juni – Aug: Fr 6.30 Uhr (auf Hebräisch, teils auf Schwedisch). 🎫 im Sommer und nach Vereinbarung. ♿

Fast zehn Jahre dauerten die Bauarbeiten, bis die Synagoge der orthodoxen jüdischen Gemeinde im Jahr 1870 eröffnet wurde. Sie steht auf 1300 Pfählen, von denen jeder 15 Meter

Mahnmal für die Opfer des Holocaust im Zweiten Weltkrieg

tief in den Boden gerammt ist. Das Gebäude wurde – laut Architekt F.W. Scholander – im »alten östlichen Stil« entworfen. Längs der Synagoge liegen Versammlungsraum und Bibliothek. Vor der Synagoge wurde 1998 ein Mahnmal errichtet, das an die 8000 Opfer des Holocaust erinnert, deren Verwandte während des Zweiten Weltkriegs gerettet und von Schweden aufgenommen wurden.

Im Stadtzentrum gibt es noch eine orthodoxe Synagoge (hinter dem jüdischen Zentrum an der Nybrogatan 19).

Bronzepferd am Blasieholmstorg

11 Berns

Berzelii Park. **Stadtplan** 2 D4. 📞 (08) 566 322 00. 🚇 Kungsträdgården, Östermalmstorg. 🚌 2, 47, 55, 62, 65, 69, 71, 76. ♿ *Siehe* **Hotels** *S. 284.*

Berns ist seit dem Jahr 1863 eines der berühmtesten Restaurants und Vergnügungslokale Stockholms. Die beiden großen Räume mit Empore, Kristalllüstern und Spiegeln wurden anlässlich der Jahrtausendwende vom englischen Designer Terence Conran restauriert – so ist die ursprüngliche Pracht heute wieder erkennbar.

Das neue Berns gehört mit seinen 400 Sitzplätzen zu den größten Restaurants Stockholms. Die schön ausgestatteten Speiseräume auf der Galerie wurden einst durch August Strindbergs Roman *Das rote Zimmer* (1879) berühmt.

❼ Nationalmuseum

Das Nationalmuseum ist ein Wahrzeichen im Süden von Blasieholmen. Die einzigartige Lage am Strömmen-Kanal inspirierte im 19. Jahrhundert den deutschen Architekten August Stüler zu seinem Entwurf im Stil der italienischen Neorenaissance. Das 1866 eröffnete Museum beherbergt mit etwa 16 000 Gemälden und Skulpturen die größte Kunstsammlung Schwedens. Mit den Zeichnungen und Grafiken vom 15. bis zum frühen 20. Jahrhundert erhöht sich der Bestand auf 500 000 Werke. Die Designabteilung besitzt 30 000 Objekte aus fünf Jahrhunderten, etwa einen 500 Jahre alten Gobelin. Skandinaviens größte Sammlung von Porzellan ist hier zu sehen. Das Museum wird renoviert und bleibt bis 2017 geschlossen. Bis dahin gibt es in der Konstakademien, Fredsgatan 12, Wechselausstellungen zu sehen.

Die Liebeslektion (1716/17)
Antoine Watteaus Spezialität waren *fêtes galantes*, die junge Paare in ausgelassener Stimmung zeigen.

★ **Die Verschwörung des Claudius Civilis (1661/62)**
Rembrandts Gemälde stellt die Verschwörung der Batavier gegen Rom dar und symbolisiert die Befreiungsbewegung der Niederlande gegen Schweden.

Cupido und Psyche (1787)
Johan Tobias Sergel (1740–1814) war der führende Bildhauer der gustavianischen Ära. Diese Skulptur gilt als sein bedeutendstes Werk.

Alhambra-Vase
Die spanische Vase aus Granada stammt aus dem späten 14. Jahrhundert und ist in der Ausstellung »Design in Schweden (1500–1740)« zu sehen.

Ebene 2

Atrium auf den Ebenen 1 und 2

Stichegalerie

Eingang

Rollstuhleingang

BLASIEHOLMEN: NATIONALMUSEUM | 87

★ **Dame mit Schleier**
Alexander Roslins elegantes Bildnis (1769) zeichnet ein Porträt Schwedens im 18. Jahrhundert.

Infobox

Information
Södra Blasieholmshamnen.
Stadtplan 4 D2.
📞 (08) 519 543 00.
⬤ wegen Renovierung bis 2017. Teile der Sammlung sind in die Fredsgatan 12 ausgelagert; Details auf der Website.
englisch.
nationalmuseum.se

Anfahrt
🚌 65 oder 2, 55, 62, 76 zum Karl XII:s Torg.
Ⓣ Kungsträdgården.

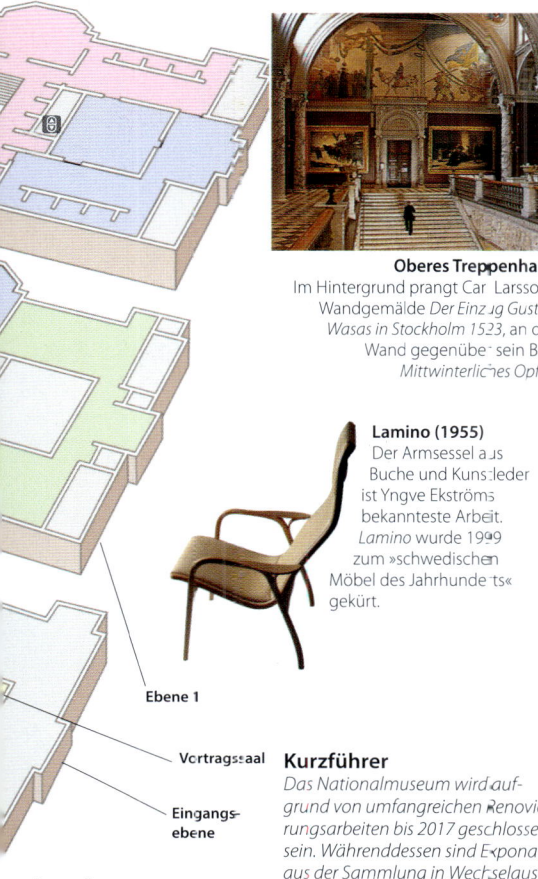

Oberes Treppenhaus
Im Hintergrund prangt Carl Larssons Wandgemälde *Der Einzug Gustav Wasas in Stockholm 1523*, an der Wand gegenüber sein Bild *Mittwinterliches Opfer*.

Lamino (1955)
Der Armsessel aus Buche und Kunstleder ist Yngve Ekströms bekannteste Arbeit. *Lamino* wurde 1999 zum »schwedischen Möbel des Jahrhunderts« gekürt.

Ebene 1
Vortragssaal
Eingangsebene

Legende
▢ Gemälde und Skulpturen
▢ Design
▢ Wechselausstellungen
▢ Keine Ausstellungsfläche
▢ Kein Zugang

Kurzführer

Das Nationalmuseum wird aufgrund von umfangreichen Renovierungsarbeiten bis 2017 geschlossen sein. Währenddessen sind Exponate aus der Sammlung in Wechselausstellungen in der Konstakademien, Fredsgatan 12, zu sehen. Zusätzlich sind einige Kunstwerke auch an andere Museen in der Stadt ausgeliehen. Informieren Sie sich auf der Website des Nationalmuseums über entsprechende Details.

⓬ Raoul Wallenbergs Torg

Stadtplan 2 E4. Ⓣ Östermalmstorg.
🚌 2, 47, 55, 62, 69, 71, 76.

Der Platz ist Raoul Wallenberg (1912 – unbekannt) gewidmet, der während des Zweiten Weltkriegs als Diplomat an der schwedischen Botschaft in Budapest arbeitete. Mit schwedischen »Schutzpässen« half er einer großen Zahl ungarischer Juden, der Deportation in die Konzentrationslager der Nationalsozialisten zu entkommen. 1945, nach der Befreiung Budapests, wurde er von den Sowjets verhaftet. Wenn man den sowjetischen Quellen glauben darf, ist er 1947 in der Moskauer Lubjanka gestorben. Sein Schicksal wurde jedoch niemals aufgeklärt.

Der kleine Platz am Nybrokajen liegt zwischen Berzeli Park und Nybroplan fast direkt am Wasser. Über die Gestaltung des Platzes in diesem besonderen Umfeld wurde lange diskutiert. Es ist gelungen, hier eine würdige Gedenkstätte für Raoul Wallenberg zu konzipieren.

⓭ Musikaliska

Nybrokajen 11. **Stadtplan** 3 C1.
📞 (08) 407 16 00. Ⓣ Kungsträdgården, Östermalmstorg. 🚌 47, 62, 69, 76. 🚢 Djurgårdsfärja. ⬤ für Konzerte (Details telefonisch erfragen).
musikaliska.se

Das ehemalige Gebäude der Musikakademie wurde in den 1870er Jahren am Ufer des Nybroviken erbaut und 1878 als erster Konzertsaal Schwedens eröffnet. 1901 fand darin die Nobelpreisverleihung statt. Der Saal mit den gusseisernen Säulen, der königlichen Loge und den Galerien im Stil der Neorenaissance bietet bis zu 600 Personen Platz.

Nach umfassender Renovierung wird das Gebäude heute von der staatlichen Musikorganisation Rikskonserter betrieben, die damit eine ausgezeichnete Bühne für Kammer-, Chor-, Jazz- und Volksmusik hat.

Stadtplan Stockholm siehe Seiten 118–123

Abstecher

Als Stockholm zu wachsen begann, wurde Gamla Stan, das Herz der Stadt, schnell zu eng. Die Bautätigkeit verlagerte sich deshalb in die Umgebung, in die Malmarna (»Erzhügel«). Södermalm ging 1436 in den Besitz der Stadt über. Viel von dem, was Stockholms Charme ausmacht, findet man in den Gebieten um Fjällgatan, Mosebacke und Mariaberget. Nördlich davon entstand Norrmalm, das schon im 17. Jahrhundert als Stockholms nördlichster Vorort bekannt war. Das einst ländliche Östermalm entwickelte sich im späten 19. Jahrhundert zum wohlhabenden Wohngebiet mit prächtigen Boulevards und unterschied sich dadurch vom benachbarten Gärdet, das ein klarer, sachlicher Stil prägt.

In westlicher Richtung liegt der Bezirk Kungsholmen, das Zentrum der Stadtverwaltung, mit repräsentativen Gebäuden wie dem Stadshuset (Rathaus) und dem Rådhuset (Gerichtshof). Der grüne Nationalstadsparken umgibt die Stadt und reicht bis ins Zentrum hinein. In diesem ökologisch und kulturell interessanten Grüngürtel befinden sich etliche der bedeutendsten Museen Stockholms, außerdem kann man hier herrlich spazieren gehen.

Sehenswürdigkeiten auf einen Blick

1. *Historiska museet (S. 90f)*
2. Strandvägen
3. Junibacken
4. *Nordiska Museet (S. 94f)*
5. Biologiska Museet
6. *Vasamuseet (S. 96f)*
7. Spritmuseum
8. ABBA The Museum
9. Gröna Lund
10. Skansen
11. Waldemarsudde
12. Thielska Galleriet
13. Etnografiska Museet
14. Tekniska Museet
15. Sjöhistoriska Museet
16. Kaknästornet
17. Tessinparken und Nedre Gärdet
18. Millesgården
19. Stadion
20. Naturhistoriska Riksmuseet
21. Hagaparken
22. Ulriksdal
23. Bellevueparken
24. Karlbergs Slott
25. Judiska Museet
26. Observatoriemuseet
27. Stadsbiblioteket
28. *Stadshuset (S. 106f)*
29. Västerbron
30. Långholmen
31. Stockholms Stadsmuseum
32. Katarinahissen
33. Katarina Kyrka
34. *Fjällgatan (S. 110)*
35. Vita Bergen
36. Ericsson Globen
37. Skogskyrkogården
38. *Drottningholm (S. 112–115)*
39. *Stockholm-Archipel (S. 116f)*

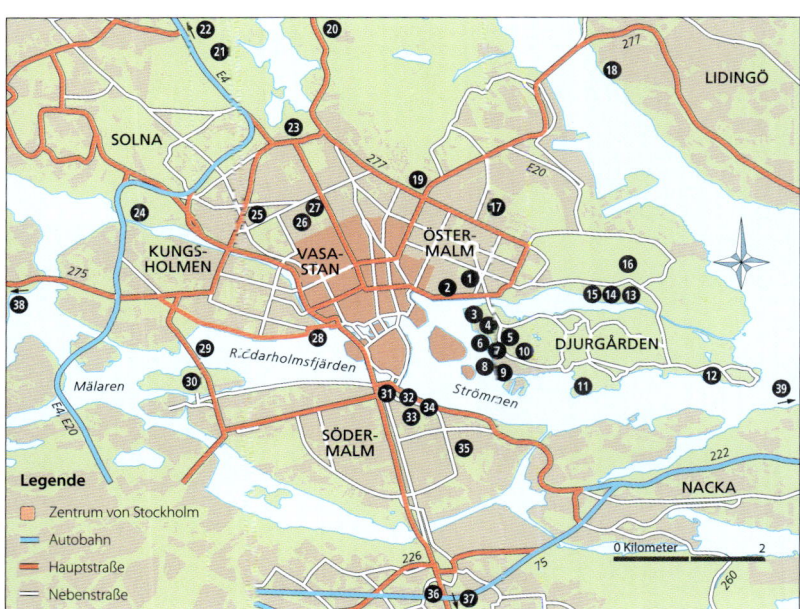

◀ Kettenkarussell in Schwedens ältestem Vergnügungspark bei Gröna Lund *(siehe S. 98)*

❶ Historiska Museet

Schwedens staatliches historisches Museum wurde 1943 eröffnet. Der Entwurf für den Bau stammt von Bengt Romare und Georg Sherman. Bror Marklund (1907–1977) schuf den Eingangsbereich mit dem Bronzeportal, auf dem Szenen der schwedischen Frühgeschichte abgebildet sind. Das Museum machte sich ursprünglich einen Namen mit seinen Exponaten aus der Wikingerzeit und seiner hervorragenden frühmittelalterlichen Sammlung. Viele der goldenen Kostbarkeiten des Historiska Museet sind im Guldrummet, der Goldkammer, zu sehen, eine der bedeutendsten Sehenswürdigkeiten Stockholms.

Ausstellungen dokumentieren die Geschichte Schwedens.

Obergeschoss

Innenhof

Erdgeschoss

Fundstück aus der Bronzezeit
In einem Moor in Südschweden fand man 1847 diesen Gegenstand aus der Bronzezeit, der vermutlich als Schlaginstrument diente.

Bäckaskog-Frau
Sie war 155 Zentimeter groß, lebte um 5000 v. Chr., starb im Alter zwischen 40 und 50 Jahren und wurde aufrecht sitzend bestattet.

Rosengården

★ Alunda-Elch
Die 21 Zentimeter lange Steinaxt wurde 1920 bei Alunda in Mittelschweden gefunden. Sie hat die Form eines Elchkopfes, diente als Ritualaxt und wurde wahrscheinlich um 2000 v. Chr. in Finnland gefertigt.

Wikinger
Den Wikingern widmet sich eine Abteilung, in der auch ein Wikingerschwert mit kunstvoller Verzierung und Schmuck in der Form nordischer Tiere zu sehen ist.

Skog-Wandbehang
Er hing einst in der Holzkirche bei Skog in Nordschweden und gehört zu den ältesten textilen Schätzen des Museums.

Barocksaal

Treppenhaus zur Goldkammer

Haupteingang

★ Maria von Viklau
Diese Madonna ohne Kind ist das besterhaltene Kunstwerk aus Schwedens frühem Mittelalter. Die farbige Holzfigur im Obergeschoss ist reich vergoldet.

Infobox

Information
Narvavägen 13–17.
Stadtplan 2 F4.
📞 (08) 519 556 00.
🕐 Juni–Aug: tägl. 10–18 Uhr; Sep–Mai: Di–So 11–17 Uhr (Mi bis 20 Uhr). ⬤ 24., 25., 31. Dez und einige Feiertage.

w historiska.se

Anfahrt
🚇 Karlaplan. 🚌 44, 56.

Kurzführer

Die Ausstellungsräume sind nach Perioden aufgeteilt, prähistorische Exponate sind im Erdgeschoss, Stücke aus dem Mittelalter im Obergeschoss zu sehen. Oben liegt auch der Barocksaal. In der Goldkammer im Untergeschoss werden wertvolle Exponate von der prähistorischen Zeit bis zum Mittelalter ausgestellt.

Legende
- 🟧 Prähistorische Zeit
- 🟩 Mittelalter und Barock
- 🟦 Wechselausstellungen
- 🟨 Keine Ausstellungsfläche

★ Goldkammer

Seit den 1990er Jahren werden die unschätzbar wertvollen Goldschmiedearbeiten des Museums im Guldrummet gezeigt. Der Saal ist in einem 700 Quadratmeter großen Gewölbekeller untergebracht und mit 250 Tonnen Stahlbeton gesichert. Der innere Bereich des runden Raums beherbergt die eigentliche Sammlung mit 50 Kilo Gold- und 250 Kilo Silberschätzen von der Bronzezeit bis zum Mittelalter.

Das Reliquiar der Elisabeth wurde im 11. Jahrhundert als Trinkschale gefertigt. 1236 stiftete es Kaiser Friedrich II., das Gefäß mit Krone barg nun den Schädel der hl. Elisabeth. Der kostbare Pokal stand in der Marburger Elisabethkirche und kam 1631 im Dreißigjährigen Krieg als Beutestück in schwedischen Besitz.

Die goldenen Halsgeschmeide wurden zwischen 1827 und 1864 gefunden, das dreifache in einem Steinbruch in Südschweden, das fünffache auf der Insel Öland. Das siebenfache hing am Haken in einer Scheune.

Der unterirdische Guldrummet im Historiska Museet

Der Strandvägen mit repräsentativen Häusern und Booten am Kai

❷ Strandvägen

Stadtplan 4 E1. 🚌 69, 76.
🚇 Östermalmstorg, Karlaplan. 🚋 7.

Zu Beginn des 20. Jahrhunderts lebten die zehn wohlhabendsten Bürger Stockholms in ihren neuen, palastartigen Häusern am Strandvägen. Sieben von ihnen waren Großhändler. Anlässlich der Messe von 1897 auf Djurgården begann man, Strandgata, den Feldweg am Strand von Ladugårdsland, zu einer Prachtstraße auszubauen, »wie sie Europa noch nicht gesehen hat«. Doch das dauerte seine Zeit, denn nach der Fertigstellung der stattlichen Häuserzeilen gab es im Gesamtbild immer noch einen Schandfleck: den um 1865 erbauten hölzernen Kai. Er wurde bis in die 1940er Jahre von den Booten genutzt, die Feuerholz von den Inseln anlieferten.

Dennoch wurde der Strandvägen mit seinen drei Lindenbaumreihen bald der bedeutendste Boulevard – und ist es bis heute geblieben. Hier flaniert man, bewundert die Fassaden und Boote und will vor allem sehen und gesehen werden. Die reichen Geldgeber, die die Prachthäuser erbauen ließen, engagierten die besten Architekten ihrer Zeit, etwa I. G. Clason (1865–1930). Bei den Gebäuden Nr. 19–21 (Thaveniuska Huset) und Nr. 29–35 (Bünsowska Huset) ließ er sich von der italienischen und französischen Renaissance inspirieren. Nr. 55 (Von Rosenska Palatset) ist ebenfalls ein Clason-Bau.

❸ Junibacken

Galärvarvsvägen. **Stadtplan** 4 F1.
📞 (08) 587 230 00. 🚌 44, 69. 🚋 7.
⛴ Djurgårdsfärja. 🕐 Sep – Mai: Di – So 10 – 17 Uhr; Juni, Aug: tägl. 10 – 17 Uhr; Juli: tägl. 9 – 18 Uhr.
🅿 ♿ 📷 👶 🛒 🌐 junibacken.se

Hier kann man sie alle treffen: Pippi Langstrumpf, Madita, Karlsson vom Dach, Michel aus Lönneberga, Ronja Räubertochter, die Brüder Löwenherz und viele andere beliebte Figuren aus Astrid Lindgrens Kinderbüchern. Aber die Schriftstellerin wollte, dass die Besucher hier auch die Figuren anderer schwedischer Kinderbuchautoren finden. Als sie von Staffan Götesams Projekt eines Kulturzentrums für Kinder hörte, bestand sie hartnäckig darauf, dass es nicht nur ein Astrid-Lindgren-Museum werden sollte.

Gleichwohl ist Junibacken vor allem eine Hommage an die populäre Autorin. Das Zentrum wurde 1996 von der königlichen Familie eröffnet und ist eine der beliebtesten Attraktionen der Stadt. Eine Miniaturbahn startet vom Nachbau des Bahnhofs von Vimmerby (dem Heimatort Lindgrens), unterwegs begegnet man den Lindgren-Helden und kommt schließlich zur Villa Kunterbunt. Dort dürfen Kinder in allen Räumen spielen. Darüber hinaus gibt es einen Kinderbuchladen und ein Restaurant.

❹ Nordiska Museet

Siehe S. 94f.

❺ Biologiska Museet

Lejonslätten. 📞 (08) 442 82 15. 🚌 44.
🚋 7. 🕐 Apr – Sep: tägl. 11 – 16 Uhr; Okt – März: 12 – 15, Sa, So 10 – 15 Uhr.
📷 📹 nach Vereinbarung. 🅿
🌐 skansen.se

Nationalromantische Strömungen inspirierten den Architekten Agi Lindegren (1858 – 1927),

Holzschiffe am Strandvägen

Bis in die 1940er Jahre lieferten Segelschiffe Feuerholz von Roslagen an der Ostseeküste zum Strandvägen. Als diese Lieferungen sich erübrigten, wurden die alten Schiffe von Liebhabern aufgekauft. Manche wurden restauriert und segelten bis in die Karibik, auf anderen entstanden illegale Spiel- und Trinkclubs. Eine neue Hafenverordnung ließ die Boote von zwei Gesellschaften verwalten. Heute gibt es noch etwa 40 Schiffe, die Eigentümer erhalten mit ihnen ein kulturelles Erbe. Auf Tafeln kann man die Geschichte der Boote nachlesen.

Alte Holzschiffe am Strandvägan

Hotels und Restaurants in Stockholm *siehe Seiten 284f und 294f*

Astrid Lindgren und Pippi Langstrumpf

Astrid Lindgren verfasste etwa 100 Kinderbücher, die in 74 Sprachen übersetzt wurden. Ihr erstes Pippi-Langstrumpf-Buch wurde zunächst abgelehnt. Nachdem sie 1945, zwei Jahre später, einen Kinderbuchwettbewerb gewonnen hatte, eroberte ihre eigensinnige und starke Pippi jedoch bald die Herzen der Kinder in der ganzen Welt. Astrid Lindgren (1907 in Vimmerby in Südschweden geboren, 2002 in Stockholm verstorben) schrieb bis zu ihrem 85. Lebensjahr Bücher. Heute leben ihre Figuren im Kindermuseum Junibacken weiter.

Astrid Lindgren

als er in den 1890er Jahren den Auftrag erhielt, das Biologiemuseum zu entwerfen. Seine Pläne orientierten sich an den schlichten Linien einer mittelalterlichen norwegischen Stabkirche.

Der Zoologe, Jäger und Denkmalspfleger Gustaf Kolthoff (1845–1913) war Initiator der Museumsidee. Er überzeugte 1892 den Industriellen C. F. Liljevalch, der später auch das nahe gelegene Kurstmuseum finanzieren sollte, eine Gesellschaft zu gründen, deren Ziel es war, »ein Museum zu entwickeln und zu unterhalten, in dem präparierte Exponate aller skandinavischen Säugetiere und Vögel in natürlicher Umgebung versammelt sind«. Das Ergebnis war weltweit ein Novum in der Museumsgeschichte. Noch vor der Eröffnung im Herbst 1893 lieferte Gustaf Kolthoff innerhalb weniger Monate einige Tausend Exemplare ausgestopfter Tiere sowie Vogelküken und Gelege. Über 250 Arten skandinavischer Vögel und Landtiere wurden in ihrer jeweils arttypischen Umgebung arrangiert. Der Künstler Bruno Liljefors, ein Freund Kolthoffs, war für die Bemalung zuständig.

Seit 1970 gehört das Biologiemuseum zur Skansenstiftung. In den 1990er Jahren wurde das Museum renoviert und am 13. November 1993 wiedereröffnet, 100 Jahre nach der ersten Eröffnung.

❻ Vasamuseet
Siehe S. 96f.

❼ Spritmuseum
Djurgårdsvägen 38. (08) 121 313 00. Karlaplan. 44, 69, 76. 7. Djurgårdsfärja. tägl. 10 – 6 Uhr (Juni-Aug: bis 18 Uhr). spritmuseum.se

Das Wein- und Spirituosenmuseum, das in einem Galärskjulen untergebracht ist, einem der Bootshäuser, die im 18. Jahrhundert nach venezianischem Vorbild für die Schiffe der königlichen Marine gebaut wurden, befasst sich mit der Geschichte alkoholischer Getränke in Schweden. Auf zwei Stockwerken stößt man auf viele Exponate zu den Themen Wein und Weinhandel, Likör, Punsch und Schnaps, Produktion und Lagerung. Es gibt eine Sammlung von 5000 Etiketten. Auch Trinklieder kann man sich anhören.

Das Museum zeigt darüber hinaus Wechselausstellungen,

Schnapsetikett im Spritmuseum

eine der bekanntesten war die »Absolut Art Collection«, eine Zusammenstellung von Werken berühmter Künstler, mit denen Absolut Vodka beworben wurde. An dieser Anzeigenkampagne, die Absolut Vodka zu einer der bekanntesten Marken machte, nahmen Künstler wie Andy Warhol, Keith Haring, Ralph Steadman und Pierre et Gilles teil.

Ein Highlight des Spritmuseum ist das elegante Restaurant mit schönen Sitzplätzen direkt am Wasser.

❽ ABBA The Museum
Djurgårdsvägen 68. 44. 7. Djurgårdsfärja. tägl. 12–18 Uhr (Mai–Aug: ab 10 Uhr). abbathemuseum.com

Das Museum ist ABBA gewidmet, Schwedens bekanntester Popband, die in den 1970er Jahren in der ganzen Welt große Erfolge feierte.

Neben Bühnenkostümen und goldenen Schallplatten gibt ein Audio-Guide faszinierende Einblicke in das Leben der Bandmitglieder. Daneben sind auch originale Presseinterviews zu hören, viele aus dem Fundus des Vaters von Björn Ulvaeus. Besucher können sich an ein Klavier setzen, das mit Benny Anderssons Klavier in dessen Musikstudio verbunden ist. Wenn der Komponist die Tasten berührt, beginnt auch das Klavier im Museum zu spielen. Des Weiteren kann man an einer Audition als fünftes ABBA-Mitglied teilnehmen – in einem perfekten Nachbau des Polar Studio – und ein Musikvideo aufnehmen.

Holzfassade des Biologiska Museet

❹ Nordiska Museet

Das Nordiska Museet ähnelt einer extravaganten Renaissanceburg und präsentiert schwedisches Alltagsleben von 1520 bis zur Gegenwart. Initiator war Artur Hazelius (1833–1901), der auch Skansen *(siehe S. 98)* gründete. Schon 1872 begann er, Gegenstände zu sammeln, die alte nordische Bauernkultur in der Zukunft lebendig halten sollten. Das von Isak Gustaf Clason entworfene Museum wurde 1907 eröffnet. Es besitzt mehr als 1,5 Millionen Exponate. Zu finden ist hier alles von Kleidung und Schmuck bis zu Gebrauchsgegenständen, vom Spielzeug bis zu Einrichtungsmodellen.

Puppenhäuser
Sie zeigen Wohnungen vom 17. Jahrhundert bis zur Gegenwart. Abgebildet ist hier eine Wohnung von 1860.

Ebene 3

Flur zum Treppenhaus

Hauptsaal Ebene 2

Erdgeschoss

Schlafgemach aus Ulvsunda
Ende des 17. Jahrhunderts brachte der Gutsherr von Ulvsunda seine prominenten Gäste in diesem kostbaren Schlafgemach unter.

Obelisk mit der Inschrift »Der Tag wird kommen, an dem all unser Gold nicht genügt, um ein Bild der vergangenen Zeiten zu schaffen«.

Reiterstandbild von Karl X. Gustav

Haupteingang

Kurzführer

Das Museum hat vier Stockwerke: Vom Eingang führt die Treppe hoch in den Hauptsaal (Ebene 2) mit den Wechselausstellungen. Ebene 3 beherbergt die Strindberg-Sammlung, Puppenhäuser, Tafelarrangements, Brauchtum und die Mode- und Textilgalerie. Auf Ebene 4 sind Möbel, Kleinobjekte und die Abteilung für lappländische Kunst und Kultur (Samen) untergebracht.

★ Tafelarrangements
Mitte des 17. Jahrhunderts waren die Tische ein Augenschmaus: Ein Schwan dominiert die Tafel.

ABSTECHER: NORDISKA MUSEET | 95

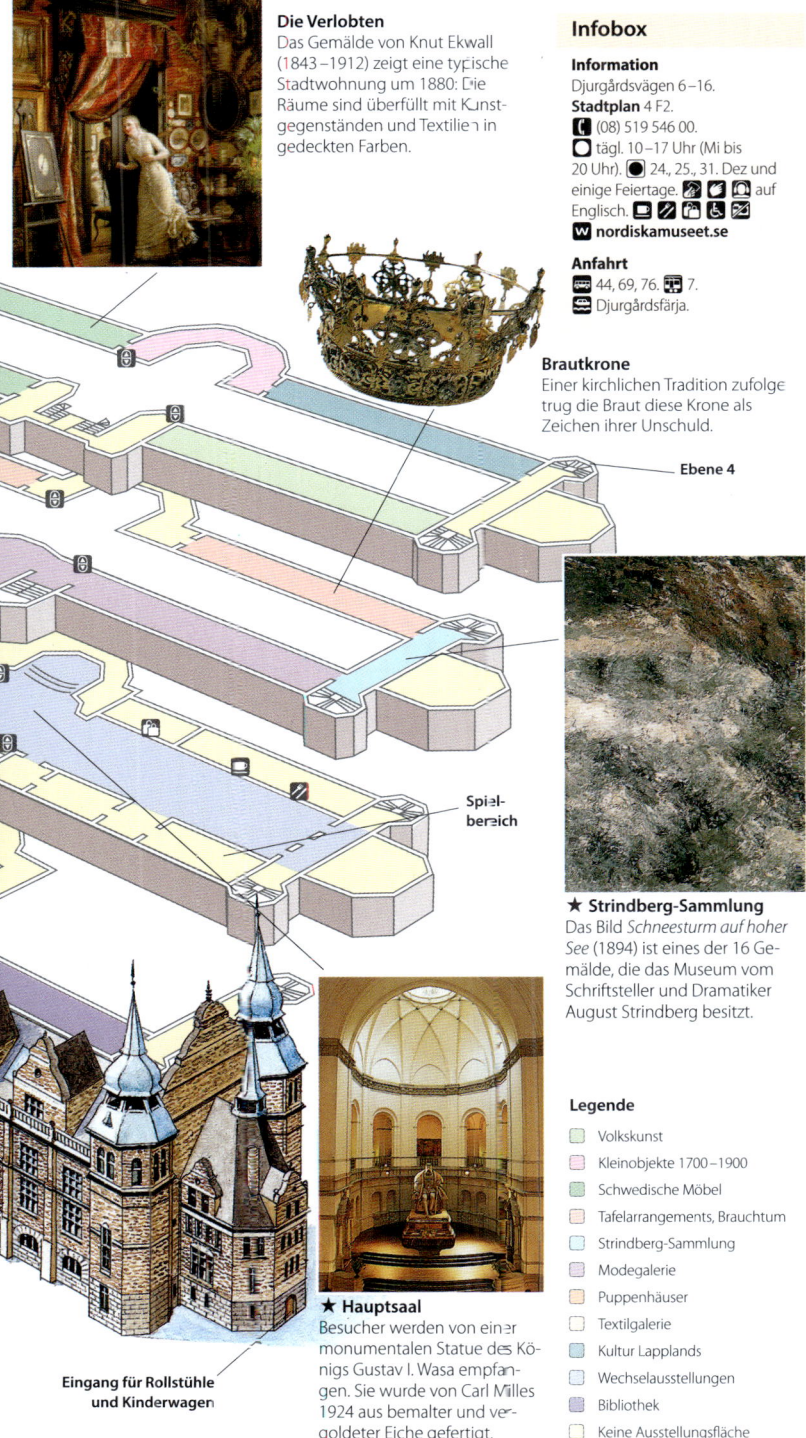

Die Verlobten
Das Gemälde von Knut Ekwall (1843–1912) zeigt eine typische Stadtwohnung um 1880: Die Räume sind überfüllt mit Kunstgegenständen und Textilien in gedeckten Farben.

Infobox

Information
Djurgårdsvägen 6–16.
Stadtplan 4 F2.
(08) 519 546 00.
tägl. 10–17 Uhr (Mi bis 20 Uhr). 24., 25., 31. Dez und einige Feiertage. auf Englisch.
w nordiskamuseet.se

Anfahrt
44, 69, 76. 7.
Djurgårdsfärja.

Brautkrone
Einer kirchlichen Tradition zufolge trug die Braut diese Krone als Zeichen ihrer Unschuld.

Ebene 4

Spielbereich

★ Strindberg-Sammlung
Das Bild *Schneesturm auf hoher See* (1894) ist eines der 16 Gemälde, die das Museum vom Schriftsteller und Dramatiker August Strindberg besitzt.

Eingang für Rollstühle und Kinderwagen

★ Hauptsaal
Besucher werden von einer monumentalen Statue des Königs Gustav I. Wasa empfangen. Sie wurde von Carl Milles 1924 aus bemalter und vergoldeter Eiche gefertigt.

Legende
- Volkskunst
- Kleinobjekte 1700–1900
- Schwedische Möbel
- Tafelarrangements, Brauchtum
- Strindberg-Sammlung
- Modegalerie
- Puppenhäuser
- Textilgalerie
- Kultur Lapplands
- Wechselausstellungen
- Bibliothek
- Keine Ausstellungsfläche

Stadtplan Stockholm siehe Seiten 118–123

❻ Vasamuseet

Am 10. August 1628, dem Tag der Jungfernfahrt, sank das königliche Kriegsschiff *Vasa* bei ruhiger See nach 1300 Meter Fahrt – noch im Stockholmer Hafen. Was da 100 Meter vor der Südspitze Djurgårdens unterging und 50 Menschen in den Tod riss, war der Stolz der Seemacht Schweden. Damals konnten nur die Kanonen geborgen werden, erst 1956 führte die hartnäckige Suche eines Meeresarchäologen zur Wiederentdeckung der *Vasa*. Auf die schwierige Bergung folgten 17 Jahre Restaurierungsarbeiten. Im Juni 1990 wurde das populärste Museum der Stadt eröffnet, nur knapp eine Seemeile vom Schauplatz der Katastrophe entfernt.

Löwe an Kanonenluke
Über 200 Schnitzereien und 500 Holzfiguren schmücken die *Vasa*.

★ Löwe als Galionsfigur
König Gustav II. Adolf, der die *Vasa* bauen ließ, war als »Löwe des Nordens« bekannt. So wurde ein Löwe als Galionsfigur gewählt. Die vier Meter lange Figur wiegt 450 Kilogramm.

Kaiser Titus
20 Holzstatuen römischer Kaiser zieren die *Vasa*.

Eingang

Außerdem

① Informationsschalter
② Zum Restaurant
③ **Der Hauptmast** war ursprünglich 52 Meter hoch.
④ **Ausgang zum Museifartygen**
⑤ **Rekonstruktion des oberen Kanonendecks**
⑥ **Großer Kinosaal**

Bronzekanonen
Über 50 der ursprünglich 64 Kanonen auf der *Vasa* wurden bereits im 17. Jahrhundert gehoben. Drei der schweren Bronzegeschütze zeigt das Museum.

★ Heck
Das Heck der *Vasa* war zerstört und wurde mühsam restauriert. Jetzt sind die schönen Ornamente wieder zu sehen.

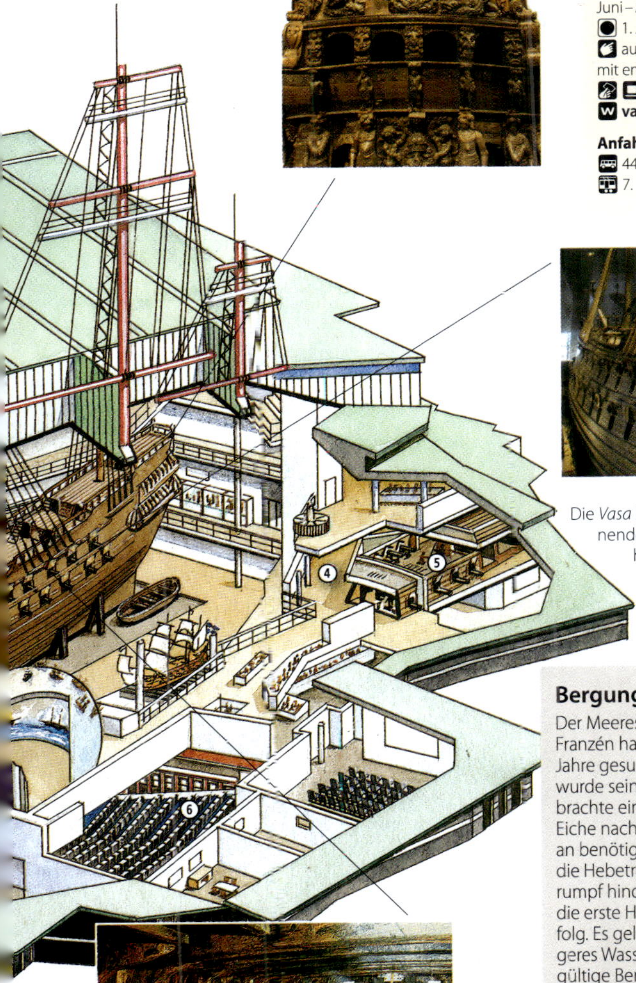

Infobox

Information
Galärvarvsvägen 14.
Stadtplan 4 F2.
(08) 519 548 00. tägl. 10–17 Uhr (Mi bis 20 Uhr); Juni–Aug: tägl. 8.30–18 Uhr.
1. Jan, 23., 24., 25. Dez.
auf Englisch. **Filme** stündlich mit englischen Untertiteln.

w vasamuseet.se

Anfahrt
44, 69. Djurgårdsfärja.
7.

Kanonenluken
Die *Vasa* besaß auf ihren zwei Kanonendecks mehr Kanonen als frühere Schiffe gleicher Größe. Das trug nicht zuletzt zu ihrem Untergang bei.

Bergungsaktion

Der Meeresarchäologe Anders Franzén hatte die *Vasa* mehrere Jahre gesucht. Am 25. August 1956 wurde seine Ausdauer belohnt, er brachte ein Stück geschwärzter Eiche nach oben. Vom Herbst 1957 an benötigte man zwei Jahre, um die Hebetrosse unter dem Schiffsrumpf hindurchzuführen. Schon die erste Hebeaktion war ein Erfolg. Es gelang, die *Vasa* in niedrigeres Wasser zu hieven. Die endgültige Bergung begann am 24. April 1961, am 4. Mai lag die *Vasa* dann im Trockendock.

Die *Vasa* nach der Bergung im Trockendock, 1961

Kanonendeck
Besucher dürfen das Schiff nicht betreten, aber die Nachbildung des oberen Kanonendecks in Originalgröße mit Holzattrappen der Seeleute vermittelt einen Eindruck von den Bedingungen an Bord.

Stadtplan Stockholm siehe Seiten 118–123

Hornborgastugan, eine Holzhütte (19. Jh.) im Skansen

❾ Gröna Lund

Lilla Allmänna Gränd 9. ☎ (010) 708 91 00. 🚌 44. 🚋 7. ⛴ Djurgårdsfärja. 🕒 Ende Apr – Mitte Sep: unterschiedl. Öffnungszeiten. 🌐 gronalund.com

Im 18. Jahrhundert stand hier die Taverne Gröna Lund (Grüner Hain), eines der Stammlokale des berühmten Sängers Carl Michael Bellman *(siehe S. 99)*. Jakob Schultheis benannte nach ihr seinen kleinen Rummelplatz, auf dem ein von Pferden gezogenes zweistöckiges Karussell die Hauptattraktion war. Heute ist Gröna Lund Schwedens ältester Freizeitpark.

Während der im Mai beginnenden, 130 Tage dauernden Saison ist hier stets viel Betrieb. Etwa 1,2 Millionen Besucher pro Jahr werden von den Attraktionen – Achterbahn (eine noch aus Holz), Spukhaus, Geisterbahn und ein 80 Meter hoher Free Fall – angezogen. Viele der Fahrgeschäfte sind auch für kleinere Kinder geeignet.

Im Park findet man 13 Restaurants und Cafés, drei Bühnen, ein Varieté-Restaurant, ein Theater und schöne Gärten. Auf der Hauptbühne treten Rockgrößen auf.

Ganz in der Nähe steht die Galerie Liljevalchs Konsthall, die schwedische, skandinavische und internationale Kunst präsentiert. Zu den regelmäßig stattfindenden Wechselausstellungen gehört auch der jährliche Frühjahrssalon.

❿ Skansen

Djurgårdsslätten 49. ☎ (08) 442 80 00. 🚌 44. 🚋 7. ⛴ Djurgårdsfärja. 🕒 März – Apr, Okt: tägl. 10 – 16 Uhr; Mai – Juni, Sep: tägl. 10 – 20 Uhr; Juli, Aug: tägl. 10 – 22 Uhr; Nov, Dez: tägl. 10 – 15 Uhr. 🚫 24. Dez. 🎭 Juni – Aug. Seglora Kyrka ℹ informieren Sie sich telefonisch. 🌐 skansen.se

Als erstes Freilichtmuseum der Welt öffnete Skansen 1891 seine Tore, um einer hochindustrialisierten Gesellschaft zu zeigen, wie ihre Vorfahren einst lebten. Auf dem weitläufigen Gelände der Anlage stehen rund 150 Häuser und Bauernhöfe aus ganz Schweden. Das Museum spielt in der Brauchtumspflege eine große Rolle. Nationalfeiertag, Walpurgisnacht, Mittsommer, Weihnachten und Silvester werden hier gefeiert *(siehe S. 32 – 35)*.

Im Stadtviertel mit den Holzhäusern (19. Jh.) zeigen Glasbläser, Buchbinder und andere Handwerker ihre jeweiligen Kunstfertigkeiten. Das 300 Jahre alte Älvros-Bauernhaus aus der Härjedalen-Region gibt mit Alltagsgegenständen Einblicke in das ländliche Leben.

Ganz anders präsentiert sich Skogaholms Herrgård *(siehe S. 26)*, ein karolingisches Herrenhaus um 1680: Hier erfährt man, wie die Betuchten wohnten. Die Seglora-Kirche (1792) ist für Trauungen sehr beliebt.

Tiere des Nordens wie Wölfe, Bären und Elche kann man im Zoo sehen, eher exotische Tiere bevölkern Terrarium und Aquarium.

⓫ Waldemarsudde

Prins Eugens Väg 6. ☎ (08) 545 837 00. 🚋 7. 🕒 Di – So 11 – 17 Uhr. 🌐 waldemarsudde.com

Nach dem Tod des Prinzen Eugen 1947 ging sein Haus Waldemarsudde in Staatsbesitz über. Heute ist es eines der meistbesuchten Kunstmuseen Schwedens. Der Prinz musste zwar das Offizierswesen erlernen, wurde aber dennoch ein erfolgreicher Künstler, der zu den führenden Landschaftsmalern seiner Zeit gehört. Er schuf für Kungliga Operan und Stadshuset monumentale Gemälde. Im ehemaligen Wohnsitz des Prinzen sind drei seiner berühmtesten Bilder zu sehen: *Frühling* (1891), *Das alte Schloss* (1893) und *Die Wolke* (1896). Zudem zeigt das Museum Werke von Zeitgenossen des Prinzen. Vertreten sind u. a. Oscar Björck, Carl Fredrik Hill, Richard Bergh, Nils Kreuger, Eugène Jansson, Bruno Liljefors und Anders Zorn.

Prinz Eugen machte sich als großzügiger Mäzen auch um die junge Künstlergeneration verdient – so um die Gruppe, die als *Die Jungen* bekannt wurde –, deshalb sind in der Sammlung auch jüngere Künstler wie Isaac Grünewald, Einar Jolin, Sigrid Hjertén und Leander Engström präsent. Natürlich sind auch Bildhauer vertreten, insbesondere Per Hasselberg, dessen Arbeiten in der Galerie und im Park stehen.

Mit Ferdinand Boberg entwarf Prinz Eugen das Haus, das 1905 bezugsfertig wurde. Der-

Der Rummelplatz Gröna Lund von Kastellholmen aus gesehen

Hornsgatan (1902) von Eugène Jansson in der Thielska Galleriet

selbe Architekt wurde später mit der Planung der 1913 vollendeten Galerie beauftragt. Sie beherbergt einen Teil der rund 2000 Werke und Gemälde des Prinzen. Die Gästezimmer des Hauses sind praktisch unverändert geblieben, die zwei oberen Geschosse mit dem Atelier werden heute für Wechselausstellungen genutzt.

⓬ Thielska Galleriet

Sjötullsbacken 6–8. (08) 662 58 84. 69. Di–Fr 12–17 Uhr (Mi, Do bis 19 Uhr), Sa, So 11–17 Uhr. nach Vereinbarung. thielska-galleriet.se

Als die Räumlichkeiten des Bankiers Ernest Thiel (1860–1947) am Strandvägen für seine exzellente Sammlung zeitgenössischer Malerei zu klein wurden, betraute er den bekannten Architekten Ferdinand Boberg mit der Planung eines angemessenen Gebäudes auf Djurgården.

Da Thiel während des Ersten Weltkriegs den größten Teil seines Vermögens verlor, erwarb der schwedische Staat 1924 seine Sammlung nordischer Kunst aus dem späten 19. und frühen 20. Jahrhundert. Zwei Jahre später wurde in der Villa die Thielska Galleriet eröffnet.

Thiel galt in seinen Kreisen als Rebell, denn er bevorzugte vor allem jene Künstler, die sich 1885 zur Gruppe *Opponenterna* zusammengeschlossen hatten, um dem Einfluss der traditionell orientierten Kunstakademien etwas entgegenzusetzen. Hier sind die schwedischen Künstler vertreten, die sich in Grèz-sur-Loing südlich von Paris zu einer Künstlerkolonie zusammengetan hatten, unter ihnen Carl Larsson, Bruno Liljefors, Karl Nordström und August Strindberg. Daneben werden auch Bilder von Eugène Jansson, Anders Zorn und Prinz Eugen präsentiert. Ebenfalls zu sehen sind Holzfiguren von Axel Petersson und Skulpturen von Christian Eriksson sowie Arbeiten von Edvard Munch.

⓭ Etnografiska Museet

Djurgårdsbrunnsvägen 34. (0 0) 456 12 00. 69. Di–So 11–17 Uhr (Mi bis 20 Uhr). etnografiska.se

Das Volkskundemuseum zeigt Ausstellungsstücke aus der Zeit vom 18. Jahrhundert bis zur Gegenwart, die schwedische Forscher und Wissenschaftler von ihren Auslandsreisen mit in die Heimat zurückbrachten. Die einfallsreichen Arrangements des Museums wollen dem Besucher Fremdes und Ungewohntes aus fernen Ländern nahebringen. Darüber hinaus zeigt das Etnografiska Museet die multikulturellen Einflüsse, die Schweden durch die Einwanderungswelle im späten 20. Jahrhundert erfuhr.

Der Forscher Sven Hedin (1865–1952), der im Jahr 1902 als letzter Schwede in den Adelsstand erhoben wurde, steuerte viele Exponate bei, etwa Buddha-Figuren, chinesische Trachten und mongolische Tempelzelte, die westmongolische Kalmücken König Gustav V. schenkten. Eine andere interessante Abteilung zeigt Masken und Totempfähle aus dem westlichen Kanada.

1990 wurde ein japanisches Teehaus eröffnet. Es ist ein Kunstwerk für sich, im Sommer können Besucher hier an meditativen Teezeremonien teilnehmen.

Das Museum hat einen umfassenden Bildungsanspruch: Es veranstaltet Lesungen, Kurse und Workshops. Regelmäßige Wechselausstellungen ergänzen das anspruchsvolle Programm.

Das Restaurant MatMekka im Museum verbindet schwedische Küchentraditionen mit Speisen aus aller Welt. Verwendet werden dabei vorwiegend regionale Bio-Produkte.

Unsterblicher Troubadour

Carl Michael Bellman (1740–1795) war ein beliebter Komponist, Lyriker und Sänger. Gustav III. verschaffte ihm eine Stelle als Sekretär einer Lotterie, doch besser kannte man ihn in den Tavernen von Djurgården. Seine Lieder über den betrunkenen Uhrmacher Jean Fredman (*Fredmans Episteln* und *Fredmans Lieder*) haben ihre Beliebtheit nie eingebüßt und gehören zum musikalischen Erbe Schwedens. 1829 wurde Bellmans Büste in Anwesenheit von Königin Desideria in Djurgården enthüllt.

Bellman-Büste von J. N. Byström (1829)

Kaknästornet, im Vordergrund die Gebäude von Sjöhistoriska Museet, Tekniska Museet und Etnografiska Museet

⓮ Tekniska Museet

Museivägen 7. (08) 450 56 00. 69. Mo, Di, Do, Fr 10–17, Mi 10–20, Sa, So 11–17 Uhr. 1. Jan, Mittsommer, 24., 25., 31. Dez. nach Vereinbarung. tekniskamuseet.se

Das Museum dokumentiert Schwedens technische und industrielle Geschichte. In der Maschinenhalle befindet sich Schwedens erste Dampfmaschine von 1832, die in einem Bergwerk im Süden des Landes eingesetzt wurde. Daneben stehen das klassische T-Modell von Ford sowie alte Modelle von Volvo, Scania und Saab. An der Decke schwebt Schwedens erstes kommerzielles Flugzeug von 1924. Eine weitere Rarität ist Emanuel Swedenborgs Modell einer »Flugmaschine« von 1716. Das Museum hat auch Abteilungen über Elektrizität, Computer, Haustechnologie, Forstwirtschaft, Bergwerke, Eisen- und Stahlindustrie.

Hier ist auch Schwedens erstes Wissenschaftszentrum Teknorama beheimatet, das mit seinen vielen selbst durchführbaren Experimenten vor allem bei Kindern und Jugendlichen beliebt ist.

Maschinenhalle des Tekniska Museet

⓯ Sjöhistoriska Museet

Djurgårdsbrunnsvägen 24. (08) 519 549 00. 69. tägl. 10–17 Uhr. sjohistoriska.se

Das Seehistorische Museum befasst sich mit Seefahrt, Schiffbau und der Marineflotte. Sein schönes Gebäude am Djurgårdsbrunnsviken entwarf Ragnar Östberg 1938.

Unter den rund 100 000 Ausstellungsstücken finden sich 1500 Schiffsmodelle. Das älteste schwedische Modell ist der Nachbau des »Kathedralen-Schiffs« aus dem frühen 17. Jahrhundert. Zur Sammlung zählen alle Arten von Wasserfahrzeugen, von Küstenbooten und Wikinger-Langschiffen bis zu Öltankern, Frachtern, Yachten, Schlauchbooten und U-Booten. Eine Reihe von Modellen im Maßstab 1:200 zeigt die Entwicklung skandinavischer Schiffe seit der Eisenzeit.

Schauplätze in Originalgröße vermitteln eine Vorstellung vom Leben an Bord. Original erhalten sind das elegante Heck und eine Kabine des königlichen Schoners Amphion. Das Schiff wurde nach Plänen des führenden Schiffbauers F. H. Chapman in der Werft von Djurgården gebaut. 1788–90 war es das Flaggschiff Gustavs III. im Krieg gegen Russland.

Das Museum besitzt Schiffsdekorationen aus dem späten 17. Jahrhundert, darunter Teile des Staatswappens, die Taucher in den 1920er Jahren vom Heck der 1676 bei Dalarö gesunkenen Riksäpplet bargen, und ein großes Relief von Karl XI. zu Pferd vom Heck der Carolus XI, eines 82-Kanonen-Schiffs von 1678. Vermutlich hat man das Relief entfernt, als das Schiff in Sverige umbenannt wurde. Zur Sammlung gehören viele schöne Galionsfiguren, etwa ein Lyra spielender Amphion, Zeus' Sohn, vom Schoner gleichen Namens.

Wechselausstellungen zu Themen wie Piraterie oder Frachtbergung aus Schiffswracks ergänzen das breit gefächerte Angebot.

Mit dem Seehistorischen Museum verbunden ist das schwedische meeresarchäologische Archiv mit einer umfangreichen Foto- und Dokumentensammlung.

Die Kinderabteilung mit Werkstatt ist samstags und sonntags sowie in den Schulferien geöffnet.

Auf dem Giebel zum Djurgårdsbrunnsviken hin befindet sich Nils Sjögrens Denkmal Der Matrose, das den unzähligen Opfern der Seekriege gewidmet ist.

Galionsfigur, um 1850

⓰ Kaknästornet

Ladugårdsgärdet. (08) 667 21 80. 69, 69K. Mo–Sa 10–21, So 10–18 Uhr. nach Vereinbarung. kaknastornet.se

Verankert mit 72 Stahlpfosten, die acht Meter tief in den Fels getrieben wurden, erhebt sich der 34-stöckige Kaknästornet auf eine Höhe von 155 Metern. Der Turm wurde 1967 nach Plänen der Architekten Bengt Lindroos und Hans Borgström gebaut. Er dient als zentraler Sendemast des schwedischen Rundfunks und ist auch für Konferenzschaltungen via

Satellit zwischen europäischen Städten ausgerüstet. Die größte der fünf Parabolantennen links vom Turm hat einen Durchmesser von 13 Metern. Der Hauptraum mit den Sendern und Empfängern wurde darunter aus dem Fels gesprengt.

Die Aussichtsplattformen im 30. und 31. Stock ermöglichen einen spektakulären Blick auf die Stadt, den man auch durch die Panoramafenster des Restaurants im 28. Stock genießen kann. Besuchern stehen zwei Aufzüge zur Verfügung, die sie mit 18 Stundenkilometern nach oben befördern.

Am Eingang befindet sich ein Besucherzentrum, in dem man auch Souvenirs, Karten und die Stockholm Card (siehe S. 319) kaufen kann. Bemerkenswert ist hier eine Wandreliefe von Walter Bengtsson, zu dem er sich augenscheinlich von der Technik des Turms inspirieren ließ.

⓱ Tessinparken und Nedre Gärdet

Stadtplan 2 F2. 🚇 Karlaplan, Gärdet. 🚌 1, 4, 62, 72.

Drei Generationen der Architektenfamilie Tessin haben diesem 1931 im Unteren Gärdet eröffneten Park ihren Namen gegeben. Der Tessinparken erstreckt sich in Nord-Süd-Richtung mit Rasenflächen, Spielplätzen, Wegen und Teichen. Die umliegenden Häuser aus den Jahren 1932 bis 1937 mit ihren Gärten fügen sich derart ein, dass sie fast wie ein Teil des Parks wirken. Die Häuser in der Nähe des Valhallavägen wurden in den 1920er Jahren erbaut und haben noch einen neoklassizistischen Einschlag, obwohl Gärdets prägende Stilrichtung eigentlich der Funktionalismus ist. Die niedrigeren weißen Gebäude entlang der Askrikegatan, die die nördliche Grenze des Parks markiert, heben sich umso mehr von diesen Häusern ab. Etwa 60 Architekten waren an der Planung von Gärdet beteiligt, darunter auch Sture Frölén.

In dem Teil des Parks, der an den Valhallavägen grenzt, steht eine Granitstatue, die Olof Thorwald Ohlsson in den 1970er Jahren entwarf: Ferien einer Hausfrau. Am anderen Ende des Parks befindet sich eine farbenfrohe Plastik aus Beton von Egon Möller-Nielsen mit dem Namen: Das Ei.

Millesgården, im frühen 20. Jahrhundert die Heimat von Carl Milles

⓲ Millesgården

Herserudsvägen 32, Lidingö. 🚇 Ropsten, dann Bus 201, 202, 204, 206, 208, 212, oder Zug nach Torsvik. 📞 (08) 446 75 90. 🕓 Mai–Sep: tägl. 11–17 Uhr; Okt–Apr: Di–So 12–17 Uhr. 🎫 📷 nach Vereinbarung. 🍽 ♿ 🛍 millesgarden.se

Carl Milles (1875–1955) war einer der bedeutendsten schwedischen Bildhauer seiner Zeit und auch international bekannt. Ab 1931 lebte er 20 Jahre lang in den USA, wo er sich mit Werken wie etwa den zwei Brunnen Zusammenfluss der Wasser in St. Louis und Auferstehung im National Memorial Park bei Washington einen international bekannten Namen machte. In Stockholm stehen 15 Werke von Milles, darunter der Brunnen Orpheus vor dem Konserthuset (siehe S. 75).

Im Jahr 1906 erwarb Milles auf der Insel Lidingö Grund und baute sich darauf ein Haus, das 1908 bezugsfertig war. Hier lebte er mit seiner Frau bis 1931 und erneut nach seiner Rückkehr aus den USA. 1936 überließ er das weitläufige Anwesen dem schwedischen Staat.

Millesgården erstreckt sich auf einer Gesamtfläche von 18 000 Quadratmetern. Hier befinden sich Milles' Ateliers, ebenso viele Repliken seiner Werke. Der schön angelegte Garten ist ein Kunstwerk, außerdem bietet er einen herrlichen Blick aufs Wasser.

Tessinparken, umgeben von Wohnhäusern aus den späten 1930er Jahren

Laufbahn im 1912 erbauten Stadion

⓰ Stadion

Lidingövägen 1–3. **Stadtplan** 2 E2. (08) 508 283 51. Ⓣ Stadion. 4, 55, 72, 73. tägl. 8–16 Uhr. bei Veranstaltungen.

Für die Olympischen Spiele 1912 in Stockholm wurde ein neues Stadion gebaut, dessen Türme zu einem Wahrzeichen der Stadt wurden. Architekt Torben Grut (1871–1945) hatte nationalromantische Ideen, er wollte »moderne Konstruktionsmethoden, die sich an mittelalterlicher Ziegelbauweise orientieren«. Den Uhrturm zieren zwei Figuren Carl Fagerbergs, *Ask* und *Embla*, die in der nordischen Mythologie Adam und Eva entsprechen. Büsten erinnern an Victor Balck, der die Olympischen Spiele nach Stockholm holte, und an P. H. Ling, den schwedischen »Turnvater«.

In den 1930er Jahren kamen vier Skulpturen hinzu. Der Maler und Turner Bruno Liljefors schuf die Plastik *Spiel* für den Haupteingang, von Carl Eldh sind *Die Läufer*, von Carl Fagerberg *Die Staffelläufer* sowie *Der Kugelstoßer*.

Bis heute ist das bis zu 35 000 Zuschauer fassende Stadion Schauplatz wichtiger Sportwettkämpfe. 1958 fand hier die Leichtathletik-Europameisterschaft statt, 1990 die Weltmeisterschaft im Reitsport. Jeden Sommer wird hier eine internationale Sportgala veranstaltet. Die Arena dient auch als Konzertstätte für international bekannte Bands.

⓱ Naturhistoriska Riksmuseet

5 km nördlich des Stadtzentrums an der Straße 264. (08) 519 540 00. Ⓣ Universitetet. 40, 540. Di 10–20, Mi–Fr 10–19, Sa, So 11–19 Uhr. nach Vereinbarung. nrm.se

Das weitläufige, 1916 fertiggestellte Naturhistorische Reichsmuseum wurde von Axel Anderberg entworfen und von Carl Fagerberg ausgestaltet. Carl von Linné *(siehe S. 134)* gründete die ehrwürdige Institution 1739 als Teil der Vetenskapsakademien (Akademie der Wissenschaften). Heute gehört sie zu den größten naturhistorischen Museen. Im Lauf der Zeit hat sie rund 17 Millionen Exponate zusammengetragen.

In den 1990er Jahren wurde das Museum modernisiert, es gibt Dauer- und Wechselausstellungen zu Themen wie Dinosaurier, Meerestiere bis hin zu »Wunder des menschlichen Körpers«. Ebenfalls in den 1990er Jahren wurde Cosmonova eröffnet – Planetarium und IMAX-Kino in einem. Die IMAX-Leinwand ist 25-mal so groß wie eine normale Kinoleinwand.

Eisbär, Naturhistoriska Riksmuseet

Mit dem Vega-Monument vor dem Museum gedachte man 1930 des 50. Jahrestags der Rückkehr des Forschers Adolf Erik Nordenskiöld, der mit der *Vega* erstmals die Nord-Ost-Passage durchfuhr. Das Denkmal von Ivar Johnsson ist ein Granitobelisk mit kupfernem Schiff obenauf.

⓲ Hagaparken

4 km nördlich des Stadtzentrums an der E4. 515. **Haga Parkmuseum** (08) 27 42 52. Okt–Mai: tägl. 10–15 Uhr. **Gustav III:s Paviljong** (08) 402 61 30. stündlich; Juni–Sep: Di–So 12–15 Uhr. **Fjärils- & Fågelhuset** (08) 730 39 81. Apr–Sep: Di–Fr 10–16, Sa, So 11–17.30 Uhr; Okt–März: Di–Fr 10–15, Sa, So 11–16 Uhr. Mittsommer. in Koppartälten, Fjärils- & Fågelhuset und Café Vasaslätten.

König Gustav III. beschloss Mitte des 18. Jahrhunderts, auf dem beliebten Haga-Gelände einen königlichen Park anlegen zu lassen. Seine Vorstellungen realisierte der renommierte Architekt Fredrik Magnus Piper. Heraus kam ein Park im englischen Stil mit einigen ungewöhnlichen Gebäuden wie der Chinesischen Pagode und dem römischen Schlachtzelt Koppartälten. Geplant war auch ein Schloss nach dem Vorbild von Versailles, aber nach dem Tod des Königs wurden die Arbeiten eingestellt.

Der Pavillon Gustavs III., ein gustavianisches Meisterstück von Olof Tempelman mit einem Interieur von Louis Masreliez, ist die größte architektonische Attraktion im Park. Im Fjärils- & Fågelhuset flat-

Louis Jean Desprez' römisches Schlachtzelt von 1790 im Hagaparken

Hotels und Restaurants in Stockholm *siehe Seiten 284f und 294f*

tern exotische Schmetterlinge und Vögel in einem tropischen Gewächshaus frei umher.

Im Haga Slott, das 1802–04 für Gustav IV. Adolf entstand, verbrachten der gegenwärtige König Carl XVI. Gustaf und seine Schwestern ihre Kindheit. Heute dient es für Regierungsempfänge und als Gastunterkunft für Staatsoberhäupter.

Der Hagaparken ist bei den Stockholmern ganzjährig beliebt. Er ist Teil der Natur- und Kulturoase Ekoparken *(siehe Kasten)*.

Exotischer Schmetterling im Gewächshaus des Hagaparken

❷ Ulriksdal

7 km nördlich von Stockholm.
☎ (08) 402 61 30. 🌐 503. **Schloss**
⏰ Juni–Mitte Sep: Di–So (nur Führungen). 🕒 12, 13, 14, 15 Uhr. **Orangerie** ⏰ Juni–Aug: Di–So 12–16 Uhr. 🅿️ 🚻 ♿
🌐 kungahuset.se/royalpalaces

Schloss Ulriksdal liegt auf einer Landzunge am Edsviken. Die Gebäude und das Areal mit seinem reichen Baumbestand sind einen Besuch wert. An der Schlossauffahrt befindet sich eines der bekanntesten Restaurants Stockholms, Ulriksdals Wärdshus *(siehe S. 295)*.

Das ursprüngliche Schloss entstand in den 1640er Jahren nach Entwürfen von Hans Jakob Kristler in deutsch-holländischem Renaissance-Stil. Der Besitzer, der königliche Marschall Jakob de la Gardie, nannte das Schloss Jakobsdal. Im Jahr 1669 kaufte es die Königinwitwe Hedvig Eleonora, die es 15 Jahre später ihrem Enkel Ulrik zur Taufe schenkte und in Ulriksdal umbenannte.

Um diese Zeit schlug der Architekt Tessin d. Ä. einen Umbau vor, aber nur wenige seiner Pläne wurden in die Tat umgesetzt. Im 18. Jahrhundert bekam das Schloss seine Barockfassade.

Unter Gustav III. (1746–1792) war Ulriksdal für Feste beliebt, danach verlor es seinen Glanz. Erst unter Karl XV. (1826–1872) erwachte das Interesse am Schloss neu. In dem Raum, der diesem Monarchen gewidmet ist, werden Möbel und Kunsthandwerk ausgestellt.

Der Park wurde Mitte des 17. Jahrhunderts angelegt. Hier stehen 300 Jahre alte Linden sowie einer der nördlichsten Buchenhaine Europas. Am Schlossteich vor dem Palast sieht man zwei Wildschwein-Skulpturen von Carl Milles.

Ulriksdals Slott mit seiner schönen Barockfassade (18. Jh.)

Über einen Bach führt ein Steg, der von einer Skulptur von Per Lundgren getragen wird.

Weitere Kunstwerke sind in der Orangerie zu sehen, die Tessin d. Ä. in den 1660er Jahren schuf und die 1705 umgestaltet wurde. Heute ist in der Orangerie ein Museum für Bildhauerei untergebracht.

Die Schlosskapelle, in der gern geheiratet wird, entstand 1865 nach Plänen von F. W. Scholander im Stil der holländischen Neorenaissance. Die Reitschule (1671) bauten Carl Hårleman und C. F. Adelcrantz in den 1750er Jahren zu einem Theater um. Im Sommer finden hier Aufführungen statt.

Ekoparken – Nationalstadtpark

Ekoparken – der weltweit erste Nationalpark, der zugleich Stadtpark ist – wurde 1995 vom schwedischen Parlament gegründet. Die 27 Quadratkilometer große »grüne Lunge« der Stadt ist ein beliebtes Naherholungsgebiet.

Der Park zieht sich durch Stockholms Innenstadtbereiche wie Skeppsholmen und den südlichen Teil Djurgårdens und verläuft weiter nordwestlich bis Nord-Djurgården, Hagaparken, Brunnsviken und Ulriksdal. Außerdem gehört zum Park das Inselchen Fjäderholmarna *(siehe S. 115)*. Große Teile des Parks waren schon im 16. Jahrhundert königliche Jagdgründe.

Aus dieser Zeit stammen schöne Palais und andere Sehenswürdigkeiten. Der Park ist nirgendwo eingezäunt, man kann ihn also an vielen Stellen betreten. Auf dem Brunnsviken finden Bootsfahrten mit Halt an einigen Sehenswürdigkeiten statt. Infos unter Tel. (08) 785 40 00 oder: www.nationalstadsparken.se

Reiher in Isbladskärret gehören zur Vogelwelt des Ekoparken

Karlbergs Slott aus den 1630er Jahren beherbergt heute eine der Militärakademien Schwedens

❷❸ Bellevueparken

Südlich vom See Brunnsviken, Ekoparken. 🚌 2, 40, 53. **Carl Eldhs Ateljémuseum** Lögbodavägen 10, Bellevueparken. ☎ (08) 612 65 60. 🕐 Mai – Aug: Di – So 11 – 16 Uhr; Sep, Okt: Sa, So 11 – 16 Uhr. 13.30 Uhr auf Englisch.

Der Park ist Teil des Ekoparken (siehe S. 103) und wurde von Architekt Fredrik Magnus Piper angelegt. Bellevueparken wartet mit gewundenen Pfaden, Hainen, baumbestandenen Alleen und großen Grünflächen auf. Es gibt auch 200 Jahre alte Linden und seltene Arzneipflanzen. Seinen Namen (französisch für »schöner Blick«) hat der Park von Baron Carl Sparre, der 1782 ein Herrenhaus auf dem Bellevue-Hügel erwarb. Heute wird das Gebäude als Konferenzzentrum genutzt.

Auf dem Bellevue-Hügel befindet sich der Aussichtspunkt Lögbodavägen, von dem man den Meeresarm Brunnsviken überblickt. Ganz in der Nähe steht die Statue *Der junge Strindberg im Archipel* von Carl Eldh (1873 – 1954). Im ehemaligen Atelier des Bildhauers befindet sich heute das Carl Eldhs Ateljémuseum. Eldh war einer von Schwedens profiliertesten Bildhauern. Rund um Stockholm kann man an 30 öffentlichen Plätzen seine Werke bewundern. Die Gipsabdrücke vieler Skulpturen sieht man in seinem Atelier, darunter die vom *Branting-Monument*, von der *Strindberg-Statue* im Tegnérparken und *Die Läufer* im Stadion (siehe S. 102). Zu sehen sind auch Zeichnungen, Werkzeuge und andere persönliche Gegenstände.

❷❹ Karlbergs Slott

Karlbergs Slottsväg. 🚇 S:t Eriksplan. 🚌 42, 72 bis Haltestelle Karlberg, dann 15 Min. zu Fuß. **Park** 🕐 tägl. 6 – 22 Uhr.

Admiral Karl Karlsson Gyllenhielm begann in den 1630er Jahren, mitten im Dreißigjährigen Krieg, Karlbergs Slott zu erbauen. Ab 1670 wurde es dann von Magnus Gabriel de la Gardie und seinem Architekten Jean de la Vallée erweitert und umgebaut. Als das Schloss 1688 in königlichen Besitz überging, war es einer der majestätischsten Bauten Schwedens. Der »Heldenkönig« Karl XII. (1682 – 1718) wuchs hier auf und wurde nach seinem Tod bei der Belagerung von Fredriksten (siehe S. 41) hier aufgebahrt. 1792 wandelte C. C. Gjörwell das Anwesen in eine königliche Kriegsakademie um. Später wurde es die Militärschule Karlberg, seit 1999 ist es eine der Militärakademien.

Bemerkenswert sind Carl Caroves Stuckarbeiten im großen Saal. Die Schlosskirche wurde mehrmals renoviert, aber die Lampen aus dem 17. Jahrhundert sind noch erhalten. Der holzverkleidete »Raritätenraum«, in dem Magnus Gabriel de la Gardie seine Kostbarkeiten aufbewahrte, dient als Sakristei.

❷❺ Judiska Museet

Hälsingegatan 2. **Stadtplan** 1 A2. ☎ (08) 557 735 60. 🚇 Odenplan. 🚌 2, 4, 47, 72. 🕐 Mo – Fr, So 12 – 16 Uhr. nach Vereinbarung auf Englisch.
🌐 judiska-museet.se

Aaron Isaac war 1774 der erste jüdische Einwanderer in Stockholm, der seine Religion öffentlich praktizierte. Das Judiska Museet vergegenwärtigt die Geschichte der schwedischen Juden von der Zeit Isaacs bis heute. Es befasst sich mit jüdischer Religion, der Integration in die Gesellschaft und mit dem Holocaust. Eine große Sammlung von Bildern und anderen Exponaten gibt Einblick in das Leben und die Gebräu-

Achtarmige *chanukkia* (Kerzenhalter) im Judiska Museet

Hotels und Restaurants in Stockholm *siehe Seiten 284f und 294f*

ABSTECHER | 105

che der schwedischen Juden. Zu den schönsten Stücken sakraler Kunst gehören die Thora (die fünf Bücher Mose), der Hochzeitsbaldachin sowie die Sammlung achtarmiger Leuchter *(chanukkia)*. Etwa die Hälfte der 18 000 jüdischen Einwohner Schwedens lebt heute in der Region Stockholm.

Gunnar Asplund (1885–1940)

Gunnar Asplund war zwischen den zwei Weltkriegen die dominierende Figur der schwedischen Architekturszene. Sein erster großer Auftrag war die Kapelle auf dem Friedhof Skogskyrkogården, seine letzte Arbeit das Krematorium der Heliga Korsets Kapell (1935–40). Skogskyrkogården ist ein Meisterwerk des Funktionalismus und hat seinen Platz auf der Welterbe-Liste der UNESCO verdient *(siehe S. 111)*. Asplund entwarf auch die Stadsbiblioteket (1920–28). Als leitender Architekt der Stockholmer Ausstellung von 1930 leistete er Pionierarbeit für den Funktionalismus.

Die Stockholmer Ausstellung im Jahr 1930

Das alte Observatorium (1748–53) auf dem Observatorielunden

㉖ Observatoriemuseet

Drottninggatan 120. **Stadtplan** 1 32.
(08) 545 483 90. Ocenplan
40, 42, 65, 72. Okt–März: Di, Do 18–21, So 12–15 Uhr. Juli: Di 18 Uhr bei klarem Himmel mit Teleskopobservation; nach Vereinbarung auf Englisch.
w observatoriet.kva.se

Auf dem Brunkeberg sind mehrere wissenschaftliche Institute angesiedelt. Das älteste ist das frühere Observatorium, das von Carl Hårleman für die königliche wissenschaftliche Akademie entworfen und 1753 eröffnet wurde. Im Jahr 1931 verlegte man die Forschungsabteilung auf die Insel Saltsjöbaden, das Gebäude dient seither als Museum. Interessante stehen der Beobachtungsraum, die Wetterwarte und die Instrumentenwerkstatt offen. Von Oktober bis März können Besucher durch das Teleskop die Sterne bewundern (nur Di und Do).

Das Wäldchen um das alte Observatorium wurde im 18. Jahrhundert angepflanzt. Heute ist es ein Idyll für sich, die erst im 20. Jahrhundert für die Öffentlichkeit zugänglich gemacht wurde. Auf dem Brunkeberg steht Sigrid Fridmans Statue *Der Zentaur*. Ein Park erstreckt sich bis zum Sveavägen und endet mit einem Teich. Die Statue *Tanzende Jugend* schuf Ivar Johnsson, am südlichen Parkeingang steht Nils Möllerbergs Skulptur *Jugend*.

㉗ Stadsbiblioteket

Sveavägen 73. **Stadtplan** 1 B2.
(08) 508 310 60. Odenplan, Rådmansgatan. 4, 42, 52, 53, 59, 72. Mo–Do 9–21, Fr 9–19, Sa, So 12–16 Uhr (Mitte Juni–Mitte Aug: Mo–Fr 9–19, Sa 12–16 Uhr).
w biblioteket.stockholm.se

Die Stadtbibliothek ist ein Meisterwerk von Gunnar Asplund und eines der architektonisch bedeutendsten Gebäude der Hauptstadt. Als Stararchitekt des Funktionalismus der 1930er Jahre entwarf Asplund eine Bibliothek, die von klassischen Idealen beseelt war.

Die Möbel der Bibliothek und viele der Beleuchtungskörper gestaltete Asplund selbst. Die Stuckreliefs in der Eingangshalle – sie greifen Themen aus Homers *Ilias* auf – sind von Ivar Johnsson.

In der Kinderbuchabteilung schuf Nils Dardel das Wandgemälde *John Blund*, Ulf Munthe stellte die Sterne am Himmel dar. Von Nils Sjögren stammen die Türstürze, Türklinken sowie die Trinkbrunnen. Hilding Linnquist war für den riesigen Wandbehang sowie für die vier Wandgemälde in alter Freskotechnik verantwortlich.

In der Stadsbiblioteket werden jedes Jahr mehr als eine Million Bücher ausgeliehen. Hier werden auch regelmäßig Lesungen veranstaltet.

Stadsbiblioteket, ein Entwurf des Stararchitekten Gunnar Asplund

Stadtplan Stockholm *siehe Seiten 118–123*

ⓘ Stadshuset

Das Rathaus war eines der größten Bauprojekte Schwedens im frühen 20. Jahrhundert. Es wurde 1923 fertiggestellt und ist ein Wahrzeichen Stockholms. Der Architekt Ragnar Östberg (1866–1945) konzipierte den Bau im national-romantischen Stil, trotzdem sind sowohl Züge nordischer Gotik als auch Stilmittel der norditalienischen Schulen zu erkennen. Das Gebäude umfasst den Ratssaal und die 250 Büros der Stadtverwaltung. Die jährlichen Feierlichkeiten anlässlich der Nobelpreisverleihung finden im Blauen und im Goldenen Saal statt.

★ Goldener Saal
Byzantinische Kunst inspirierte die Wandmosaiken aus 19 Millionen Blattgoldteilchen von Einar Forseth (1892–1988). Thema der Nordwand: *Königin des Mälarsees*.

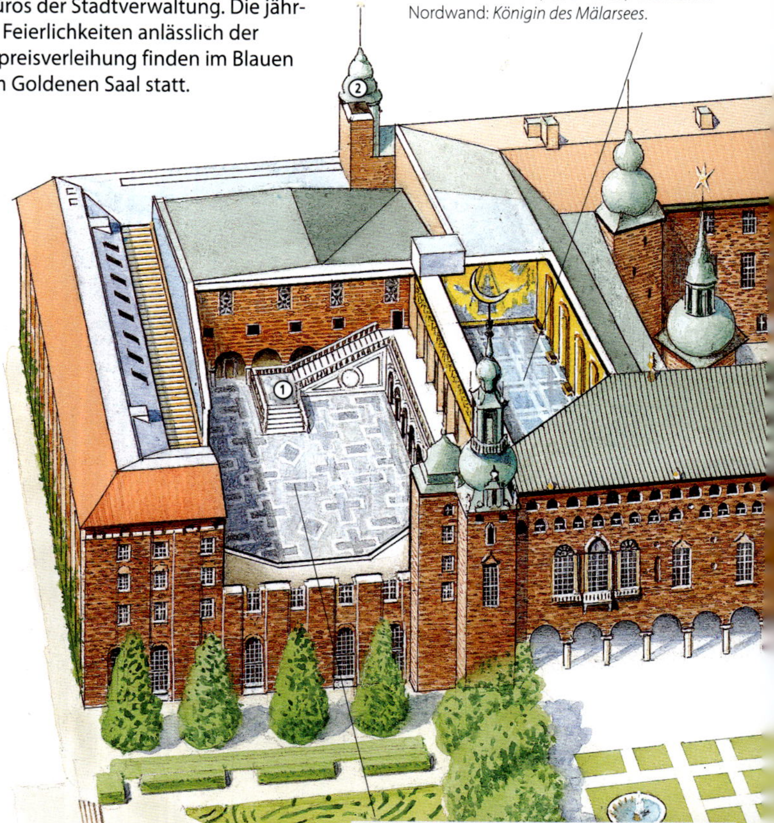

Außerdem
① Treppe zur Galerie
② **Norra Trapptornet**, der Nordturm, wird von einer Sonne gekrönt.
③ Innenhof
④ Trausaal
⑤ **Der Freiheitskämpfer Engelbrecht** ist eine Statue von Christian Eriksson (1858–1935).

★ Blauer Saal
Der Bankettsaal ist mit handgefertigten dunklen Ziegeln verkleidet. Sein Name leitet sich von dem Plan ab, polierte blaue Ziegel zu verwenden.

ABSTECHER: STADSHUSET | 107

Drei Kronen
Schwedens Wappensymbol aus dem 14. Jahrhundert krönt die Spitze des 106 Meter hohen Stadshustornet.

Infobox

Information
Hantverkargatan 1.
Stadtplan 1 B5.
📞 (08) 508 290 58.
🚪 nur bei Führungen.
⭕ einige Feiertage und bei offiziellen Anlässen. 🕐 tägl 10, 11, 12, 13, 14, 15 Uhr. 📷 🚫
🚻 ♿ **Tornmuseet** ⭕ Mai, Sep: tägl. 9.15–15.55 Uhr;
Juni–Aug: 9.15–17.15 Uhr. 📷
🌐 stockholm.se/stadshuset

Anfahrt
Ⓣ Rådhuset.

Ratssaal
Die 101 Mitglieder des Stadtparlaments *(kommunfullmäktige)* tagen in diesem Saal. Einen Teil des Mobiliars entwarf Carl Malmsten.

Der Tanz
An den Stufen hinab zum Riddarfjärden stehen zwei Statuen von Carl Eldh. *Dansen* (Der Tanz) ist eine Frau, *Sången* (Der Gesang) ist männlich.

★ **Prinzengalerie**
Prinz Eugen *(siehe S. 98)* schuf das Fresko mit dem Titel *Die Stadt auf dem Wasser* und spendete es der Stadt.

Stadtplan Stockholm *siehe Seiten 118–123*

Die Brücke Västerbron führt seit 1935 über den Mälarsee und verbindet Kungsholmen mit Södermalm

❷⁹ Västerbron

🚌 4, 40, 77.

Als Stockholm expandierte und der Autoverkehr in den 1920er Jahren immer weiter zunahm, erwies es sich als notwendig, eine weitere Brücke über den Mälarsee zu bauen. So schrieb man im Jahr 1930 einen Wettbewerb aus, den deutsche Architekten gewannen. Schwedische Architekten und Ingenieure führten die Pläne ihrer Kollegen aus. 1935 wurde die Brücke eröffnet, 20 Jahre später verbreitert.

Sie wird von zwei Bogen mit Spannweiten von 168 und 204 Metern getragen, erhebt sich 26 Meter hoch über das Wasser und passt sich gut in die Landschaft ein. Täglich passieren etwa 12 000 Fahrzeuge die Brücke. Wer auf ihr spazieren geht, wird mit einem wunderbaren Blick auf Stockholm belohnt.

Hof im früheren königlichen Gefängnis auf Långholmen

❸⁰ Långholmen

🚇 Hornstull, dann 10 Min. zu Fuß.
🚌 4, 40, 66.

Unterhalb der Västerbron-Brücke liegt die Insel Långholmen, die durch zwei Brücken mit Södermalm verbunden ist. Långholmen ist berühmt und berüchtigt für diverse Gefängnisse, die es hier seit 1724 gab. Im 20. Jahrhundert war das Gefängnis für 620 Insassen das größte in Schweden. Es wurde im Jahr 1975 geschlossen, danach entwickelte sich die Insel zu einem beliebten Freizeitgelände.

Die jüngeren Gefängnisbauten wurden im Jahr 1982 abgerissen, aber das alte königliche Gefängnis von 1835 ließ man stehen. Die einstigen Zellen bilden jetzt teils ein Hotel, teils ein Gefängnismuseum. Es gibt darüber hinaus eine Jugendherberge, ein gutes Restaurant sowie ein Museum über C. M. Bellman (siehe S. 99) mit Gartencafé, das sich bis zum Riddarfjärden erstreckt.

Im Park Långholmen befindet sich ein Freilichttheater, von den Stränden und Felsen aus kann man schwimmen.

❸¹ Stockholms Stadsmuseum

Ryssgården. **Stadtplan** 3 B5. 📞 (08) 508 316 00. 🚇 Slussen. 🚌 2, 3, 43, 53, 55, 76. 🕐 Di–So 11–17 Uhr (Do bis 20 Uhr).
🌐 stadsmuseum.stockholm.se

Stockholms Stadsmuseum steht eingezwängt zwischen dem Kreisverkehr von Slussen und dem jäh ansteigenden Hügel zum Mosebacke Torg. Es ist in einem Gebäude aus dem späten 17. Jahrhundert untergebracht, das Tessin d. Ä. als Södra Stadshuset (Südliches Rathaus) entwarf. Nach einem Brand stellte Tessin d. J. den Bau im Jahr 1685 fertig. Im Lauf der Zeit wurde er vielfältig genutzt – als Gerichtshof, Gefängnis, Schule, Rathauskeller, Theater und Kirche. Seit den 1930er Jahren beherbergt er das Stadtmuseum.

Das Museum dokumentiert die Geschichte Stockholms und seiner Einwohner. Die wesentlichen Etappen der Stadtentwicklung werden in einer Diashow und in vier Ausstellungen gezeigt. Die erste beginnt mit dem Stockholmer Blutbad von 1520 (siehe S. 64) und führt bis ins 17. Jahrhundert. Unter den Exponaten, die das ereignisreiche 18. Jahrhundert veranschaulichen, ist auch der Lohe-Schatz – 20 Kilogramm Silber, die 1937 in Gamla Stan entdeckt wurden.

Die anderen Abteilungen behandeln die Industrialisierung im 19. und das starke Wachstum im 20. Jahrhundert, das ein neues Stadtzentrum und neue Vororte mit sich brachte. Das Museum veranstaltet

Der Lohe-Schatz (18. Jh.) in Stockholms Stadsmuseum

zudem Touren zu Orten in Stockholm, die in Stieg Larssons *Millennium*-Trilogie erwähnt werden. Es finden auch Konzerte und Vorträge statt.

❸❷ Katarinahissen

Stadsgården. **Stadtplan** 3 C5.
(08) 642 47 85. Slussen
2, 3, 43, 53, 55, 59. für die Öffentlichkeit.

Katarinahissen ist der älteste Aussichtspunkt Stockholms und prägt die Skyline von Söder. Der 38 Meter hohe Aufzug wurde im März 1883 eröffnet. 1909 erstrahlte oben Schwedens erste Neonreklame – eine legendäre Werbung für die Zahncreme Stomatol, die später auf einem Dach in der Nähe installiert wurde.

Der Aufzug war ursprünglich dampfbetrieben, 1915 stellte man auf Elektrizität um. Komplett erneuert wurde er in den 1930er Jahren. Im ersten Jahr wurde der Aufzug von mehr als einer Million Menschen genutzt, das Rekordjahr war 1945 mit über 1,8 Millionen Personen, die von Slussen auf die Höhe von Mosebacke Torg befördert wurden.

Obwohl der ursprüngliche Aufzug nicht mehr in Betrieb ist, können Besucher zu dem Gourmetrestaurant Gondolen (siehe S. 295) hochfahren. Die Aussicht ist spektakulär.

Katarina Kyrka (1695) nach der Restaurierung, die der Brand von 1990 erforderlich machte

❸❸ Katarina Kyrka

Högbergsgatan 13. (08) 743 68 00.
Slussen, Medborgarplatsen.
2, 3, 53, 71, 76. Mo – Sa 11–17, So 10–17 Uhr. nach Vereinbarung.
Di, Do 12.15 Uhr (mit Orgelmusik), Mi, So 11 Uhr.
w svenskakyrkan.se

Die Gebäude auf dem Katarinaberget stammen teilweise aus dem 18. Jahrhundert. Sie umgeben den Gipfel, auf dem seit dem späten 14. Jahrhundert verschiedene Kirchen und Kapellen standen. Diese wurden im 17. Jahrhundert durch die Katarina Kyrka ersetzt. Das imposante Gotteshaus geht auf einen Entwurf von Jean de la Vallée (1620 – 1696), einem der bedeutendsten Baumeister seiner Zeit, zurück. König Karl X. hatte darauf bestanden, dass die Kirche ein zentrales Schiff sowie einen mittigen Altar samt Kanzel erhielt. Mit dem Bau begann man 1656, erst 1695 waren die Arbeiten abgeschlossen. Durch einen Brand 1723 wurden die Kirche und viele umliegende Gebäude schwer beschädigt, aber in den folgenden Jahrzehnten wieder aufgebaut. Eine größere Restaurierung fand im 20. Jahrhundert statt, 1988 erhielt die Kirche ein Kupferdach. Zwei Jahre später, in der Nacht des 16. Mai 1990, brach ein Feuer aus, bei dem alles bis auf die Außenmauern niederbrannte.

Das Architekturbüro Ove Hidemark wurde beauftragt, die Kirche wieder aufzubauen. Sie sollte nicht nur äußerlich dem Original gleichen, man wollte die verbliebenen Mauerreste in den Bau integrieren. Das machte es jedoch erforderlich, auch die Bautechniken des 17. Jahrhunderts weitgehend anzuwenden. Experten und Handwerkern gelang es, das für die große Kuppel nötige schwere Holzgerüst auf traditionelle Weise zu errichten. Für das Mittelschiff wurden spezielle Ziegel gebrannt, die mit denen aus dem 17. Jahrhundert vergleichbar waren.

1995 wurde die Kirche erneut geweiht – und viele vertreten die Meinung, sie sei noch schöner als zuvor. Der Altar steht jetzt genau an der Stelle, die dafür vorgesehen war. Die Rekonstruktion kostete 270 Millionen Kronen, 145 Millionen übernahm die Feuerversicherung, der Rest wurde durch Spendengelder finanziert.

Katarinahissen mit Stockholms Stadsmuseum im Hintergrund

🛈 Fjällgatan

Der Schriftsteller Per Anders Fogelström (1917–1998) bezeichnete die Fjällgatan im Stadtteil Södermalm als »schönste Straße der Stadt. Altmodisch zieht sie sich über den Hügel, mit ihrem gut erhaltenen Kopfsteinpflaster und den Straßenlaternen an den Häusern. Und dann, ganz plötzlich, öffnet sich die Straße und gibt einen fantastischen Blick auf Stadt und Wasser frei.« In der Fjällgatan kann man die einzigartige Atmosphäre des alten Viertels noch spüren.

Stadtteil Södermalm
300 Jahre alte Häuser und Terrassengärten bilden die dekorative Kulisse hinter dem Stadsgården-Hafen.

Fjällgatan
Die meisten Häuser in der malerischen Straße wurden nach einem Brand von 1723 gebaut. Haus Nr. 34 soll das älteste sein.

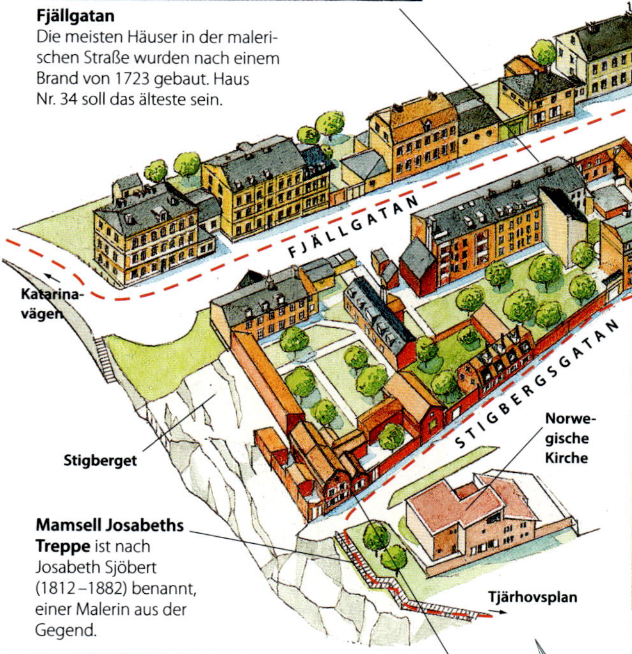

Aussichtspunkt mit Blick über die Stadt.

Café

Katarinavägen

Stigberget

Mamsell Josabeths Treppe ist nach Josabeth Sjöbert (1812–1882) benannt, einer Malerin aus der Gegend.

Norwegische Kirche

Tjärhovsplan

Sista Styverns Trappor
Diese Stufen hießen früher Mikaelsgränd, nach einem Scharfrichter aus dem 17. Jahrhundert. Später benannte man sie nach der Hafenkneipe Sista Styvern (»Der letzte Groschen«).

Södermalm-Häuser
Gut erhaltene typische Holzhäuser stehen an der Stigbergsgatan. Nr. 17 ist das Haus des Handwerkers Olof Krok aus den 1730er Jahren.

Legende
— Routenempfehlung

Hotels und Restaurants in Stockholm siehe Seiten 284f und 294f

ABSTECHER | 111

⑤ Vita Bergen

Södermalm. 🚌 2, 3, 55, 66, 76

Heute ist der Park für sein Freilichttheater bekannt, man kann hier aber auch Häuser sehen, die einst für Södermalms Hafen- und Fabrikarbeiter gebaut wurden. Es sind einfache Wohnhäuser, teils mit kleinem Garten samt Zaun. 1736 wurde wegen des Brandrisikos der Bau weiterer Holzhäuser verboten, dies galt jedoch nicht für Slums, wie dieses Viertel einer war.

Um 1900, als die Sofia Kyrka errichtet wurde, verwandelte sich die Gegend in einen baumbestandenen Park mit Schrebergärten östlich davon. Im Park steht die Bronzestatue *Elsa Borg* (1972) von Astri Bergman Taube, der Gattin des Sängers Evert Taube *(siehe S. 60)*.

⑥ Ericsson Globen

3 km südlich von Stockholm.
🚇 Globen. 🚌 4, 164, 150, 807.
📞 (08) 508 353 00. 🕐 be Veranstaltungen. 🚠 Gondelfahrt. 🎫 nach Vereinbarung. 📱 🎫 ♿
🌐 **globen.se**

Die überdachte Halle ist seit 1989 ein Wahrzeichen Stockholms. Es ist das größte kugelförmige Gebäude der Welt. Die Arena hat einen Umfang von 690 Metern und eine Höhe von 85 Metern. Im Ericsson Globen finden sportliche, kulturelle und politische Veranstaltungen statt. Um das Stadion ist Globen City entstanden, ein Viertel mit über 150 Läden, Hotels und Dienstleistungsbetrieben.

Die Heliga Korsets Kapell von Gunnar Asplund in Skogskyrkogården

⑦ Skogskyrkogården

6 km südlich von Stockholm.
📞 (08) 508 317 30. 🚇 Skogskyrkogården. 🕐 Juni–Aug nach Vereinbarung ((08) 508 316 59). 📱 ♿
🌐 **skogskyrkogarden.se**

Der Friedhof Skogskyrkogården, auf dem sich in einzigartiger Weise Natur und Architektur zu einem harmonischen Ganzen verbinden, ist seit 1994 UNESCO-Welterbe. Er liegt inmitten von Kiefern, die den Ort einen würdigen Rahmen verleihen. Bei der Ausschreibung für die Friedhofsgestaltung im Jahr 1915 gewannen Gunnar Asplund *(siehe S. 105)* und Sigurd Lewerentz, die versuchten, den besonderen Charakter der Gegend zu erhalten. Asplunds erster Bau, die Skogskapellet (Waldkapelle), wurde

Epitaph für Gunnar Asplund

1920 gleichzeitig mit dem Friedhof geweiht. Carl Milles schmückte die Kapelle aus. Fünf Jahre später folgte die Uppståndelsekapellet (Auferstehungskapelle) von Lewerentz.

1940 wurde Asplunds letztes großes Werk, das Skogskrematoriet (Waldkrematorium), vollendet, zusammen mit seinen drei Kapellen, die für Glaube, Hoffnung und das heilige Kreuz stehen. John Lundqvists *Auferstehung* findet sich in der Säulenhalle der Heliga Korsets Kapell, dort ist auch ein Wandgemälde von Sven Erixson zu sehen. Neben der Kapelle befindet sich das schwarze Granitkreuz von Asplund. Der Meditationshügel liegt im Westen.

In Skogskyrkogården befindet sich auch das Urnengrab von Greta Garbo.

Gläserne Gondeln bringen Besucher auf den Ericsson Globen

Greta Garbo (1905–1990)

Die legendäre Greta Garbo kam 1905 als Greta Gustafsson in einem ärmlichen Viertel von Södermalm zur Welt. Mit 17 Jahren wurde sie an der Schauspielschule des Dramatiska Teatern aufgenommen und hatte ihr Filmdebüt in *Peter, der Tramp*. Der Durchbruch kam 1924 mit Mauritz Stillers *Gösta Berlings Saga* nach einem Roman von Selma Lagerlöf. Im Jahr darauf zog sie nach Hollywood. »Die Göttliche« trat in 24 Filmen auf, dazu gehörten *Anna Karenina* (1935) und *Die Kameliendame* (1936). Bis zu ihrem Tod 1990 lebte sie zurückgezogen in New York. 1999 wurde ihre Urne auf dem Friedhof Skogskyrkogården beigesetzt.

Greta Garbo in *Wie du mich wünschst* (1932)

Drottningholm

Ganz Drottningholm mit Schloss, Theater, Park und Chinesischem Pavillon (Kina Slott) wurde von der UNESCO zum Welterbe erklärt. Das Schloss auf der Insel Lovön entstand in seiner heutigen Form gegen Ende des 17. Jahrhunderts und ist eines der prächtigsten Bauwerke seiner Zeit. Tessin d. Ä. wollte die Monarchie verherrlichen und ließ sich bei seinem Entwurf von italienischen und französischen Architekten beeinflussen. Der Bau wurde von Tessin d. J. vollendet, viele Baumeister des 18. Jahrhunderts, darunter Carl Hårleman und Jean Eric Rehn, waren an der Innengestaltung beteiligt. Bis heute bewohnt die königliche Familie einen Teil der Gebäude.

Barockgarten
Die Bronzestatue *Herkules* (um 1625) des niederländischen Renaissance-Bildhauers Adrian de Vries ziert den unteren Teil des Schlossgartens.

Oberer Wachraum
Das Vorzimmer zum Staatssaal, der bei öffentlichen Anlässen genutzt wurde, zeigt Stuckarbeiten von Giovanni und Carlo Carove sowie Deckengemälde von Johan Sylvius.

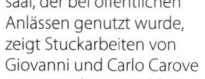

Schreibtisch von Georg Haupt
Im Zimmer der Königin steht dieses Meisterwerk von 1770, das König Adolf Fredrik seiner Gemahlin Lovisa Ulrika schenkte. Andere Möbel und Stofftapeten stammen aus den 1970er Jahren.

Außerdem

① **Wohnräume der königlichen Familie**

② **Die Schlosskirche** in der nördlichen Kuppel wurde von Hårleman nach 1720 fertiggestellt.

ABSTECHER: DROTTNINGHOLM | 113

★ Bibliothek von Lovisa Ulrika
Die Königin beauftragte Jean Eric Rehn (1717–1793), die Bibliothek zu gestalten. Der Bestand spiegelt Lovisa Ulrikas Einfluss wider, den sie auf Kunst und Wissenschaft ihrer Zeit hatte.

Infobox

Information
10 km westlich von Stockholm.
Schloss (08) 402 62 70.
Apr, Okt: Fr, Sa 11–15.30 Uhr;
Mai–Sep: tägl. 10–16.30 Uhr;
Nov–März: Sa, So 12–15.30 Uhr.
Feiertage, 15.–30. Dez.
Chinesischer Pavillon Mai–Sep.
Theatermuseum Mai–Sep.
royalcourt.se

Anfahrt
Brommaplan, dann Bus 177, 178. Mai–Sep v. Stadshusbron.

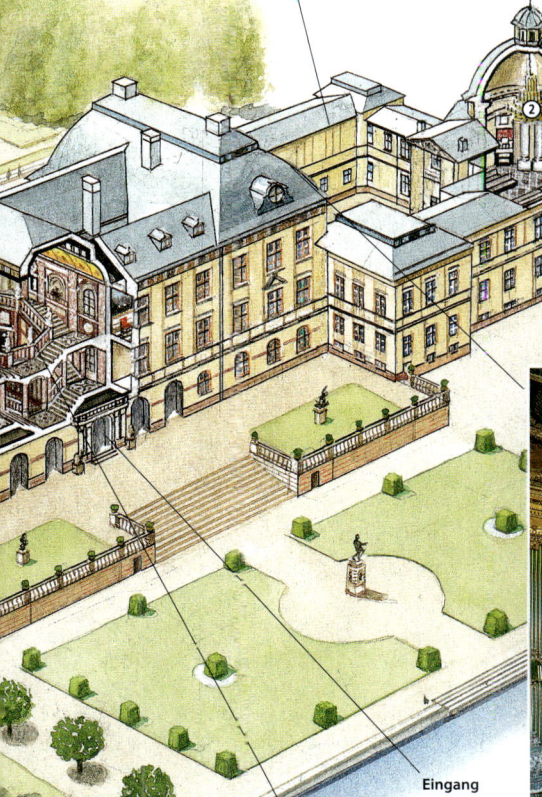

Eingang

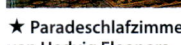

★ Paradeschlafzimmer von Hedvig Eleonora
Morgendliche Empfänge, die sogenannten *levées*, fanden in diesem prächtigen Barockraum von Tessin d. Ä. statt. 15 Jahre lang arbeiteten die besten schwedischen Künstler und Handwerker am Dekor, das 1683 vollendet wurde.

★ Treppenhaus
Johan Sylvius schuf Trompe-l'Œil-Bilder für die Wände. Sie vermitteln den Eindruck, als ob sich das Treppenhaus noch weiter ausdehnte.

Drottningholm: Schlosskomplex

Der ganze Komplex von Schloss Drottningholm liegt am Mälarsee (Mälaren), inmitten von Barock- und Rokokogärten sowie üppigen englischen Parklandschaften. Zum Schloss gehören das älteste noch bespielte Theater der Welt (Slottsteatern), das Theatermuseum und der elegante Chinesische Pavillon (Kina Slott). Im Sommer werden im Slottsteatern Opern und Ballette aufgeführt, und in der Kirche gibt es neben Messen auch viele Konzerte.

Die Galerie Karls XI. in Drottningholm zeigt den Sieg bei Lund, 1667

Schlossareal Drottningholm

Sehenswürdigkeiten
1. Schloss
2. Chinesischer Pavillon
3. Schlosspark
4. Hoftheater und Theatermuseum

Wohnräume

Wenn man die königlichen Wohnräume betritt, fällt einem zunächst der barocke Korridor ins Auge, von dem man einen schönen Blick auf die Gartenanlagen hat. Im Treppenhaus stechen ein Lüster, Deckengemälde von David Klöcker Ehrenstrahl und Stuckarbeiten von Giovanni und Carlo Carove hervor. Marmorstatuen der neun Musen mit ihrem Beschützer Apoll stehen in den Ecken der Balustraden.

Den Grünen Salon erreicht man aus dem unteren Vestibül über ein Vorzimmer, das für die Wachen vorgesehen war. Hier beginnen die Repräsentationsräume, die in die Galerie Karls X. übergehen. Die Bilder zeugen von seinen militärischen Leistungen und der Überquerung des Großen Belt 1658. Königin Hedwig Eleonora (1636–1715) hielt ihre Audienzen im Ehrenstrahlsalon ab, der nach dem Künstler benannt wurde. Prominentere Gäste wurden im Paradeschlafzimmer empfangen, das erst zur Zeit der Königin Lovisa Ulrika tatsächlich zum Schlafen genutzt wurde. Im Blauen Kabinett ist das Meißener Porzellan der Königin zu bewundern, in der Bibliothek ihre Sammlung von mehr als 20 000 Büchern. Hinter dem oberen nördlichen Wachraum mit einem Deckengemälde von Johan Sylvius liegt ein Arbeitszimmer im Gustavianischen Stil mit einem Schreibtisch von Niklas Eckstein. 1777, nach dem Staatsstreich Gustavs III., wurde der Blaue Salon im klassizistischen Stil gestaltet.

Den Chinesischen Salon nutzte König Adolf Fredrik als privates Schlafzimmer. Er liegt direkt über dem Schlafzimmer der Königin, eine Geheimtreppe verbindet die beiden Räume.

Medaillon mit Motiv Leben und Tod

Der Schreibtisch gegenüber dem Kachelofen erweist sich als getarntes Schlafsofa. Der sogenannte Oscarraum wurde von Oscar I. (1799–1859) neu eingerichtet und hat einen Wandbehang (um 1635).

Weiter geht es mit dem Generalsraum, der Galerie Karls XI., dem Goldenen Salon und dem Salon der Königin. Der angrenzende Staatssaal enthält Porträts von allen europäischen Monarchen, im Salon der Königin hängen entsprechend die Porträts der europäischen Königinnen. Der obere südliche Wachraum, Vorraum zum Staatssaal, wurde von den beiden Caroves und Johan Sylvius ausgestaltet.

Chinesischer Pavillon

1753, an ihrem 33. Geburtstag, bekam Königin Lovisa Ulrika von ihrem Mann Adolf Fredrik einen chinesischen Pavillon geschenkt. Die Teile waren in Stockholm gefertigt, in der Nacht mit dem Schiff nach Drottningholm gebracht und nur wenige Hundert Meter vom Schloss entfernt zusammengesetzt worden. Allerdings musste der Bau zehn Jahre

Kina Slot (Chinesischer Pavillon), eine architektonische Besonderheit

später abgerissen werden, weil er faulte. Man ersetzte ihn durch den Chinesischen Pavillon (Kina Slott), den C. F. Adelcrantz (1716–1796) entwarf.

Zu jener Zeit war alles, was chinesisch wirkte, modern. 1733 hatte die East India Company ihre erste Fahrt nach China unternommen. Nach dem Tod von Königin Lovisa Ulrika ließ das Interesse kurz nach, lebte aber nach 1840 wieder auf. Das Kina Slott ist eine Mischung aus östlichem Kunsthandwerk und dem, was man vor 250 Jahren für typisch chinesisch hielt. Heute bemüht man sich, die Inneneinrichtung so original wie möglich zu halten, wobei eine Inventarliste von 1777 hilfreich ist.

Vier kleinere Pavillons gehören zum Bau. Im nordöstlichen hatte der König seine Heimwerkstatt. Im Confidencen-Pavillon nahm man die Mahlzeiten ein, wenn man ungestört sein wollte. Die Speisen wurden eine Etage tiefer zubereitet und auf dem gedeckten Tisch mit einem Lift durch den Fußboden hinauftransportiert. Im »Wachzelt« im türkischen Stil hielten sich die Dragoner Gustavs III. auf.

Schlosspark

Die drei Schlossgärten sind alle in einem vollkommen anderen Stil angelegt, passen aber dennoch zusammen. Mit dem symmetrischen Teil, der sich bei der Schlossterrasse bis zum *Herkules* erstreckt, wurde 1640 begonnen. Diese Anlage sollte alle Sinne anregen – durch die Optik, die Klänge und die Düfte. Es gibt Brunnen mit kleinen Wasserfällen und Kaskaden, die Bäume und Sträucher sind kunstvoll beschnitten. Die Skulpturen stammen hauptsächlich vom flämischen Bildhauer Adrian de Vries (1560–1626) und wurden als Kriegsbeute 1648 aus Prag und 1659 von Schloss Fredriksborg in Dänemark nach Schweden gebracht.

Die Nussbaumalleen wurden nach dem Bau des Chinesischen Pavillons angelegt, ebenso der Rokokogarten, der den französischen Garten mit dem englischen Teil verbindet. In diesem Park gibt es »natürlich« angelegte Wege und ein Flüsschen mit kleinen Inseln. Bäume und Sträucher sind wie zufällig platziert. Gustav III. soll an der Planung des Parks und am Entwurf einiger Gebäude beteiligt gewesen sein. Nicht alle Pläne des Königs wurden realisiert, aber auf jeden Fall stellte man die vier Statuen auf, die er während seiner Italienreisen erworben hatte. Die ersten 300 der insgesamt 846 Linden wurden bereits im Jahr 1684 gepflanzt.

Kachelofen im Chinesischen Pavillon

Hoftheater und Theatermuseum

Carl Fredrik Adelcrantz, der Architekt des Chinesischen Pavillons, war 1766 für das Hoftheater (Slottsteatern) von Drottningholm verantwortlich. Königin Lovisa Ulrika gab den Bau in Auftrag, aber Adelcrantz

Die älteste funktionierende Bühnenmaschinerie der Welt im Hoftheater

Die wunderschöne Bühne des Hoftheaters aus dem 18. Jahrhundert

bekam dafür nur geringe Mittel. So wurde es ein einfaches Holzgebäude mit Stuckfassade. Die Innenausstattung ist ein Meisterwerk schlichter Funktionalität, mit Pfeilern aus Gips und Säulen aus Pappmaché. Die Bühnenmaschinerie ist aus Holz und funktioniert bis zum heutigen Tag.

Nach dem Tod Gustavs III. im Jahr 1792 blieb das Theater bis in die 1920er Jahre unbenutzt. Danach wurden lediglich die Seile der Bühnenzüge erneuert, man installierte elektrisches Licht und restaurierte die Seitenbühnen.

Die Bühne ist für Stücke des 18. Jahrhunderts konzipiert. Innerhalb weniger Sekunden kann die Szenerie mithilfe von 30 verschiedenen Prospektzügen vollkommen verändert werden. Die Toneffekte sind simpel, aber sehr authentisch: Eine Holzkiste mit Steinen macht realistischen Donner, ein Holzzylinder in einem Zelttuch darüber schafft den Eindruck von heulendem Wind.

Jeden Sommer finden im Slottsteatern rund 30 Vorstellungen statt, meist Opern und Ballette des 18. Jahrhunderts. Auch für Besichtigungen ist das Theater geöffnet.

In dem nach 1780 erbauten Pavillon von Herzog Karl sind das Theatermuseum und ein Laden untergebracht. Das Museum zeigt Bühnenbildentwürfe aus dem 18. Jahrhundert. Der Commedia-dell'Arte-Raum enthält Bilder von Pehr Hilleström und Skizzen von Louis Jean Desprez für die Theateraufführungen Gustavs III.

❸⁹ Stockholm-Archipel

Zwischen dem ruhigen Gewässer Stockholms und der offenen See liegen rund 80 Kilometer mit Zehntausenden von Schäreninseln (Skärgård) aller Formen und Größen. Einige sind bewohnt, andere nicht. Viele größere Inseln des inneren Archipels, etwa Värmdö, Ingarö und Ljusterö, sind mit dem Festland durch Brücken und Autofähren verbunden und können fast als Vororte von Stockholm bezeichnet werden. Die meisten Inseln – mit ihren Holzhäuschen, kleinen Hotels und Jugendherbergen – erreicht man mit Fähren von Stockholm, Vaxholm, Stavsnäs und Dalarö aus. Im Sommer finden hier viele Segelregatten statt.

Dampfschiffe in Stockholm, die für Archipel-Rundfahrten ablegen

Sehenswürdigkeiten auf einen Blick
① Fjäderholmarna
② Vaxholm
③ Grinda
④ Finnhamn
⑤ Möja
⑥ Sandhamn
⑦ Utö

🌲 Fjäderholmarna
6 km östlich von Stockholm.
📞 (08) 718 01 00. ⛴ Mai–Sep von Nybrokajen und Slussen.

Mit der Eingliederung der Fjäderholmarna-Inseln in den Ekoparken *(siehe S. 103)* hat sich Stockholms »grüne Lunge« auf den Archipel ausgeweitet. Die Hauptinsel Stora Fjäderholmen erreicht man in 25 Minuten mit dem Boot von Nybrokajen oder Slussen aus.

Schon im 17. Jahrhundert stand hier ein Gasthaus, in dem die Insulaner einkehrten, wenn sie in die Stadt fuhren, um Waren zu verkaufen. Heute gibt es einen Hafen, Restaurants, eine Galerie und Museen über Schifffahrt und Angeln sowie das Ostsee-Aquarium, das auf Schautafeln das Fischvorkommen in den Gewässern um die Inseln darstellt. Zu den Handwerkern gehören Metallarbeiter, Weber, Schnitzer und Glasbläser. Auf den anderen drei Inseln leben viele Vögel, auf Libertas steht der letzte gasbetriebene Leuchtturm.

🏰 Vaxholm
25 km nordöstlich von Stockholm.
📞 (08) 541 314 80. 🚌 670. ⛴ von Strömkajen und Nybrokajen. **Festung Vaxholm und Festungsmuseum**
📞 (08) 541 718 90. ⭕ Mitte Juni–Sep: tägl. 11.30–17.30 Uhr.

Die größte Gemeinde auf den Schäreninseln, Vaxholm, ist per Boot von Stockholm aus in einer Stunde zu erreichen. Auf der Insel Vaxholmen bewacht die Festung Vaxholm den betriebsamen Hafen. König Gustav I. Wasa ließ die Insel 1548 befestigen. Die neuere Zitadelle aus dem 19. Jahrhundert dient heute als Militärmuseum.

Zwei der bekanntesten Architekten Stockholms hinterließen ihre Spuren in Vaxholm. Der Gerichtshof erhielt 1925 von Cyrillus Johansson sein heutiges Aussehen, das Hotel

Von der Innenstadt aus ist man mit dem Schiff in 25 Minuten auf den Fjäderholmarna-Inseln

Festung Vaxholm liegt strategisch günstig an der Hafeneinfahrt

auf der Landzunge gestaltete Erik Lallerstedt 1899 mit Jugendstildekor. Die Holzbauten und Läden am Hauptplatz und in der Hamngatan laden zum Bummeln ein.

🌳 Grinda
30 km östlich von Stockholm.
📞 (08) 542 490 72. 🚌 670 vom Bahnhof Östra nach Vaxholm, dann per Boot. ⛴ von Strömkajen und Nybrokajen. 🚻 ♿ nur im Sommer.

Die grüne Insel Grinda ist typisch für die inneren Schäreninseln. Mit dem Schiff ist man von der City aus in eineinhalb Stunden hier. Es gibt exzellente Strände und Felsen zum Baden und Angeln. Der Architekt Ernst Stenhammar, der das Grand Hôtel in Stockholm *(siehe S. 83)* entwarf, baute hier eine große Jugendstilvilla, heute ein Restaurant mit Gästezim-

Sandhamn, das Segelzentrum in Stockholms äußerem Archipel

Infobox

Information
Vaxholm: Archipel-Jahrmarkt (Mitte Aug.), Sandhamn: Regatta rund um Gotland (Ende Juni/Anf. Juli), Sandhamn-Regatta (3. Woche im Juli), Vaxholm: Archipel-Bootstag (1. Mi im Juni).
stockholmtown.com

Anfahrt
SL-Information auf Englisch, (08) 600 10 00. Strömma Kanalbolaget, (08) 587 140 00; Vaxholmsbolaget, (08) 679 58 30.

mern. Es gibt auch Chalets, einen Zeltplatz und eine Jugendherberge in einer alten Kaserne. Boote kann man mieten.

Finnhamn
40 km nordöstlich von Stockholm.
(08) 542 462 12. von Strömkajen und Nybrokajen.

Früher legten hier finnische Schiffe auf ihrem Weg nach Stockholm an. Die attraktive Inselgruppe Finnhamn liegt zweieinhalb Bootsstunden von Stockholm entfernt. Das sanfte Landschaftsbild des inneren Archipels weicht der raueren Szenerie der äußeren Inseln. Auf der Hauptinsel steht eine Holzvilla, die 1912 von Ernst Stenhammar entworfen wurde und heute als größte Jugendherberge des Archipels Quartier bietet. Es gibt auch Chalets, einen Campingplatz sowie ein Restaurant. Die kleineren Inseln sind gut mit Ruderbooten zu erreichen.

Möja
50 km östlich von Stockholm.
(08) 571 640 53. 670 nach Vaxholm, dann per Boot. von Strömkajen und Nybrokajen.

Fischen und der Anbau von Erdbeeren waren einst die beiden Haupterwerbszweige in dieser idyllischen Ecke des Archipels. Heute sind unter den 300 Inselbewohnern noch ein paar wenige Erdbeerbauern und nur ein einziger professioneller Fischer. Stattdessen ziehen malerische Häfen die Segler an. Naturschutzgebiete auf und um Möja schützen vielerlei Wildtiere. Im Sommer kann man Hütten, Boote und Kajaks mieten und in Pensionen übernachten.

Sandhamn
50 km östlich von Stockholm.
(08) 571 530 00. 433, 434 von Slussen nach Stavsnäs, dann per Boot. von Nybrokajen.
destinationsandhamn.se

Schon 200 Jahre ist das Dorf Sandhamn der bevorzugte Treffpunkt für Segler. Seit über 100 Jahren hat der Königlich-Schwedische Yachtclub seinen Sitz im Seglarrestaurangen. Alljährlich im Sommer trifft sich hier die Segler-Elite zur Regatta rund um Gotland.

Sandhamn ist ein bezauberndes Dorf mit engen Gässchen und Häusern mit schönen Schnitzereien sowie Läden, Handwerkszentren und einem Swimmingpool. Etwa 100 Personen leben hier. Das Zollgebäude aus dem Jahr 1752 steht unter Denkmalschutz. Früher wohnte hier der Dichter und Maler Elias Sehlstedt (1808–1874).

Zelten ist zwar nicht erlaubt, es gibt aber ein Hotel und eine Pension. Man kann auch Chalets mieten. Die Sandstrände sind wunderbar.

Utö
50 km südöstlich von Stockholm.
(08) 501 574 10. im Sommer, von Strömkajen.
utoturistbyra.se

Keine andere Insel im Archipel hat eine so lange Geschichte. Utö war schon vor den Wikingern bewohnt. Vom 12. Jahrhundert an bis 1879 wurde hier Eisenerz abgebaut. Exponate zu den Minen zeigt das Bergbaumuseum neben dem Hotel. Die heutigen Ferienhäuser in der Lurgatan sind gebaut wie die Hütten der Bergarbeiter im 18. Jahrhundert gestaltet. Von der 1791 erbauten Windmühle aus hat man einen schönen Blick.

Utö ist eines der beliebtesten Ausflugsgebiete des Archipels, ob für einen Tag oder ein Wochenende. Es steht eine breite Auswahl an Unterkünften zur Verfügung. Fahrräder, Ruderboote und Kanus kann man mieten. Die Bäckerei ist für ihr »Utölimpa«-Brot berühmt.

Ausflüge mit dem Dampfschiff

Dampfschiffe sind ein gewohnter Anblick sowohl zwischen den Schäreninseln als auch auf dem Mälarsee. Die Passagiere können wie in alten Zeiten die ruhige Fahrt genießen. Ein Veteran ist die SS *Blidösund*, die 1911 gebaut wurde und im nördlichen Archipel unterwegs ist. Auf manchen Strecken, z. B. Stockholm–Mariefred, sind teilweise oder ausschließlich Dampfschiffe unterwegs. Die meisten anderen Schiffe aus dem frühen 20. Jahrhundert bekamen zwar Dieselmotoren, muten aber nicht weniger nostalgisch an.

Die SS *Blidösund*, eines der ältesten Dampfschiffe in Stockholms Flotte

Stadtplan

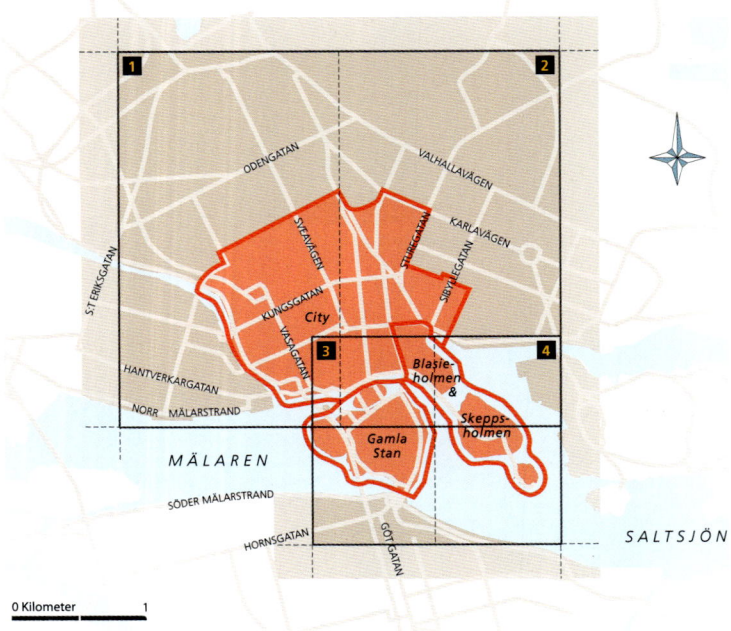

Legende

- Hauptsehenswürdigkeit
- Sehenswürdigkeit
- Anderes Gebäude
- Bahnhof
- Tunnelbana-Station (U-Bahn)
- Fähranlegestelle
- Tramhaltestelle
- Bushaltestelle
- Information
- Krankenhaus
- Polizei
- Kirche
- Synagoge
- Aussichtspunkt
- Eisenbahn
- Fußgängerzone

Maßstab der Karten 1–2
0 Meter   200

Maßstab der Karten 3–4
0 Meter   200

A

Adolf Fredriks Kyrkogata	1 C3
Akademigränd	1 C5, 3 A1
Ångströmsgatan	1 A4
Ankargränd	3 B3
Apelbergsgatan	1 C4
Arkivgatan	3 A2
Armfeltsgatan	2 F1
Arsenalsgatan	3 C1
Artilerigatan	2 F2
Atlasgatan	1 A3
Atlasmuren	1 A3

B

Baggensgatan	3 C3
Baldersgatan	2 D2
Bältgatan	2 F3
Banérgatan	2 F4
Barnhusbron	1 B4
Barnhusgatan	1 B4
Bastugatan	3 A5
Bedoirsgränd	3 B3
Bellmansgatan	3 A5
Bergsgatan	1 A5
Beridarebanan	3 A1
Biblioteksgatan	2 D4
Bigarråvägen	1 C1
Birger Jarls Torg	3 A3
Birger Jarlsgatan	1 C2, 2 D3
Blasieholmsgatan	2 E5, 4 C1
Blasieholmstorg	2 D5, 3 C1
Blecktornsgränd	3 A5
Blekholmsterrassen	1 B4
Bo Bergmans gata	2 F2
Bolinders plan	1 B5
Bollhusgränd	3 C3
Bragevägen	1 C2
Brahegatan	2 E2
Brännkyrkagatan	3 A5
Bredgränd	3 C3
Brinellvägen	2 D1
Brunkebergsgatan	3 A1
Brunkebergstorg	3 A1
Brunnsgatan	2 D3
Brunnsgränd	3 C3
Bryggargatan	1 C4

C

Cardellgatan	2 E3
Carl-Gustaf Lindstedts gata	1 A4
Cederdalsgatan	1 B1
Celsiusgatan	1 A4
Centralbron	1 C5, 3 B4

D

Dalagatan	1 A2
Danderydsgatan	2 D2
Danderydsplan	2 D2
Dannemoragatan	1 A1
David Bagares gata	2 D3
Didrik Ficks gränd	3 B3
Döbelnsgatan	1 C2
Drakens gränd	3 C3
Drottning Kristinas väg	2 D1
Drottning Sofias väg	2 E1
Drottninggatan	1 C3, 3 A1
Drottninghusgränd	2 D3

E

Engelbrekts Kyrkogata	2 D2
Engelbrektsgatan	2 D2
Engelbrektsplan	2 D3
Erik Dahlbergsallén	2 F3
Erik Dahlbergsgatan	2 F2
Eriksbergsgatan	2 D3
Eriksbergsplan	2 D3
Evert Taubes Terrass	3 A3

Exercisplan	4 E3

F

Ferkens gränd	3 C3
Finska Kyrkogränd	3 C3
Fiskargränd	3 C5
Fiskartorpsvägen	2 E1
Flaggmansvägen	4 E3
Fleminggatan	1 A4
Floragatan	2 E2
Fredsgatan	2 D5, 3 B1
Frejgatan	1 A2
Friggagatan	2 D2
Fryxellsgatan	1 C2
Funckens gränd	3 B4

G

Gaffelgränd	3 C3
Gambrinusgatan	1 A3
Gamla Brogatan	1 C4
Garvar Lundins gränd	1 A5
Garvargatan	1 A5
Gåsgränd	3 B3
Gästrikegatan	1 A2
Gävlegatan	1 A2
Glasbruksgatan	3 C5

KARTENREGISTER | 119

Name	Ref
Göran Hälsinges gränd	3 B3
Götgatan	3 B5
Grev Magnigatan	2 F4
Grev Turegatan	2 E2
Grevgatan	2 F3
Grevgränd	3 C1
Grubbens gata	1 A4
Grubbensringen	1 A4
Guldfjärdsplan	3 B4
Guldgränd	3 B5
Gumshornsgatan	2 F4
Gustav Adolfs Torg	2 D5, 3 B1
Gyldéngatan	1 B2
Gymnasiegränd	3 A3

H

Name	Ref
Hagagatan	1 B1
Hälsingegatan	1 A1
Hammargatan	2 D2
Hamngatan	2 D4
Hantverkargatan	1 A5
Hedinsgatan	2 F2
Heimdalsgatan	1 B2
Helga Lekamens gränd	3 B3
Herkulesgatan	1 C5, 3 A1
Hjärnegatan	1 A4
Högvaktsterrassen	3 B2
Hökens gata	3 C5
Holländargatan	1 C3
Holmamiralens Torg	4 E3
Hornsgatan	3 B5
Hötorget	1 C4
Hovslagargatan	2 E5, 4 D1
Humlegårdsgatan	2 D3

I

Name	Ref
Idungatan	1 B1
Ignatiigränd	3 B3
Ingemarsgatan	1 C1
Iversonsgatan	2 D3

J

Name	Ref
Jakob Westingsgatan	1 A5
Jakobs Torg	2 D1, 3 B1
Jakobsbergsgatan	2 D4
Jakobsgatan	1 C5, 3 A1
Jarlaplan	1 C2
Järntorget	3 C4
Järntorgsgatan	3 C4
Johannesgatan	2 D3
Johannesgränd	3 C3
John Ericssonsgatan	1 A5
Jungfrugatan	2 E3
Jutas Backe	2 D3

K

Name	Ref
Kåkbrinken	3 B3
Källargränd	3 B3
Kallskärsgatan	2 F2
Kammakargatan	1 B3
Kanslikajen	3 B2
Kaplansbacken	1 B5
Kaptensgatan	2 E4
Karduansmakargatan	3 A1
Karl Johans Torg	3 C4
Karl XIIs Torg	2 D5, 3 C1
Karlaplan	2 F3
Karlavägen	1 C2
Karlbergsvägen	1 A2
Kastellbacken	4 E4
Kastellholmsbron	4 E4
Kastellholmskajen	4 E4
Katarinavägen	4 D5
Kindstugränd	3 C3
Klappjaktsvägen	2 E1
Klara Norra Kyrkogata	1 C4
Klara Östra Kyrkogata	3 A1
Klara Södra Kyrkogata	3 A1
Klara Tvärgränd	3 A1
Klarabergsgatan	1 C4
Klarabergsviadukten	1 B5
Klarastrandsleden	1 B5
Klevgränd	3 C5
Klockgjutargränd	3 B2
Kocksgränd	3 B1
Kolmätargränd	3 B3
Kommendörsgatan	2 E3
Köpmanbrinken	3 C3
Köpmangatan	3 B3
Köpmantorget	3 C3
Kornhamn	3 B4
Körsbärsvägen	1 C1
Kråkgränd	3 C3
Kungsbro Strand	1 B5
Kungsbron	1 B4
Kungsgatan	1 B4

Name	Ref
Kungsholms Hamnplan	1 A5
Kungsholms Kyrkoplan	1 B5
Kungsholms Strand	1 A4
Kungsholmsgatan	1 A4
Kungsholmstorg	1 A5
Kungsklippan	1 A5
Kungstensgatan	1 B3
Kungsträdgården	1 D4, 3 B1
Kungsträdgårdsgatan	3 C1

L

Name	Ref
Lantmäteribacken	3 B1
Lästmakargatan	2 D4
Lejonbacken	2 D5, 3 B2
Lejonstedts gränd	3 B4
Lidingövägen	2 F1
Lill-Jans Plan	2 D2
Lilla Hoparegränd	3 C3
Lilla Nygatan	3 B3
Lindstedtsvägen	2 D1
Linnégatan	2 D3
Lodgatan	1 C2
Lögårdstrappan	2 D5, 3 C2
Lögnantsgatan	2 E2
Lollstallsgatan	1 A3
Lilla Tumakargatan	1 C3
Lützengatan	2 F3

M

Name	Ref
Majorsgatan	2 E3
Malargatan	1 C4
Malartorget	3 B4
Malmskillnadsgatan	2 D4
Malmtorgsgatan	2 D5, 3 B1
Maria Trappgränd	3 A5
Mariaberget	3 A4
Mariagatan	3 B5
Mariagränd	3 B5
Mariatorget	3 A5
Markvardsgatan	1 C2
Mårten Trotzigs Gränd	3 C4
Mäster Samuelsgatan	1 C4
Mosebacke Torg	3 C5
Munkbrogatan	3 B3
Munkbrohamnen	3 A3
Munkbroleden	3 B4
Munkbron	3 B3
Muséikajen	2 E5, 4 D2
Myntgatan	3 B2
Mynttorget	3 B2

N

Name	Ref
Näckströmsgatan	2 D4
Narvavägen	2 F3
Norr Mälarstrand	1 B5
Norra Agnegatan	1 A4
Norra Bankogränd	3 C4
Norra Bantorget	1 B4
Norra Brobänken	2 E5, 4 D2
Norra Dryckesgränd	3 C4
Norra Järnvägsbron	3 A2
Norra Riddarholmshamnen	3 A2
Norra Stationsgatan	1 A1
Norrbro	3 B2
Norrlandsgatan	2 D4
Norrmalmstorg	2 D4
Norrtull	1 A1
Norrtullsgatan	1 B2
Nybergsgatan	2 E3
Nybrogatan	2 E2
Nybrokajen	2 E5, 4 D1
Nybroplan	2 E4
Nygränd	3 C3

O

Name	Ref
Observatoriegatan	1 B3
Odengatan	1 A3
Odenplan	1 B2
Olof Palmes gata	1 C4
Olofsgatan	1 C3
Ordenstrappan	2 D2
Orlogsvägen	4 E4
Osquars Backe	2 D1
Österlånggatan	3 C3
Östermalmsgatan	2 D2
Östermalmstorg	2 E3
Östra Brobänken	4 E2
Östra Järnvägsvägen	1 B4
Östra Slussgatan	3 C5
Överskärarkränd	3 B3
Oxtorgsgatan	2 D4

P

Name	Ref
P.C. Hallmans gata	1 A4

Name	Ref
Packhusgränd	3 C3
Parmmätargatan	1 B5
Peder Fredags gränd	3 C3
Pelikansgränd	3 C3
Peter Myndes Backe	3 B5
Pilgatan	1 A5
Pipersgatan	1 A4
Planterhagsvägen	2 E1
Polhems tvärgränd	1 A4
Polhemsgatan	1 A4
Prästgatan	3 B3
Pryssgränd	3 A4

R

Name	Ref
Rådhusgränd	3 A2
Rådmansgatan	1 B3
Regeringsgatan	2 D3, 3 B1
Rehnsgatan	1 C2
Rentmästertrappen	3 C4
Riddargatan	2 E4
Riddarholmsbron	3 A3
Riddarhuskränd	3 A2
Riddarhuskajen	3 A2
Riddarhustorget	3 A3
Riksbron	2 D5, 3 B2
Riksplan	2 D5, 3 B2
Rimbogatan	2 D3
Rödabergsbrinken	1 A2
Rödbodgatan	3 A2
Rödbodtorget	3 A2
Rosengatan	1 C3
Roslagsgatan	1 C1
Roslagstull	1 B1
Runebergsgatan	2 D3
Runebergsplan	2 D2

S

Name	Ref
Saltmätargatan	1 C3
Saltsjörampen	3 C4
Salviigränd	3 B2
Samuel Owens gata	1 B5
Sandelsgatan	2 F2
Sankt Eriksgatan	1 A1
Sankt Eriksplan	1 A3
Sankt Paulsgatan	3 B5
Scheelegatan	1 A4
Schering Rosenhanes gränd	3 A3
Schönfeldts gränd	3 B3
Sergelgatan	1 C4
Sergels Torg	1 C4
Sibyllegatan	2 E3
Sigtunagatan	1 A2
Själagårdsgränd	3 C3
Sjöbergsplan	3 B4
Skaraborgsgatan	4 D2, 3 B5
Skeppar Karls gränd	3 C3
Skeppar Olofs gränd	3 C3
Skeppargatan	2 F2
Skeppsbrokajer	3 C3
Skeppsbron	3 C3
Skeppsholmsbron	4 D2
Sköldungagatan	2 D2
Skomakargatan	3 B3
Skottgränd	3 C3
Skräddargränd	3 B3
Slöjdgatan	1 C4
Slottsbacken	3 B2
Slottskajen	2 D5, 3 B2
Slupskjulsvägen	4 E2
Slussen	3 C4
Slussplan	3 C4
Slussterrassen	3 C4
Smala gränd	2 D3
Smålandsgatan	2 D4
Snickarbacken	2 D3
Söder Mälarstrand	3 A4
Södermalmstorg	3 B5
Södra Agnegatan	1 A5
Södra Bankogränd	3 C4
Södra Benickebrinken	3 C3
Södra Blasieholmshamnen	2 E5, 3 C2
Södra Brobänken	4 E3
Södra Dryckesgränd	3 C3
Södra Järnvägsbron	3 B4
Södra Riddarholmshamnen	3 A3
Solgränd	3 B3
Spektens gränd	3 B3
Stadsgårdshamnen	4 E5
Stadsgårdsleden	4 D5
Stadshusbron	1 C5
Staffan Sasses gränd	3 C3
Stallbron	2 D5, 3 B2
Stallgatan	2 E5, 3 C1
Starrängsringen	2 F2
Stenbastugränd	3 B3

Name	Ref
Stenbocksgatan	2 D3
Stickelbärsvägen	1 C1
Stora Gråmunkegränd	3 B3
Stora Hoparegränd	3 C3
Stora Nygatan	3 B3
Storängsvägen	2 F1
Storgatan	2 F4
Storkyrkobrinken	3 B3
Stortorget	3 B3
Strandvägen	2 E4
Strindbergsgatan	2 F2
Strömbron	2 D5, 3 C2
Strömgatan	2 D5, 3 A2
Strömkajen	2 D5, 3 C1
Strömparterren	2 D5, 3 B2
Strömsborgsbron	3 A2
Sturegatan	2 E3
Stureplan	2 D4
Styrmansgatan	2 F4
Surbrunnsgatan	1 C2
Svartensgatan	3 C5
Svartmangatan	3 B3
Sveaplan	1 B1
Sveavägen	1 B2
Sven Vintappares gränd	3 B3
Svenskundsvägen	4 D3

T

Name	Ref
Tavastgatan	3 A5
Teatergatan	2 E5, 3 C1
Tegelbacken	1 C5, 3 A2
Tegnérgatan	1 B3
Teknikringen	2 D1
Teknologgatan	1 B3
Telegrafgränd	3 C3
Terminalslingan	1 B4
Torgdragargränd	3 B4
Torsgatan	1 A3
Torsgränd	1 A3
Torstenssonsgatan	2 F4
Trädgårdsgatan	3 B3
Trädgårdstvärgränd	3 C3
Trångsund	3 B3
Träskportsvägen	2 D1
Tre Liljor	1 A1
Triewaldsgränd	3 C4
Tryckerigatan	3 A3
Tulegatan	1 C2
Tullgränd	3 C4
Tunnelgatan	1 C3
Tyghusplan	4 D2
Tyrgatan	2 D2
Tyska Brinken	3 B3
Tyska Brunnsplan	3 C3
Tyska Skolgränd	3 C3
Tyska Stallplan	3 C3
Tyskbagargatan	2 E3
Tysta gatan	2 F3

U

Name	Ref
Ugglegränd	3 A5
Uggleviksgatan	2 D2
Upplandsgatan	1 A1
Urvädersgränd	3 C5

V

Name	Ref
Valhallavägen	2 E2
Vanadisplan	1 A2
Vanadisvägen	1 A2
Väpnargatan	2 E4
Värtavägen	2 F3
Vasabron	1 C5, 3 A2
Vasagatan	1 B4
Västeråsgatan	1 A1
Västerlånggatan	3 B3
Västmannagatan	1 A1
Västra Brobänken	4 D3
Västra Trädgårdsgatan	2 D4, 3 B1
Vattugatan	1 C5, 3 A1
Vegagatan	1 B2
Vidargatan	1 B2
Villagatan	2 D2
Völundsgatan	1 A3

W

Name	Ref
Wahrendorffsgatan	3 C1
Wallingatan	1 B3
Wargentinsgatan	1 A4
Wittstocksgatan	2 F3
Wrangelska backen	3 A3

Y

Name	Ref
Ynglingagatan	1 B1
Yxsmedsgränd	3 B3

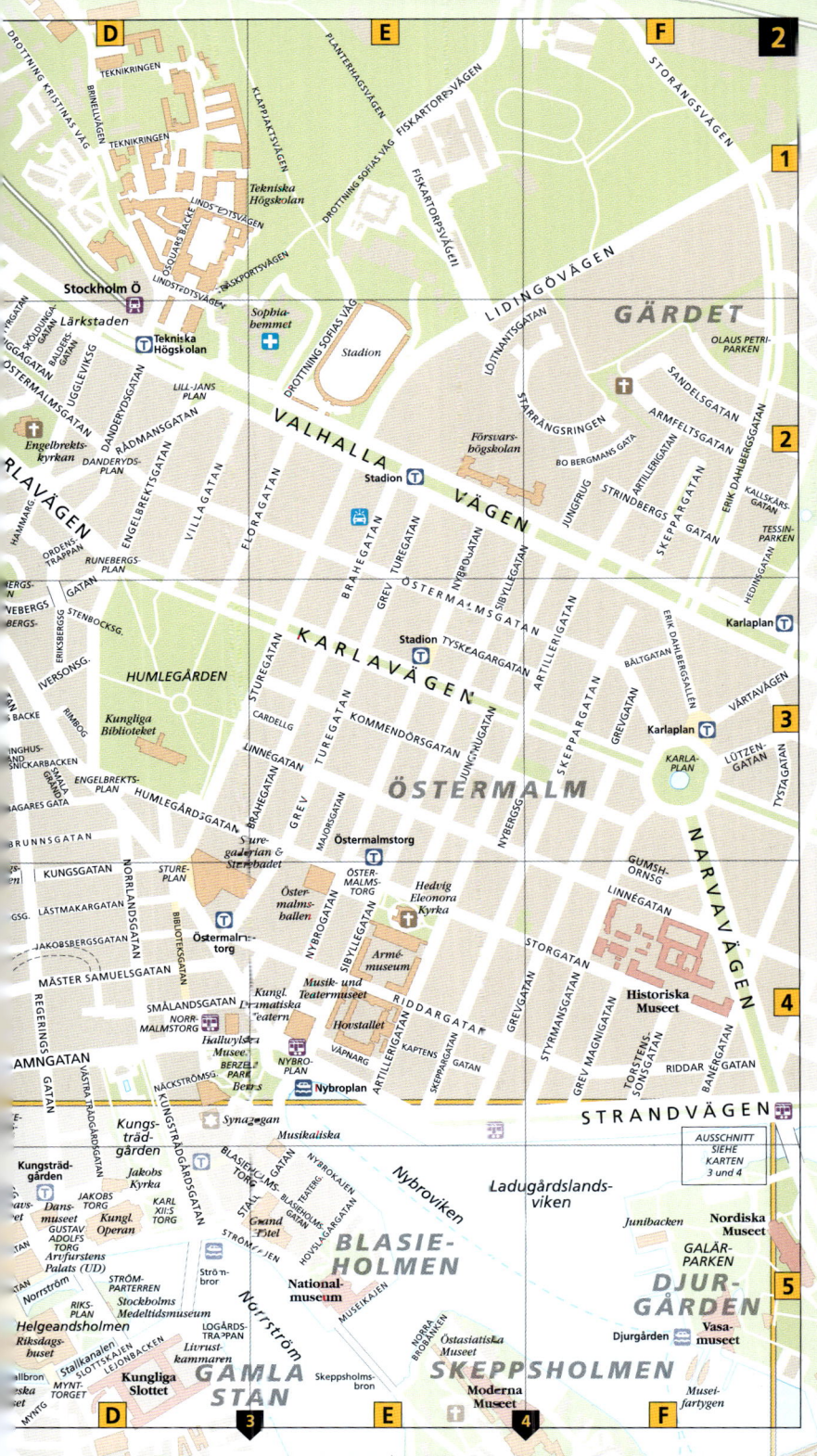

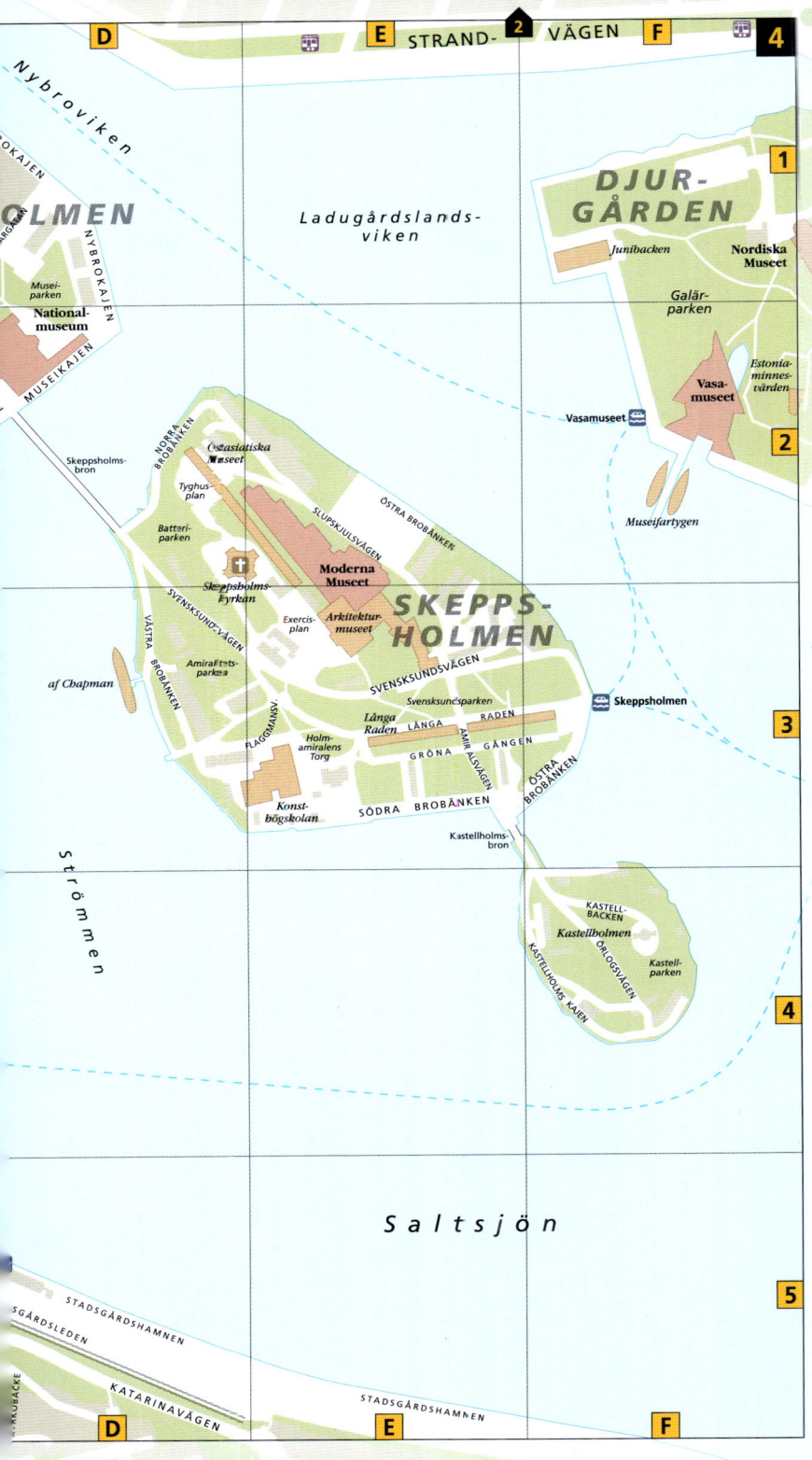

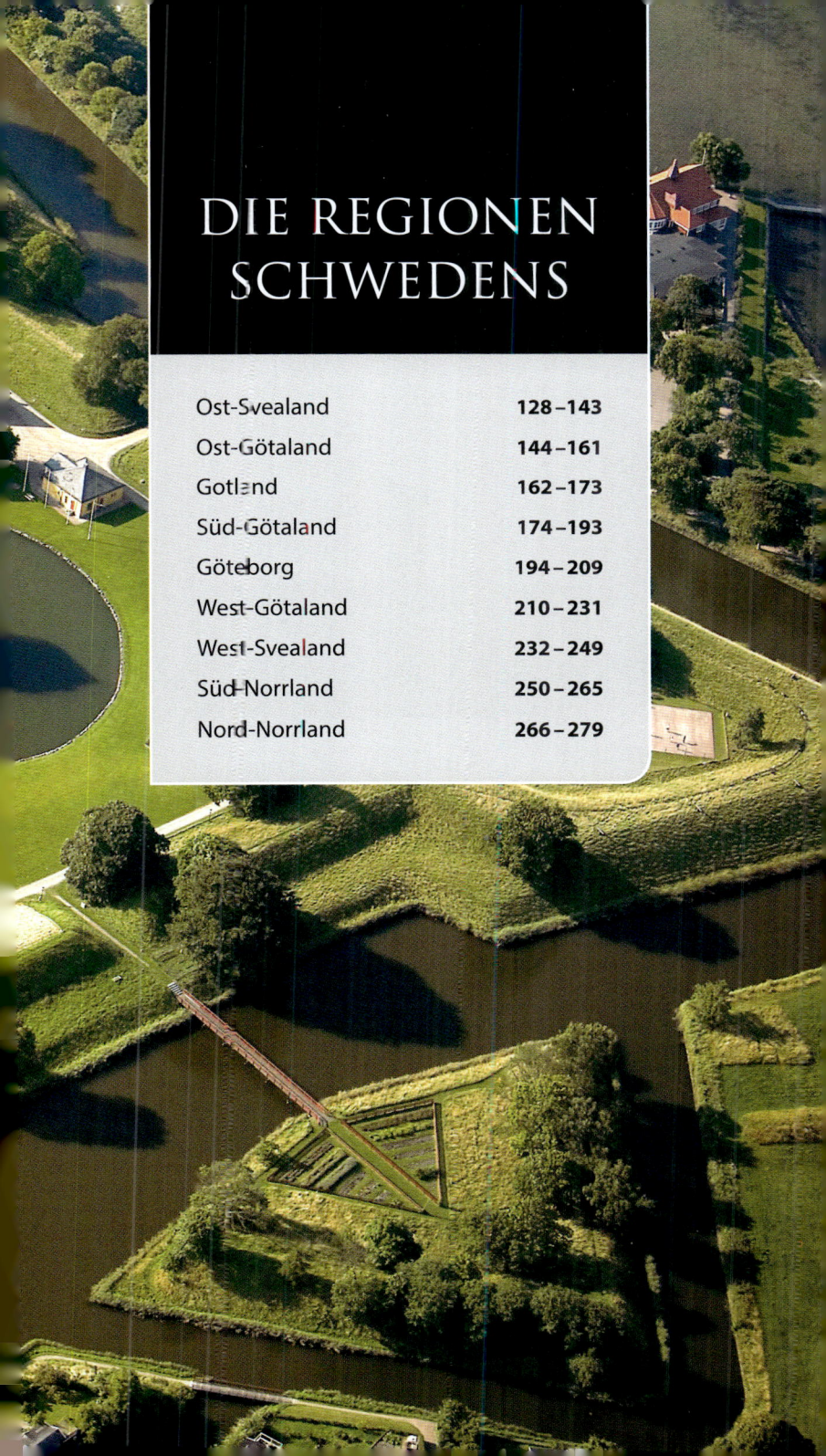

DIE REGIONEN SCHWEDENS

Ost-Svealand	128–143
Ost-Götaland	144–161
Gotland	162–173
Süd-Götaland	174–193
Göteborg	194–209
West-Götaland	210–231
West-Svealand	232–249
Süd-Norrland	250–265
Nord-Norrland	266–279

Schweden im Überblick

Schweden ist ein Land mit großer Längenausdehnung, das man von Norden nach Süden historisch in Norrland, Svealand und Götaland einteilt. In Norrland prägt die Nähe zur Arktis die Landschaft mit Bergen im Westen, Flüssen, Wäldern und Marschen im Landesinneren. Außer den Küstenstädten ist die Region dünn besiedelt. Svealand ist hügelig, zwischen Seen und Flüssen erstreckt sich Ackerland, vor der Küste liegen Inseln. Die Bevölkerung konzentriert sich in Mälardalen mit dem Zentrum Stockholm. Götaland bietet die größte Vielfalt, hier gibt es auch am meisten Städte. Die Einteilung in diesem Buch bezieht sich auf die 25 historischen »Landschaften«, deren Grenzen sich nur teilweise mit den heutigen 21 Provinzen *(län)* decken.

Die Berge Härjedalens sind im Sommer wie im Winter ein Paradies für Sportler *(siehe S. 264f)*.

An den Fryken-Seen in Värmland liegen prächtige Anwesen wie das Rottneros, in dessen Park am Mellanfryken eine herausragende Sammlung an Statuen zu finden ist, darunter Arbeiten von Carl Milles *(siehe S. 236)*.

Götaplatsen, Göteborgs elegantesten Platz, schmückt Carl Milles' Statue *Poseidon*. Dahinter steht Göteborgs Konstmuseum *(siehe S. 204)*.

Fiskebäckskil mit seinen roten Fischerhäusern und weißen Holzbauten ist ein typisches Dorf in Bohuslän *(siehe S. 219)*.

Österlen an Skånes Südostküste ist geprägt von hügeligem Acker- und Weideland sowie den Fachwerk-Bauernhöfen, die typisch für diese Gegend sind *(siehe S. 187)*.

◀ Blick von oben auf die Zitadelle in Landskrona *(siehe S. 179)*.

SCHWEDEN IM ÜBERBLICK | 127

Das Icehotel in Jukkasjärvi ist ganz aus Eis und Schnee gebaut. In der Frühlingssonne schmilzt es, im November wird es jedes Jahr wieder neu errichtet *(siehe S. 276)*.

Uppsala, der Sitz des schwedischen Erzbischofs, hat eine hochgotische Kathedrale, die 1435 geweiht wurde – Teile stammen sogar aus dem 13. Jahrhundert –, und die älteste Universität Skandinaviens mit dem Gründungsjahr 1477 *(siehe S. 134f)*.

Visby, die »Stadt der Rosen und Ruinen« mit mittelalterlicher Stadtmauer und Fachwerkhäusern, nahm die UNESCO in die Liste des Welterbes auf *(siehe S. 168–171)*.

Das Kristallreich in Småland ist bekannt für seine kunstvollen und praktischen Glaswaren. Diese Schale, *Amber*, entwarf Göran Wärff 2003 in der Kosta Glasbruk *(siehe S. 156f)*.

Ost-Svealand

Der Mälarsee (Mälaren) und die Wasserwege des weitläufigen Archipels in der Ostsee trennen und verbinden die Regionen Uppland, Södermanland und Västmanland. Hier finden sich viele Inseln und Buchten, prächtige Schlösser und hübsche Städtchen. In der Region rund um Stockholm, deren kulturelles Erbe bis in die Zeit vor den Wikingern zurückreicht, lebt ein Drittel der schwedischen Bevölkerung.

In der ganzen Region bezeugen Felszeichnungen, Hügelgräber und schiffsförmige Steinmonumente, dass hier die Wiege des antiken Svea lag. Von Birka am Mälarsee und von Roslagen in Uppland aus zogen Wikinger auf Raubzügen und Handelsfahrten Richtung Osten bis jenseits der Grenzen Europas *(siehe S. 37)*. Das Zentrum des alten Æsir-Kults in Uposala behauptete sich bis ins 12. Jahrhundert gegenüber der Christianisierung, doch künden viele schöne kleine Kirchen aus dem Mittelalter vom letztendlichen Sieg des Christentums. Sie ziert reicher Bilderschmuck mit biblischen Szenen. Uppsala selbst wurde Domstadt und stieg 1273 zum Sitz des Erzbischofs auf.

Besonders malerisch sind die zahlreichen Schlösser und Burgen, die über die Wasserwege wachen. Einige stammen aus dem Mittelalter, die bedeutendsten Bauten, etwa Skokloster, entstanden in den Jahren des großen Wohlstands nach den Siegen Schwedens in den europäischen Kriegen des 17. Jahrhunderts *(siehe S. 40 – 43)*, von denen das Land wirtschaftlich enorm profitierte.

Eine weitere Quelle des Wohlstands für die Region war die Schifffahrt. Städte wie Arboga lagen an der Eisenstraße zwischen Bergslagen, Stockholm und den Häfen von Uppland. In allen drei historischen »Landschaften« finden sich gut erhaltene Eisenhütten, darunter das UNESCO-Welterbe Engelsbergs Bruk.

Der weitläufige Archipel erstreckt sich an den Küsten von Uppland und Södermanland und scheinbar übergangslos bis in den Mälarsee, in dem sich unzählige Inseln befinden.

Architektur und Natur von Ost-Svealand erkundet man am besten langsam und genüsslich per Boot, Fahrrad oder auf Schusters Rappen.

Am äußeren Rand des Archipels liegen flache kleine Felseninseln

◀ Traditionelle Häuser und Kirche in Mariefred am Mälarsee *(siehe S. 138f)*

Überblick: Ost-Svealand

Das Kernland von Schweden lockt mit so vielen genussvollen Freuden, wie sie ein üppiges schwedisches *smörgåsbord* bieten kann. Ganz gleich, ob man mit Auto, Bus, Bahn, Fahrrad oder zu Fuß unterwegs ist: Immer wieder öffnet sich der Blick auf Seen und Buchten. Besonders reizvoll erkundet man die Geschichte, Kultur und die schöne Landschaft der wasserreichen Region mit dem Boot auf Hunderten möglichen Kanustrecken. Kanus und Boote können in ganz Ost-Svealand gemietet werden. Für Wanderer bieten Sörmlandsleden, Upplandsleden und Bruksleden in Västmanland wunderbare Wege – insgesamt über 1500 Kilometer.

Carl von Linnés Anwesen Hammarby bei Uppsala *(siehe S. 135)*

Julita Gård in Södermanland ist heute ein Freilichtmuseum

Sehenswürdigkeiten auf einen Blick

1. Österbybruk
2. Forsmarks Bruk
3. Öregrund
4. Grisslehamn
5. Norrtälje
6. Skokloster
7. *Uppsala S. 134f*
8. Sigtuna
9. Enköping
10. Birka
11. Södertälje
12. Ytterjärna
13. Trosa
14. Nyköping
15. Flen
16. Mariefred
17. Strängnäs
18. Eskilstuna
19. Julita Gård
20. Arboga
21. Köping
22. Västerås
23. Sala
24. Fagersta
25. Kopparberg
26. Grythyttan
27. Nora

Tour
18. Mälardalens Schlösser

Legende
- Autobahn
- Hauptstraße
- Nebenstraße
- Eisenbahn (Hauptstrecke)
- Eisenbahn (Nebenstrecke)

Weitere Zeichenerklärungen siehe hintere Umschlagklappe

OST-SVEALAND | **131**

Traditionelles Dampfschiff für Fahrten
zu den Inseln und auf dem Mälarsee

Fresko von Albertus Pictor,
Härkeberga Kyrka *(siehe S. 136)*

In Ost-Svealand unterwegs

Über die großen Autobahnen gelangt man rasch zu Zielen an beiden Ufern des Mälarsees. In Nord-Süd-Richtung bietet sich die E4 an, auch wenn sich Stockholm zeitweise als ein Nadelöhr erweist – angenehmer reist es sich häufig auf den Nebenstraßen. Mit dem Zug erreicht man viele Ortschaften, in Roslagen in Uppland und den abgelegeneren Gebieten fahren jedoch in der Regel vor allem Busse. Im Sommer reist man auch auf dem Wasser. Gute Verbindungen zu den Inseln bieten Hochgeschwindigkeitsfähren oder traditionelle Dampfschiffe.

Österbybruks englischer Park, Büros und Uhrenturm

❶ Österbybruk

Uppland. 2200. 1. Juni – 31. Aug: Ånghammaren (0295) 214 92. 817, 823 von Uppsala. **Vallonsmedjan** Juni – Aug: tägl. nach Vereinbarung, (0295) 200 72. **Liljeforsateljén** Mai – Mitte Juni, Mitte Aug – Sep: Sa, So 12 – 16 Uhr; Mitte Juni – Mitte Aug: tägl. 12 – 17 Uhr. Hurdy-Gurdy-Festival (Wochenende vor Mittsommer), Feuerfestival (2. Wochenende im Aug).

Wie wichtig Eisen für die Region war, kann man in Österbybruk am besten sehen. Die dortige Eisenhütte, die älteste des Gebiets, existierte im 15. Jahrhundert. Doch erst als der Holländer Louis de Geer die Gießerei im Jahr 1643 erwarb, begann der wirtschaftliche Aufschwung. Mithilfe wallonischer Schmiede baute er eine Eisenindustrie auf, die Schwedens machtpolitisches Rückgrat bilden sollte.

Inmitten hübscher Straßen aus dem 18. und 19. Jahrhundert steht die **Vallonsmedjan** (15. Jh.), weltweit die einzige vollkommen erhaltene wallonische Schmiede. Puppen, Audio- und Lichtinstallationen vermitteln einen Eindruck von der Arbeit in den Hammermühlen.

Im Herrenhaus (18. Jh.) lebte im frühen 20. Jahrhundert der Maler Bruno Liljefors. Im Sommer werden seine beliebten Tierbilder im Park von **Liljeforsateljén** ausgestellt.

Auf der **Dannemora Gruva** stand die lokale Eisenhütte. Von der seit dem Mittelalter hier ansässigen Eisenindustrie zeugen Tagebaugruben wie Storrymningen. In dem Gebäude über der Mine baute 1726 Mårten Triewald Schwedens erste Dampfmaschine.

Dannemora Gruva
2 km westlich von Österbybruk. (0295) 214 92. Juni – Sep: tägl.

❷ Forsmarks Bruk

Uppland. 826, 832, 851 von Uppsala. beim Brukscaféet, Juni – Aug: (0173) 500 15. Mo – Fr 10 – 16.30, Sa, So 10 – 15 Uhr. Mitte Juni – Mitte Aug: 10 Uhr (tel. Anmeldung erforderlich).

Die historische Eisenhütte Forsmarks Bruk hat gut erhaltene, von weißen Häuserzeilen gesäumte alte Straßen und ein 1767 – 1774 erbautes Herrenhaus mit einer schönen englischen Gartenanlage.

Drei Kilometer weiter steht an der Küste das Atomkraftwerk **Forsmarks Kärnkraftverk**. Es produziert ein Siebtel des schwedischen Stroms. Bei Führungen sieht man den See, an dem die Auswirkungen des Kühlwassers auf die Umwelt erforscht werden.

Auch die beeindruckende **Lövstabruk** zählt zu Louis de Geers wallonischem Eisenhüttenreich.

Forsmarks Kärnkraftverk
3 km nördlich von Forsmark. (0173) 812 68. Mo – Fr. Mitte Mai – Mitte Aug: Führungen von Forsmarks Bruk; sonst nach Vereinbarung.

Lövstabruk
16 km nördlich von Forsmark. Sommer: (0173) 500 15. Sommer: tägl. (Herrenhaus).

❸ Öregrund

Uppland. 1600. 639 von Stockholm. Juni – Aug: Hafenbüro 0173-305 55; ganzjährig: Östhammar Turistbyrå, Rådhusgatan 6, Östhammar, 0173-178 50. Östhammar-Musikfestival (Anfang Juli), Roslagsloppet-Bootsrennen (Ende Juli/Anfang Aug). roslagen.se

Öregrund und Östhammar sind sowohl historisch als auch geografisch eng miteinander verbunden. Ende des 15. Jahrhunderts gründeten die Einwohner von Östhammar Öregrund, um über einen besseren Hafen verfügen zu können. Schifffahrt und Eisenexport wurden zur Lebensgrundlage der Stadt. 1719 brannten die Russen Öregrund nieder. Nach einem Plan von 1744 baute man den Ort wieder auf. Das Rathaus stammt von 1829. Seit Ende des 19. Jahrhunderts ist das einst verschlafene Gebiet ein beliebtes Ferienziel.

In der Region Öregrund und Östhammar liegen zahlreiche gut erhaltene Eisenhütten, darunter **Harg** und **Gimo**. Das 1763 – 70 erbaute Herrenhaus von Gimo war Schwedens erstes Haus, das von Jean Eric Rehn im Gustavianischen Stil erbaut wurde.

Außerhalb von Gimo steht die mittelalterliche Kirche **Skäfthammars Kyrka** mit dem berühmten Lesepult, das für die Schmiede von Gimo gefertigt wurde.

Skäfthammars Kyrka
Gimo, 16 km südöstlich von Östhammar. (0173) 404 27. tel. erfragen.

Der frei stehende Glockenturm (1719) der Kirche von Öregrund

Hotels und Restaurants in Ost-Svealand siehe Seiten 285 und 295f

Albert Engströms Atelier auf den Granitklippen bei Grisslehamn

❹ Grisslehamn

Uppland. 🚗 4700. 🚌 637 von Norrtälje. ℹ️ Engströmsgården (0175) 331 02. 🏖️ 📷 Postrodden-Bootsrennen nach Åland (Juni).

Die Wellen der unruhigen See von Åland brechen sich ständig an den roten Granitklippen des nördlichen Väddö bei Grisslehamn. Hier, an der schmalsten Stelle zwischen Schweden und Finnland, dauert die Überfahrt mit der Fähre nach Eckerö nur zwei Stunden – nicht zu vergleichen mit den rauen Bedingungen im 17. und 18. Jahrhundert, als hier die Hauptverbindung zu den östlichsten Vorposten Schwedens verlief. Bis 1876 wurde die Post von Fischern in offenen Booten über das Wasser gebracht. Zum Gedenken an diese »Post-Ruderer« findet jährlich ein Rennen mit ähnlichen Booten statt.

Heute zieht der verschlafene Fischereihafen von Grisslehamn Fährpassagiere und viele Urlauber an. Am Hafen wird an den roten Schuppen frischer Fisch verkauft.

Der 1940 verstorbene Maler und Autor Albert Engström zog 1902 nach Grisslehamn. Er schuf die in Schweden beliebten Figuren des Vagabunden Kolingen und des Österman aus Roslagen. Das **Albert Engströmsmuseet**, in dem man Kunst- und Erinnerungsstücke besichtigen kann, wurde 2006 nach Augustberg verlegt.

🏛️ Albert Engströmsmuseet

Augustberg. 📞 (0175) 331 02. 🕐 Ende Juni – Aug; sonst nur nach Vereinbarung. 📷 📷 📷

❺ Norrtälje

Uppland. 🚗 17 000. 🚌 676 von Stockholm. ℹ️ Danskes Gränd 4, (0176) 719 90. 🏖️ 📷 Norrtälje Jazz Festival (Ende Juni/Anfang Juli). 🌐 **norrtalje.se**

Die idyllische Stadt ist die Drehscheibe von Roslagen, einem weitläufigen Gebiet an Upplands Küste. Als hier eine bedeutende Waffenfabrik errichtet wurde, erhielt Norrtälje 1622 von Gustav II. Adolf das Stadtrecht. Ende des 19. Jahrhunderts entwickelte sich die Stadt – nicht zuletzt wegen der heilsamen Wirkungen des Schlamms aus der Bucht von Norrtälje – zum Badeort.

Im Sommer zieht es Stockholmer nach Norrtälje, wo die Häuser im Zentrum und am Fluss Norrtäljeån noch ganz wie im 18. Jahrhundert aussehen. Die Kirche wurde 1726, das Rathaus 1792 erbaut. Sehenswert ist das **Roslagsmuseet** über die Schifffahrt und das Leben an der Küste in der alten Waffenfabrik sowie das ungewöhnliche Museum **Pythagoras** in der alten Dieselmotorenfabrik, eines der besterhaltenen Industriedenkmäler Schwedens.

Wikingerschiff in Norrtälje

🏛️ Roslagsmuseet

Hantverkargatan 23. 📞 (0176) 576 30. ⛔ wegen Renovierung. ♿

🏛️ Pythagoras

Verkstadsgatan 6. 📞 (0176) 100 50. 🕐 Mitte Juni – Mitte Aug: tägl. 📷 📷 📷

❻ Skokloster

Uppland. 📞 (08) 402 30 60. 🚆 SL-Zug von Stockholm nach Bålsta, dann Bus 894. 🚌 von Sigtuna. 🕐 Mai: Sa, So 11–16 Uhr; Juni–Aug: tägl. 11–17 Uhr. 📷 📷 📷 📷

Skokloster am Mälarsee zählt zu den besterhaltenen Barockschlössern Europas und birgt einzigartige Möbel-, Kunst-, Waffen-, Textil- und Büchersammlungen. Es wurde ab 1654 für den Heerführer Carl Gustav Wrangel erbaut, der im Dreißigjährigen Krieg (1618 – 48) sagenhafte Reichtümer ansammelte und mit dem Prachtbau, in dem er nur wenige Wochen lebte, seinen Erfolg demonstrierte.

Im Schloss scheint die Zeit stillzustehen: So liegen etwa im unvollendeten Bankettsaal noch die Werkzeuge der Handwerker. Die prächtigsten Räume sind die Waffenkammer und die Bibliothek.

Unweit des Schlosses steht Schwedens zweitälteste Backsteinkirche. Sie wurde im 13. Jahrhundert für Nonnen des Zisterzienserordens errichtet. Im 17. Jahrhundert wurde sie die Familienkirche der Wrangel-Familie.

Auf dem Friedhof findet man mehrere Runensteine, einige tragen die Signatur von Fot, einem im 11. Jahrhundert wirkenden Runenmeister der Wikinger.

Das Barockschloss Skokloster liegt herrlich am Mälarsee

❼ Uppsala

Das Gelehrtenzentrum am Fluss Fyrisån wurde 1273 Sitz des Erzbischofs, erhielt 1477 die erste Universität Skandinaviens, war Schauplatz von Reichstagen und Krönungen – und blieb doch lange Zeit eine kleine Stadt. Wissenschaftler wie Carl von Linné und Anders Celsius verhalfen der Universität zu Weltruhm, doch noch um 1800 zählte Uppsala nur 4000 Einwohner. Erst mit der Industrialisierung und der Erweiterung des Bildungswesens im 20. Jahrhundert entwickelte es sich zu Schwedens viertgrößter Stadt. Zu seinem besonderen Charme tragen die Kathedrale, das Schloss, die Universität und Gamla Uppsala bei.

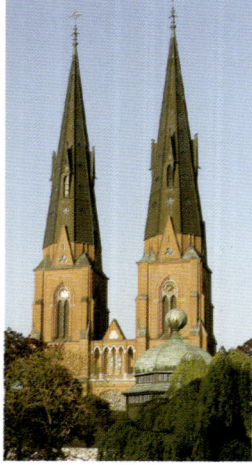

Die Türme der Kathedrale wurden im 19. Jahrhundert renoviert

🛈 Domkyrkan
Domkyrkoplan 2. ☎ (018) 430 36 30. ⏰ tägl. 🎧📱💻📷 tägl. ♿ ✝
Skattkammaren ⏰ tägl. 🎧

Weithin sichtbar ragen die 119 Meter hohen Türme der 1435 geweihten größten nordischen Kathedrale auf. In dem Bau mit dem imposanten gotischen Schiff wurden viele Monarchen gekrönt. Ihre letzte Ruhestätte fanden hier neben Gustav I. Wasa und Johann III. auch der Botaniker Carl von Linné und der spirituelle Gelehrte Emanuel Swedenborg (1688–1772). Die Kapelle birgt in einem goldenen Schrein die Reliquien von Schwedens Schutzpatron, dem hl. Erik.

Die Skattkammaren im nördlichen Turm beherbergt eine wunderbare Textil- und Silbersammlung.

🛈 Gustavianum
Akademigatan 3. ☎ (018) 471 75 71. ⏰ Di – So. ⏰ Feiertage. 🎧 📷 Sa, So. 🏛♿🎥

Schwedens ältester Universitätsbau ist nach Gustav II. Adolf benannt, der Land und Mittel zum Bau zur Verfügung stellte. Die ungewöhnliche Kuppel wurde 1662 für Olof Rudbecks Theatrum Anatomicum erbaut, ein Amphitheater, in dem 200 Zuschauer Obduktionen von exekutierten Kriminellen beiwohnten. Der heute Besuchern zugängliche Raum ist ein weitgehend originalgetreuer Nachbau.

Die Ausstellungen beschäftigen sich mit der Arbeit der Universität seit ihrer Gründung 1477. Ein Juwel ist das Augsburger Kunstkabinett (Augsburgska konststkåpet) aus dem frühen 17. Jahrhundert. Es zeigt das damalige Weltwissen im Miniaturformat. Gezeigt werden zudem ägyptische und klassische archäologische Sammlungen.

🛈 Universitetshuset
S:t Olofsgatan/Övre Slottsgatan. ☎ (018) 471 17 15. ⏰ Mo – Fr und bei Veranstaltungen. ♿

Das imposante Hauptgebäude der Universität mit dem schönen Auditorium wurde 1887 im Stil der Neorenaissance errichtet.

🛈 Carolina Rediviva
Dag Hammarskjölds Väg 1. ☎ (018) 471 39 18. ⏰ Mo – Sa (Mitte Mai – Mitte Sep auch So). ⏰ Feiertage. 🎧 Mitte Mai – Mitte Sep.

1841 zog die 200 Jahre alte Universitätsbibliothek in dieses Gebäude um, das heute fünf Millionen gedruckte Bücher und Handschriften in insgesamt vier Kilometer langen Regalreihen beherbergt, darunter Raritäten wie die Silberbibel (6. Jh.) und die *Carta Marina* (1539) von Olaus Magnus.

🛈 Uppsala Slott
Slottsbacken. ☎ (018) 727 24 85. 🎧 tel. erfragen. **Konstmuseet** ⏰ Di – So. **Fredens Hus (Museum)** ☎ (018) 50 00 08. 🎧📱💻📷

Das Wasa-Schloss ist neben der Kathedrale der auffälligste Bau der Stadt. Es wurde 1549 als Burg errichtet und mehrmals erweitert, aber nie vollendet und zum großen Teil 1702 bei einem verheerenden Stadtbrand vernichtet. Den Wiederaufbau begann Carl Hårleman. Heute sind hier das Kunstmuseum, die Residenz des Gouverneurs und das Fredens Hus untergebracht, das Schwedens langer Geschichte der Neutralität gewidmet ist.

Carl von Linné (1707–1778)

Büste von Carl von Linné

»Gott schuf, Linné ordnete«, lautet ein bekannter Spruch über den schwedischen »König der Pflanzen«. Linné führte in seinem bahnbrechenden, 1735 erstmals veröffentlichten Buch *Systema Naturae* die heute jedem vertraute Nomenklatur ein, die für alle Pflanzen und Tiere zwei lateinische Namen vorsieht. Der auch als Linnäus bekannte Gelehrte wurde 1741 Professor der Medizin in Uppsala und prägte nachhaltig das Geistesleben der Stadt. In seinem Landhaus in Hammarby betreute Linné Studenten, die er auch schon mal im Nachthemd empfing – denn, so meinte er, »die Natur wartet nicht auf Puder und Perücken«.

Hotels und Restaurants in Ost-Svealand *siehe Seiten 285 und 295f*

UPPLAND: UPPSALA | 135

Grabhügel bei der Kirche von Gamla Uppsala und Disagården

Infobox

Information
Uppsala. 200 000.
Kungsgatan 59, (018) 727 48 00.
Vaksala-Markt (Sa).
Walpurgisnachtfeiern (30. Apr),
Kulturnacht (2. Sa im Sep).
destinationuppsala.se

Anfahrt
25 km südlich des Zentrums.
Kungsgatan.

🌿 Botaniska Trädgården

Villavägen 8. (018- 471 28 38. tägl. Feiertage. Gewächshaus.

Der Botanische Garten der Universität Uppsala wurde 1655 gegründet und ist Schwedens ältester. Seit Ende des 18. Jahrhunderts dient er auch als Lehrgarten. Hier wachsen über 130 000 auch exotische Pflanzen in einem schönen Park mit diversen Gewächshäusern und einem tropischen Treibhaus. Den ersten Park legte Olof Rudbeck im Jahr 1655 am Ufer des Fyrisån an. Er wurde 1741 von Carl von Linné übernommen und zu einem der führenden botanischen Gärten ausgebaut, dem heute liebevoll restaurierten Linné-Garten. Eine Spende von Gustav III. im späten 18. Jahrhundert ermöglichte den Umzug des Lehrgartens in den Schlosspark, wo 1807 das Linneanum mit Orangerie eröffnet wurde.

🏛 Gamla Uppsala

Landstraße 290 oder E4, 5 km nördlich des Zentrums. **Disagården** (C18) 16 91 30. **Gamla Uppsala Museum** (018) 23 93 00. Mitte Mai – Aug: tägl. So.

In Gamla Uppsala ragen wie schon vor 1500 Jahren die königlichen Grabhügel auf. Hier befand sich bis weit ins 11. Jahrhundert ein Kultzentrum für die nordischen Götter. Ein Tempel, der Adam von Bremen (1070) zufolge ganz mit Gold bedeckt war, enthielt Bilder der Götter Odin, Thor und Freyr. Bei einem blutigen Fest, das alle neun Jahre stattfand, wurden Männer, Hengste und Hunde an den Bäumen rund um den Tempel geopfert. Im 12. Jahrhundert wich der Tempel einer christlichen Kirche und später einer Kathedrale. Als man im Jahr 1273 den Sitz der Diözese nach Uppsala verlegte, wurde die Kathedrale eine Pfarrkirche, von der nur wenig erhalten geblieben ist. Das nahe Freilichtmuseum Disagården zeigt den bäuerlichen Alltag im 19. Jahrhundert.

🏛 Linnés Hammarby

13 km südöstlich von Uppsala.
(018) 471 28 38. Mai–Sep.
Park tägl. **Museum** Di–So.
Pfingsten, Mittsommernacht.

Carl von Linné erwarb im Jahr 1758 den Bauernhof Hammarby, weil er meinte, dass die Luft in Uppsala seiner Gesundheit schade. Das Anwesen war sein ländliches Refugium, hier konnte er auch Pflanzen züchten, die den feuchten Boden im botanischen Garten nicht vertrugen. Hammarby ist heute in staatlichem Besitz und untersteht der Universität von Uppsala.

Zentrum von Uppsala

① Domkyrkan
② Gustavianum
③ Universitetshuset
④ Carolina Rediviva
⑤ Uppsala Slott/Konstmuseet
⑥ Botaniska Trädgården

0 Meter — 300

Zeichenerklärung
siehe hintere Umschlagklappe

Steninge Slott bei Sigtuna zählt zu den schönsten Landschlössern des 17. Jahrhunderts

❽ Sigtuna

Uppland. 42 000. nach Märsta C, dann Bus. Stora Gatan 33, (08) 594 806 50. Sigtuna-Treffen (letztes Wochenende im Aug.). sigtuna.se

Schwedens zweitälteste Stadt wurde nach ihrer Gründung im Jahr 980 bald ein christliches Zentrum. Von drei der sieben mittelalterlichen Kirchen, St. Per, St. Lars und St. Olof, sind Ruinen erhalten. Die attraktive Hauptstraße Stora Gatan säumen Holzhäuser, ihre Anordnung folgt der alten Landstraße. Die Mariakyrkan (13. Jh.) mit mittelalterlichen Malereien ist die älteste Backsteinkirche der Region Mälardalen.

Interessant sind auch das kleinste Rathaus Schwedens (1744) und das mit Möbeln der Zeit eingerichtete Haus Lundströmska Gården aus dem frühen 20. Jahrhundert. In der Umgebung findet man rund 150 Runensteine aus dem 11. Jahrhundert.

Die Region zieren prächtige Bauwerke wie Skokloster *(siehe S. 133)* und das königliche Schloss **Rosersberg** mit herrlichen Interieurs aus den Jahren 1795–1825.

Östlich von Sigtuna befindet sich das von Tessin d. J. erbaute **Steninge Slott** (um 1690), ein Meisterwerk des Barock italienischer Prägung. Im schönen Park stehen ein Kulturzentrum, eine Kunstgalerie und ein Denkmal des Grafen Axel von Fersen, der durch seine Romanze mit der französischen Königin Marie Antoinette berühmt wurde.

Rosersbergs Slott
15 km von Sigtuna.
(08) 590 350 39. Juni – Aug: tägl. 11–16 Uhr.

Steninge Slott
7 km östlich von Sigtuna. (08) 592 595 00. **Schloss** Juni – Aug: tägl.

❾ Enköping

Uppland. 39 000. Gustav Adolfs Plan, (0171) 625 040. enköping.se

Die am Mälarsee gelegene Stadt trägt den Beinamen »Meerrettichstadt«, in Anspielung auf den Gemüseanbau, der sie im 19. Jahrhundert bekannt machte. Bis heute ist sie dank der schönen Parks eine grüne Stadt.

Enköping erhielt 1300 das Stadtrecht und war ein geistliches Zentrum mit drei Kirchen und einem Kloster. Von diesen ist nur die großteils neu aufgebaute Vårfrukyrkan verblieben.

Ein Juwel ist die im Nordosten gelegene mittelalterliche Kirche **Härkeberga**. Sie birgt Darstellungen biblischer Szenen des Meisters Albertus Pictor *(siehe S. 131)* aus dem 15. Jahrhundert.

In der Nähe von Enköping findet man Felszeichnungen.

Härkeberga Kyrka
10 km nordöstlich von Enköping.
März – Okt: tägl.

Kreuz, Härkeberga Kyrka

❿ Birka

Uppland. von Stockholm (nur im Sommer). **Birkamuseet** (018) 560 514 45. Mai – Sep: Mo – Fr 11–15, Sa, So 10.30 – 16 Uhr (Juli – Mitte Aug: tägl. 10.30 – 18.30 Uhr).

Der Handelsposten Birka auf der Insel Björkö im Mälarsee wurde im 8. Jahrhundert gegründet. Birka gilt deshalb als die älteste Stadt Skandinaviens. Ihr Gründer, der König von Svea, residierte im nahen Adelsö. Etwa 100 Jahre später wurde Birka von einem Chronisten als Handelszentrum mit einem üppigen Warenangebot beschrieben, in dem große Geldmengen und viele Wertgegenstände zirkulierten. Zu den Handwerkern unter den wohl rund 1000 Einwohnern gesellten sich Händler aus weit entfernten Ländern.

In der einfach angelegten Stadt lebten die Bewohner in bescheidenen Häuserzeilen oberhalb der langen Piere. An diesen ankerten die Schiffe, die die Wikinger auf ihren Handels- und Kriegszügen benutzten. 830 begann mit Ankunft des Mönchs Ansgar Schwedens Christianisierung.

Birka verlor rasch an Bedeutung. Schon im 10. Jahrhun-

Eisenzeitliches Gräberfeld bei Birka auf der Insel Björkö im Mälarsee

Hotels und Restaurants in Ost-Svealand *siehe Seiten 285 und 295f*

dert war die Bevölkerung nach Sigtuna auf dem nahen Festland gezogen.

Heute ist Björkö eine grüne Insel mit schönen Wiesen und wacholderbedeckten Hängen. Faszinierend sind das Museum und die archäologischen Ausgrabungen. Das Museum zeigt, wie Birka zu seiner Blütezeit möglicherweise ausgesehen haben könnte, und präsentiert einige Funde.

Im Sommer finden in der Ansgar-Kapelle Messen statt. Birka bietet zudem einen Hafen, ein Restaurant und schöne Badeplätze.

Hübsche Holzhäuser säumen den Hafenkanal in Trosa

lung von Oldtimern aus der 100-jährigen Produktionsgeschichte von Scania.

In **Tom Tits Experiment** können Kinder frei experimentieren und so die Naturgesetze verstehen lernen.

🏛 **Torekällbergets Museet**
📞 (08) 523 021 18. ⏱ tägl.

🏛 **Marcus Wallenberg-hallen**
📞 (08) 553 825 00. ⏱ Mo – Fr 8 – 16.45 Uhr. ● Feiertage.

🏛 **Tom Tits Experiment**
Storgatan 33. 📞 (08) 550 225 00.
⏱ tägl. 10 – 17 Uhr (Do bis 19, Sa, So bis 18 Juhr). ● 1. Jan, 23. – 26., 31. Dez.
tomtit.se

⓬ Ytterjärna

Stockholms län. 🚌 nach Järna, dann Bus. ℹ Kulturhuset, (08) 554 302 00.
⏱ tägl. 10 – 17 Uhr. ● Feiertage.

Seit den 1960er Jahren entwickelte sich Ytterjärna zum Zentrum der schwedischen Anthroposophen. Die Anhänger der Lehre des Österreichers Rudolf Steiner (1861 – 1925) streben eine ganzheitliche Entwicklung des Menschen vor allem in Kunst, Musik, Landwirtschaft und Medizin an. Zu den anthroposophischen Einrichtungen zählen mehrere Schulen, das Krankenhaus Vidarkliniken und biodynamische Bauernhöfe. Das Kulturhuset ist als Zentrum für Kunst, Musik und Theater sowie für seine kühne Architektur von Erik Asmussen bekannt, bei der Farbe und Form innen und außen einen Dialog eingehen.

⓭ Trosa

Södermanland. 🚌 5500. 🚆 nach Vagnhärad oder Södertälje, dann Bus.
ℹ Rådstugan Torget, (0156) 522 22.
🎪 Trosa-Markt (2. Sa im Juni).
🎭 Tanz im Hafen (Juli – 1. Wo in Aug Mi). 🌐 trosa.com

Trosa bildet eine geografische Sackgasse »am Ende der Welt« – außer man erkundet von hier aus die herrlichen Inseln des Trosa-Archipels. Wie viele Küstenstädte wurde Trosa 1719 von russischen Truppen niedergebrannt, lediglich die Kirche (1711) wurde verschont. Hübsche rote Holzhäuser säumen vor allem die Kåkstan, in der auch das Kunsthandwerksmuseum Garvaregården steht. Am Hauptplatz befinden sich das Rathaus und der Markt.

Das nahe gelegene **Tullgarns Slott** war die Sommerresidenz von Gustav V. (1858 – 1950). Das schöne Schloss aus dem 18. Jahrhundert wartet mit grandiosen Interieurs und einem hübschen Park im englischen Stil auf.

🏰 **Tullgarns Slott**
An der E4, 10 km nördlich von Trosa.
📞 (08) 551 720 11. ⏱ Mai, Sep: Sa, So; Juni – Aug: Di – So.

Auf den Spuren der Naturgesetze: Tom Tits Experiment, Södertälje

⓫ Södertälje

Stockholms län. 🚌 89 000. 🚗 🚆 ⛴
ℹ Saltsjögatan 1, (08) 523 060 30.
🌐 sodertalje.nu

Södertälje ist eine der ältesten Städte Schwedens. Wirtschaftlich profitierte der Ort von seiner strategisch günstigen Lage: Als sich im 9. Jahrhundert das Land hob und der Sund zwischen Ostsee und Mälarsee nicht mehr schiffbar war, wurde Tälje zum Umschlagplatz. Es florierte im Mittelalter, wurde jedoch im 17. und 18. Jahrhundert durch Brände, Kriege und die Pest fast zerstört. Das Blatt wendete sich, als 1819 der Kanal gebaut wurde und mit dem Bau der Eisenbahn 1860 die Industrialisierung begann. Heute bilden Konzerne wie der Fahrzeugbauer Scania und der Pharmariese AstraZeneca die Hauptsäulen der Wirtschaft.

Södertäljes Geschichte kann man im Freilichtmuseum **Torekällbergets Museet** mit historischen Bauten und Handwerkerviertel nachvollziehen.

Die **Marcus Wallenberg-hallen** bietet eine große Sammlung

Kulturhuset von Erik Asmussen im anthroposophischen Ytterjärna

Im Nyköpingshus fand 1317 das fatale Gastmahl von Nyköping statt

⓮ Nyköping

Södermanland. 33.000.
Rådhuset, Stora Torget, (0155) 24 80 00. Nyköping-Bankett (Juli).
nykoping.se

Die Hauptstadt von Södermanland ist vor allem durch das Gastmahl von Nyköping (1317) bekannt. König Birger lud die Herzöge Erik und Waldemar zum Mahl ein, um den Streit zwischen den Brüdern zu schlichten. Er ließ sie jedoch in den Kerker von Nyköpingshus werfen und dort sterben. Die schreckliche Geschichte wird im Schloss mit aller Pracht aufgeführt. 1665 zerstörte ein Brand das alte Schloss, von dem nur der Turm übrig blieb. In der Gouverneursresidenz zeigt das **Sörmlands Museum** eine historische Ausstellung.

Sehr angenehm erkundet man im Sommer die Sehenswürdigkeiten mit dem Tuffis Touristenzug ab Stora Torget. Im Norden an der Küste ist Nynäs Slott sehenswert.

Sörmlands Museum
Nyköpingshus. (0155) 24 57 00.
Juni – Aug: tägl. (Öffnungszeiten tel. erfragen).

⓯ Flen

Södermanland. 6200.
Sveavägen 1, (0157) 190 15; Malmköping (Sommer), (0157) 202 04. Malma-Markt (letztes Wochenende im Juli). Flen-Festival (2. Wochenende im Juni).

Flen erhielt erst 1949 Stadtrecht. Der Ort selbst hat wenig zu bieten, das gleichnamige Umland hält jedoch einige Attraktionen bereit.

Umgebung: Östlich von Flen steht am See Valdemaren das Schloss von Stenhammar, im frühen 20. Jahrhundert die Residenz von Prinz Wilhelm. Das Schloss wird nun von Carl XVI. Gustaf benutzt und kann nicht besichtigt werden.

Im Nordosten von Flen liegt **Harpsund**, die Sommerresidenz des Premierministers, deren Park öffentlich zugänglich ist.

In der alten Regimentsstadt Malmköping ist **Malmahed** von Interesse. Die alte Militäranlage ist heute ein Museum und ein Naturzentrum. Es gibt einige Militärausstellungen zu sehen. In **Museispårvägen** werden alte Straßenbahnen und andere öffentliche Verkehrsmittel ausgestellt. Besucher können auf einer kurzen Tramstrecke über Land fahren.

Museispårvägen
Malmköping, 17 km nördlich von Flen, Landstraße 55. (0157) 204 30.
Ende Mai – Ende Juni: Sa, So; Ende Juni – Mitte Aug: tägl. (Öffnungszeiten tel. erfragen).

Volvo-Taxi (1950), Museispårvägen

⓰ Mariefred

Södermanland. 4700.
Rådhuset, (0159) 297 90. Dampftag (1. Sa im Juni), Mittelalterfestival (3. Wochenende im Juli).
mariefred.se

Dem Städtchen Mariefred nähert man sich am besten auf dem Wasserweg – so erhält man den schönsten Blick auf **Gripsholms Slott**, dem Kurt Tucholsky (1890–1935, er wurde auf Mariefreds Friedhof bestattet) mit dem Roman *Schloss Gripsholm* (1931) ein literarisches Denkmal setzte. Die erste Burg an dieser Stelle errichtete um 1380 der Reichsverwalter Bo Jonsson Grip, den Bau des heutigen Schlosses initiierte Gustav I. Wasa 1537. Im späten 18. Jahrhundert wurde es unter Gustav III. umgebaut. In dieser Zeit entstand die Porträtgalerie, die 4000 Porträts von berühmten Persönlichkeiten der letzten 500 Jahre umfasst. Unter den gut erhaltenen Räumen aus den verschiedenen Perioden sind vor allem das Theater von Gustav III. und der Weiße Salon sehenswert.

Mariefred hat seinen Namen von einem mittelalterlichen Kartäuserkloster, an dessen Standort ab dem frühen 17. Jahrhundert ein Gasthof zum Verweilen einlud. Mariefreds alte Straßen mit hübschen Holzhäusern machen Lust auf Spaziergänge. Kunstfreunde zieht es ins Grafikens Hus beim ehemaligen königlichen Gut, dessen Ställe und

Im Rathaus von Mariefred (1784) ist auch das Turistbyrå zu finden

Hotels und Restaurants in Ost-Svealand siehe Seiten 285 und 295f

Heuschober zu Galerien umgebaut wurden. Zudem kann man das Eisenbahnmuseum besuchen und mit den Schmalspur-Dampfzügen der **ÖSLJ**, der Östra Södermanlands Järnväg Museumsgesellschaft, in 20 Minuten vom Hafen nach Läggesta und an manchen Tagen auch nach Taxinge fahren.

Von Stockholm erreicht man Mariefred mit dem Dampfer *SS Mariefred* von 1903 in dreieinhalb Stunden.

Gripsholms Slott
500 m südwestlich des Zentrums. (0159) 101 94. Anf. Mai–Sep tägl.; sonst nur nach Vereinbarung. gripsholmsslott.se

ÖSLJ
500 m westl. des Zentrums. (0159) 210 00. 1. Mai–Sep: Öffnungszeiten tel. erfragen. oslj.nu

Schlafzimmer von Karl IX. (1550–1611), Gripsholms Slott

⑰ Strängnäs

Södermanland. 15 000. Eskilstunavägen 2, (0152) 296 54. Juni–Aug. Strängnäs-Markt (2. Sa im Okt). strangnas.se

Strängnäs war im Mittelalter ein bedeutendes Zentrum und wurde bereits um 1120 in Dokumenten als Bischofssitz erwähnt. Dominantes Bauwerk ist die 1280 vollendete gotische Kathedrale **Domkyrkan**. In Strängnäs wurde Gustav Wasa am 6. Juni 1523 zum König gewählt – der 6. Juni ist heute Schwedens Nationalfeiertag. Die Kathedrale ist von malerischen Holzhäusern umgeben, östlich davon befindet sich mit dem Roggeborgen das in den 1480er Jahren erbaute Bischofspalais.

Die Gyllenjelmsgatan, die vom Stadtzentrum zur Kathedrale führt, wurde von dem Ly-

Im Zentrum von Strängnäs stehen Holzhäuser aus dem 18. Jahrhundert

riker Bo Setterlind (1923–1991) als schönste von ganz Schweden beschrieben.

Zum Gemeindegebiet von Strängnäs gehört auch **Selaön**, die größte Insel im Mälarsee. Dort finden sich die meisten Runensteine in ganz Södermanland und Reste einer alten Siedlung.

Eine weitere Attraktion auf Selaön ist das kürzlich renovierte Schloss Mälsåkers aus dem 17. Jahrhundert.

Domkyrkan
Biskopsgränd 2. (0152) 245 00. tägl. nach Vereinbarung. Mi, So.

⑱ Mälardalens Schlösser

Siehe S. 140f.

⑲ Eskilstuna

Södermanland. 95 000. Tullgatan 4, (016) 710 1000. eskilstuna.se

Benannt ist die Stadt nach dem hl. Eskil aus England, Svealands erstem christlichem Bischof, der im 10. Jahrhundert seine Kirche am Flussufer des Eskilstunaån erbaute. Die Stadt be-

Sumatra-Tiger in Eskilstunas Parken Zoo

gann im 17. Jahrhundert wirtschaftlich zu erblühen, als König Karl X. Gustav (1622–1660) dem Meisterschmied Reinhold Rademacher aus Riga ein 20-jähriges Monopol auf die Produktion von Kanonen, Messer und Scheren gewährte. In der Rademachergatan stehen noch Schmieden wie aus der Zeit um 1650, in denen Besucher auch selbst schmieden dürfen.

Eskilstuna, heute eine moderne Industriestadt und ein Ausbildungszentrum, zieren über 200 öffentliche Kunstwerke, u. a. Carl Milles' *Hand Gottes* (siehe S. 101) im Stadtparken.

Der angesehene **Parken Zoo** ist auch ein beliebter Freizeitpark mit beheiztem Schwimmbad. Den Eingang bewacht das Phantom, dessen »Totenkopf-Höhle« Kinder und Comicfans begeistert.

Umgebung: Nördlich von Eskilstuna liegt der Ort **Torshälla** mit Kopfsteinpflaster und Holzhäusern. Eine Kirche aus dem 12. Jahrhundert dominiert die Altstadt. Nordöstlich von Torshälla steht **Sundbyholms Slott** (siehe S. 140). Von dort erreicht man zu Fuß in zehn Minuten **Sigurdsristningen**, Schwedens schönste Runensteinzeichnungen, die um das Jahr 1030 entstanden.

Parken Zoo
1 km westlich des Zentrums. (016) 100 100. **Zoo** Anfang Mai–Mitte Sep: tägl. 10–17 Uhr (Juni–Mitte Aug: bis 18 Uhr). **Freizeitpark** Mai: Sa, So; Juni–Mitte Aug: tägl; Mitte Aug–Mitte Sep: Fr–So.

⑱ Tour: Mälardalens Schlösser

Rund um den Mälarsee (Mälaren) stehen über 100 Burgen, Schlösser und Herrenhäuser, die einst in strategisch günstiger Lage nahe eisenzeitlichen und Wikingersiedlungen erbaut wurden. Sie sind ein steinerner Beweis für die Bedeutung des riesigen Gewässers. Die Burgen Wik (15. Jh.) und Gripsholm (16. Jh.) zeigen, wie lange hier Verteidigungsanlagen notwendig waren. Ab dem 17. Jahrhundert entstanden prächtige Schlösser wie Skokloster, die Macht und Reichtum ihrer Besitzer demonstrierten. Oft beherbergen sie exzellente Museen.

⑤ Engsö
Die mittelalterliche Burg wurde um 1740 im Stil des französischen Rokoko umgebaut. Sie hat herrliche Innenräume und eine bedeutende Kunstsammlung. Das Schlossgelände ist Naturschutzgebiet.

⑥ Tidö
Der schöne Landsitz von Reichskanzler Axel Oxenstierna wurde 1642 im Barockstil errichtet. Bemerkenswert sind die eleganten Prunkzimmer und 43 intarsierte Holztüren. Ein Spielzeugmuseum präsentiert 30 000 alte Exponate.

④ Grönsöö
Das noch immer von der Familie von Ehrenheim bewohnte Herrenhaus (17. Jh.) steht hoch über dem Mälarsee. Der Park repräsentiert 400 Jahre Gartengeschichte.

⑦ Strömsholm
In Strömsholm mit seinen schönen Wiesen und Wegen spielt das Reiten seit dem 16. Jahrhundert eine wichtige Rolle. Das Barockschloss wurde um 1670 erbaut.

Legende
- Routenempfehlung
- Andere Straßen
- Schloss

Routeninfos
Die Zehn-Schlösser-Tour ist über 500 Kilometer lang und dauert trotz der guten Straßen drei Tage. Optional kann man auch einige benachbarte Schlösser besichtigen. Weitere Informationen erhält man unter
- Mälarslott, (016) 48 06 80.
- malarslott.nu

⑧ Gripsholm
Die von Gustav I. Wasa ab 1540 erbaute Renaissance-Burg *(siehe S. 138)* ist ein Symbol der schwedischen Unabhängigkeit. Zu besichtigen sind 60 Räume verschiedener Epochen, darunter das Theater Gustavs III. und die Porträtgalerie.

③ Wik

Das im 15. Jahrhundert erbaute Wik ist Svealands besterhaltene Burg aus dem Spätmittelalter und galt damals als uneinnehmbar. Sie wurde 1656–1660 umgebaut. Heute ist Wik ein Hotel mit Konferenzzentrum.

② Skokloster

Carl Gustav Wrangels Prachtbau aus dem 17. Jahrhundert beherbergt wertvolle Kriegsbeute des Feldmarschalls sowie fantastische Kunst-, Möbel-, Textilien-, Waffen- und Büchersammlungen *(siehe S. 133)*.

① Steninge

Das Schloss wurde um 1690 von Nikodemus Tessin d. J. im Stil einer italienischen Villa entworfen *(siehe S. 136)*.

⑩ Drottningholm

Das Königsschloss (17. Jh.) gehört zu den prächtigsten Bauten Schwedens. Mit seinem Theater, dem Park und dem Chinesischen Pavillon zählt Drottningholm zum UNESCO-Welterbe *(siehe S. 112–115)*.

⑨ Sturehof

Das elegante Herrenhaus in Botkyrka entwarf C. F. Adelcrantz im 18. Jahrhundert für Johan Liljekrantz, den Finanzminister Gustavs III. und Besitzer der berühmten Porzellanfabrik Marieberg. Es beherbergt eine Sammlung von Kachelöfen aus der Fabrik.

⑳ Julita Gård

Södermanland. (0150) 48 75 00. Mälarbanan bis Eskilstuna, dann Bus 404, 405. Mai–Sep: tägl.

Das riesige Anwesen am Öljaren-See gilt als größtes Freilichtmuseum der Welt. Es wurde im 20. Jahrhundert von dem romantisch veranlagten Leutnant Arthur Bäckström gegründet und 1941 dem Stockholmer Nordiska Museet gestiftet. Das Gut mit Park, Gärten und Herrenhaus, das im 18. Jahrhundert auf dem Gelände eines mittelalterlichen Zisterzienserklosters errichtet wurde, ist noch immer in Betrieb.

Die Gebäude vermitteln einen Eindruck vom Landleben in Södermanland. Vom Aussterben bedrohte Nutztierrassen werden hier für das Landwirtschaftsmuseum gezüchtet, zudem gibt es ein Molkereimuseum. Kinder dürfen das Haus der beliebten Kinderbuchfigur Petterson mit dem Kater Findus besuchen.

Julita Gård stellt das bäuerliche Leben in Södermanland vor

㉑ Arboga

Västmanland. 11 000. Mittelalterfestival (Aug).

Rote eiserne Lagerhäuser, der Ladbron-Kai und die Eisenbahn erinnern an Arbogas große Zeit als wichtigster Hafen für Eisen aus Bergslagen. Fahlströmska Gården ist ein typisches Lagerhaus aus dem 16. Jahrhundert.

Arboga war im Mittelalter eine bedeutende Stadt. Hier tagte 1435 der erste schwedische Reichstag. Aus dieser Zeit stammt die Hospitalkapelle am Stortorget, die als Rathaus erhalten blieb. Eine herrliche Barockkanzel von Burchardt Precht ziert die **Heliga Trefaldighets Kyrka** aus dem 14. Jahrhundert, die am Järntorget steht.

König Bröt-Anunds Grabhügel Anundshögen aus dem 7. Jahrhundert, im Vordergrund ein Schiff aus Steinen

② Köping

Västmanland. 18.000.
Barnhemsgatan 2, (0221) 256 55.
Köpingsfesten (28.–30. Mai).

Der Hafen Köping am Mälarsee war seit dem Mittelalter ein wichtiger Verkehrsknotenpunkt für den Transport von und zu den Minen und Wäldern von Bergslagen. Den Großbrand von 1889 überstanden nur die Gebäude westlich des Flusses, darunter **Nyströmska Gården** (17. Jh.). In der Schreinerei kann man sehen, wie die bekannten Klapptische gemacht wurden. Sehenswert sind auch das Fahrzeugmuseum **Bil och Teknikhistoriska Samlingarna** und im Osten die Kirche von Munktorp (11. Jh.).

Bil och Teknikhistoriska Samlingarna
Glasgatan 19. (0221) 206 00.
Mai–Sep: Di–So 10–18 Uhr. Gruppen mit Anmeldung ganzjährig.
Mittsommer.

② Västerås

Västmanland. 140.000.
Kopparbergsvägen 1, (021) 39 01 00. Stadtfest (1. Woche im Juli), Power Big Meet (Juli).

Die Stadt liegt an der Mündung des Flusses Svartån in den Mälarsee. Ihre günstige Lage machte sie schon zu Zeiten der Wikinger zum bedeutenden Handelszentrum. Burg und Kathedrale wurden ab dem 13. Jahrhundert errichtet, 1527 versammelte sich hier der Reichstag.

In der **Domkyrkan** steht der Sarkophag des unglücklichen Erik XIV. Jahrh. (reg. 1561–69) wurde vermutlich von seinem Bruder Johan II. getötet, der Eriks Erbsensuppe mit Arsen vergiftet hatte.

In dem alten Gelehrtenviertel rund um die Kirche gründete Johannes Rudbeckius 1632 die erste höhere Schule Schwedens.

Im 17. und 18. Jahrhundert stieg Västerås zum wichtigen Hafen für die Region Bergslagen auf. In der heutigen Industriestadt steht die Zentrale des Technikkonzerns Asea-Brown-Boveri (ABB).

Östlich der Stadt soll im Anundshögen-Hügel (7. Jh.) König Bröt-Anund begraben sein, der Bergslagen besiedeln ließ. Beim Hügel wurden Steine in Form von 50 Meter langen Schiffen aufgestellt. Das Gebiet war ein Versammlungsplatz der Wikinger.

Skultuna Messingsbruk im Nordwesten wurde 1607 gegründet und ist Europas ältestes aktives Messingwerk. Es ist bekannt für seine Kanonen und Kerzenhalter.

Domkyrkan
Västra Kyrkogatan 6.
(021) 81 46 11. tägl.

Skultuna Messingsbruk
16 km nordwestlich von Västerås.
(021) 783 01. Di–So.
tel. erfragen.

② Sala

Västmanland. 12.000.
Stora Torget, (0224) 74 78 02.
Herbstmarkt (letzter Fr und Sa im Sep). sala.se/turism

Die Silbermine in Sala zählte im 16. Jahrhundert zu den reichsten Minen der Welt: Bis 1570 wurden hier 200.000 Kilogramm geschürft, die dem Staat beträchtliche Einnahmen brachten. Die frühere Mine **Silvergruvan** ist auf 60 und 155 Meter Tiefe zu besichtigen. Bei den alten Gruben und Kanälen kann man schön spazieren gehen. Für Kinder werden aufregende »Silberschatzsuchen« organisiert.

Das **Aguélimuseet** zeigt Arbeiten des Orientalisten Ivan Aguéli (1869–1917) aus Sala und anderer Modernisten.

Silvergruvan
Drottning Christinas Väg. (0224) 677 250. Di–Fr 13–16, Sa, So 11–16 Uhr (Mai–Sep: tägl. 10–17 Uhr).
Mittsommernacht.

Aguélimuseet
Vasagatan 17. (0224) 138 20.
Mi–Sa 11–16 Uhr.

Die Förderanlage der Silbermine von Sala ist seit 1908 in Betrieb

② Fagersta

Västmanland. 12.500.
Norbergsvägen 19, (0223) 131 00.

Eisen hat in Fagersta seit jeher eine bedeutende Rolle gespielt. Südlich der Stadt sieht man in Dunshammar, wie in eisenzeitlichen Öfen das Eisen aus dem Erz geschmolzen wurde. Heute wird in Fagersta hauptsächlich Metall und rostfreier Stahl verarbeitet.

In der zum UNESCO-Welterbe gehörenden Eisenhütte **Engelsbergs Bruk**, die etwa 50 Gebäude umfasst, können der historische Hochofen und die Eisenhütten in Betrieb bewundert werden. Sie zeigen eindrucksvoll, wie hier vom

17. bis zum 19. Jahrhundert gearbeitet wurde.

1,5 Kilometer entfernt von den Eisenhütten steht Oljeön, die weltweit älteste erhaltene Raffinerie (1875–1902).

Auf seinem Weg vom Mälarsee nach Smedjebacken in Dalarna führt der 1795 vollendete Strömsholm-Kanal durch Fagersta. Er war für die Gießereien und Bergslagen von essenzieller Bedeutung. Mithilfe von 26 Schleusen, davon sechs in Fagersta, überwinden Boote und Passagierfähren 100 Meter Höhenunterschied.

Engelsbergs Bruk
15 km östlich von Fagersta. (0223) 131 00. Anfang Mai–Mitte Juni: Sa, So; Mitte Juni–Aug: tägl.; Sep: Sa, So.

Die Eisenhütte Engelsberg Bruk gehört zum UNESCO-Welterbe

❷ Kopparberg
Västmanland. 3300.
Gruvstugutorget, (0580) 805 55
Goldsucher-Wettbewerb (Ende Juni). **ljusnarsberg.se**

Kupferfunde im frühen 17. Jahrhundert lockten Bergarbeiter aus Falun hierher, die den Ort nach ihrer alten Mine Nya Kopparberget (Neuer Kupferberg) benannten. Auf dem 2,5 Kilometer langen Kopparstigen-Weg hat man einen schönen Blick auf die zahlreichen Minenbauten. Am Weg steht zudem das **Kopparbergs Miljömuseer**. Zu dem Museumskomplex gehören ein Goldschmiede- und ein Postmuseum, darüber hinaus auch ein Fotoatelier aus der Zeit um 1880. Sehenswert sind in Kopparberg außerdem der Gerichtshof aus dem 17. Jahrhundert sowie die ungewöhnlich große Holzkirche aus dem Jahr 1635.

Kopparbergs Miljömuseer
Gruvstugutorget, (0580) 805 55. Juni–Aug: tägl.

❷ Grythyttan
Västmanland. 1100. (0591) 340 60. nach Örebro, dann Bus.

Eine Silberader brachte Grythyttan Wohlstand und 1649 das Stadtrecht. Dieses wurde dem Ort jedoch wieder entzogen, als die Ader 33 Jahre später erschöpft war.

Heute ist Grythyttan mit seinen Holzhäusern und der roten Kirche ein gastronomisches Zentrum. Die Entwicklung begann, als der 1640 erbaute Gasthof in den 1970er Jahren von dem Gastronomen Carl Jan Granqvist zu neuem Leben erweckt wurde. Heute befindet sich im **Måltidens Hus i Norden**, Schwedens Pavillon für die EXPO 1992 in Sevilla, eine gastronomische Fachschule. Sie bietet Kurse, Ausstellungen und ein Kochbuchmuseum.

Südlich von Grythyttan liegt das altehrwürdige schwedische Kurbad **Loka Brunn**. Es wurde in den 1720er Jahren gegründet. Heute locken

Grythyttans Gasthof besticht mit einer wunderschönen Einrichtung (17. Jh.)

hier modernste Einrichtungen. Das alte Bad mit seinem Park und der Quelle gehört zum schwedischen Spa-Museum. Man kann das Quellwasser probieren sowie das restaurierte Bad, die Apotheke, die Klinik und die im Jahr 1761 erbaute königliche Küche bestaunen.

Måltidens Hus i Norden
Sörälgsvägen 4, (0591) 340 60. Ende Juni–Mitte Aug: tägl.; sonst: Mo–Fr. Ausstellung.

Loka Brunn
15 km südlich von Grythyttan. (0591) 631 00. **Bad** tägl. **Museum** nur Sommer. Museum.

❷ Nora
Västmanland. 6500. nach Örebro, dann Bus. Feuerwache auf Norrsjön-Seite, (0587) 811 20. Nora-Festival (1. Woche im Juli), Noramarken-Messe (4. Wochenende im Aug). **nora.se**

Mit seinen Kopfsteinpflasterstraßen, charmanten Läden, Holzhäusern und Bauten aus dem 18. Jahrhundert ist Nora ein lohnenswertes Ziel für einen entspannten Bummel. Das interessante Museum **Göthlinska Gården** (1793) zeigt ein Bürgerhaus um 1900.

Das bedeutendste Bergbaumonument der Region ist die drei Kilometer entfernte **Pershyttan** im Westen mit einem Kohlehochofen von 1856. Im Sommer fährt ein Dampfzug von Nora auf dem Nora Bergslags Veteranjärnväg, Schwedens erstem normal breitem Schienenweg. In den Bahnhallen kann man Dampfloks, Diesselloks und Kutschen sehen.

Idyllisch – die alte Bergarbeitersiedlung Kopparberg

Ost-Götaland

Die Landschaften Östergötland, Småland und Öland, die zusammen Ost-Götaland bilden, sind recht unterschiedlich. Östergötland ist Schwedens landwirtschaftliches Herz, Småland das Zentrum der Glasherstellung, Öland lockt Sonnenhungrige und Naturliebhaber an. Alle drei sind beliebte Urlaubsgebiete mit roten Cottages, historischen Attraktionen, schönen Seen und Küsten.

Norrköping und Linköping, die größten Städte im nördlichen Östergötland, gehören fast schon zum Großraum Stockholm. Hat man erst die steilen Hügel Kolmårdens überwunden, die die Nordgrenze bilden, breitet sich nur noch bäuerliches Land vor einem aus. Dies ist Schwedens Kornspeicher und zugleich historischer Boden: Von hier stammte die königliche Folkung-Dynastie, hier beriet Birgitta Gudmarsson (die heilige Birgitta) im 14. Jahrhundert politische und religiöse Führer.

Die Hügel nördlich von Gränna und die Ruinen der Burg Brahehus markieren den Übergang zu Småland. Lange Zeit bildete Småland die Grenze zu Dänemark. Von dieser Region ging im 16. Jahrhundert Nils Dackes Bauernaufstand aus. Småland ist ärmer und karger als Östergötland, es gibt nur kleine Bauernhöfe. Im 19. Jahrhundert, während einer großen Hungersnot, flohen Tausende in andere Landesteile. Dennoch hat Småland auch eine Erfolgsstory aufzuweisen: Die Region ist ideal für die Glasindustrie, die auf Holz und Wasser angewiesen ist. Unsterblich wurde Småland durch die Bücher Astrid Lindgrens, die in dieser Region zur Welt kam und ihren Geburtsort zum Spielplatz ihrer beliebten Figuren Pippi Langstrumpf und Michel aus Lönneberga machte.

Die Inselwelt, die sich von den Sankta-Annas-Inseln in Östergötland durch den Kalmarsund zwischen Småland und Öland erstreckt, ist bei Freizeitkapitänen überaus beliebt. Dank der Brücke Ölandsbron ist die lange, schmale Insel Öland bequem zu erreichen. Urlauber zieht es zu deren Sandstränden, während Botaniker hier durch die Alvar-Ebene streifen und Ornithologen gern die Ottenby-Vogelstation besuchen.

Der ruhige Göta-Kanal bei Borensberg

◀ Segelschiffe im Hafen von Västervik, Småland *(siehe S. 158)*

Überblick: Ost-Götaland

Für die Erkundung dieser großen Region braucht man eigentlich länger als nur ein paar Tage, aber wenn man die Hauptstraßen verlässt und über Land fährt, gewinnt man doch einen Eindruck. Die 2005 geschaffene Königsroute (Eriksgatan) für historisch Interessierte ist auf den Karten der Region verzeichnet (erhältlich an Tankstellen und in Fremdenverkehrsbüros). Auf einer Fahrradtour sieht man am meisten, zudem gibt es in Småland unzählige Kanurouten, Badeseen und Waldwege. Eine gemütliche Bootsfahrt auf dem Göta-Kanal *(siehe S. 150f)* ist ein unvergessliches Erlebnis. Ein Auto benötigen Sie für die Tour durch das Kristallreich *(siehe S. 156f)*.

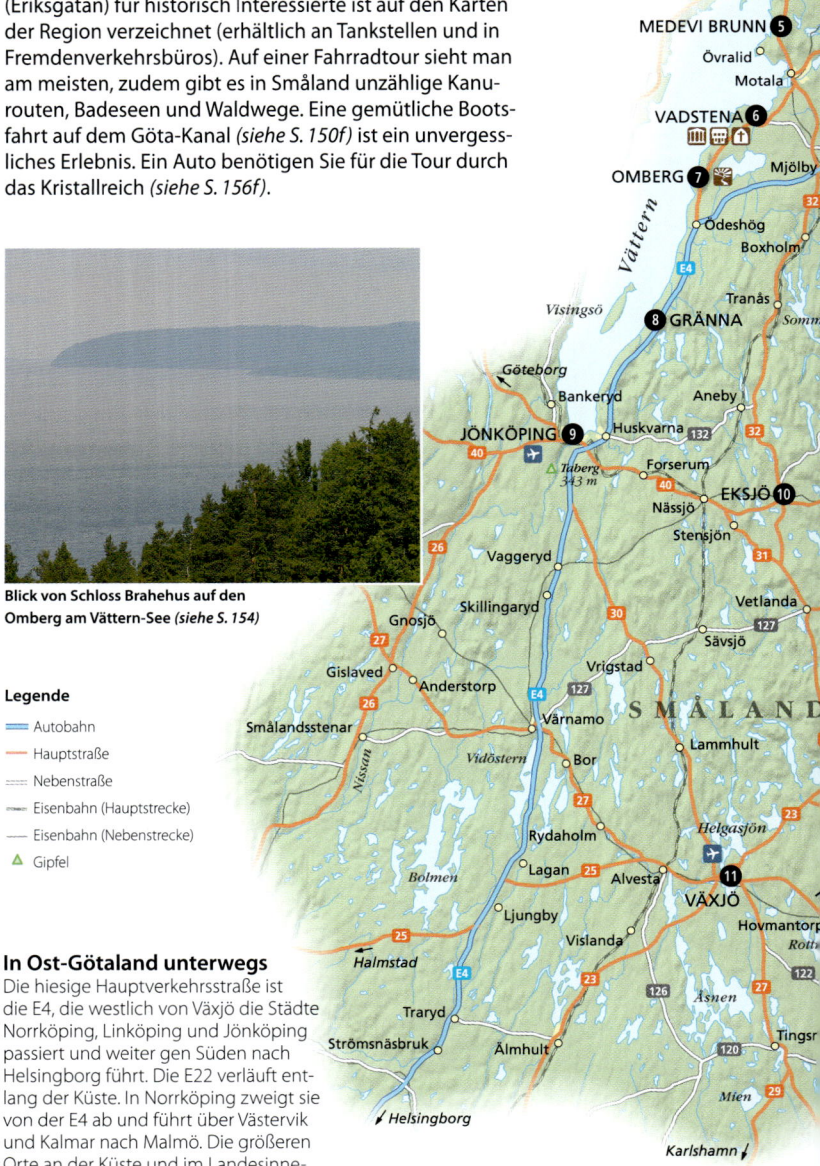

Blick von Schloss Brahehus auf den Omberg am Vättern-See *(siehe S. 154)*

Legende

- ══ Autobahn
- ── Hauptstraße
- ┈┈ Nebenstraße
- ━━ Eisenbahn (Hauptstrecke)
- ── Eisenbahn (Nebenstrecke)
- ▲ Gipfel

In Ost-Götaland unterwegs

Die hiesige Hauptverkehrsstraße ist die E4, die westlich von Växjö die Städte Norrköping, Linköping und Jönköping passiert und weiter gen Süden nach Helsingborg führt. Die E22 verläuft entlang der Küste. In Norrköping zweigt sie von der E4 ab und führt über Västervik und Kalmar nach Malmö. Die größeren Orte an der Küste und im Landesinneren sind mit dem Zug zu erreichen, in Dörfer auf dem Land gelangt man per Bus oder Auto. Zu allen großen Städten gibt es Flugverbindungen.

Weitere Zeichenerklärungen *siehe hintere Umschlagklappe*

OST-GÖTALAND | 147

Kloster Alvastra wurde 1143 von französischen Zisterziensern gegründet

Viehweide auf Öland, im Hintergrund einige der 400 erhaltenen Windmühlen der Insel

Sehenswürdigkeiten auf einen Blick

1. Kolmårdens Djurpark
2. Norrköping
3. Linköping
4. *Göta-Kanal S. 150f*
5. Medevi Brunn
6. Vadstena
7. Omberg
8. Gränna
9. Jönköping
10. Eksjö
11. Växjö
13. Vimmerby
14. Västervik
15. Oskarshamn
16. Blå Jungfrun
17. Kalmar
18. Färjestaden
19. Borgholm
20. Byxelkrok
21. Ölands Museum
22. Stora Alvaret
23. Eketorps Borg
24. Ölands Südspitze

Tour

12. Kristallreich

Löwe im Safaripark von Kolmårdens Djurpark

❶ Kolmårdens Djurpark

Östergötland. An der E4, 12 km nördlich von Norrköping. 🚌 🚆
ℹ️ (010) 708 70 00. ⏰ Mai: tägl. 10–17 Uhr; Juni–Aug: tägl. 10–18 Uhr; Sep: Sa, So 10–17 Uhr. 🅿️ 🍴 🛍️ ♿
🏨 ♿ 🌐 kolmarden.com

Kolmårdens Djurpark ist kein gewöhnlicher Zoo, denn hier sind die Gehege überraschend weitläufig angelegt. Es gibt einen Safaripark, in dem man mit dem Auto ganz nahe an Savannentieren vorbeikommt, die hier neben nordischen Arten wie Braunbären und Wölfen leben.

Das Delfinarium bietet spektakuläre Shows. Schlangen und Krokodile tummeln sich im tropischen Freilufthaus. Das Affenhaus ist so gestaltet, dass man die Tiere sowohl drinnen als auch draußen sieht. Die neueste Attraktion ist die begehbare Tigerwelt, wo man die Großkatzen in unmittelbarer Nähe erleben kann.

Eine Fahrt mit der Seilbahn bietet einen Blick aus der Vogelperspektive auf das Treiben im Park.

❷ Norrköping

Östergötland. E4. 🏙️ 128.000. 🚆
🚌 ℹ️ Dalsgatan 9, (011) 15 50 00.
🎭 Internationale Pferdeschau (4. Woche im Mai), Fest zum Nationalfeiertag (1. Woche im Juni).
🌐 destination.norrkoping.se

Im 17. Jahrhundert nutzte der Unternehmer Louis de Geer die Wasserkraft des Motala Ström, um aus Norrköping die erste Industriestadt Schwedens zu machen. Sie und die Nachbarstadt Linköping bilden die viertgrößte urbane Region des Landes.

Obwohl Norrköping eine Industriestadt ist, ist die Mischung aus alten und neuen Gebäuden sowie Parks schön anzusehen. In einer alten Spinnerei auf einer Insel im Motala Ström befindet sich das **Arbetets Museet** (Arbeitsmuseum), bekannt als Strykjärnet (Bügeleisen).

Umgebung: Die Gegend hat eine lange Geschichte – rund 1650 Felszeichnungen (einige von 1000 v. Chr.) sind bei **Himmelstalund** am Stadtrand zu sehen.

Zehn Kilometer südlich an der E4 steht das **Löfstad Slott** aus dem 17. Jahrhundert mit einem englischen Park. Das Schloss ist noch so wie im Jahr 1926, als die Besitzerin Emelie Piper starb.

🏛️ Arbetets Museet
Laxholmen. ℹ️ (011) 18 98 00.
⏰ tägl. ⛔ Feiertage. 🍴 🛍️ ♿

🏰 Löfstad Slott
10 km südlich von Norrköping.
ℹ️ (011) 33 50 67. ⏰ Juni–Aug: tägl.; Mai: Sa, So, Feiertage; Apr, Sep, Okt: So; Nov – März: Öffnungszeiten tel. erfragen. 🅿️ 🍴 🛍️ ♿

Norrköpings Strykjärnet (Bügeleisen), Sitz des Arbetets Museet

❸ Linköping

Östergötland. E4. 🏙️ 150.000. 🚆
🚌 ✈️ ℹ️ Storgatan 15, (013) 190 00 70. 🎭 Ekenäs-Burgturnier (Pfingsten), Folklorefestival (Okt).
🌐 visitlinkoping.se

Die Domstadt Linköping, die Hauptstadt von Östergötland, liegt in einer Ebene am Fluss Stångån. Die vor 3000 Jahren erstmals angelegte Siedlung ist heute Schwedens siebtgrößte Stadt. Linköping ist für seine Universität und Hightech-Industrie bekannt.

Mitte des 13. Jahrhunderts begannen die Bauarbeiten an der **Domkyrkan**. Innen sieht man schöne mittelalterliche Bildhauerarbeiten. Das Renaissance-Altarbild schuf der Niederländer M. J. van Heemskerck (1498–1574).

Das Freilichtmuseum **Gamla Linköping** besteht aus 80 Gebäuden aus der Stadt und ihrer Umgebung. Mit den hübschen Holzbauten, Kopfsteinpflasterstraßen und Gärten ist es ein Fenster zu einer vergangenen Zeit.

Malmen, einst Sitz von Schwedens erster Militärflugschule (1911), ist heute Heimat des **Flygvapenmuseum** (Luftwaffenmuseum). Zu den Exponaten gehören schwedische Militärflugzeuge.

Umgebung: Die im 12. Jahrhundert erbaute **Kaga Kyrka** ist eine der besterhaltenen mittelalterlichen Kirchen. Sie steht am Fluss Svartån nördlich von Linköping. Die Mauern sind mit Fresken bemalt.

Am Erlången-See, zehn Kilometer südlich der Innenstadt, liegt Schloss **Sturefors**, das für sein Interieur aus dem 18. Jahrhundert und seinen schönen Garten bekannt ist. Obwohl das Schloss in privatem Besitz ist, sind Teile des Anwesens öffentlich zugänglich

⛪ Domkyrkan
St. Persgatan. ℹ️ (013) 20 50 50.
⏰ tägl. 🛍️ tel. erfragen. ♿ ⛪

🏛️ Gamla Linköping
2 km westlich des Zentrums.
ℹ️ (013) 12 11 10. ⏰ tägl. 🛍️
🍴 ♿

Hotels und Restaurants in Ost-Götaland siehe Seiten 285f und 296f

ÖSTERGÖTLAND | 149

Flygvapenmuseum
4 km westlich des Zentrums. (013) 28 35 67. Sep–Mai: Di–So; Juni–Aug: tägl. tel. erfragen.

❹ Göta-Kanal
Siehe S. 150f.

❺ Medevi Brunn
Östergötland. Straße 50.
(0141) 911 00. Marschkapellen-Umzüge Grötlunken (Juni/Juli).

Im 17. Jahrhundert untersuchte der Arzt und Wissenschaftler Urban Hjärne das Wasser der Quelle in Medevi und erklärte, es sei »anderer Medizin überlegen«. So begann die Entwicklung von Medevi Brunn zum Kurbad. Heute dauert die Kursaison von Mittsommer an sieben Wochen. Dann spielt das traditionelle Blechbläsersextett Brunnsorkester täglich auf.

Südlich von Medevi, am Ufer des Vättern-Sees, liegt **Övralid**, der frühere Wohnsitz des Schriftstellers und Nobelpreisträgers Verner von Heidenstam (1859–1940). Das von Heidenstam entworfene Haus bietet einen wunderbaren Ausblick auf den See.

Övralid
10 km nördlich von Motala an der Straße 50. (0141) 22 05 56, 22 00 36. 15. Mai–31. Aug: tägl. 10–17 Uhr zur vollen Stunde.

Medevi Brunn, das erste Kurbad in den nordischen Ländern

Vadstena Slott wurde 1545 zur Verteidigung gegen die Dänen gebaut

❻ Vadstena
Östergötland. Straße 50. 5500. Schloss, (0143) 3157. Fest der hl. Birgitta (3. Woche im Mai), Opernaufführungen der Vadstena-Akademie (Juli). W vadstena.com

Die Abtei, die bis auf das 14. Jahrhundert zurückgeht, sowie das Schloss der Wasa-Könige (16. Jh.) prägen den Ort Vadstena am Vättern-See. Kopfsteinpflasterstraßen, Holzgebäude und schöne Gärten tragen zum Flair bei.

Das stattliche **Vadstena Slott** mit Burggraben wurde 1545 als Festung gegen die Dänen erbaut. Heute gibt es hier ein Museum und eine Bühne für Opern- und Theateraufführungen sowie Konzerte.

Zum Klosterkomplex gehören das Vadstena-Kloster, das 1384 gegründet und nach der Reformation 1595 aufgelöst wurde, sowie die **Vadstena Klosterkyrka** (1430). Diese Klosterkirche beherbergt die Reliquien der hl. Birgitta und eine naturgetreue Holzskulptur von ihr. Außerdem ist sie Sitz des neu gegründeten Konvents Pax Mariae, der Heimat von zehn Birgittenschwestern.

Umgebung: Knapp 20 Kilometer südlich von Vadstena Richtung Skänninge steht die **Bjälbo Kyrka** (spätes 12. Jh.). In Bjälbo soll Stockholms Gründer, Birger Jarl, zur Welt gekommen sein.

Vadstena Slott
100 m südwestlich des Zentrums. (0143) 62 16 00. Sep–Mai: Mo–Fr; Juni–Aug: tägl. Juni–Aug.

Vadstena Klosterkyrka
tägl. (0143) 31570, (0143) 298 50. So. Juni–Aug.

Schwedens Schutzpatronin

Mit gerade mal 13 Jahren heiratete Birgitta (um 1303–1373) den Würdenträger Ulf Gudmarsson. Sie wurde Herrin des Anwesens Ulvåsa in Östergötland und Mutter von acht Kindern. Schon als Kind hatte sie religiöse Visionen. 1341/42 pilgerte sie nach Santiago de Compostela, 1349 nach Rom, 1372/73 nach Jerusalem. Einige ihrer Visionen hatten auch politische Inhalte, und so erhielt Birgitta Einfluss in der Welt der Politik. 1370 erlaubte ihr der Papst, den Orden der Birgittenschwestern zu gründen, doch dessen Anerkennung 1378 erlebte sie nicht mehr. Sie starb auf dem Rückweg von Jerusalem in Rom. Ihre Gebeine wurden 1374 nach Vadstena überführt. 1391 wurde sie heiliggesprochen. Birgitta ist die Schutzheilige Schwedens und seit 1999 ganz Europas.

Statue der hl. Birgitta, Vadstena Klosterkyrka

❹ Göta-Kanal

Der 1832 eingeweihte Göta-Kanal eröffnete eine Möglichkeit, Holz und Eisen zwischen Stockholm und Göteborg zu transportieren. Erst 100 Jahre später waren auch Freizeitboote unterwegs. Heute sorgen im Sommer Motor- und Passagierboote auf dem Kanal für reges Treiben. Auf der MS *Diana* (1931), *Wilhelm Tham* (1912) oder *Juno* (1874) kann man den ganzen Kanal befahren, andere Boote verkehren auf kürzeren Strecken. Es gibt spezielle Angebote, so kann man den Radurlaub mit Kanalfahrten kombinieren. Am Kanal gibt es mehrere Häfen. Motala gilt als Kanal-»Hauptstadt«. Hier liegt der Mann begraben, der für den Kanal verantwortlich zeichnete: Baltzar von Platen (1766–1829).

Erbauung des Kanals
Karl XIV. Johan besucht mit Kronprinz Oscar die Baustelle bei Berg in Östergötland. Baltzar von Platen (ohne Kopfbedeckung) steht links vom König.

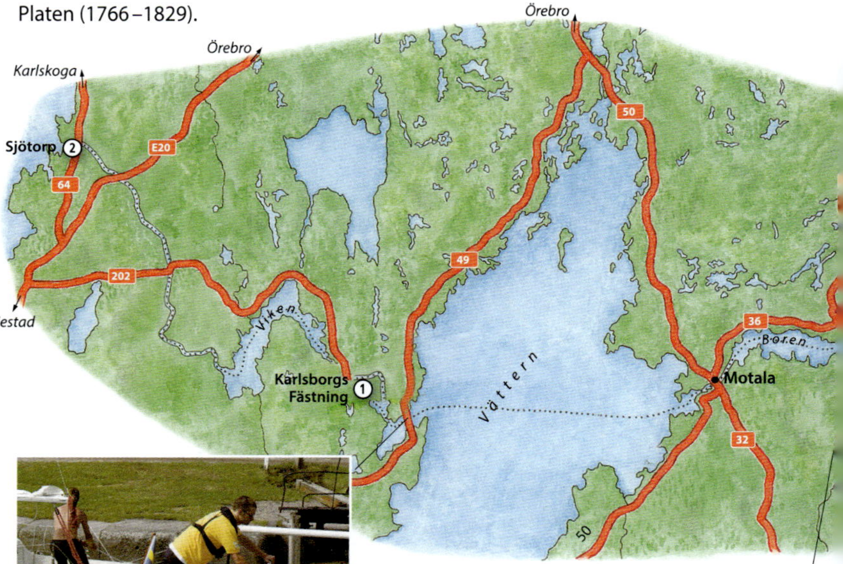

Schleusenwärter
Die meisten Schleusentore des Kanalabschnitts in Västergötland werden von freundlichen, geduldigen Schleusenwärtern noch immer per Hand bedient.

Legende
- Autobahn
- Andere Straße
- Kanal

Außerdem

① **Karlsborgs Fästning** (*siehe S. 225*) thront über dem Kanal.

② **Sjötorp** am Vänern-See ist der Endpunkt des Kanals in Västergötland.

③ **Der Roxen-See** bietet mehr als 260 Vogelarten, darunter seltenen Sumpfvögeln, einen idealen Lebensraum.

④ **Mem** ist die erste Schleuse, wenn man gen Westen fährt.

Borensberg
Das renommierte Göta Hotell liegt idyllisch am Kanal. Das 1894 erbaute Haus bietet vor allem jenen Essen und Unterkunft, die auf dem Kanal unterwegs sind.

Hotels und Restaurants in Ost-Götaland *siehe Seiten 285f und 296f*

GÖTA-KANAL | 151

Bergs Slussar
Eine Treppe aus sieben Schleusen in Berg hebt Boote insgesamt 18 Meter hoch. Die Öffnung der Tore lockt stets Zuschauer an.

Infobox

Information
Östergötland und Västergötland.
🛈 AB Göta Kanalbolag in Motala, (0141) 20 20 50.
📅 Nostalgie-Kanalrennen (meist Anfang Juli, genaues Datum tel. erfragen).
🌐 gotakanal.se

Anfahrt

Kanalboote
Von Mai bis August befahren historische Schiffe wie die MS *Juno* den Kanal. Die 1874 gebaute *Juno* gehört zu den ältesten Booten mit Schlafkajüten.

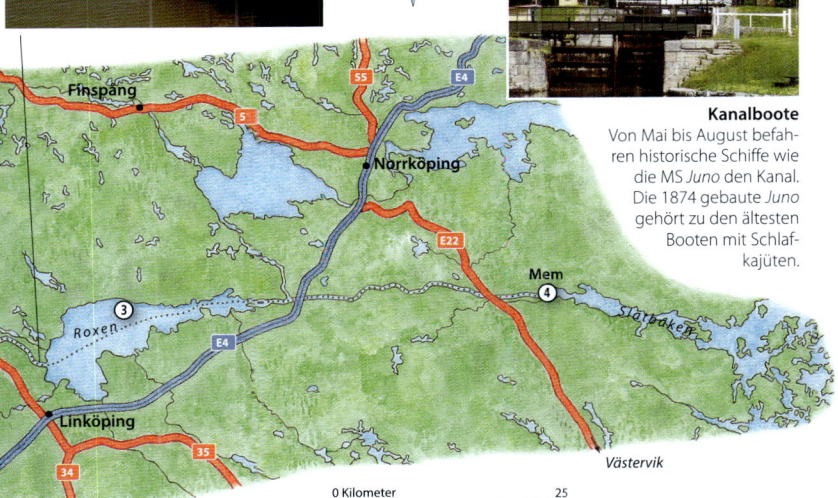

»Klettertour« des Kanals von der Ostsee bis zum Vänern-See

»Das blaue Band Schwedens«, wie der Göta-Kanal genannt wird, ist ein Highlight der technischen Baugeschichte Schwedens. 58 000 Männer, hauptsächlich Soldaten, brauchten 22 Jahre, um den Wasserweg von der Ostsee zum bereits bestehenden Trollhättan-Kanal (siehe S. 221) zu bauen und damit eine Route zum Kattegat zu schaffen. Sie mussten den Kanal ausheben und dabei mit 92 Meter Höhendifferenz fertigwerden. Für dieses Mammutprojekt wurden modernste technische Erfindungen eingesetzt: Bagger, Aufzüge, Kräne, Rammen, Mörtelmaschinen und optische Instrumente. Die meisten Geräte kamen aus England, doch als das Projekt und der Bedarf an mechanischer Ausrüstung wuchsen, gründete Baltzar von Platen eine Fabrik in Motala, in der Geräte hergestellt oder modifiziert werden konnten. Der Kanal hat 58 Schleusen zwischen Mem an der Ostsee und Sjötorp am Vänern-See.

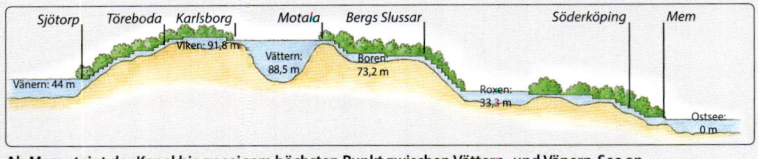

Ab Mem steigt der Kanal bis zu seinem höchsten Punkt zwischen Vättern- und Vänern-See an

Passagierschiff auf dem Göta-Kanal *(siehe S. 150f)* bei Borensberg ▶

Der Vättern-See von Hjässan vom Omberg aus gesehen

❼ Omberg

Östergötland. 20 km südlich von Vadstena. 🚌 ℹ️ Naturum, Stocklycke, (0144) 332 45. 🕐 tel. erfragen. 🅿️ 🅷
🌐 visitostergotland.info

Mitten in den weiten Östgöta-Ebenen erhebt sich der Omberg. Sein höchster Punkt liegt 175 Meter über dem Vättern-See. Er ist die legendäre Heimat der Königin Omma, deren Name »Dampf« bedeutet – tatsächlich umwehen den Hügel oft geheimnisvolle Nebel. Orchideen, Buchen und andere uralte Bäume wachsen auf dem kalkhaltigen Felsen. Im Süden liegen die Naturschutzgebiete Bokskogen und Stora Lund sowie **Strand**, der Wohnsitz der Autorin Ellen Key (1849–1926). Südöstlich des Ombergs stehen die Ruinen des **Klosters Alvastra**, in dem die hl. Birgitta *(siehe S. 149)* lebte. Im Osten erstreckt sich der nur einen Meter tiefe **Tåkern-See**, auf dem sich im Frühling und Herbst Gänse und Kraniche einfinden. Der **Rökstenen** in Röks Kyrka ist ein Runenstein (9. Jh.).

🏨 Strand
10 km nördlich von Ödeshög.
📞 (0144) 330 30. 🕐 15. Apr – Mittsommer, Mitte Aug – Mitte Sep: Di – So. 🅿️

❽ Gränna

Småland. E4. 🏘️ 2600. 🚌 ℹ️ Brahegatan 38, (0390) 410 10. 🎪 André-Festival (2. Woche im Juli), Provinzfestival (3. Woche im Juli). 🌐 grm.se

Gränna hatte seine Blütezeit im 17. Jahrhundert unter Graf Per Brahe dem Jüngeren (1602–1680), der den Ort gründete. Noch immer lässt sich erahnen, wie er die Stadt konzipiert hatte. Am Hauptplatz steht das **Grenna Museum**, das faszinierende Geschichten über die tragische Nordpol-Expedition erzählt, die der berühmte Sohn der Stadt, Salomon August Andrée (1854–1897), im Heißluftballon *Örnen* in Angriff nahm. Im Zuge dessen wurde Gränna zum Zentrum für Ballonfahrten. Die Stadt ist auch für **polkagris** (Pfefferminzstangen) bekannt. 1859 gründete deren »Erfinderin«, die Witwe Amalia Eriksson, hier eine Süßwarenfabrik.

An dem schönen Abschnitt der E4 am Vättern-See, nördlich von Gränna, stößt man auf die Ruinen von **Schloss Brahehus**, das in den 1640er Jahren für Graf Per Brahe erbaut wurde. Bei gutem Wetter blickt man von hier über den See bis nach Västergötland am anderen Ufer und zur Insel **Visingsö**, die man von Gränna per Boot erreicht. Sie ist mit einer Länge von 14 und einer Breite von drei Kilometern die größte Insel im Vättern-See, auf ihr

Polkagris

leben 800 Menschen. Im 12. und 13. Jahrhundert war die Insel Sitz der ersten Schwedenkönige, einer war Magnus Ladulås. Per Brahe ließ auf Visingsö im 17. Jahrhundert das heute verfallene Schloss Visingsborg und eine Kirche bauen. In den Sommermonaten ist die 25-minütige Bootsfahrt von Gränna aus beliebt.

🏛️ Grenna Museum
Brahegatan 38–40. 📞 (0390) 410 15. 🕐 tägl. ⬤ 1. Jan, 24., 25., 31. Dez. 🅿️ 🅷 ♿

❾ Jönköping

Småland. E4. 🏘️ 130 000. 🚌 ✈️ ℹ️ Bahnhof, (036) 10 50 50. 🎪 Jönköping-Markt (meist zwischen Mai und Juli). 🌐 jonkoping.se

König Magnus Ladulås verlieh Jönköping im Jahr 1284 die Stadtrechte. Zu diesem Zeitpunkt war der Ort bereits ein bedeutendes Handelszentrum. Lange Zeit bildete Småland Schwedens Grenze zu Dänemark. Als die Dänen 1612 einfielen, setzten die Bürger ihre Stadt in Brand und flohen nach Visingsö.

Im 19. Jahrhundert wurde Jönköping zum Synonym für die Streichholzproduktion. Die Brüder Lundström gründeten hier in den 1840er Jahren ihre erste Fabrik. Das **Tändsticksmuseet** (Streichholzmuseum) liegt in der Altstadt in einer ehemaligen Fabrik (1848).

Unter der historischen Adresse Västra Storgatan 37 findet man das **Viktor Rydbergs**

Die Ruine von Schloss Brahehus am Vättern-See

Museum, das das Werk des bekannten Schriftstellers beleuchtet.

Die Lokalgeschichte ist Thema des **Jönköpings Läns Museum**, das auch Werke des hiesigen Künstlers John Bauer und andere zeitgenössische Kunst präsentiert.

Umgebung: Am Stadtrand von Jönköping steht **Hakarps Kyrka**, die wegen der Gemälde von Edvard Orm einen Besuch lohnt. Der **Taberg** südlich der Stadt hat den Beinamen »Smålands Alpen« bekommen und ist stolze 343 Meter hoch. In der Nähe findet man ein Bergwerk und ein Industriemuseum sowie Wanderwege.

Tändsticksmuseet
Tändsticksgränd 27. (036) 10 55 43. tägl. (Sep–Mai: Di–Sa). Feiertage, Tage vor Feiertagen.

Jönköpings Läns Museum
Dag Hammarskjölds Plats 2. (036) 30 18 00. Di–So.

Eksjö

Småland. Straße 32/40. 16 000. Norra Storgatan 29E, (0381) 361 70. Husarenfestival (Sommer), Motocross-Rennen Ränneslättsloppet (Ende Sep), Weihnachtsmarkt (Dez). visiteksjo.se

Die Kleinstadt Eksjö im südschwedischen Hochland besitzt mit ihren historischen Holzhäusern eine einzigartige Architektur. Eksjö hat eine lange militärische Geschichte, denn die Gegend war bis ins 17. Jahrhundert Grenzland. Die Einwohner selbst brannten die Stadt ab, als die Dänen vor den Toren standen. In den 1560er Jahren plante Erik XIV. Eksjö so, wie es sich heute darstellt. Die Altstadt Gamla Stan entging dem Brand, die Gebäude wurden später renoviert.

Umgebung: 13 Kilometer östlich von Eksjö liegt das Naturschutzgebiet **Skurugata** mit einer imposanten Schlucht. Sie ist 800 Meter lang und 35 Meter tief. Von Eksjö in die Nachbarstadt **Nässjö** sind es 20 Kilometer. Dieser Ort verdankt seine Entstehung in den 1860er Jahren der Eisenbahn. Zu jener Zeit hatte er 57 Einwohner, heute sind es an die 30 000, die hauptsächlich bei Bahngesellschaften beschäftigt sind. Nässjö bietet ein **Järnvägsmuseum** (Eisenbahnmuseum) und den Hembygdsparken mit Gebäuden aus dem 18. und 19. Jahrhundert.

Järnvägsmuseum
Brogatan 10, Nässjö. (0380) 722 07. Juni–Aug: Di–So 11–15 Uhr.

Växjö

Småland. Straße 23/25/27/30. 62 000. Resider-set, Stortorget, (0470) 73 32 80. vaxjo.se

Bereits im 12. Jahrhundert war Växjö ein Bistum, Stadtrecht erhielt der Ort 1342 von König Magnus Eriksson. Eine Zeit lang lag Växjö an der dänischen Grenze. Von hier aus führte Nils Dacke im 16. Jahrhundert den Bauernaufstand gegen den König von Schweden an. Brände zerstörten immer wieder die Stadt, zuletzt 1843. Danach wurde sie wiederaufgebaut. Die Kathedrale stammt aus dem späten 12. Jahrhundert, wurde jedoch oft umgestaltet. Sie besitzt ein Altarbild, das Bertil Vallien 2002 aus Glas und Holz fertigte.

Die Zwillingspitzen von Växjös Kathedrale (12. Jh.)

Das **Smålands Museum**, zu dem ein Glasmuseum gehört, präsentiert die Geschichte der Provinz Kronoberg und die Entwicklung der Glasfabriken. Daneben steht das **Utvandrarnas Hus**, das von der Massenauswanderung im 19. Jahrhundert erzählt.

Gut 50 Kilometer südwestlich von Växjö liegt Älmhult, wo Ingvar Kamprad 1958 das erste IKEA-Haus eröffnete.

Smålands Museum
Södra Järnvägsgatan 2. (0470) 70 42 00. Juni–Aug: tägl.; Sep–Mai: Di–So. Feiertage.

Utvandrarnas Hus
Vilhelm Mobergs Gata 4. (0470) 201 20. Sep–Apr: Di–Sa; Mai–Aug: tägl.

Emigration nach Amerika

Viele Schweden waren Ende der 1860er Jahre durch Armut, religiöse Intoleranz und politische Missstände desillusioniert. Sie träumten von einem besseren Leben in den USA. Eine Hungersnot und das Ende des Bürgerkriegs in den USA bewegten 1868–71 rund 100 000 Schweden zur Auswanderung. Die meisten kamen aus Südschweden, vor allem aus Småland. Eine weitere Auswanderungswelle mit 350 000 Menschen folgte in den 1880er Jahren. Der Literatur-Nobelpreisträger Vilhelm Moberg beschrieb in seiner Tetralogie *Utvandrarna* (Die Emigranten) das harte Leben im neuen Land. Mit der Depression der 1930er Jahre ebbte die Auswanderungswelle ab. Bis dahin hatten 1,2 Millionen Schweden ihre Heimat verlassen.

Emigranten unterwegs nach Göteborg, Geskel Saloman (1821–1902)

⓬ Tour durch das Kristallreich

Växjö, das »Tor zum Kristallreich«, ist ein idealer Startpunkt für eine Tour zu mindestens neun der berühmten Glashütten in der schönen Landschaft zwischen Växjö und Nybro. Der Holz- und Wasserreichtum der Region lockte zahlreiche Glasfabrikanten in diesen Teil Smålands mit seinen Seen und Wasserwegen. Die einzelnen Glashütten liegen meist nur 20 bis 30 Kilometer auseinander, viele haben Läden mit Sonderangeboten und Ausstellungen der neuesten Kreationen.

① Bergdala
Bergdalas Spezialität sind Glasgefäße mit blauem Rand, die Designer kreieren aber auch alle möglichen Farben und Formen. Die Temperatur im Schmelzofen beträgt konstant 1150 °C.

③ Kosta
Die älteste Glashütte (1742) beschäftigt neben Boda und Åfors führende zeitgenössische Designer. Abgebildet ist der Eingang zum ursprünglichen Büro.

② Strömbergshyttan
1987 gründeten drei Glasbläser hier die Firma Studioglas. Zusammen mit jungen Designern schaffen sie richtungsweisende Kunstwerke.

Legende
■ Routenempfehlung
= Andere Straße

④ Åfors
Bertil Vallien, Ulrica Hydman-Vallien und Ludvig Löfgren arbeiten für die Hütte in Fina Stugan, eine der spannendsten Galerien der Gegend. Diese Glaseier schuf Ulrica Hydman-Vallien.

Routeninfos
Länge: Växjö – Nybro, Straße 25, ca. 85 km. Die Straßen sind gut ausgeschildert.
Rasten: Viele Glashütten haben ein Café oder Restaurant, ein paar größere bieten an speziellen Abenden Heringsgerichte an.

SMÅLAND | 157

⑧ Orrefors
Die Glashütte von 1898 wurde zum Flaggschiff der schwedischen Glasherstellung. Produziert werden funktionale und dekorative Stücke und Kunstwerke. Ein Museum erläutert die Geschichte der Fabrik.

Kristallschale von Simon Gate (1883–1945)

⑨ Målerås
1981 kauften die Arbeiter Kosta die Glashütte ab. Sie ist für die Kristall-Tierreliefs des Künstlers und Meistergraveurs Mats Jonasson bekannt.

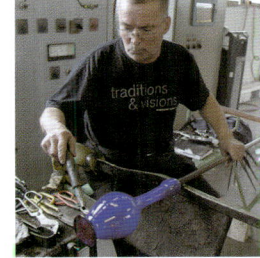

⑦ Pukeberg
Die Glashütte von 1871 stellt in schönen alten Räumen nach althergebrachten Methoden hauptsächlich Leuchtkörper und Glaswaren für den Haushalt her.

⑤ Johansfors
Die Glasfabrik gilt als Garten Eden des Kristallreichs, symbolisiert durch Christopher Ramseys *Astrakhan-Apfel*. Es gibt ein Museum und täglich Glasbläser-Vorführungen.

⑥ Boda
In der früheren Glasfabrik hat die Firma Kosta Boda einen Shop, ein Museum und einen Ausstellungsbereich mit Arbeiten von Erik Höglund eingerichtet.

⑬ Vimmerby

Småland. Straße 33/34. 9000.
Rådhuset 1, (0492) 310 10.
Ferienrennen (2. Woche im Juli).

Die kleine Stadt Vimmerby war ursprünglich ein Marktplatz auf der »Königsstraße« zwischen Stockholm und Kalmar. Sie lag strategisch günstig und wurde von den Dänen immer wieder angegriffen. Mehrmals brannte Vimmerby ab, aber ein paar Gebäude blieben erhalten.

An der Storgatan steht das nüchterne klassizistische Rådhuset aus den 1820er Jahren. Wie die Häuser Tenngjutargården und Grankvistgården gehört es zu Vimmerbys historischen Monumenten.

Vimmerby ist seit vielen Jahren eng mit Astrid Lindgren *(siehe S. 93)* verbunden, die in Näs zur Welt kam und die Handlung vieler ihrer Bücher in diese Region legte. Allen ihren Figuren kann man in **Astrid Lindgrens Värld** begegnen. Zum Park gehört auch ein Astrid-Lindgren-Zentrum.

Umgebung: Im **Nationalpark Norra Kvill**, 20 Kilometer nordwestlich im Hochland Smålands, findet man Wälder mit über 350 Jahre alten Kiefern. Der Park erstreckt sich bis zu dem See Stora Idegölen, auf dem Seerosen wachsen.

Südlich des Nationalparks befindet sich die dickste Eiche Europas, die ca. 1000 Jahre alte **Rumskullaeken** (auch Kvilleken).

Astrid Lindgrens Värld
Fabriksgatan. (0492) 798 00.
15. Mai – Ende Aug: tägl.
alv.se

Miniaturhaus in Astrid Lindgrens Värld, Vimmerby

Hotels und Restaurants in Ost-Götaland *siehe Seiten 285f und 296f*

Malerische rote Holzhäuser an der Båtsmansgränd in Västervik

⓬ Västervik

Småland. E22. 21 000.
Rådhuset, Stora Torget, (0490) 254 040. Liederfestival (Juli).
vastervik.com

Västervik liegt strategisch günstig an der Mündung der Gamlebyviken-Bucht und wurde – trotz der einst mächtigen Festung Stegeholm – immer wieder von den Dänen angegriffen. Beim letzten Überfall 1677 wurde die Stadt zerstört, nach dem Wiederaufbau entwickelte sie sich zum wichtigen Seefahrtszentrum. Im Stadtteil Gamla Norr stehen die ältesten erhaltenen Häuser Västerviks, darunter Aspagården und Cederflychtska Huset, das ehemalige Armenhaus. Das **Västerviks Museum** widmet sich der Stadtgeschichte. Es hat einen Freilichtbereich mit Aussichtsturm.

Die Bahnlinie wurde 1984 stillgelegt, doch Fans haben die 70 Kilometer lange Strecke von Västervik nach Hultfred wieder geöffnet, um sie als Teil der schwedischen Industriegeschichte zu erhalten. Das alljährliche Folklorefestival in der Ruine der Festung Stegeholm wuchs seit 1966 zur Großveranstaltung an.

Lunds By bei Västervik ist das älteste und besterhaltene Dorf der Region mit acht roten Häuschen um einen Platz. Der Ort war Schauplatz der Verfilmung von Astrid Lindgrens *Wir Kinder aus Bullerbü*.

▥ Västerviks Museum
Kulbacken. (0490) 211 77.
Juni – Aug: tägl.; Sep – Mai: Mo – Fr, So.

⓭ Oskarshamn

Småland. E22. 18 000.
Hantvervksgatan 3, (0491) 770 72.
Oskarshamn-Hafenfest (Ende Juli).
oskarshamn.com

König Oscar I. gab dem Ort, der zuvor Döderhultsvik hieß, seinen Namen und verlieh ihm 1856 das Stadtrecht. Die Stadt wuchs vom Hafen ausgehend. Noch heute herrscht hier reger Schiffsverkehr. Die alten Viertel Besväret und Fnyket mit ihren Holzhäusern aus dem 19. Jahrhundert erkundet man am besten zu Fuß. Von der 72 Meter langen Bank namens Långa Soffan, die man 1867 in Hafennähe aufstellte, hat man einen herrlichen Blick übers Wasser zur Insel Blå Jungfrun.

Oskarshamn hat mehrere Museen zu bieten. Das **Döderhultarmuseet** beispielsweise präsentiert die Holzfiguren des Bildhauers Axel Petersson, der auch »Döderhultarn« genannt wurde, und dessen Lebensgeschichte. Das **Oskarshamns Sjöfartsmuseum** (Schifffahrtsmuseum) beherbergt eine sehr sehenswerte Sammlung zur maritimen Geschichte der Region. Das **Biologiska Museet** zeigt eine botanische Sammlung von hauptsächlich schwedischen Pflanzen.

Umgebung: Das Kulturmuseum **Stensjö By** zeigt, wie ein Dorf im 18. Jahrhundert aussah. In Högsby, 40 Kilometer westlich von Oskarshamn, findet man das Naturschutzgebiet **Bråbygden** sowie eine Ausstellung über Greta Garbo, deren Mutter von hier stammte.

▥ Döderhultmuseet
Hantverksgatan 18. (0491) 880 40.
Juni – Aug: tägl.; Sep – Mai: Di – Sa.

▥ Oskarshamns Sjöfartsmuseum
Hantverksgatan 18. (0491) 880 40.
Di – Sa (Juni – Aug: tägl.).

▥ Biologiska Museet
Åsaområdet, Hus B (Hantverksgatan 64), Plan 3. (0491) 771 61.
Di – Fr. bimon.se

⓮ Blå Jungfrun

Småland. 20 km östlich von Oskarshamn. von Oskarshamn und Byxelkrok. Oskarshamns Turistbyrå, (0491) 770 72.

Im nördlichen Teil des Kalmarsund, der Meerenge, die das Festland von der Insel Öland trennt, befindet sich auf einer Insel mit 800 Meter Durchmesser der Nationalpark Blå Jungfrun (Blaue Jungfrau). Der höchste Punkt der Insel liegt 86 Meter über dem Meeresspiegel, vom Festland und von Öland aus kann man sie also gut sehen.

Dem Volksglauben zufolge ist hier der legendäre Ort Blåkulla, an dem sich die Hexen am Gründonnerstag trafen und feierten. Carl von Linné (siehe S. 134) beschrieb die Insel als »schrecklich«, andere – wie der Dichter Verner von Heidenstam, der hier 1896 heiratete – fanden sie romantisch. Blå Jungfrun besteht hauptsächlich aus rosa Granit, den Eis und Wasser blank poliert haben, im Süden erstrecken sich Laubwälder. Au-

Eine ausdrucksstarke Holzskulptur des »Döderhultarn« Axel Petersson (1865 – 1925)

SMÅLAND UND ÖLAND | 159

Das mittelalterliche Kalmar Slott wurde im 16. Jahrhundert im Stil der Renaissance umgebaut

ßerdem leben hier Gryllteisten eine Alkenart. Es ist unwahrscheinlich, dass die Insel je bewohnt war, obwohl es ein Steinlabyrinth und Höhlen gibt. Bootsfahrer von Oskarshamn und Byxelkrok (siehe S. 160) täglich nach Blå Jungfrun – abhängig vom Wetter. Die Fahrt von Oskarshamn dauert 90 Minuten, der Aufenthalt dreieinhalb Stunden.

⑰ Kalmar

Småland. E22. 35 000.
Ölandskajen 9, (0480) 41 77 00.
Kalmar-Markt (1. Woche im Juli), Stadtfest (2. Wochenende im Aug).
kalmar.com

Aufgrund seiner Lage am Kalmarsund war das im 12. Jahrhundert gegründete Kalmar ein blühender Handelsposten – und Ziel dänischer Angriffe. Um diese zu verhindern, baute man 1200 **Kalmar Slott**. Hier wurde 1397 die Kalmarer Union gegründet, die die skandinavischen Königreiche 130 Jahre lang vereinte (siehe S. 39). 1523 gewann Gustav I. Wasa die Kontrolle über Kalmar und befestigte die Stadt.

Heute sind im renovierten Renaissance-Schloss möblierte Gemächer und Ausstellungen zu sehen. Die Altstadtumgebung (Gamla Stan) mit verwinkelten Straßen und Häusern (17. und 18. Jh.) sollte man zu Fuß erkunden. Das **Kalmar Konstmuseum** neben dem Schloss zeigt schwedische Kunst.

Die **Domkyrkan** im Stil des italienischen Barock auf der Insel Kvarnholmen wurde in der zweiten Hälfte des 17. Jahrhunderts nach Plänen von Tes-

sin d. Ä. erbaut. Davor liegt der Platz Stortorget, der im einstigen nüchternen Stil restauriert wurde. Auf Kvarnholmen befinden sich auch das **Kalmar Läns Museum** mit dem Kriegsschiff *Kronan* und im Viertel Kattrumpan das **Kalmar Sjöfartsmuseum** mit seinen 5000 Exponaten zur maritimen Geschichte.

Umgebung: Ölandsbron, die 1972 eröffnete Brücke über den Kalmarsund, ist mit einer Länge von 6072 Metern und einer Breite von 13 Metern eine Sehenswürdigkeit für sich. 35 Kilometer nördlich von Kalmar liegt an der Küste das malerische **Pataholm**, eine mittelalterliche Schiffbau- und Seefahrergemeinde mit gut erhaltenen Gebäuden.

Kalmar Slott
Kungsgatan 1. (0480) 45 14 90.
Mai – Sep: tägl.; sonst: Sa, So.

Kalmar Konstmuseum
Slottsvägen 1D. (0480) 42 62 82.
Di – So. einige Feiertage. nach Voranmeldung.

Kalmar Läns Museum
Skeppsbrogatan 51. (0480) 45 13 00. tägl. einige Feiertage. nach Voranmeldung.

⑱ Färjestaden

Öland. Straße 136. 4500.
Turistvägen, (0485) 56 06 00.
Victoria-Tag (14. Juli).

Die Ölandsbron-Brücke verbindet Färjestaden auf Öland mit dem Festland. Seit dem Bau der Brücke im Jahr 1972 ist Färjestaden mehr oder weniger ein Vorort von Kalmar. Die erste Abzweigung in Färjestaden gen Norden führt zu **Ölands Djurpark**, einem vor allem bei Familien beliebten Freizeitpark. Hier gibt es einen Zoo mit 200 Arten, einen Wasser- und einen Vergnügungspark sowie Zirkus- und Theateraufführungen.

Beijershamn, südlich von Färjestaden, ist ein interessantes, reetgedecktes Vogelbeobachtungsgelände mit Vögeln aus Feuchtgebieten und von den Schären. Der Runenstein **Karlevistenen** in der Nähe stammt aus dem 11. Jahrhundert und ist dem Helden Sibbe dem Weisen gewidmet.

Vickleby an der Straße 136 Richtung Süden ist der Inbegriff des idyllischen Öland. Die hiesige Handwerks- und Designschule Capellagården gründete der Möbeldesigner Carl Malmsten in den 1950er Jahren. In der Schule werden Arbeiten der Studenten ausgestellt und verkauft.

Im Wald östlich von Färjestaden liegt die eisenzeitliche Festung **Gråborg** mit den Ruinen der mittelalterlichen Kapelle St. Knut

Ölands Djurpark
3 km nördlich von Färjestaden.
(0485) 392 22, Info (0485) 308 73.
Anfang Mai – Sep: tägl. 10 – 16 Uhr.

Riesiger Clown am Eingang zu Ölands Djurpark

Der Park der königlichen Sommerresidenz Solliden

⓮ Borgholm

Öland. Straße 136. 🚌 3200. 🚍
ℹ️ Sandgatan 25, (0485) 890 00.
🎉 Victoria-Tag (14. Juli).

Im Sommer tummeln sich in Borgholms Zentrum die Besucher, im Hafen liegen viele Boote. Schon Ende des 19. Jahrhunderts wurde Borgholm ein Ferienort. Einige der älteren Häuser haben noch ihre verzierten Holzveranden, auf denen man Anfang des 20. Jahrhunderts stilvoll Kaffee und Punsch genoss.

Über der Stadt erhebt sich die riesige **Borgholms Slottsruin**, ein geschichtsträchtiges verfallenes Schloss. Innen befindet sich ein Museum. Führer erläutern die Geschichte des Bauwerks. Im Sommer gibt es spezielle Führungen für Kinder. Ebenfalls im Sommer finden hier beliebte Konzerte statt.

Umgebung: Südlich des Zentrums von Borgholm liegt **Sollidens Slott** (1906 fertiggestellt), die Sommerresidenz der Königsfamilie. Am 14. Juli wird hier der Geburtstag von Kronprinzessin Victoria mit vielen Feierlichkeiten begangen. Zum Schloss gehören ein Pavillon für Ausstellungen und ein Souvenirladen.

Störlinge Kvarnrad, ein Gelände mit sieben Windmühlen, liegt an der Ostküstenstraße. Insgesamt stehen auf der Insel noch 400 solcher hölzernen Mühlen. Borgholm hat ganze 150 Kilometer Strand vorzuweisen, zwei der schönsten Strände sind Köpingsvik und Böda.

🏛 Borgholms Slottsruin
1 km südlich von Borgholm.
📞 (0485) 123 33. 🕐 Apr – Sep: tägl.; Okt – März: nach Vereinbarung.

🏛 Solliden
1,5 km südlich von Borgholm.
📞 (0485) 153 56. 🕐 Mitte Mai – Mitte Sep: tägl.

⓯ Byxelkrok

Öland. Straße 136. 🚌 200. 🚍
ℹ️ Touristeninformation Öland, (0485) 560 600.

Das alte Fischerdorf Byxelkrok liegt im äußersten Nordwesten von Ölands Küste zum Kalmarsund. Hier legen die Boote nach Blå Jungfrun (siehe S. 158f) ab. Fünf Kilometer nördlich erstreckt sich **Neptuni Åkrar**. In der von zerklüfteten Steinen durchsetzten Gegend findet man einige antike Monumente, darunter das eisenzeitliche Schiff Forgalla-skeppet.

Löttorp, die größte Stadt im Norden Ölands, bietet ein Paradies für Kinder: das **Lådbilslandet** (Land der Seifenkisten). Hier können die Kids in motorisierten Vehikeln den Sechs-Kilometer-Parcours entlangbrettern, eine Fahrschule besuchen oder auf dem Spielplatz toben.

Böda, zehn Kilometer nördlich von Löttorp, bietet schöne Sandstrände und das rekonstruierte Eisenzeitdorf **Skäftekärr Järnåldersby**. Mit Tieren, Häusern und Leuten eröffnet es einen faszinierenden Einblick in das damalige Leben. Zum Dorf gehört auch ein Arboretum mit Exemplaren der Thuja occidentalis, die Ende des 19. Jahrhunderts hier angepflanzt wurden.

🏛 Lådbilslandet
40 km nördlich von Borgholm.
📞 (0485) 203 35. 🕐 Mitte Juni – Mitte Aug: tägl.

🏛 Skäftekärr Järnåldersby
50 km nördlich von Borgholm.
📞 (0485) 221 11. 🕐 Ende Juni – Aug: tägl.; sonst tel. erfragen.

⓰ Ölands Museum

Öland. 20 km nordöstlich von Färjestaden. 📞 (0485) 56 10 22.
🕐 Mai – Aug: tägl. 11 – 17.30 Uhr; Sep: Sa, So 11 – 17 Uhr.

Himmelsberga im Zentrum der Insel ist Sitz dieses Freilichtmuseums für Kunst- und Kulturgeschichte. In der Mitte liegt ein gut erhaltenes Bauerndorf mit Höfen aus dem 18. und 19. Jahrhundert. In den Häusern wird gezeigt, wie man damals lebte. Auf den Höfen werden Schweine, Hühner und Schafe gehalten. Ein Laden bietet Handwerk und Bücher über Öland an. Die Galerie neben dem Museum präsentiert Werke hiesiger Künstler. Nördlich von Himmelsberga steht eine der interessantesten Kirchen Ölands: die **Gärdslösa Kyrka** (Mitte 13. Jh.) mit Wandbildern, Votivschiff und einer Kanzel aus dem 17. Jahrhundert.

Die Festung **Ismantorps Borg** in Långlöt wird auf das 5. Jahrhundert datiert. Archäologische Funde legen die

Blick vom Byxelkrok-Hafen zur Insel Blå Jungfrun (siehe S. 158f)

Vermutung nahe, dass sie einst ein bedeutender Marktplatz und Kultstätte war. Sie ist von sechs Meter dicken und drei Meter hohen Mauern mit neun Toren umgeben.

Ölands besterhaltene Windmühlen sind in Lerkaka südlich von Himmelsberga zu bewundern. Das **Lerkaka Linmuseum** zeigt, wie Leinen hergestellt wird.

Lerkaka Linmuseum
25 km nordöstlich von Färjestaden.
(0485) 56 20 90.
Mittsommer – Aug: tägl.

Stora Alvaret

Öland. Touristeninformation Öland, (0485) 56 06 00.

Die ungewöhnliche Kalksteinebene Stora Alvaret beherrscht Ölands Süden. Das Grundgestein, das hier etwa 400 Millionen Jahre alt ist, wird von einer dünnen Bodenschicht bedeckt, die seit prähistorischen Zeiten als Weideland genutzt wurde. 2000 erklärte die UNESCO das Areal zum Welterbe.

Im Frühjahr blüht hier die Wiesenküchenschelle (*Pulsatilla pratensis*). Andere Arten sind Wiesenhafer (*Helictotrichon pratense*), Schafschwingel (*Festuca ovina*) und Echtes Goldmoos (*Homalothecium lutescens*). Überall sieht man Wacholderbüsche, auf dem blanken Gestein wachsen Flechten.

Das extreme Klima schuf nahezu wüstengleiche Bedingungen, an die sich Flora und Fauna anpassen mussten. Hier gedeihen sowohl Berg- als auch Mittelmeerpflanzen so-

wie eine Art, die es nur auf dieser Insel gibt: das Öland-Sonnenröschen (*Helianthemum oelandicum*).

Die Insel ist Ruheplatz für Kraniche, aber an die raue Umgebung konnten sich nur wenige Vogelarten wie Lerche und Steinschmätzer erfolgreich anpassen.

Eketorps Borg

Öland. (0485) 66 20 00.
Mai – Aug; genaue Zeiten auf Website. Mittsommer.
eketorp.se

Als einzige der alten Festungen auf Öland hat man Eketorps Borg komplett freigelegt und umfassend restauriert. Die ursprüngliche Anlage wurde in drei Etappen gebaut: Schon im 4. Jahrhundert sollten die ersten Mauern die Bevölkerung schützen, später entstand daraus ein befestigtes Bauerndorf mit militärischer Funktion, das im 7. Jahrhundert aufgegeben wurde. Erst gegen Ende des 12. Jahrhunderts wurde die Anlage wieder genutzt – im Kampf der Königshäuser Erik und Sverker.

Das Fort wurde teilweise rekonstruiert, um zu zeigen, wie die Menschen in der Eisenzeit lebten. Das Museum präsentiert viele hier gefundene Objekte, beispielsweise Schmuck und Waffen.

Rund zehn Kilometer nördlich von Eketorp liegt **Seby Gravfält** (Gräberfeld), das 285 verschiedene Begräbnisstätten aufweist. Die meisten stammen aus der Eisenzeit.

Hier sollte man auf Igel achten

Der Lange Jan auf Öland ist Schwedens höchster Leuchtturm

Ölands Südspitze

Öland. Ottenby Naturum, (0485) 66 12 00 (Juni – Aug: tägl.).

Mitte des 16. Jahrhunderts wurde das Areal an Ölands Südspitze königlicher Jagdgrund. Noch heute sieht man Nachkommen des Damwilds, das Johann III. 1569 hier ansiedeln ließ. Die nördliche Grenze seines Landes markiert die Mauer Karls X., die in den 1650er Jahren errichtet wurde, um die Bauern und ihre Tiere vom Jagdgebiet fernzuhalten.

Im Süden steht der **Lange Jan**, mit 41,60 Meter Schwedens höchster Leuchtturm. Von oben hat man eine hervorragende Aussicht.

An der äußersten Südspitze der Insel liegen das Naturschutzgebiet Ottenby Naturum und **Ottenby Fågelstation** (Vogelstation). Ornithologen können hier Zugvögel aus nächster Nähe studieren. Die Station zeigt mehrere Ausstellungen zum Thema Vögel und bietet Führungen durch das Areal an.

Ottenby Fågelstation
Ölands Südspitze. (0485) 66 10 93.
März – Okt: tägl. vogelkundliche Führungen: Mitte März – Mitte Nov.

Die wuchtigen Mauern von Eketorps Borg aus der Eisenzeit

Gotland

Gotland, Schwedens größte Insel und als »Perle der Ostsee« bekannt, ist ein beliebtes Ferienziel. Sie lockt mit mildem Klima, Sandstränden, herrlicher Landschaft und der schönen Stadt Visby. Die strategisch günstige Lage der Insel machte sie vor allem im Mittelalter zu einem wichtigen Handelszentrum. Die Vergangenheit feiert Gotland mit der alljährlichen Mittelalter-Woche in Visby.

Geologisch ist Gotland recht alt. Es besteht aus Gestein, das im Silur vor rund 400 Millionen Jahren in einem tropischen Meer abgelagert wurde. Noch immer findet man Fossilien am Ufer. Ganz im Norden und im Süden kommt der Kalkstein an die Oberfläche, hier wächst fast nichts. Das Inselinnere ist hingegen von Wäldern durchzogen. Die Kalksteinklippen mit ihren Vogelkolonien werden von Sandstränden durchbrochen. Vor der Küste liegen zahlreiche sonderbare Felsformationen, *raukar* genannt.

Aufgrund des warmen Herbsts und milden Winters gedeihen hier in geschützten Fleckchen Walnuss- und Aprikosenbäume. Auf Gotland findet man 35 Orchideenarten, die Blumenwiesen, die um Mittsommer blühen, sind typisch für die Insel. Dagegen fehlen auf Gotland die großen Säugetiere, die man auf dem Festland antrifft. Einige Hirsche sind wohl einst aus einem Gehege entflohen, ansonsten gibt es eine Herde von *russ*, Gotlands kleinen Wildponys, sowie Füchse und zahlreiche Kaninchen.

Auf Gotland förderten Archäologen bisher viele Funde zutage, von den Schiffgräbern der Bronzezeit bis zu einem Silberschatz aus der Wikingerära. Mehr als 90 mittelalterliche Kirchen stehen auf der Insel, die Museen präsentieren Exponate aus der Zeit der Hanse und der Eroberung Visbys durch den dänischen König Waldemar IV. Atterdag im Jahr 1361. Die Stadt Visby steht seit 1995 auf der Welterbe-Liste der UNESCO.

Die Bewohner Gotlands haben einen eigenen Dialekt, *Gutamål*, und eigene Traditionen, die sie etwa in der alljährlichen »Gotland-Olympiade« und während Visbys Mittelalter-Woche *(siehe S. 33)* mit Turnieren, buntem Markttreiben und Gauklerspielen pflegen.

Hoburgen im Süden Gotlands, eine 35 Meter hohe Kalksteinklippe, die roten Marmor enthält

◀ Der Almedalen Park und die Turmspitzen der Domkyrkan St. Maria, Visby *(siehe S. 168–171)*

Überblick: Gotland

Ein Besuch Gotlands beginnt automatisch in Visby: Hier legen die Fähren an und landen die Flugzeuge. Doch um diesen außergewöhnlichen Teil Schwedens kennenzulernen, begibt man sich am besten in die Natur mit ihrer einzigartigen Pflanzenwelt, den langen Sandstränden und seltsamen Kalksteinformationen. Mittendrin stößt man immer wieder auf mittelalterliche Kirchen. Für die Inselerkundung kann man sich Fahrräder ausleihen. Es sind kaum Steigungen zu überwinden, auf den autofreien Landstraßen gelangt man überallhin. Auf Gotland gibt es zahlreiche Pensionen und Zeltplätze. Für Übernachtungen im Juli sollte man jedoch im Voraus eine Unterkunft buchen.

Die Ruine einer mittelalterlichen Kirche erhebt sich über Visbys Dächern

Sehenswürdigkeiten auf einen Blick

1. Fårö
2. Bunge
3. Slite
4. Tingstäde
5. Lummelundagrottan
6. Bro Kyrka
7. Visby S. 168–171
8. Roma
9. Ljugarn
10. Lojsta
11. Fröjel Kyrka
12. Karlsöarna
13. Petes
14. Hoburgen
15. Gotska Sandön

Legende

- Autobahn
- Hauptstraße
- Nebenstraße

Weitere Zeichenerklärungen *siehe hintere Umschlagklappe*

GOTLAND | 165

❶ Fårö

Gotland. 600. März–Sep: bei der Kirche auf Fårö, (0498) 22 40 22; Okt–Feb: Gotlands Tourismusbüro in Visby, (0498) 20 17 00. gotland.info

Fårö ist ein Sommerparadies für Besucher vom schwedischen Festland und aus dem Ausland. Es wirkt sogar auf Bewohner der Insel Gotland exotisch, schließlich hat die kleine Insel nördlich von Gotland ihre eigene Sprache und ihr ganz eigenes Brauchtum. Im Sommer verkehren häufig Fähren zwischen Fårösund und Broa (die Fahrt dauert 15 Minuten), außerhalb der Saison ist der Service eingeschränkt.

Spärliche, niedrige Kiefernwälder, Sümpfe und Marschen bedecken die Insel, auf der man überall Schafe sieht. Die Hauptstraße zwischen Broa und dem Leuchtturm Fårös ist gesäumt von Schafpferchen.

Vor der Nordwestküste sieht man von Langhammars und Digerhuvud spektakuläre Kalksteinfelsen, die *raukar*. An Fårös Nordspitze befindet sich die Sanddüne Ullahau, der lange Sandstrand von Sudersand ist bei Urlaubern besonders beliebt. Am Ostkap Holmudden steht der 30 Meter hohe Leuchtturm Fårö Fyr.

Von der **Fårö Kyrka** in der Mitte der Insel hat man einen schönen Blick auf die Bucht Kyrkviken. In der Kirche sind Votivbilder von 1618 und 1767 zu sehen, die aus dem Meer gerettete Robbenfänger darstellen.

🏛 Fårö Kyrka
5 km nördlich von Broa. (0498) 22 10 74. Juni–Aug: tägl; Sep–Mai: Sa, So. nach Vereinbarung.

Schafe vor einem der typischen Bauernhäuser, die häufig von Festland-Schweden gekauft und renoviert werden

Auf Gotland unterwegs

Meist gelangt man nach Gotland mit der Fähre oder dem Katamaran, entweder von Nynäshamn oder von Oskarshamn aus. Im Sommer gibt es täglich mehrere Überfahrten nach Visby. Eine andere Möglichkeit sind die täglichen Flüge von Stockholm, Norrköping oder Nyköping. Auf Gotland sind die einzigen öffentlichen Verkehrsmittel Busse, die außerhalb Visbys nur sporadisch fahren. Für die Inselerkundung empfiehlt sich also ein Auto oder ein Fahrrad. Letzteres kann man z. B. an der Fähranlegestelle mieten

Einer von Gotlands vielen Sandstränder, die jedes Jahr Hunderttausende von Badegästen auf die Insel locken

Die »Kaffeekanne«, ein erodierter Kalksteinfelsen an Fårös Küste

❷ Bunge

Gotland. Straße 148. 900.
Fårösund, (0498) 22 11 12.
Turnier (2. Woche im Juli).

Das Dorf Bunge ist für seine gotische **Bunge Kyrka** aus dem 14. Jahrhundert bekannt. Ihr Turm aus dem 13. Jahrhundert stand schon an einer früheren Kirche, Löcher von Piken und Pfeilen in der Nordmauer zeugen von einstigen Kämpfen.

Innen sind schöne Kalksteinfresken von ca. 1400 zu sehen, sie zeigen wahrscheinlich die Deutschen Ritter im Kampf gegen die Vitalienbrüder (Kaperfahrer auf Ost- und Nordsee), die in den 1390er Jahren Gotland besetzt hatten. In der Kanzel ist eine vom Steinmetz Lafrans Botvidarson signierte Almosenbüchse zu sehen. Wie das Taufbecken stammt sie aus dem 13. Jahrhundert.

Nebenan liegt das **Bungemuseet**, eines der größten Freilichtmuseen Schwedens. Der hiesige Lehrer Theodor Erldandsson schuf es 1917, um die Lebensweise der Gotländer von einst zu dokumentieren. Auf einem Feld neben der Schule stellte er Hütten, Häuser und Objekte aus dem 17. bis 19. Jahrhundert sowie vier Bildsteine aus dem 8. Jahrhundert zusammen. Im Sommer organisiert das Museum zahlreiche Veranstaltungen, darunter mittelalterliche Turniere,

Bildstein (8. Jh.) im Bungemuseet

Märkte und Handwerksfeste. Im Snäckersstugan-Häuschen, in dessen Giebel die Jahreszahl 1700 eingeschnitzt ist, kann man bei einer Tasse Kaffee versuchen, die an die Decke gemalten gotländischen Sprichwörter zu erraten.

Nördlich von Bunge liegt das lebendige **Fårösund**, mit rund 1000 Einwohnern einer der größeren Orte Nord-Gotlands. Lange Jahre war in dieser Gegend Militär stationiert, unzählige junge Männer wurden hier darauf gedrillt, die Insel im Notfall zu verteidigen. Die Auflösung der Artillerieeinheit im Jahr 2000 bedeutete den Verlust vieler Arbeitsplätze.

Bunge Kyrka
60 km nördlich von Visby.
(0498) 22 10 74 (Di, Fr).
Mitte Juni–Aug: tägl.
jeden 2. So.

Bungemuseet
2 km östlich von Bunge. (0498) 22 10 18. Juni–Sep: tägl. nach Vereinbarung.

❸ Slite

Gotland. Straße 147. 1500.
Touristeninformation Gotland, (0498) 20 17 00. Golf um Gotland (2. Woche im Mai).

In einer Bucht mit Sicht auf den vorgelagerten Archipel liegt Slite, Gotlands zweitgrößte Gemeinde. Slite blickt auf eine lange, ereignisreiche Geschichte seit der Zeit der Wikinger zurück, doch erst

Majestätischer Kalksteinfelsen bei Kyllaj in der Bucht von Slite

im späten 19. Jahrhundert, als die Seefahrt an Bedeutung gewann, begann man die Stadt auszubauen. Heute steht in Slite eine große Zementfabrik.

Im Sommer locken die Sandstrände, der Hafen, Tennisplätze, Felsformationen und Kalkbrennöfen Urlauber an. Die vorgelagerten Inseln sind ideale Ausflugsziele, etwa Enholmen mit der Festung Karlsvärd von 1853–56.

Umgebung: Auf der anderen Seite der Bucht liegt Hellvi mit dem alten Hafen **Kyllaj** samt Kalkbrennöfen. Vom Strand aus sieht man verwitterte Felsen im Meer. Strandridaregården (18. Jh.), das einstige Haus der Küstenwache, gehört zum Freilichtmuseum Bungemuseet.

Nordwestlich von Slite stehen die **Lärbro Kyrka** aus der Mitte des 13. Jahrhunderts und ein Wachturm aus dem 11. Jahrhundert. Im Kirchhof sind 44 der ehemaligen Kriegsgefangenen begraben, die 1945 aus deutschen Konzentrationslagern ins Krankenhaus von Lärbro kamen.

St. Olofsholm ist dem hl. Olaf gewidmet, der 1029 auf die Insel kam, um die Gotländer zum Christentum zu bekehren. Im Mittelalter war dies ein Wallfahrtsort. Hier steht auch die Ytterholmen-Gruppe aus Kalksteinfelsen, und es gibt einen schönen Kiesstrand.

Lärbro Kyrka
10 km nördlich von Slite. (0498) 22 51 25. 15. Mai–Sep: tägl.
jeden 2. So.

Häuser des Bungemuseet mit Dächern aus Gotland-Riedgras

Hotels und Restaurants auf Gotland *siehe Seiten 286 und 297*

GOTLAND | 167

❹ Tingstäde

23 km nördlich von Visby. 280. Touristeninformation Gotland, (0498) 20 17 00. Naturwanderung zur Frauenschuhblüte (Anfang Juni).

Auf halber Strecke zwischen Visby und Fårösund an der Straße 148 liegt Tingstäde, bekannt für sein Moorgebiet und seine Funkstation für in Seenot Geratene. Die Kirche aus dem 13. und 14. Jahrhundert hat einen der höchsten Türme auf der Insel.

Das Tingstäde-Moor ist eigentlich ein seichter See und ein beliebter Badeplatz. Mitten im See – unter Wasser – steht die Festung Bulverket aus dem 10. bis 11. Jahrhundert, umgeben von einer Palisade aus 1500 Pfählen.

❺ Lummelundagrottan

Straße 149, 13 km nördlich von Visby. 1. Mai–Sep: (0498) 27 30 50. obligat. (Grottenerkundung nur nach Voranmeldung).

Zwei Schulbuben fanden 1948 im Martebo-Moor eine Öffnung im Boden und krabbelten hinein. Sie hatten zufällig den Eingang zu einem gigantischen Höhlensystem entdeckt, das Gotlands größte Attraktion darstellt. Heute liegt der Eingang in Lummelundas Bruk. Die Höhlen werden immer noch erforscht, ein Teil ist jedoch zugänglich. Hier sieht man fantastische Stalaktiten und Stalagmiten, magisch wirkende Wasserspiegelungen und erschreckend enge Öffnungen. Das sehenswerte geologische Museum Silurum befindet sich beim Grotteneingang.

Südlich der Höhlen liegt der Kräutergarten **Krusmyntagården**, der im Stil von Klostergärten gestaltet ist und einen herrlichen Blick aufs Meer bietet.

Krusmyntagården
Straße 149, 10 km nördlich von Visby. (0498) 29 69 00. Juni–Aug: tägl.

❻ Bro Kyrka

Straße 148, 11 km nordöstlich von Visby. (0498) 27 05 60. Mitte Mai–Mitte Sep: tägl. 10–17 Uhr. jeden 2. So.

Nach alter Tradition ist die Bro Kyrka über einem Votivbrunnen erbaut. Im Mittelalter war sie eine vor allem unter Seeleuten bekannte Votivkirche. Das Bauwerk aus dem 13./14. Jahrhundert hat eine Gebetskammer mit Bildsteinen aus dem 5. Jahrhundert.

Einen Kilometer nördlich davon stehen zwei Bildsteine, »Bro Stajnkällingar« genannt. Die Sage berichtet, dass zwei Frauen in diese Steine verwandelt wurden, weil sie auf dem Weg zur Weihnachtsmesse gestritten hatten.

Von Bro aus kommt man über die Straße 147 zur Fole-Kirche. Ein Umweg führt zu **Vatlings Gård** mit Gotlands besterhaltenem mittelalterlichem Steinhaus außerhalb Visbys.

Vatlings Gård
Straße 147, 18 km östlich von Visby. tägl. (0498) 29 27 00.

Roma Kungsgård, 1733 aus Material vom Roma Kloster gebaut

❼ Visby

Siehe S. 168–171.

❽ Roma

18 km südöstlich von Visby. Roma Kungsgård, 070 543 33 34. tägl. 10–16 Uhr.

Zisterziensermönche vom Kloster Nydala in Småland gründeten im Jahr 1164 das **Roma Kloster**. Es wurde nach dem Vorbild des französischen Mutterhauses errichtet und entwickelte sich zum religiösen Zentrum für den ganzen Ostseeraum. Die dreischiffige Kirche im Fontenay-Stil wurde im 13. Jahrhundert fertiggestellt. Während der Reformation wurde das Kloster 1530 aufgelöst und ging als königliches Anwesen in den Besitz der dänischen Krone über.

Als Gotland 1645 unter schwedische Herrschaft kam, war das Kloster verfallen. Der Bezirksgouverneur verwendete 1733 Materialien der Gebäude für den Bau seiner eigenen Residenz, **Roma Kungsgård**. Nur die Kirche blieb unangetastet – sie wurde jedoch als Stall genutzt. 1822 verpachtete man Roma Kungsgård als Armeelager der Krone.

Die Ruinen des Klosters sind heute eine Attraktion für Besucher, zeugen sie doch vom Talent der Mönche als Bauherren und Handwerker. Die schönen Gewölbedecken erinnern an römische Aquädukte.

Im Sommer werden im Romateatern, einem Open-Air-Theater innerhalb den Klosterruinen, Stücke von William Shakespeare aufgeführt.

Das Holzbild in der Bro Kyrka zeigt Adam und Eva im Paradies

ⓘ Im Detail: Visby

Visby wurde 1995 in die Welterbe-Liste der UNESCO aufgenommen. Im Sommer, wenn die Urlauber vom Festland kommen, verwandelt sich der Ort in eine Partystadt. Die Kopfsteinpflasterstraßen werden von malerischen Häuschen, mittelalterlichen Ruinen sowie vielen Cafés und Bars gesäumt. Abseits der quirligen Viertel Strandgatan, Stora Torget und der Gegend um den Hafen für Ausflugsboote erinnert noch vieles ans Mittelalter *(siehe S. 171)*. Aus dieser Zeit stammt auch die massive Stadtmauer mit ihren vielen Türmen, etwa dem Kruttornet (Pulverturm), von dem man eine schöne Aussicht hat.

Konstmuseet
Visbys Stadtmauer, ein Bild von Hanna Pauli (1864–1940), ist im Kunstmuseum zu sehen.

★ Gotlands Museum
Das Geschichtsmuseum widmet sich Gotlands Geschichte von der Antike bis zur Moderne. Im selben Gebäude befinden sich ein Wissenschaftszentrum und ein naturhistorisches Museum.

Burmeisterska Huset
Hans Burmeister, ein reicher Kaufmann aus Lübeck, ließ das Haus im 17. Jahrhundert bauen. Es gehört zu den besterhaltenen seiner Art in Visby.

Die Stadtmauer hat 19 Tore und viele Türme, z. B. den Kruttornet (Pulverturm).

Legende
— Routenempfehlung

0 Meter 100

Hotels und Restaurants auf Gotland *siehe Seiten 286 und 297*

VISBY | 169

Kapitelhusgården
In mittelalterlichem Ambiente kann man sich hier in ebenso altem Handwerk versuchen. Im Sommer ist es oft sehr voll, vor allem während der Mittelalter-Woche.

Infobox

Information
Gotland. 22.000. Touristeninformation Gotland, Skeppsbron 4–6, (0498) 20 17 00.
Mittsommer (Juni), Mittelalter-Woche (Anfang Aug), Gotlands Festival der Kammermusik (Juli), Visby-Tag (1. Sa im Okt), Gotland Grand National (1. Wochenende im Nov).
gotland.info

Anfahrt

St. Drotten ist die Schwesterkirche von St. Lars.

St. Lars ist nach der Mutter Mariens auch als St.-Anna-Kirche bekannt.

★ **Domkyrkan St. Maria**
Der 1225 vollendete Dom war einst die Kirche deutscher Kaufleute. Er ist die einzige der 17 mittelalterlichen Kirchen in Visby, die heute keine Ruine ist.

Stora Torget
Rund um den Hauptplatz tobt im Sommer das Leben. Das Munkkällaren ist eines der zahlreichen Restaurants und Cafés in der Gegend.

Ruinen der Kirche St. Karin
Franziskaner errichteten 1233 Kirche und Kloster der hl. Karin. Dominikaner bauten sie im 14. Jahrhundert um, doch 1525 zerstörte eine Lübecker Armee die Gebäude.

Überblick: Visby

Visbys Zentrum innerhalb der Stadtmauer ist kompakt, die Sehenswürdigkeiten liegen nahe beieinander. Die Hauptstraßen verlaufen von Nord nach Süd: Strandgatan mit historischen Bauwerken und Bars, St. Hansgatan mit Kirchen und Adelsgatan, die Shopping-Meile, die vom Söderport zum Hauptplatz Stora Torget führt. In den ruhigen Wohnstraßen und Gassen nördlich davon kann man schön spazieren gehen. Beim Norderport (Nordtor) kann man die Wälle erklimmen und die Stadtmauer betrachten.

Zentrum von Visby
Detailkarte von Visby, siehe S. 168f

Mittelalterliche Gewölbegasse in Visby

Stadtzentrum

Die Form der mittelalterlichen Innenstadt gibt die mächtige Stadtmauer vor, die beinahe 3,5 Kilometer lang ist. Die Erbauung der Mauer begann Ende des 13. Jahrhunderts. Ursprünglich war sie stolze 5,50 Meter hoch und so angelegt, dass sie vor Angriffen von der Seeseite schützte. Auf der Landseite war sie von einem Graben umgeben. Innerhalb der Mauer stehen an den engen Pflasterstraßen dicht an dicht Häuser, dazwischen Kaufmannsresidenzen und die Ruinen alter Kirchen. Die UNESCO beschrieb Visby als die »am besten befestigte Handelsstadt Nordeuropas« und erklärte sie 1995 zum Welterbe.

Gleich außerhalb der Mauer liegt der Park Almedalen, wo sich früher der Hansehafen befand. Visbys südlich davon gelegener Yachthafen ist vor allem während der Mittelalter-Woche im August voller Boote.

Stora Torget

Im Herzen Visbys liegt der »Große Platz«, Stora Torget, von dem die Straßen zu den Stadttoren abgehen. Obwohl es inzwischen ein modernes Stadtzentrum außerhalb Österports gibt, ist dies noch immer der Brennpunkt des Geschehens. Im Sommer findet hier ein quirliger Markt statt. Rund um den Platz stehen mittelalterliche Häuser, so z. B. die Restaurants Gutekällaren mit Stufengiebel und Munkkällaren mit Gewölbekeller und Innenhof.

Die in den 1230er Jahren erbaute, nun verfallene Kirche St. Karin bildet an Stora Torgets Südseite eine herrliche Kulisse. Im Schatten der Ruine liegt das Café Rosengård, in dem schon viele Generationen Kaffee und köstliches Gebäck genossen haben.

Gotlands Museum

Strandgatan 14. (0498) 29 27 00.
15. Mai–14. Sep: tägl.; 15. Sep–14. Mai: Di–So.
gotlandsmuseum.se

Gotlands lange Geschichte, die bis in prähistorische Zeit zurückreicht, macht diese Sammlung in einer früheren königlichen Brennerei aus den 1770er Jahren zu einem der besten Regionalmuseen des Landes. Im Bildsteinsaal ist eine beeindruckende Reihe behauener Steine aus dem 5. bis 11. Jahrhundert zu sehen, einige tragen Runeninschriften. Die benachbarte Gravkammaren zeigt Bestattungsriten aus prähistorischer Zeit bis zu den Wikingern. Zur Ausstellung gehören Skelette wie das des 8000-jährigen Stenkyrkamannen. Mit am beeindruckendsten ist der Silberschatz der Wikinger mit nicht weniger als 700 Objekten.

Auch Sakralkunst ist hier zu sehen, darunter das Original der gotischen Öja-Madonna (die Öja-Kirche in Süd-Gotland muss sich mit einer Kopie abfinden). In einer großen Galerie sind mittelalterliche Möbel sowie Exponate aus späterer Zeit zu besichtigen, darunter Spielzeug.

Zum Museum gehört auch das Fenomenalen, ein Wissenschaftszentrum mit Exponaten zum Anfassen.

Bildsteine aus dem 5. bis 11. Jahrhundert im Gotlands Museum

Hotels und Restaurants auf Gotland siehe Seiten 286 und 297

Visbys mittelalterliche Stadtmauer ist etwa 3,5 Kilometer lang und bis zu 5,50 Meter hoch

Ruine von St. Nicolai

St. Nicolaigatan. Touristeninformation Gotland, (0498) 20 17 00.

Die Ruine der Kirche St. Nicolai ist alles, was von einem 1228 gegründeten Dominikanerkloster übrig ist. Später vergrößerten es die Dominikaner und bauten eine gotische Kathedrale, die sie dem Schutzheiligen der See- und Kaufleute, dem hl. Nikolaus, weihten. Als die Lübecker 1525 Visby stürmten, zerstörten sie die Kathedrale fast gänzlich.

Zwischen 1929 und 1990 wurde hier jeden Sommer das Historienspiel *Petrus de Dacia* aufgeführt. Der Gotländer war ein berühmter Mystiker, Dichter und Ende des 13. Jahrhunderts Prior des Klosters. Heute finden in der Ruine Konzerte wie das alljährliche Kammermusikfestival und Theateraufführungen statt. Das Publikum sitzt geschützt vor Wind und Wetter unter dem verbliebenen Teil des Daches.

Ruine von Helge And

Helge Ands Plan. Gotlands Länsmuseum, (0498) 29 27 00.

Helgeandstiftelserna war ein religiöser Orden, der Anfang des 13. Jahrhunderts gegründet wurde, um sich um Arme und Kranke zu kümmern. Die verfallene Helge And (Heilig-geistkirche), eine von Visbys bemerkenswertesten Kirchenruinen, stammt aus dieser Zeit. Das achteckige Bauwerk hat zwei Etagen, die sich zu einem Chor hin öffnen. Zwei große Treppen führen in den ersten Stock. Die Patienten des Krankenhauses gelangten über einen Gang direkt in den ersten Stock. Heute bildet die Ruine die grandiose Kulisse für Kulturveranstaltungen. Im Sommer kann man sie besichtigen.

Botaniska Trädgården

Visby. (0498) 26 94 77. tägl. 24 Std. während der Mittelalter-Woche nachts.

Gotlands Botanischer Garten wurde 1856 von der Gesellschaft Badande Wännerna (Badende Freunde) gegründet, einem Herrenclub, der sich 1814 konstituiert und dem Allgemeinwohl verschrieben hatte. Der Club rief auch Gotlands erste Schule sowie die erste Bank ins Leben. Zum Garten kommt man von der Hafenpromenade durch das Kärleksporten (Liebestor) in der Nordwestecke der Stadtmauer.

Der üppig grüne Park hat einen aromatisch duftenden Kräutergarten und einen Rosengarten (am schönsten im Juli und August) mit über 16 000 Arten, darunter Pflanzen, die man im Norden nicht vermutet, etwa Walnuss-, Ginkgo- und Maulbeerbäume. Mitten im botanischen Garten stößt man auf die efeuumrankte Ruine von St. Olof, einen Seerosenteich und einen kleinen Pavillon.

Visbys Anfänge

Archäologische Funde wie römische, arabische und russische Münzen belegen, dass Gotland schon zur Wikingerzeit regen Handel mit dem Ausland betrieb. Ende des 12. Jahrhunderts wurde die Hanse gegründet, eine kaufmännische und politische Organisation der Nordsee- und Ostseestädte. Visby war ein Zentrum der Hanse. Die Stadt blühte im 13. Jahrhundert auf, als sich hier viele Kaufleute niederließen. Doch gegen Ende des Jahrhunderts ging Visbys leuchtender Stern aufgrund eines internen handelspolitischen Machtkampfs langsam unter. Missernten, die Pest und die Einführung großer Schiffe, die größere Strecken zurücklegen konnten, taten ein Übriges. 1361 marschierte Waldemar IV. Atterdag in Visby ein – der Sage nach aufgrund des Verrats einer verliebten Goldschmiedtochter aus Visby. Gotland gelangte unter dänische Herrschaft. 1525 plünderte die rivalisierende Hansestadt Lübeck die Stadt und zerstörte viele Gebäude.

Waldemar IV. Atterdag plündert die Stadt Visby

Im kleinen Ort Ljugarn stehen typische Gotländer Kalksteinhäuser direkt am Meer

❾ Ljugarn

40 km südwestlich von Visby. 300. Touristeninformation Gotland in Visby, (0498) 20 17 00.

Ljugarn, Gotlands ältester Badeort, ist eine gute Basis für Ausflüge im Südosten der Insel. Lange bevor russische Truppen – die 1714–18 unterwegs waren, um Schwedens Ostküste zu verwüsten – Ljugarn plünderten, hatte es hier einen Hafen gegeben. Schon seit 1900 kommt man gern in dieses Dorf mit Sandstrand, Meeresfelsen und Gasthof.

Südlich von Ljugarn steht die **Lau Kyrka** (13./14. Jh.), eine der größten Kirchen der Insel mit einem Triumphkreuz aus dem 13. Jahrhundert.

Die Festung **Torsburgen** nordwestlich von Ljugarn stammt aus dem 3. oder 4. Jahrhundert und gehört zu den größten ihrer Art in Skandinavien. Sie ist von steilen Hängen und einer sieben Meter hohen, teils 24 Meter breiten Mauer umgeben. Nehmen Sie die Waldstraße Richtung Östergarn, die zwei Kilometer östlich der Kräklingbo-Kirche von der Straße 146 abzweigt.

Das bronzezeitliche Gräberfeld mit sieben aus Steinen aufgeschichteten Schiffen in **Guffride**, rund sechs Kilometer südlich von Ljugarn, ist das größte in Gotland. Die Kirche von Garde (11. Jh.) südwestlich von Ljugarn zeigt Gemälde im byzantinischen Stil.

Das malerische **Katthammarsvik** im Norden von Ljugarn war einst ein blühender Hafen mit Kalkwerk. Im frühen 19. Jahrhundert kaufte »Kalkbaron« Axel Hägg das Katthamra-Anwesen und ließ es im Empire-Stil ausschmücken. Heute ist hier ein Hotel und eine Jugendherberge, die Villa befindet sich in Privatbesitz.

❿ Lojsta

15 km südlich von Visby. 120. Touristeninformation Gotland in Visby, (0498) 20 17 00. Gotland-Pony-Schau (4. Woche im Juli).

Wie so viele von Gotlands Kirchen wurde auch die **Lojsta Kyrka** Mitte des 13. Jahrhunderts erbaut. Chor und Schiff sind bemalt, die Figuren über dem Triumphbogen schuf ein Meister, der Mitte des 14. Jahrhunderts als »Ägyptikus« bekannt war.

Auf **Lojsta Hed**, einem Wald- und Heidegebiet nördlich der Kirche, lebt eine Herde halbwilder Gotland-Ponys (russ). Die stämmigen kleinen Pferde sind hier heimisch. Sie gehören Bauern und Gotlands Läns Hushållningssällskap. Diese Organisation richtet Veranstaltungen wie die Hengstkörung Anfang Juli und die Gotland-Pony-Schau Ende Juli aus.

Zweieinhalb Kilometer außerhalb, an der Straße Richtung Etelhem, steht ein großes Gebäude mit Reetdach: die **Lojstahallen** – eine sehr gelungene Rekonstruktion eines Hallenbaus der späten Eisenzeit. Daneben befindet sich die Festung Lojsta Slott.

⓫ Fröjel Kyrka

40 km südlich von Visby. (0498) 24 00 05. tägl. jeden 3. So.

In beeindruckender Lage hoch über dem Meer steht die Fröjel Kyrka aus dem 12. und 13. Jahrhundert mit Satteldach. Das imposante Triumphkreuz im Inneren schuf der Meister, der auch den Lettner der Öja-Kirche fertigte. Das uralte Labyrinth im Kirchhof belegt, dass die Stätte schon lang vor der Christianisierung genutzt wurde.

Nördlich der Kirche liegt das **Gannarve Skeppssättning** (Gannarve-Schiffshügelgrab), eines der besten Gotlands. Es ist 30 Meter lang und fünf Meter breit. Seine Entstehung wird von Wissenschaftlern auf die späte Bronzezeit (1000– 300 v. Chr.) datiert.

Das bronzezeitliche Hügelgrab Gannarve in Schiffsform

⓬ Karlsöarna

Gotland. Stora Karlsö. von Klintehamn. Touristeninformation Gotland in Visby, (0498) 20 17 00. Lilla Karlsö von Klintehamn. (0498) 48 52 48, Sommer: (0498) 24 11 39.

Um Stora und Lilla Karlsö, die Felseninseln 6,5 Kilometer vor Gotlands Westküste, ranken sich einige Sagen.

Das 2,5 Quadratkilometer große **Stora Karlsö** ist ein

Trottellummen bei Stora Karlsö auf Gotland

Hotels und Restaurants auf Gotland *siehe Seiten 286 und 297*

Naturschutzgebiet mit steilen Klippen, Höhlen wie Stora Förvar, Mooren und Schluchten sowie seltenen Blumen und Vögeln. Hier blühen im Mai und Juni zwischen bloßem Fels die Orchideenarten *Adam och Eva (Dactylorhiza sambucina)* und *Sankt Pers nycklar (Orchis mascula)*. Man sieht Seevögel wie Möwen, Eiderenten und Alkenvögel. Tordalken legen ihre Eier zwischen die Steine am Strand, Trottellummen bevorzugen die Simse der Klippen.

Im Preis der mehrstündigen Führungen ist eine Bootsfahrt inbegriffen. In Norderhamn gibt es auch ein Museum.

Wie Stora Karlsö ist auch **Lilla Karlsö** Naturschutzgebiet. Seit der Bronzezeit grasen Schafe auf dieser Insel, auf der auch Trottellummen, Tordalken, Kormorane und Möwen zu Hause sind. Hier nisten zudem Eiderenten, Küstensee- und Brandseeschwalben sowie Samtenten. Die schwedische Gesellschaft für Umweltschutz organisiert Touren. Es gibt eine Jugendherberge auf der Insel – Schlafplätze muss man im Voraus buchen.

Petes Museigård mit Häusern aus dem 18. und 19. Jahrhundert

⓭ Petes

Gotland. 🚌 🛈 Länsmuseet på Gotland, (0498) 29 27 00. 🕐 Mitte Juni–Mitte Aug: tägl. 11.30–14.30 Uhr.

Im Südwesten Gotlands, kurz vor der Hablingbo-Kirche an der Küstenstraße 140, führt eine Abzweigung ins Küstendorf Petes. Hier sieht man gut erhaltene Häuser in der typischen Gotland-Architektur des 18. und 19. Jahrhunderts.

Nicht nur für junge Besucher zeigt **Barnens Petes** klassisches Spielzeug wie Stelzen. Schaukelpferde, Reife und Puppen.

Der lange Sandstrand von Gotska Sandön

⓮ Hoburgen

80 km südlich von Visby. 🚌

Ganz im Süden erhebt sich Hoburgen, ein 35 Meter hohes Kliff aus fossilienreichem Kalkstein mit Lagen aus rotem Marmor. Oben auf der Klippe steht ein Leuchtturm von 1846. Von hier sind es 176 Kilometer zum nördlichsten Leuchtturm Gotlands auf der Insel Fårö. Unterhalb des Leuchtturms bewacht Schwedens berühmtester Meeresfelsen, Hoburgsgubben (Alter Mann von Hoburg), die Höhlen Skattkammaren (Schatzkammer) und Sängkammaren (Schlafkammer).

Hoburgen ist ein beliebtes Ziel von Ornithologen, denn Gotlands südlichster Punkt eignet sich gut, um die vielen Vogelarten zu studieren, die hier das ganze Jahr vorbeikommen. Das nahe Restaurant ist nur im Sommer offen.

Profil des Hoburgsgubben, des »Alten Manns von Hoburg«

⓯ Gotska Sandön

🛈 Touristeninformation Gotland in Visby, (0498) 20 17 00; Buchung: (0498) 24 04 50. 🚢 von Nynäshamn und Fårösund.

Rund 40 Kilometer nördlich von Fårö befindet sich Gotska Sandön, die abgelegenste Insel der Ostsee. Sie gehört seit 1909 zu Schwedens Nationalparks und bietet eine einzigartige Szenerie aus Stränden und Dünen, Kiefernwäldern und einer reichen Flora. Dort leben Zugvögel und seltsame Käfer, aber nur ein Säugetier: den Hasen.

Gotska Sandön war praktisch seit Beginn der Zivilisation bewohnt, die Siedlungen waren jedoch niemals groß. Robbenkolonien lockten Jäger auf die Insel, wegen der rauen See zog es Wrackplünderer hierher. Im 17. und 18. Jahrhundert hielt man Schafe, später baute man Getreide an. Noch in den 1950er Jahren lebten auf der Insel ein paar Leuchtturmwärter mit ihren Familien sowie eine Lehrerin. Heute werden die Leuchttürme automatisch betrieben, der einzige ständige Bewohner ist der Hausmeister.

Es gibt keinen Hafen auf Gotska Sandön. Boote von Fårösund und Nynäshamn fahren nur unregelmäßig hierher – abhängig auch vom Wetter. Man kann auf der Insel zelten oder in einfachen Unterkünften in Mehrbettzimmern schlafen, die man vor der Anreise reservieren sollte.

Süd-Götaland

Schwedens südlichste Regionen, Skåne und Blekinge, bilden zusammen Süd-Götaland. Malmö, die drittgrößte Stadt Schwedens, ist Kapitale der Region und Tor zum europäischen Festland. Die hügelige Landschaft hat noch das dänische Flair von einst. Burgen aus dem Mittelalter und Wikingerstätten findet man überall, die Hafenstadt Karlskrona listet die UNESCO als Welterbe.

Die Region Skåne steht zu Unrecht im Ruf, völlig flach zu sein, denn abgesehen von der Söderslätt-Ebene ist das Land hier eher hügelig. Die felsigen Erhebungen Söderåsen, Linderödsåsen und Romeleåsen durchziehen die Region. Im Nordwesten wird sie vom imposanten Hallandsåsen-Kamm begrenzt.

Blekinge mit seinen vielen Flüssen und Seen gilt als der Garten Schwedens. Die Provinz hat ihren eigenen Archipel mit geschützten Häfen, die bei Freizeitkapitänen beliebt sind. Im Norden Blekinges, Richtung Småland, herrscht Wald vor.

In ganz Süd-Götaland spürt man noch den dänischen Einfluss der Zeit vor 1645 (siehe S. 40f), nicht zuletzt in der Architektur, die sich vom restlichen Schweden deutlich unterscheidet. Im ländlichen Skåne sieht man häufig traditionelle Fachwerk-Bauernhäuser mit Strohdächern und gepflastertem Innenhof. Schlösser und herrschaftliche Anwesen, die zum Teil von dänischen Adligen erbaut wurden, sind ebenfalls ein gewohnter Anblick. In den Küstenorten wohnen in den ehemaligen Fischerhäuschen inzwischen Sommerfrischler.

Auch was die Atmosphäre anbelangt, unterscheidet sich Süd-Götaland vom Rest des Landes. Skånes Bewohner gelten als entspannt, ihre Liebe zu gutem Essen ist weithin bekannt und führte zu einer Gasthauskultur, die ihre Entsprechung im dänischen *kroen* jenseits des Öresund findet.

Schweden und Dänemark sind heute, nachdem sie sich vor langer Zeit immer wieder bekämpft hatten, durch die Öresund-Brücke zwischen Malmö und Kopenhagen verbunden. Beide Länder arbeiten inzwischen zusammen an der Schaffung einer (noch) visionären schwedisch-dänischen Region namens Örestad.

Wikingergrab oder Kultstätte – Ales Stenar, in Schiffsform angeordnete Steine an Skånes Südküste

◄ Malmö in der Dämmerung mit dem beeindruckenden Wolkenkratzer Turning Torso *(siehe S. 185)*

Überblick: Süd-Götaland

Außer Feldern, Äckern und Weidenhecken findet man in Schwedens südlichstem Teil auch Wälder, Seen und sanfte Hügel. Hier kann man mit dem Fahrrad geruhsam von Dorf zu Dorf fahren und unterwegs schöne Villen und Schlösser entdecken. Man kann durch Naturschutzgebiete oder auf dem Skåneleden-Weg wandern, Kanu fahren, angeln, in vielen kleinen Seen und Flüssen baden oder die Küste entlangsegeln und in kleinen Fischerhäfen oder an Inselchen anlegen. Historische Städte wie Lund und Malmö erkundet man am besten zu Fuß. Karlskrona ist für seine Marinebasis bekannt, in Trelleborg kann man eine rekonstruierte Wikingerfestung besichtigen.

Süntelbuchen im Trollskogen-Wald, Torna Hällestad

Weitere Zeichenerklärungen *siehe hintere Umschlagklappe*

SÜD-GÖTALAND | 177

Sehenswürdigkeiten auf einen Blick

1. Bjärehalvön
2. Kullabygden
3. Helsingborg
4. Klippan
5. Landskrona
6. Frostavallen
7. Bosjökloster
8. Östarp
9. Lund
10. Skanör/Falsterbo
11. *Malmö S. 182–185*
12. Trelleborg
13. Ystad
15. Kristianstad
16. Sölvesborg
17. Karlshamn
18. Ronneby
19. Kristianopel
20. *Karlskrona S. 192f*

Tour
14. Österlen

Statue von Karlskronas Gründer Karl XI. vor der Trefaldighetskyrkan

Legende
- Autobahn
- Hauptstraße
- Nebenstraße
- Eisenbahn (Hauptstrecke)
- Eisenbahn (Nebenstrecke)

Die knapp acht Kilometer lange, 2000 eröffnete Öresund-Brücke verbindet Schweden mit Dänemark

In Süd-Götaland unterwegs

Die Autobahn E20 über die Öresund-Brücke führt südlich von Malmö zur E6, E22 und E65 und verläuft weiter nach Helsingborg, wo sie auf die E4 nach Stockholm trifft. Die Region hat mehrere Flughäfen, zwischen den größeren Städten gibt es Zugverbindungen. Pendlerzüge fahren auch in die Außenbezirke der Städte. Fähren von Deutschland laufen Trelleborg und Ystad an, Fähren aus Dänemark gehen nach Helsingborg.

Hovs Hallar, ein Naturschutzgebiet in der Bucht von Laholmsbukten

❶ Bjärehalvön

Skåne. Straße 105.
Båstads Turistbyrå, (0431) 750 45, Torekovs Turistbyrå, (0431) 36 31 80. Kammermusikfest Båstad (4. Woche im Juni), Schwedische Tennis-Open (Juli). bastad.com

Auf der Halbinsel Bjärehalvön zwischen den Buchten Skälderviken und Laholmsbukten gibt es einige beliebte Badeorte. Die mittelalterliche Stadt **Båstad** kennt man vor allem als Austragungsort des Tennisturniers Swedish Open. Sie hat zudem schöne alte Häuser und herrliche Strände.

Zehn Kilometer westlich von Båstad liegt das alte Fischerdorf **Torekov**. Bootsausflüge führen von hier aus ins Naturschutzgebiet **Hallands Väderö**, einen Überrest des Hügelkamms Hallandsåsen, der jetzt drei Kilometer vor der Küste im Meer liegt. Besondere Beachtung in dem Naturschutzgebiet verdient das Erlenmoor.

An der Nordspitze der Halbinsel liegt **Hovs Hallar**, ein geologisch interessantes, bei Ornithologen und Wanderern beliebtes Naturschutzgebiet mit beeindruckenden Felsen und Höhlen. Hovs Hallar ist das westliche Ende des Hallandsåsen-Kamms, der Grenze zwischen Bjärehalvön und Halland (siehe S. 211).

Westlich von Båstad zieht sich ein Paradies für Gartenliebhaber an der Küste entlang: **Norrvikens Trädgårdar**, das der Architekt Rudolf Abelin Anfang des 20. Jahrhunderts schuf. Zu

Blühende Obstbäume in Norrvikens Trädgårdar

Tycho Brahe (1546–1601)

Der Astronom Tycho Brahe kam 1546 in Skåne als Sohn einer dänischen Aristokratenfamilie zur Welt. Mit 13 Jahren ging er an die Universität von Kopenhagen, um Philosophie zu studieren, und besuchte auch mehrere deutsche Hochschulen, u. a. Leipzig und Wittenberg. Durch eine Sonnenfinsternis im Jahr 1560 entschied er sich für Astronomie. Er hielt die alten Methoden zur Bestimmung der Planetenpositionen für ungenau und entwarf ein neues System. 1572 entdeckte er in der Konstellation Cassiopeia einen neuen Stern. Seine Leistungen ebneten den Weg zu einer neuen Sicht auf das Universum. Als Anerkennung schenkte ihm der dänische König die Insel Ven, wo er ein Observatorium bauen ließ (siehe S. 179) – das beste Europas. Nach einer Meinungsverschiedenheit mit dem dänischen Hof ging Brahe nach Prag, wo er 1601 starb.

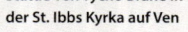

Statue von Tycho Brahe in der St. Ibbs Kyrka auf Ven

den Grünanlagen gehören ein Barock- und ein japanischer Garten.

Die Stadt **Ängelholm** zwischen den Halbinseln Bjärehalvön und Kullahalvön am Ende der Skälderviken-Bucht hat einen sechs Kilometer langen Sandstrand. Früher war Ängelholm für sein Töpfergewerbe bekannt, noch heute werden hier Tonkuckucke, die Wahrzeichen der Stadt, hergestellt.

Norrvikens Trädgårdar
5 km westlich von Båstad.
Juni–Aug: tägl.

❷ Kullabygden

Skåne. Straße 111/112.
Centralgatan 20, Höganäs, (042) 33 77 74. Kulla-Markt in Jonstorp (1. Woche im Juli), Musik in Kullabygden (2. Woche im Juli).

Die Halbinsel Kullen ist seit der Eisen- und Bronzezeit besiedelt. Heute sind die mittelalterlichen Fischerdörfer Arild, Mölle, Höganäs und Viken populäre Ferienorte. In Höganäs werden schöne Keramikwaren hergestellt.

Bei Arild steht die **Brunnby Kyrka**, die teilweise aus dem 12. Jahrhundert stammt. Die Deckengemälde sind beeindruckend. **Krapperups Slott** nördlich von Höganäs wurde Mitte des 16. Jahrhunderts erbaut. Heute beherbergt es eine Kunstgalerie und ein Museum.

Krapperups Slott
7 km nördlich von Höganäs. (042) 34 41 90. **Schloss** nach Vereinbarung. **Galerie und Museum** Apr–Mai: Sa, So; Juni–Mitte Aug: tägl.
krapperup.se

❸ Helsingborg

Skåne. E4. 130.000.
Kungsgatan 11, (042) 10 43 50. Helsingborg-Festival (Ende Juli), Pferde-Festival (letztes Wochenende im Juli), Antiquitätenmesse (Ende Juli).
helsingborgsturistbyra.skane.org

Helsingborg, die »Perle des Sunds«, ist eine quirlige Stadt am Öresund-Ufer, in Sichtweite

Hotels und Restaurants in Süd-Götaland siehe Seiten 286f und 297f

der dänischen Küste. Wegen dieser strategisch günstigen Lage an der engsten Stelle des Sunds blickt die Stadt auf eine bewegte Vergangenheit zurück. Der 34 Meter hohe Turm **Kärnan** ist alles, was von der Festung aus dem 12. Jahrhundert übrig ist. Auch der Backsteinturm des Rathauses (1897) bestimmt die Skyline. Alfred Hellerström war der Architekt. Die Glasmalereien von Gustav Cederström lohnen einen genaueren Blick.

Jacob Hansens Fachwerkhaus aus dem Jahr 1641 ist das älteste Haus Helsingborgs. Das neue **Dunkers Kulturhus**, entworfen vom dänischen Architekten Kim Utzon, bietet ein Museum, eine Kunstgalerie und ein Theater unter einem Dach. Das **Fredriksdal Friluftsmuseum** präsentiert historische Gebäude der Region und einen botanischen Garten mit Wildpflanzen aus Skåne.

Umgebung: Fünf Kilometer südöstlich von Helsingborg ist **Ramlösa Brunn** für das Quellwasser bekannt, das man im späten 19. Jahrhundert entdeckte und das heute im Wasserpavillon angeboten wird.

Das Schloss von **Sofiero** vermachte Gustav VI. Adolf der Stadt Helsingborg. Der Schlosspark ist berühmt für seinen Königlichen Garten mit mehr als 300 Rhododendronarten.

Kärnan
Slottshagen. (042) 10 59 91. Juni – Aug: tägl.

Helsingborgs Kärnan (12. Jh.), einziger Überrest der Festung

Tycho Brahes unterirdisches Observatorium auf der Insel Ven

Dunkers Kulturhus
Kungsgatan 11. (042) 10 74 00. Di – So.

Fredriksdals Friluftsmuseum
Gisela Trapps Väg. (042) 10 45 00. tägl.

Sofiero
Sofierovägen, 5 km nördlich vom Zentrum. (042) 10 25 00. **Park** Apr – Sep: tägl. **Schloss** Jun – Aug: nur mit Führung.

❹ Klippan

Skåne. Straße 21. 8000. Storgatan 46, (0435) 282 00. Åby-Markt (3. Di u. Mi im Juni), Ljungbyhed-Nostaliemarkt (3. Fr u. Sa im Aug).

Klippan auf dem Söderåsen-Kamm, 30 Kilometer östlich von Helsingborg, ist für Schwedens älteste noch betriebene Papierfabrik aus dem 16. Jahrhundert bekannt.

In der Gegend lohnen viele Kirchen den Besuch. Vom **Herrevadskloster**, einem im 12. Jahrhundert gegründeten Zisterzienserkloster, existiert nur noch die Sakristei, die als Kapelle und Ausstellungsraum dient.

Der **Söderåsen-Nationalpark** hat Wälder, mächtige Geröllhalden und plätschernde Bäche. Kopparhatten und Hjortsprånget bieten eine tolle Aussicht. Der Skåneleden-Weg führt ganz durch den Park.

Das Anwesen **Vrams Gunnarstorp** (17. Jh.) zehn Kilometer westlich von Klippan ist im Stil der niederländischen Renaissance erbaut. Der Park mit Buchenallee ist zugänglich.

❺ Landskrona

Skåne. 27 000. Skeppsbron 2, (0418) 47 30 00. Vallåkraträffen (Autoschau, Mitte Aug), Gartenfestival (Aug).

Die Schiffbaustadt Landskrona erhielt im 15. Jahrhundert das Stadtrecht. 1549 ließ der dänische König Christian III. hier die Zitadelle **Landskrona Slott Citadellet** zum Schutz vor den Schweden erbauen. Diese solide Festung mit Burggraben dominiert noch immer die Stadt. Die meisten Attraktionen liegen in der Nähe, darunter das **Landskrona Museum** mit einer Sammlung zur Lokalgeschichte und die Kunsthallen, zu der ein Skulpturenpark gehört.

Umgebung: Im Sund zwischen Schweden und Dänemark liegt die Insel **Ven**, auf der Tycho Brahe in den 1580er Jahren sein unterirdisches Observatorium Stjärneborg baute. Im **Tycho Brahe Museum** werden Multimedia-Schauen gezeigt.

Auf Ven liegt auch die Ruine der Uraniborg. Auf dem höchsten Punkt der Insel steht die mittelalterliche Kirche St. Ibb. Die spektakulärste Aussicht bietet Backafallen.

Auf die Insel gelangt man mit Fähren von Landskrona (ganzjährig) und mit Fischerbooten von Råå aus (nur im Sommer).

Landskrona Slott Citadellet
Slottsgatan. (0418) 44 82 50. Hof und Ausstellung: tägl. im Sommer tägl. citadellet.com

Landskrona Museum
Slottsgatan. (0418) 47 31 20. Di – So. Ostersonntag, Sa vor Pfingsten, Mittsommer, 24., 25., 31. Dez.

Ven
In Öresund, 7 km westlich von Landskrona. von Landskrona. (0418) 47 30 00, (0418) 724 20. **Tycho Brahe Museum** (0418) 725 30. Mai – Sep: tägl. nach Vereinbarung.

Bosjökloster, ursprünglich ein Benediktinerkloster (11. Jh.)

❻ Frostavallen

Skåne. 3 km nördlich von Höör an Straße 21. 🚌 nach Höör. ℹ️ Höör Turistbyrå, (0413) 275 75. 🌐 turisthoor.se

Die schöne Landschaft um Höör in Zentral-Skåne bietet Gelegenheit zum Wandern, Schwimmen, Kanufahren und Angeln, ob vom Ufer oder vom Boot auf dem Vaxsjön-See aus. Restaurants, Cafés, Hotels, Hütten und Zeltplätze machen Frostavallen zum idealen Ort für Ausflüge und Urlaub. Es gibt Spielplätze und einen Sportausrüstungsverleih.

In der Nähe liegt der Zoo **Skånes Djurpark**, der sich auf nordische Tiere spezialisiert hat (über 1000 Wild- und Haustiere). Man kann bei der Luchsfütterung zusehen, Kinder dürfen auf Ponys reiten.

Ein Erlebnis der anderen Art bietet **Höörs Stenåldersby**, wo das Leben in einem Steinzeitdorf vorgeführt wird. Hier kann man sich u. a. im Bogenbau beweisen.

Skånes Djurpark
Frostavallen. (0413) 55 30 60. tägl. im Sommer.

Höörs Stenåldersby
Neben Skånes Djurpark. (0413) 55 32 70. Juli nach Vereinbarung.

❼ Bosjökloster

Skåne. Straße 23. (0413) 250 48. Mai, Juni, Sep: tägl. 11–17 Uhr; Juli, Aug: tägl. 10.30–17.30 Uhr. Park Mai–Sep: 8–19 Uhr; Okt–Apr: 10–17 Uhr. Jagdfest (letztes Wochenende im Aug). 🌐 bosjokloster.se

Auf einer Halbinsel zwischen den Seen Östra und Västra Ringsjön steht eines der eindrucksvollsten Anwesen ganz Schwedens. Das Bosjökloster entstand um 1080 als Konvent und entwickelte sich zu einem der reichsten in Skåne. Wohlhabende Familien investierten viel (häufig Güter und Land), um ihren Töchtern einen Platz im Kloster zu sichern. Nach der dänischen Reformation von 1536 ging das Anwesen jedoch in Privatbesitz über.

1875–79 wurde das Bosjökloster nach Plänen des Architekten Helgo Zettervall umgebaut. Es ist ein Musterbeispiel für sein Können bei der Renovierung schwedischer Häuser und Schlösser.

Anfang des 20. Jahrhunderts kaufte Graf Philip Bonde das Bosjökloster. Heute ist sein Enkel stolzer Besitzer. Die Familie machte das Haus 1962 öffentlich zugänglich. Es ist eine der berühmtesten herrschaftlichen Residenzen in Skåne, mit Gärten, Restaurant, Café, Minizoo, Bootsverleih und Angelmöglichkeit. Im Park steht eine 100-jährige Eiche. Im ältesten Raum des Hauses, im Stensalen, wird Kunsthandwerk ausgestellt.

❽ Östarp

Skåne. Nahe Straße 11. Kulturens Östarp (046) 350 400. 1. Mai–16. Juni: Sa, So, Feiertage; 18. Juni–18. Aug: Di–So 11–17 Uhr; 24. Aug–1. Sep: Sa, So 11–17 Uhr. 🌐 kulturen.com/ovriga-besoksmal/kulturens-ostarp

Im Mittelalter gehörte der Ort Östarp einem Kloster, während der Reformation im 16. Jahrhundert fiel er an die Krone. Östarp wurde zerstört, um Platz für ein Herrenhaus zu schaffen – das jedoch niederbrannte. Alles, was von der Stadt übrig blieb, war das Bauernhaus Östarps Gamlegård von 1812. 1923 wurde der Bau vom Museum Kulturen in Lund gekauft, heute bildet es das Kernstück des Freilichtmuseums Kulturens Östarp mit einem exzellenten Gasthof.

Rund um Östarp stößt man auf viele Schlösser und stattliche Residenzen. Der Vombsjön-See ist ideal für Vogelbeobachtung und Angeln. Am Ostufer liegt das Herrenhaus **Övedskloster** (18. Jh.), eines der schönsten Rokokohäuser Schwedens. Es wurde 1776 nach Entwürfen von Carl Hårleman fertiggestellt. Der Park ist dem von Versailles nachempfunden und kann im Sommer besichtigt werden. Rund um Övedskloster stehen schöne Fachwerkhäuser.

Övedskloster
Straße 11 von Lund nach Sjöbo. (046) 630 63. tägl. (nur Park). Pferdeschau (Anfang Sep).

Windmühle aus dem 18. Jahrhundert im Freilichtmuseum Kulturens Östarp

Hotels und Restaurants in Süd-Götaland *siehe Seiten 286f und 297f*

SKÅNE | 181

Alte Lunder Gebäude im Freilichtmuseum Kulturen

❾ Lund

Skåne. E 22. 🚂 85 000. ✈ Sturup. 🚌
🚆 ℹ Botulfsgatan 1A, (046) 35 50 40.
🎭 Walpurgisnacht (30. Apr/1. Mai),
Kulturabend (3. Sa im Sep).
🌐 visitlund.se

Die Universitätsstadt Lund, die König Sven Tveskägg vor über 1000 Jahren gründete, war einst Hauptstadt Dänemarks. Im Mittelalter war Lund religiöses, politisches und kulturelles Zentrum und Domstadt. Die **Lund Domkyrka** wurde 1145 geweiht und mehrmals umgebaut, zuletzt 1860 – 80 von Helgo Zettervall. Achten Sie auf die astronomische Uhr (14. Jh.) und in der Krypta auf eine Skulptur des Riesen Finn, die das Gewölbe stützt.

Die Universität Lund wurde 1666 auf dem Gelände des Bischofspalais Lundagård gegründet. Inzwischen ist die Hochschule in Lund mit rund 47 000 Studenten die zweitgrößte Lehranstalt Schwedens.

Im Herzen des zum Teil mittelalterlichen Stadtzentrums liegt das Freilichtmuseum **Kulturen** mit hervorragend erhaltenen Straßen, Hütten und Häusern. Kulturen besitzt auch große historische Sammlungen. Die Laurentiikapelle (14. Jh.) im Zentrum Lunds war vermutlich einst die Bibliothek des Klosters St. Laurenz.

Das **Historiska Museet**, eines der größten archäologischen Museen Schwedens, zeigt u. a. anschaulich die Geschichte des Doms. Die von Klas Anshelm entworfene, 1957 eröffnete

Lunds Konsthall präsentiert moderne Kunst, das **Skizzen-Museum** widmet sich der Entwicklung des kreativen Prozesses anhand von mehreren Originalskizzen und Modellen.

Umgebung: Im Frühling blühen die Blumen im Nationalpark **Dalby Söderskog**, zehn Kilometer südöstlich von Lund, besonders schön. Hier gibt es auch einen Wald mit Ulmen, Eschen und Eichen.
Flyinge Kungsgård, 16 Kilometer nordöstlich von Lund, wurde 1661 von König Karl X. Gustav als Zuchtstall gegründet. Heute sieht man hier eine interessante Mischung aus historischen Bauten und moderner Architektur.

🏛 **Lunds Domkyrka**
Kyrkogatan. 📞 (046) 35 87 00. 🕐 tägl.

🏛 **Kulturen**
Tegnérplatsen. 📞 (046) 35 04 00. 🕐 Mai – Aug: tägl.; Sep – Apr: Di – So.
🌐 kulturen.com

🏛 **Historiska Museet**
Krafts Torg 1. 📞 (046) 222 79 44.
🕐 So – Di. 🌐 luhm.lu.se

🏛 **Lunds Konsthall**
Mårtenstorget 3. 📞 (046) 35 52 95.
🕐 Di – So, Do, So.
🌐 lundskonsthall.se

🏛 **Skizzen-Museum**
Finngatan 2. 📞 (046) 222 72 83.
🕐 Di – So. 🌐 adk.lu.se

🏛 **Flyinge Kungsgård**
Kungsgård, Flyinge. 📞 (046) 64900.
🕐 tägl. 🌐 flyinge.se

❿ Skanör/Falsterbo

Skåne. Straße 100. 🚂 7000. ✈ Sturup. 🚌 ℹ Videholms allé 1A, Höllviken, (040) 42 54 54. 🎭 Foteviken-Wikingerwoche (letzte Woche im Juni), Falsterbo-Pferdeschau (Juli), Sandburgen-Wettkampf (letzter So im Juli), Falsterbo-Vogelschau (Spätsommer).
🌐 vellinge.se/turism

Heute sind die Zwillingsstädte auf Skånes südwestlicher Spitze malerische Badeorte, ihre Entstehung im Mittelalter verdanken sie jedoch der lukrativen Heringsindustrie. Zu sehen gibt es hier die Ruine der Festung **Falsterbohus** (14. Jh.), das **Falsterbo Museum** zur Lokalgeschichte und die **Falsterbo Konsthall**, eine Kunstgalerie im alten Bahnhof. Auf der Landspitze steht der nach wie vor funktionierende **Falsterbo-Leuchtturm** von 1793, ein historisches Denkmal. Skanörs Rathaus stammt von 1777, die Kirche aus dem 13. Jahrhundert. Im **Bärnstensmuseet** beim Erdwall Kämpinge Vall aus der Wikingerzeit sind Bernstein und archäologische Funde ausgestellt.

🏛 **Bärnstensmuseet**
Kämpinge, 10 km östlich von Falsterbo. 🚌 📞 (040) 45 45 04.
🕐 Mo – Sa. 🌐 brost.se

Der Riese Finn im Dom

In Skanör stehen viele niedrige Häuser mit nur einem Stockwerk

⓫ Malmö

Malmö, Schwedens Tor zu Europa, ist die drittgrößte Stadt des Landes. Sie wurde Mitte des 13. Jahrhunderts gegründet. Unter den Dänen (1397–1658) war Malmö eine bedeutende Stadt. Als sie dann wieder an Schweden fiel, verglühte ihr Stern – bis zu einem erneuten Aufschwung Ende des 18. Jahrhunderts. Heute ist Malmö dank der Öresund-Brücke und der damit verbundenen Neuerungen wieder in aller Munde. Die Stadt gewann ein europäisches Flair und entwickelte sich zum Kunst- und Designzentrum. Die Altstadt erstreckt sich um den Platz Stortorget mit dem alten Rathaus und der Residenz des Gouverneurs.

Der Stortorget mit Residenset (links) und Rådhuset (rechts)

🏛 Rådhuset
Stortorget. ⬤ für die Öffentlichkeit.
Malmös zentraler Platz ist der Stortorget, den Bürgermeister Jörgen Kock in den 1530er Jahren anlegen ließ. Das Rådhuset, das 1546 im Stil der niederländischen Renaissance erbaut wurde, prägt den Platz. Vom mittelalterlichen Gebäude, das als Gefängnis und Gasthof fungierte, blieb der Keller erhalten. In den 1860er Jahren renovierte der Architekt Helgo Zettervall das Rathaus und verlieh ihm ein völlig neues Aussehen. Auch der Keller wurde umgestaltet, das Gefängnis verlegt. Der Gasthof ist heute eine der populärsten Bars der Stadt.

🏛 Jörgen Kocks Hus
Stortorget. ⬤ für die Öffentlichkeit.
Am Stortorget steht auch Jörgen Kocks Hus, ein sechsstöckiges Gebäude mit Stufengiebel, das 1525 erbaut wurde. Jörgen Kock war 1518 zum Münzmeister für Dänemark ernannt worden. Vier Jahre später wählte man ihn zum Bürgermeister, er wurde einer der mächtigsten Männer Malmös. Kock war in die Revolte gegen die dänische Thronfolge involviert, wurde gefangen genommen und zum Tod verurteilt, konnte aber fliehen und erhielt 1540 sein Bürgermeisteramt wieder.

🏛 Residenset
Stortorget. ⬤ für die Öffentlichkeit.
Mitte des 18. Jahrhunderts verband man das Kungshuset mit dem Gyllenpalmska Huset, um dem neuen Gouverneur eine Residenz zu schaffen. Rund 100 Jahre später verlieh der Architekt F.W. Scholander dem Bauwerk eine neue Fassade, an die Helgo Zettervall das Rathaus anglich. Heute ist das Gebäude Wohnsitz des Regierungspräsidenten.

⛪ St. Petri Kyrka
Göran Olsgatan 4. ☎ (040) 27 90 56.
🕐 tägl. ♿ 🚻 🅦 svenska kyrkan.se/malmo/stpetri
In einer Straße hinter dem Stortorget steht die St. Petri Kyrka. Die rote Ziegelkirche wurde im frühen 12. Jahrhundert nach dem Vorbild der Lübecker Marienkirche gebaut. Der hohe Turm, der im späten 19. Jahrhundert errichtet wurde, nachdem zwei Türme aus dem 15. Jahrhundert eingestürzt waren, prägt die Skyline der Stadt. Ursprünglich enthielt die Kirche Kalksteinfresken, die man jedoch bei der Renovierung Mitte des 19. Jahrhunderts beseitigte. Nur die mittelalterlichen Malereien in der Krämarkapellet (Krämerkapelle) sind erhalten geblieben.

Der Dom ist voller Schätze aus dem 16. und 17. Jahrhundert. Der 15 Meter hohe Renaissancehochaltar ist schön verziert, bemalt und vergoldet. Die Kanzel aus dem Jahr 1599 besteht aus Sand- und schwarzem Kalkstein. Jüngeren Datums ist der Orgellettner, ein Meisterwerk nach einem Entwurf, den Gustav III. 1785 genehmigte. Die Originalorgel aus dem Mittelalter soll die älteste noch funktionierende Orgel der Welt sein. Sie steht im Malmö Museum.

🏛 Moderna Museet Malmö
Gasverksgatan 22. ☎ (040) 685 79 37.
🕐 Di–So 11–18 Uhr.
⬤ einige Feiertage. 📷 💻 ♿
🅦 modernamuseet.se/sv/malmo

Das Moderna Museet in Stockholm gilt als eines der führenden Museen für moderne und zeitgenössische Kunst in Europa. Nördlich von Amsterdam gibt es keine vergleichbar umfangreiche Sammlung zur Kunst des 20. Jahrhunderts.

2009 eröffnete das Museum eine Dependance in Malmö in einem alten Kraftwerk (1900). Architektonisch interessant ist die Kombination aus alten und neuen Stilen. Hier finden Ausstellungen statt von russischer Avantgarde bis zu zeitgenössischer schwedischer Kunst.

Malmös Moderna Museet in einem alten Elektrizitätswerk

SKÅNE: MALMÖ | 183

Die moderne Stadsbiblioteket

🏛 Malmö Konsthall

St. Johannesgatan 7. 📞 (040) 34 60 00. 🕐 tägl. ⦿ Mittsommer, 24., 25., 31. Dez. 📷 tägl. 🔣
🌐 konsthall.malmo.se

Malmö Konsthall ist eine der größten Ausstellungshallen Europas für zeitgenössische Kunst. Der Fokus der Ausstellungen ist international und erstreckt sich von moderner Klassik bis zu aktuellen künstlerischen Experimenten. Ausgestellt wurden bisher Künstler wie Edvard Munch, Paul Klee, Joan Miró, Alberto Giacometti, Keith Haring, Andres Serrano, Louise Bourgeois, Peter Greenaway und Tony Cragg.

Des Weiteren organisiert die Galerie spezielle Events wie Theateraufführungen und Lesungen sowie ein umfangreiches Lehrprogramm für Kinder und Erwachsene. Die Konsthall öffnete 1975 und wurde von Architekt Klas Ashelm nach den drei Hauptelementen Flexibilität, Weiträumigkeit und Licht designt.

📚 Stadsbiblioteket

Kung Oscars Väg. 📞 (040) 660 85 00. 🕐 tägl. ⦿ Feiertage. 📷 🔣

Die Stadtbibliothek zog 1946 in die »Burg« am Kung Oscars Väg um, aber schon in den 1960er Jahren plante man einen Ausbau. 1999 schließlich öffnete die neue, moderne Bibliothek ihre Pforten. Der berühmte dänische Architekt Henning Larsen renovierte und erweiterte das alte Gebäude und schuf die helle, luftige Lichtkalender-Halle.

Die Bibliothek ist mit modernster Technik ausgestattet. Überall gibt es Internet-Anschlüsse, über 40 Computer-Terminals stehen zur Verfügung. Im Lernzentrum kann man scannen und ausdrucken. Die Bibliothek hält Veranstaltungen für alle Altersgruppen ab und zieht jedes Jahr fast eine Million Besucher an.

Infobox

Information
Skåne. E6/E22. 305 000.
ℹ gegenüber vom Hauptbahnhof, Skeppsbron 2, (040) 34 12 00.
🎭 Malmö-Festival (Aug), Malmö City Horse Show (Mitte Aug).
🌐 malmotown.com

Anfahrt
✈ 30 km östlich des Zentrums.
🚆 Skeppsbron. 🚌 Skeppsbron 10.

Zentrum von Malmö

① Rådhuset
② Jörgen Kocks Hus
③ Residenset
④ St. Petri Kyrka
⑤ Humanitetens Hus
⑥ Moderna Museet Malmö
⑦ Malmö Konsthall
⑧ Stadsbiblioteket
⑨ Malmöhus/ Malmö Museum
⑩ Kommendanthuset
⑪ Teknikens och Sjöfartens Hus

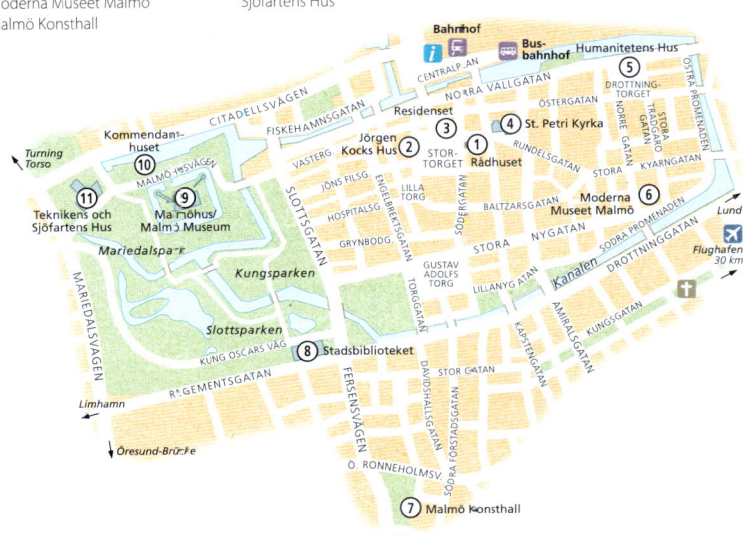

0 Meter 500

Zeichenerklärung
siehe hintere Umschlagklappe

Überblick: Malmö

Malmös Zentrum, in dem sich die meisten Sehenswürdigkeiten befinden, lässt sich gut zu Fuß erkunden. Starten Sie in Västra Hamnen bei der Festung Malmöhus und gehen Sie Richtung Zentrum, auf die Türme der St. Petri Kyrka am Stortorget zu. Lilla Torg und Möllevångstorget sind Marktplätze. Grünanlagen wie Slottsparken oder Pildammsparken laden zu Spaziergängen ein. Das Zentrum besitzt Altstadtflair. Die in den Außenbezirken entstehenden Projekte sind Vorboten der neuen Öresund-Region.

Das Malmöhus von 1537, heute Sitz des Malmö Museum

🏛 Malmöhus/Malmö Museum

Malmöhusvägen. 📞 (040) 34 44 00. ⊙ tägl. ● 1. Jan, 1. Mai, Mittsommer, 24., 25., 31. Dez. 🅿 🚻 nach Vereinbarung. ♿ 🛗 ♿ teilweise. **Ebbas Hus** Snapperupsgatan 10. ⊙ Mi, Sa.

Erich von Pommern ließ 1434 die Festung Malmöhus errichten, die in Kriegen größtenteils zerstört wurde. 1537 baute Christian III. sie wieder auf. Heute ist dies die älteste erhaltene Renaissanceburg in der nordischen Region. Ursprünglich war sie ein befestigtes Herrenhaus. Nach dem 17. Jahrhundert wurde die Anlage mit Bastionen befestigt, verfiel jedoch und diente im 18. und 19. Jahrhundert als Gefängnis. Ein tiefer Burggraben umgibt die solide Backsteinfeste.

Die Lichtkalender-Halle in Malmös preisgekrönter Bibliothek

1932 fanden umfangreiche Restaurierungsarbeiten statt, nach deren Abschluss das Malmö Museum einzog. Das Museum widmet sich den Themen Archäologie, Volkskunde, Kunst und Kunsthandwerk sowie Zoologie.

Das Stadsmuseet dokumentiert die Geschichte Malmös und Skånes anhand von alten Werkzeugen, Waffen und Haushaltsgeräten. Zu sehen sind außerdem Modelle, Textilien und eine ethnografische Sammlung.

Das Aquarium im Malmö Museum ist bei Familien und Schulklassen beliebt. Hier kann man das maritime Leben erkunden – sowohl die Gewässer Südschwedens als auch der Tropen – und Fische wie Piranhas und den seltenen Lungenfisch beobachten, der auch außerhalb des Wassers leben kann. Darüber hinaus sind ein Aquarium mit Quallen, ein Terrarium mit Schlangen und eine Nachthalle mit Fledermäusen zu sehen.

Auch Räume der Festung selbst kann man besichtigen. Eine weitere Attraktion ist der Turm (18. Jh.) mit seinen 7,50 Meter dicken Mauern und den Originalkanonen.

Malmös kleinstes Museum, Ebbas Hus, das nun zum Malmö Museum gehört, schenkte Ebba Olsson der Stadt. Das Museum ist ein kleines Terrassenhaus, das bis heute so erhalten geblieben ist wie im frühen 20. Jahrhundert.

Malmö Museum betreibt auch Teknikens och Sjöfartens Hus, Kommendanthuset und Malmö Konsthall, die man mit einem Ticket besuchen kann.

🏛 Kommendanthuset

Malmöhusvägen. 📞 (040) 34 44 00. ⊙ tägl. ● 1. Jan, 1. Mai, Mittsommer, 24., 25., 31. Dez. 🅿 🚻 ♿ ♿

In der zweiten Hälfte des 18. Jahrhunderts waren die Lagergebäude im Hof des Malmöhus verfallen, Gustav III. ordnete daher die Errichtung eines neuen Zeughauses an. Man erbaute es außerhalb der Festung in der Bastion Banér, 1794 wurde es fertiggestellt. 1814 waren die militärischen Tage der Festung jedoch vorüber, man hatte sie zum Gefängnis umgewidmet. Im Kommendanthuset waren zunächst der Arzt und der Priester des Gefängnisses untergebracht, danach war das Heim des Gefängnisdirektors.

Im 20. Jahrhundert übernahm die Stadt Malmö das Gebäude, restaurierte es nach Originalplänen und gliederte es ins Malmö Museum ein. Heute ist hier Fotografins Rum, eine Ausstellungshalle für Fotokunst. Es gibt etliche Veranstaltungen und Aktivitäten vor allem für Kinder und Jugendliche.

🏛 Teknikens och Sjöfartens Hus

Malmöhusvägen. 📞 (040) 34 44 00. ⊙ tägl. ● 1. Jan, 1. Mai, Mittsommer, 24., 25., 31. Dez. 🅿 🚻 ♿ ♿

Das Technik- und Seefahrtmuseum gehört ebenfalls zum Malmö Museum. Seine Ausstellungen decken wirklich jeden Aspekt ab, der mit technischen Erfindungen oder der Seefahrt zu tun hat. Themen sind beispielsweise die Geschichte des Straßenbaus und der Luftfahrt sowie Maschinen, insbesondere Dampfmaschinen.

Hotels und Restaurants in Süd-Götaland *siehe Seiten 286f und 297f*

Die acht Kilometer lange Öresund-Brücke zwischen Schweden und Dänemark

Zu den Exponaten gehört das Kampfflugzeug *J35 Draken* aus den 1960er Jahren. Neugierige können in dem interaktiven Versuchslabor *kunskapstivoli* ihre Experimentierfreude ausleben.

Das Museum erzählt auch Skånes Industrie- und Seefahrtgeschichte. Hier sieht man z. B. das U-Boot *U3* und den Dampfer *Schebo*. Wer noch nie die Enge eines U-Boots erlebt hat, hat hier die Möglichkeit dazu.

Weitere Themen sind Schiffbau- und Schifffahrtsgewerbe, die Entwicklung der Häfen seit dem 17. Jahrhundert und der für Skåne so wichtige Fährverkehr. Es gibt auch einen interaktiven Wissenspark, wo man selbst wissenschaftliche Experimente durchführen kann.

Limhamn

5 km südwestlich des Zentrums.
Malmö Turism, (040) 34 12 00

Am südlichen Stadtrand von Malmö liegt Limhamn, seit dem 16. Jahrhundert Verladehafen für Kalk. Heute ist Limhamn einer der größten Häfen im Süden Schwedens mit fantastischem Blick über die Öresund-Brücke.

Eine von Limhamns Sehenswürdigkeiten ist das Soldattorpet. In dem kleinen blauen Soldatenhaus aus dem frühen 19. Jahrhundert erfährt man wie Soldaten damals lebten. Das Häuschen war bis 1956 bewohnt. Die Museumsgesellschaft Limhamn betreibt das Museum und organisiert Veranstaltungen, vor allem an Mittsommer und Weihnachten. Eine weitere interessante Sehenswürdigkeit ist der stillgelegte Kalksteinbruch, ein riesiges Loch, das zum Naturschutzgebiet erklärt wurde.

Öresund-Brücke

E20. 6 km südwestlich des Zentrums.

Über 100 Jahre lang wurde über eine Brücke zwischen Schweden und Dänemark diskutiert, doch erst 1991 kamen die beiden Länder zu einer Übereinkunft, und das Vorhaben konnte endlich realisiert werden.

Im Juli 2000 wurde die acht Kilometer lange Öresund-Brücke zwischen dem schwedischen Lernacken (südwestlich von Malmö) und der vier Kilometer langen künstlichen dänischen Insel Peberholm (südlich von Saltholm) eingeweiht. Ihr höchster Punkt sitzt auf vier 204 Meter hohen Pylonen, die Straße ist rund 30 Meter breit. Die E20 verläuft auf der oberen Ebene, die Bahngleise auf der unteren.

Auf der Westseite von Peberholm mündet die Brücke in einen vier Kilometer langen Tunnel, der zu Kopenhagens internationalem Flughafen führt. Die Bahnfahrt von Malmö nach Kopenhagen dauert 35 Minuten.

Öresund-Region

Als Teil der EU-Vision für ein Europa ohne Grenzen soll die Region Öresund das südliche Skåne in Schweden und den Raum Kopenhagen in Dänemark zusammenfügen, sodass man ohne Einschränkung von einem Land ins andere fahren kann. Malmö profitiert von der Erbauung der Öresund-Brücke und des Tunnels immens: Die Region wurde wirtschaftlich attraktiver, auch der kulturelle Austausch zwischen den beiden Ländern wurde erleichtert, die verbesserte Kommunikation brachte mehr Besucher. Der Wolkenkratzer »Turning Torso« des Architekten Santiago Calatrava wurde Ende 2005 bezugsfertig. Er stellt eine kühne Kreation dar, die man durchaus als Ausdruck der Zuversicht in dieser Region verstehen kann. Das 190 Meter hohe Gebäude besteht aus neun gen Himmel strebenden Kuben. Es steht im Westteil des Hafens, einem neu geschaffenen Wohngebiet.

Der »Turning Torso« ist 190 Meter hoch

Trelleborgen, eine rekonstruierte Wikingerfestung

⑫ Trelleborg

Skåne. E22. 43 000.

Kontinentgatan 2, (0410) 733 320. Wikingerkampf (1. Wochenende im Juli), Jazzfestival Smygehuk (Mitte Juli), Palmenfestival (letztes Wochenende im Aug), Michaelsmas-Markt (Sep). **soderslatt.com**

Seine Blütezeit hatte Trelleborg im Mittelalter, als deutsche Händler hier Salz gegen Heringe tauschten. In der Altstadt rund um Gamla Torg stehen noch einige alte Skåne-Häuser. In Klostergränden kann man die Ruine eines Franziskanerklosters (13. Jh.) sehen. Der Stadsparken mit Rosengarten lohnt ebenso einen Abstecher.

Trelleborgen ist die großartige Rekonstruktion einer Wikingerfestung. Man erbaute sie an der Stelle der Originalfeste, die wohl im 10. Jahrhundert von König Harald Blauzahn errichtet und 1000 Jahre später ausgegraben wurde. Sie birgt auch ein Wikingermuseum.

Sehenswert sind auch **Trelleborgs Museum** zur Stadtgeschichte, **Trelleborgs Sjöfartsmuseet** (Seefahrtsmuseum) und **Axel Ebbes Konsthall** mit einer Sammlung von Skulpturen des Künstlers Axel Ebbe.

Umgebung: Etwas westlich von Trelleborg liegt das Dorf Skegrie, an der E6 findet man den steinzeitlichen Grabhügel **Skegriedösen**. Die rechteckige Grabkammer wird von vier Steinblöcken gebildet, ein spitzer Block dient als Dach. Darum herum liegen 17 Markierungssteine. Diesen Typ steinzeitlicher Gräber findet man nur im Süden und Westen Schwedens.

Trelleborgen
Västra Vallgatan 6. (0410) 73 30 21. tägl.

Trelleborgs Museum
Stortorget 1. (0410) 733 045. Di – So.

Trelleborgs Sjöfartsmuseum
Gråbrödersgatan 12. (0410) 195 45. Apr–Nov: Sa, So.

Axel Ebbes Konsthall
Hesekillegatan 1. (0410) 733 056. Juni–Aug: Di – So.

⑬ Ystad

Skåne. E65. 29 000.

St. Knuts Torg, (0411) 57 76 81. **visitystadosterlen.se**

In Ystad spürt man noch immer den Einfluss der dänischen Herrscher und der deutschen Hanse, auch die Kirchen- und Klostergemeinden des Mittelalters haben ihre Spuren hinterlassen. Einer der vielen alten Bauten ist die **St. Mariakyrkan** (13. Jh.), in deren Turm jede Nacht der Wächter mit dem Blasen seines Horns anzeigt,

Apoteksgården, eines der vielen Fachwerkhäuser in Ystad

dass alles in Ordnung ist. In **Karl XII. Hus** an der Stora Västergatan soll der Krieg führende König 1715 die Nacht nach seiner Rückkehr aus der Türkei verbracht haben *(siehe S. 41)*.

Ystad besitzt mehrere interessante Museen, etwa das **Ystads Konstmuseum**, das **Charlotte Berlins Museum** in herrschaftlichen Räumen des 19. Jahrhunderts sowie ein Militärmuseum. Das schöne Theater am Hafen offeriert ein breites Repertoire von Oper bis zu Stand-up-Comedy.

Umgebung: Hoch über dem Dorf Kåseberga steht das Steinschiff **Ales Stenar**. Das 67 Meter hohe Monument aus 59 Steinen errichteten vermutlich Wikinger als Grab- oder Kultstätte.

20 Kilometer östlich von Ystad liegt **Bollerups Borg**, eine solide Festung (13. Jh.), die mehrmals umgebaut wurde. Sie gehört heute zu einer Landwirtschaftsschule, man kann sie jedoch besichtigen.

Sandhammaren ist für seine Sandstrände bekannt. Früher war es bei Seeleuten gefürchtet, weil sich um die Landspitze herum ständig neue Riffe bildeten. Der Leuchtturm stammt von 1862.

Marsvinsholms Slott liegt nordwestlich von Ystad. Das Mitte des 17. Jahrhunderts errichtete Schloss ist zwar nicht zu besichtigen, im Sommer kann man jedoch den herrlichen Skulpturenpark des Anwesens besuchen.

Valleberga Kyrka, 17 Kilometer östlich von Ystad, ist die einzige Rundkirche in Skåne. Sie besitzt ein Taufbecken (12. Jh.) von Majestatis.

Ystads Konstmuseum
St. Knuts Torg. (0411) 577 285. Di – So. Feiertage. **konstmuseet.ystad.se**

Ales Stenar
Kåseberga. Straße 9, 20 km östlich von Ystad. (0411) 57 76 81. tägl.

Marsvinsholms Slott
An der E65, 12 km nordwestlich von Ystad. (0411) 577 681. Schloss für die Öffentlichkeit. Park tägl. im Sommer.

Hotels und Restaurants in Süd-Götaland *siehe Seiten 286f und 297f*

⓮ Tour durch Österlen

Österlen, »Land im Osten«, bezeichnet Skånes südöstliche Ecke von Ravlunda bis Ystad im Süden und die Linderödsåsen-Anhöhe im Westen. Das Terrain ist das fruchtbarste Schwedens. Über die Hügel und Ebenen verteilen sich viele alte Monumente, die großartigsten Schlösser und Festungen und die ältesten Kirchen des Landes. An der Küste reihen sich malerische Fischerdörfer aneinander. Die ganze Region ist ein Paradies für Maler und Schriftsteller.

Apfelbaumblüte in Kivik

① Brösarps Backar
In dem Naturschutzgebiet mit seinen vielen Wanderwegen wachsen seltene Blumen. Spektakulär ist die Blüte der Anemonen und Schlüsselblumen im Frühling.

② Kivik
Kivik, ein zauberhaftes Fischerdorf mit gewundenen Straßen und Fachwerkhäusern, ist für den jährlichen Markt und seine Apfelbaumanlagen bekannt.

⑤ Tomelilla
Tomelilla ist ein guter Ausgangspunkt für eine Tour durch Skånes hügelige Landschaft. Die Stadt ist auch bekannt für ihr Kunstmuseum.

③ Simrishamn
Alte, niedrige Häuser prägen das Ortsbild. Die Handwerker lebten einst um den Platz Lilla Torg, die Fischer in Hafennähe.

Legende
■ Routenempfehlung
= Andere Straße

Routeninfos
Länge: ca. 55 km. Die Hauptstraßen sind in gutem Zustand, Nebenstraßen teilweise nicht.
Rasten: Cafés und Restaurants findet man in den meisten Ortschaften. In Hammenhög gibt es einen für Skåne typischen Gasthof. Das Äpplets Hus in Kivik lohnt einen Blick.

④ Glimmingehus
Das gespenstische Ritterhaus (16. Jh.) bietet aufregende Geisterführungen, außerdem kann man hier wie im Mittelalter tafeln.

Das beeindruckende Innere der St. Petri Kyrka, Malmös Kathedrale (siehe S. 182) ▶

Heliga Trefaldighetskyrkan in Kristianstad

⓯ Kristianstad

Skåne. E22. 36.000.
Stora Torg, (044) 13 53 35. Sommar i City (Juli). kristianstad.se/turism

Der dänische König Christian IV. ließ Kristianstad im frühen 17. Jahrhundert bauen. Die frühere Anlage ist noch immer zu erkennen. Hauptattraktion ist die **Heliga Trefaldighetskyrkan** (Dreifaltigkeitskirche) aus der gleichen Zeit, ein hervorragendes Beispiel der Renaissancearchitektur. Eine modernere Sehenswürdigkeit ist das Biosphären-Schutzgebiet **Naturum Vattenriket**, ein 35 Kilometer langes Feuchtbiotop am Fluss Helgeån. Am besten ist es im Rahmen einer Bootsführung zu besichtigen. Genehmigungen zum Angeln kann man im Turistbyrå erwerben.

2014 feiert Kristianstad mit vielen Veranstaltungen seinen 400. Geburtstag.

Umgebung: 15 Kilometer nordöstlich steht **Bäckaskog Slott**, ein ehemaliges Kloster (13. Jh.), das die schwedische Königsfamilie im 19. Jahrhundert mietete. Heute ist hier ein Hotel mit Restaurant.

Die **Rinkaby Kyrka** (13. Jh.) zwischen Kristianstad und Åhus beherbergt Gemälde aus dem 15. Jahrhundert, die den Themen Jahreszeiten und Landleben gewidmet sind.

Zu den interessantesten Objekten im Schloss **Trolle-Ljungby**, zehn Kilometer östlich von Kristianstad, gehören das Ljungby-Trinkhorn und die Pfeife, die in einer Sage erwähnt werden. Im Sommer werden sie mittwochs und samstags in einem Fenster zum Hof ausgestellt.

Der Park von **Wanås Slott**, 20 Kilometer nordwestlich von Kristianstad, bildet die Kulisse für moderne Kunst.

Åhus, 18 Kilometer südöstlich, ist ein Fachwerk-Küstendorf mit Sandstränden. Åhus ist bekannt für seine vielen Golfplätze, das Beach-Handball-Festival und das Strand-Fußball-Turnier.

Naturum Vattenriket
Härlövsängaleden 2. (044) 13 23 30. tägl. Mo (Winter), einige Feiertage. teilweise. vattenriket.kristianstad.se/naturum

Bäckaskog Slott
Fjälkinge, 15 km nordöstlich von Kristianstad. Restaurant (044) 532 20.

Trolle-Ljungby
Fjälkinge, 10 km nordöstlich von Kristianstad. (044) 550 43. nur Park und Hof; Juni–Sep: Mi, Sa.

⓰ Sölvesborg

Blekinge. E22. 17.000.
Repslagaregatan 1, (0456) 100 88.
Rockfestival (Anfang Juni).
solvesborg.se

Im Mittelalter war Sölvesborg an der Spitze des Listerlandet ein bedeutendes Handelszentrum, das von einer Burg bewacht wurde. Die Kleinstadt hat dänisches Flair und mittelalterlichen Charme.

Sölvesborgs Museum in einem alten Kornspeicher mit Brennerei widmet sich der Geschichte von Lister. Das älteste Gebäude ist die **Nicolai Kyrka** mit einigen Teilen aus dem 12. und 13. Jahrhundert.

Umgebung: Südöstlich von Sölvesborg, am anderen Ende der Landspitze, liegt **Hällevik** mit traditionellen Holzhäusern, einem Fischer- und einem Yachthafen. Das kleine Fischereimuseum lohnt den Besuch.

Von Nogersund verkehren Fähren zur Insel **Hanö** in der Hanöbukten – einem schönen, bei Seglern beliebten Platz. Während der Napoleonischen Kriege diente die Insel als englischer Marinestützpunkt – ein Friedhof für britische Seeleute zeugt noch heute davon.

Sölvesborgs Museum
Skeppsbrogatan. (0721) 58 15 25. Mitte Juni–Mitte Aug: Di–So; sonst: nach Vereinbarung.

⓱ Karlshamn

Blekinge. E22. 19.000.
Pirgatan 2, (0454) 812 03
Ostsee-Festival (3. Woche im Juli).
karlshamn.se/VisitKarlshamn

Die 1664 gegründete Stadt war als Marinebasis geplant, das **Kastellet** auf der Insel Frisholmen entstand zu deren Schutz. Nachdem Karlskrona *(siehe S. 192f)* die Rolle als Marinehafen übernommen hatte, entwickelte sich Karlshamn zum Handelszentrum, bekannt für die Punschherstellung. Ein Nachbau der Fabrik, in der der »Flaggpunsch« entstand, bildet heute einen Teil von **Karlshamns Museum**. Daneben steht **Karlshamns Konsthall**.

Kastellet auf der Insel Frisholmen, Karlshamn

Hotels und Restaurants in Süd-Götaland *siehe Seiten 286f und 297f*

Sehenswert ist auch Skottsbergska Gården, ein Kaufmannshaus (1763), in dem Privaträume und Tabakladen sowie im 18. Jahrhundert gestaltet sind. Das **Kreativum** ist ein faszinierendes Wissenschaftszentrum für alle Altersgruppen. Das **Asschierska Huset** am Stortorget war Karlshamns erstes Rathaus. Der berühmte Lachsfluss **Mörrumsån** fließt durch die Stadt.

Renovierte Kurpavillons im Brunnsparken, Ronneby

Umgebung: 15 Kilometer östlich von Karlshamn liegt **Eriksbergs Vilt- och Naturpark**, eines der größten Wild- und Naturreservate Europas und Heimat von Stein- und Seeadlern sowie Rothirschen.

🏛 **Karlshamns Museum**
Vinkelgatan 8. (0454) 148 68.
Mitte Juni–Mitte Aug: Di–So.

🏛 **Kreativum**
Strömmavägen 28. (0454) 30 33 60. Fr–So; tägl. während Schulferien. **kreativum.se**

⑱ Ronneby

Blekinge. E22. 19.000.
Västra Torggatan 1, (0457) 61 75 70.
Tosia-Bonnadan-Markt (2. Woche im Juli). **visitronneby.se**

Das im 13. Jahrhundert gegründete Ronneby wurde erst 1658 schwedisch. Damals war es die größte Stadt von Blekinge und Handelszentrum. 1564, während des Siebenjährigen Kriegs gegen die Dänen, wurde es von der Armee Eriks XIV. überfallen und abgebrannt. Etwa 3000 Einwohner – ein Großteil der Bevölkerung – wurden im Blutbad von Ronneby regelrecht abgeschlachtet. Anfang des 19. Jahrhunderts wurde der Stadt dank der Kockums-Gießerei, der Emailwerke in Kallinge und des Kurbads Ronneby Brunn neues Leben eingehaucht.

In Bergslagen und um Brunnskällan stehen noch ein paar alte Gebäude. Der Kurpark sieht heute wieder so aus wie im 18. Jahrhundert.

Umgebung: Östlich von Ronneby steht **Edestads Kyrka** (13. Jh.), die einst als Festung diente. Sieben Kilometer östlich liegt der vier Meter hohe Runenstein **Björketorpsstenen** aus dem 8. Jahrhundert. Die Inschrift ist ein Fluch.

Der **Hjortsberga-Friedhof** auf der Johannishus-Anhöhe umfasst 120 Grabhügel. Zwölf Kilometer nordöstlich von Ronneby erstreckt sich inmitten von Weideland das Naturschutzgebiet **Johannishus Åsar**.

⑲ Kristianopel

Blekinge. E22. 1500.
Stortorget 2, Karlskrona, (0455) 30 34 90. **kristianopel.se**

Kristianopel liegt auf einer Insel im Kalmarsund und hat sich zum beliebten Ferienort mit Yachthafen entwickelt. Der dänische König Christian IV. ließ die Siedlung erbauen, Stadtrecht erhielt sie 1600. Mit dem Friedensvertrag von Roskilde wurde Kristianopel 1658 schwedisch. Blumenliebhaber suchen den in Privatbesitz befindlichen Rosengärten auf, in dem mehr als 500 alte Rosenarten wachsen.

Umgebung: Brömsebro liegt acht Kilometer nördlich von Kristianopel, etwas von der Küste zurückversetzt. Hier, an der Grenze zwischen Blekinge und Småland, wurde 1645 der Friede mit Dänemark verkündet. Damit wurden Jämtland, Härjedalen und Gotland wieder schwedisch. Die Verhandlungen fanden auf einer Insel im Fluss Brömsebäcken statt. Ein Stein (1915) erinnert daran.

An der Flussmündung liegt die Ruine der Festung **Brömsehus**, die im Jahr 1436 vom schwedischen Rebellen Engelbrekt *(siehe S. 39)* eingenommen wurde.

Lachsfischen im Mörrumsån

Jedes Jahr kommen Angler aus aller Welt an den Fluss Mörrumsån zum Lachsfischen. Geangelt wird hier bereits seit dem 13. Jahrhundert, als der König noch das alleinige Fischereirecht besaß. Der Fluss verläuft vom Vrången-See im Norden via Helgasjön- und Åsnen-See durch eine wunderschöne Landschaft, ehe er in Elleholm ins Meer mündet. Die Angellizenz kostet zwischen 200 und 1200 Kronen am Tag. In der Saison 2006 wurden hier 687 Lachse gefangen, der größte wog 17,7 Kilogramm. Im Laxens Hus in Mörrum wird alles zusammengetragen, was mit Fischerei zu tun hat. Es präsentiert Ausstellungen über die Tierwelt des Flusses und über die Geschichte des Angelsports.

Lachsfischen im Fluss Mörrumsån

⓴ Karlskrona

Die Marinestadt Karlskrona, die 1680 Stadtrecht erhielt, verteilt sich auf mehrere Inseln des Blekinge-Archipels. Erik Dahlbergh plante ihre Anlage, Anregungen holte er sich in Versailles und Rom. Die Mittelpunkte bilden zwei Plätze: der Stortorget auf der Insel Trossö sowie der Amiralitetstorget. Schwedens wichtigster Flottenstützpunkt wurde hier angesiedelt, weil die Schiffe im nördlicheren Stockholm im Winter oft nicht auslaufen konnten – man brauchte einen eisfreien Hafen. Karlskrona hat einige herausragende Attraktionen aus Schwedens Zeit als Großmacht *(siehe S. 42f)*. 1998 erklärte die UNESCO die Stadt aufgrund ihrer Marinearchitektur zum Welterbe.

Die von Tessin d. J. 1744 im Barockstil gestaltete Fredrikskyrkan am Stortorget

▥ Grevagården/ Blekinge Museum
Fisktorget 2. ☏ (0455) 30 49 60. ◷ Juni – Aug: tägl.; sonst: Di – So. ● einige Feiertage. 🅿️ ⌘ 🛆 ℹ️ ♿ 🌐 blekingemuseum.se

Grevagården auf Fisktorget ist das Hauptgebäude des Blekinge Museum. Das Bauwerk aus dem frühen 18. Jahrhundert war früher die Residenz des Admiralgenerals Hans Wachtmeister – in seiner Küche und Speisekammer befindet sich heute ein Café. Das Museum widmet sich Blekinges und Karlskronas Glanzzeit. Einen kleinen Barockgarten erreicht man über eine Doppeltreppe, die von zwei 1704 gepflanzten Eiben flankiert ist. Auf dem Platz vor dem Museum steht die Statue *Fischerin* von Erik Höglund (1932–1998).

🏛 Stortorget
Der imposante Platz gilt als der größte in Nordeuropa und ist auf barocke Manier von zwei eindrucksvollen Kirchen flankiert, die beide Nicodemus Tessin d. J. entwarf.

Die Fredrikskyrkan ist eine große, 1744 geweihte Basilika, die von der Vorliebe für die barocken Linien des 17. Jahrhunderts gekennzeichnet ist. Die 35 Glocken des Südturms schlagen dreimal am Tag. Die andere Kirche, Heliga Trefaldighetskyrkan, heißt auch Deutsche Kirche – nach dem Admiralgeneral Hans Wachtmeister, der den Bau veranlasste und in der Krypta bestattet ist. Sie wurde 1709 fertiggestellt. Nach einem Brand im Jahr 1790 baute man sie mit niedrigerer Kuppel wieder auf.

Das alte Rathaus wurde im Jahr 1798 vollendet, aber mehrmals umgestaltet. Heute dient es als Sitz des Kreisgerichts von Karlskrona.

Der Wasserturm Vattenborgen, der heute unter Denkmalschutz steht, wurde 1863 gebaut, um Trossö mit Süßwasser zu versorgen. Seit 1939 erfüllt ein Wasserturm außerhalb der Stadt diesen Zweck.

▥ Marinmuseum
Stumholmen. ☏ (0455) 359 302. ◷ Jan – Apr: Di – So; Mai – Dez: tägl. ● einige Feiertage. 🅿️ ⌘ 🛆 ℹ️ ♿ 🌐 marinmuseum.se

Das faszinierende Marinemuseum wurde 1997 eröffnet. Es steht am Hafen der Insel Stumholmen, die seit fast 300 Jahren zum Hauptstützpunkt der schwedischen Flotte gehört. Ursprünglich war das Museum 1752 von König Adolf Fredrik gegründet worden, um in einer Modellkammaren Objekte, die mit Seefahrt zu tun haben, zu archivieren.

Das Marinmuseum deckt alles ab, was mit Seefahrt zu tun hat. Die Sammlung von Galionsfiguren, Waffen und Uniformen ist besonders beeindruckend. Von einem Glaskorridor unter Wasser kann man das Wrack eines Schiffes aus dem 18. Jahrhundert auf dem Meeresboden sehen.

Am Kai liegen die *Jarramas*, ein ehemaliges Schulschiff für Marinematrosen, das Minensuchschiff *Bremön* und das Torpedoboot *T38*.

In der Schaluppen- und Langboothalle sind Schiffe zu besichtigen, die noch in Betrieb sind. Außerdem haben Besucher die Möglichkeit, bei der Restaurierung alter Holzboote zuzusehen.

Das Marinmuseum zeigt viel von Karlskronas maritimer Geschichte

🏛 Gamla Örlogsvarvet
Högvakten, Amiralitetstorget 1. ☏ (0455) 30 34 90. ◷ Juni – Aug: tägl. 🅿️ ⌘ obligatorisch.

Die Karlskrona-Werft wurde 1679 gegründet und entwickelte sich im Lauf der Jahrhunderte zu Schwedens führender Marinewerft. Hier werden Kriegsschiffe gebaut, ausgerüstet und gewartet. Auf den Schären Lindholmen, Söderstjärna und Stumholmen

»Alter Rosenbom«, eine Sammelbüchse vor der Amiralitetskyrkan

baute man später weitere Gebäude. Den riesigen Marinehafen mit seinen Gebäuden und Werkstätten aus dem 18. Jahrhundert kann man nur im Rahmen einer Führung besichtigen. Zu den interessantesten Sehenswürdigkeiten von Gamla Örlogsvarvet gehören die 300 Meter lange Seilebahn, an der die Takelage der Flotte gefertigt wurde, die Wasa-Halle, das Polhem-Dock auf Lindholmen und der alte Schiffskran im westlichen Teil der Werft.

Diesen Gebäuden und der Tatsache, dass Karlskrona ein so gut erhaltenes Beispiel eines Flottenstützpunkts aus dem 17. Jahrhundert ist, verdankt die Stadt ihren Status als UNESCO-Welterbe. Karlskrona stand im 18. Jahrhundert für Marinestützpunkte in ganz Europa Modell.

Nahe dem Eingang zur alten Werft Högvakten steht die 1685 geweihte Amiraitetskyrkan, Schwedens größte Holzkirche. Vor dem Kirchenportal dient die Holzfigur »Alter Rosenbom« als Sammelbüchse für Seeleute in Not.

Die moderne Hightech-Werft Karlskronavarvet wird von Kockums betrieben. Sie ist nicht öffentlich zugänglich, man sieht aber oft neue Boote am Kai liegen.

🚌 Festung Kungsholm
📞 (0455) 30 34 90. 🎫 Buchung über Touristeninformation.

Die bemerkenswerte kreisförmige Festung auf einer kleinen Insel des Blekinge-Archipels bewachte mehr als 300 Jahre lang den Eingang nach Karlskrona vom Meer aus. Sie war Teil der umfangreichen Befestigungen, zu welchen auch die Zitadelle Drottningskär, Türme und Pulvermagazine gehörten.

Infobox

Information
Blekinge. 🧭 64.000.
ℹ️ Stortorget 2, (0455) 30 34 90.
🛒 Biomarkt (Do vor Mittsommer).
🌐 **visitkarlskrona.se**

Anfahrt
✈️ 25 km westlich des Zentrums.
🚆 Järnvägsstationsgatan.
⛴️ Verkö (Gdynia).

Der kreisförmige Hafen an der Festung Kungsholm

Zentrum von Karlskrona

① Grevagården/Blekinge Museum
② Stortorget
③ Marinmuseum
④ Gamla Örlogsvarvet
⑤ Karlskronavarvet

Zeichenerklärung
siehe hintere Umschlagklappe

Göteborg

Göteborg, die maritime Metropole, ist seit Jahrhunderten eines der Tore Schwedens zur Welt. Einst war der Fluss Göta Älv die einzige Öffnung Schwedens nach Westen hin – die Überreste der Festungen und Wälle zeugen bis heute von dieser Position als befestigter Außenposten. Die zweitgrößte Stadt Schwedens ist nach wie vor der wichtigste Handelshafen des Landes und stolz auf ihr maritimes Erbe.

Mit seinem Hafen und seiner Seefahrtsgeschichte ist es nur natürlich, dass Göteborg überaus gastfreundlich und mehr als andere Städte Schwedens nach außen orientiert ist. Die vielfältigen Unterhaltungsangebote haben der Stadt auch den Beinamen »Klein-London« eingebracht.

Vor dem modernen Göteborg gab es frühere Siedlungen am Göta Älv. Sie lagen in einer Zeit ständiger Konflikte zwischen Schweden und Dänemark immer wieder an vorderster Front. Niederländer siedelten Anfang des 17. Jahrhunderts auf der Insel Hisingen, doch die Siedlung wurde von Dänen niedergebrannt. Gustav II. Adolf gründete 1619 eine Stadt in der Gegend der heutigen Vororte Vallgraven und Nordstaden. Die Einwohner kamen nach wie vor aus den Niederlanden – deshalb ähneln die Grachten der Stadt bis heute jenen in Amsterdam. Im 17. Jahrhundert schuf der Baumeister und Feldmarschall Erik Dahlbergh hier eine befestigte Stadt, im 18. Jahrhundert wurde Göteborg dank deutscher, englischer und schottischer Einwanderer kosmopolitisch. Mit der Einführung dampfbetriebener Motoren Mitte des 19. Jahrhunderts blühte die Schiffsindustrie auf, die Stadt entwickelte sich zum wichtigen Schiffbau- und Handelszentrum. Die Werften sind inzwischen zwar großteils verschwunden, aber noch immer ist Göteborg eine bedeutende Industriestadt und Sitz des Automobilherstellers Volvo.

Die quirlige Stadt mit 525 000 Einwohnern (denen man viel Witz nachsagt) ist von Grünflächen wie dem Botanischen Garten, der Gartengesellschaft von Göteborg und dem Vergnügungspark Liseberg durchzogen. Von hier kann man Ausflüge zu den Schären der Westküste mit ihren hübschen Fischerdörfern und Felsenbuchten unternehmen.

Göteborgs Botanischer Garten – eine grüne Oase nahe dem Stadtzentrum

◀ Blick auf Göteborg, Schwedens wichtigsten Hafen

Überblick: Göteborg

Einen schnellen Überblick über Göteborg gewähren die vielen hervorragenden Aussichtspunkte, etwa Utkiken oder Lisebergstornet (Teil des Seefahrtsmuseums). Die zentralen Stadtteile liegen südlich des Flusses Göta Älv, man kann aber bequem mit der Fähre auf die Insel Hisingen übersetzen, mit dem Auto über die Brücken Götaälvbron und Älvsborgsbron fahren oder den Tingstad-Tunnel benutzen. Das exzellente Tramsystem ist ideal für Fahrten durch die Stadt, vor allem die alten Waggons der Ringlinjen. Paddans weiße Ausflugsboote *(siehe S. 209)* bieten Fahrten auf den Kanälen (17. Jh.) und im Hafen an.

Sehenswürdigkeiten auf einen Blick

1. GötheborgsUtkiken
2. Barken Viking
3. GöteborgsOperan
4. Maritiman
5. Kronhuset
6. Gustav Adolfs Torg
7. Göteborgs Stadsmuseum
8. Domkyrkan
9. Trädgårdsföreningen
10. Ullevi
11. Röhsska Museet
12. Universeum
13. Världskulturmuseet
14. Liseberg
15. Götaplatsen
16. Skansen Kronan
17. Gamla Haga
18. Feskekörka
19. Sjöfartsmuseet Akvariet
20. Gathenhielmska Huset
21. Slottsskogen und Naturhistoriska Museet
22. Botaniska Trädgården
23. Hafen
24. Nya Älvsborgs Fästning

Der Fischmarkt Feskekörka spiegelt sich im Rosenlund-Kanal

0 Meter   500

Zeichenerklärungen *siehe hintere Umschlagklappe*

GÖTEBORG | 197

Anreise nach Göteborg

Göteborg wird von Fähren aus Norwegen, Dänemark und Deutschland angelaufen. Schnellzüge bringen Reisende von Stockholm und Malmö in drei Stunden hierher. Ein gut ausgebautes Pendlerzugnetz und Expressbusse fahren ins Umland. Die E6 an der Westküste und die E20 aus Richtung Stockholm treffen am Fluss Göta Älv zusammen. Landvetter international, Schwedens zweitgrößter Flughafen, hat Direktverbindungen zu vielen nationalen und internationalen Zielen. Den Göteborg City Airport erreicht man per Bus vom Stadtzentrum in 25 Minuten.

Infobox

Information

525 000. Göteborgs Turistbyrå: Kungsportsplatsen 2 und Nordstan, (031) 368 4200.
Filmfestspiele Göteborg (Jan/Feb), Wissenschaftsfestival (Frühjahr), Göteborger Pferdeschau (Frühjahr), Göteborg-Kulturfestival (Aug), Jazz-Festival (Aug), Internationale Buchmesse (Ende Sep), Kulturnacht (Okt).

goteborg.com

Anfahrt

Landvetter 45 km östlich des Zentrums.

Milles' *Poseidon* auf dem Götaplatsen

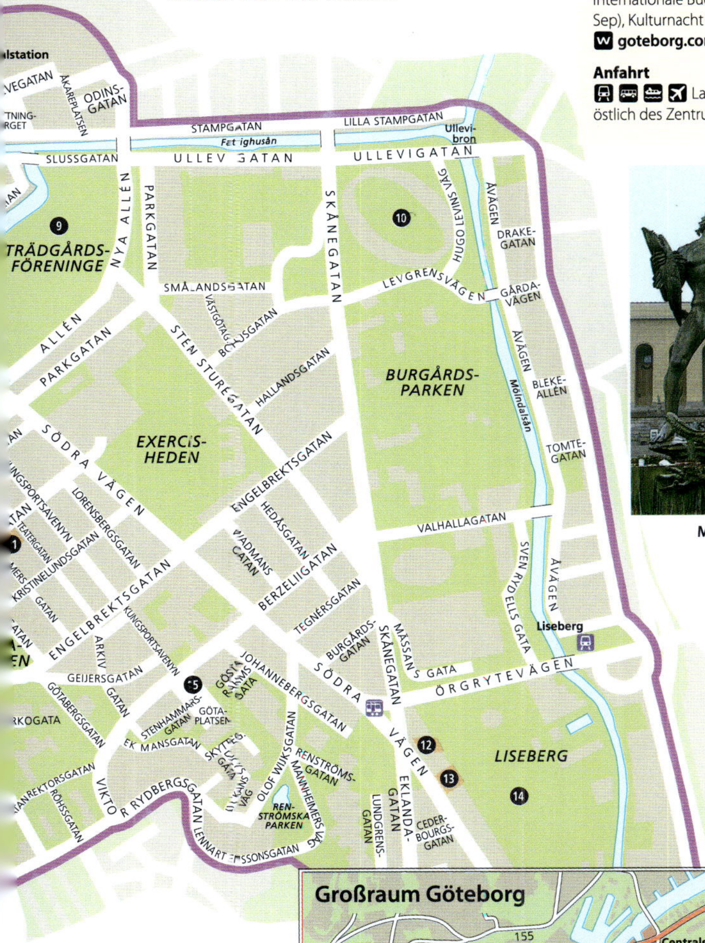

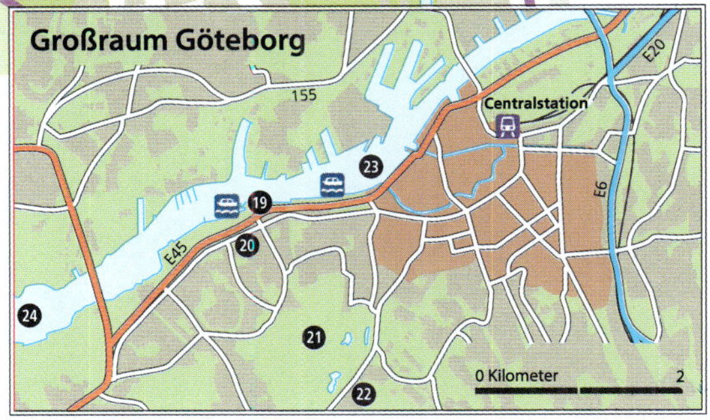

Im Detail: Västra Nordstan

Dieser Teil Göteborgs ist das Zentrum der Hafenstadt mit fast 400-jähriger Geschichte. Am Ufer des Göta Älv ist alles von der Seefahrt geprägt: Museumsschiffe liegen vor Anker, es herrscht ein reges Treiben ein- und auslaufender Fähren und Boote. Spektakuläre moderne Gebäude wie GöteborgsOperan und Utkiken kontrastieren mit historischen Bauwerken wie dem Gebäude der Ostindien-Kompanie am Stora Hamnkanalen, das den holländischen Einfluss auf Göteborgs Architektur widerspiegelt, und dem Kronhuset, dem ältesten weltlichen Gebäude der Stadt. Shoppen kann man gut im nahen Nordstan mit seinen vielen Kaufhäusern, kleinen Läden und Galerien.

❸ ★ GöteborgsOperan
Spenden ermöglichten den Bau des lang ersehnten Opernhauses, das schließlich 1994 eröffnet wurde.

❹ ★ Maritiman
Im Hafen liegt eines der weltweit größten schwimmenden Schiffsmuseen. Sowohl den Zerstörer *Småland* von 1952 als auch das U-Boot *Nordkaparen* von 1962 kann man betreten.

Fußgängerbrücke Ture Rinman

Legende
— Routenempfehlung

❼ Göteborgs Stadsmuseum
Die ehemalige Zentrale der Ostindien-Kompanie, ein Gebäude aus dem 18. Jahrhundert, beherbergt heute Göteborgs Stadtmuseum.

Hotels und Restaurants in Göteborg *siehe Seiten 287 und 298f*

VÄSTRA NORDSTAN | 199

1 GöteborgsUtkiken
Vom höchsten Punkt des Hochhauses hat man eine exzellente Sicht auf den Fluss und den lebhaften Hafen.

Zur Orientierung
Siehe Zentrumskarte S. 196f

Yachthafen Lilla Bommen

Fußgängerbrücke Torsten Henrikssons

Einkaufszentrum Nordstan

2 ★ Barken Viking
Nach vielen Jahren auf hoher See liegt das Segelschiff *Viking* (1906) nun im Hafen vor Anker. Es dient als Hotel und Restaurant.

6 Gustav Adolfs Torg
»Hier soll die Stadt sein«, verfügte König Gustav II. Adolf – Bengt Erland Fogelberg fing in seiner Statue (1854) diese Geste ein. Der Todestag des Königs, der am 16. November 1632 in der Schlacht bei Lützen fiel, wird hier alljährlich begangen.

5 Kronhuset und Kronhusbodarna
In den Kronhusbodarna-Häuschen (17. Jh.) beim Kronhuset residieren heute Kunsthandwerker und Restaurants.

Hochhaus Utkiken, davor das Segelschiff *Viking*

❶ Götheborgs-Utkiken

Lilla Bommen 2. (031) 15 42 15. 5, 10. 18, 19, 25, 52, 90, 91. tägl. 11–15 Uhr (Juli, Aug: bis 16 Uhr). Aufzug fährt jede Stunde.

Das rot-weiße Bürohochhaus Utkiken dominiert seit 1989 das Hafengebiet Lilla Bommen. Das gewagte Gebäude der Architekten Ralph Erskine und Heikki Särg tauften die humorvollen Göteborger schon bald »Lippenstift«. Von ganz oben, 86 Meter über dem Meeresspiegel, hat man eine unglaubliche Aussicht über den Hafen und das Zentrum von Göteborg.

❷ Barken Viking

Gullbergskajen. (031) 63 58 00. 5, 10. 40, 42, 52, 99. tägl. 22.–31. Dez. Sommer. teilweise. **barkenviking.com**

Einer der wenigen Viermaster aus der großen Zeit der Segelschifffahrt liegt in Göteborg vor Anker. Die *Viking* wurde im Jahr 1906 in der Kopenhagener Werft Burmeister & Wain gebaut. Sie segelte auf der Weizenroute nach Australien und transportierte Guano von Chile nach Europa. Das schnelle, schöne Schiff fuhr 1909 die Rekordgeschwindigkeit von 15,5 Knoten. 1948 endete die Zeit der *Viking* als Handelsschiff, zwei Jahre später wurde sie Schulschiff für Matrosen und Kapitäne.

Heute ist die *Viking* der ungewöhnliche Ort für ein Hotel und Konferenzzentrum. Im Sommer verwandelt sich das 97 Meter lange Deck in eine Terrasse mit Café, Restaurant und Bar – mit geradezu turbulenter Atmosphäre.

❸ Göteborgs-Operan

Christina Nilssons Gata. (031) 13 13 00. 5, 10. 18, 19, 25, 52, 90, 91, 114. Mitte Aug – Juni: zu Aufführungen; sonst: tel. erfragen. Karfreitag, 1. Mai, 24., 25. Dez. nach Vereinbarung. **opera.se**

Die Eröffnung des Opernhauses mit seiner imposanten Fassade am Göta Älv im Jahr 1994 war von Westschwedens Musikliebhabern ungeduldig erwartet worden. Dies beweist die riesige Wand, auf der die Namen von 6000 Personen stehen, die für den Bau gespendet haben.

Das Theater ist in jeder Hinsicht großartig. Der achteckige Zuschauerraum fasst mehr als 1300 Besucher, die alle die exzellente Akustik genießen können. Die Hauptbühne ist 500 Quadratmeter groß, daneben liegen vier riesige

In der modernen GöteborgsOperan kommen Oper, Operette, Musical und Ballett auf die Bühne

Hotels und Restaurants in Göteborg *siehe Seiten 287 und 298f*

Bereiche zur Lagerung von Kulissen. Mithilfe modernster Technik kann man schnell zwischen verschiedenen Produktionen wechseln, auch zwischen Oper, Operette, Musical und Aufführung von modernem Tanz.

Der Architekt Jan Izikowitz ließ sich von der Lage am Hafen inspirieren. Als Ziel hatte er ein Gebäude im Sinn, »dessen Leichtigkeit die Gedanken frei fliegen und in den Lüften kreisen lässt wie die Flügel einer Möwe über dieser wunderbaren Flusslandschaft«.

Die Börsen (1859) an der Nordseite von Gustav Adolfs Torg

Der Zerstörer Småland (1952) im Schiffsmuseum Maritiman

❹ Maritiman

Packhusplatsen 12. (031) 10 59 50. 5, 10, 13. 18, 19, 25, 52, 86, 90, 91, 96, 114, 194, 197. Apr: Sa, Sc; Mai, Sep: tägl. 11–17 Uhr; Juni–Aug: tägl. 10–18 Uhr. maritiman.se

Nachdem der Hafen weiter zur See hinaus verlegt worden war, lag der innere Hafenbereich lange Zeit brach. Deshalb entstand hier 1987 Göteborgs Maritiman: Das schwimmende Museum besteht aus 13 Schiffen, Booten und Kähnen und ist eines der weltweit größten Schifffahrtsmuseen.

Auf einer Begehung kann man den Zerstörer Småland, der 1952 in der Eriksbergs Werft am anderen Flussufer gefertigt wurde, das U-Boot Nordkaparen (1962) und das Panzerschiff Sölve (1875) besichtigen. Außerdem liegen hier historische Feuerschiffe, Löschboote und Schlepper.

❺ Kronhuset

Postgatan 6–8. 1, 2, 3, 4, 5, 6, 7, 9, 10, 11, 13. 16, 40, 42, 50, 52, 58, 60, 86, 90, 91, 99, 771.

Das Kronhuset, ein hoher Ziegelbau im niederländischen Stil, wurde 1643–55 erbaut und ist Göteborgs ältestes weltliches Gebäude. In diesem Stadtteil hatte früher die Artillerie ihre Lagerräume. Das Erdgeschoss baute man später für den Reichstag von 1660 um. Heute finden in dem Gebäude Veranstaltungen wie Konzerte und Ausstellungen statt.

Den Platz säumen die malerischen Kronhusbodarna (Kronhus-Häuserzeilen), in denen sich Handwerker und ein altmodischer Laden niedergelassen haben. Hier werden Töpfer- und Glaswaren, Uhren und Süßigkeiten hergestellt. Darüber ist hier ein nettes Café.

Kronhuset (Mitte 17. Jh.), eines der ältesten Gebäude der Stadt

❻ Gustav Adolfs Torg

1, 2, 3, 4, 5, 6, 7, 9, 10, 11, 13. 16, 40, 42, 50, 52, 58, 60, 86, 90, 91, 99, 771.

Göteborgs Gründer, König Gustav II. Adolf, verlieh dem Hauptplatz der Stadt seinen Namen. Seit 1854 blickt Bengt Erland Fogelbergs Statue des »Heldenkönigs« gebieterisch auf den Platz und auf Rådhuset, Börsen und Stadshuset. Am 16. November, dem Tag, an dem der König 1632 in der Schlacht bei Lützen ums Leben kam, wird in der Stadt zu seinen Ehren ein Marzipankuchen hergestellt. Diesen krönt ein Schokoladenstück in der Form des königlichen Kopfes.

Das **Rådhuset** bei der Norra Hamngatan wurde im Jahr 1673 nach Plänen von Nicodemus Tessin d. Ä. errichtet. Den funktionalistischen Anbau entwarf Gunnar Asplund (siehe S. 105) 1937.

Sowohl das **Stadshuset** aus dem 18. Jahrhundert als auch die Wenngrenska Villa an der Nordseite des Platzes werden von der Stadtverwaltung genutzt. Das Gebäude der **Börsen**, das P. J. Ekman 1849 gestaltete, ist häufig Schauplatz von offiziellen Empfängen und Ratsversammlungen.

Im Ostindiska Huset ist Göteborgs Stadsmuseum untergebracht

❼ Göteborgs Stadsmuseum

Norra Hamngatan 12. (031) 368 36 00. 1–11. 60, 86, 90. Di–So 10–17 Uhr (Mi bis 20 Uhr). Feiertage. nach Vereinbarung. stadsmuseum.goteborg.se

Das Stadtmuseum ist im historischen Ostindiska Huset (Ostindien-Haus) untergebracht. Das Gebäude wurde 1747–62 nach Entwürfen von Bengt Wilhelm Carlberg und Carl Hårleman als Verwaltung, Auktionsraum und Lager der Ostindien-Kompanie gebaut. Anfang des 19. Jahrhunderts nutzte man es als naturgeschichtliches Museum, im Jahr 1861 wurde das Stadtmuseum gegründet.

Die Dauerausstellungen zeigen die Frühgeschichte Westschwedens und die Bedeutung des Flusses Göta Älv als Route nach Europa – angefangen bei den Wikingern. Weitere Themen sind die Geschichte der ersten Einwohner Göteborgs, die Industrialisierung, die gesellschaftlichen Unruhen im 20. Jahrhundert sowie die Ostindien-Kompanie und ihr Handel mit exotischen Waren wie chinesischem Porzellan, Seide und Lackarbeiten.

Chinesischer Teller in Göteborgs Stadsmuseum

❽ Domkyrkan

Västra Hamngatan. (031) 731 61 30. 1, 2, 6, 9, 11, 13. 16, 40, 60. tägl. nach Vereinbarung. tägl.

Die Gustavi Domkyrka wurde von C.W. Carlberg 1815–25 im Stil des Klassizismus gestaltet. Zwei Vorgängerkirchen an derselben Stelle wurden Opfer von Bränden.

Auf dem Domkyrkoplan vor dem Dom steht eine der besterhaltenen Tränken der Stadt: Ab dem 18. Jahrhundert wurde Wasser in ausgehöhlten Eichenstämmen vom Brunnen in Gustafs Källa in den Süden der Stadt geschafft.

Der beeindruckende vergoldete Altar in der Domkyrkan

❾ Trädgårdsföreningen

Slussgatan. (031) 365 58 58. 1–5, 7, 9–11, 13. 21, 25, 28, 29, 43, 58, 59, 60, 514. **Park** tägl. 7–18 Uhr. **Palmhuset** (031) 365 58 58. tägl. 10–16 Uhr. 24., 25., 31. Dez. tradgardsforeningen.se

Unter Göteborgs zahlreichen Parks ist Trädgårdsföreningen eine Klasse für sich. 1842 begann man damit, ein Moorgebiet südlich von Vallgraven in einen Park für die Bürger der Stadt zu verwandeln.

In dem wunderschönen Palmhuset (1878) wachsen Pflanzen von fünf Kontinenten: u. a. Kamelien, Bambus, Orchideen, Palmen. Das Vattenhuset (Wasserhaus) überwuchern die gewundenen Wurzeln von Mangrovenbäumen und die zwei Meter breiten Blätter der Riesenseerose. Das Rosarium dürfen insbesondere Rosenliebhaber auf keinen Fall versäumen. Die Sammlung, die aus mehr als 1900 Rosenarten besteht, ist einzigartig.

Im Park befinden sich Cafés und Trägår'n, ein Restaurant mit Nachtclub, in dem sich schon seit dem 19. Jahrhundert die Göteborger vergnügen. Inzwischen hat das Lokal ein neues Gebäude mit großer Terrasse bekommen.

Ostindien-Kompanie

Angelockt durch Güter wie Tee, Seide und Porzellan, investierte im 18. Jahrhundert auch Schweden in den Handel mit China. Göteborg wurde eines der Zentren des lukrativen Gewerbes. Die Ostindien-Kompanie Schwedens wurde 1731 gegründet und war 82 Jahre lang tätig. Ihr Sitz war das Ostindiska Huset *(siehe oben)*. 38 Schiffe fuhren 132-mal nach China. Vor einiger Zeit erwachte das Interesse an der Arbeit der Kompanie neu. Die Terra-Nova-Werft in Eriksberg baute den Ostindien-Schnellsegler *Götheborg*, eine exakte Kopie jenes Schiffs, das auf seiner Heimreise vor 250 Jahren vor Nya Älvsborgs Fästning *(siehe S. 209)* sank. 2005 lief das Schiff aus, um auf der alten Handelsroute nach Kanton zu segeln. Seit seiner Rückkehr 2007 liegt es im Hafen.

Der Schnellsegler *Wasa*, Nya Älvsborgs Fästning

Hotels und Restaurants in Göteborg siehe Seiten 287 und 298f

In Trädgårdsföreningens Palmhuset wachsen Pflanzen von fünf Kontinenten in mehreren Klimazonen

❿ Ullevi

Skånegatan. ☎ (031) 81 10 20.
🚋 1, 3, 6. 🚌 2, 8, 60.
🅿 bei Veranstaltungen. ♿

Schwedens größte Arena, Ullevi, wurde zur Fußballweltmeisterschaft 1958 eröffnet und richtete seither viele internationale Wettkämpfe aus. Die elegante, wellenförmige Ellipse von Architekt Fritz Jaenecke wurde schon mehrfach renoviert und modernisiert. In der Arena finden bei Sportveranstaltungen etwa 43 000 Zuschauer Platz, bei Konzerten sogar bis zu 75 000 Besucher.

Vor der Arena erinnert eine Statue an den großen schwedischen Boxer Ingemar »Ingo« Johansson (1932–2009).

⓫ Röhsska Museet

Vasagatan 37–39. ☎ (031) 61 38 50.
🚋 3, 4, 5, 7, 10. 🚌 42, 45, 49, 58, 753, 760, 764, 765. 🕒 Di–So 11–17 Uhr.
● einige Feiertage. 📷 nach Vereinbarung. ♿
🌐 designmuseum.se

Das Röhsska Museet ist Schwedens führendes Museum für Design und angewandte Kunst. Es beherbergt eine wunderbare Sammlung skandinavischer Haushalts- und Dekorationsobjekte aus dem 20. Jahrhundert.

Andere Abteilungen widmen sich europäischem Design sowie Antiquitäten aus Europa, Japan und China. Aus Platzgründen ist immer nur ein Teil der insgesamt mehr als 50 000 Objekte zu sehen, zudem finden häufig Sonderausstellungen statt.

Das Museum entstand aus den Stiftungen der Finanziers Wilhelm und August Röhss. Im Jahr 1916 wurde es als Röhss-Museum für Handwerk in dem schönen Backsteingebäude des Architekten Carl Westman eröffnet und seitdem erweitert.

Neben dem Museum befindet sich die Hochschule für Kunsthandwerk und Design.

⓬ Universeum

Korsvägen. ☎ (031) 335 64 50. 🚋 2, 4, 5, 6, 8.
🚌 50, 52, 100, 330, 513, 753. 🕒 tägl. 10–18 Uhr.
📷🍴🛍♿
🌐 universeum.se

Am Fluss Mölndalsån, unweit der Kungsportsavenyn, liegt ein Areal, in dem sich mehrere Attraktionen und Veranstaltungsorte konzentrieren etwa Liseberg (siehe S. 204), Ullevi und Universeum, das größte Wissenschaftszentrum in Skandinavien.

Ziel von Universeum ist es, bei Kindern und Jugendlichen das Interesse an Wissenschaft und Technik wachzurufen. Das Zentrum wartet mit viel

Chinesische Plastik, Röhsska Museet

Wissenswertem für die ganze Familie auf. Es wurde größtenteils aus recycelten oder umweltfreundlichen Materialien gebaut, dazu zählen auch die Solarpaneele auf dem Dach.

Viele der Exponate im Universeum sind interaktiv, etwa ein tropischer Regenwald, der von Schlangen, Fröschen und Spinnen bewohnt ist, ein großes Aquarium mit Haien und Rochen, ein Wassertank, in dem heimische Fische leben, oder eine Weltraumstation, wo man mehr über das Leben von Astronauten im Weltraum erfahren kann.

⓭ Världskulturmuseet

Södra Vägen 54. ☎ (010) 456 12 00.
🚋 2, 4, 5, 6, 8, 13. 🚌 49, 50, 52, 91, 157, 513, 761, 771. 🕒 Di, Do, Fr 12–17, Mi 12–20, Sa, So 11–17 Uhr (Juni–Aug: Di–Fr 12–17, Sa, So 11–17 Uhr). ● einige Feiertage.
📷🍴🛍♿
🌐 varldskulturmuseet.se

Die Londoner Architekten Cécile Brisac und Edgar Gonzalez entwarfen das eiswürfelähnliche Världskulturmuseet (Museum der Weltkulturen), das 2005 eröffnet wurde. Die Exponate sind wie das Gebäude alles andere als traditionell. Sie sollen überraschen, provozieren und Vorurteile gegen fremde Kulturen infrage stellen. Hier finden auch Konzerte, Filme, Tanzvorführungen und Literaturlesungen statt.

Universeum, 2001 nach Plänen von Gert Wingårdh gebaut

Göteborgs Konstmuseum am Götaplatsen, dem Hauptplatz der Stadt, mit Carl Milles' Poseidon-Statue

⓮ Liseberg

Örgrytevägen 1. 2, 4, 5, 6, 8, 13. 50, 49, 52, 91, 513, 761, 771. (031) 400 100. letzte Woche im Apr – letzte Woche im Sep: variierende Öffnungszeiten; Weihnachtsmarkt: ab Mitte Nov.
liseberg.se

Die Göteborger sind zu Recht stolz auf ihren Vergnügungspark, der Besuchermassen anlockt. Hier findet man modernste Fahrgeschäfte und ein vielfältiges Unterhaltungsprogramm. Die Grünanlagen sind wunderbar gestaltet.

Der Finanzier Johan Anders Lamberg erwarb das Land im 18. Jahrhundert und ließ bis 1753 das erste prachtvolle Haus, Landeriet, errichten. Lamberg hatte zwei Leidenschaften: die Gartenarbeit und seine Frau Lisa, nach der er auch das neue Haus auf dem Hügel benannte – Liseberg.

Göteborg kaufte das Gelände für die Göteborg-Ausstellung 1923 und schuf mit der Errichtung einer beeindruckenden Achterbahn aus Holz den Rummelplatz. Es folgten weitere Fahrgeschäfte, die in 80 Jahren insgesamt 140 Millionen Gäste verzeichnen konnten. Die Achterbahn Balder ist die größte ihrer Art in Skandinavien. Ihre Holzbauweise erinnert an das erste Fahrgeschäft des Parks. Von oben (36 Meter hoch) erreicht sie eine Geschwindigkeit von 90 km/h. Das Fahrgeschäft Kanonen bietet ebenfalls eine extreme Erfahrung mit Loopings und 360-Grad-Rotation.

Blumenmädchen von **Gerhard Henning im Liseberg-Park**

⓯ Götaplatsen

4, 5. 42, 58, 158. **Konstmuseum**
(031) 368 35 00. Di, Do 11–18, Mi 11–21, Fr–So 11–17 Uhr. 1. Jan, Karfreitag, 1. Mai, Mittsommer, 6. Juni, 24., 25., 31. Dez.
konstmuseum.goteborg.se
Konsthallen (031) 368 34 50.
Di, Do 11–18, Mi 11–20, Fr–So 11–17 Uhr.
konsthallen.goteborg.se
Konserthuset bei Konzerten.
(031) 726 53 10. **Stadsteatern**
(031) 708 71 00. bei Aufführungen. **stadsteatern.goteborg.se**

Götaplatsen, der Platz am südwestlichen Ende der Kungsportsavenyn, ist Göteborgs Hauptplatz. Hier liegen die Kulturbastionen: Konstmuseum, Konsthallen, Konserthuset, Stadsteatern und Stadsbiblioteket. In der Mitte des großen Platzes umplätschert Wasser Milles' riesige Poseidon-Statue, die zu einem Wahrzeichen Göteborgs wurde. Der Götaplatsen wurde zum 300. Geburtstag der Stadt und der Göteborg-Ausstellung (1923) angelegt, weshalb viele der Gebäude bereits von Anfang an als Ausstellungsräume dienten.

Breite Stufen führen von der Südostecke des Platzes hoch zum **Konstmuseum**. Das Bau von Sigfrid Ericson wurde 1925 Museum. Zu seiner umfangreichen Sammlung nordischer Kunst gehören Schlüsselwerke von Carl Larsson, Ernst Josephson und den Göteborger Koloristen. Ebenfalls vertreten sind Werke aus der dänischen

Lisebergs Hauptbühne für Shows, Konzerte, Akrobatik und vieles mehr

Hotels und Restaurants in Göteborg *siehe Seiten 287 und 298f*

Blütezeit, niederländische und flämische Gemälde sowie französische Modernisten. Der Stolz ist die Furstenbergska Galleriet, ein Nachbau der Galerie, die der Kunstmäzen Ende des 19. Jahrhunderts in seinem Palais hatte.

Die benachbarte **Konsthallen** zeigt regelmäßig Wechselausstellungen. Der Bronzelöwe an der Fassade ist ein Werk von Palle Pernevi.

Das **Konserthuset** an der südwestlichen Seite des Platzes entstand nach Entwürfen von Nils Einar Eriksson und wurde 1935 eröffnet. Im Foyer hängen Gemälde von Prinz Eugen (Grab der Erinnerungen) und Otte Sköld (Volkslied) sowie ein Gobelin von Sven X:et Ersson (Melodien auf dem Platz).

Das **Stadsteatern**, 1934 von Carl Bergsten erbaut, wurde nach der Renovierung 2002 wiedereröffnet.

Skansen Kronan (1687) steht hoch über Göteborg

⓰ Skansen Kronan

Skansberget. 🚊 1, 6. 🚌 60, 80, 760, 764, 765. 📞 (031) 711 30 33.
🕐 Di–Fr 10–15 Uhr. ⚫ Feiertage.
nach Vereinbarung.
teilweise.

Eine Goldkrone ziert die achteckige Festung Skansen Kronan aus Schwedens Zeit als Großmacht (siehe S. 42f). Skansen Kronan thront auf dem Skansberget. Wie ihr Gegenstück Skansen Lejonet in Bahnhofsnähe gehört sie zu den besterhaltenen Befestigungsanlagen von Erik Dahlbergh. Sie wurde 1687 gebaut, um die Stadt vor Angriffen aus dem Süden zu schützen. Heute beherbergt der Bau ein Militärmuseum mit Uniformen und Waffen. Vom Skansberget bietet sich eine schöne Aussicht.

Haga mit seinen schönen alten Holzhäusern

⓱ Haga

🚊 1, 3, 6, 9, 11.
🚌 60, 80, 760, 764, 765.

Das frühere Arbeiterviertel südlich von Vallgraven ist einer der wenigen Orte, wo man noch das alte Göteborg spürt. In Hagas Holzhäusern in den Kopfsteinpflasterstraßen leben und arbeiten Handwerker. Es gibt kleine Läden, Cafés und Restaurants.

Haga war im 17. Jahrhundert Göteborgs erster Vorort, in dem hauptsächlich Hafenarbeiter und ihre Familien wohnten. Zur Zeit der Industrialisierung im 19. Jahrhundert entstand hier eine Hüttenstadt, das Viertel füllte sich mit Arbeitsuchenden vom Land.

In den 1960er und 1970er Jahren verwahrloste Haga zunehmend, man dachte bereits an den Abriss des gesamten Viertels. Öffentlicher Protest auf breiter Front vereitelte diese Pläne jedoch, stattdessen wurde sichergestellt, dass wichtige Teile von Haga erhalten blieben, die Häuser wurden renoviert. Einige der für Haga typischen *landshövdingehusen* (»Häuser des Landesheerführers«) kann man besichtigen. Sie entstanden in den 1880er Jahren, als das Gesetz von 1854, das Holzhäuser mit mehr als zwei Etagen im Zentrum verbot, mit Billigung des Landshövdinge umgangen wurde. Wenn das Erdgeschoss aus Stein war – wie es hier der Fall war –, konnte das Haus zwei hölzerne Etagen haben, ohne ein Brandrisiko darzustellen.

⓲ Feskekörka

Rosenlundsvägen. 🚊 1, 3, 6, 9, 11.
🚌 50, 60, 91, 80, 760, 764, 765.
🕐 Di–Fr 10–18, Sa 10–15 Uhr.
⚫ Feiertage.

Warum die Göteborger den Fischmarkt Feskekörka (Fischkirche) tauften, ist leicht zu erkennen. Victor von Gegerfelt ließ sich von gotischen Kirchen inspirieren, als er 1874 die Markthalle entwarf, die ein steiles Dach und große Erkerfenster erhielt.

Der Fang aus der Nordsee wird direkt hierhergebracht, sodass die Makrelen und die köstlichen Meeresfrüchte garantiert frisch sind. Heutzutage stehen hier mehr als nur einfache Fischstände – die Halle bildet die farbenfrohe Kulisse für Restauranttische, an denen die Seafood-Spezialitäten auch gleich verzehrt werden können.

Der Fischmarkt Feskekörka, ein Paradies für Seafood-Fans

Die schöne *Götheborg*, der Nachbau eines Segelschiffs aus dem 18. Jahrhundert ▶

⓳ Sjöfartsmuseet Akvariet

Karl Johansgatan 1–3. ☎ (031) 368 35 50. 🚋 3, 9 und 11. ◯ Di–So 10–17 Uhr (Mi 10–20 Uhr). ● einige Feiertage. 🎫 📷 tel. erfragen. 🍴 ♿
📶 🌐 sjofartsmuseum.goteborg.se

Die maritime Geschichte Göteborgs und Bohusläns ist ein Thema des Sjöfartsmuseet (Seefahrtsmuseum). Die Schiffbauerfamilie Broström gründete das Museum im Jahr 1933 auf dem Stigberget, hoch über dem Fluss Göta Älv. Ausstellungsgegenstand ist auch die manchmal komplexe Beziehung zwischen Mensch und Meer. Des Weiteren wird gezeigt, wie sich die Häfen im Lauf der Zeit verändert haben.

Wer mehr über Meeresflora und -fauna erfahren will, sollte das Akvariet (Aquarium) besuchen. In 25 Wassertanks wird sowohl das Leben in nordischen als auch in tropischen Gewässern nachgestellt. Man sieht, wie Krabben, Seesterne und Seeanemonen 40 Meter unter der Meeresoberfläche leben. Manche der Tiere können berührt werden.

Im Gamla Varvsparken stehen mehrere Büsten, darunter auch eine des Schiffbauers F.H. af Chapman (1721–1808, siehe S. 83).

Den Turm **Sjömanstornet** vor dem Museum krönt Ivar Johanssons Skulptur *Frau am Meer* von 1933, die der west-

Das Gathenhielmska Huset, einst der Wohnsitz des Freibeuters Kapitän Lars Gathenhielm

schwedischen Seemänner gedenkt, die im Ersten Weltkrieg ums Leben kamen.

⓴ Gathenhielmska Huset

Allmänna Vägen. 🚋 3, 9, 11. ● für die Öffentlichkeit.

An der Westseite des Stigberget befand sich früher die Werft Amiralitetsvarvet. Hier bekam Anfang des 18. Jahrhunderts der Freibeuter Kapitän Lars Gathenhielm, der norwegisch-dänische Piraten bekämpfte, von Karl XII. Land zugesprochen. Seine Witwe ließ 1740 ein zweistöckiges Herrenhaus bauen, eines der besten Beispiele eines Holzhauses, das wie aus massivem Stein gebaut aussieht.

Das Freilichtmuseum mit kleinen Holzhäusern nebenan zeigt, wie um 1800 ein Göteborger Vorort aussah.

㉑ Slottsskogen und Naturhistoriska Museet

Linnéplatsen. 🚌 42, 52, 80, 760. 🚋 1, 2, 6. **Naturhistoriska Museet** ☎ (010) 441 44 00. ◯ Di–So 11–17 Uhr. ● einige Feiertage. 📷 tel. vereinbaren. 🍴 ♿ 🌐 gnm.se

Seit den 1870er Jahren ist Slottsskogen eine der schönsten Grünflächen der Stadt. Der Park ist von Wegen durchzogen, es gibt schöne Anpflanzungen, Teiche, einen Zoo und viele Unterhaltungsangebote. Im Frühling ist das Azaleental

ein Blütenmeer. 1999 pflanzte man die – damals weltweit längste – Rabatte mit mehr als 90 000 Blumen. In Slottsskogen stehen mehrere alte Holzhäuser aus Westschweden. Eine der Sportanlagen ist Slottsskogsvallen. Im Park gibt es mehrere Cafés und Restaurants.

Das älteste Museum der Stadt, **Naturhistoriska Museet**, liegt im nördlichen Teil des Parks. Das Museum von 1833 wurde 1923 hierherverlegt. Zu seiner riesigen Sammlung mit über zehn Millionen Exponaten gehören ausgestopfte Tiere aus aller Welt. Das berühmteste Tier ist zweifellos der Malmska Valen, ein 16 Meter langer Blauwal, der im Jahr 1865 in Askimviken an Land gespült wurde. Er wurde ausgestopft und auf einen Baumstamm montiert. Der Oberkiefer bildet die Tür, im Walinneren gibt es einen »Raum« mit Bänken, an denen einst Kaffee serviert wurde. Heute darf der Blauwal nur noch zu besonderen Anlässen »betreten« werden.

㉒ Botaniska Trädgården

Carl Skottsbergs Gata 22A. ☎ (031) 741 11 00. 🚌 58. 🚋 1, 2, 7, 8, 13. ◯ tägl. 9–Sonnenuntergang. 🎫 Spende. 🎫 📷 🍴 ♿ 🌐 gotbot.se

Mit 1 750 000 Quadratmeter Fläche und 16 000 Spezies gehört Göteborgs Botanischer Garten zu den größten in Europa. Nur knapp ein Fünftel des Areals bedecken angelegte Gärten, der Rest ist ein Naturschutzgebiet mit ursprünglichem, uraltem Wald.

1916 begann man, die Gärten anzulegen, die seither kontinuierlich erweitert werden. Das Rhododendrontal bietet alljährlich im Spätfrühling einen Teppich aus farbenfrohen Blüten.

Die Skulptur *Frau am Meer* auf dem »Seemannsturm«

Hotels und Restaurants in Göteborg siehe Seiten 287 und 298f

Im Felsengarten in einem alten Steinbruch wachsen 5000 Gebirgspflanzen aus allen Erdteilen. Im Frühsommer ist die Japanische Lichtung mit ihren duftenden Magnolien eine wahre Freude, im Herbst herrscht hier eine quasi orientalische Farbenorgie.

In großen Gewächshäusern sind die Pflanzen vor dem zuweilen unfreundlichen Klima geschützt. Die kontrollierten Bedingungen im Inneren schaffen verschiedenste Lebensräume, von der Wüste bis zum schwülen Dschungel. Die Bambus- und Bananenpflanzen im Tropenhaus werden bis zu zehn Meter hoch. Es sind 1500 Orchideen in allen Farben und Formen zu sehen.

Eriksbergs Werft mit Sjömanstornet und Älvsborgsbron

Botaniska Trädgården, eine blühende Oase in der Stadt

❷❸ Hafen

Nördlich des Zentrums zwischen den Brücken Götaälvbron und Älvsborgsbron. ☎ (031) 60 96 60. 🚌 nach Lilla Bommen. 🚢 von Lilla Bommen oder Paddan-Ausflugsboote vor Kungsportsplatsen, bis zu viermal pro Stunde. 🌐 stromma.se/en/Gothenburg

Die Seefahrt ist für Göteborg seit je von immenser Bedeutung. Hafen und Werft prägten lange Zeit das Stadtgebiet entlang dem Fluss Göta Älv. Heute spielt der Schiffbau nur noch eine geringe Rolle. Die meisten Hafenaktivitäten – außer dem Fährverkehr – wurden an die Flussmündung verlegt. So kann man in der Stadt nur noch selten beim Be- und Entladen von Schiffen zusehen, obwohl heute dreimal mehr Güter verschifft werden als in den 1960er Jahren.

Der innere Hafen und die Werft westlich der imposanten **Älvsborgsbron** wurden umgebaut, heute findet man hier Wohn- und Bürobauten sowie Forschungs- und Bildungsinstitute. Doch man kann den Geist der Seefahrt noch spüren: auf einer Fähre von Lilla Bommen zur Werft **Eriksbergsvarvet** oder auf einem der weißen **Paddan-Boote**, die von der Kungsportsplatsen-Brücke auf dem Fluss zum inneren Hafen fahren. Die Rundfahrt dauert etwa 50 Minuten. Vom Wasser aus wirken **GöteborgsOperan** (siehe S. 200f), **Barken Viking** (siehe S. 200) und **Maritiman** (siehe S. 201) am schönsten.

Die Werft von Eriksberg auf Hisingen ist der Heimathafen des spektakulären Ostindienschiffs *Götheborg* (siehe S. 202), das noch heute um die Welt segelt. Angeboten werden auch Touren zur Insel Hisingen und dem äußeren Hafen sowie hinaus auf die Schären des Archipels. Im **Fischereihafen** findet dienstags bis freitags um 6.30 Uhr morgens eine Fischauktion statt.

❷❹ Nya Älvsborgs Fästning

8 km westlich des Zentrums. ☎ (031) 60 96 70. 🚌 von Lilla Bommen. 🕐 Juli – Mitte Aug.

Die verfallene Älvsborg im Zentrum wurde 1660 durch eine neue Festung auf Kyrkogårdsholmen an der Göta-Älv-Mündung ersetzt, um Schwedens Tor zur Nordsee zu verteidigen. 1717 und 1719 wurde sie von den Dänen belagert, aber nie eingenommen. Im späten 18. Jahrhundert nutzte man sie als Gefängnis, das 1869 aufgelöst wurde. Heute ist die Festung im Sommer eine beliebte Attraktion. Es gibt auch eine Hochzeitskapelle.

West-Götaland

Vier Landschaften – Dalsland, Bohuslän, Västergötland und Halland – bilden diesen vielfältigen Teil Schwedens, der im Nordwesten an Norwegen und im Norden an die großen Wälder grenzt. Im Osten erstreckt er sich bis zum Vättern-See. Mittendrin liegt Schwedens größter See, der Vänern. Das Wasser von Kattegat und Skagerrak umspült die Felsküsten und Sandstrände im Westen.

Dalsland im Nordwesten von West-Götaland ist eine der kleinsten historischen »Landschaften« des Landes und selbst unter Schweden relativ unbekannt. Die Gegend ist hügelig, man sagt, hier beginne die Grenze zu Norrland mit dem Kroppefjäll-Gebirge als dessen südwestlichstem Vorposten. Von den Ebenen des Agrarlands Dalsland erhebt sich diese Grenze im Westen wie eine Wand aus dunklem Wald, während im Osten der blaue Vänern-See glitzert. Die Gegend ist sehr dünn besiedelt, hat aus diesem Grund jedoch viel Natur und zahlreiche Wildtiere zu bieten, darunter etliche Vogel- und Fischarten.

Im Südwesten grenzt Dalsland an Bohuslän, eine Küstenregion mit bunten kleinen Holzhäuschen zwischen blanken Felsen. Hier bildeten Fischerei und Bergbau seit dem Mittelalter das Rückgrat der Wirtschaft, heute hat ihnen der Fremdenverkehr den Rang abgelaufen: Im Sommer verdoppelt sich in manchen Küstenorten die Bevölkerungszahl. Bohusläns Kapitale ist Schwedens zweitgrößte Stadt Göteborg *(siehe S. 194 – 209)*.

Västergötland liegt zwischen dem Vänern- und dem Vättern-See. Die Region ist seit der Antike bewohnt, es gibt viele Überreste aus prähistorischer Zeit. In der Gegend, der ersten in Schweden, in der sich das Christentum ausbreitete, stehen viele alte Kirchen. Der erste christliche König des Landes, Olof Skötkonung, soll im Jahr 1008 in Husaby getauft worden sein *(siehe S. 38)*, zudem hatten zwei der königlichen Dynastien des Mittelalters ihre Wurzeln in Västergötland. Manche behaupten deshalb, dass Västergötland die Wiege Schwedens sei.

Halland, die Küstenlandschaft südlich von Göteborg, ist ein Sommerparadies mit langen Sandstränden. Dort liegen mehrere Shopping-Städte, interessante Burgen und Herrenhäuser.

Gunnebo, das Haus eines reichen Kaufmanns (18. Jh.) bei Göteborg, ist heute ein Museum

◀ Ein Segelboot passiert ein typisches Fischerdorf an der Westküste in Bohuslän

Überblick: West-Götaland

Am besten erkundet man West-Götaland mit dem Auto, so sieht man am meisten von Dalslands Seen, Bergplateaus und Ackerflächen und erreicht auch Hallands Sandstrände im Süden. Mit Ausflugsbooten gelangt man zu den kleinen Schären und Fischerdörfern vor der Küste Bohusläns, von Bord der Fähre kann man die Landschaft rund um die Seen Vänern und Vättern bewundern. Zwischen den Seen liegt der Tiveden-Wald, ein ideales Wandergebiet. In der gesamten Region ist die Vergangenheit immer präsent, vor allem beim UNESCO-Welterbe Tanum, wo man Felszeichnungen aus der Bronzezeit besichtigen kann.

Das ehemalige Haus des Leuchtturmwärters an der Einfahrt nach Marstrand ist heute ein exklusives Sommerdomizil

In West-Götaland unterwegs

Zwei große Straßen durchqueren die Region: die E20, die vom Nordosten via Örebro über die Ebenen nach Göteborg an der Westküste führt, und die E6, die an der Küste nach Norwegen verläuft. Die Straße 45 von Värmland führt Richtung Süden nach Dalsland. Zwischen den größeren Orten gibt es Bus- und Bahnverbindungen. Regelmäßig verkehren Fähren zu den meisten bewohnten Inseln vor der Küste.

Tylösand bei Halmstad, einer der herrlichen langen Sandstrände in Halland

Legende

- Autobahn
- Hauptstraße
- Nebenstraße
- Eisenbahn (Hauptstrecke)
- Eisenbahn (Nebenstrecke)
- Staatsgrenze
- △ Gipfel

Weitere Zeichenerklärungen *siehe hintere Umschlagklappe*

WEST-GÖTALAND | 213

Läckö Slotts großer Saal mit bemalter Decke und historischen Porträts

Sehenswürdigkeiten auf einen Blick

- ❷ Åmål
- ❸ Strömstad
- ❹ Koster-Inseln
- ❺ Tanum
- ❻ Fjällbacka
- ❼ Nordens Ark
- ❽ Smögen
- ❾ Uddevalla
- ❿ Lysekil
- ⓫ Bassholmen
- ⓬ Skaftö
- ⓭ Gullholmen
- ⓮ Orust
- ⓯ Tjörn
- ⓰ Marstrand
- ⓱ Kungälv
- ⓲ Vänersborg
- ⓳ Trollhättan
- ⓴ Lidköping
- ㉑ Läckö Slott
- ㉒ Kinnekulle
- ㉓ Mariestad
- ㉔ Tivedens Nationalpark
- ㉕ Karlsborg
- ㉖ Hjo
- ㉗ Skövde
- ㉘ Skara
- ㉙ Falköping
- ㉚ Alingsås
- ㉛ Ulricehamn
- ㉜ Torpa Stenhus
- ㉝ Borås
- ㉞ *Gunnebo Slott S. 229*
- ㉟ Kungsbacka
- ㊱ Varberg
- ㊲ Falkenberg
- ㊳ Halmstad
- ㊴ Laholm

Tour
- ❶ Dalsland-Kanal

❶ Tour am Dalsland-Kanal

Von Bengtsfors aus verläuft der Dalsland-Kanal nach Süden Richtung Köpmannebro am Vänern-See. 19 Schleusen gleichen die 45 Meter Höhenunterschied aus. Man passiert nahezu unberührte Landschaften, moderne Ortschaften, alte Eisenhütten und Herrenhäuser. Der beeindruckende Aquädukt in Håverud besteht aus Stahlplatten, die mit 33 000 Bolzen verbunden sind. Eine Eisenbahn- und eine Autobrücke führen über die Schlucht. Den Kanal gestaltete Nils Ericsson in den 1860er Jahren.

Eine der 19 Schleusen, die die Kanalfahrt ermöglichen

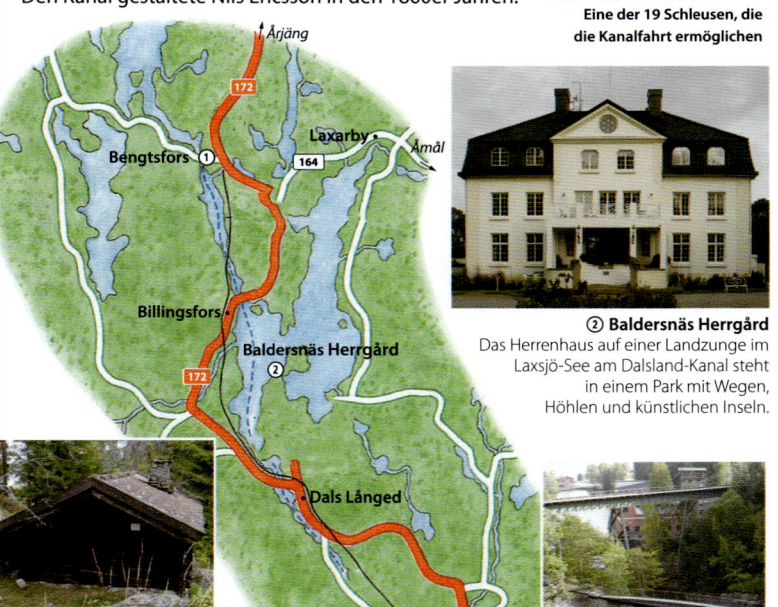

❷ Baldersnäs Herrgård
Das Herrenhaus auf einer Landzunge im Laxsjö-See am Dalsland-Kanal steht in einem Park mit Wegen, Höhlen und künstlichen Inseln.

① Bengtsfors
Hier beginnt oder endet die Kanaltour. Besuchen Sie das Freilichtmuseum Gammelgården mit Holzhütten und Lagerhäusern.

④ Håverud-Aquädukt
Um eine Schlucht und einen neun Meter hohen Wasserfall zu überqueren, baute man vier Schleusen und einen Stahlaquädukt, dahinter folgt eine weitere Schleuse.

Legende
- ▬ Routenempfehlung für Autos
- ▬▬ Route der Boote
- — Andere Straße
- — Eisenbahn

③ Högsbyn-Felszeichnungen
Högsbyn mit Bildern, die vor 3000 Jahren in Stein gemeißelt wurden, erreicht man per Boot von Håverud oder mit dem Auto.

Routeninfos
Länge: 5½ Stunden per Boot.
Bootsroute: Von Bengtsfors bis Köpmannebro oder umgekehrt. Das Boot legt unterwegs mehrmals an. Die Rückfahrt mit Bus oder Zug dauert ca. eine Stunde.

DALSLAND UND BOHUSLÄN | 215

Hotell Skagerack am Hafen von Strömstad

❷ Åmål

Dalsland. Straße 45. 12 000.
Karlstad. Mar ran,
Hamngatan 1, (0532) 170 98.
Bluesfestival Åmål (2. Woche im
Juli). **dalsland.nu**

Dalslands einzige Stadt, Åmål, wurde 1643 gegründet. Dank der strategisch günstigen Lage am Vänern-See entwickelte sich Åmål schnell zu einem bedeutenden Marktplatz. Es kontrollierte den Holzexport nach Norwegen und fungierte als Transithafen für Holz und Eisen nach Göteborg. Nach Bränden im 17. Jahrhundert und einem Großbrand 1901 legte man am Nordufer des Flusses Åmålsån eine neue Stadt an. Von der alten Bauten ist – außer ein paar Häusern (18. Jh.) um den Stadtpark Plantaget – kaum etwas erhalten. Das Heimatmuseum, **Åmåls Hembygdsmuseum**, in dem u. a. eine Zahnarztpraxis und eine Wohnung aus den 1920er Jahren zu sehen sind, findet man im Snarhögsgården, das Eisenbahnmuseum in alten Maschinenschuppen in Åmål Östra.

In **Forsbacka** am Åmålsån, sieben Kilometer von Åmål Richtung Bengtsfors, baute man Ende des 17. Jahrhunderts einen mechanischen Hammer für die Eisenstabherstellung, der bis Ende des 19. Jahrhunderts benutzt wurde. Heute ist das Haus (18. Jh.) der Forsbacka-Eisenhütte ein Hotel mit Golfplatz.

🏛 Åmåls Hembygdsmuseum
Hamngatan 7. (0532) 158 20.
⭘ Mitte Juni – Aug: tägl.
♿ teilweise.

❸ Strömstad

Bohuslän. E6. 12 000.
von Sandefjord, Norwegen.
von Rygge, Norwegen.
Norra Hamnen, (0526) 623 30.
Winter World Festival (1. Wochenende im März), Strömstad-Shrimp-Festival (Juli), Sommermusik (Juli).
vastsverige.com

Als Strömstad 1658 schwedisch wurde, war es ein kleines Fischerdorf, aber schon 1676 hatte es sich zur Stadt entwickelt, ein strategischer Gegenpart zu den norwegischen Städten Halden und Fredrikstad. Mitte des 19. Jahrhunderts kamen Badeferien in Mode, seitdem ist Strömstad mit seinen herrlichen Schären und den vielen Sonnenstunden einer der beliebtesten Urlaubsorte Schwedens.

Heute ist Strömstad eine moderne Stadt. Aufgrund der Nähe zu Norwegen kommen viele Gäste aus dem Nachbarland. Von den Svinesund-Brücken, die Schweden und Norwegen verbinden, hat man einen fantastischen Blick.

Strömstads Museum widmet sich der Lokalgeschichte, im **Friluftsmuseet Fiskartorpet** werden Fischerhütten und Anglergerät präsentiert.

Der Hafen mit Bars und Läden bildet das Stadtzentrum. Von hier fahren Boote auf die Inseln. Auf Robbensafaris erkundet man die Gewässer rund um die Ursholmarna-Inseln südlich von Sydkoster. Die Naturschutzgebiete auf Rossö und Saltö erreicht man per Auto.

🏛 Strömstad Museum
Södra Hamngatan 22.
(0526) 102 75. ⭘ Mo – Sa.
⬤ Feiertage.

🏛 Friluftsmuseet Fiskartorpet
Karlsgatan 45. (0526) 617 53.
⭘ Sommer: tägl.

❹ Koster-Inseln

Bohuslän. 300. von Strömstad (ca. 45 Min.). Norra Hamnen, Strömstad, (0526) 623 30.

Die Koster-Inseln sind für ihre landschaftliche Schönheit und Pflanzenwelt bekannt und bilden zusammen ein Naturschutzgebiet. Sie sind die am weitesten westlich gelegenen bewohnten Inseln Schwedens. Die Vegetation auf den Inseln ist relativ karg und eignet sich gut zum Wandern. Sydkoster, die größte Insel der Gruppe, ist grüner als Nordkoster und ideal für Radtouren.

Die Höhepunkte im Kalender sind das Kammermusikfest im Juli und das Hummerfest im Herbst, bei dem man als Besucher auch mitfischen kann.

Die glatt geschliffenen Felsen Nordkosters laden zum Sonnenbaden ein

Hotels und Restaurants in West-Götaland *siehe Seiten 287f und 299*

❺ Tanum

Bohuslän. E6. 12 000.
Tanumshede Turistinformation,
(0525) 183 80. **tanumturist.se**

Tanums Gemarkung hat sage und schreibe 525 Kilometer Küste, denn Fjorde und Buchten graben sich tief ins Land. Die Küste reicht von Gerlesborg im Süden bis Resö im Norden und wird von vielen Schären und Inseln geschützt. Im Hinterland liegen zwischen Felsen einzelne Bauernhöfe.

Tanum ist vor allem für seine Felsritzungen aus der Bronzezeit bekannt, die ältesten stammen von etwa 1000 v. Chr. Die bildhaften Darstellungen sind so zahlreich und ihre Bedeutung für das Verständnis der bronzezeitlichen Kultur ist so hoch, dass die UNESCO sie 1994 zum Welterbe erklärte. In das weiche Gestein sind Menschen, Tiere, Boote, Waffen u. a. geritzt.

Die mit 200 Quadratmetern größte Ritzung ist in Vitlycke zu sehen. Das **Vitlycke Museum** bietet einen faszinierenden Einblick in diese Form der Felsenkunst. Ausgestellt sind Exponate und ein rekonstruierter Bauernhof aus der Bronzezeit. Bei abendlichen Führungen sind im Fackelschein Bilder zu erkennen, die bei Tageslicht unsichtbar sind. Ritzungen von Jagdszenen sieht man in **Fossum**, östlich von Tanumshede, in **Tegneby** Schiffsdarstellungen und in **Asberget** Szenen mit Tieren und bronzezeitlichen Gerätschaften wie Pflügen.

Vitlycke Museum
3 km südlich von Tanumshede.
(0525) 209 50. Mai – Sep.
nach Vereinbarung.

Fjällbackas bemalte Holzhäuser im Schatten des Vetteberget

❻ Fjällbacka

Bohuslän. E6/Straße 163. 850.
nach Tanum, dann Bus. Torget,
(0525) 321 20. Weltmeisterschaft im Makrelenfischen (letzter Sa im Aug).

An der Küste zwischen Strömstad und Uddevalla liegt das malerische Dorf Fjällbacka. Seit dem 17. Jahrhundert gab es hier eine Siedlung, die wie viele andere an dieser Küste vom Heringsfang und von der Seefahrt lebte. Heute kommen Urlauber hierher, um zu baden und Boot zu fahren.

Schöne, niedrige Holzhäuser und Läden säumen die engen Straßen, das Herz des Dorfs bildet der Hafen. Fjällbacka ist wunderbar gelegen: Vor der Küste gruppieren sich Schären, hinter dem Dorf bildet der 70 Meter hohe Vetteberget eine imposante Kulisse für den

Bronzezeitliche Felsritzungen

Die Felsritzungen in Tanum stellen einen Höhepunkt in der künstlerischen Ausdruckskraft der Bilder und Symbole dar, die die Menschen der Bronzezeit vor über 3000 Jahren verwendeten. Die Darstellungen erzählen vom Alltag, von verlorenen und gewonnenen Kämpfen, von Waffen und der Jagd. Auch Fruchtbarkeit, Geschlechtsverkehr und das Leben nach dem Tod wurden thematisiert. Auf die Bedeutung des Meers gehen die vielen Schiffe und Fischerszenen ein. Die Ritzungen hatten Ritualcharakter, Tierdarstellungen könnten auch als Kalender gedient haben, indem sie angaben, wann welche Tierart gejagt wurde. Hände und Füße könnten für Götter stehen – zu heilig, um sie ganz zu zeigen. Felsritzungen findet man überall auf der Welt, die ältesten stammen von 20 000 v. Chr. Jene in Schweden sind jünger, da das Land erst 6500 v. Chr. eisfrei war. Die Abbildungen in Tanum stammen aus der Zeit von 1000 bis 500 v. Chr.

Sichtlich erregter bronzezeitlicher Krieger

Büste der Schauspielerin Ingrid Bergman (1915 – 1982), Fjällbacka

Platz Ingrid Bergmans Torg. Die Schauspielerin Ingrid Bergman verbrachte so manchen Sommer in Fjällbacka, nach ihrem Tod benannte man den Platz nach ihr. Eine im Jahr 1933 von Gudmar Olovson geschaffene Büste erinnert an sie. Fjällbacka ist ebenfalls bekannt als Handlungsort der weltweit millionenfach verkauften Krimireihe von Camilla Läckberg, die hier geboren wurde.

Den Vetteberget teilt eine Schlucht, die Kungsklyfta (nach König Oscar II., der Fjällbacka 1887 besuchte und seinen Namen am Klufteingang eingravieren ließ). Der Ort diente als Schauplatz der Verfilmung von Astrid Lindgrens *Ronja Rövardotter (Ronja Räubertochter)*.

❼ Nordens Ark

Bohuslän. Straße 17, 20 km nördlich von Smögen. 🚌 📞 (0523) 795 90. 🕐 tägl.; genaue Zeiten tel. erfragen. 🅿️ 🍴 ♿ 🌐 nordensark.se

Der Naturpark und Zoo Nordens Ark kümmert sich um bedrohte Tierarten. Im Park in Åby Säteri leben Tiere aus allen Ecken der Welt, darunter alte schwedische Arten wie Gotland-Schafe und Bergkühe, nordische Wildtiere wie Wölfe und Bärenmarder sowie exotische Arten wie Amur-Leoparden und mehrere Papageienar-

Rote Pandas – eine der bedrohten Tierarten von Nordens Ark

ten. Viele Tiere sind Teil spezieller Programme, die sie vor dem Aussterben bewahren sollen.

Um die Tiere aus der Nähe zu sehen, folgen Sie dem drei Kilometer langen Rundweg – nehmen Sie ein Fernglas mit, um die Vögel zu beobachten. Die Route führt auf Holzbrücken und Kieswegen zwischen den Gehegen entlang. Im Sommer beinhaltet der Eintritt auch eine Führung, die Brut- und Quarantänebereiche sind jedoch nicht zugänglich.

Nordens Ark bietet sich vor allem für einen Familienausflug an, da im ganzen Park immer wieder speziell Kinder angesprochen werden. Sie können herausfinden, wie sich Tiere an Nahrung, Feinde und die Um-

welt anpassen, können selbst Sachen ausprobieren und spielen – auch Erwachsene finden solche Aktivitäten interessant. Man kann im Park auch übernachten.

❽ Smögen

Bohuslän. E6/Straße 174. 👥 1500. 🚌 von Göteborg. ⛴ 🛈 Sotenäs Turistbyrå, Kungshamn, (0523) 66 55 50. 🎉 Hering- und Seafood-Fest (3. Wochenende im Juli), Tradjazz (1. Wochenende im Aug). 🌐 sotenasturism.se

Smögen, eines der größten Fischerdörfer Schwedens, ist ein angenehmer Ferienort mit Krabbenkuttern und einer unterhaltsamen täglichen Fischauktion. Besonders lebhaft wird am Holzkai gehandelt.

Fähren setzen zur Insel Hållö über, einem Naturschutzgebiet südlich von Smögen. Der Leuchtturm **Hållö Fyr** weist seit 1842 Seefahrern den Weg.

Der in den 1930er Jahren angelegte **Sotenkanalen** verbindet Smögen und Hunnebostrand. Er ist sechs Kilometer lang und wird von Ausflugsbooten befahren.

Hunnebostrand ist ein typischer Ferienort an der Westküste und Sitz der Svenska Hummerakademien. Lange Zeit schufen Steinmetze die wirtschaftliche Grundlage für dieses Dorf.

Holzhäuser am Kai von Smögens gut geschütztem Hafen

❾ Uddevalla

Bohuslän. E6/Straße 44. 36 000.
Trollhättan. Södra Hamnen, (0522) 69 84 70. Motocross-Weltmeisterschaft (1. Wochenende im Juli), Westküsten-Tanzfestival (Mitte Juli), Uddevallakalaset (letztes Wochenende im Juli). **uddevalla.com**

Die schön verzierte Fassade des Restaurants Havsbadet in Lysekil

Uddevalla war eine berühmte Schiffbauerstadt, bis in den 1980er Jahren die Werft aufgrund einer Wirtschaftskrise geschlossen werden musste. Uddevallas Geschichte geht auf das Jahr 1498 zurück, als es Stadtrechte erhielt. Die strategisch günstige Lage trug dazu bei, dass der Handel blühte, machte die Stadt aber auch zum Angriffsziel. Im Friedensvertrag von Roskilde wurde sie 1658 schwedisch, wie die Statuen von Karl X. Gustav und Erik Dahlbergh vor dem alten Rathaus bezeugen.

Das **Bohusläns Museum** am Hafen widmet sich der Kultur- und Naturgeschichte der Region. Die **Konsthallen** präsentiert zeitgenössische Kunst. **Sveriges Sjömanshusmuseum** erzählt die Geschichte der Seefahrt. Zu den Exponaten im **Bohusläns Försvarsmuseum** (Verteidigungsmuseum) gehört eine Soldatenhütte. Uddevalla hat darüber hinaus eine schöne Uferpromenade.

Umgebung: Naturliebhaber mögen die einzigartigen Muschelbänke und das ihnen gewidmete Museum **Skalbanksmuseet** in Kuröd bei Uddevalla. Die Kirche in **Bokenäs** stammt aus dem 12. Jahrhundert, ihr Turm und die restaurierten Deckenbilder aus dem 18. Jahrhundert. Die Kirche steht an der Straße 161, 23 Kilometer westlich von Uddevalla.

Bohusläns Museum
Museigatan 1. (0522) 65 65 00. tägl. einige Feiertage. nach Vereinbarung.

Skalbanksmuseet
5 km östlich von Uddevalla. (0522) 65 65 00. Juni–Aug: Di–So.

❿ Lysekil

Bohuslän. E6/Straße 162. 7500.
von Uddevalla. von Fiskebäckskil. Strandvägen 9, (0523) 130 50. Motorrad-Festival (3. Wochenende in Aug.). **lysekil.se**

Als Lysekil im Jahr 1903 das Stadtrecht erhielt, war es bereits ein renommierter Ferienort. Einige Gebäude in Gamlestan, dem alten Teil Lysekils, sind über 200 Jahre alt. Bei einem Bummel über die Strandgatan lässt sich der Charme der Altstadt am besten erleben.

Der Badebereich aus dem 19. Jahrhundert wurde schön restauriert und umfasst ein Kaltbadehaus, den Oscars Festsal und die Curmanska-Villen im nordischen Stil. Die große neugotische Granitkirche aus dem Jahr 1901 ragt über der Stadt auf.

Lysekil liegt am Ende der Halbinsel Stångenäset. Im Süden erstreckt sich der Gullmarsfjorden – Schwedens einziger richtiger Fjord im norwegischen Sinn –, im Norden der Brofjorden. Das Meer spielte hier schon immer eine immens wichtige Rolle. Das Aquarium der Stadt, **Havets Hus**, widmet sich den Tieren und Pflanzen vor Bohusläns Küste. Um die 100 verschiedenen Fischarten schwimmen hier in naturgetreuer Umgebung. Es gibt ein Aquarium mit Tunnel und ein Multimedia-Zentrum. Lysekils Fischereitradition kann man auch auf dem bunten Lysekil-Festival im Sommer erleben.

Havets Hus
Strandvägen 9. (0523) 66 81 61. Feb–Dez: tägl.

⓫ Bassholmen

Bohuslän. Straße 161 Richtung Fiskebäckskil. nach Källeviken, dann 2 km zu Fuß und per Boot. von Uddevalla (Di–Do). Södra Hamnen, Uddevalla, (0522) 69 84 70.

Das Naturschutzgebiet auf der Insel Bassholmen zwischen Orust und Skaftö gehört zu den Attraktionen des Bohuslän-Archipels. Die Landschaft ist ideal für Wanderungen, sie bietet enge Täler, Wiesen und Kiefernwälder. Überall sieht man grasende Pferde und Schafe. Mitten auf der Insel steht ein Bauernhof, umgeben von Parkland und Bäumen.

Auf Bassholmen befinden sich darüber hinaus mehrere traditionelle Schiffswerften, die von Föreningen Allmoge Båtar gepflegt werden, einer Gesellschaft, die sich der Erhaltung und Reparatur von Bohusläns traditionellen Holzbooten verschrieben hat. Viele solcher Boote – Restaurierungen und

Alte Arbeitsboote im Bohusläns Museum in Uddevalla

Am Hafen von Grundsund stehen noch originale Fischerhütten

Neubauten – können in einem Museum besichtigt werden.
Im Sommer treffen sich Freizeitkapitäne auf der Insel zu einem nostalgischen Fest, lassen sich das Handwerk zeigen und vorführen, wie ein Bootsmann Ende des 19. Jahrhunderts gelebt hat. In der alten Werft gibt es auch einen Hafen für Gäste. In den Sommermonaten verkehren Boote zwischen Bassholmen und Uddevalla.

Fiskebäckskil ist ein Sommerparadies auf Skaftö im Gullmarsfjorden

⓬ Skaftö

Bohuslän. Straße 161 Richtung Fiskebäckskil. 🚍 von Uddevalla. 🛈 Lysekil Turistbyrå, (0523) 130 50.

Die Insel Skaftö erkundet man am besten zu Fuß oder mit dem Fahrrad. Die Szenerie wechselt zwischen fruchtbarem Ackerland, Kiefernwäldern und kahlen Hügeln. Skaftös Kartoffeln und Erdbeeren sind zu Recht berühmt. Im Zentrum der Insel liegt Gunnesbo, wo es einen Minizoo gibt. Kinder können hier auch auf Ponys reiten.

Ganz im Süden, wo die Hänge zum Meer hin abfallen, liegt die Siedlung **Rågårdsvik** mit Blick über den Ellösefjorden und das Dorf Ellöse, Sitz der international bekannten Hallberg-Rassy-Werft. Das Rågårdsvik Pensionat bietet exzellente Regionalküche.

Der Sänger Evert Taube machte die schmale Malö-Meerenge zwischen Skaftölandet und Orust bekannt. Snäckedjupet trennt Skaftö vom Festland.

Fiskebäckskil am Gullmarsfjorden ist eine Seefahrergemeinde aus dem 19. Jahrhundert mit einem Kapitänshaus, verzierten Holzhäuschen und romantischen Gärten. Hier befindet sich auch die Meeresforschungsstation Kristineberg.

Grundsund wurde im 17. Jahrhundert gegründet. Ein Kanal verläuft an den eng beieinanderstehenden roten Fischerhütten am Kai vorbei, die so typisch für die Westküste sind. Die kleine Holzkirche von 1799 lohnt eine nähere Betrachtung. Köstliches frisches Seafood bekommt man im Gasthof am Hafen.

Wetterfahne, Fiskebäckskil

⓭ Gullholmen

Bohuslän. 🚢 150. 🚍 von Tuvesvik, Orust. 🛈 Henåns Turistbyrå, (0304) 33 44 94. 🌐 sodrabohuslan.com

Das 1585 gegründete Gullholmen ist eine der ältesten Fischersiedlungen in Bohuslän. Mitte des 19. Jahrhunderts entstand hier eine der ersten Konservenfabriken des Landes. Die Fischerei auf der Dogger-Bank in der Nordsee verbuchte gute Erträge, 1910 besaß Gullholmen eine Fischereiflotte mit mehr als 50 Kuttern. Als jedoch das Fischereigewerbe zurückging, passierte das Gleiche mit der Bevölkerungszahl – heute haben Sommerfrischler viele Häuser übernommen. Gullholmen ist ein typisches Sommerparadies der Westküste. Zu sehen gibt es z. B. die 1799 geweihte Kirche und einen Lotsenausguck, der 1916 abgerissen, jetzt aber wiederaufgebaut wurde.

Skepparhuset, ein Kapitänshaus aus dem 19. Jahrhundert, hat noch seine Originaleinrichtung.

Südlich von Gullholmen liegt die vegetationslose Insel **Käringön**. Sogar die Erde für den kleinen Friedhof musste von Orust herübergeschafft werden. Die malerischen, eng stehenden Häuser werden hauptsächlich von Sommerurlaubern bewohnt, in der Saison ist der Gästehafen voller Leben. In einem Fischerhäuschen hat man ein Museum eingerichtet. Die Insel erreicht man mit dem Boot von Hällevikstrand oder mit der Fähre von Tuvesvik.

🏛 **Skepparhuset**
📞 (0304) 570 70. 🕒 4 Wochen im Sommer. Infos über Tourismusbüro.

Hübsche kleine Häuser im Hafen von Gullholmen

Mollösund ist ein typisches Fischerdorf auf Orust

⓮ Orust

Bohuslän. 🚌 15 000. 🚍 von Stenungsund. 🛈 Hamntorget 18, (0304) 33 44 94. 🛥 Tage der offenen Tür in der Bootswerft (letztes Wochenende im Aug.). 🌐 orust.se
🌐 sodrabohuslan.com

Orust, eine der größten Inseln Schwedens, war schon immer von der Heringsfischerei abhängig. Das Dorf **Mollösund** an der Südwestküste wurde im 16. Jahrhundert gegründet, zur Blütezeit dieses Gewerbes. Als der Heringsbestand zurückging, verarmte die Insel, doch mit der Rückkehr der Heringe in den 1750er Jahren stieg die Bevölkerungszahl wieder an. In der Folge öffneten Gasthöfe und Raffinerien zur Herstellung von Fischtran. Die kahlen Felsen Bohusläns erinnern an diese Zeit: Die Tran-Raffinerien benötigten viel Holz, die Küste wurde praktisch entwaldet.

Zu den meisten Wohnhäusern gehörte eine Fischerhütte am Hafen, noch heute stehen Häuser und Hütten dicht an dicht. Überall riecht es nach Stockfisch, der an der Luft getrocknet wird, um an Weihnachten *Lutfisk* zu haben.

Orust ist ein Zentrum für die Herstellung von Freizeitbooten. Die Hälfte aller von Schweden exportierten Boote wird hier gefertigt. Bei den »Öppna-Varv«-Tagen zeigen die Bootsbauer ihr Handwerk.

⓯ Tjörn

Bohuslän. 🚌 15 000. 🚍 von Stenungsund. 🛈 Turistbyrå Tjörn, (0304) 60 10 16. 🛥 Segelregatta um Tjörn (3. Sa im Aug.). 🌐 tjorn.se
🌐 sodrabohuslan.com

Zur Gemeinde Tjörn gehören sechs bewohnte Inseln. Hier lebt man von der Fischerei, dem Bootsbau und von Kleinindustrie. Im Sommer verdoppeln Urlauber die Bevölkerungszahl.

Die **Tjörn-Brücke** von 1960 bietet eine fantastische Sicht über Land und Meer. Die Straße Tjörnbroleden, die Tjörn und Orust mit dem Festland verbindet, überquert die Brücken Stenungsöbron, Källosundsbron und Tjörnbron über den Askeröfjorden. 1980 stieß bei dichtem Nebel ein Schiff gegen die Tjörnbron, die daraufhin zusammenstürzte. Im Jahr danach wurde eine neue Brücke eröffnet. An ihrem Nordende ist ein schöner Platz zum Zelten. Im Westen liegt der Hauptort **Skärhamn** mit Gästehafen, Restaurants und Hotel. Zu sehen gibt es hier das **Sjöfartsmuseum** (Seefahrtsmuseum), die Schmiede Smedja Volund sowie das populäre **Nordiska Akvarellmuseet** (Nordisches Aquarellmuseum), ein auffälliges Gebäude mit Ausstellungen und Kursen für Hobbymaler.

Fischernetzschwimmer

Die Tjörn-Brücke ist 664 Meter lang und 45 Meter hoch

Das **Pilane Gravfält** mit über 100 eisenzeitlichen Grabhügeln, Steinkreisen und stehenden Monolithen findet man im Nordwesten. Fahren Sie auf der Straße Richtung Kyrkesund, und biegen Sie links nach Hällene ab. Nach etwa einem Kilometer kommt man am Parkplatz an.

🏛 **Nordiska Akvarellmuseet**
Skärhamn. Södra Hamnen.
📞 (0304) 60 00 80. 🕒 Di–So. 🌐 einige Feiertage.

Das Aquarellmuseum in Tjörn steht auf Pfählen im Wasser

⓰ Marstrand

Bohuslän. Straße 168. 🚌 1400. 🚍 (0303) 600 87 (Sommer); 0303 833 27 (Winter). 🎭 Theater in der Festung, Swedish Match Cup (1 Woche Anfang Juli), Marstrand-Regatta (letzte Woche im Juli).
🌐 kungalv.se 🌐 vastsverige.com

Sonne, Segeln, Salzwasser – das ist Marstrand. Die Städtchen mit den pastellfarbenen Holzhäusern hat seine Wurzeln im Heringsgeschäft Mitte des 16. Jahrhunderts, als einige hier ihr Glück suchten. Aber erst Mitte des 19. Jahrhunderts erwachte Marstrand als angesagter Badeort zum Leben.

Über dem Ort thront die imposante **Carlstens Fästning**, die 1666–73 errichtet und in den 1680er Jahren von Erik Dahlbergh umgebaut wurde. Einst war sie ein berüchtigtes Gefängnis. Auf Führungen gewinnt man einen Eindruck vom Leben in der Festung und von ihren Insassen im 18. Jahrhundert. Im Sommer finden hier Theateraufführungen und bunte Feste statt.

Im Norden, im Marstrandsfjorden, liegt die felsige Insel

Åstol, die fast ganz mit weißen Häuschen und Fischerhütten bebaut ist. Fähren fahren von Rönnäng auf Tjörn hierher.

Carlstens Fästning
(0303) 602 65. tägl.
teilweise.

⑰ Kungälv

Bohuslän. E6. 21 000. nach Ytterby, dann Bus. Landvetter.
(0303) 109 00. Mittelalterfestival (Mitte Juli). kungalv.se
vastsverige.com

Kungälv liegt strategisch günstig zwischen den Flüssen Nordre Älv und Göta Älv an der Stelle, wo sich im 10. Jahrhundert die Wikingersiedlung Kongahälla befand.

Die Ruine der **Bohus Fästning**, die der norwegische König Håkon Magnusson 1308 bauen ließ, wacht über die Stadt. Die Festung, die erst aus Holz und später aus Stein gebaut wurde, stand in den Kriegen zwischen Schweden, Norwegen und Dänemark an der Frontlinie. 1658 wurde sie mit dem Frieden von Roskilde schwedisch, dennoch erlebte sie noch 14 Belagerungen – ohne jemals eingenommen zu werden. 1678 etwa standen 9000 Norweger und 7000 deutsche Söldner nur 900 Schweden gegenüber, doch die Festung hielt stand. Im 18. Jahrhundert nutzte man sie als Gefängnis, 1789 wurden alle Türme (außer dem »Fars Hatt«) zerstört.

Die Kungälv-Kirche am Marktplatz stammt von 1679.

Bohus Fästning
(0303) 109 00. Mai – Sep: tägl. Mittsommer. nach Vereinbarung.

⑱ Vänersborg

Västergötland. Straße E45. 4700.
Bahnhof, (0521) 135 09. Weihnachtsmarkt (Dez).
visittv.se

Vänersborg bekam nach den Gedichten von Birger Sjöberg (1885 – 1929) auch den Beinamen »Klein-Paris«. Eine Statue von Frida, der Muse des Dichters, steht im Skräckleparken am Flussufer. Die Rekonstruktion seines Hauses ist in **Vänersborgs Museum** zu besichtigen. Andere Museen im Ort widmen sich Puppen, der Medizin und der Welt des Sports.

Die Stadt wurde 1644 gegründet, ihre klassizistische Kirche 1784 geweiht.

Umgebung: Gut fünf Kilometer östlich der Stadt erheben sich die steilen Hügel Halleberg und Hunneberg. Ihre Wälder sind Naturschutzgebiet, Heimat einer großen Elchpopulation, die jedes Jahr Ziel einer königlichen Jagd ist. Auf dem Hunneberg wird im **Kungajaktmuseet Älgens Berg** mit interaktiven Exponaten der »König des Waldes« vorgestellt. Auch die knifflige Elchjagd wird erklärt. Besucher können hier selbst versuchen, einen Elch zu schießen – selbstverständlich nur virtuell.

Vänersborgs Museum
(0521) 600 62/26 41 40. Di, Do, Sa, So (Juli, Aug auch Mi).
vanersborgsmuseum.se

Kungajaktmuseet Älgens Berg
Hunneberg. An Straße 44. (0521) 27 00 40. Jan: Di – Fr; Juni-Aug: tägl.; Sep – Dez, Feb – Mai: Di – So. einige Feiertage. nach Vereinbarung.
algensberg.com

Die Schleusentreppe des Trollhättan-Kanals ist 32 Meter hoch

⑲ Trollhättan

Västergötland. Straße E45. 56 000.
Innovatum, Åkersjövägen 10, (0520) 135 09. Fallens Dagar (3. Wochenende im Juli).
visittv.se

Die Einweihung des Trollhättan-Kanals, der den Vänern-See mit der Nordsee verbindet, markierte 1800 die Geburt Trollhättans als Industriestadt. Heute kombiniert Trollhättan erfolgreich Hightech-Betriebe wie GKN mit einer blühenden Filmindustrie, die der Stadt den Spitznamen »Trollywood« einbrachte.

Die Hauptattraktion der Stadt ist das Gelände, wo vier Kanalschleusen den einst wild tosenden, 32 Meter hohen Wasserfall bändigen. Im Sommer werden die Schleusen mehrmals pro Woche geöffnet, um die Wassermassen rauschen zu lassen.

Das Technologiezentrum **Innovatum Science Center** (ISC) präsentiert Multimedia-Ausstellungen über Trollhättans Werdegang. Von hier befördert eine Seilbahn die Besucher ans andere Ufer, 30 Meter über dem Kanal. Ein kurzer Fußweg führt zum Kanalmuseum.

Innovatum Science Center (ISC)
Åkersjövägen 10. (0520) 28 94 00. Mitte Juni – Mitte Aug: tägl; sonst: Di – So.

Bohus Fästning (14. Jh.), die uneinnehmbare Festung von Kungälv

Die berühmten bunten Bootshäuser im Hafen von Smögen (siehe S. 217)

⓴ Lidköping

Västergötland. Straße 44. 25 000. Gamla Rådhuset på Nya stadens torg, (0510) 200 20.
lackokinnekulle.se

Lidköping liegt in der Mitte des Gebiets, das als die Wiege des Königreichs Svea gilt. Wie in vielen schwedischen Städten mit Holzbauten tobte hier im Jahr 1849 ein zerstörerischer Brand, den jedoch rund um den Platz Limtorget einige Häuser aus dem 17. Jahrhundert überstanden.

Der Fluss Lidan teilt Alt- und Neustadt, deren Hauptplätze (von 1446 bzw. 1671) sich an beiden Ufern gegenüberliegen. Am Nya stadens Torg in der Neustadt steht ein ehemaliges Jagdhaus, das der Gründer der Neustadt, Magnus Gabriel de la Gardie, zum Rathaus umfunktionierte.

In Lidköping befindet sich auch die bekannte Porzellanmanufaktur Rörstrand, zudem zieht **Rörstrands Museum** Besucher an, die nicht nur die Exponate bewundern, sondern hier auch preiswertes Geschirr erstehen können.

Im **Vänermuseet** mit seinem paläogeologischen Zentrum ist Interaktivität Trumpf.

Umgebung: Zehn Kilometer östlich wurde in **Husaby** König

Das grandiose Läckö Slott steht am Ufer des Vänern-Sees

Olof Skötkonung 1008 von dem englischen Mönch Sigfrid getauft – ein Meilenstein in Schwedens Geschichte. Die Kirche vor Ort stammt ebenso wie die westlich der Stadt gelegene **Gösslunda Kyrka** aus dem 12. Jahrhundert. Der außen sichtbare Runenstein gehörte ursprünglich zur Kirchenmauer.

Im Nordwesten von Lidköping liegt **Spikens Fiskehamn, Kållandsö**, der einzige noch genutzte Fischereihafen am Vänern und eine beliebte Touristendestination.

Rörstrands Museum
Fabriksgatan 4. tägl. einige Feiertage.
rorstrandcenter.se

Vänermuseet
10 Min. zu Fuß vom Zentrum.
(0510) 77 00 65. Juni – Aug: tägl.; Sep – Mai: Di – So. einige Feiertage. nach Vereinbarung.
vanermuseet.se

㉑ Läckö Slott

Västergötland. 25 km nördlich von Lidköping. von Lidköping. (0510) 48 46 60. Mai – Sep: variierende Zeiten.
Mittelaltermarkt (3. Wochenende im Juni). lackoslott.se

Läckö Slott wurde 1615 Jakob de la Gardie übergeben, der dem an drei Seiten von Wasser umgebenen Bau seinen Stempel aufdrückte. 2001 wurde es zum schönsten Schloss Schwedens gekürt. Das ursprünglich im 13. Jahrhundert von Bischof Brynolf Algotsson errichtete Bauwerk war Sitz der Bischöfe von Skara, bis Graf Jakob und sein Sohn, Magnus de la Gardie, im 17. Jahrhundert mit dem Umbau begannen. 1681 fiel Läckö jedoch an Karl XI., der ehemaliges kroneigenes Land vom Adel zurückforderte. Die Interieurs wurden dabei in alle Winde verstreut.

Restaurationsarbeiten im 20. Jahrhundert erstreckten sich auf über 200 Räume, darunter das üppig dekorierte Gemach von Prinzessin Marie Euphrosyne, der Gattin von Marcus de la Gardie, und der Königssaal mit Malereien zum Dreißigjährigen Krieg.

Im Schloss finden Kunstausstellungen statt, im Hof sommerliche Opernaufführungen. Auch der Schlosspark steht Besuchern offen.

㉒ Kinnekulle

Västergötland. Straße 44. Gamla Rådhuset på Nya stadens torg, Lidköping, (0510) 200 20.
lackokinnekulle.se

Der 306 Meter hohe Kinnekulle in Västergötland trägt den Beinamen »Blühender Berg«. Hier wachsen Wildblumen, stehen Laub- und Nadelwälder, erstrecken sich Wiesen und Weiden. Auf dem Tafelberg finden sich blanker Kalkstein und ein 20 Meter hoher Aussichtsturm.

Rörstrand-Kachelofen im Museum der Porzellanmanufaktur

Hotels und Restaurants in West-Götaland siehe Seiten 287f und 299

Einen schönen Ausblick kann man aber nicht nur von der Höhe, sondern auch vom Restaurant in Högkullen genießen. Hier wird seit dem 12. Jahrhundert Kalk abgebaut. Im Sommer kann man im alten Steinbruch sehen, wie hier früher gearbeitet wurde. Interessant sind zudem die zahlreichen Stätten aus der Eisen- und Bronzezeit.

Berühmte Steinreliefs zieren **Forshems Kyrka** (12. Jh.) im Osten. Zwei Kilometer nördlich von Götene stehen im Hof der Kirche von **Kinne-Vedum** (12. Jh.) mehrere für die Region typische Steine mit Liliendekor.

❷ Mariestad

Västergötland. E20. 15 000. Lidköping. Kyrkogatan 2, (0501) 75 58 50. Schwimmen im Göta-Kanal (4. Woche im Juli).
vastsverige.com

Als Herzog Karl die hübsche Stadt 1583 gründete, nannte er sie Mariestad – nach seiner Frau, Maria von der Pfalz. Karl ließ zudem eine üppige Barockkathedrale erbauen. Häuser aus dem 18. und 19. Jahrhundert säumen die kleinen Straßen des interessanten Viertels rund um die große Kirche.

1660 wurde Mariestad die Hauptstadt von Skaraborg. Der Gouverneur residierte in der ehemaligen königlichen Herrenhaus Marieholm auf einer Insel in der Mündung des Tidan in den Vänern-See. Es beherbergt das **Vadsbo Museum und Mariestads Industrimuseum**.

Mariestad ist dank seiner Lage am Vänern und dem Fluss Tidan im Sommer besonders idyllisch. Am Göta-Kanal *(siehe S. 150f)*, der die Stadt durchfließt, befindet sich im nahen, nördlich gelegenen Sjötorp das **Kanalmuseet**. Ebenfalls sehr schön ist das rekonstruierte Dorf **Klockarbolet** in Odensåker mit Häusern aus dem 17. und 18. Jahrhundert.

🏛 **Vadsbo Museum und Mariestads Industrimuseum**
Marieholm. (0501) 75 58 30.
Mi; sonst: nach Vereinbarung.

🏛 **Kanalmuseet**
Sjötorp, nahe der Straße Rv 26. (0141) 20 20 50. Juni – Aug: tägl.

❷ Tivedens Nationalpark

Västergötland. Straße 49. von Karlsborg. Karlsborgs Turistbyrå, (0505) 173 50.

An der Grenze von Närke und Västergötland bietet der Tivedens Nationalpark unberührte Natur und raue Wildnis. 1983 wurde er zum Schutz der verbliebenen Primärwälder und der Seen gegründet. So ist der Fagertärn-See der ursprüngliche Lebensraum für die Fote Seerose *(siehe S. 25)*.

Das bergige Gebiet ist für Wanderer eine Herausforderung. Informationen über Wege, Parkplätze und Sehenswertes im Park bietet das Besucherzentrum in Stenkälla.

Riesige, bis zu zehn Meter hohe Felsen aus der Eiszeit sprenkeln den Wald rund um **Trollkyrka**, der östlich der Straße beim Besucherzentrum aufragt. Angeblich entstand der Name des Bergs, weil die Einheimischen nach dem Verbot von Messen außerhalb von Kirchen im Jahr 1726 zum Gottesdienst im Freien hierherkamen.

Karlsborgs Fästning (19. Jh.) sollte im Krieg als Zuflucht dienen

❷ Karlsborg

Västergötland. Straße 49. 7000. Karlsborgs Turistbyrå, Storgatan 65, (0505) 173 50. **Festung** (0505) 173 50. tel. erfragen.
karlsborgsturism.se

König Karl XIV. Johan ließ ab 1819 in Vanäs am Ufer des Vättern-Sees die Festung Karlsborg bauen. Sie sollte im Fall eines Kriegs als Hauptstadt und Schutzasyl der Königsfamilie, als Staatsbank und Regierungssitz dienen. Da ihr Bau 90 Jahre dauerte, war die Festung bei Fertigstellung nutzlos geworden, heute ist sie eine beliebte Sehenswürdigkeit.

Die »Stadt« innerhalb des fünf Kilometer langen Mauerrings erkundet man am besten im Rahmen von Führungen, die im Sommer täglich stattfinden. Für Actionfans ist *Fästningsäventyret* interessant, eine Aufführung über das Leben in der Festung in der zweiten Hälfte des 19. Jahrhunderts, mit Stuntmen und Spezialeffekten.

Außerhalb der Festung fließt der Göta-Kanal auf seinem Weg zum Vänern-See an **Forsviks Bruk** vorbei. Die dortige Schmiede, eine Säge- und eine Getreidemühle (noch in Betrieb) bieten einen guten Einblick in Schwedens Industriegeschichte.

🏛 **Forsviks Bruk**
8 km nördlich des Zentrums.
(010) 441 43 65. Juni – Aug: tägl. forsviksbruk.se

Marieholm war früher die Residenz des Gouverneurs in Mariestad

Hjos Holzarchitektur gewann 1990 den Europa-Nostra-Preis

㉖ Hjo

Västergötland. Straße 193/194. 6000. nach Skövde, dann Bus. Floragatan 1, (0503) 352 55. Handwerkermarkt (2. Wochenende im Juli), Radrennen rund um den Vättern (3. Wochenende im Juni). hjo.se

Bei dem Namen Hjo denken die meisten Schweden sofort an die schönen Holzhäuser aus dem späten 19. Jahrhundert mit den reich verzierten Veranden. Der Stadsparken am Ufer des Vättern-Sees wurde Ende des 19. Jahrhunderts zur Gründung der Kuranstalt von Hjo angelegt. In der Villa Svea, dem ehemaligen Kurhaus im Park, ist das **Hjo Stadsmuseum** zu finden. Sehenswert sind dort die Kalenderuhr *Hjouret* und die nachgestalteten Räume aus der Glanzzeit der Kuranstalt. Im Park stehen außerdem das Schmetterlingsmuseum Fjärilsmuseum und das Aquarium Vätternakvarium.

Wie die Stadt stammt der Hafen aus dem Mittelalter, die heutige Anlage entstand jedoch Mitte des 19. Jahrhunderts nach dem Bau des Göta-Kanals. Im Sommer kann man täglich außer montags mit der Touristenbahn *Lok-Hjo-Motivet* vom Hafen durch die Stadt fahren. Der Dampfer SS *Trafik* (1892) fährt sonntags nach Visingö und bietet Jazzfahrten nach Vadstena an.

Westlich von Hjo rauschen im vier Kilometer langen Flusstal des Hjoån zwischen den Seen Vättern und Mullsjön schöne Wasserfälle.

Hjo Stadsmuseum
Villa Svea, Stadsparken. (0503) 352 55. Mai–Aug. teilweise.

㉗ Skövde

Västergötland. Straße 48/49. 33 000. Sandtorget, (0500) 44 66 88. Gastronomie-Festival (letztes Wochenende im Aug), Skövde-Filmfestival (Nov). skovde.se

Skövde liegt zwischen den zwei größten Seen Schwedens: Vänern und Vättern. Nach einer alten Überlieferung war der Ort bereits im 12. Jahrhundert ein wichtiges Handelszentrum, da Pilger hierherkamen, um Schwedens erste Heilige, St. Elin oder Helena, zu ehren. Skövde wurde mehrmals durch Brände zerstört, das letzte Mal 1759. Das einzige Gebäude, das das Feuer überstand, war **Helénsstugan** aus dem 17. Jahrhundert, das heute das Stadsmuseum beherbergt. Das Stadtmuseum zeigt auch Ausstellungen im Hauptgebäude des Museums in Norrmalm.

Im **Kulturhuset**, das 1964 nach Plänen von Hans-Erland Heineman gebaut wurde, sind eine Bibliothek, eine Kunstgalerie, ein Kino und ein Theater, in dem oft populäre schwedische Musiker und Comedians auftreten, untergebracht. Die Stadt hat ein lebendiges Zentrum mit vielen kleinen Läden und einigen großen Einkaufszentren.

Umgebung: Westlich von Skövde liegt das 300 Meter hohe Plateau **Billingen**. Von dort reicht der Blick bis zum Vättern. Das beliebte Erholungsgebiet bietet Wanderwege, Mountainbike-Strecken und Kanufahrten, einen Swimmingpool und einen kleinen Fischteich sowie im Winter einen Skihang und Langlaufloipen.

An der Straße 49 westlich von Skövde liegt die **Våmbs Kyrka** (12. Jh.). Sie wurde in den 1940er Jahren restauriert und zeigt sich seitdem wieder in ihrer ursprünglichen Form. An derselben Straße steht etwas näher bei Skövde die dreischiffige Basilika **Varnhems Klosterkyrka** (13. Jh.).

Helénsstugan
Helénsparken, Skövde Stadsmuseum. (0500) 49 80 69. Sommer. nach Vereinbarung.

Kulturhuset
Trädgårdsgatan. (0500) 44 66 88 (Tourismusbüro).

㉘ Skara

Västergötland. E20. 11 000. Biblioteksgatan 3, (0511) 325 80. Naturum Trandansen (Ende März–Apr). skara.se/turism

Der traditionsreiche Bildungs- und Bischofssitz zählt zu den ältesten Städten Schwedens. Ein Netz aus Gassen, die im Mittelalter angelegt wurden, umgibt die Kathedrale (12. Jh.) im Zentrum. Der Krönikebrunnen am Stora Torget ist mit Be-

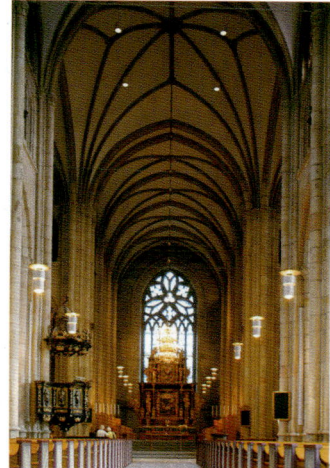

Kirchenschiff der im 12. Jahrhundert gegründeten gotischen Kathedrale in Skara

schreibungen von wichtigen Begebenheiten aus der Geschichte von Skara und von Schweden versehen. Im **Stadsparken** informiert Västergötlands Museum über die Lokalgeschichte. Im Freilichtmuseum Fornbyn mit seinen Bauernhäusern wird die Vergangenheit der Stadt lebendig.

Umgebung: Acht Kilometer entfernt liegt an der Straße 40 in Axvall der größte Freizeitpark Skandinaviens, **Skara Sommarland**, mit Wasserpark, Gokart-Bahn, Zeltplatz und Bungalows.
20 Kilometer östlich von Skara ist der See **Hornborgasjön** (mit Beobachtungsturm und zwei Informationszentren) ein beliebter Rastplatz für Vögel, im März und April vor allem für Kraniche.

🏠 **Skara Sommarland**
Axvall, Straße 49 Richtung Skövde.
📞 (010) 708 80 00. 🕐 Juni–Aug (variierende Zeiten).
🌐 sommarland.se

🏠 **Hornborgasjön**
Naturum Hornborgasjön, Straße 89.
📞 (010) 224 50 10. 🕐 tägl. während der Saison. 🌐 hornborga.com

㉙ Falköping

Västergötland. Straße 46. 🚂 15000.
🚌 ℹ Trädgårdsgatan 27, (0515) 48 70 50. 🌐 falkoping.nu

Die alte Stadt zwischen den Bergen Mösseberget und Ålleberg wartet mit der interessanten St. Olofs Kyrka aus dem 12. Jahrhundert, Holzhäusern und dem Stadtplatz Stora Torget auf, den Ivar Tengboms Venus-Statue von 1931 ziert. Über die Lokalgeschichte informiert das **Falbygdens Museum**.

Umgebung: 15 Kilometer nördlich von Falköping liegen die Grabstätten **Ekornavallen** aus Stein-, Eisen- und Bronzezeit
Das **Dalénmuseet** in Stenstorp informiert über Leben und Werk von Gustaf Dalén, der 1912 den Nobelpreis für Physik bekam, neue Lichttechnologien schuf und den AGA-Herd erfand.

Die **Gökhems Kyrka** (frühes 12. Jh.) westlich von Falköping hat eine kleine romanische Apsis, aber keinen Turm. Im Inneren stellen Kalksteinmalereien die *Schöpfung* dar.

Im Norden stehen **Gudhems Klosterruin** und **Klostermuseum**, die Überreste eines 1160 gegründeten Klosters, in denen sich heute ein Museum befindet. **Karleby** im Osten ist eines von drei Straßendörfern, die wahrscheinlich schon in der Steinzeit bestanden. Jeder Bauernhof besaß seinen eigenen Friedhof. Hier fand man 13 Grabhügel, darunter eine Grabstätte mit einer 17 Meter langen Grabkammer.

🏛 **Falbygdens Museum**
St. Olofsgatan 23. 📞 (0515) 38 50 50.
🕐 Di–Fr, So. 🔴 einige Feiertage.

🏛 **Dalénmuseet**
Stenstorp, 10 km nördlich des Zentrums. 📞 (0500) 45 71 65. 🕐 März–Sep: Di–So, Juli auch Mo; Okt: Sa, So.
🔴 Dez–Feb, Mittsommer.
🌐 dalenmuseet.se

㉚ Alingsås

Västergötland. E20. 🚂 25000. 🚌 🚆
ℹ Estrad, Bryggaregatan 2, (0322) 61 62 00. 🎉 Kartoffelfestival (3. Wochenende im Juni); Ljus i Alingsås (Okt).
🌐 alingsas.se

Alingsås wurde von Jonas Alströmer und somit der Textilindustrie geprägt. Der Unternehmer gründete hier im frühen 18. Jahrhundert eine Textilfa-

Schädel von Steinzeitmenschen aus dem Gebiet von Falköping im Falbygdens Museum

brik und baute das Herrenhaus **Nolhaga Slott**, zu dem heute ein Zoo und ein Vogelpark gehören. Das **Alingsås Museum** residiert im Ahlströmerska Magasinet aus den 1730er Jahren. Das neu eröffnete **Alingsås Kulturhus** bietet eine Kunstgalerie und eine Bibliothek.

Umgebung: Die Schlossruine **Gräfsnäs Slottsruin** steht 20 Kilometer nördlich von Alingsås am Antensee. Eine Ausstellung informiert über ihre Geschichte. An der Straße nach Göteborg wartet das **Nääs Slott** (17. Jh.) mit einer beeindruckenden Ausstattung aus dem 19. Jahrhundert auf. Hier werden Westschwedens Handwerkstraditionen durch Veranstaltungen und Ausstellungen gepflegt. Fantastisch sind die Mittsommerfeste.

🏛 **Alingsås Kulturhus**
Södra Ringgatan 3. 📞 (0322) 61 65 98. 🕐 variierende Zeiten. 🔴 einige Feiertage. 🎟 Fr frei. ♿

🏛 **Nääs Slott**
Floda, E20, 30 km nördlich von Göteborg. 📞 (0302) 318 39.
🕐 Winter: Mo–Fr; Sommer: tägl.
🌐 naas.se

Nolhaga Slott (1727), das Haus des Textilmagnaten Jonas Alströmer

Rathaus (1799) von Ulricehamn mit Informationsbüro

❸ Ulricehamn

Västergötland. Straße 40. 🏠 9000.
🚆 🚌 ℹ️ Järnvägsgatan 2B, (0321) 59 59 59. 🌐 ulricehamnsturistbyra.se

Ulricehamn liegt am Åsunden-See in einem an historischen Monumenten reichen Gebiet. Die ursprünglich als Bogesund bekannte Siedlung bestand bereits im 14. Jahrhundert. Die alte Überlandstrecke durch Västergötland nach Halland verlief über die Hauptstraße der Stadt. Das stadtgeschichtliche **Ulricehamns Museum** hat seinen Sitz in einer Schule von 1868. Chinesische Keramiken zeigt Ulricehamns Konst- och Östasiatiska Museum im alten Bahnhof.

Textilunternehmen sind ein wichtiger Wirtschaftsfaktor. In Gällstad südlich der Stadt sind die Strickwarenläden täglich geöffnet.

Mit der **MS Sylvia** kann man nach Fästeredssund oder weiter südlich nach Hofsnäs fahren. Von dort kann man auch mit einem Mietfahrrad nach Ulricehamn zurückfahren. Es gibt auch Thementouren, etwa eine mehrtägige, bei der Herrenhäuser am See besichtigt werden.

Umgebung: Im Gehöft Bystad, 30 Kilometer südlich von Ulricehamn, befindet sich eine der ältesten Wolfsfallen Schwedens, eine fünf Meter weite und über 3,50 Meter tiefe Grube.

Das Anwesen **Näs Gård** liegt an der Straße nach Mullsjö. In seinen sechs historischen roten Gebäuden aus dem 17., 18. und 19. Jahrhundert residieren heute ein Kulturzentrum und eine Kunstgalerie. Hier finden Konzerte und Kulturveranstaltungen statt.

Die mittelalterliche **Södra Vings Kyrka** stammt teilweise aus dem 12. Jahrhundert. Zum üppigen Dekor gehören Malereien aus dem 15. Jahrhundert. Das prächtige Rokoko-Pult wurde 1748 geschnitzt.

🚢 **MS Sylvia**
Infos und Buchung über Tourismusbüro. 📞 (0321) 59 59 59.
🌐 rederiasunden.se

❸❷ Torpa Stenhus

Västergötland. 30 km südöstlich von Borås. 📞 (033) 28 13 24. 🗓 Mai – Mitte Sep: Sa, So (Mitte Juni – Mitte Aug: tägl.). 🕐 11 Uhr (englisch).
📧 🌐 torpastenhus.se

Die mittelalterliche Burg Torpa Stenhus auf einer Landzunge am Südende des Sees gehörte einst der Familie Stenbock und war vom 14. bis zum 17. Jahrhundert eine bedeutende Festung gegen Angriffe der Dänen. Im Sommer finden im Torpa Slottsteater Open-Air-Theateraufführungen statt.

Gemälde des Saturn im Torpa Stenhus

❸❸ Borås

Västergötland. Straße 40. 🏠 105 000.
✈️ 🚆 🚌 ℹ️ Sven Eriksonsplatsen 3, (033) 35 70 90. 🎉 Kulturnacht (1. Woche im Mai), Erntedankfest (1. Woche im Sep). 🌐 boras.com

Als König Gustav II. Adolf 1620 beschloss, dass die fliegenden Stoffhändler aus Knallebygden ihre eigene Stadt haben sollten, schlug die Geburtsstunde von Borås. Obwohl die Textilindustrie zuletzt an Boden verloren hat, stehen hier noch heute Textilfabriken am Viskan, der die Stadt durchfließt.

Borås ist eine grüne Stadt mit schönen Parks, etwa dem beliebten Stadsparken oder Ramnaparken mit dem Borås Freilichtmuseum. Ebenfalls im Zentrum liegt der Zoo **Borås Djurpark** mit über 80 Tierarten aus allen Ecken der Welt. Mit seinen großen Gehegen und attraktiven Anlagen ist er ein angenehmer Familienpark.

Umgebung: An der Straße nach Alingsås steht Schwedens einzige verbliebene Stabkirche, die **Hedareds Kapell**. Außer den Fenstern und dem Schindeldach ist die kleine Holzkirche (16. Jh.) einschließlich der Malereien komplett original erhalten.

Das **Textilmuseet**, das sich früher in einer Spinnerei vom Ende des 19. Jahrhunderts befand, ist ins Textile Fashion Center in Simonsland umgezogen. Die Sammlung spannt sich von der Geschichte der industriellen Herstellung bis zu modernen Textilien.

🐾 **Borås Djurpark**
Boråsparken, Bus Nr. 1 oder 150 von Södra Torget. 📞 (033) 35 32 70.
🗓 Mai – Mitte Sep, Schulferien: tägl.; Okt, Apr: Sa, So. 📧 🌐 boraszoo.se

🏛 **Textilmuseet**
Kvarteret Simonsland. 📞 (033) 35 89 50. 🗓 tel. erfragen. 🎧 nach Vereinbarung. 📧 🌐 boras.se

Im Borås Djurpark leben exotische Arten wie dieser rosa Flamingo

Hotels und Restaurants in West-Götaland *siehe Seiten 287f und 299*

Gunnebo Slott

Um 1780 beauftragte John Hall, in jener Zeit einer der reichsten Männer Schwedens, den Stadtbaumeister Carl Wilhelm Carlberg aus Göteborg, eine Sommervilla und einen Park für Gunnebo zu entwerfen. Carlbergs 1796 vollendeter Bau zählt zu den schönsten und stilistisch reinsten Beispielen des schwedischen Klassizismus. Angeblich zahlte er 38 Fässer Gold für den Herrensitz inklusive Einrichtung, Dienstbotenquartiere, Orangerie, Park, Küchengarten und Treibhaus. Durch den benachbarten Hof war man auf dem Anwesen Selbstversorger.

Infobox

Information
15 km südöstlich von Göteborg. E6/E20, dann Gunnebogatan.
(031) 334 16 00.
Villa (nur Führungen) siehe Website. 1. Jan, 24., 25., 31. Dez. im Dez vorab reservieren.
Park tägl.
Mitte Juli – Mitte Aug: So, Feiertage 14 Uhr.
gunneboslott.se

Anfahrt
Mölndal.

Halle
Durch drei großartige französische Fenster flutet das Sonnenlicht und spiegelt sich auf dem Parkett.

Ovales Vestibül

Nordfassade
Ionische Säulen säumen die überdachte Terrasse, die zum Garten mit den ordentlich gestutzten Bäumen führt.

Der Fries am südlichen Giebel ist aus Blei und wirkt mit der Bemalung wie Marmor.

Die Treppe führt zum Park mit französischen Gärten und Kieswegen.

Am Eingang durch das Untergeschoss beginnen die Führungen.

Keramiköfen
Die Ausstattung zeigt einen luftigen Gustavianischen Stil. Auch die Keramiköfen stammen von Carlberg, der das ganze Haus einrichtete.

Park und Gärten
Carlberg entwarf die französischen Gärten rund um das Haus sowie den Park im englischen Stil, in dem man wunderbar spazieren gehen kann.

Varbergs Fästning am Kattegat beherbergt ein Museum für Lokalgeschichte

⑤ Kungsbacka

Halland. E6/E20. 17 000.
Storgatan 15, (0300) 83 45 95.
Kammermusikfestival (1. Wochenende im Aug.). kungsbacka.se

Im 13. Jahrhundert war Kungsbacka ein wichtiges Handelszentrum, doch von der alten Stadt mit den Holzbauten ist nichts geblieben. Nur zwei Häuser überstanden 1846 einen verheerenden Brand: ein rotes Haus in der Norra Torggatan und das Bürgermeisterhaus in der Östergatan 10. Rund um den Platz stehen hübsche, pastellfarbene Holzhäuser aus dem späten 19. Jahrhundert. Heute ist Kungsbacka beinahe eine Vorstadt von Göteborg.

Umgebung: Zehn Kilometer südwestlich von Kungsbacka steht im Ortsteil Rydet das **Måtagården**, ein typisches Kapitänshaus aus dem 18. Jahrhundert.

Das ungewöhnliche **Tjolöholms Slott** findet man 15 Kilometer südlich von Kungsbacka. Das imposante Herrenhaus im englischen Tudorstil wurde für einen schottischen Kaufmann erbaut und 1904 vollendet. Es war hochmodern mit Staubsaugern, Duschen und Heißluftheizung ausgestattet. Zum prächtigen Haus gehört ein wunderschöner, weitläufiger Park.

Tjolöholms Slott
10 km südlich des Zentrums, E6/E20 bis Ausfahrt Fjärås, dann Straße 939. (0300) 40 46 00. März – Mai, Sep – Nov: Sa, So; Mitte Juni – Aug: tägl. Park tägl. tjoloholm.se

㊱ Varberg

Halland. E6/E20. 25 000.
von Grenå. Brunnsparken, (0340) 868 00. visitvarberg.se

Die Küstenstadt ist seit dem 19. Jahrhundert ein bekannter Badeort im doppelten Sinn: Hier kann man sich einer Kur unterziehen oder vor Felsen und Sandstränden schwimmen. Die Stadt wurde im 13. Jahrhundert gegründet, doch sind wenige Bauten aus dieser Zeit erhalten.

Sehenswert sind das Hafenviertel und das **Kallbadhuset**, ein Kaltbadehaus im maurischen Stil mit getrennten Abteilungen für Männer und Frauen. Orientalisch gibt sich auch das **Societetshuset**. Es wurde um 1880 erbaut, als Varberg als Kurstadt boomte. Heute umfasst es Restaurant, Disco, einen Spiel- und Minigolfplatz. Im Sommer finden auf der Parkbühne Konzerte statt.

Über den Seeweg zur Stadt wacht Varbergs Fästning. Die mächtige Festung stammt hauptsächlich aus dem 17., in Teilen aus dem 13. Jahrhundert. Heute ist hier das **Hallands Kulturhistoriska Museum** zu Hause. Die größte Attraktion des Museums zur Geschichte von Halland ist der Bocksten-Mann aus dem 14. Jahrhundert, eine Moorleiche in vollständig erhaltener mittelalterlicher Kleidung. Zu sehen ist auch die Kugel, die König Karl XII. 1718 tötete. Eine Außenstelle des Museums ist das Båtmuseet im zehn Kilometer südlich gelegenen Galtabäck. Dort kann man traditionelle Boote und Modelle bewundern.

Hallands Kulturhistoriska Museum
Varbergs Fästning. (0340) 828 30. tägl. nach Vereinbarung. hkm.varberg.se

㊲ Falkenberg

Halland. E6/E20. 19 000.
Holgersgatan 11, (0346) 88 61 00.
Songfestival (1. Woche im Juli).
visitfalkenberg.se

Die mittelalterliche Stadt liegt an der Mündung des Flusses Ätran. In den ältesten Stadtteilen von Falkenberg stehen noch Holzbauten, darunter die St. Laurentii Kyrka. Teile des Gotteshauses stammen aus dem 14. Jahrhundert.

Die Töpferei **Törngrens Krukmakeri** von 1789 ist – heute in siebter Generation – noch immer in Betrieb.

Falkenbergs Museum befindet sich in Söderbron in einem ehemaligen Kornspeicher mit Fachwerk, dem hoch aufragenden Wahrzeichen der Altstadt. Das Museum präsentiert eine originalgetreu nachgebaute Wohnung aus den 1950er Jahren und ein Café mit Jukebox.

Zu Falkenbergs interessanten kleinen Museen zählt **Falkenbergs Hembygdsmuseum** in der St. Lars Kyrkogata. Zu dem Heimatmuseum gehört eine Abteilung über Lachsfischerei.

Tjolöholms Slott ist im englischen Tudorstil erbaut und innen im Jugendstil ausgestattet

Hotels und Restaurants in West-Götaland siehe Seiten 287f und 299

HALLAND | 231

Das **Fotomuseet Olympia** in der Sandgatan hat seinen Sitz im ältesten Kino (1912) der Stadt und zeigt Kameras und Fotos.

Umgebung: Nördlich der Stadt ragt in **Morups Tånge** ein 28 Meter hoher Granitleuchtturm aus dem 19. Jahrhundert auf. Der dortige Strand mit dem international bedeutenden Feuchtgebiet und den zahlreichen Watvögeln steht unter Naturschutz.

Törngrens Krukmakeri
Krukmakaregatan 4. ☎ (0346) 803 54. ○ tägl. 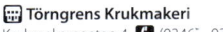 Nygatan 34 (Mo – Sa).

🏛 **Falkenbergs Hembygdsmuseum**
Skepparesträtet 2. ☎ (0346) 88 51 25. ○ Sep – Mai: Di – Do, Sa; Juni – Aug: Di – So.

Fliegenfischen im lachsreichen Ätran in Falkenberg

㊳ Halmstad

Halland. E6/E20. 🏠 90 000. 🚉 🚌 ✈ 🚢 von Grenå. 𝑖 Turistbyrå, Fattighuset, Köpmansgatan 20, (035) 12 02 00. 🎭 Straßentheaterfestival (Aug). **w** halmstad.se

Halmstad an der Mündung des Nissan in die Lahomsbukten war im Mittelalter die größte Stadt an der Westküste. Der mittelalterliche Stadtkern mit seinen schönen Fachwerthäusern steht unter Denkmalschutz. Außergewöhnlich ist Kirsten Munks Haus (17. Jh.) in der Storgatan aus grün glasierten holländischen Ziegeln. Handwerker kann man im ehemaligen Armenhaus **Fattighuset** (1859) am Lilla Torg bei der Arbeit beobachten.

Das Stadtbild prägen aber auch moderne Kunstwerke, die bei einem Spaziergang leicht zu entdecken sind: der Europa-

Vor Halmstad Slott liegt das ehemalige Schulschiff *Najaden*

Brunnen von Carl Milles am Stora Torg und Pablo Picassos Skulptur eines Frauenkopfs zwischen den Brücken über den Nissan.

Halmstad Slott wurde im 17. Jahrhundert vom dänischen König Christian IV. erbaut. Das ehemalige Schulschiff *Najaden*, das am Kai vor dem Schloss vor Anker liegt, wird bis 2016 renoviert.

Das Provinzmuseum **Hallands Konstmuseum** präsentiert eine breite kunst- und kulturhistorische Sammlung.

Umgebung: Äventyrslandet, neun Kilometer westlich von Halmstad, ist ein Vergnügungspark mit Wasserspielplatz, Rummelplatz, Dinosaurierpark und Zirkusshows. Richtung Norden erstrecken sich an der Küste die beliebten Ferienorte Tylösand, Haverdal und Frösakull. Etwa 20 Kilometer von Halmstad entfernt bietet **Simlångsdalen** an der Straße 25 Attraktionen wie den 36 Meter hohen Wasserfall Danska, dessen Fluten sich in den Fluss Assman ergießen.

🏛 **Fattighuset**
Lilla Torg. ☎ (035) 21 15 15. ○ Mo – Sa.

🏛 **Hallands Konstmuseum**
Tollsgatan. ☎ (035) 16 23 00. ○ Di – So. 🅿 ♿ **w** hallandskonstmuseum.se

🎡 **Äventyrslandet**
Gamla Tylösandsvägen 1. 🚌 von Halmstad frei. ☎ (035) 10 84 60. ○ Juni – Aug: tägl. 🅿 ♿
w aventyrslandet.se

㊴ Laholm

Halland. Straße 24. 🏠 6000. 🚉 🚌 𝑖 Teckningsmuseet, Hästtorget, (0430) 154 50. 🎭 Wasserfalltag (2. So im Aug), Lachsfest (Mitte Sep).

Hallands älteste und kleinste Stadt ist vor allem wegen ihrer langen Sandstrände an der Laholmsbukten bekannt. Der sechs Kilometer westlich der Stadt gelegene Mellbystrand ist im Sommer ein beliebtes Urlaubsziel. Lachsfischer zieht es hingegen an den Fluss Lagan.

Verwinkelte Straßen und niedrige Häuser aus der Zeit der Dänenherrschaft vor 1645 kennzeichnen Laholm. Besonders schön ist das 200 Jahre alte **Rådhuset**. Am westlichen Giebel erinnert eine Installation daran, dass 1278 der schwedische König Magnus Ladulås und der dänische König Erik Klipping in Laholm zusammenkamen.

In der renovierten alten Feuerwache mit schönem Blick über den Lagan befinden sich Turistbyrå (Fremdenverkehrsbüro) und das Teckningsmuseum (Technikmuseum), das in großen, hellen Räumen Zeichnungen zeigt.

Laholms hübsche Häuserreihen zeugen von der dänischen Vergangenheit der Stadt

West-Svealand

Värmland, Närke und Dalarna sind mit ihren reichen Bauern- und Hirtentraditionen, farbenprächtigen Trachten und roten Holzhäusern schon lange ein beliebtes Reiseziel. Die Region von den Ebenen von Närke bis zu den Bergen Dalarnas ist für ihre Mittsommerfeste bekannt, für den Wasalauf, aber auch für ihre auf Bergbau und Waldwirtschaft basierende Industriegeschichte.

Große Gewässer prägen alle drei historischen »Landschaften«. Im südlichen Värmland liegt der riesige Vänern-See, in den der Fluss Klarälven mündet. Die schönen Fryken-Seen inspirierten Selma Lagerlöf, die berühmte Schriftstellerin Schwedens (siehe S. 237). Ihr Familiensitz Mårbacka lag in der Region, viele ihrer Erzählungen sind hier angesiedelt. Värmland bietet eine reiche Palette an Outdoor-Aktivitäten. Hier kann man Boots- und Kanu- sowie Floßfahrten auf dem Klarälven unternehmen oder sein Anglerglück versuchen.

Auf den Wanderwegen durch die Wälder muss man schon Pech haben, wenn man keinen Elch sieht. Mit etwas Glück kann man auf Wildsafaris eines der vier Raubtiere erspähen: Bär, Wolf, Luchs und Vielfraß.

Das kleine Närke, der südliche Teil der Provinz Örebro län, erstreckt sich zwischen den Seen Hjälmaren und Vättern. Im Zentrum liegen fruchtbare, von Waldland umgebene Ebenen. Zu den Waldgebieten gehört im Süden auch der einst gefürchtete Tiveden, den Banditen unsicher machten. Mit typischem Kleinstadtcharme bezaubert Örebro, die größte Stadt in West-Svealand.

Dalarna kann mit dem herrlichen Siljan-See und dem Fluss Dalälven mit seinen Zuflüssen in den Bergen aufwarten. Besonders abwechslungsreiche Landschaften kennzeichnen die Region, sie reichen vom Ackerland rund um den Siljan bis zum gebirgigen Norden. Im März nehmen hier über 15 000 Ski-Langläufer am Vasaloppet (Wasalauf, siehe S. 249) von Sälen nach Mora teil. Typisch für Dalarna sind die Mittsommerfeste am Siljan. Dort wetteifern die Dörfer untereinander um den schönsten Maibaum, die virtuosesten Musiker und die besten Volkstänzer.

Rustikales Interieur von Gammelgården in Mora, Dalarna

◀ Schweden in traditioneller Tracht beim Volkstanz in der Region Dalarna

Überblick: West-Svealand

Das fruchtbare, intensiv bewirtschaftete Land liegt rund um die großen Seen Vänern, Vättern, Hjälmaren und Siljan sowie in den Flusstälern, inmitten einer vorwiegend bewaldeten Landschaft. Die wildreiche Region bietet wunderbare Möglichkeiten für Naturliebhaber und fantastische Fischgewässer für Angler. In den Bergen von Dalarna erstrecken sich einige der beliebtesten Skigebiete Schwedens, Wanderwege und Nationalparks. Zahlreiche attraktive kleine Straßen locken Motorsportfreunde. Aus den Zugfenstern der Fryksdalsbanan und Inlandsbanan fasziniert die atemberaubende Aussicht. Ganz besonders entspannt kann man auf Bootsfahrten vom Wasser aus die herrlichen Ausblicke genießen.

Die Literatur-Nobelpreisträgerin Selma Lagerlöf lebte in Mårbacka, das wie viele andere Anwesen in Värmland dem Staat gehört

In West-Svealand unterwegs

Die Autobahn E18 von Stockholm nach Oslo führt durch Örebro und Karlstad und ist die Hauptverkehrsader in dieser Region. Die Straßen nach Värmland und Dalarna folgen den Flussläufen, wo auch die meisten Menschen wohnen. Gute Bahnverbindungen bestehen in die südlichen Gebiete der Region, den Norden erreicht man jedoch nur mit dem Auto oder Bus. Zwischen Städten und beliebten Ferienorten verkehren häufig Busse, in ländlichen Gegenden dagegen eher sporadisch. Im Sommer fahren Boote auf den Seen Vänern, Hjälmaren und Siljan.

Legende
- Autobahn
- Hauptstraße
- Nebenstraße
- Eisenbahn (Hauptstrecke)
- Eisenbahn (Nebenstrecke)
- Staatsgrenze
- △ Gipfel

Weitere Zeichenerklärungen *siehe hintere Umschlagklappe*

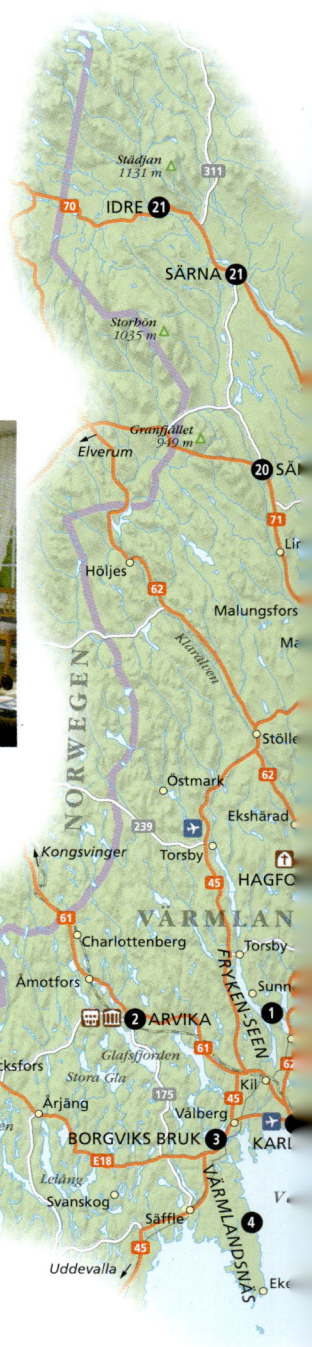

WEST-SVEALAND | 235

Das kleine Ornässtugan (vorn) aus dem 16. Jahrhundert steht in Verbindung mit Gustav Wasas Abenteuern in Dalarna

Freiheitsheld Engelbrekt (1866) in Örebro, von C. G. Qvarnström

Sehenswürdigkeiten auf einen Blick

- ❷ Arvika
- ❸ Borgviks Bruk
- ❹ Värmlandsnäs
- ❺ Karlstad
- ❻ Hagfors
- ❼ Filipstad
- ❽ Karlskoga
- ❾ Askersund
- ❿ *Örebro S. 242f*
- ⓫ Ludvika
- ⓬ Hedemora
- ⓭ Borlänge
- ⓮ Sundborn
- ⓯ Falun
- ⓰ Leksand
- ⓱ Rättvik
- ⓲ Mora
- ⓳ Orsa
- ⓴ Sälen
- ㉑ Idre und Särna

Tour
- ❶ Fryken-Seen

❶ Tour um die Fryken-Seen

Selma Lagerlöf bezeichnete die Fryken-Seen als »die lächelnden Blätter«. Die Landschaft der glitzernden Seen, blühenden Wiesen und dunklen Wälder übt eine starke Faszination aus. Den Geist der Schriftstellerin verspürt man vor allem in Rottneros, den sie als Herrenhof Ekeby in *Gösta Berling* verewigte, und am anderen Ufer in ihrem Heimathof Mårbacka. Am besten erkundet man die Seen auf dem alten Dampfer *Freja af Fryken*, per Fahrrad oder mit dem Auto von Sunne aus.

Blick von Tossebergsklätten auf den Övre Fryken

① Sahlströmska Gården
Das Haus der Künstlergeschwister Sahlström in Utterbyn birgt Erinnerungsstücke an Künstler des frühen 20. Jahrhunderts.

② Sunne
Sunne, der Zentralort des Fryksdal, liegt schön am Wasser zwischen dem Övre Fryken und Mellanfryken. Die reiche Folklore des Gebiets wird in historischen Zentren und bei zahlreichen Veranstaltungen im Sommer gepflegt, z. B. beim Fryksdal-Tanzfest.

③ Rottneros
Das Anwesen bietet einen herrlichen Park, eine große Skulpturensammlung und für Kinder den Abenteuerpark Nils Holgersson.

④ Mårbacka
Das Haus der Nobelpreisträgerin Selma Lagerlöf wurde seit ihrem Tod 1940 nicht verändert. Im Sommer finden hier Ausstellungen zum Werk der Schriftstellerin statt.

⑤ SS *Freja af Fryken*
1896 kenterte die Königin der Fryken-Seen, 98 Jahre danach wurde sie aus dem See geborgen. Heute legt sie wieder vom Hafen von Kil ab und wird dabei von der Originalmaschine von 1868 angetrieben.

Legende
- Routenempfehlung
- Andere Straßen
- Fryksdalsbanan

Routeninfos
Länge: 75 km Straßenlänge.
Rasten: Tosseberg, 20 km nördlich von Sunne, an der Straße nach Torsby.
Andere Routen: Zug Kil–Torsby mit Fryksdalsbanan, »Schwedens schönster Bahnlinie«. Boot SS *Freja af Fryken* ☎ (0567) 167 70.

❷ Arvika

Värmland. Straße 61. 26 000
🚉 🚌 🚗 ⛴ 🛈 Storgatan 22,
(0570) 817 90. 🎉 Gammelvala (Ende
Juli), Arvika Hamnfest (Anfang Aug.).
🌐 visitarvika.se

Die Menschen aus Värmland sind in Schweden für ihren Witz bekannt. Das gilt vor allem für Jösse und dessen Hauptort Arvika. Die Stadt liegt auf einem Hügel über der Bucht von Kyrkviken, die durch eine schmale Wasserstraße mit dem Glafsfjorden-See verbunden ist.

Das zentral neben der Feuerwehr gelegene **Arvika Fordonsmuseum** präsentiert eine grandiose Sammlung von Oldtimern, Hunderte Autos, Motorräder und Wagen.

Dass in dem Gebiet seit Langem Handwerker und Künstler ansässig sind, zeigt das **Rackstadmuseet** in Taserud am Stadtrand. Hier hatte der Bildhauer Christian Eriksson ab 1895 sein Atelier Oppstuhage. Jahrelang fanden sich hier Künstler ein, die von der Natur Värmlands fasziniert waren. Zu ihnen zählte der für seine Winterszenen berühmte Maler Gustaf Fjaestad.

20 Kilometer südlich von Arvika liegt die sehenswerte **Klässbols Linneväveri**, die einzige nordische Damastweberei. Hier werden die Tischdecken für die Nobelpreisbankette oder die Textilien für die königliche Familie angefertigt.

Ein Humber von 1903 im Arvika Fordonsmuseum

🏛 **Arvika Fordonsmuseum**
Thermiavägen 2. 📞 (0570) 803 90.
🕒 tägl. Gruppen nach Vereinbarung.
🅿 🚻 🛍 ☕ ♿

🏛 **Rackstadmuseet**
Taserud. 📞 (0570) 809 90. 🕒 Juni–Aug: tägl.; Sep–Mai: Di–So.
● einige Feiertage. 🅿 🛍 ☕
🌐 rackstadmuseet.se

🏛 **Klässbols Linneväveri**
Damastvägen 5. 20 km südlich von Arvika. 📞 (0570) 46 01 85.
🕒 Okt–Apr: Mo–Sa; Mai–Sep: tägl.
🚻 nach Vereinbarung. 🛍 ☕ ♿
🌐 klassbols.se

❸ Borgviks Bruk

Värmland. 35 km westlich von Karlstad. Straße 45. 🖂 400.
Borgvik Byggnadsvård 📞 072 216 55 18. 🕒 Juni–Aug.

Die Eisenhütte in Borgvik war von 1600 bis 1925 in Betrieb. Dank der Ruinen (Gießerei, Eisenwerk, Herrenhaus, Kirche) zählt Borgvik zu den besterhaltenen Zeugnissen Värmlands vergangener industrieller Zeit.

Bei Västra Smedbyn ist das Herrenhaus **von Echstedtska Gården** (um 1760) für seine Wandbilder berühmt. Sogar auf der Toilette befinden sich burleske oder zumindest »lehrreiche« Malereien.

🏛 **von Echstedtska Gården**
Västra Smedbyn. 20 km nordwestlich von Säffle. 📞 (0533) 630 74.
🕒 Mai–Sep. 🅿 ☕ nur nach Vereinbarung. 🛍 ☕

❹ Värmlandsnäs

Värmland. 5 km südlich von Säffle.

Die große Halbinsel im Vänern-See ist für ihren sehr fruchtbaren Ackerboden sowie für die mittelalterlichen Kirchen von **Botilsäter** und **Millesvik** bekannt.

Vom südlichsten Punkt Ekenäs kann man abseits der üblichen Touristenpfade **Lurö** erkunden, Schwedens größten Binnenarchipel. Die Bootsfahrt zur Hauptinsel von Lurö dauert etwa eine Stunde.

Einsame Badeplätze finden sich am Ufer von Värmlandsnäs

Selma Lagerlöf (1858–1940)

1909 erhielt Selma Lagerlöf als erste Frau den Nobelpreis für Literatur. Obwohl seit der Veröffentlichung ihres ersten Meisterwerks über ein Jahrhundert vergangen ist, bleibt das Interesse an den faszinierenden Erzählungen der Schriftstellerin ungebrochen. Zahlreiche Werke wurden für Kino und Fernsehen verfilmt, darunter *Jerusalem*, *Herrn Arnes Schatz* und *Der Kaiser von Portugallien*. Mit ihrem im Jahr 1891 erschienenen Debütroman *Gösta Berling* setzte Lagerlöf Värmlands Landschaften rund um die Fryken-Seen sowie den Familiensitz Mårbacka auf die literarische Weltkarte. Noch bemerkenswerter war der Erfolg von *Die wunderbare Reise des kleinen Nils Holgersson mit den Wildgänsen* (1906/07). Der märchenhafte Roman wurde weltweit in zahlreiche Sprachen übersetzt.

Selma Lagerlöf, Skulptur von Carl Eldh

Hotels und Restaurants in West-Svealand siehe Seiten 288 und 299f

Karlstads denkmalgeschütztes Viertel Almen liegt am Fluss Klarälven

❻ Hagfors

Värmland. Straße 62. 6500.
Folkets Väg 1, (0563) 187 50.
Schweden-Rallye (Anfang Feb), Klar-Hålja-Fest (Anfang Juli), Klarälvsmässan (3. Woche im Aug).

Das Städtchen liegt am Klarälven mitten in Värmland und war lange ein Zentrum der Stahl- und Holzindustrie. Noch heute wird westlich von Hagfors in Uddeholm Stahl bearbeitet.

Hagfors ist ein guter Ausgangspunkt für Ausflüge in das Klarävental. Flussaufwärts kann man an einigen Orten zu mehrtägigen Floßfahrten aufbrechen und die Welt mit ein bis zwei Knoten an sich vorüberziehen lassen.

20 Kilometer nördlich bietet **Ekshärad** eine Kirche (1686) und eine schöne Aussicht auf den Fluss. Im Kirchhof stehen an die 300 Eisenkreuze, in deren »Blättern« der Wind spielt.

Südwestlich liegt Uddeholm, ein Dorf mit einer Mühle aus den 1940ern, in der ein Museum und eine Galerie, **Stjärnsfors Kwarn**, untergebracht sind. Besucher können auf einem sechs Kilometer langen Rundkurs in einem alten Prüfwagen von der Mühle nach Hagfors fahren.

❺ Karlstad

Värmland. E18. 69 000.
Västra Torggatan 26, (054) 540 24 70. Schweden-Rallye (1. Wochenende im Feb), Musikfestival Putte i Parken (Juli). destinationkarlstad.se

Die Aufforderung »Sola i Karlstad« (»Genieße die Sonne in Karlstad«) lockt Besucher in Värmlands Metropole – tatsächlich aber scheint hier die Sonne auch nicht öfter als im Rest der Provinz. Die Verheißung geht auf eine Kellnerin im Stadtgasthof zurück, die im 19. Jahrhundert die Stimmung ihrer Gäste aufzuheitern verstand. Ihre Statue steht vor dem Stadshotell.

Karlstad im Mündungsdelta des Klarälven in den Vänern-See war im Mittelalter ein Markt und erhielt 1584 von König Karl IX. das Stadtrecht und ihren Namen. Karlstad brannte mehrmals ab, zuletzt 1865. Das Feuer überstanden die heute denkmalgeschützten Holzhäuser im Viertel Almen sowie das Bischofspalais von 1781. Die Außenbauten und der Turm der Kathedrale mussten neu errichtet werden, doch Teile des Innenraums aus dem frühen 18. Jahrhundert konnten gerettet werden.

Sehenswert ist auch die zwölfbogige Brücke Östra Bron von 1811. Einen guten Einblick in Värmlands Geschichte und Kultur bietet **Värmlands Museum** am Fluss. Die Galerie **Sandgrund Lars Lerin** ist Lars Lerin, einem der bekanntesten Künstler Schwedens, gewidmet. **Alsters Herrgård**, Geburtshaus des Dichters Gustaf Fröding (1860–1911), steht acht Kilometer östlich von Karlstad und zeigt Erinnerungsstücke von ihm und anderen einheimischen Autoren.

Zum Freilichtmuseum in **Mariebergsskogen** zählen historische Häuser, darunter eine Sauna und eine Räucherhütte, die finnische Immigranten bauten. Auf dem Gelände stellt das Värmlands Naturum die vielfältige Flora und Fauna der Provinz vor.

Gustaf Fröding (1860–1911)

🏛 Värmlands Museum
Sandgrundsudden. 400 m nördlich des Zentrums.
(054) 701 19 00.
tägl.

🏛 Sandgrund Lars Lerin
V. Torgg. 28. (054) 10 07 80.
Di – So. sandgrund.org

🏛 Alsters Herrgård
8 km östlich von Karlstad.
(054) 540 23 50. Mai – Aug: tägl.; Sep: Sa, So.

🏛 Stjärnsfors Kwarn
Uddeholm. (0563) 234 00.
Juni – Aug: tägl.; sonst: nach Vereinbarung. Ausfahrten, (0563) 187 50.

Alsters Herrgård bei Karlstad, Geburtshaus des Dichters Gustaf Fröding

Hotels und Restaurants in West-Svealand *siehe Seiten 288 und 299f*

⑦ Filipstad

Värmland. Straße 63. 6500.
Viktoriagatan 8, (0590) 613 54.
Oxhälja-Markt (1. Sa im Sep).

Karl IX. gründete Filipstad 1611 und benannte es nach seinem Sohn Karl Filip. In dem Städtchen blühten einst Bergbau und Eisenverarbeitung, heute dominiert eine ganz andere Industrie: In Filipstad steht die größte Knäckebrot-Bäckerei der Welt. Führungen durch das Brotmuseum von Wasabröd und die Backanlager des Unternehmens finden von Montag bis Samstag statt.

An zwei große Söhne der Stadt erinnern sehr unterschiedliche Denkmäler: Die lebensgroße Skulptur von K.G. Bejemark zeigt den beliebten Dichter und Liederschreiber Nils Ferlin (1898 – 1961) mit Zylinder und Frack auf einer Parkbank sitzend. Am Daglösen-See steht das imposante Mausoleum von John Ericsson. Der Pionier der Lokomotiven- und Kriegsschifftechnik erfand die Schiffsschraube. Zwei Monitor-Kanonen stehen neben dem Monument.

John Ericsson wuchs mit seinem ebenso berühmten Bruder Nils in der Bergbaugemeinde **Långban**, 20 Kilometer nördlich von Filipstad, auf. Die Gemeinde hat sich bis heute erhalten, inklusive der renovierten Gießerei und der Fördergebäude. Mineralier sucher haben aus den Schlacken von Långban eine außergewöhnliche Sammlung von 312 Mineralien zusammenstellen können.

Im unveränderten Zustand: Alfred Nobels Labor im Nobelmuseet

Långban
20 km nördlich von Filipstad.
(0590) 221 81. Mitte Juni – Mitte Aug: tägl.

Die Figur des Dichters Nils Ferlin auf einer Parkbank in Filipstad

Der Erfinder John Ericsson

Das schwedisch-amerikanische Multitalent John Ericsson (1803 – 1889) wurde in Långban als Sohn eines Obersteigers geboren. Mit 13 Jahren arbeitete er zusammen mit seinem Bruder Nils (1802 – 1870), dem späteren »Vater der schwedischen Eisenbahn«, am Bau des Göta-Kanals (siehe S. 150f). Ericsson entwickelte eine Dampfmaschine und ging mit Anfang 20 nach England, um seine Erfindung zu verwerten. Seine 1829 konstruierte bahnbrechende Maschine wurde beim Manchester-Liverpool-Rennen in der Lokomotive *Novelty* nur knapp von George Stephensons *Rocket* geschlagen. In den USA entwickelte Ericsson die Fregatte *Princeton* und setzte seine neue Schiffsschraube ein. Damit konnte das Schiff in einem Rennen den damals angeblich schnellsten Raddampfer *Great Western* schlagen. Seinen größten Triumph feierte Ericsson im Amerikanischen Bürgerkrieg mit dem gepanzerten Kriegsschiff *Monitor* (mit rotierendem Kanonenturm), das 1862 die *Merrimac* der Südstaatler besiegte.

John Ericssons Mausoleum

⑧ Karlskoga

Värmland. E18. 29000.
Kyrkbacken 9, (0586) 614 74.
Schwedische Touringcar-Meisterschaft (Ende Mai u. Mitte Aug).
karlskoga.se

Eisenerz wurde hier ab dem 13. Jahrhundert abgebaut und verarbeitet, doch erst als Alfred Nobel *(siehe S. 75)* die Eisenwerke und die Kanonenfabrik Bofors kaufte, boomte Karlskoga. Im 20. Jahrhundert entwickelte sich Bofors zu einem der weltweit bedeutendsten Waffenproduzenten.

Das **Nobelmuseet** im Herrenhaus Björkborns, wo Nobel zuletzt lebte, zeigt die Entwicklung von Bofors und bietet einen Einblick in das Leben des Erfinders. Sein Labor wurde seit seinem Tod nicht verändert. In dem Stall, wo einst Nobels russische Hengste standen, präsentiert ein Industriemuseum die Geschichte der Eisenhütten.

Karlskogas einziger erhaltener Hochofen steht in **Granbergsdals Hytta** zehn Kilometer nördlich der Stadt.

15 Kilometer südlich von Karlskoga floss am Ende der Eiszeit das Wasser aus einem See bei **Sveafallen** nahe Degerfors. Die so entstandene Landschaft nennt man im Domedagsdalen (»Tal des Jüngsten Gerichts«) und auf Wanderwegen im Naturschutzgebiet. 25 Kilometer westlich steht am südlichen Rand des idyllischen **Kristinehamn** eine berühmte, 15 Meter hohe Skulptur von Picasso, der hier seine Frau Jacqueline porträtierte.

Nobelmuseet
2 km nördlich des Zentrums. (0586) 834 94. Di – So (Juni – Aug: tägl.).
einige Feiertage.

Im Stjernsunds Slott lebte im 19. Jahrhundert der »singende Prinz« Gustaf

⑨ Askersund

Närke. 4000. Rådhuset, (0583) 810 88. Trad Jazz Festival (2. Woche im Juni), Golfwoche (2. Woche im Juli), All Car and Bike Meet (Ende Juli). askersund.se

Askersund liegt am Nordufer des Vättern, ist das Zentrum im südlichen Närke und das Tor zu den Wäldern von Tiveden und den Inseln im See. Das Städtchen wurde schon im Jahr 1314 in einem päpstlichen Brief erwähnt. 1776 brannte Askersund zwar ab, doch haben viele später errichtete Holzhäuser die Zeit überdauert.

Die von Jean de la Vallé im Jahr 1670 gebaute **Landskyrkan** aus Ziegeln überstand den Brand. Mit grandioser Barockkanzel und Altarbild zählt sie zu den großartigen Sakralbauten aus Schwedens großer Zeit (siehe S. 42f). In der von Erik Dahlbergh entworfenen Oxenstierna-Soopska-Kapelle steht ein Zinnsarkophag.

Umgebung: Zum nördlichen Archipel des Vättern zählen rund 50 Inseln, die meisten stehen unter Naturschutz. Sie sind mit dem Boot von Askersund aus erreichbar. Regelmäßige Fährdienste verrichtet seit 1895 die *SS Motala Express*. Sie heißt auch »die Gefangene vom Vättern«, weil sie zu groß ist, um den See über den Göta-Kanal zu verlassen.

Vier Kilometer südlich von Askersund lebte im **Stjernsunds Slott** der Liederschreiber und »singende Prinz« Gustaf (1827–1852), der Sohn von König Oscar I. Das aufwendig verzierte Schloss birgt wunderbare Interieurs.

Stjernsunds Slott
4 km südlich von Askersund. (0583) 100 04. **Haus** 15. Mai–31. Aug: tägl.; sonst: nach Vereinbarung. obligatorisch. **Park** tägl.

⑩ Örebro

Siehe S. 242f.

⑪ Ludvika

Dalarna. Straße 50. 14 000. Bergslagsgatan 10, 0771 62 62 62. Dan-Andersson-Woche (letzte Woche im Juli), Drachenbootfestival (Mai/Juni), Ludvika Festen (Ende Juni). visitsodradalarna.se

Der Westteil von Bergslagen ist mit Gießereien, Bergwerken und Herrenhäusern förmlich übersät. Die Industrie hat auch in Ludvika ihre Spuren hinterlassen. Das **Ludvika Gammelgård och Gruvmuseum** zeigt anschaulich, wie die Bergwerksarbeit in vergangenen Zeiten vonstattenging. Mehr darüber kann man auch in der näheren Umgebung erfahren.

Umgebung: 16 Kilometer südwestlich von Ludvika war die im Jahr 1989 geschlossene Mine Grängesberg jahrelang das größte Eisenerzbergwerk in Zentralschweden. Die Erzadern verliefen auch unter der Siedlung, sodass für den Abbau einige Häuser geräumt werden mussten. Das Erz wurde dann mit der Eisenbahn nach Oxelösund an der Ostsee verfrachtet.

Im **Grängesbergs Lokmuseum** steht die weltweit einzige noch funktionierende Dampfturbinenlokomotive.

35 Kilometer nordwestlich von Ludvika wurde in Skattlösberg der »Walddichter« Dan Andersson (1888–1920) geboren. Die Ortschaft ist typisch für die Dörfer, wie sie finnische Einwanderer im 17. und 18. Jahrhundert gründeten. **Luossastugan**, wo Andersson schrieb, beherbergt ein Museum für den beliebten Dichter.

Ludvika Gammelgård och Gruvmuseum
Ludvika. (0240) 100 19. 16. Juni–17. Aug: tägl.; 1.–15. Juni, 18.–31. Aug: Mo–Fr.

Grängesbergs Lokmuseum
Grängesberg. (0240) 207 35. Mitte Juni–Mitte Aug: tägl. Mittsommer.

Luossastugan
Skattlösberg. Juni–Aug: tägl.

⑫ Hedemora

Dalarna. Straße 70. 16 000. Bahnhof, (0225) 343 48. Hedemora-Markt (Mitte Mai).

Hedemora erhielt als erste Stadt in Dalarna bereits 1446 das Stadtrecht. 1849 überstanden hier nur wenige Gebäude einen Großbrand, darunter die Kirche aus dem 13. Jahrhundert, die Apotheke von 1779 sowie der **Theaterladan**. Er

Hedemora, die älteste Stadt in Dalarna, erhielt 1459 das Stadtrecht

Hotels und Restaurants in West-Svealand *siehe Seiten 288 und 299f*

NÄRKE UND DALARNA | 241

wurde um das Jahr 1820 von einem theaterbegeisterten Kaufmann über einem Kornspeicher eingerichtet. In dem Speicher befindet sich heute ein Museum, im restaurierten Theater werden Stücke im Stil des 19. Jahrhunderts aufgeführt.

Umgebung: Nördlich von Hedemora führt ab **Husby** eine 60 Kilometer lange Rundfahrt über Land und zu Kulturstätten wie Bergbauorten oder den Abteiruinen im Ort Kloster. Höhepunkt ist die Bergbausiedlung Stjärnsund aus dem 18. Jahrhundert, wo Schwedens »Vater der Mechanik«, Christopher Polhem, arbeitete. Das **Polhemsmuseum** zeigt seine Arbeiten, etwa die Stjärnsund-Uhr und das geniale Polhem-Schloss.

Christopher Polhem (1661–1751)

Carl Larssongården ist ein Wallfahrtsort für Innenarchitekten

Umgebung: Vier Kilometer südöstlich sollte in dem alten Tieflandzentrum **Stora Tuna** die hiesige Kirche (15. Jh.) ursprünglich die Kathedrale von Dalarna werden, doch stieg die historische »Landschaft« nie zur Diözese auf. Das Juwel der Kirche ist ein Kruzifix aus dem 15. Jahrhundert.

In **Ornässtugan** soll im 16. Jahrhundert der spätere König Gustav I. Wasa vor dänischen Rittern über den Abort geflohen sein.

🏛 Theaterladan
Gussarvsgatan 10.
📞 (0225) 210 64. 🕐 variierende Zeiten. 📞 tel. erfragen.
🌐 teaterladanhedemora.se

🏛 Polhemsmuseet
Stjärnsund, 15 km südlich von Hedemora. 📞 (0225) 803 05.
🕐 variierende Zeiten. 🎫 nach Vereinbarung.

⓭ Borlänge
Dalarna. E16/Straße 50. 👥 49 000
🚉 ℹ Sveagatan 1, 0771 62 62 62.
🎉 Dalecarlia Cup (Anfang Juli).
🌐 visitsodradalarna.se

Dalarnas größte Stadt wurde in den 1870er Jahren durch die neu erbauten Eisenhütten Domnarvets Jernverk und als Knotenpunkt mehrerer Eisenbahnlinien bekannt. Das Stadtrecht erhielt Borlänge allerdings erst 1944. Seit wenigen Jahren ergänzt eine Hochschule die Eisen- und Papierindustrie. Das **Jussi Björlingmuseet** widmet sich dem berühmtesten Sohn der Stadt, dem international bekannten Tenor Jussi Björling (1911–1960). Hier kann man all seine Plattenaufnahmen genießen.

🏛 Jussi Björlingmuseet
Borganäsvägen 25. 📞 (0243) 742 40.
🕐 Sep–Mai: Di–Fr; Juni–Aug: tägl.
🚫 einige Feiertage.

🏛 Ornässtugan
8 km nordöstlich von Borlänge.
📞 (0243) 22 30 72. 🕐 Mai: nach Vereinbarung; Juni–Aug: tägl. 🎫 obligatorisch.

⓮ Sundborn
Dalarna. 12 km nordöstlich von Falun.
👥 800. 🚉 ℹ (023) 600 53.

Die Hauptattraktion des Dorfs ist das Haus Lilla Hyttnäs des Künstlers Carl Larsson (1853–1919), **Carl Larssongården**. Larssons Holzmöbel und die traditionellen schwedischen Textilien zeigen Arts-and-Crafts- sowie Jugendstileinflüsse. Malereien von Larsson schmücken die Holzschindelkirche von 1755, sein Familiengrab liegt auf dem Kirchfriedhof. Auch im Herrenhaus **Stora Hyttnäs** sieht man den Stil des frühen 20. Jahrhunderts unverändert, es gibt eine Textilsammlung und einen Park.

🏛 Carl Larssongården
📞 (023) 600 53. 🕐 Jan–Sep: tägl.; sonst: nach Vereinbarung. 🚫 Feiertage. 🎫 obligatorisch.
♿ teilweise. 🌐 carllarsson.se

🏛 Stora Hyttnäs
📞 073 550 62 25. 🌐 storahyttnas.se

Carl und Karin Larsson

Durch das Buch *Ein Heim* (1899) und die darin vorgestellte Innenarchitektur erregten der Künstler Carl Larsson und seine Frau Karin weltweit Aufmerksamkeit. Nachdem sie an verschiedenen Orten in Europa gelebt hatten, ließen sie sich in einem Holzbauernhaus in Sundborn nieder. Dort konnten sie ihre Ideen verwirklichen und ein Design entwickeln, das auf dem traditionell-bäuerlichen Stil basierte. Sie kombinierten rustikale Möbel, handgewebte Textilien und bunte ländliche Muster mit etwas *Arts and Crafts* und Jugendstil. Das Ergebnis stand im scharfen Kontrast zum erdrückenden Wohnstil der Zeit um 1900. Die Freude und Leichtigkeit des Larsson-Hauses spiegeln sich in jedem Pinselstrich der Buchillustrationen wider. Vielleicht inspiriert gerade deshalb Carls und Karins schwedisches Idyll auch heute noch Innenarchitekten *(siehe S. 24f).*

Karin und Kersti, Carl Larsson

⑩ Örebro

Das Zentrum der 750 Jahre alten Stadt wurde 1854 durch einen Brand zerstört. In der großzügigen neuen Stadtanlage zu beiden Ufern des Flusses Svartån entstanden elegante Bauten, die sich mit dem Schloss und der Nicolai Kyrka zu einem schönen Stadtbild ergänzen. Eine Lokalzeitung beschrieb das Ensemble als »einen großartigen Salon des 19. Jahrhunderts, der extravagant mit Gebäuden möbliert ist, die von Wachstum und Erfolg künden«. Örebro hat auch seine grünen Seiten: Eine Promenade führt am Fluss entlang nach Wadköping und Karlslund. Der Svartån lässt sich zu Fuß, mit dem Rad oder dem Boot erkunden, das Lachsfischen ist hier fast ein »Muss«.

Örebro Slott am Svartån ist heute die Residenz des Gouverneurs

🏛 Örebro Slott
Kansligatan. ☏ (019) 21 21 21. ⏱ tägl. 🎟 obligatorisch. 📷 🚫
🏛 ♿ teilweise. **Nordwestturm**
⏱ Sa, So (im Sommer tägl.). 📷
🎟 obligatorisch. 🌐 **orebroslott.se**

Seit der Verleihung des Stadtrechts im 13. Jahrhundert prägt Örebro Slott das Stadtbild. 1347 berief hier König Magnus Eriksson eine gesetzgebende Versammlung ein. Im späten 16. Jahrhundert baute König Karl IX. die Burg zu einem Renaissanceschloss um, sein heutiges Aussehen mit den mächtigen Rundtürmen erhielt es bei einer Generalrenovierung kurz vor 1900.

Das Schloss war Schauplatz historischer Ereignisse wie der Annahme der schwedischen Reichsordnung 1617 und der Wahl des französischen Marschalls Jean-Baptiste Bernadotte zum schwedischen Thronfolger 1810. Die heutige offizielle Gouverneursresidenz beherbergt auch eine Touristeninformation. Eine Ausstellung im Nordwestturm beschäftigt sich mit der Schlossgeschichte.

🏛 Örebro Läns Museum
Engelbrektsgatan 3. ☏ (019) 602 87 00. ⏱ tägl. ● Feiertage. ☏ tel. buchen. 📷 ♿ 🌐 **olm.se**

Das um 1850 gegründete Provinzmuseum zählt zu den ältesten Museen Schwedens. Die Hauptsammlung mit über 100 000 Objekten aus dem ganzen Land wird allerdings in einem Bau aus den 1960er Jahren im Slottsparken ausgestellt. Eine Dauerausstellung widmet sich der seit der Steinzeit betriebenen Landwirtschaft. Die wertvollsten Artefakte, darunter das Wikingersilber von Eketorp (siehe S. 161), sind in der Schatzkammer untergebracht.

🏛 Rådhuset
Stortorget. ● für die Öffentlichkeit.

Das 1858–63 errichtete neugotische Rathaus war zu seiner Zeit eine Art Paradebau. König Karl XV. fand, dass der burgartige Bau nicht in die Provinzstadt passe, und nannte ihn »Sekt und nicht dünnes Bier«.

Heute passt nur ein Teil von Örebros Stadtverwaltung ins Rathaus, auch wenn es noch immer der Sitz der städtischen Exekutive ist. Um 12.03 und 18.03 Uhr (9.03 Uhr im Sommer) ertönt ein Glockenspiel mit historischen Figuren aus Örebro, etwa dem Reformer Olaus Petri (siehe S. 63).

⛪ St. Nicolai Kyrka
Nikolaigatan 8. ☏ (019) 20 95 30. ⏱ tägl. ☏ tel. erfragen. ♿ 🏛 So.

Die Kirche am Stortorget hat ihre Ursprünge im 13. Jahrhundert und wurde mehrmals umgebaut. Vom Originalbau verblieben sind die skulpierten Eingänge aus Närke-Kalk an der Nord- und Südseite. Der restliche Bau präsentiert sich im englisch beeinflussten neogotischen Stil, der Turm wurde Ende des 19. Jahrhunderts hinzugefügt.

🌳 Stadsparken
Floragatan 1. ☏ (019) 21 10 00. ⏱ tägl.

Der Park, der zu Schwedens schönstem Stadtpark gewählt wurde, wartet mit einigen Themengärten auf, darunter ein Rosen-, ein Magnolien- und ein Kräutergarten. Im Park befinden sich auch Theater und eine Kinderinsel mit eigener Bahn und Streichelzoo.

🏛 Wadköping
Am Fluss Svartån, 1 km vom Zentrum entfernt. ☏ Turistbyrå, (019) 21 21 21. ⏱ Di–So. 📷 🚫 🏛 🌐 **orebro.se/wadkoping**

Die wunderschöne Flusspromenade am Svartån führt durch den Stadsparken zu den Holzhäusern von Wadköping.

Im Freilichtmuseum Wadköping stehen traditionelle Holzhäuser

Hotels und Restaurants in West-Svealand siehe Seiten 288 und 299f

NÄRKE: ÖREBRO | 243

In dieses kulturelle Zentrum wurden alte Gebäude verlegt, die der modernen Stadt Platz machen mussten. Wadköping ist eine lebendige Gemeinde mit Handwerkern und kleinen Läden. Das älteste Gebäude ist die Kungsstugan (Königshütte) aus dem frühen 16. Jahrhundert, in der der damalige Herzog Karl in den 1580er Jahren bei seinen Besuchen in Örebro nächtigte. Sein Schlafzimmer zieren Wandmalereien seines persönlichen Hofmalers. Hamiltonska Huset von 1844 stammt aus dem Süden der Stadt und war seinerzeit das größte Gebäude. In Cajsa Wargs Hus (17. Jh.) verbrachte die Kochbuchautorin Casja Warg ihre Kindheit. Im Sommer finden Konzerte und Theatervorstellungen statt.

Svampen
Dalbygatan 3. (019) 611 37 35. tägl. svampen.nu
Der pilzförmige Wasserturm mit dem fantastischen Blick auf die Stadt, die Ebenen von Närke und den Hjälmaren-See ist ein Wahrzeichen von Örebro. Seit seiner Eröffnung 1958 haben acht Millionen Besucher den Panoramablick in 55 Metern Höhe genossen. Der Turm ist auf seine Art sogar ein Trendsetter: Ein Nachbau steht in Riad in Saudi-Arabien.

Der Svampen beherbergt das Wissenschaftszentrum **Aqua Nova**. Besucher können hier alle möglichen Experimente mit Wasser ausführen.

Karlslunds Herrgård
5 km westlich von Örebro. Diedens Allé 11. (019) 27 07 88. für die Öffentlichkeit.

Das königliche Anwesen Karlslunds Herrgård (16. Jh.) gehört heute der Stadt Örebro. Hier sind Kultur und Natur in perfekter Harmonie vereint. Das gustavianische Herrenhaus (1804–09) besitzt noch Gebäudeflügel aus dem 18. Jahrhundert. Der Herrensitz war einst eine Selbstversorger-

Karlslunds Herrgårds gustavianisches Herrenhaus wurde 1804–09 erbaut

gemeinde mit etwa 80 Gebäuden, darunter die Carlslunds Kraftstation von 1897, Schwedens ältestes Kraftwerk, das noch in Betrieb ist.

Gustavsvik
Gustavsviksvägen 11. (019) 19 69 10. siehe Website. gustavsvik.se

Das Freizeitgelände wartet mit mehreren Pools, darunter ein Planschbecken für kleine Kinder, einem Golf- und Campingplatz auf. Gustavsvik besuchen jedes Jahr viele Menschen.

Infobox

Information
Närke. 140.000. Örebrokompaniet, Olof Palmes Torg, (019) 21 21 21. Hjalmars Revue (Frühjahr und Herbst), Handwerksmesse (Apr, Dez), Käse- und Weinmesse (Apr, Okt), Krebsfischen im Svartån (Aug), Helga-Natt-Konzert (Mitte Dez), Weihnachtsmarkt Wadköping (Dez). visitorebro.se

Anfahrt
12 km westlich von Örebro, E18.

Zentrum von Örebro

① Örebro Slott
② Örebro Läns Museum
③ Rådhuset
④ St. Nicolai Kyrka
⑤ Stadsparken
⑥ Wadköping

Zeichenklärungen siehe hintere Umschlagklappe

Die gigantische Stora Stöten (Große Grube) in der alten Falu-Kupfermine bei Falun

⓯ Falun

Dalarna. E16/Straße 50. 37 000. Trotzgatan 10–12, 0771 62 62 62. Weihnachtsmarkt (2. So im Dez). **visitsodradalarna.se**

Falun hat in ganz Schweden eine farbige Spur hinterlassen – die im typischen Falun Rödfärg (Falun-Rot) gestrichenen Holzhäuser sieht man überall im ganzen Land. Die Farbe wird seit dem 17. Jahrhundert aus pulverisiertem Erz gewonnen, das Ferrosulfat enthält und aus der **Falu Gruva** (Falu-Kupfermine) bei Falun stammt. Die Falu Gruva war die Schatztruhe des Landes: Zu den besten Zeiten gewann man hier zwei Drittel der weltweit produzierten Kupfers.

Das ganze Gebiet einschließlich Stora Stöten (die durch einen Einsturz im Jahr 1687 entstandene Große Grube), Faluns historische und industrielle Bauten sowie die äußeren Siedlungen wurden im Jahr 2001 von der UNESCO zum Welterbe erklärt.

Dalarnas Museum vermittelt mit einer großen Sammlung von Trachten, Bildern und traditionellem Handwerk einen Überblick über die Kulturgeschichte von Dalarna.

Falu Gruva
1 km südlich des Zentrums. (023) 78 20 30. tägl. 1. Jan, Karfreitag, Mittsommer, 24., 25. Dez. tägl. nur oberirdisch. **falugruva.se**

Dalarnas Museum
(023) 76 55 00. tägl. 1. Jan, Karfreitag, Mittsommer, 24., 25., 31. Dez. **dalarnasmuseum.se**

⓰ Leksand

Dalarna. Straße 70. 16 000. Kyrkallén 8, (0248) 79 72 00. Musik am Siljan-See (1. Woche im Juli), Ruderregatta in Kirchenbooten (1. So im Juli). **siljan.se**

Die Traumlandschaft um den Siljan-See zeigt sich bei Leksand von ihrer besten Seite. Besonders interessant ist eine Reise zum See Anfang Juli, wenn die Kirchenboote um die Wette rudern.

Das sehenswerte Himlaspelet wurde 1941 uraufgeführt und zählt zu Schwedens ältesten ländlichen Festspielen. Rune Lindströms Stück über den Weg zum Himmel und zur Hölle handelt von den Hexenprozessen der 1670er Jahre.

Die Zwiebelkuppel von Leksands Barockkirche (18. Jh.) ist weithin sichtbar. Teile der Kirche stammen aus dem 13. Jahrhundert.

Umgebung: Der Sommersitz des Nobelpreisträgers Erik Axel Karlfeldt (1864–1931), **Karlfeldtsgården – Sångs i Sjugare**, liegt nördlich von Leksand am Opplimen-See. Hier kann man den Spuren von Karlfeldts Heldin folgen, die über die Wiesen von Sjugare wanderte. Sehenswert ist auch der Garten des Anwesens.

Jüngere Besucher lockt das **Äventyret Sommarland**, zu dem drei Vergnügungsparks am Ufer des Siljan-Sees gehören: Waterland, Motorland und Summerland.

Acht Kilometer südlich von Leksand wurde in Insjön 1899 Schwedens erstes Versandgeschäft von Åhlén & Holms gegründet. Die Versandtradition setzt Clas Ohlson fort. Sein Laden zieht so viele Do-it-yourself-Begeisterte an, dass Insjön zur meistbesuchten Attraktion in Dalarna aufgestiegen ist.

Karlfeldtsgården – Sångs i Sjugare
7 km nördl. des Zentrums. Straße Rv 70. (0247) 600 28. Mai–Sep: Di, Do, Sa; sonst: nach Vereinbarung.

Äventyret Sommarland
(0247) 139 39. Mitte Juni–Mitte Aug: tägl. Mittsommer. **sommarland.nu**

Volkskunst in Leksand:
Paar aus Dalecarlia

⓱ Rättvik

Dalarna. Straße 70. 4500. Riksvägen 40, 0771 62 62 62. Musik am Siljan-See (Juli), Oldtimer-Woche (Ende Juli). **siljan.se**

Rättviks Wahrzeichen, der Långbryggan-Pier, ist unübersehbar. Nach ihrer Ankunft am Pier müssen die Passagiere der MS *Gustaf Wasa* noch 628 Meter bis zum Festland zurücklegen. Der schön gezimmerte Steg wurde 1895 gebaut, da-

Hotels und Restaurants in West-Svealand siehe Seiten 288 und 299f

mit die Dampfer nahe dem flachen Ufer ankern konnten. Rättvik besitzt eine mittelalterliche Kirche in schöner Lage auf einer Landzunge. Der älteste der früheren Kirchenställe stammt aus den 1470er Jahren.

Umgebung: Alte Dalarna-Häuser, Dorfleben und Malereien findet man 35 Kilometer nördlich von Rättvik in **Gammelstan**. Die alten Häuser an der Dorfstraße stammen zum Teil aus dem 17. Jahrhundert.

Zwölf Kilometer südlich stehen in **Tällberg** viele Holzhäuser im klassischen Dalarna-Stil. Der Ort ist für seine erstklassigen Hotels und Gasthäuser bekannt, eines ist das renommierte Åkerblads (siehe S. 288) mit einem exzellenten Restaurant. Im oberen Dorfteil verkaufen im Holens Gammelgård Werkstätten traditionelle Handwerksobjekte.

Sieben Kilometer nördlich von Rättvik hat man in **Dalhalla** einen Kalksteinbruch in ein natürliches Amphitheater verwandelt. Die Akustik hier wird von den besten Opernsängern der Welt gelobt. Im Sommer finden Konzerte und tagsüber Führungen statt. Das Gebiet entstand vor 360 Millionen Jahren durch einen Meteoriteneinschlag, dessen Krater sich über die ganze Siljan-Region erstreckt.

Dalhalla
7 km nordwestlich des Zentrums. Straße 70. (0248) 79 79 50.
für Aufführungen und Führungen.
dalhalla.se

⑱ Mora

Dalarna. Straße 70. 11 000.
Siljan Tourism Mora, Strandgatan 14, (0248) 79 72 00.
Winterfestival (Feb), Vasaloppet-Skirennen (1. So im März).
siljan.se

Die Umgebung von Mora und die schön zwischen Orsasjön- und Siljan-See gelegene Stadt selbst bieten viele Attraktionen. Mora wird vor allem mit

Schlafzimmer in Zorngården, dem Haus und Atelier von Anders Zorn

König Gustav I. Wasa (1496–1560) und dem Künstler Anders Zorn (1860–1920) in Verbindung gebracht. Gustav Wasas Reisen 1520 in Dalarna, bei denen er die einheimischen Männer gegen die dänischen Besatzer mobilisierte, haben viele Spuren hinterlassen. Bei Mora erzählen die romantisierenden Bilder des Utmeland-Denkmals (1860) von seinen Abenteuern. Das Monument steht über dem Keller, in dem sich Wasa angeblich vor den dänischen Häschern versteckte. Auch der jährliche Wasalauf (siehe S. 249) erinnert an den König. An der Ziellinie in Mora steht die Gustav-Wasa-Statue von Anders Zorn, das nahe **Vasaloppsmuseet** dokumentiert die Geschichte des berühmten Skirennens.

Gustav-Wasa-Statue, Mora

Anders Zorn wurde nicht zuletzt wegen seiner Porträts von drallen einheimischen Frauen international bekannt. Er war äußerst interessiert an der bäuerlichen Kultur und ein begeisterter Sammler lokaler Handwerksobjekte. In **Zorngården**, das er selbst erbaute, schwelgte er in einer nationalromantischen Welt. Auf dem Anwesen stehen einige Häuser, die hierher verlegt wurden, etwa das Backhaus aus dem 12. Jahrhundert, das als Atelier diente. Das Zornmuseet zeigt Zorns Werke und Privatsammlung.

Umgebung: Acht Kilometer südlich von Mora wird in **Nusnäs** Schwedens Wahrzeichen, das Dala-Pferd, produziert. Die Pferde, ursprünglich Spielzeuge aus dem 19. Jahrhundert, werden mit dem Messer geschnitzt und farbenfroh bemalt. An Werktagen kann man bei ihrer Herstellung zusehen.

Auf der Insel **Sollerön** im Siljan-See werden die traditionellen Kirchenboote gefertigt, die bei Kirchenausflügen und bei den Ruderrennen der Seegemeinden verwendet werden. Die hübsche Kirche wurde 1785 erbaut.

In **Tomteland** in Gesunda lebt der Weihnachtsmann. In seiner Werkstatt werden im Sommer Geschenke produziert. Zu den Angeboten im Park zählt eine Hexenschule – für Kinder, die etwas über Zaubern, Freundschaft und Umweltschutz lernen möchten.

Vasaloppsmuseet
Vasaloppets Hus. (0250) 392 00.
Mo–Fr; Mitte Juni – Mitte Aug: tägl.
einige Feiertage. nach Vereinbarung. vasaloppet.se

Zorngården
Vasagatan 36. (0250) 59 23 10.
tägl. Karfreitag, 24., 25. Dez.
zorn.se

Tomteland
Gesunda. 12 km südlich von Mora.
(0250) 287 70. tel. erfragen.
santaworld.se

Das riesige Dala-Pferd wurde in Nusnäs angefertigt

Blick auf ein malerisches Städtchen am Ufer des Siljan, Dalarna

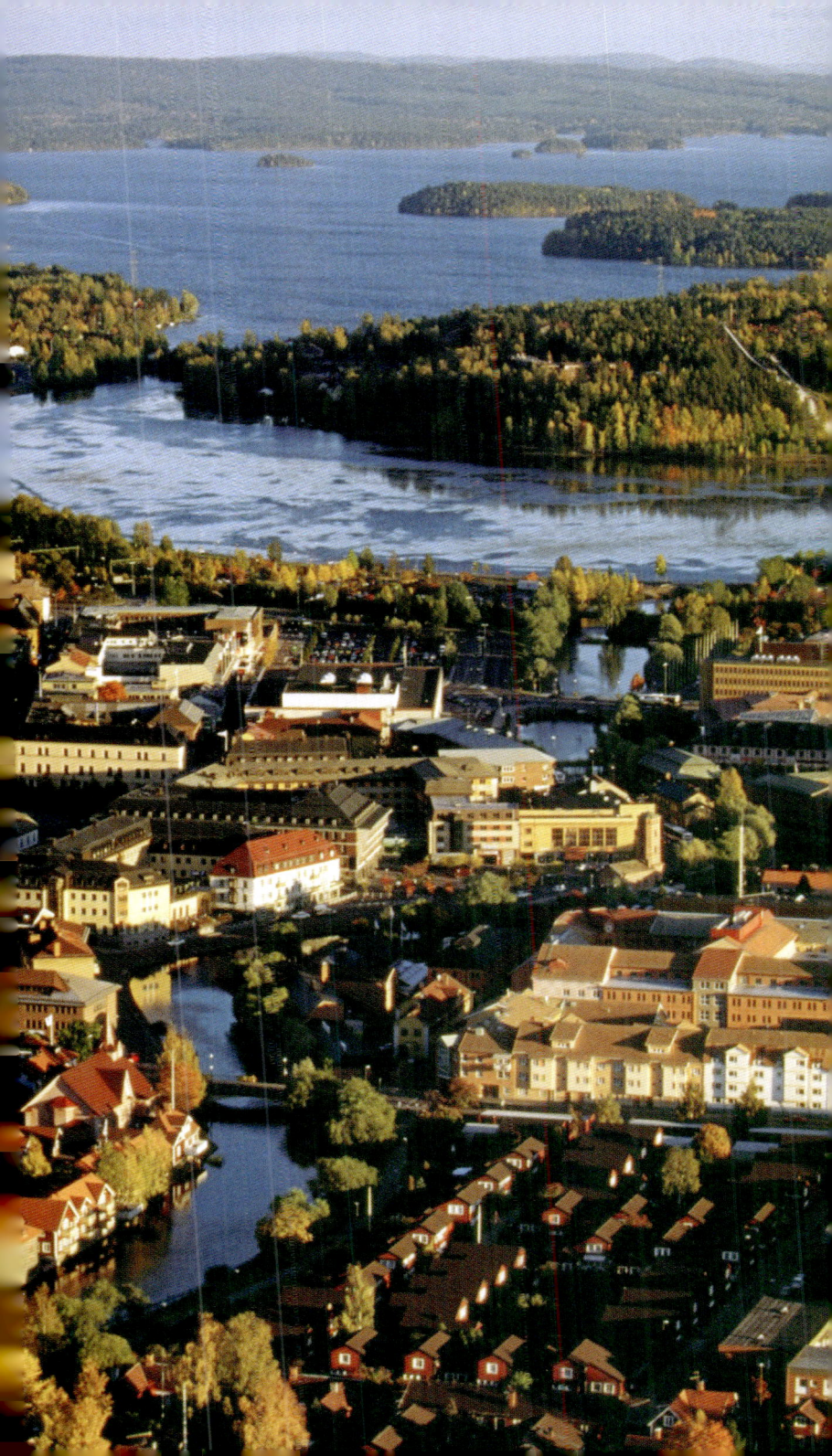

Reiten gehört in Dalafjällen zu den vielen Outdoor-Aktivitäten

⓲ Orsa

Dalarna. Straße Rv 45. 🏔 5000. 🚌
🛈 Dalagatan 1, (0248) 79 72 00.
🎵 Orsayran-Musikfestival (mittwochs im Juli). 🌐 siljan.se

⓳ Orsa Grönklitt

Grönklitt. 15 km nordwestlich von Orsa. 🛈 (0250) 462 00. 🕒 tägl. 🌐 orsagronklitt.se

⓴ Sälen

Dalarna. Straße 71. 🏔 1200. 🚌
🛈 Centrumhuset, (0280) 187 00.
🎵 Snowboard-Weltcup, Speed-Skiing-Weltcup (Mai), Vasaloppet-Skirennen (1. So im März).

㉑ Idre und Särna

Dalarna. Straße 70. 🏔 1500. 🚌
🛈 Framgårdsvägen 1, Idre; Högenvägen 2, Särna; 0771 99 88 00. 🎵 Orientierungsberglauf (4. Woche im Juni), Bergfest (2. Woche im Juli), Festivalwoche (3. Woche im Juli). 🌐 visitidre.se

Die Region Orsa reicht von der sanften bäuerlichen Landschaft um den Orsasjön-See bis zur menschenleeren Finnmark im Norden.

Früher war hier die Fertigung von Schleifsteinen ein wichtiger Nebenverdienst. Mehr dazu erfährt man zwölf Kilometer nordöstlich von Orsa im **Slipstensmuseet**.

In diesem Teil Schwedens führt man noch immer das Vieh auf die Sommerweiden in den Bergen. Bei Djurberga, Fryksås und Hallberg kann man sehen, wie Sennerinnen in früheren Zeiten lebten und Butter und Käse aus der Milch von Bergkühen und Ziegen produzierten.

In **Våmhus** am Westufer des Orsasjön werden zwei Handwerke ausgeführt, die früher eine Hauptverdienstquelle waren: Korbflechten und die Anfertigung von Schmuck aus Haaren. Verkaufsreisen führten die Frauen aus Våmhus einst bis nach St. Petersburg und Deutschland.

14 Kilometer nördlich von Orsa liegt **Orsa Grönklitt**, das Hauptgebiet für Outdoor-Spaß in der Region. Im Orsa Björnpark (Bärenpark) spaziert man auf Wegen und Rampen, Auge in Auge mit Bären, Wölfen, Luchsen und Vielfraßen, die hier in großen Gehegen leben.

🏛 Slipstensmuseet

Mässbacken. 🛈 (0250) 55 02 55.
☀ Sommer. 🎫 nach Vereinbarung. 🏢 ♿

Wie die meisten Bergzüge in Dalarna sind auch die Transtrandsfjällen mit dem zentral gelegenen Sälen sanft gerundet und geben sich weniger dramatisch als die Berge weiter im Norden. Der höchste Gipfel, Östra Granfjället, ragt 949 Meter auf. Die Region bietet exzellente Möglichkeiten zum Alpinskifahren und Langlaufen. Da Schwedens größere Städte nicht allzu weit entfernt sind, hat sich die Gegend um Sälen zu einem der beliebtesten Wintersportgebiete entwickelt.

In Sälen hat man die Wahl zwischen schwarz markierten Pisten für fortgeschrittene Skifahrer, für Kinder geeignete Familienabfahrten sowie Halfpipes und Jumps für Snowboarder. Insgesamt gibt es 200 Kilometer markierte Loipen und Wanderwege.

Sälen ist darüber hinaus der Startpunkt für den 90 Kilometer langen Wasalauf.

Dalarna gehörte bis 1644 zu Norwegen, weshalb der hier gesprochene Dialekt norwegisch klingt. In dieser Bergregion kann man herrliche Ausblicke genießen. In den Nipfjället-Bergen führt eine Straße auf 1000 Meter, wo sich ein grandioser Blick auf den 1131 Meter hohen Städjan öffnet. Ein idealer Ausgangspunkt für Bergtouren ist die STF-Bergstation von **Grövelsjön** am Långfjället.

Idrefjäll, ein Urlaubsort am Idresjön-See, bietet exzellente Loipen und Lifte im Winter und eine große Auswahl an Aktivitäten im Sommer. Särna wartet mit einer wunderschönen Holzkirche aus dem 17. Jahrhundert und dem Bauernmuseum von Buskgården auf.

Im **Fulufjällets Nationalpark** rauscht Schwedens höchster Wasserfall: Der Njupeskär stürzt 90 Meter in die Tiefe. Noch immer sieht man die Folgen eines Sturms, der hier im August 1997 wütete. Innerhalb von 24 Stunden fielen 400 Millimeter Regen, Bäche wurden zu reißenden Fluten, die zusammen mit umgestürzten Bäumen breite Schneisen in den Wald zogen.

Der markante Gipfel des Städjan in den Nipfjället-Bergen

Hotels und Restaurants in West-Svealand siehe Seiten 288 und 299f

Wasalauf (Vasaloppet)

Das längste und älteste Skirennen der Welt begann 1922 mit 122 Läufern, heute stellen sich jeden ersten Sonntag im März über 15 000 der 90 Kilometer langen Strecke von Sälen nach Mora. Noch mehr nehmen am Wochenende zuvor am offenen Rennen oder an Spezialwettbewerben wie dem Frauenrennen *Tjejvasan* oder dem *HalvVasan* (halbe Strecke) teil. 3000 Helfer geben Blaubeersuppe aus, wachsen Skier und pflastern Blasen. Und dies alles, weil Gustav Wasa 1520 die Männer von Dalarna nicht gegen die Dänen mobilisieren konnte und daraufhin auf Skiern Richtung Norwegen floh. Als jedoch das Stockholmer Blutbad *(siehe S. 64)* bekannt wurde, eilten zwei der besten Skiläufer nach Sälen, um dort den zukünftigen König aufzuhalten. Im Sommer folgt ein Wanderweg der Strecke von Berga in Sälen bis zum Ziel in Mora.

In Berga beginnt das Rennen südlich von Sälen. Über 15 000 Starter werden im Morgengrauen gruppenweise auf die Strecke geschickt, die Spitzenläufer zuerst.

Evertsberg liegt auf halbem Weg zwischen Sälen und Mora. Hier und an anderen Streckenposten kann man sich mit Blaubeersuppe stärken. Wer nur die halbe Strecke läuft, kann das Rennen hier beenden.

Nach ersten steilen Hügeln folgt eine sumpfige Ebene.

Erster Wasalauf
Weihnachten 1520 floh Gustav Wasa vor den dänischen Truppen von Mora Richtung Norwegen. In Lima bei Sälen erreichten ihn Männer aus der Umgebung und überredeten den zukünftigen König zur Umkehr. Seit 1922 haben fast 750 000 Langläufer die Strecke in entgegengesetzter Richtung bewältigt.

Mora ist das Ziel des Rennens. Die Siegerzeit liegt in der Regel bei etwas über vier Stunden, manche Läufer brauchen zehn Stunden. Über der Ziellinie steht: »Auf den Spuren unserer Vorfahren für die Siege von morgen.«

Süd-Norrland

Die sechs historischen »Landschaften« Süd-Norrlands umfassen fast ein Viertel des schwedischen Territoriums. An der Ostküste dominieren Industrie und Fischerei, in den Flusstälern stößt man auf Bauerndörfer, im Westen erstrecken sich die Wälder und Berge von Härjedalen und Jämtland. Die Nutzung von Ressourcen wie Holz und Wasserkraft hat die Region sichtbar geprägt.

Die südöstliche Region Gästrikland gehörte im Mittelalter zu Svealand und scheint mit ihrem sanften Hügelland eher zum benachbarten Uppland als zu Norrland zu passen. Ein Teil des Berglagener Bergbaugebiets erstreckt sich bis hierher, Eisenhütten bildeten die Grundlage für die heutige Industrie. Der Handelshafen Gävle war lange Zeit das Tor zu Norrland.

Ein weiterer Weg in den Norden und die Berglandschaft von Norrland führt über den Pass zwischen Kölberget und Digerberget in Hälsingland. Hier stehen prächtige hölzerne Herrenhäuser mit schön verzierten Veranden und exquisiten Interieurs. Diese Villen zeugen vom erfolgreichen Handel mit dem grünen Gold der hiesigen Wälder, die 80 Prozent des Territoriums bedecken.

Sogar noch tiefere Spuren hinterließ die Holzwirtschaft in den Regionen Medelpad und Ångermanland, wo die Holzbarone von Sundsvall und Ådalen Ende des 19. Jahrhunderts riesige Vermögen anhäuften. Noch heute nimmt in diesen Regionen die Papier- und Zellstoffindustrie eine Schlüsselstellung ein. Überwältigend ist bisweilen der Schwefelgeruch – aber auch der Geruch des Heringsgerichts *surströmming*. Wer sich traut, probiert diese schwedische Fischdelikatesse am besten in einem Fischerdorf an der Höga Kusten, der Hohen Küste *(siehe S. 260f)*, die seit 2000 zum UNESCO-Welterbe zählt.

Die historischen »Landschaften« Jämtland und Härjedalen kamen erst 1645 zu Schweden, noch heute träumen nach Unabhängigkeit strebende Lokalpatrioten von einer unabhängigen »Republik Jämtland«. Die Berge im Westen locken mit Skigebieten und im Hochland mit wildreicher, unverfälschter Natur.

Die Besitzer erkennen ihre Rentiere in der Herde an den Ohrmarkierungen und fangen sie mit dem Lasso

◀ Wunderschöne Winterlandschaft in Härjedalen

Überblick: Süd-Norrland

Die Region bietet fantastische Kontraste. Die Küstenlandschaften Gästrikland und Hälsingland kennzeichnet eine farbenfrohe bäuerliche Kultur mit traditioneller Volksmusik und -tänzen. Über Brücken und mit Fähren erreicht man die Inseln des eindrucksvollen Archipels an der Höga Kusten in Ångermanland, die zum UNESCO-Welterbe gehört. Im Inland kann man in den gebirgigen Landschaften Jämtland und Härjedalen herrlich Ski fahren und wandern. Am besten erkundet man Norrlands vielfältige Natur, indem man von der Küste aus einem der Flusstäler folgt, die das Land durchschneiden. Dort führen die Straßen flussaufwärts durch dichte Wälder und hinauf in die Berge.

Die von Wildbächen durchzogene Heide von Helag. In der Ferne ragt der Helagsfjället auf

In Süd-Norrland unterwegs

Hauptverkehrsadern sind die E4 an der Küste und die E14, die quer durchs Land von Sundsvall nach Trondheim in Norwegen führt. Die Nord-Süd-Straßen im Inland sind in der Regel in gutem Zustand, die Ost-West-Straßen folgen den Flussläufen. Die Hauptbahnlinie verläuft in Süd-Nord-Richtung. An der Küste biegt die Bahnlinie erst hoch im Norden bei Härnösand ins Inland ab. Die Jämtland-Berge erreicht man mit dem Zug, Härjedalen dagegen mit Auto oder Bus. Die Inlandsbanan fährt nur im Sommer. Es gibt ein gutes Angebot von Inlandsflügen.

Legende

- 🟰 Autobahn
- ━ Hauptstraße
- ═ Nebenstraße
- ▬ Eisenbahn (Hauptstrecke)
- ┄ Eisenbahn (Nebenstrecke)
- ▬ Staatsgrenze
- △ Gipfel

Weitere Zeichenerklärungen *siehe hintere Umschlagklappe*

Holzhaus in Arbro, Hälsingland, mit der für die Region typischen traditionellen Architektur

SÜD-NORRLAND | 253

Am Nämforsen-Fall findet sich eine der größten Stätten mit Felsbildern in Europa *(siehe S. 259)*

Bootshäuser in Norrfällsviken an der Höga Kusten in Ångermanland *(siehe S. 260f)*

Sehenswürdigkeiten auf einen Blick

1. Dalälven Delta
2. Gävle
3. Sandviken
4. Söderhamn
5. Bollnäs
6. Hudiksvall
7. Ljusdal
8. Ljungadalen
9. Sundsvall
10. Härnösand
11. Ådalen
12. Örnsköldsvik
13. *Höga Kusten S. 260f*
14. Indalsälven
15. Östersund
16. Åre
17. Storlien
18. *Härjedalens Berge S. 264f*
19. Sveg

Das Dalälven Delta zählt zu den besten Angelgebieten Schwedens

❶ Dalälven Delta

Gästrikland, Uppland. Gysinge Tourist Office, (0291) 210 00.
Stauwehrtag in Älvkarleby (1. So vor Mittsommer).

Bevor der mächtige Dalälven bei Gävle ins Meer mündet, bildet er ein weitläufiges Delta mit Hunderten von kleinen Inseln, auf denen eine reiche Tier- und Pflanzenwelt gedeiht. Hier liegen einige der besten Angelplätze für Sportfischer in Schweden.

Von Forst- und Landwirtschaft am wenigsten berührt ist das Gebiet bei Färnebofjärden, das 1998 teilweise zum Nationalpark deklariert wurde. Zur bunten Vogelwelt gehören über 100 Arten, darunter zahlreiche bedrohte Specht- und Eulenarten.

Ein guter Ausgangspunkt für Ausflüge ist Gysinge an der Rv 67, 38 Kilometer südlich von Gävle. Dank der Wasserfälle zwischen Färnebofjärden und Hedesundafjärden begann man hier Ende des 17. Jahrhunderts mit der Eisenverhüttung. Der gut erhaltene Industrieort hat eine Hauptstraße aus den 1770er Jahren und ein Herrenhaus von 1840. Im **Dalälvarnas Flottningsmuseum** wird die ehemals große Bedeutung des Flusses für den Holztransport veranschaulicht.

Der Dalälven ist auch ein wichtiger Stromlieferant, wie das flussabwärts gelegene Kraftwerk **Älvkarleby** zeigt. Das Werk von 1915, für sich allein schon eine Sehenswürdigkeit, beeindruckt am meisten am Stauwehrtag, wenn das Wasser mit voller Kraft abgelassen wird. Älvkarleby ist das Ziel vieler Angler, die hier jährlich insgesamt 20 Tonnen Lachse und Forellen fischen.

In **Österfärnebo** bietet das Museumsdorf Koversta aus dem 18. Jahrhundert Einblicke in früheres bäuerliches Leben.

Dalälvarnas Flottningsmuseum
Gysinge Bruk. (0291) 210 00.
Mitte Mai – Mitte Aug: tägl.

❷ Gävle

Gästrikland. 96 000.
Drottninggatan 22, (026) 17 71 17.
visitgavle.se

Die Hauptstadt der Landschaft Gästrikland und der Provinz Gävleborgs län ist seit dem Mittelalter das Tor nach Norrland. Da die Mündung des Gävleån hier einen idealen Hafen bildet, ließen sich Kaufleute nieder, um im Norden Handel zu treiben. Davon zeugen die Lagerhäuser am Skeppsbron. Gävle ist noch immer einer der größten Häfen Schwedens, der Betrieb hat sich nur weiter in die Bucht hinaus verlagert. 1869 zerstörte ein Brand die Gebäude nördlich des Flusses, allein das Rathaus (1790) und die dreischiffige Barockkirche **Heliga Trefaldighetskyrkan** (1654) blieben erhalten.

Im 19. Jahrhundert wurden breite Alleen angelegt, um zu verhindern, dass sich erneut Feuer ausbreiten. Ein Juwel ist das 1878 erbaute Theater an der Rådhusesplanaden. Im Stadtpark **Boulognerskogen** steht Carl Milles' Skulptur *Fünf musizierende Engel*.

Südlich des Flusses Gävleån steht mit dem **Gävle Slott** (16. Jh.) Schwedens nördlichste königliche Festung. Hier liegt auch die Altstadt Gamla Gefle. In den von Holzhäusern aus dem 18. Jahrhundert gesäumten Straßen haben sich Künstler und Handwerker niedergelassen. **Joe Hill Gården** in der Nedre Bergsgatan 28 ist das Geburtshaus des schwedisch-amerikanischen Gewerkschaftsführers und heute ein Museum.

Die große Sammlung des **Länsmuseet Gävleborg** beschäftigt sich mit Gästriklands Geschichte. Schöne alte Lokomotiven und Waggons – von Titanen aus dem Bergbau bis zu Schmalspurwagen – bietet

Schwedens älteste Lokomotive (1855) in Sveriges Järnvägsmuseum

Hotels und Restaurants in Süd-Norrland *siehe Seiten 288f und 300f*

Sveriges Järnvägsmuseum.
Das kleine, faszinierende
Fängelsemuseet in einer Gefängniszelle aus dem 17. Jahrhundert vermittelt einen Eindruck vom Gefängnisleben in jener Zeit.

Furuviksparken lockt Familien mit seinen nordischen und exotischen Tieren, mit Aufführungen sowie mit Schwimmgelegenheiten.

🏛 Länsmuseet Gävleborg
S. Strandgatan 20. (026) 65 56 00.
Di – So. Feiertage.
lansmuseetgavleborg.se

🏛 Sveriges Järnvägsmuseum
Rälsgatan 1. (010) 123 21 00.
Juni – Aug: tägl.; Sep – Mai: Di – So. Feiertage.

🏛 Fängelsemuseet
Hamiltongatan 1. (026) 65 44 30.
Mi – So. Feiertage.
fangelsemuseet.se

Furuviksparken
10 km östlich des Zentrums. Straße Rv 76. (010) 123 21 00. Ende Mai – Aug: tägl.

❸ Sandviken

Gästrikland. 23 000.
Folkets Hus, Köpmangatan 5 – 7, (026) 24 13 80. Bangen-Jazzfestival (Ende Juni), Kammermusikfestival (Ende Juli). gastrikland.com

Sandviken entwickelte sich, als 1860 eine Eisenhütte am Ufer des Storsjön-Sees gebaut wurde. Ein Standortfaktor war die neue Bahnlinie nach Gävle. Die Stadt wurde bald für ihren Stahl berühmt, den man mit dem damals bahnbrechenden Bessemer-Verfahren produzierte. In den 1920er Jahren begann man, rostfreien Stahl herzustellen, ab den 1940er Jahren war Sandviken der größte Produzent von Stahl für Werkzeuge und Bohrer.

Umgebung: Sandvikens »eiserne« Wurzeln sieht man in Högbo. In der Nähe des heutigen Ferien- und Sportzentrums in Kungsgården befindet sich **Rosenlöfs Tryckerimuseum**, in dem man eine noch funktionierende Druckerpresse aus den 1890er Jahren sieht.

Gegenüber von Sandviken steht am Südufer des Storsjön die mittelalterliche Kirche von **Årsunda**, ausgeschmückt mit Malereien des Meisters Eghil. Der Wikingerfriedhof südlich der Kirche führt zum Wikingerzentrum Årsunda, das viele Aktivitäten rund um das Thema Wikinger bietet.

🏛 Rosenlöfs Tryckerimuseum
Kungsgården, 10 km westlich von Sandviken. (0290) 376 18.
Juni – Aug: Sa, So; Juli: Di – So.
Mittsommer.

Teil eines alten Hochofens in der bekannten Stahlstadt Sandviken

❹ Söderhamn

Hälsingland. 13 000.
Köpmangatan 11, (0270) 753 53.
Familienabende in Östra Berget (Do im Juli), Heringsspiele (Mitte Aug).

Schwedens Machtansprüche und sein Waffenbedarf führten 1620 zur Gründung von Söderhamn. Waffenschmiede aus ganz Hälsingland arbeiteten hier. In der Gewehrfabrik (1748) befindet sich heute das **Söderhamns Stadsmuseum**.

Russische Angriffe 1721 und vier Brandkatastrophen überstand als einziger bedeutsamer Bau die **Ulrika Eleonora Kyrka**. Die kreuzförmige rote Kirche wurde von Tessin d. J. 1693 entworfen. Als positiver Nebeneffekt der Brände entstanden mehrere Parks, die heute ein grünes Muster in der Innenstadt bilden. Wahrzeichen ist der Turm **Oscarsborg**, der stolz auf dem Östra Berget aufragt. Die Mühen des 125 Stufen hohen Aufstiegs belohnt ein atemberaubender Blick auf die Stadt und die Inseln.

Heute ist Söderhamn eine florierende Küstengemeinde mit vielen Freizeitangeboten.

Umgebung: An der zehn Kilometer langen Bucht Söderhamnsfjärden standen während der industriellen Blüte im späten 19. Jahrhundert elf mit Dampfkraft betriebene Sägemühlen. Mehr dazu erfährt man im Ljusnes Industriemuseum und in **Bergviks Industrimuseum**. Modernere Technik ist das Thema von **Söderhamns/F15 Flygmuseum**, das Militärflugzeuge ausstellt.

17 Kilometer nordwestlich von Söderhamn steht **Tronö Kyrka** (13. Jh.), ein mittelalterlicher Bau mit Mauern, Toren und Glockenturm. Der Erzbischof und Nobelpreisträger Nathan Söderblom (1866 – 1931) wurde hier im Pfarrhaus geboren, das heute seine Memorabilien beherbergt.

🏛 Söderhamns Stadsmuseum
Oxtorgatan 5. (0270) 157 91.
nach Vereinbarung oder bei Ausstellungen.

🏛 Bergviks Industrimuseum
15 km westlich des Zentrums.
(0270) 42 44 65. nach Vereinbarung. Spende.

🏛 Söderhamns/F15 Flygmuseum
Flygstaden, 4 km östlich des Zentrums.
(0270) 142 84. Juni – Aug: tägl.;
Sep – Mai: So – Di. nach Vereinbarung.

Vom Oscarsborg hat man einen herrlichen Blick auf Söderhamn

Freilichtmuseum Kämpen, Bollnäs: Bauernhof aus dem 16. Jahrhundert

❺ Bollnäs

Hälsingland. 13 000.
Kulturhuset, Odengatan 17B, (0278) 258 80. Bollnäs Stadsfest (1. Wochenende im Juli).
bollnas.se/turism

Bollnäs im Herzen von Hälsinglands reichem Agrarland ist das Tor zu den Flusstälern von Voxnan und Ljusnan. Im halbmodernen Zentrum stehen hölzerne Villen, in der Kirche (um 1460) sieht man mittelalterliche Steinmetzarbeiten. Das **Bollnäs Museum** (1929) ist einen Besuch wert, ebenso das Kulturhuset nebenan, in dem ein Saal der nahen eisenzeitlichen Siedlung Onbacken gewidmet ist. Im Freilichtmuseum **Kämpen** kann man in einem Bauernhof aus dem 16. Jahrhundert die Regionalkultur kennenlernen.

Umgebung: Hälsingland war im 18. Jahrhundert ein Hauptanbaugebiet für Flachs. Die Grundbesitzer demonstrierten ihren Reichtum mit üppig dekorierten Holzvillen *(siehe S. 26f)*. Diese Bauernhöfe gehören seit 2012 zum UNESCO-Welterbe. Einige der schönsten Güter und Höfe in Hälsingland befinden sich bei Alfta, das etwa 20 Kilometer taleinwärts im Voxnadalen-Tal liegt. Zu Alftas Freilichtmuseum **Löka** in Gundbo gehören drei Bauernhäuser, die zum Teil über schöne Wandmalereien verfügen. Die Wandbehänge im Hof **Hansers** stammen aus dem 15. Jahrhundert. In **Arbrå**, 16 Kilometer nördlich von Bollnäs,

schuf der Journalist Willy Maria Lundberg (1909 – 2004) auf dem Hans-Andersgården-Gut ein Zentrum für den Erhalt alter Gebäude. Sowohl das Holzhaus aus dem 18. Jahrhundert als auch die Ausstellungen und Gärten sind eine Attraktion. Im Sommer veranstaltet das Fremdenverkehrsbüro Führungen zu Hälsinglands Höfen und Herrenhäusern.

Östlich von Bollnäs steht in **Växbo** Schwedens einzige Flachsspinnerei, die ihre Erzeugnisse, u. a. Tischdecken und Servietten, auch verkauft.

Flößer von Per Nilsson Öst (1972)

Bollnäs Museum
Odengatan 17. (0278) 253 26. während Ausstellungen Di – So.

❻ Hudiksvall

Hälsingland. 17 000.
Storgatan 33, (0650) 191 00.
Delsbo-Festival (1. So im Juli).
hudiksvall.se

Fischfang, Seefahrt und Handel waren 400 Jahre lang die wirtschaftlichen Säulen von Hudiksvall. Als Ende des 19. Jahrhunderts die Holzindustrie blühte, nannte man die Stadt wegen ihres hohen Lebensstandards »Glada Hudik« (Glückliches Hudik).

Ihren besonderen Charme verdankt die Stadt einigen älteren Gebäuden, die russische Angriffe im 18. Jahrhundert und Feuersbrünste überstanden. Der Sundskanal im Stadtzentrum verbindet die Meeresarme Lillfjärden und Hudiksvallsfjärden. Ihn säumen rote Hütten und Lagerhäuser von Kaufleuten aus der Mitte des 19. Jahrhunderts.

Östlich der Bucht liegt die Fiskarstan (Fischerstadt) – zum Teil noch mit Holzhäusern aus dem frühen 19. Jahrhundert. In der Hamngatan sieht man einige schöne Häuser in der eleganten Holzarchitektur jener Zeit. Sie warten an der Uferseite mit Terrassen und in der Parallelstraße zur Storgatan mit Läden auf. Ein typisches Beispiel ist die Apotheke **Bruns Gård** mit dem verzierten Ladeneingang in der Storgatan und dem mit Seitenflügeln versehenen Haus mit Terrassen in der Hamngatan.

Über der Stadt ragt die **St. Jakobs Kyrka** aus dem 17./18. Jahrhundert mit ihrer Zwiebelkuppel von 1888 auf. **Hälsinglands Museum** in einem imposanten ehemaligen Bankgebäude dokumentiert die wechselhafte Geschichte des Gebiets.

Umgebung: Zur Gemeinde Hudiksvall gehört ein großes Gebiet in Nord-Hälsingland, hinzu kommen **Delsbo** sowie die schönen Dellensjö-Seen im Westen. Im Süden blickt **Iggesund** auf 400 Jahre Eisenverhüttung zurück. In **Enånger**

Malerische Lagerhäuser am Sundskanalen in Hudiksvall

Hotels und Restaurants in Süd-Norrland *siehe Seiten 288f und 300f*

HÄLSINGLAND UND MEDELPAD | 257

Der Torpsjön mit der Fränsta Kyrka am Ufer ist ein typischer See am mächtigen Fluss Ljungan

sind in der Kirche aus dem 15. Jahrhundert exquisite mittelalterliche Deckengemälde von Andreas Erici und Holzskulpturen von Meisterschnitzer Håkon Gullesson zu sehen.

🏛 Hälsinglands Museum
Storgatan 31. ☎ (0650) 196 01.
🔴 Mo–Sa. 🔵 Feiertage und Abende davor. 📷 nach Vereinbarung.
📱📷♿

❼ Ljusdal

Hälsingland. 🚂 🚌 ℹ Stationsgatan 2, Järvsö, (0651) 403 06.
🌐 ljusdal.se

Ljusdal liegt am Ljusnan im Herzen des nordwestlichen Hälsingland. Das fruchtbare Tal zog schon vor langer Zeit Siedler an, deren Geschichte das **Ljusdalsbygdens Museum** dokumentiert. Dort werden u. a. Ausstellungen mit Gegenständen aus der Arbeitswelt des 18. und 19. Jahrhunderts gezeigt. Teile der **St. Olovs Kyrka** stammen aus dem 12. Jahrhundert.

Umgebung: Angel- und Wandermöglichkeiten findet man in dieser Gegend überall. 40 Kilometer flussaufwärts können sich Mutige beim Gasthof **Lassekrog** aus dem 17. Jahrhundert in die Stromschnellen des Ljusnan wagen. Hier hat der Schriftsteller Albert Viksten (1889–1969) mit seinem Hüttendorf den Waldarbeitern ein Denkmal gesetzt.

Südlich von Ljusdal kann man in **Järvsö** im **Järvzoo Djurpark** und im benachbarten Rovdjurscentret (Raubtierzentrum) Tiere des Nordens bewundern, darunter Bär, Wolf, Vielfraß und Luchs sowie ihre Beute. Järvsö rühmt sich zudem Schwedens größter Provinzkirche aus dem Jahr 1838 mit Platz für 2400 Menschen. Hier befindet sich auch der **Järvsö Bergscykel Park**, der schöne Mountainbike-Strecken bietet.

Am anderen Ufer liegt der frühere Handelsposten **Stenegård** aus dem 19. Jahrhundert, in dem sich heute ein Kunst- und Handwerkszentrum befindet. Es beherbergt in einer Holzscheune ein Theater.

🏛 Ljusdalsbygdens Museum
Museivägen 5, Ljusdal. ☎ (0651) 71 16 65. 🔴 Di–Sa. 🔵 Feiertage.
📷 nach Vereinbarung. 📱

🐾 Järvzoo Djurpark
1 km südlich von Järvsös Zentrum.
☎ (0651) 411 25. 🔴 tägl. 📷
📷 nach Vereinbarung. 📱

🚴 Järvso Bergscykel Park
Anders Persvägen 29, Ljusdal.
☎ (0651) 76 91 92. 🔴 Juni–Sep: tägl. 🌐 jarvsobergscykelpark.se

Ljusdalsbygdens Museum in einem Hälsinglander Holzhaus

❽ Ljungadalen

Medelpad. E14. ℹ Sundsvalls Turistbyrå, (060) 658 58 00.

Der 350 Kilometer lange Ljungan fließt vom Helagsfjällen-Berg südlich von Sundsvall in den Bottnischen Meerbusen und bildet in Medelpad ein breites Tal mit einigen Seen. Die E14 folgt dem Fluss in langen Abschnitten und eröffnet schöne Ausblicke. Der Ljungan war eine wichtige Transportstrecke für das Holz aus den Wäldern Norrlands, die sich bis zum Horizont erstrecken.

40 Kilometer westlich von Sundsvall dokumentiert das Freilichtmuseum Huberget die Geschichte der **Stöde Kyrkby** (um 1750) am Stödesjön-See. Diese enthält mittelalterliche Artefakte aus einer älteren, zerstörten Kirche.

40 Kilometer flussaufwärts steht in **Borgsjö** eine schöne Rokokokirche (1768) mit einem hölzernen Glockenturm von 1782. Der Gasthof Jämtkrogen im benachbarten Freilichtmuseum wurde vom Grenzgebiet zum Jämtland hierher verlegt.

Der Eisenbahnknotenpunkt **Ånge**, 100 Kilometer westlich von Sundsvall, ist ein idealer Ausgangspunkt, um die Region zu erkunden. Im Westen erstreckt sich die Landschaft von Haverö um die bei Kanuten beliebten Seen Havern und Holmsjön. An den acht Kilometer langen, teilweise wilden Stromschnellen des **Haverö Strömmar** haben sich alte Dämme, Mühlen und Fischerhütten erhalten. In der Nähe der Straße 83 zeigt ein restauriertes Aalhaus in **Alby** eine Fischereimethode aus dem 16. Jahrhundert.

Marmortreppe des sorgfältig restaurierten Hotell Knaust

⑨ Sundsvall

Medelpad. 50 000. Midlanda. Stora Torget, (060) 658 58 00. Sundsvall-Straßenfestival (1. oder 2. Wochenende im Juli), Drachenbootfestival (1. Woche im Aug), Selånger-Markt (2. Wochenende im Aug). visitsundsvall.se

Die Gipfel von Norra und Södra Stadsberget erlauben einen Blick auf Sundsvall, das sich zwischen den Mündungen des Ljungan und Indalsälven erstreckt. Die geschützten Buchten zogen schon im 6. Jahrhundert Händler an, wie der Friedhof Högom bei Selånger zeigt. Von St. Olofs Hamn an der Selånger-Kirche (12. Jh.) starteten die Handelsreisen und Wallfahrten in das norwegische Nidaros (Trondheim).

Sundsvall wurde 1624 gegründet und erlebte ab Mitte des 19. Jahrhunderts einen Aufschwung mit dem Bau der dampfgetriebenen Sägemühle. Ein erstes solches Sägewerk entstand 1849 in Tunadal. Zu den besten Zeiten der Holzindustrie standen 19 Sägemühlen allein auf der Insel Alnön. 1888 zerstörte ein Brand große Teile des Stadtzentrums, der Bahnhof blieb allerdings erhalten. Der schöne Holzbau ist heute ein Casino.

Statuen auf dem Dach des Sundsvaller Rathauses

Sundsvall wurde als »Stadt aus Stein« wieder aufgebaut. Am Stora Torget stehen die Statue des Stadtgründers König Gustav II. Adolf, das **Rathaus** und das **Hirschska Huset** mit seinen extravaganten Spitzen und Türmen. Bemerkenswert ist in der Storgatan das renovierte **Hotell Knaust** von 1890 mit seiner eleganten Marmortreppe. Das Kulturmagasinet beim Hafen beherbergt die Stadtbibliothek und **Sundsvalls Museum**. **Sundsvalls Stadspark** am Norra Stadsberget wartet mit Häusern aus Medelpad, Zoo und Aussichtsturm auf. Das Freizeitzentrum am Södra Stadsberget bietet einen Abenteuerpfad für Kinder.

Umgebung: Von Sundsvall führt die Brücke Alnöbron auf die Insel **Alnön** mit ihren vielen Sehenswürdigkeiten der Holzindustrie. Eine interessante Innenausstattung aus Holz, mittelalterliche Malereien und Skulpturen zieren die Kirche aus dem 13. Jahrhundert. Sehenswert ist darüber hinaus das Fischerdorf **Spikarna**.

Etwa 26 Kilometer südöstlich von Sundsvall liegt **Galtström**, Medelpads erste, 1695 erbaute und restaurierte Eisenhütte.

Sundsvalls Museum
Kulturmagasinet. (060) 19 18 00. tägl. Ostermontag, Pfingstmontag, Mittsommer. nach Vereinbarung.

Sundsvalls Stadspark
Norra Stadsberget. (060) 15 40 00. tägl. vor Feiertagen. (durch Stadsparken). nach Vereinbarung.

⑩ Härnösand

Ångermanland. 18 000. Stora Torget, (0611) 204 50. Mittsommer-Feiern in Murberget, Härnösandskalaset (Juli), Parkfestival (2.–3. Woche im Juli).

Die Hauptstadt der Provinz Västernorrlands län blickt auf eine stolze Geschichte zurück. Sie erhielt 1585 die Stadtrechte von Johann III., wurde 1647 Diözesanhauptstadt und bekam 1650 eine Oberschule.

Härnösand glänzt mit seiner Geschichte und mit seinem – im Gegensatz zu anderen Küstenorten Norrlands – fast 300 Jahre lang von Bränden verschonten Stadtkern, der zum Spazieren einlädt. Nach russischen Plünderungen 1721 baute man eine neue hölzerne Stadt auf, hübsche Viertel wie Östanbäcken und Norrstan sind bis heute erhalten geblieben. Unter den vielen öffentlichen Gebäuden sind vor allem das Rathaus (um 1790) am Stora Torget, die Gouverneursresidenz und die alte Oberschule sehenswert.

Zum **Länsmuseet Västernorrland** gehört Murbergets Friluftsmuseum mit Gebäuden aus dem 18. Jahrhundert, darunter dem Rathaus von 1727. Das große Freilichtmuseum widmet sich mit Bauernhöfen, Schmiede, Sägemühle und einem Norrlander Kirchendorf auch der bäuerlichen Kultur.

In Skeppsbron drängen sich im Juli die Yachten, wenn Härnösandskalaset gefeiert wird.

Länsmuseet Västernorrland
Murberget. (0611) 886 00. Di–So (Mitte Juni–Mitte Aug: tägl.). 1. Jan, Ostern, 1. Mai, 24., 25., 31. Dez. nach Vereinbarung. murberget.se

Hotels und Restaurants in Süd-Norrland siehe Seiten 288f und 300f

⓫ Ådalen

Ångermanland. Straße 90. 🚌 von Örnsköldsvik. ℹ️ Kramfors Turistbyrå, (0612) 800 00. 🎭 Kramfors Stadtfest (Wochenende vor Mittsommer).

Zur Hochblüte der Holzindustrie wurde das nach Junsele führende Flusstal Ådalen zum »Roten Ådalen«, dem Zentrum der Gewerkschaftsbewegung. Während der Weltwirtschaftskrise im Jahr 1931 geschah etwas gänzlich Unerwartetes: Soldaten schossen in Lunde blind in eine friedliche Streikdemonstration und töteten fünf Menschen. An das Drama erinnert heute Lenny Clarhälls kraftvolle Skulptur neben der Sandöbron-Brücke.

Bereits Mitte des 18. Jahrhunderts befand sich Christoffer Kramms von Wasserkraft getriebene Sägemühle dort, wo 1947 Kramfors stehen sollte. Da Frachtschiffe 50 Kilometer flussaufwärts fahren konnten, zog das untere Tal die Holzindustrie magnetisch an. Heute sind fast alle Sägewerke verschwunden.

Noch weiter flussaufwärts stehen jedoch immer noch zahlreiche Wasserwerke, 36 allein am Nebenfluss Faxälven. Besonders sehenswert ist **Nämforsen**: Dort können Besucher im Sommer das große Kraftwerk besichtigen und gelegentlich sogar die mächtigen Wasserfälle sehen. Auf den Inseln in den Wasserfällen finden sich fantastische Felsritzungen, um die 2500 Figuren, die Jäger von 4000 bis 2500 v. Chr. schufen.

Farbige Felsritzung in Nämforsen, etwa 4000 v. Chr.

⓬ Örnsköldsvik

Ångermanland. 🚆 nach Sundsvall oder Mellansel, dann Bus/Taxi. 🚌 🚕
🅿️ ℹ️ Lasarettsgatan 5, (0660) 881 00.
🎭 Hafenfest (1. Wochenende im Juli), Drachenbootfestival (Mitte Aug).
🌐 **ornskoldsvik.se/turism**

Dieser Teil des nördlichen Ångermanland ist auch unter dem Namen »Nolaskogs« bekannt. Das bedeutet »nördlich des Walds«, womit die Waldwildnis von Skule (siehe S. 260) gemeint ist.

Die Stadt Örnsköldsvik (»Ö-vik«) wurde im Jahr 1842 gegründet und nach dem früheren Gouverneur Per Abraham Örnsköld (1720–1791) benannt – ungewöhnlich in einer Zeit, in der sonst nur den Mitgliedern der königlichen Familie eine solche Ehre zukam. Einen schönen Blick auf die Stadt hat man vom Varvsberget und der Skischanze Paradiskullen. Viele ältere Gebäude

Arken wurde vom Architekten Per Eddi Byggstam 1991 entworfen

fielen der Moderne zum Opfer. Ausnahmen bilden das Rathaus, das dank Ö-viks großer Künstlerkolonie als Ausstellungsraum erhalten blieb. In der renovierten Oberschule hat das **Örnsköldsviks Museum** zur Geschichte von Nolaskogs seinen Sitz.

Attraktive neue Architektur entstand durch den Ausbau des inneren Hafens vor der Kulisse des **Arken**, eines Zentrums mit Büro- und Universitätsgebäuden sowie einer Bibliothek. Das **Hans Hedbergs Museum** zeigt in einem glasüberdachten Innenhof Werke des bekannten schwedischen Bildhauers (siehe S. 30).

Umgebung: Fünf Kilometer südlich von Örnsköldsvik wurde bei einer Ausgrabungsstätte in **Gene fornby** ein Bauernhof aus dem 6. Jahrhundert rekonstruiert. Hierher kommen Besucher, um zu sehen, wie in der Eisenzeit gelebt und gearbeitet wurde.

Die beeindruckendste Kirche der Region ist die achteckige **Själevads Kyrka** (1880), die zur schönsten Kirche Schwedens gewählt wurde.

🏛️ **Örnsköldsviks Museum**
Läroverksgatan 1. 📞 (0660) 886 01.
🕐 Mittsommer – Aug: tägl.; sonst: Di – Sa. ⛔ Feiertage. 📷 ♿

🏛️ **Arken**
Strandgatan 21. 📞 (0660) 785 00.
Öffentliche Bereiche 🕐 tägl.
Hans Hedbergs Museum 🕐 tel. erfragen bei der Touristeninfo, (0660) 881 00. ⛔ Feiertage. 📷 ♿

Fischdelikatesse Surströmming

Die Küste von Süd-Norrland kennt eine Spezialität, die viele Schweden (nicht nur die Norrländer) als höchsten Genuss ansehen – und die der überwiegende Rest wahrscheinlich verabscheut. Es handelt sich dabei um *surströmming*, Hering, der etwa acht Wochen vergoren und dann eingedost wird. Beim Öffnen der Büchse entweicht ein – milde gesagt – typischer Geruch, den nur Eingeweihte als göttlich empfinden. Fischerdörfer wie Ulvöhamn an der Höga Kusten (siehe S. 260f) sind Produktionszentren für die Spezialität, die mittlerweile sogar in Japan einen Markt gefunden hat. Der vergorene Hering wird feierlich, ja fast rituell, im Frühherbst verspeist. Dazu isst man kleine Mandelkartoffeln und gehackte Zwiebeln. Das Ganze wird mit reichlich Bier und Schnaps hinuntergespült.

Surströmming-Büchse

⓭ Höga Kusten

Die einzigartige Höga Kusten (Hohe Küste) ist am schönsten an hellen Sommerabenden, wenn sich Wälder und Hügel im ruhigen Wasser der Buchten spiegeln, oder am Kai von Ulvöhamn während der *Surströmming*-Saison *(siehe S. 259)*, wenn der vergorene Hering mit Dünnbrot, Kartoffeln und Schnaps verzehrt wird. Ideales Fortbewegungsmittel ist das Boot, regelmäßiger Fährverkehr besteht zu vielen Häfen. Die Brücke Högakustenbron erleichtert die Anfahrt. Hauptattraktion ist die 2000 von der UNESCO zum Welterbe erklärte Landschaft, die sich seit dem Rückgang des Eises vor 9600 Jahren 300 Meter angehoben hat. Damals war der Skuleberget bei Docksta ein Inselchen.

Skuleskogens Nationalpark
Der Skuleberget wacht über den 30 Quadratkilometer großen Park. Wanderwege durchziehen die Wildnis, sie führen durch mystische alte Wälder und auf Klippen an der Küste entlang.

Ullångersfjärden
Motorisierte Reisende erreichen über die E4 den Bottnischen Meerbusen an der Bucht Ullångersfjärden, die mit ihren hohen, steilen Klippen einem Fjord gleicht.

Nordingrå
Reisende kannten das »Schöne Nordingrå«, bevor der Begriff »Hohe Küste« geprägt wurde. Zwischen steilen Bergen führen Straßen durch eine fantastische Landschaft.

Högakustenbron
Seit 1997 bietet die 1800 Meter lange Brücke mit den 180 Meter hohen Pfeilern Reisenden einen fantastischen Ausblick. In dem Hotel auf der Nordseite der Brücke liegt eine Touristeninformation.

Hotels und Restaurants in Süd-Norrland *siehe Seiten 288f und 300f*

ÅNGERMANLAND: HÖGA KUSTEN | 261

Infobox

Information
Ångermanland. E4. *i* Örnsköldsviks Turistbyrå, (0660) 881 00. Kramfors Turistbyrå, (0612) 800 00. Härnösands Turistbyrå, (0611) 204 50. **Skule Nationalpark** Skule Naturum, (0613) 70 02 00. Skule Song-Festival (1. Wochenende im Juli). **w hogakusten.com**

Anfahrt
von Örnsköldsvik.

Der Wanderweg Höga Kusten führt 127 Kilometer von der Mündung des Ångermanälven nach Örnsköldsvik.

Trysunda
Im exzellent erhaltenen Dorf Trysunda steht eine reich verzierte Fischerkapelle aus dem 17. Jahrhundert. Die Insel ist zum Teil Naturschutzgebiet.

Ulvöhamn
Im Heimatort der Fischspezialität *surströmming* liegt Norrlands größte Fischereiflotte im geschützten Hafen zwischen Norra und Södra Ulvön. Die Kapelle wurde 1622 erbaut.

Högbonden
Der 100 Jahre alte Leuchtturm auf der Insel Högbonden warnte früher Schiffe vor der Felsküste und ist heute eine Jugendherberge, die man mit dem Boot von Bönhamn aus erreicht. In dem ursprünglichen Fischerdorf auf dem Festland sollte man Spezialitäten wie frischen Lachs, Renken oder – unausweichlich – *surströmming* probieren.

Legende
- Hauptstraße
- Nebenstraße
- Fährlinie
- Wanderweg Höga Kusten
- Nationalpark
- Naturschutzgebiet

Weitere Zeichenerklärungen *siehe hintere Umschlagklappe*

Ein Denkmal in Utanede erinnert an den Besuch des Königs von Siam 1897

⓮ Indalsälven

Jämtland/Medelpad. Straße 86.
🚆 nach Sundsvall, dann Bus. ℹ️ Ragundas Turistbyrå, (0696) 68 10 90.
🎪 Vildhussen-Festival (1. u. 2. Woche im Juli). 🌐 ragundadalen.se

Der Indalsälven fließt von Norwegens Bergen 430 Kilometer bis zur Mündung in den Klingerfjärden nördlich von Sundsvall. Im unteren Teil des Flusses ab Ragunda in Jämtland liegt der **Döda Fallet** (Tote Wasserfall). Er entstand 1796 durch Vildhussens Versuch, den Fluss umzuleiten.

Im heutigen Naturschutzgebiet Döda Fallet kann man durch die felsige Landschaft wandern und riesige Becken bestaunen, die Steine im Wasserfall gruben. Beim Wasserfall wurde ein ungewöhnliches Open-Air-Theater erbaut: Die Bühne steht vor einer atemberaubenden Naturkulisse. Das Theater bietet Platz für rund 420 Besucher.

In Utanede erinnert das **König-Chulalongkorn-Denkmal** an den König von Siam und seine Fahrt am Fluss, die er 1897 als Gast von König Oscar II. unternahm. Die vergoldeten Zierelemente des Pavillons wurden von Thai-Handwerkern gefertigt. Man verschiffte sieben Millionen Einzelteile nach Schweden und baute sie hier zusammen. Im Inneren steht eine lebensgroße Bronzestatue des königlichen Gastes.

Unter den Kirchen am Fluss liegt **Lidens Kyrka** (1510) am schönsten (Straße 86, 37 Kilometer nordwestlich von Sundsvall). Sie bewahrt mittelalterliche Skulpturen, darunter eine Madonna (13. Jh.). Auf dem Friedhof liegt Vildhussen.

Bergeforsen an der Küste ist das letzte Flusskraftwerk. Ein Aquarium dient zur Zucht von Ostseefischen.

🏛 **König-Chulalongkorn-Denkmal**
Utanede. Straße 86, 7 km südlich von Bispgården. 📞 (0696) 68 10 90.
🕐 Mitte Mai – Mitte Sep: tägl. 🅿️
🗓 tägl. 💶 🚻 ♿ teilweise.
🌐 thaipaviljongen.se

Vildhussen und der Tote Wasserfall

Am 6. Juni 1796 ereignete sich in Ragunda am Indalsälven eine Katastrophe: Der Sundsvaller Kaufmann Magnus Huss, genannt »Vildhussen« (Wilder Huss), hatte einen künstlichen Wasserlauf um den 38 Meter hohen Storforsen-Wasserfall angelegt. Doch eine Springflut ließ den Druck auf den oberhalb gelegenen See ansteigen, woraufhin der Wasserlauf barst. Der 27 Kilometer lange See entleerte sich in nur vier Stunden, dabei riss das Wasser so viele Ablagerungen mit sich, dass sich an der Flussmündung das größte Delta Schwedens bildete. Der Storforsen-Wasserfall aber war zum Döda Fallet (Toter Wasserfall) geworden. Die Einheimischen hatten Huss' Plan von Anfang an misstraut und waren trotz des nun schiffbaren Flusses und des neuen fruchtbaren Landes unzufrieden. Ein Jahr später starb Huss, als sein Boot im reißenden Fluss kenterte. Gerüchten zufolge war es Mord.

Döda Fallet, ein Werk Vildhussens

⓯ Östersund

Jämtland. 🚗 44 000. 🚆 🚌 ✈️
ℹ️ Rådhusgatan 44, (063) 14 40 01.
🎪 Storsjöyran-Festival (letztes Wochenende im Juli), Arnljot-Spiele (Juli).
🌐 visitostersund.se

Die 1786 am Ufer des Sees Storsjön gegründete Hauptstadt der Provinz Jämtlands län liegt gegenüber von Jämtlands altem Zentrum Frösön. Bis zur norwegischen Herrschaft 1178 war Jämtland unabhängig gewesen – so wie es sich noch heute die Anhänger der »Republik Jämtland« wünschen. Ihre Bewegung fördert die lokale Kultur, deren Höhepunkt im Juli das Storsjöyran-Fest ist.

Das Provinzmuseum **Jamtli** mit dem Historieland bietet aufregende Einblicke in das Leben rund um den Storsjön. Wie in einer Zeitmaschine versetzt es die Besucher in Szenen aus dem 18. und 19. Jahrhundert, in denen Geschichte gespürt, gehört und sogar gerochen werden kann. Glanzstücke des Museums sind die ältesten erhaltenen **Överhogdal**-Teppiche der Wikinger.

Eine kurze Brücke führt zur grünen, hügeligen Insel Frösön. Ihr östlicher Teil wirkt eher städtisch, doch wegen des Blicks über den Storsjön bis zum Gipfel des Oviksfjällen baute hier der Komponist Wilhelm Peterson-Berger 1914 sein einzigartiges Haus **Sommarhagen**. Das Haus ist heute ein Museum. Mit seiner bunten Ausstattung und den dekorativen Malereien von Paul Jonze wirkt es wie ein Gegenstück zu Carl Larssons Lilla Hyttnäs

Alte steinerne Feuerstelle im Jamtli Museum, Östersund

(siehe S. 241). Im Sommer wird Peterson-Bergers Drama *Arn Pot* über Frösös Wikinger auf einem nahen Feld aufgeführt.

Die **Frösö Kyrka** (12. Jh.) ist bei Schweden für Hochzeiten beliebt. Im **Frösö Zoo** leben 700 Tierarten aus aller Welt.

Umgebung: Den **Storsjön** erkundet man am besten auf einem Dampfer wie der SS *Thomeé* von 1875, Schwedens ältestem einsatzfähigem Dampfer. Unterwegs hält man Ausschau nach dem Storsjö-Monster, Schwedens Antwort auf »Nessie« vom Loch Ness.

15 Kilometer südlich von Östersund steht in **Brunflo** eine Kirche aus dem 18. Jahrhundert mit einem Turm aus dem 12. Jahrhundert.

Jamtli
Museiplan. (063) 15 01 10. Mitte Juni – Aug: tägl.; Sep – Mitte Juni: Di – So. 24., 25., 31. Dez. Sommer.

Sommarhagen
Frösön, 9 km vom Zentrum. (063) 430 41. Ende Juni – Ende Aug: tägl.; sonst nach Vereinbarung. nach Vereinbarung.

Frösö Zoo
3 km südlich des Zentrums.
(063) 430 41. Mitte Juni – Mitte Aug: tägl.

⓰ Åre
Jämtland. E14. 1000. Östersund. St. Olofs Väg, (0647) 177 20. Ski-Weltcup (Feb), St. Olavsloppet (Ende Juni), Åre-Bike-Festival (1. Woche im Juli), Jämtland-Tour (Anfang Aug.). **are360.com**

Der Åreskutan ist Schwedens meistbesuchter Berg, zum 1420 Meter hohen Gipfel gelangen Besucher mit der Seilbahn. In dieser Höhe dauert die Skisaison bis in den Juni. Schwedens führendes Skigebiet bietet 40 Liftanlagen und 100 Pisten, zu denen die längsten und steilsten Abfahrten des Landes gehören. Hotels wachsen hier gleichsam in den Himmel – welch ein Kontrast zu den Anfängen

Der 1700 Meter hohe Syl liegt einen Tagesmarsch südlich von Storlien

des Skiorts Ende des 19. Jahrhunderts, als hier Hotels wie das Åregården und das Grand Hotel standen. Eine alte Institution ist die Rodelbahn Bergbanan, auf der sich Alt und Jung vergnügen. Ein prominenter Gast in Åre war Winston Churchill, der hier zum Fliegenfischen und auf Elchjagd ging.

Heute gönnen sich Besucher Nervenkitzel bei Motor- und Hundeschlittensafaris, beim Paraskiing, Eisklettern, Stromschnellensurfen und Mountainbiken am Åreskutan.

Umgebung: 20 Kilometer westlich von Åre rauscht der beeindruckende, 37 Meter hohe **Tännforsen**-Wasserfall.

Im **Njarka Sameläger** auf einer Insel im See Häggsjön kann man von den Samen Lassowerfen lernen oder Spezialitäten wie Rentierherz probieren. Zehn Kilometer von Åre entfernt wurde von 1752 bis 1916 am östlichen Ausläufer des Åreskutan in der Mine **Fröå Gruva** Kupfer abgebaut. Hier lädt die Umgebung mit Häusern aus verschiedenen Epochen zum Wandern ein. Im nördlicher gelegenen Kupferbergbauort **Huså Bruk** steht der Herrensitz Huså Herrgård von 1838.

Rast an einer Hütte in Schwedens Top-Skigebiet am Åreskutan

⓱ Storlien
Jämtland. E14. Östersund. SP Livs & Bensin Tankstelle, Vintergatan 25, (0647) 700 20. **storlienturistbyra.se**

Die Eröffnung der Bahnstrecke nach Trondheim in den 1880er Jahren förderte den wirtschaftlichen Aufschwung des Orts nahe der norwegischen Grenze. Storlien liegt nur 60 Kilometer vom Trondheim Fjord entfernt, durch den Pass zwischen Stenfjället und Skurdalshöjden weht der milde Wind vom Atlantik. Die Luft lockte Kurgäste in ein Bergsanatorium, Anfang des 20. Jahrhunderts kamen die ersten Sporturlauber.

Heute ist Storlien ein klassisches Skigebiet sowohl für Langläufer als auch Alpinskifahrer und Ausgangsort für Wanderungen in den Jämtland-Bergen, etwa über die STF-Stationen Blåhammaren, Storulvån, Sylarna und Vålådalen. Die Berge sind über Enafors an der E14 und mit dem Zug erreichbar.

An dem bei Vogelbeobachtern beliebten nahen See **Ånnsjön** befinden sich eine Vogelstation und ein Schutzgebiet. In **Handöl** am Westufer wurde schon im Spätmittelalter Speckstein abgebaut. Hier sammelten sich die überlebenden Truppen 1799 nach General Carl Gustaf Armfelts katastrophalem Rückzug aus Norwegen. Ein Monument am Ufer gedenkt der 3700 Männer, die in den Bergen erfroren. Heute stellen sich – mit besserer Ausrüstung und Unterkunft – immer mehr Menschen der Herausforderung dieses 75 Kilometer langen Marsches.

⓲ Härjedalens Berge

Die Baumgrenze liegt in Härjedalen bei 900 Metern, sogar im bewaldeten Tiefland ragen kahle Gipfel wie der Sånfjället und Vemdalsfjällen auf. Die mächtigsten Massive erstrecken sich im Westen Richtung Norwegen und Jämtland, darunter der mit 1797 Meter höchste Gipfel Helagsfjället. Vom Hauptort Funäsdalen führt im Sommer Schwedens höchste Straße zum Samendorf Mittådalen und über das Flatruet-Plateau nach Ljungdalen. In der Region bieten sich zahllose Möglichkeiten zum Skiwandern und Alpinskifahren sowie im Sommer zum Angeln und Wandern auf dem südlichen Kungsleden-Weg.

Helags
Der STF *(siehe S. 312)* betreibt eine Hütte unterhalb des Helagsfjället, Schwedens höchstem Gipfel südlich des Polarkreises.

Ramundberget
Im Sommer ist der beliebte, für seinen frühen Schnee bekannte Wintersportort ein guter Ausgangspunkt für Mountainbike-Touren nach Helags, Ljungdalen und Fjällnäs.

Funäsdalen
In dem lebhaften Städtchen in den Härjedalen-Bergen zeigt Härjedalens Fjällmuseum das frühere harte und gefährliche Leben der Samen und Bergbauern.

Außerdem

① **Besuchen Sie ein Moschusochsen-Tierschutzgebiet** und sehen Sie sich die Tiere in ihrem natürlichen Lebensraum an. Geführte Touren starten am Fischereizentrum Tännäs.

② **Die Straße** über das Flatruet-Plateau ist nur im Sommer offen.

③ **Teile des im Wald gelegenen Bergs Sånfjället** wurden u. a. zum Schutz der Bären 1909 zum Nationalpark erklärt. Hier leben auch Wölfe, Vielfraße und Luchse.

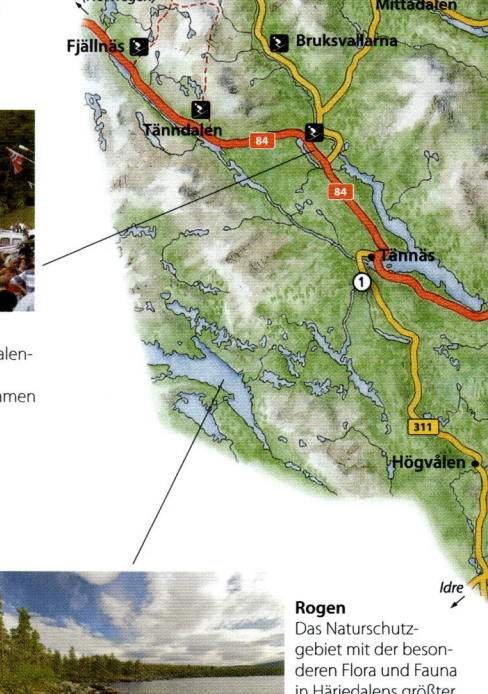

Rogen
Das Naturschutzgebiet mit der besonderen Flora und Fauna in Härjedalens größter Seenregion ist ein Mekka für Kanuten. Im Samendorf Ruvhten kann man eisangeln.

Hotels und Restaurants in Süd-Norrland *siehe Seiten 288f und 300f*

HÄRJEDALEN | 265

Rentierherden
Die Samendörfer Mittådalen und Ruvhten (Tännäs) haben Sommerweiden in den westlichen Bergen. Die Winterweiden reichen bis zu den Wäldern von Sveg und nach Dalarna.

Infobox

Information
Härjedalen. Straße 84. Lofsdalen, (0680) 412 33. Funäsdalen, (0684) 155 80. Vemdalen, (0684) 301 80. **Tännäs Fischereizentrum** (0684) 242 00 Funäsdalen-Bergmarkt (Mi). herjedalen.se

Anfahrt
nach Ljusdal oder Östersund, dann Bus. von Stockholm und Göteborg. Sveg oder Östersund.

Vemdalsfjällen
Zu dem Skiparadies gehören Lifte, die mit den Hauptskigebieten Vemdalsskalet, Björnrike, Klövsjö und Storhågna verbunden sind, sowie exzellente Langlaufloipen.

⓳ Sveg

Härjedalen. 2700. Inlandsbanan (Sommer) oder nach Mora oder Ljusdal, dann Bus. Ljusnegatan 1, (0680) 125 05. Bären-Fest (Juli).

Härjedalens Hauptort ist auch das Tor zu den Bergen. Das Gemeindegebiet ist größer als viele Landkreise, dennoch leben hier nur 11 000 Menschen – durchschnittlich weniger als eine Person pro Quadratkilometer. Wälder bedecken das Land, in den zahllosen Bächen kann man angeln, Kanu fahren oder Biber beobachten. Der nächste Berg zum Skifahren ist 30 Autominuten entfernt.

Rund um Sveg glänzen gut erhaltene kleine Dörfer wie Duvberg, Ytterberg, Överberg und Äggen mit Häusern aus dem 18. Jahrhundert. 15 Kilometer nördlich steht das üppig ausgestattete **Gammel-Remsgården**, ein typisches Herrenhaus aus dem frühen 18. Jahrhundert. Rund 15 Kilometer östlich von Sveg ziert eine Kirche mit einem schön bemalten Glockenturm das Dörfchen **Älvros**.

Das 30 Kilometer südlich von Sveg gelegene **Lillhärdal** soll im 9. Jahrhundert von dem Wikinger Härjulf Hornbrytare gegründet worden sein. In Bildhöst steht einer der letzten Milchbauernhöfe mit Vieh und Melkerinnen. Hamre Skans ist eine aus Holz gebaute Festung aus dem 18. Jahrhundert.

Der bemalte Glockenturm der Kirche von Älvros bei Sveg

NORD-NORRLAND | 269

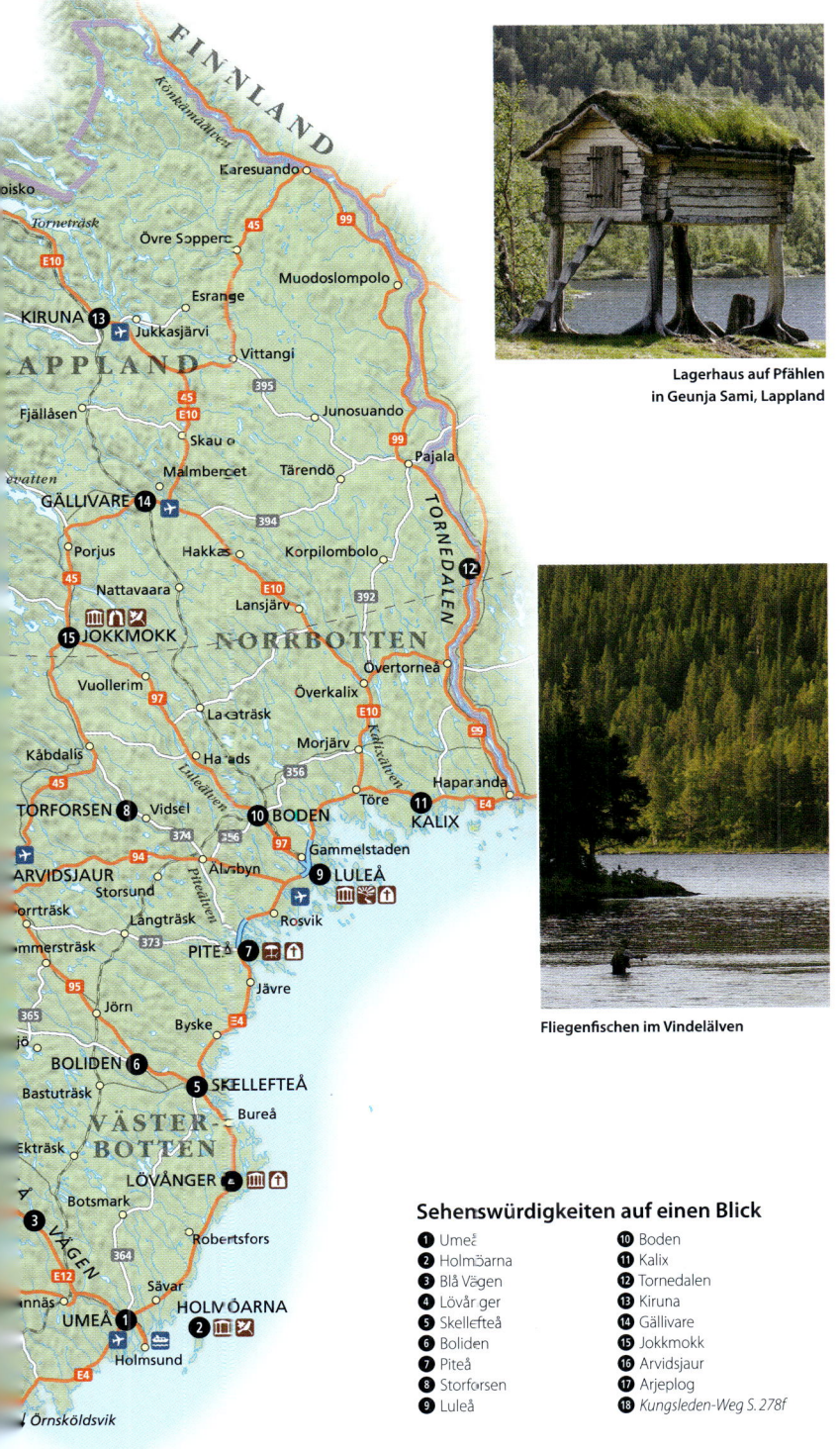

Lagerhaus auf Pfählen in Geunja Sami, Lappland

Fliegenfischen im Vindelälven

Sehenswürdigkeiten auf einen Blick

1. Umeå
2. Holmöarna
3. Blå Vägen
4. Lövånger
5. Skellefteå
6. Boliden
7. Piteå
8. Storforsen
9. Luleå
10. Boden
11. Kalix
12. Tornedalen
13. Kiruna
14. Gällivare
15. Jokkmokk
16. Arvidsjaur
17. Arjeplog
18. *Kungsleden-Weg S. 278f*

Bunte Häuser am Ufer des Flusses Ume in Umeå

❶ Umeå

Västerbotten. 110 000. von Vasa, Finnland. Renmarkstorget 15, (090) 16 16 16. Jazzfestival (4. Woche im Okt), Filmfestival (2. Wochenende in Sep). visitumea.se

An den Straßen Umeås stehen 3000 Birken. In der nach einem Großbrand 1888 wiederaufgebauten »Birkenstadt« sollten Alleen und Parks verhindern, dass sich Brände ausbreiten können. Sehenswerte, nach den Feuersbrünsten entstandene Gebäude sind Ragnar Östbergs **Scharinska Villa** in der Storgatan und Umeås prächtigste Holzbaronvilla **Moritska Gården**. Die neugotische Kirche wurde 1894 errichtet.

Umeå wurde im 16. Jahrhundert gegründet und ein wichtiges Handels- und Verwaltungszentrum. Als 1965 eine Universität ihre Pforten öffnete, wuchs Umeå zu Norrlands einziger Stadt an. 40 000 Studenten und Lehrende geben Umeå ein junges Gesicht, was sich auch in einem breiten Unterhaltungsangebot zeigt. Das **Bildmuseet** auf dem Kunstcampus ist eine gute Ausstellungshalle für zeitgenössische Kunst und Design.

Zehn Gehminuten vom Zentrum entfernt steht in Gammlia das exzellente **Västerbottens Museum**, das die Geschichte von Umeå und Västerbotten dokumentiert. Dazu gehören auch das Svenska Skidmuseet zur Geschichte des Skifahrens und das maritime Fiske- och Sjöfartsmuseet. Im Sommer kann man im **Gammlia Friluftsmuseum** historische Bauernhäuser mit Tieren besichtigen. Das Museum bietet auch Aktivitäten für Kinder.

Umeå war 2014 europäische Kulturhauptstadt, was einen Bauboom und viele kulturelle Events mit sich gebracht hat.

🏛 **Bildmuseet**
Umeå Kunstcampus, Östra Strandgatan 26. (090) 786 52 27. Di–So. Mittsommer, 24., 31. Dez. nach Vereinbarung. (090) 786 74 00. bildmuseet.umu.se

🏛 **Västerbottens Museum**
Gammlia. (090) 16 39 00/49. Di–So (Mitte Mai–Mitte Aug: tägl.). 24., 31. Dez. **Gammlia Friluftsmuseum** Mitte Mai–Mitte Aug: tägl. vbm.se

200 Jahre Frieden in Schweden

Schweden genießt schon seit fast 200 Jahren Frieden. Die letzten Schlachten fanden im August 1809 nördlich von Umeå in Sävar und Ratan statt. Nach russischen Plünderungen an der Küste landeten schwedische Streitkräfte im Hafen von Ratan, um die russischen Truppen von hinten anzugreifen. Sie marschierten Richtung Sävar und stießen am 19. August auf ihre Gegner. Die Schweden erlitten eine Niederlage und zogen sich nach Ratan zurück. In der Schlacht am folgenden Tag konnten sich die Schweden zwar behaupten, gleichwohl fielen 1000 Mann. An sie erinnert ein Denkmal in Sävar. Infolge dieses Kriegs fiel Finnland an Russland.

Infanterist, 1807

❷ Holmöarna

Västerbotten. 90. nach Norrfjärden, 30 km nördlich von Umeå, dann Fähre. Umeås Turistbyrå, (090) 16 16 16. Seajazz-Festival (2. Wochenende im Juli).

Die Fähre braucht von Norrfjärden 45 Minuten bis zum Holmö-Archipel mit den Hauptinseln Holmön, Grossgrundet, Angesön und Holmögadd sowie den vielen kleineren Inseln. Der Großteil des Archipels bildet Schwedens größtes Insel-Naturschutzgebiet. Hier findet man interessante geologische Formationen, riesige Geröllfelder, weitläufige Wälder, eine vielfältige Pflanzenwelt sowie 130 Vogelarten in den Wäldern und an der Küste.

Vom Leben der Fischer, Robbenjäger und Bauern auf den seit dem 14. Jahrhundert besiedelten Inseln erzählt **Holmöns Båtmuseum**.

Wenn Sie Rad fahren, baden oder angeln wollen, ist der Archipel ideal.

🏛 **Holmöns Båtmuseum**
Am Fährsteg. (090) 552 20 (Sommer). Mitte Juni–Mitte Aug: tägl. holmonsbatmuseum.se

Rentier auf dem Blå Vägen

❸ Blå Vägen

Västerbotten, Lappland. E12. Renmarkstorget 15, Umeå, (090) 16 16 16.

Vom Onega-See in Russland bis Träna an Norwegens Atlantikküste überwindet die E12, der Blå Vägen (Blaue Straße), insgesamt 1700 Kilometer. Die Teilstrecke durch Schweden führt ab Umeå entlang dem Fluss Umeälven durch die Städte Lycksele, Storuman und Hemavan. In Klabböle bei

Umeå steht das älteste Kraftwerk am Fluss. Der Bau aus dem Jahr 1899 ist heute Sitz des sehenswerten Museums **Umeå Energicentrum**. Hier findet sich für jeden Interessantes, Kinder mögen vor allem die Ausstellung »Mit Energie spielen« und die vielen Baumstämme zum balancieren.

26 Kilometer von Umeå entfernt mündet bei **Vännäs** der unberührte Vindelälven in den Umeälven. Hier lohnt ein Abstecher zum **Mårdsele-Wasserfall**, wo man an Stromschnellen Lachse, Lachsforellen und Äschen angeln kann.

Lycksele ist 123 Kilometer von Umeå entfernt. Im Zoo der einzigen Stadt Lapplands, **Lycksele Djurpark**, leben Tiere des hohen Nordens.

Umeå Energicentrum
10 km westlich von Umeå.
(090) 16 03 74 (090 16 00 00 im Winter). 2. Woche im Juni – 3. Woche im Aug: tägl.

Lycksele Djurpark
Brännvägen. (0950) 163 63.
3. Woche im Mai–Aug: tägl.
lyckseledjurpark.com

❹ Lövånger
Västerbotten. E4. 2400.
Lövångers Kyrkstad, (0913) 103 95.

Das Kirchendorf in Lövånger zählt mit 117 Holzhäusern zu den größten in Schweden. Es bestand schon im Mittelalter, der älteste erhaltene Holzbau stammt aus dem Jahr 1746. Das Kirchendorf bot Kirchgängern aus entlegenen Gebieten in den umliegenden Hütten, Ställen und Vorratshäusern eine Unterkunft bei Kirchenfesten. Die der hl. Anna geweihte Granitkirche aus dem 16. Jahrhundert zieren mittelalterliche Skulpturen.

Nördlich der Kirche kann man im **Sockenmuseet** erfahren, wie die Menschen in Lövånger im 19. Jahrhundert lebten.

Sockenmuseet
(0913) 100 40. tägl. im Sommer (Zeiten tel. erfragen).

Unterkünfte für Kirchgänger im Kirchendorf in Lövånger

❺ Skellefteå
Västerbotten. E4. 35 000.
nach Bastuträsk, dann Bus.
Nygatan 49, (0910) 45 25 00.
Skellefteå-Festival (4. Wochenende im Juni); Woodstock Music Festival (Juli). destinationskelleftea.se

Nord-Västerbotten bekam erst 1845 seine erste Stadt – der Marktplatz an der Skellefteå-Kirche ist jedoch viel älter. Für die große Kirchengemeinde entstand 1800 eine imposante, kreuzförmige klassizistische Kirche an der Stelle der alten Kirche aus dem 15. Jahrhundert. Gläubige aus weit entfernten Gebieten konnten in Skellefteås Kirchendorf Bonnstan aus dem 19. Jahrhundert übernachten.

Skellefteås Aufstieg kam mit dem Bergbauboom in den 1920er Jahren und wurde durch die riesige Schmelzhütte an der Mündung des Skellefteälven unterstützt.

Im Stadtpark Norcanå Kulturcentrum am Nordufer des Flusses stehen historische Bauten und die Kunstgalerie **Skellefteå Museum**.

Skellefteå Museum
1,5 km westlich des Zentrums.
(0910) 73 55 10. Di–So. einige Feiertage.

❻ Boliden
Västerbotten. E4/Straße 95.
Skellefteå, dann Bus. Skellefteås Turistbyrå, (0910) 45 25 00. Geologiefest (Ende Aug/Anfang Sep).

Skellefteås Erzlager, das »Goldene Königreich«, erstreckt sich mit Boliden im Zentrum von Bottenviken bis Nord-Västerbotten in Richtung Lapplands Berge. Europas zwei größte Goldlager werden hier abgebaut, darüber hinaus auch noch Zink, Kupfer, Silber und Wolfram.

Im alten Bergwerksbüro **Bergrum Boliden** wird die Geschichte der Schwefelerze über 4600 Millionen Jahre von ihrer Bildung bis zu ihrem Abbau nachvollzogen.

Aus dem Zweiten Weltkrieg stammt die längste Seilbahn der Welt, die das Erz 96 Kilometer von den Gruben in Kristineberg transportierte. Besucher können damit die 13 Kilometer von Örtträsk nach Mensträsk zurücklegen – im gemächlichen Tempo von zehn Kilometern pro Stunde über der schönen Landschaft schwebend.

Bergrum Boliden
1 km nordwestlich des Zentrums.
(0910) 58 00 60. Juni–Aug: tägl. Mittsommer.

Mit der Kristineberg-Seilbahn wurde früher Erz transportiert

An Piteås Sandstrand scheint die Sonne besonders lang

❼ Piteå

Norrbotten. E4. 42 000.
Luleå. Bryggargatan 14, (0911) 933 90. Piteå-Sommerspiele/Internationales Mitternachts-Fußballturnier (Ende Juni), »Piteå tanzt und lächelt« (letzte Woche im Juli).
visitpitea.se

Piteå lag früher bei Öjebyn, wurde nach einem Brand an die Mündung des Piteälven verlegt und 1721 von russischen Truppen niedergebrannt. In der wiederaufgebauten Stadt stehen am Rådhustorget malerische Holzhäuser (19. Jh.) sowie das Rathaus (1830). Hauptattraktion ist aber die Küste. Die »Nordische Riviera« hat Sandstrände und ist Schwedens sonnigster Landstrich. Bei schlechtem Wetter kann man ins Hallenbad ausweichen.

In **Öjebyn** sind die Kirche (15. Jh.) und das gut erhaltene Kirchendorf sehenswert.

Umgebung: Südlich von Piteå hinterließen in **Jävre** an der E4 Norrbottens erste Siedler aus der Bronzezeit Spuren. Ein Archäologiepfad führt zu Gräbern und Opfersteinen.

❽ Storforsen

Norrbotten. 80 km nordwestlich von Piteå, Straße 374. Älvsbyn Turistbyrå, (0929) 108 60. Juni – Aug: tägl. digitalvisit.alvsbyn.se

Europas ursprünglichstes Wildwasser rauscht 40 Kilometer nördlich von Älvsbyn. Auf einer Länge von fünf Kilometern überwinden einen Stromschnellen einen Höhenunterschied von 82 Metern – teilweise donnern über 800 Kubikmeter Wasser pro Sekunde in die Tiefe.

Der Versuch, die Stromschnellen zu kanalisieren, endete in der Katastrophe des Döda Fallet (Toter Wasserfall). An die Holzflöße erinnert das **Skogs- och Flottningsmuseet**.

Skogs- och Flottningsmuseet
Storforsen. (0929) 17 00. Mai–Aug: tägl. obligatorisch.

Die gigantischen Stromschnellen von Storforsen im Piteälven

❾ Luleå

Norrbotten. E4. 45 000.
Kulturens Hus, (0920) 45 70 00. Luleå-Hafenfest (Mitte Juli).
visitlulea.se

Luleå liegt von Wasser umgeben im Mündungsgebiet des Luleälven – mit glitzernden Buchten und einer grünen Inselwelt. Die Stadt entstand Mitte des 17. Jahrhunderts an einem guten Hafen, nachdem der ursprüngliche flussaufwärts zu flach geworden war.

In dem alten Handelszentrum bilden das Kirchendorf **Gammelstads Kyrkstad** und die Nederluleå Kyrka ein einzigartiges Baudenkmal, das die UNESCO 1996 in die Welterbe-Liste aufnahm. Der Granitbau aus dem 15. Jahrhundert ist mit seiner Schutzmauer Norrlands größte mittelalterliche Kirche. Ihr weißer Turm überragt die 408 kleinen roten Kirchenhütten, in denen früher die Kirchgänger aus den entlegenen Gebieten übernachteten und ihre Pferde unterstellten. Das Sterngewölbe der Kirche ziert ein Gemälde (um 1480) aus der Schule Albert Pictors. Das Altarbild von 1520 stammt aus Antwerpen.

Die Kathedrale im neuen Luleå wurde 1893 gebaut. Über die Geschichte von Luleå und Norrbotten informiert **Norrbottens Museum**.

Luleås wirtschaftliche Säulen sind der Hafen für die Erzausfuhr und das SSAB-Stahlwerk. Sie prägen auch das Wissenschaftsmuseum **Teknikens Hus**, in dem man Technik bei Experimenten – etwa einen Stollen bohren oder eine Rakete starten – hautnah erleben kann.

Umgebung: Der **Luleå-Archipel** im Bottnischen Meerbusen mit seinen über 1300 Inseln und Inselchen ist ideal für Bootsfahrten. Mit Fähren gelangt man zu Sehenswürdigkeiten wie den Fischerdörfern auf Kluntarna und Brändöskär.

Gammelstads Kyrkstad
10 km nordwestlich des Zentrums. (0920) 45 70 10. 2. Woche im Juni – Mitte Aug: tägl.; sonst: Di – Do.

Norrbottens Museum
Storgatan 2. (0920) 24 35 02. Di – So (Juni – Aug: tägl.). einige Feiertage.

Teknikens Hus
Universitätsgelände, 5 km nördlich des Zentrums. (0920) 49 22 01. Di – So.

Samensommerzelt und Hütte im Norrbottens Museum

❿ Boden

Norrbotten. 35 km NW of Luleå, Straße 97. 🚉 🚌 Kallax. ℹ Kungsgatan 40, (0921) 624 10. 🎪 Boden-Alive-Festival (Anfang Juli). Erntefest (Aug). 🌐 **experienceboden.nu**

Dank seiner strategischen Lage an zwei wichtigen Bahnlinien stieg Boden zum Verteidigungszentrum des schwedischen Nordens auf. Anfang des 20. Jahrhunderts war es die größte Garnisonsstadt des Landes, in der viele junge Männer ihren Militärdienst ableisteten. Fünf Artilleriefestungen waren rund um die Stadt platziert, der Atombunker tief unter der Erde war bis vor wenigen Jahren noch *top secret*. Heute ist **Rödbergsfortet** ein Baudenkmal, in dem Besucher das Leben in der Festung kennenlernen und sogar in aus dem Fels gehauenen Räumen übernachten.

Einen Besuch lohnen im zentralen Gebiet Björknäs die historischen Norrbottener Bauernhöfe sowie das Schwimmbad.

Etwa drei Kilometer nördlich vom Zentrum vermittelt eine Wildwest-Ranch einen Eindruck vom Leben der Pioniere im 19. Jahrhundert.

🏛 Rödbergsfortet
5 km westlich des Zentrums. ☎ 070 266 31 62. 🕐 3. Woche in Juni – 1. Woche im Aug; sonst nach Vereinbarung. 🅿 🍴 🛏 ♿ teilweise.

⓫ Kalix

Norrbotten. E4, 50 km westlich von Haparanda. 🚉 🚌 Kallax. ℹ Strandgatan 10, (0923) 129 73. 🎪 Äschentag (Ende Juli). Nationales Flussfest (Mitte Aug). 🌐 **kalix.se**

Das Gebiet nördlich des Bottnischen Meerbusens war schon in der Steinzeit besiedelt. **Nederkalix** wurde im 15. Jahrhundert Pfarrgemeinde. Die Kirche überstand eine wechselvolle Geschichte mit Brandkatastrophen und russischen Plünderungen. Im Krieg von 1809 diente sie den Russen als Pferdestall. Wunderschöne Norrlander Holzarchitektur bietet der denkmalgeschützte Englundsgården.

Umgebung: Der völlig unregulierte Fluss **Kalixälven** garantiert Anglern exzellente Fänge (Lachse und Lachsforellen). Die Inseln sind Fanggebiete für Hechte und Äschen. Hier kann man mit dem Schlagnetz fischen. Mit Ausflugsbooten erreichbar ist die Insel Malören mit sehenswerter Holzkapelle von 1769, altem Leuchtturm und Lotsenstation.

Der Kalixälven zählt zu den wenigen unregulierten Flüssen in Europa

Kanone, Fort Boden

⓬ Tornedalen

Norrbotten. Straße 99. 🚌 ℹ Turistbyrå Haparanda-Tornio, (0922) 120 10. 🎪 Pajala-Markt (Ende Juni), Renkenfest in Kukkola (letztes Wochenende im Juli).

Der Torne und sein Nebenfluss Muonio bilden die Grenze zu Finnland, doch kulturell ist das Gebiet zu beiden Seiten der Grenze eine Einheit. Die Ortsnamen sind finnisch, viele Einheimische sprechen einen lokalen finnischen Dialekt.

Haparanda entstand als Grenzstadt an der Flussmündung, als Torneå durch den Frieden von 1809 an Finnland fiel. Die durch eine Brücke verbundenen Schwesterstädte haben ein gemeinsames Fremdenverkehrsbüro.

Der unverhältnismäßig große Bahnhof ist für normale und für russische Breitspurzüge ausgelegt – ein Erbe aus Tornedalens Zeit als russische Grenzregion.

Der Fischfang spielt am Torne eine bedeutende Rolle. Schon seit dem 13. Jahrhundert fängt man 15 Kilometer flussaufwärts in den Kukkola-Stromschnellen Renken mit an Stegen befestigten Netzen. Die beste Fangzeit ist Ende Juli zur Zeit des Renkenfests.

70 Kilometer nördlich von Haparanda liegt das fruchtbare Gartenbaugebiet **Övertorneå**. Dort entwickeln Beeren und Gemüse dank der hellen Sommernächte ein außergewöhnliches Aroma. Attraktionen sind die Kirche (17. Jh.) und der Blick vom Luppioberget, auf dem der Sage nach der Weihnachtsmann wohnt.

Pajala im Zentrum von Tornedalen bietet gute Möglichkeiten zum Angeln und Campen. Beliebt sind die Stromschnellen des Torne und des 50 Kilometer langen Tärendö, der den Torne mit dem Kalix verbindet. **Laestadius Pörte** und das dazugehörige Museum sind Ziel der lutherischen Anhänger des »Apostels der Lappen« und Botanikers Lars Levi Laestadius (1800–1861).

🏛 Laestadius Pörte
Pajala. ☎ (0981) 202 05. 🕐 Mai – Aug: tägl. 🅿 🍴 🛏

Achteckige Kirche in Övertorneå, dem Hauptort Tornedalens

Herbstlandschaft in einem Tal im Nationalpark Sarek (siehe S. 278f), Lappland ▶

Kirunas ungewöhnliche Kirche erinnert an eine Samenhütte

⑬ Kiruna

Lappland. E10. 19 000. 🚆 🚌 ✈
ℹ Folkets Hus, Lars Janssonsgatan 17, (0980) 188 80. Schneefest (letztes Wochenende im Jan), Kiruna-Festival (4. Wochenende im Juni).
🌐 kirunalapland.se

Auf dem riesigen Gemeindegebiet von Kiruna ragt Schwedens höchstes Bergmassiv Kebnekaise auf: Vom 2104 Meter hohen Gipfel ist an klaren Tagen ein Elftel der Landesfläche zu sehen. Im Sommer geht hier die Sonne 50 Tage lang nicht unter, im Winter 20 Tage lang nicht auf. Doch selbst in der kalten Dunkelheit wird gefeiert: Zum Schneefest im Januar gehören zahlreiche vergnügliche Veranstaltungen für Jung und Alt. Kiruna ist einer der besten Plätze in der Welt, um das Nordlicht zu sehen.

Kiruna entwickelte sich vor allem wegen der hiesigen Eisenerzvorkommen. 1899 fuhr der erste mit Erz beladene Zug von der Grube auf der neuen Bahnlinie nach Luleå. Zehn Jahre später zählte Kiruna bereits 7000 Einwohner. Eines der älteren Gebäude ist die 1912 von der Bergbaufirma gestiftete Kirche. Ihre Architektur erinnert an eine Samenhütte, im Inneren wurde sie von Künstlern jener Zeit – etwa Prinz Eugen, Christian Eriksson und Ossian Elgström – üppig ausgeschmückt.

Die Kirunavaara-Grube kann mit einer Führung besichtigt werden. **LKAB Visitor Centre** zeigt in 540 Meter Tiefe die Entwicklung des Bergbaus in der Region. Da die Arbeit in der Kirunavaara-Mine sowohl in Kiruna als auch in Malmberget zu einer gefährlichen Bodenabsenkung führte, wurden beide Städte an sicherere Plätze verlegt.

Umgebung: 40 Kilometer östlich von Kiruna wurde im Raumfahrtzentrum **Esrange** im Jahr 1966 die erste Rakete gestartet. Seitdem ist das Zentrum ein wichtiger Teil des europäischen Raumfahrtprogramms ESA.

In dem alten Samendorf **Jukkasjärvi**, 17 Kilometer östlich von Kiruna, steht Lapplands älteste Kirche (1607). Bror Hjorths hölzernes Altarbild zeigt den charismatischen Prediger Lars Levi Laestadius, der im 19. Jahrhundert bei den Samen und schwedischen Pionieren tätig war.

Bekannter ist heute jedoch Jukkasjärvis **Icehotel**, das seit 1902 jeden November aus Eis und Schnee gebaut wird. Drinks werden in der kalten Icebar serviert, die Gäste schlafen in Pelze gehüllt bei Außentemperaturen von bis zu –40 °C auf Eisbetten. Das Ganze zieren spektakuläre Eisskulpturen. Wenn Ende April die ganze Pracht schmilzt, wandern die Eisskulpturen in das gekühlte Art Center. Im Sommer kann man bei Führungen erfahren, wie die Eisblöcke aufbewahrt werden, bis das nächste Hotel gebaut wird. Außerdem bietet das Hotel im Sommer Wildwasser-Rafting, Mountenbike-Touren, Fischen und Eisbildhauerei an.

Der **Kungsleden-Weg** *(siehe S. 278f)* durchquert Kirunas weite Bergwelt.

🏛 **LKAB Visitor Centre**
📞 (0980) 188 80 (Buchungen).
🕒 tägl. 🌐 kirunalapland.se

🏨 **Icehotel Jukkasjärvi**
17 km östlich von Kiruna. 🚌 von Kiruna. 📞 (0980) 668 00. 🕒 Dez – Apr, Juni – Aug. Siehe auch **Hotels** S. 289.

Altarbild von Bror Hjorth, Kirche in Jukkasjärvi

⑭ Gällivare

Lappland. E10. 8500. ✈ 🚆
ℹ Storgatan 16, (0970) 166 60. Wintermarkt (Mitte März), Laponia-Festival (1. Wochenende im Juli). 🌐 gellivarelapland.se

Die Doppelgemeinde Gällivare-Malmberget wuchs ab dem späten 19. Jahrhundert so schnell wie die Bergbauindustrie. Eine Siedlung gab es an der Stelle jedoch schon früher: Im 17. Jahrhundert stand hier eine Samenkapelle, die Samenkirche am Vassaraälven wurde 1751 geweiht. Der Anschluss an die Eisenbahn 1888 löste einen »Eisenerzrausch« aus, den man in **Kåkstan** in Malmberget und in 1000 Meter Tiefe in der LKAB-Eisenerzmine hautnah nachvollziehen kann.

Ganz aus Eis und Schnee: die Icebar im Icehotel, Jukkasjärvi

Das **LKABs Gruvmuseum** bringt Besuchern 250 Jahre Bergbaugeschichte näher.

Das Gemeindegebiet von Gällivare erstreckt sich bis zur norwegischen Grenze und umfasst Teile der UNESCO-Welterbestätte Laponia (siehe S. 279). Im Naturschutzgebiet Dundret kann man gut langlaufen.

⑮ Jokkmokk

Lappland. Straße 97 & 45. 🚗 3500.
🚌 🚍 ℹ️ Stortorget 4, (0971) 222 50.
🛍️ Jokkmokk-Markt (1. Do – Sa im Feb), Musikwoche in Saltoluokta (Ende Juni). 🌐 turism.jokkmokk.se

Der Muddus-Nationalpark gehört zur UNESCO-Welterbestätte Laponia

Die Stadt ist vor allem durch ihren Wintermarkt im Februar bekannt. Statt Dunkelheit und Kälte herrschen an diesen Tagen Licht, Wärme und funkelnde Farben vor, wenn über 30 000 Menschen zwischen 500 Marktbuden flanieren und an den Festlichkeiten teilnehmen. Das jährliche Rentierrennen durch die Stadt verursacht nicht selten ein Chaos. Noch schneller geht es beim Rennen auf dem zugefrorenen Talvatissjön-See zur Sache.

Das Leben der Samen und schwedischen Siedler zeigt das **Ájtte Svenskt Fjäll- och Samemuseum**, die Samenkirche von 1753 brannte 1972 leider ab. Die neue Kirche sieht außen wie ihre Vorgängerin aus, innen ist sie modern gestaltet.

Umgebung: Zum Gemeindegebiet gehören die grandiosen Nationalparks Padjelanta, Sarek, Stora Sjöfallet und teilweise Muddus, der wiederum zur UNESCO-Welterbestätte Laponia (siehe S. 279) gehört

40 Kilometer nördlich von Jokkmokk steht Schwedens erstes großes hydroelektrisches Kraftwerk Porjus (1910 –15) mit dem 50 Meter tief gelegenen Museum **Porjus Expo**.

In Vuollerim wurden 43 Kilometer südlich von Jokkmokk am Fluss Stora Luleälv Steinzeitsiedlungen ausgegraben. Im Museum **Vuollerim 6000 År** können Besucher erfahren, wie das Leben in der Steinzeit war.

🏛️ **Ájtte Svenskt Fjäll- och Samemuseum**
Kyrkogatan 3. 📞 (0971) 170 70.
🕐 Juni – Aug: tägl.; sonst: Mo – Fr.
🅿️ 📷 ♿ 🌐 ajtte.com

🏛️ **Porjus Expo**
Porjus. 40 km nördlich von Jokkmokk, Straße 45. 📞 (0973) 776 00. 🕐 Juni – Aug; tägl.; sonst nach Vereinbarung.
🅿️ 📷

🏛️ **Vuollerim 6000 År**
Vuollerim. 42 km südwestlich von Jokkmokk, Straße 97. 📞 (0976) 101 65. 🕐 Juni – Aug: tägl. 🅿️ 📷 ♿
🌐 vuollerim6000.se

⑯ Arvidsjaur

Lappland. Straße 94 und 45. 🚗 4700.
🚌 nach Jörn, dann Bus. 🚍 ✈️
ℹ️ Östra Skolgatan 18C, (0950) 175 00. 🛍️ A-smällen (1. Wochenende im Juli), Samenfestival (letztes Wochenende im Aug). 🌐 arvidsjaur.se

Die Gemeinde in Zentral-Lappland entstand im 17. Jahrhundert, als König Karl IX. eine Kirche erbauen ließ, um die Samen zu christianisieren. Das **Samen-Kirchendorf** umfasst 80 Hütten (18. Jh.).

In dem kleinen Ort Glommersträsk südöstlich von Arvidsjaur liegt das Anwesen **Hängengården** mit zwölf Gebäuden aus der Zeit um 1800.

Es dient heute als kulturgeschichtliches Museum.

Im Sommer fährt ein Zug mit Dampflok auf der Inlandsbanan-Linie zum **Rallarmuseet** in Moskosel, das den Eisenbahnpionieren gewidmet ist.

🏛️ **Hängengården**
Glommersträsk, 45 km südöstlich von Arvidsjaur, Straße Rv 95.
📞 (0960) 202 91. 🕐 Anfang Juni – Mitte Aug: tel. erfragen. 🅿️

🏛️ **Rallarmuseet**
Moskosel, 40 km nördlich von Arvidsjaur, Straße Rv 45. 📞 (0960) 175 00.
🕐 Mitte Juni – Mitte Aug: tägl.
🅿️ ♿ teilweise.

⑰ Arjeplog

Lappland. Straße 95. 🚗 3100.
🚌 Arvidsjaur. 🚍 ℹ️ Torget 1, (0961) 145 20. 🛍️ Marknan (1. Woche im März), Samen-Kulturwoche (1. Woche im Okt). 🌐 polcirkeln.nu

In Arjeplog an der »Silberstraße« zwischen Hornavan und Uddjaur steht das **Silvermuseet**. Es wurde vom »Lappland-Doktor« Einar Wallquist (1896 –1985) gegründet, dessen Haus Doktorsgården im Juli besichtigt werden kann. Das Museum zeigt Samen-Silberarbeiten aus dem 16. Jahrhundert und illustriert das Leben der Samen und frühen Siedler. Das Gebiet ist ein Mekka für Angler und Jäger.

🏛️ **Silvermuseeet**
Torget. 📞 Turistbyrå, (0961) 145 20. 🕐 Juni – Mitte Aug: tägl.; sonst: Mo – Sa. 🅿️ 📷 ♿
♿ teilweise.

Traditionelle Hütten und Blockhäuser im Samen-Kirchendorf (18. Jh.) von Arvidsjaur

⓲ Kungsleden-Weg

Am eindrucksvollsten kann man die herrliche Bergwelt Schwedens während einer Wanderung auf dem Kungsleden (Königsweg) erleben. Im Jahr 1900 entwickelte der schwedische Wanderverein (Svenska Turistföreningen, STF) Pläne für ein Netz von markierten Wanderwegen und Hütten, das von den Bergen Lapplands bis in den Süden zum See Grövelsjön in Dalarna reichen sollte. Heute führt der 440 Kilometer lange Kungsleden von der Fjällstation in Abisko an der Bahnlinie Malmbanan im Norden bis nach Hemavan im südlichen Lappland. Entlang dem Weg bieten Bergstationen und Biwakhütten Wanderern Übernachtungsmöglichkeiten, Schutz bei schlechtem Wetter sowie zum Teil auch Fährdienste an.

Bergwanderer auf dem gut markierten Kungsleden

Sarek
Der wohl spektakulärste schwedische Nationalpark bietet 200 luftige Gipfel, über 100 Gletscher, wilde Wasserfälle und Täler wie das Rapadalen. Hier leben Elche, Luchse und Vielfraße.

Ammarnäs
Die 200 Bewohner des Dorfs in dem 1976 gegründeten, für seine Tierwelt bekannten Naturschutzgebiet Vindelfjällen leben vor allem vom Tourismus und der Rentierzucht.

Hemavan ist Zielort des nördlichen Abschnitts des Kungsleden und dank des nahen Wintersportorts Tärnaby das Mekka der Alpinskifahrer.

Legende
- Kungsleden-Weg
- Andere Wanderwege
- Hauptstraße
- Nebenstraße
- Eisenbahn
- Bergstation/Hütte

LAPPLAND: KUNGSLEDEN-WEG | 279

Infobox

Information
Lappland. E12 nach Hemavan, E10 nach Kiruna und Abisko.
🛈 Kiruna Turistbyrå, (0980) 188 80, Abisko Turiststation, (0980) 402 00, Tärnaby Turistbyrå, (0954) 104 50.
Führungen auf Teilstrecken.
W stfturist.se

Anfahrt
✈ Storuman oder Kiruna, dann Bus.
🚆 nach Kiruna und Abisko.

Riksgränsen ist die letzte Station der Malmbanan. Mit seinen Liften, die oft bis Mittsommer in Betrieb sind, ist der Ort ein Skiparadies.

In Nikkaluokta endet die Straße. Von dort führt der Weg 19 Kilometer zur STF-Hütte am Kebnekaise. Sieben Kilometer spart man mit der Fähre über den See.

Abisko Wegen der E10 und dem Bahnhof ist die Fjällstation am Torneträsk im Nationalpark Abisko ein beliebter Startpunkt für Bergwanderer.

Kebnekaise Im Kebnekaise-Massiv ragt Schwedens höchster Gipfel 2104 Meter auf. Die 690 Meter hoch gelegene STF-Hütte in Ladtjodalen ist ein guter Startpunkt für eine Besteigung des Massivs.

Stora Sjöfallet Das Gebiet beeindruckt mit Nadelurwäldern und den Gletschern des Bergs Akka. Der Wasserfall ist wegen der Kraftwerke ausgetrocknet.

UNESCO-Welterbe Laponia

Lapplands Gebirgsregion gehört seit 1996 zum Welterbe der UNESCO. Seit prähistorischen Zeiten leben nomadisierende Samen in Laponia, wo sie ideale Bedingungen für ihre traditionelle, von den Jahreszeiten bestimmte Rentierhaltung finden. Laponia ist darüber hinaus Europas größtes Wildgebiet. In dem auch geologisch bedeutenden, 9400 Quadratkilometer großen Areal leben Braunbären und gedeihen seltene Bergpflanzen. In der Region liegen die vier Nationalparks Padjelanta, Sarek, Stora Sjöfallet und Muddus sowie das Feuchtgebiet Sjaunja mit seinem reichen Vogelbestand.

Vogelschutzgebiet Sjaunja

Hotels und Restaurants in Nord-Norrland *siehe Seiten 289 und 301*

ZU GAST IN SCHWEDEN

Hotels	282–289
Restaurants	290–301
Shopping	302–307
Unterhaltung	308–311
Sport und Aktivurlaub	312–315

Hotels

Schwedens vielfältiges Hotelangebot reicht von Gasthöfen über Pensionen bis zu Luxushotels, es bietet Unterkünfte für jeden Geldbeutel und Geschmack. Besonders preiswert sind die fast 500 Jugendherbergen, die Gästen aller Altersstufen offenstehen und auch ein günstiges Frühstück servieren. Frühstückspensionen erkennt man oft an den kleinen Schildern mit der Aufschrift »*RUM*« (Zimmer). In den Wintersportorten findet man in Hotels Unterkunft oder mietet sich eine kleine Hütte. Diese sind in ganz Schweden beliebt und stehen oft auch auf Campingplätzen zur Verfügung. Weitere Infos über Unterkünfte aller Art finden Sie auf den Seiten 284–289.

Lobby des schönen Clarion Hotel Wisby in Visby, Gotland *(siehe S. 286)*

Hotelauswahl

Wer in einem gediegenen Hotel in schöner Lage absteigt, muss für diese Vorteile bezahlen. Doch gibt es unzählige preiswertere gute Unterkünfte. Viele Hotels zeigen ihre Preisklasse mit einer entsprechenden Anzahl von Sternen an. Günstig und in der Regel hochwertig sind die fast 500 Jugendherbergen *(Vandrarhem)*, für Familien ideal sind Ferienhäuser für Selbstversorger.

Die größeren Hotels sind meist auf Geschäftsreisende ausgerichtet und häufig unter der Woche ausgebucht. An Wochenenden bieten sie oft günstige Paketpreise an.

In Städten sollte man unter der Woche unbedingt reservieren. In Stockholm ist für die Hotels von Mai bis November Saison, während Messen findet man dort nur schwer Zimmer. Via Internet kann man im Veranstaltungskalender des **Stockholm Visitors Board** nachsehen.

Buchung

Hotelzimmer können Sie über Reisebüros oder im Internet buchen. Die Website **www.visitsweden.com** von Sveriges Rese- och Turistråd verzeichnet Unterkünfte aller Art, mit denen Sie in Kontakt treten können, um Zimmer zu buchen.

Hotelketten

Verschiedene Hotelketten betreiben Häuser in ganz Schweden. Einige sind mit mindestens einem Hotel in jeder größeren Stadt vertreten, die meisten konzentrieren sich jedoch auf die wichtigsten Zentren. Diese Hotels richten sich vor allem an Geschäftsreisende, bieten jedoch häufig gute Angebote für Reisende außerhalb der Saison und an Wochenenden.

Die in den Städten zentral gelegenen Hotels von **Elite** sind oft in klassischen Gebäuden untergebracht. Die skandinavische Kette **First** legt Wert auf Umweltschutz und führt 61 Hotels in ganz Schweden. **Historic Hotels of Sweden** bietet zwölf schöne Hotels in historischen Gebäuden, **Nordic Choice Hotels** betreibt rund 60 Hotels in Schweden mit den Kategorien »Comfort«, »Quality« und »Clarion« (am hochwertigsten). In zehn Städten stehen die großen, am oberen Ende der Preisskala angesiedelten Hotels von **Radisson Blu**. **Best Western** ist eine internationale Hotelkette mit 62 Hotels in Schweden, von Malmö im Süden bis Luleå im Norden. **Rica Hotels** findet man in großen Städten und an der Westküste, Skandinaviens führende Kette **Scandic Hotels** betreibt fast 70 Hotels in Schweden.

Preise und Bezahlung

Die Preise in der Hotelauswahl auf den folgenden Seiten beziehen sich auf das günstigste Doppelzimmer inklusive Frühstück, Service und Mehrwertsteuer. Die meisten Hotels bieten Preisnachlässe an Wochenenden und außerhalb der Saison. In günstigen Hotels kann man dadurch zwischen 100 und 300, in Mittelklassehotels rund 500 und in Spitzenhotels bis zu 1000 Kronen sparen.

Fast alle Hotels akzeptieren die gängigen Kreditkarten, größere wechseln auch Geld. Am einfachsten und oft am günstigsten wechselt man ausländische Währungen in Wechselstuben *(siehe S. 322)*.

Jugendherbergen

Von den fast 500 Jugendherbergen des Landes gehören über 300 zum **Svenska Turistföreningen (STF)**. In Stockholm gibt sich ihr Flaggschiff, das große Herbergsschiff *af Chapman*, so spektakulär wie ein Spitzenhotel. Der **Sveriges Vandrarhem i Förening (SVIF)** betreibt über 195 Jugendherbergen. Sowohl STF als auch SVIF gehören dem Internatio-

Die spektakuläre Icebar im Icehotel in Jukkasjärvi *(siehe S. 289)*

◀ Besucher in Stockholms Östermalmshallen (um 1880, *siehe S. 307*)

Bestes skandinavisches Design im Sheraton Stockholm Hotel *(siehe S. 284)*

nalen Jugendherbergsverband (IYHF) an.

Die Jugendherbergen haben meist einen hohen Standard (vor allem die Häuser des STF) und sind bei allen Altersstufen beliebt. Die Preise liegen bei etwa 200 Kronen pro Person im Doppelzimmer und 100 Kronen in Mehrbettzimmern oder Schlafsälen. STF-Mitglieder zahlen rund 50 Kronen. Frühstück und Bettwäsche sind normalerweise nicht im Preis inbegriffen.

Es empfiehlt sich immer, vorab zu reservieren – am einfachsten telefonisch oder per E-Mail direkt bei der Herberge. Einige Häuser bieten auch Online-Reservierungen auf den Websites von STF und SVIF an. Viele Herbergen haben im Winter geschlossen.

Bed & Breakfast

Pensionen findet man vor allem in großen Städten oder in der Nähe von Hauptverkehrsstraßen. Sie bieten Einzel- und Doppelzimmer oder Ferienwohnungen. Frühstück, Bettwäsche und Handtücher gehören meist zum Angebot. In Städten liegen die Preise bei 300 bis 500 Kronen pro Person und Nacht, Wohnungen kosten ab 600 Kronen pro Nacht. In Stockholm kann man Pensionszimmer gegen eine geringe Gebühr beim **Bed & Breakfast Service Stockholm** buchen.

Ferienhäuser und Camping

Wildes Campen ist in Schwedens Wäldern und auf offenem Land erlaubt, nicht jedoch in Sichtweite von Häusern oder auf Privatbesitz. Komfortabler sind Campingplätze, dort kann man auch Hütten mieten. Infos dazu bietet die Website von **Sveriges Camping- och Stugföretagare**. Campingplätze werden mit einem bis fünf Sternen bewertet.

Hotelkategorien

Die in diesem Buch vorgestellten Hotels wurden sorgfältig ausgesucht und gehören zu den besten des Landes. Die Unterkunftsmöglichkeiten sind riesig und erstrecken sich von klassischen Hotels über Boutique-Hotels in modernem Design bis zu Hotels, die sich der Nachhaltigkeit verschrieben haben. Unter »Vis-à-Vis-Tipp« sind Unterkünfte aufgeführt, die herausragend sind – sei es aufgrund der Unterbringung in einem historischen Gebäude, der ungewöhnlichen Lage etwa auf einem Boot, des exzellenten Service, der guten Ausstattung, eines fantastischen Restaurants oder Spas. Sie werden Ihren Aufenthalt auf jeden Fall genießen.

Das Hostel Den Röda Båten liegt vor Södermalm *(siehe S. 285)*

Auf einen Blick

Buchungszentralen

Stockholm Visitors Board
Centralstationen, Vasagatan.
📞 (08) 508 285 08.
🌐 visitstockholm.com

Visit Sweden
🌐 visitsweden.com

Hotelketten

Best Western
📞 020 792 752.
🌐 bestwestern.se

Elite Hotels
📞 0771 788 789.
🌐 elite.se

First Hotels
📞 020 411 111.
🌐 firsthotels.com

Historic Hotels of Sweden
📞 (0370) 440 55.
🌐 hhos.se

Nordic Choice Hotels
📞 0771 666 700.
🌐 nordicchoicehotels.se

Radisson Blu
📞 020 238 238.
🌐 radissonblu.com

Rica Hotels
📞 (08) 723 72 72.
🌐 rica.se

Scandic Hotels
📞 (08) 517 517 00.
🌐 scandichotels.se

Jugendherbergen

STF
📞 (08) 463 21 00.
🌐 svenskaturistforeningen.se

SVIF
📞 (031) 828 800.
🌐 svif.se

Bed & Breakfast

Bed & Breakfast Service Stockholm
📞 (08) 660 55 65.
🌐 bedbreakfast.a.se

Ferienhäuser und Camping

Sveriges Camping- och Stugföretagare
📞 (031) 355 60 00.
🌐 camping.se

Hotelauswahl

Stockholm

Gamla Stan

First Hotel Reisen ⓚⓚ
Historisch   Stadtplan 3 C3
Skeppsbron 12, 111 30
📞 (08) 22 32 60
🌐 firsthotels.com
Herrliche Lage mit Blick aufs Wasser. Einige Zimmer mit Sauna und Jacuzzi.

Hotel Sven Vintappare ⓚⓚ
Historisch   Stadtplan 3 B3
Sven Vintappares Gränd 3, 117 27
📞 (08) 22 41 40
🌐 hotelsvenvintappare.se
Kleines Hotel in einem Haus von 1607. Sieben Zimmer, eingerichtet im Stil der Zeit Gustav Adolfs.

Lord Nelson Hotel
Historisch   Stadtplan 3 B3
Västerlånggatan 22, 111 29
📞 (08) 506 401 20
🌐 lordnelsonhotel.se
Mit knapp sechs Meter Breite ist es Schwedens schmalstes Hotel. Freundlicher Familienbetrieb.

Rica Hotel Gamla Stan ⓚⓚ
Historisch   Stadtplan 3 B4
Lilla Nygatan 25, 111 28
📞 (08) 723 72 50
🌐 rica.se/gamlastan
Moderne Annehmlichkeiten in einem Gebäude mit Einrichtung aus dem 17. Jahrhundert.

City

Clarion Hotel Sign ⓚⓚ
Design   Stadtplan 1 B4
Östra Järnvägsgatan 35, 101 26
📞 (08) 676 98 00
🌐 clarionsign.com
Mit 500 Zimmern Stockholms größtes Hotel. Der Stil jeder Etage wird von jeweils einem skandinavischen Designer geprägt.

Comfort Hotel Stockholm ⓚⓚ
Design   Stadtplan 1 B4
Kungsbron 1, 111 22
📞 (08) 56 62 22 00
🌐 nordicchoicehotels.com
Nahe am World Trade Center gelegen. Das Hotel hat eine Atmosphäre unauffälliger Eleganz.

Hotel Rival ⓚⓚ
Design   Stadtplan 3 A5
Mariatorget 3, 118 91
📞 (08) 545 789 00
🌐 rival.se
Schwedens erstes Boutique-Hotel. Eigentümer ist Ex-ABBA Benny Andersson. Bequeme Zimmer, Cocktailbar und Bistro.

Nordic Light Hotel ⓚⓚ
Design   Stadtplan 1 B4
Vasaplan 7, 101 37
📞 (08) 50 56 30 00
🌐 nordiclighthotel.se
Zimmer für diverse Stimmungen und alle Sinne. Brunch-Buffet.

Nordic Sea Hotel ⓚⓚ
Design   Stadtplan 1 B4
Vasaplan 4, 111 20
📞 (08) 50 56 30 00
🌐 nordicseahotel.se
Das Schwesterhotel des Nordic Light bietet bequeme Zimmer und die Stockholm Ice Bar.

Radisson Blu Royal Viking Hotel ⓚⓚ
Modern   Stadtplan 1 C5
Vasagatan 1, 101 24
📞 (08) 50 65 40 00
🌐 radissonblu.com
Wellness-Center, ein Pool und ein Fischrestaurant im Angebot.

Radisson Blu Waterfront Hotel ⓚⓚ
Design   Stadtplan 1 C5
Nils Ericsons Plan 4, 111 64
📞 (08) 50 50 60 00
🌐 radissonblu.com
Tierfreundliches Hotel mit schöner Aussicht auf die Stadt und den Mälarensee.

Sheraton Stockholm Hotel ⓚⓚ
Luxus   Stadtplan 1 C5
Tegelbacken 6, 101 23
📞 (08) 412 34 00
🌐 sheratonstockholm.com
Schön gestaltete Zimmer, viele davon mit Blick über Gamla Stan.

Story Hotel ⓚⓚ
Design   Stadtplan 2 D4
Riddargatan 6, 114 35
📞 (08) 54 50 39 40
🌐 storyhotels.com
Unkonventioneller Chic, große Kunst. Dazu Graffiti im Garten.

Blasieholmen und Skeppsholmen

af Chapman & Skeppsholmen ⓚ
Ungewöhnlich   Stadtplan 4 E3
Flaggmansvägen 8, 111 49
📞 (08) 463 22 66
🌐 stfchapman.com
Die *af Chapman* ist ein Hostel mit Ferienwohnungen. Geeignet für Behinderte. Cafeteria.

Hotel Skeppsholmen ⓚⓚ
Design   Stadtplan 4 E3
Gröna Gången 1, 111 86
📞 (08) 407 23 00
🌐 hotelskeppsholmen.com

Preiskategorien
Die Preise beziehen sich auf ein Doppelzimmer pro Nacht während der Hochsaison inklusive Steuern und Service.
ⓚ   bis 1000 Kronen
ⓚⓚ   1000 – 2500 Kronen
ⓚⓚⓚ   über 2500 Kronen

Ein modernes, stilvolles Boutique-Hotel in einem historischen Gebäude gelegen.

Berns Hotel ⓚⓚⓚ
Luxus   Stadtplan 2 D4
Näckströmsgatan 8, 111 47
📞 (08) 56 63 22 00
🌐 berns.se
Stockholms große alte Dame der Luxushotels. Majestätisches Restaurant.

Grand Hôtel Stockholm ⓚⓚⓚ
Luxus   Stadtplan 3 C1
Södra Blasieholmshamnen 8, 103 27
📞 (08) 679 35 00
🌐 grandhotel.se
Fünf-Sterne-Hotel nahe beim Königlichen Palast. Erlesenes Essen und ein Spa- & Fitness-Center.

Hotel Lydmar ⓚⓚⓚ
Luxus   Stadtplan 3 C1
Södra Blasieholmshamnen 2, 103 24
📞 (08) 22 31 60
🌐 lydmar.com
Klassischer Luxus und Komfort, ergänzt durch moderne Technik.

Abstecher

ARLANDA: Jumbo Stay ⓚ
Preisgünstig
Jumbovägen 4, 190 47
📞 (08) 59 36 04 00
🌐 jumbostay.se
Ein überraschendes Hotel am Flughafen. Untergebracht in einem alten Jumbo Jet.

Bar im Jumbo Stay, einem günstigen Flughafenhotel

Hotelkategorien *siehe Seite 283*

Die stattliche Fassade des Scandic Hotel Hasselbacken

DJURGÅRDEN: Scandic Hotel Hasselbacken ⓚⓚ
Historisch
Hazeliusbacken 20, 100 55
📞 (08) 51 73 43 00
🌐 scandichotels.com
Ideal für Familien. Ein Spielzimmer, Aktivitäten für Kinder und spezielle Angebote für Familien.

ÖSTERMALM: Mornington Hotel ⓚⓚ
Modern
Nybrogatan 53, 102 44
📞 (08) 50 73 30 00
🌐 mornington.se
Vier-Sterne-Hotel mit Bibliothek, Restaurant und Fitnessbereich.

SÖDERMALM: Den Röda Båten ⓚ
Design
Södermälarstrand 6, Kajplats 10, 118 20
📞 (08) 644 43 85
🌐 theredboat.com
Hotel und Hostel verteilt auf zwei farbenfrohe Schiffe

Vis-à-Vis-Tipp

SÖDERMALM: Långholmen Hotel & Vandrarhem ⓚ
Historisch
Långholmsmuren 20, 117 33
📞 (08) 720 85 00
🌐 langholmen.com
Eine einzigartige Erfahrung. Hier wurde ein ehemaliges Gefängnis in ein Drei-Sterne-Hotel und eine Jugendherberge verwandelt. Die Zimmer oder Zellen wurden komplett renoviert. Besonderheiten wie schwere Sicherheitstüren wurden jedoch beibehalten. Bar und Gaststätte bieten Speisen und Getränke.

SÖDERMALM: Tre Små Rum ⓚ
Gemütlich
Högbergsgatan 81, 118 54
📞 (08) 641 23 71
🌐 tresmarum.se
Ein ruhiger Ort für Reisende. Das Bio-Frühstück ist im Zimmerpreis inbegriffen.

Ost-Svealand

ESKILSTUNA: Sundbyholms Slott ⓚⓚ
Luxus
Sundbyholms Slott, 635 08
📞 (016) 42 84 00
🌐 sundbyholms-slott.se
Fabelhafte Nachmittagstees und Krimi-Dinners in schöner Burg.

KATRINEHOLM: Dufweholms Herrgård ⓚⓚ
Historisch
Herrgårdsvägen 16, 641 92
📞 (0150) 754 00
🌐 dufweholm.se
Sorgfältig restauriertes Herrenhaus mit Spa und Bibliothek.

NORRTÄLJE: Pensionat Granparken ⓚⓚ
Historisch
Gjuterivägen 10, 761 40
📞 (0176) 103 54
🌐 pensionatgranparken.se
Ein Hotel in einer Villa aus dem 19. Jahrhundert. Schöner Garten.

NYKÖPING: Clarion Collection Hotel Kompaniet ⓚⓚ
Historisch
Folkungavägen 1, 611 34
📞 (0155) 28 80 20
🌐 clarionhotel.com
Ein modernes Hotel in einer ehemaligen Möbelfabrik.

SIGTUNA: Stadtshotell ⓚⓚ
Luxus
Stora Nygatan 3, 193 30
📞 (08) 59 25 01 00
🌐 sigtunastadshotell.se
Schwedens kleinstes Fünf-Sterne-Hotel. König Gustav V. hat hier schon übernachtet.

TROSA: Bomans Hotel ⓚⓚ
Design
Hamnen, 619 30
📞 (0156) 525 00
🌐 bomans.se
Individuell eingerichtete Zimmer, etwa Manolo Blahnik, La Dolce Vita oder Larsson.

UPPSALA: Clarion Hotel Gillet ⓚⓚ
Modern
Dragarbrunnsgatan 23, 753 20
📞 (018) 68 18 00
🌐 clarionhotelgillet.com
Die Zimmer in diesem Hotel sind gut ausgestattet. Im Haus liegen ein beliebtes Restaurant sowie eine Bar.

Vis-à-Vis-Tipp

VÄSTERÅS: Utter Inn ⓚⓚ
Design
Västeråsfjärden, Mälaren, 721 87
📞 (021) 39 01 00
🌐 visitvasteras.se
Ein ungewöhnlicher Ort für einen Hotelaufenthalt. Das Hotel, das eigentlich nur eine kleine Hütte im Mälarensee ist, wurde vom Künstler Mikael Genberg entworfen und ist per Boot von Östra Hamnen zu erreichen. Die Hüttenplattform bietet eine großartige Aussicht. Es gibt nur ein Schlafzimmer – das unterhalb der Wasserlinie liegt. Geöffnet: Apr – Okt.

Ost-Götaland

BORGHOLM: Halltorps Gästgiveri ⓚⓚ
Historisch
Landsvägen Halltorp 105, 387 92
📞 (0485) 850 00
🌐 halltorpsgastgiveri.se
Herrenhaus (17. Jh.) mit gut ausgestatteten Zimmern. Dazu Spa, offene Kamine und Weinprobe.

GRÄNNA: Hotel Amalias Hus ⓚⓚ
Historisch
Brahegatan 2, 563 32
📞 (0390) 413 23
🌐 amaliashus.se
Romantisches Haus (18. Jh.). Alle Zimmer haben ein individuelles Design.

JÖNKÖPING: Elite Stora Hotellet ⓚⓚ
Historisch
Hotellplan, 553 20
📞 (036) 10 00 00
🌐 elite.se
Schön gelegen am Vätternsee. Bequeme Zimmer und ein Pub namens The Bishop's Arms.

KALMAR: Calmar Stadshotell ⓚⓚ
Historisch
Stortorget 14, 392 32
📞 (0480) 49 69 00
🌐 profilhotels.com
Modernes Hotel in historischem Gebäude. Zum Hotel gehören ein Restaurant und ein Pub.

Vis-à-Vis-Tipp
KOSTA: Kosta Boda Art Hotel ⓚⓚ
Design
Stora vägen 75, 360 52
(0478) 348 30
kostabodaarthotel.com
Dieses eigenwillige Hotel liegt im Herzen des schwedischen Glasreichs (Glasriket). Natürlich liegt die Betonung auf Einrichtungsobjekten aus Glas. Den Gästen werden zudem ein Spa und ein Restaurant geboten. Die Glas-Bar ist wegen ihres Designs allein einen Besuch wert.

LINKÖPING: Scandic Frimurarehotellet ⓚⓚ
Modern
St. Larsgatan 14, 582 24
(013) 495 30 00
scandichotels.se
Zimmer in nordischem Design. Dazu ein Fitnessraum.

NORRKÖPING: Elite Grand Hotel ⓚⓚ
Historisch
Tyska Torget 2, 600 41
(011) 36 41 00
elite.se
Zentral gelegenes Spa-Hotel. Moderne Zimmer. Restaurant.

SKILLINGARYD: Villa Vilan ⓚ
Preisgünstig
Galtås, 568 92
(0370) 741 31
villa-vilan.com
Zimmer plus Frühstück. Im Angebot Jacuzzi und Sauna.

SKRUV: Grimsnäs Herrgård ⓚⓚ
Historisch
Grimsnäs Herrgård, 360 53
(0478) 204 00
grimsnas.se
Freundliche Herberge in einem Herrenhaus, versteckt in einem Eichenwald.

VADSTENA: Vadstena Klosterhotel ⓚⓚ
Historisch
Lasarettsgatan 5, 592 30
(0143) 315 30
klosterhotel.se
Ein ehemaliger königlicher Palast und ein Kloster – heute ein Hotel mit fabelhafter Ausstattung.

VÄXJÖ: Clarion Collection Hotel Cardinal ⓚⓚ
Modern
Backgatan 10, 352 30
(0470) 72 28 00
clarionhotel.com
Hotel mit allen Annehmlichkeiten. Im Preis inbegriffen ist das Bio-Frühstück.

Eingang zum Kosta Boda Art Hotel im Glasreich

VETLANDA: Best Western Vetlanda Stadshotell ⓚ
Modern
Stortorget 5, 574 32
(0383) 120 90
vetlandastadshotell.net
Bequeme Zimmer, ein gutes Restaurant. Am Wochenende wird eine Disco geboten.

VIMMERBY: Hotel Carl IX ⓚⓚ
Familienfreundlich
Sevedegatan 37, 598 37
(0492) 125 15
hotellcarl9.se
Zentral gelegenes Hotel. Vier verschiedene Zimmertypen, dazu Apartments. Eine gute Wahl für einen Aufenthalt im Sommer.

Gotland

BURGSVIK: Pensionat Holmhällar ⓚ
Preisgünstig
Vamlingbo Austre 980, 623 31
(0498) 49 80 30
holmhallar.se
Ruhiges Frühstückshotel nahe an einem drei Kilometer langen Strandstreifen.

KLINTEHAMN: Pensionat Warfsholm ⓚ
Schöne Aussicht
Klinte Varvsholm 612, 623 76
(0498) 24 00 10
warfsholm.se
Eine charmante Villa, direkt am Meer gelegen. In einem der Türme wurde eine kleine Suite eingerichtet.

LJUGARN: Kalkpatronsgården Borgvik Pensionat ⓚ
Familienfreundlich
Katthammarsvik, 623 69
(0498) 520 87
borgvik.com
Das Angebot umfasst Zimmer und Apartments. Dazu Hütten mit Meerblick und ein Restaurant.

VISBY: Clarion Hotel Wisby ⓚⓚ
Historisch
Strandgatan 6, 621 24
(0498) 25 75 00
clarionwisby.se
Teile des Hotels liegen in einem ehemaligen Lagerhaus (14. Jh.).

VISBY: Hotell St. Clemens ⓚⓚ
Historisch
Smedjegatan 3, 621 55
(0498) 21 90 00
clemenshotell.se
Fünf Gebäude verbunden durch zwei malerische Gärten.

Süd-Götaland

BÅSTAD: Hotel Skansen ⓚⓚ
Historisch
Kyrkogatan 2, 269 33
(0431) 55 81 00
hotelskansen.se
Gut ausgestattete Zimmer, Frühstücksbuffet und ein Spa.

Vis-à-Vis-Tipp
GLUMSLÖV: Örenäs Slott ⓚⓚ
Luxus
Örenäs Slott, 261 63
(0418) 45 11 00
orenasslott.com
Die Region Skåne im Süden ist ein Schwerpunkt schwedischer Esskultur. Hier liegt auch das Örenäs Slott, bekannt für exzellente Speisen. Der Gast genießt kulinarische Erlebnisse in luxuriöser Atmosphäre. Die Zimmer sind individuell eingerichtet. Im Sommer steht ein Pool zur Verfügung. Golfwochenenden.

HELSINGBORG: Elite Hotel Mollberg ⓚⓚ
Historisch
Stortorget 18, 251 14
(042) 37 37 00
elite.se/eng/node/172
Schwedens ältestes Hotel. Gegründet im 14. Jahrhundert.

KARLSKRONA: Hotell Siesta ⓚⓚ
Design
Borgmästaregatan 5, 371 31
(0455) 801 80
hotellsiesta.com
Ein Hotel in spanischem Stil mit Sauna und Outdoor-Spa. Beliebtes Abendbuffet.

KRISTIANSTAD: First Hotel Christian IV ⓚⓚ
Historisch
Västra Boulevarden 15, 291 31
(044) 20 38 50
firsthotels.com
Modernes Hotel in einer ehemaligen Bank. Geräumige Zimmer.

OST-GÖTALAND BIS WEST-GÖTALAND | 287

**LANDSKRONA:
Hotel Öresund** ⓚ
Historisch
Selma Lagerlöfs väg 4, 261 31
📞 (0418) 47 40 00
🌐 hoteloresund.se
Das Gebäude stammt aus dem 18. Jahrhundert, aber die Zimmer sind modern und geräumig.

LUND: Grand Hotel ⓚⓚⓚ
Luxus
Bantorget 1, 221 04
📞 (046) 280 61 00
🌐 grandilund.se
Hotelzimmer eingerichtet im Jugendstil, in diesem Haus aus dem Jahr 1899. Zwei Restaurants.

MALMÖ: Moment Hotel ⓚ
Preisgünstig
Norra Vallgatan 54, 211 22
📞 (040) 23 50 40
🌐 momenthotels.com
Kleine bequeme Zimmer, modern ausgestattet.

MALMÖ: Hotel Mäster Johan ⓚⓚ
Modern
Mäster Johansgatan 13, 211 21
📞 (040) 664 64 00
🌐 masterjohan.com
Geschmackvoll möblierte Zimmer und Suiten. Dazu Fitnessraum, Sauna und Fahrradverleih.

SKANÖR: Hotell Gässlingen ⓚⓚ
Historisch
Rådhustorget 6, 239 30
📞 (040) 45 91 00
🌐 hotelgasslingen.com
Mitglied im Verband Historischer Hotels in Schweden. Das Gässlingen bietet Spa, Jacuzzi, Sauna und Outdoor-Pool.

YSTAD: Sekelgården ⓚⓚⓚ
Boutique
Långgatan 18, 271 23
📞 (0411) 739 00
🌐 sekelgarden.se
Romantisches Hotel in einem alten Stadthaus. Ein Familienbetrieb mit altertümlichem Charme.

Göteborg

ZENTRUM: Barken Viking ⓚⓚ
Historisch
Lilla Bommens Torg 10, 411 04
📞 (031) 63 58 00
🌐 barkenviking.com
Das Hotel auf einem Drei-Sterne-Schiff in Göteborgs Hafen.

**ZENTRUM: Best Western
Hôtel Eggers** ⓚⓚ
Luxus
Drottningtorget, 411 03
📞 (031) 333 44 40
🌐 hoteleggers.se
Hotel mit dem Charme vergangener Zeiten.

Vis-à-Vis-Tipp

**ZENTRUM: Clarion
Hotel Post** ⓚⓚ
Design
Drottningtorget 10, 411 03
📞 (031) 61 90 00
🌐 clarionpost.com
Ein spektakuläres Hotel in einem ehemaligen Postgebäude. Die Gäste werden von einer glanzvollen Kristalltheke in der Rezeption begrüßt. Zum Angebot gehören ein Pool im Dachgarten sowie ein Barbereich und eine Sonnenterrasse, ein Spa und zwei Restaurants.

**ZENTRUM: Elite Park Avenue
Hotel** ⓚⓚ
Modern
Kungsportsavenyn 36 – 38, 400 15
📞 (031) 727 10 00
🌐 elite.se
Vier-Sterne-Hotel mit eigenem Restaurant, Café sowie einem Fitnessraum.

ZENTRUM: Scandic Opalen ⓚⓚ
Modern
Engelbrektsgatan 73, 412 52
📞 (031) 751 53 00
🌐 scandichotels.com

Geräumige Sauna im Scandic Opalen, Göteborg

Sauna, Fitnessbereich und Jacuzzi gehören zum Angebot. Ausreichend Parkplätze.

**ABSTECHER: Radisson
Blu Riverside Hotel** ⓚⓚ
Modern
Lindholmspiren 4, 417 56
📞 (031) 383 40 00
🌐 radissonblu.com/riverside-hotel-gothenburg
Elegante Zimmer, ein fantastischer Fitnessbereich und ein großartiger Blick auf den Hafen.

West-Götaland

**DALS LÅNGED: Baldersnäs
Herrgård** ⓚⓚ
Historisch
Baldersnäs 22, 660 10
📞 (0531) 412 13
🌐 baldersnas.com
Klassisches schwedisches Herrenhaus auf einer Halbinsel in einem Naturschutzgebiet.

FALKÖPING: Nästegården B&B ⓚ
Preisgünstig
Sätuna, Nästegården, 521 94
📞 (0500) 49 20 26
🌐 nastegarden.se
Am Hornborga-See. Zimmer nach diversen Epochen eingerichtet.

**FJÄLLBACKA: Stora Hotellet
Bryggan** ⓚⓚ
Historisch
Ingrid Bergmans Torg, 457 40
📞 (0525) 310 60
🌐 storahotellet-fjallbacka.se
Das Hotel direkt am Pier bietet charmante Zimmer.

**HALMSTAD: Best Western Plus
Grand Hotel** ⓚⓚ
Historisch
Stationsgatan 44, 302 45
📞 (035) 280 81 00
🌐 grandhotel.nu
Das 1905 eröffnete Hotel bietet farbenfrohe Zimmer. Die Bäder sind in Schwarz-Weiß gehalten.

LIDKÖPING: Stadt Lidköping ⓚⓚ
Historisch
Gamla Stadens Torg 1, 531 32
📞 (0510) 220 85
🌐 stadtlidkoping.se
Hotel am See mit Restaurant, Pub und Konferenzräumen.

**MARIESTAD:
Hotell Vänerport** ⓚⓚ
Preisgünstig
Hamngatan 32, 542 30
📞 (0501) 77 111
🌐 vanerport.se
Individuell und mit Liebe zum Detail gestaltete Zimmer. Frühstücksbuffet.

MARSTRAND: Marstrands Havshotell ⓔⓔ
Modern
Varvskajen 2, 442 66
📞 (0303) 24 02 00
🌐 marstrands.se
Hotel am Meer. Besondere Paketangebote für Sportler.

SMÖGEN: Hotell Smögens Hafvsbad ⓔ
Historisch
Hotellgatan 26, 456 51
📞 (0523) 66 84 50
🌐 smogenshafvsbad.se
Ein beliebtes Badeurlaubshotel aus dem Jahr 1900. Heute ganzjährig offenes Spa-Hotel.

STRÖMSTAD: Laholmen ⓔⓔ
Modern
Laholmen, 452 30
📞 (0526) 197 00
🌐 laholmen.se
Großartig für Geschäftsreisende und Urlauber. Konferenzräume, Bar und Nightclub.

Vis-à-Vis-Tipp

TJÖRN: Salt & Sill ⓔⓔ
Ungewöhnlich
Danmark, 471 51 Klädesholmen
📞 (0304) 67 34 80
🌐 saltosill.se
Ein friedliches traditionelles Fischerdorf und Schwedens erstes Hotel auf einem Floß. Die 23 Zimmer sind in nordischem Design eingerichtet. Das anliegende Restaurant bietet großartige schwedische Küche. Zum Hotel gehört auch eine schwimmende Sauna!

TROLLHÄTTAN: Albert Hotell ⓔⓔ
Historisch
Strömsbergsvägen 2, 461 57
📞 (0520) 129 90
🌐 alberthotell.com
Ein Vier-Sterne-Hotel in einer Villa aus dem Jahr 1857, inklusive Hausgespenst. Großartige Küche.

Blick von den Hängen des Hotel Fjällgården in Åre

VARBERG: Best Western Varbergs Stadshotell & Asia Spa ⓔⓔ
Historisch
Kungsgatan 24–26, 432 41
📞 (0340) 69 01 00
🌐 varbergsstadshotell.com
Freundliches Hotel in altem Gebäude. Spa und Meeresblick.

VÄDERÖARNA: Värdshus ⓔⓔ
Historisch
Ramnö, Norra Väderöarna, 457 40
📞 (0525) 320 01
🌐 vaderoarna.com
Rustikale Unterkunft. Im Preis inbegriffen Sauna und Schiffstransfer von Fjällbacka.

VÄNERSBORG: Quality Hotel Vänersborg ⓔ
Modern
Nabbensbergsvägen 2, 462 40
📞 (0521) 57 57 20
🌐 qualityvanersborg.se
Das Hotel bietet Konferenzräume, Fitnessraum und Spa.

West-Svealand

Vis-à-Vis-Tipp

ARVIKA: Spahotell Scandic Arvika ⓔ
Historisch
Torggatan 9, 671 31
📞 (0570) 197 50
🌐 scandichotels.se
Ruhiges elegantes Spa-Hotel, in einem der ältesten Gebäude Arvikas. Zugang zum Spa nur für Erwachsene. Jugendliche ab 15 nur mit Eltern oder erwachsener Begleitung.

BORLÄNGE: First Hotel Brage ⓔⓔ
Modern
Stationsgatan 1–3, 784 33
📞 (0243) 21 76 60
🌐 firsthotels.com
Freundliches Hotel mit zwei Restaurants und einem am Wochenende geöffneten Nachtclub.

FALUN: Clarion Collection Hotel Bergmästaren ⓔⓔ
Modern
Bergsskolegränd 7, 791 12
📞 (023) 70 17 00
🌐 clarionhotel.com
Hotel mit Sauna und gutem Bio-Frühstück. Auch Vierbeiner sind hier herzlich willkommen.

KARLSTAD: Elite Stadshotellet Karlstad ⓔⓔ
Historisch
Kungsgatan 22, 651 08
📞 (054) 29 30 00
🌐 elite.se

Das Hotel am Flussufer bietet individuell gestaltete Zimmer, ein Pub und ein Restaurant.

MORA: Best Western Mora Hotell & Spa ⓔⓔ
Historisch
Strandgatan 12, 792 30
📞 (0250) 59 26 50
🌐 morahotell.se
Das Hotel befindet sich oberhalb des Siljan-Sees. Dampfbad, Pool und Sauna.

ÖREBRO: Elite Stora Hotellet ⓔⓔ
Historisch
Drottninggatan 1, 701 45
📞 (019) 15 69 00
🌐 elite.se
Ein großes altes Gebäude in einer Flusslandschaft. Bar, Sauna und reichlich Parkplätze.

RÄTTVIK: Dala Wärdshus Hotell Gärdebygården ⓔⓔ
Preisgünstig
Hol Daniels väg, Hantverksbyn, 795 36
📞 (0248) 302 50
🌐 dalawardshus.se
Friedliches Hotel am See mit Privatstrand. Nur im Sommer offen.

SUNNE: Quality Hotel Selma Lagerlöf ⓔⓔ
Modern
Ekebyvägen 1, 686 35
📞 (0565) 68 88 00
🌐 selmahotel.se
Freundliches Hotel am Seeufer. Gute Konferenzräume und ein Nightclub.

TÄLLBERG: Åkerblads ⓔⓔ
Historisch
Sjögattu 2, 793 70
📞 (0247) 508 00
🌐 akerblads.se
Wunderschön eingerichtetes Hotel mit Spa, Restaurant und beeindruckendem Weinkeller.

Süd-Norrland

Vis-à-Vis-Tipp

ÅRE: Hotell Fjällgården ⓔⓔ
Skihotel
Fjällgårdsvägen 35, 830 13
📞 (0647) 145 00
🌐 fjallgarden.se
Dieses an einem Abhang gelegene Hotel aus dem Jahr 1910 bietet fantastische Ausblicke, Sauna, Spa und eine gute Küche. Zur Stadt gibt es eine Seilbahn-Verbindung. Im Sommer werden Mountainbiking, Elch-Safaris und Rafting angeboten.

Die komfortable Lobby des Scandic Ferrum, Kiruna

HÄRNÖSAND: First Hotel Stadt ⓚⓚ
Modern
Skeppsbron 9, 871 30
☏ (0611) 55 44 40
🌐 **firsthotels.com**
Hafen-Hotel mit Blick aufs Wasser und Konferenzräumen.

HÖGA KUSTEN: STF Vandrarhem Köpmanholmen ⓚ
Preisgünstig
Köpmansholmsvägen 2, 893 40
☏ (0660) 22 34 96
🌐 **svenskaturistforeningen.se**
Ein Hostel. Im Angebot alles vom Einzelzimmer bis zum Schlafsaal.

HÖGA KUSTEN: Hotell Höga Kusten ⓚⓚ
Design
Hornöberget, 872 94 Sandöverken
☏ (0613) 72 22 79
🌐 **hotellhoga-kusten.se**
28 künstlerisch eingerichtete Zimmer Es gibt einen Meditations-Pfad und einen Pool.

HUDIKSVALL: First Hotel Statt ⓚⓚ
Historisch
Storgatan 36, 824 22
☏ (0650) 150 60
🌐 **firsthotels.com**
Sehr schön restauriertes Gebäude aus dem 19. Jahrhundert. Spa, Fitnessraum und Pool.

ÖRNSKÖLDSVIK: First Hotel Statt ⓚⓚ
Historisch
Lasarettsgatan 2, 891 21
☏ (0660) 26 55 90
🌐 **firsthotels.com**
Das Haus stammt zwar von 1913, aber die Zimmer sind modern.

ÖSTERSUND: Best Western Hotel Gamla Teatern ⓚⓚ
Historisch
Thoméegränd 20, 831 34
☏ (063) 51 16 00
🌐 **gamlateatern.se**
Hotel in einem umgebauten Theater. Sehr modern ausgestattet.

STORLIEN: Storliens Högfjällshotell ⓚⓚ
Skihotel
Geijerbacken 10, 830 19
☏ (0647) 701 70
🌐 **sportstyle.se/storlien**
Eines der größten Hotels Skandinaviens. Offene Kamine, Pool und Sauna.

SUNDSVALL: Gaffelbyn ⓚ
Preisgünstig
Norra Stadsberget, 856 40
☏ (060) 61 21 19
🌐 **gaffelbyn.se**
Gute Herberge mit Küchenbenutzung. Einige Zimmer mit Bad.

SVEG: Lilla Hotellet ⓚ
Preisgünstig
Älvgatan 8, 842 32
☏ (0680) 102 84
🌐 **lillahotellet.se**
Schöne Zimmer, Frühstücksbuffet. Bei längerem Aufenthalt Rabatt.

Nord-Norrland

ABISKO: STF Abisko Turiststation ⓚ
Berghotel
Abisko Turiststation, 981 07
☏ (0980) 402 00
🌐 **svenskaturistforeningen.se**
Mitten in unberührter Natur oberhalb des Polarkreises gelegen. Für Skifahrer und Wanderer.

HAPARANDA: Haparanda Stadshotell ⓚⓚ
Historisch
Torget 7, 953 31
☏ (0922) 614 90
🌐 **haparandastadshotell.se**
Ein tierfreundliches Hotel, das im Jahr 1900 eröffnet wurde. Großzügige Konferenzräume.

HARADS: Tree Hotel ⓚⓚⓚ
Design
Edeforsväg 2A, 960 24
☏ (0928) 104 03
🌐 **treehotel.se**
Sechs spektakulär gestaltete Baumhäuser und dazu eine Sauna im Wald.

Vis-à-Vis-Tipp

JUKKASJÄRVI: Icehotel ⓚⓚⓚ
Design
Marknadsvägen 63, 981 91
☏ (0980) 668 00
🌐 **icehotel.com**
Das Eishotel wird jedes Jahr in neuem Design gestaltet. Das Restaurant bietet köstliche Polarküche (*siehe S. 301*). Auf Wunsch werden Nordlicht-Exkursionen arrangiert.

KIRUNA: Scandic Ferrum ⓚⓚ
Modern
Lars Janssonsgatan 15, 981 31
☏ (0980) 39 86 00
🌐 **scandichotels.com**
Ein kinderfreundliches Hotel mit Nichtraucherzimmern. Zu den Annehmlichkeiten gehören eine Sauna und ein Fitnessraum.

LULEÅ: Elite Stadshotellet ⓚⓚ
Historisch
Storgatan 15, 972 32
☏ (0920) 27 40 00
🌐 **elite.se**
Einzigartiges, stilvolles Hotel mit einem berühmten Restaurant und einem Pub.

PITEÅ: Piteå Stadshotell ⓚⓚ
Historisch
Olof Palmes Gata 1, 941 33
☏ (0911) 23 40 00
🌐 **piteastadshotell.com**
Vier-Sterne-Hotel. Erstklassige Küche. Gute Business-Technik.

RIKSGRÄNSEN: Hotell Riksgränsen ⓚⓚ
Skihotel
Riksgränsvägen 15, 981 94
☏ (0980) 641 00
🌐 **riksgransen.se**
Schwedens nördlichstes Skihotel mit exzellentem Spa.

SKELLEFTEÅ: Skellefteå Stadshotell ⓚⓚ
Design
Stationsgatan 8, 931 31
☏ (0910) 71 10 60
🌐 **skellefteastadshotell.se**
Vier-Sterne-Stadthotel aus der Mitte des 19. Jahrhunderts. Komfortable Zimmer mit freiem Wi-Fi und Flachbildfernsehern.

UMEÅ: Clarion Collection Hotel Uman ⓚⓚ
Historisch
Storgatan 52, 903 26
☏ (090) 12 72 20
🌐 **clarionhotel.com**
Schönes altes Hotel. Sehr tierfreundlich. Bio-Frühstück und Nachmittagstee.

Restaurants

Schwedens Gastronomie zählt zu den vielfältigsten in Europa. Die schwedische Küche gewann in den letzten Jahren viele internationale Preise. Viele Spitzenrestaurants sind relativ klein und unprätentiös, zudem haben einige Top-Köche eigene Lokale eröffnet. Oft werden verschiedene internationale Stile zu innovativen Gerichten der »Crossover«-Küche kombiniert. Traditionelle schwedische Küche bekommt man in der Regel als preiswertes Mittagessen serviert. Darüber hinaus bieten unzählige Fast-Food- und Kebab-Buden, Pubs, chinesische Restaurants sowie Pizzerias günstige Gerichte an. Hotdog-Stände mit sättigenden Snacks findet man praktisch überall.

Restaurantangebot

Schweden bietet eine breite Palette an Restaurants. Die meisten finden sich in den größeren Städten, doch gibt es auch viele gute Lokale in kleineren Orten. Restaurants und Cafés laden in den größeren Warenhäusern sowie in den meisten Museen zur Rast ein. An der Küste und im Binnenland haben viele Lokale nur im Sommer geöffnet. In den größeren Städten gibt es oft in den Markthallen exzellente Restaurants und Cafés, die jedoch abends geschlossen sind.

Sandwiches in allen Variationen bekommt man in Bäckereien, die häufig auch preiswerte Mittagessen anbieten.

Im Sommer stellen viele Cafés an Straßen und Plätzen Tische ins Freie, auch in Grünanlagen wie Djurgården in Stockholm und Kungsportsavenyn in Göteborg kann man oft draußen essen.

Restaurantwahl

Schicke Restaurants ziehen oft junge Leute an. Die meisten Trendlokale weisen ein unterkühltes Design und einen sehr hohen Lärmpegel auf. Wer ein etwas ruhigeres Lokal mit gutem Service sucht, ist meist mit einem etablierten Restaurant am besten beraten. Viele Spezialitätenrestaurants servieren internationale Gerichte oder »Crossover«-Küche aus verschiedenen Kochtraditionen.

Die Preise liegen unabhängig von der Qualität in den meisten Restaurants etwa gleich hoch. Etwas günstiger ist man in Pizzerias, Kebab- und Fast-Food-Läden und Cafés.

Wer Süßes mag, wird in den vielen Cafés und Bäckereien bei köstlichem dänischem Gebäck, Zimtschnecken, Kuchen und Keksen fündig.

Bars sind dünn gesät, die besten findet man in den beliebtesten Restaurants. Sogar in den elegantesten Lokalen kann man sich eher zwanglos kleiden. Krawatten sind nicht erforderlich, Shorts hingegen verpönt.

Seit 2005 herrscht Rauchverbot in allen Cafés, Bars und Restaurants, ausgenommen sind Sitzplätze im Freien.

Öffnungszeiten

Die meisten Restaurants öffnen zum Mittagessen um 11.30 Uhr und schließen gegen 22 Uhr. Das Abendessen wird ab 18 Uhr oder sogar noch früher serviert. Einige Restaurants haben am Sonntag oder Montag geschlossen, kleinere Lokale machen im Juli Jahresurlaub.

Die Preise für ein Mittagessen sind oft erstaunlich günstig – mittags bietet sich also die beste Gelegenheit, eines der gehobenen Restaurants zu testen. Das Tagesmenü, *dagens lunch*, gibt es in der Regel nur bis 14 Uhr.

In einigen Restaurants und Pubs ist die Küche bis Mitternacht oder sogar noch länger geöffnet. Dies gilt vor allem für Lokale mit Unterhaltungs- bzw. Musikprogramm oder Discos. Nächtliche Hungerattacken kann man in größeren Städten an den manchmal rund um die Uhr geöffneten Hotdog-Ständen bekämpfen.

Vegetarische Gerichte

Die vegetarische Küche wird in Schweden zunehmend beliebter, in den meisten Restaurants kann man hervorragende vegetarische Gerichte bestellen. In den größeren Städten finden sich auch vegetarische Restaurants.

Reservierung

Zum Abendessen sollte man unbedingt einen Tisch reservieren, mittags ist dies in vielen Lokalen nicht möglich. Wer sicher einen Tisch bekommen möchte, sollte deshalb vor oder nach der Hauptessenszeit (11.30 bis 13 Uhr) eintreffen.

Der gemütliche Speiseraum in der Villa Sjötorp in Ljungskile *(siehe S. 299)*

RESTAURANTS

Das Pontus! ist eines der besten Lokale Stockholms *(siehe S. 294)*

Mit Kindern essen
Kinder sind in allen Restaurants willkommen. Üblicherweise bieten Lokale Kindermenüs oder Kinderportionen an. In fast allen Restaurants gibt es Hochstühle.

Preise
Überall in Schweden zahlt man in Restaurants ähnliche Preise. Meistens muss man für warme Gerichte rund 100 Kronen, in teureren Restaurants ungefähr 200 Kronen rechnen.

Ein Mittagessen kostet rund 60 bis 70 Kronen, häufig inklusive eines alkoholfreien Getränks und Kaffees. Die Preise für Bier, Wein und andere alkoholische Getränke variieren jedoch beträchtlich. Als Faustregel gilt: je teurer das Restaurant, desto teurer der Wein. Am günstigsten ist in der Regel der Hauswein. Eine Flasche kostet normalerweise rund 250 Kronen. Bier ist in Kneipen billiger als in Restaurants. Schwedens exzellentes Leitungswasser bekommt man überall kostenlos.

Der Service ist im Preis inbegriffen, eine gute Bedienung belohnt man üblicherweise mit Trinkgeld. In Restaurants mit Garderobenfrau rechnet man mit zehn Kronen pro Person. In einigen Restaurants darf man Mäntel etc. nicht mit in den Speiseraum nehmen. Kreditkarten werden praktisch in jedem Restaurant akzeptiert.

Speisekarte
Ein Abendessen in einem schwedischer Restaurant besteht in der Regel aus Vorspeise *(förrätt)*, warmem Hauptgericht *(varmrätt)* und Dessert *(efterrätt)*. Die meisten Lokale bieten ein oder mehrere Menüs zum Festpreis an, die günstiger sind als eine Mahlzeit à la carte. Dabei kann man bei jedem Gang aus zwei oder drei Gerichten auswählen. Man kann auch nur einen Gang bestellen – zum Mittagessen ist dies weitverbreitet. Serviert wird meist auf dem Teller, elegantere Lokale haben auch Dessert- oder Käsewagen. In vielen Restaurants ist die Speisekarte auch auf Englisch abgefasst, ansonsten kann das Personal normalerweise auf Englisch weiterhelfen.

Einige Restaurants bieten in der Regel sonntags das typisch schwedische *smörgåsbord*, manche auch Fisch- oder Meeresfrüchte-Buffets an. Im Dezember gibt es oft *julbord*, ein üppiges *smörgåsbord* mit traditionellen Saisongerichten. Bei diesen Buffets kann man zum Festpreis so viel essen, wie man will, Getränke kosten jedoch extra.

Getränke
Zu Mahlzeiten trinkt man üblicherweise Wein, Bier und Mineralwasser. Auf der Weinkarte stehen oft Weine aus außereuropäischen Ländern und ein Hauswein. Jahrgangsweine sind in der Regel in Mittelklasserestaurants nicht erhältlich.

Viele Kneipen und Restaurants bieten eine große Bierauswahl und oft ein oder mehrere Fassbiere. Ein paar kleine schwedische Brauereien brauen exzellentes ungefiltertes Bier. Bier wird in drei Klassen eingestuft, die schwächste ist Klasse I.

Zu Hering oder Hausmannskost trinkt man Bier, manchmal auch einen Schnaps, den es in vielen Sorten gibt.

Alkoholische Getränke sind in schwedischen Restaurants aufgrund der hohen Alkoholsteuer und des staatlichen Alkoholmonopols ausgesprochen teuer.

Restaurantkategorien
Die Restaurants auf den folgenden Seiten wurden sorgfältig ausgewählt und decken eine breite Auswahl in allen Regionen Schwedens ab. Sie finden alles von Gourmetrestaurants über traditionelle und moderne schwedische Lokale bis zu internationalen Restaurants und Bistros. Unter »Gehoben« sind einige der besten Restaurants Schwedens aufgeführt, die sich oft in historischen Gebäuden befinden. In traditionellen Restaurants, die oftmals in ländlichen Gegenden zu finden sind, kommen schwedische Gerichte aus klassischen Zutaten auf den Tisch. Die moderne schwedische Küche kombiniert lokale Zutaten mit internationalen Aromen. In internationalen Restaurants und Bistros werden meist Klassiker zu guten Preisen serviert. Viele der ausgewählten Restaurants verwenden großteils lokale Bio-Produkte. Unter »Vis-à-Vis-Tipp« finden Sie exzellente Restaurants, die mehr als nur herausragende Speisen bieten.

Wunderschön angerichtetes Gericht in Malmös Salt & Brygga *(siehe S. 298)*

Schwedische Küche

Schwedens Umwelt ist weitgehend intakt – das macht sich nicht zuletzt bei den Nahrungsmitteln bemerkbar. Lachse kann man mitten in Stockholm angeln, Zander und Ostseeheringe werden von den Inseln aus gefangen, in den Seen und Flüssen wimmelt es von Süßwasserkrebsen. Neben viel gesundem Fisch findet man im Herbst und Winter reichlich Wild auf der Karte, u. a. Rentier, Elch und Moorhuhn. Die Wälder sind voller verschiedener Beerensorten und Pilze. Auch Milchprodukte bleiben in der Regel naturbelassen, einige Käse gelten als Köstlichkeit.

Frischer Dill

Sprotten auf dem Markt in der Östermalmshallen

Smörgåsbord

Ein *smörgåsbord* (»Butterbrottisch«) tauchte in Schweden zum ersten Mal im 18. Jahrhundert auf. Damals war er als Mischung aus warmen und kalten Horsd'œuvres gedacht, die Vorspeise zu einem großen Dinner, zu dem man viel Schnaps trank. Nach und nach wurde aus dem *smörgåsbord* das eigentliche Mahl. Bei einem *smörgåsbord* bedient man sich selbst am Buffet und beginnt mit Hering, der auf verschiedene Arten zubereitet wird. Dann wählt man aus den kalten Snacks (Salate, hart gekochte Eier, Pasteten, Schinken, Käse etc.), bevor man sich an warme Gerichte wie Hackfleischbällchen oder »Janssons Versuchung« (Gratin aus Kartoffeln, Zwiebeln, Anchovis und Sahne) macht. Zum Schluss gibt es eine Auswahl an Desserts.

Während zu Hause ein *smörgåsbord* oft als Resteverwertung für unerwartete Gäste dient, legen fantasievolle Köche viel Wert auf abwechslungsreiche Zubereitung. Vor allem im Restaurant wird meist eine verführerische Auswahl angeboten.

Beim *smörgåsbord* kann man am Buffet auswählen

Typische Gerichte

Zu einem typischen schwedischen Frühstück wird oft *filmjölk* serviert, eine Art dickflüssiger Buttermilch, auch Schwedenmilch genannt. Viele Schweden beginnen den Tag mit Herzhaftem wie Käse, Schinken, Leberpastete, Eiern in jeder Form oder sogar mit *kaviar* auf Brot. Mittags isst man in der Regel einfach und leicht, oft Suppen, Salat mit Fisch oder Meeresfrüchten, Fleisch- oder Gemüse-Quiche. Auch Nudelgerichte sind beliebt. Am späten Vormittag oder frühen Nachmittag trifft man sich zur *fika*, der Kaffeepause. Dazu wird in der Regel Gebäck serviert. Das Abendessen ist die Hauptmahlzeit, zu der Familie und Freunde zusammenkommen. Im Restaurant wird nicht unbedingt erwartet, dass man mehrere Gänge bestellt.

Preiselbeeren

Gravad Lax ist Lachsfilet, das zwei Tage in Zucker, Salz und Dill gebeizt und mit Senfsauce und Dill serviert wird.

SCHWEDISCHE KÜCHE | 293

Eine Augenweide: Gemüsestand auf dem Hötorget-Markt

Schwedens kulinarische »Revolution«

Seit einigen Jahren findet in Schwedens Küchen eine Revolution statt. Junge Köche nutzen die feinen, meist biologisch angebauten Zutaten, die das Land bietet, und bereiten Innovatives, aber auch traditionelle Gerichte in modernen Variationen zu. Statt Fleischbällchen bekommt man foie gras mit Beeren- oder Apfel-Chutney. Selbst aus Innereien werden Delikatessen, die auf der Zunge zergehen. Bei Seafood kennt die Fantasie der Küchenchefs keine Grenzen.

Um Weihnachten herum gibt es in vielen Lokalen ein sogenanntes julbord, bei dem fast jedes Teil vom Schwein auf den Buffet-Tisch kommt: geräucherter oder gekochter Schinken, kalter Braten, Schweinsfuß und sylta (Schweinskopfsülze).

Hausmannskost

In Schweden weiß man, wie man einfache Zutaten schlicht, aber lecker, nur mit Pfeffer und Salz sowie frischem Dill zubereitet. Diese husmanskost findet man auf den Speisekarten vieler Stockholmer Restaurants. Ein beliebtes Gericht ist Erbsensuppe, die traditionell am Donnerstag auf den Tisch kommt. Zur Suppe aus gelben Erbsen serviert man gern Würstchen oder Salzfleisch mit Senf. Dazu trinkt man heißen Punsch, danach isst man Pfannkuchen mit Marmelade. Ebenso beliebt sind Hackfleischbällchen (köttbullar) mit Preiselbeeren oder pytt i panna, ein Pfannengericht aus Kartoffeln mit Fleisch, Speck oder Schinken und Zwiebeln, zu dem am besten Bier passt.

Riesenauswahl frischer Fische, vor Schwedens Küste gefangen

Typische Getränke

Bier Das beliebteste alkoholische Getränk Schwedens passt ideal zu einem smörgåsbord oder zur herzhaften Hausmannskost. Seit einiger Zeit werden in Schweden neben dem einfachen hellen Lager auch wieder dunkles Porter, Pils oder interessant schmeckende Fruchtbiere gebraut.

Schnaps Man produziert 60 Arten von Spirituosen mit Kräutern und Gewürzen, Wodka und Aquavit.

Punsch Die süße Mischung mit Arrak wird heiß zum Kaffee getrunken, aber auch zur Erbsensuppe.

Wein Die importierten Weine sind in der Regel gut, aber nicht gerade preiswert.

Janssons frestelse (»Janssons Versuchung«) ist ein Gratin aus Kartoffeln, Zwiebeln, Anchovis und Sahne.

Köttbullar aus Rinder- oder Schweinehack werden mit reichlich Sauce und Preiselbeeren verspeist.

Schwedischer Apfelkuchen ist oft wie ein Apfelauflauf, der heiß mit kalter Vanillesauce auf den Tisch kommt.

Restaurantauswahl

Stockholm
Gamla Stan

Bistro & Grill Ruby ⓚⓚ
Bistro **Stadtplan** 3 C3
Österlånggatan 14, 111 31
📞 (08) 20 60 15   ● So (Bistro)
Dieses Restaurant bietet Rind, Schwein und Lamm vom Holzkohlengrill. Am Wochenende ist der Mittagsbrunch zu empfehlen.

Den Gyldene Freden ⓚⓚ
Traditionell **Stadtplan** 3 C4
Österlånggatan 51, 111 31
📞 (08) 24 97 60   ● So
Hier werden seit 1722 typisch schwedische Gerichte serviert. Genießen Sie Zander, Fleischklöße und andere Klassiker.

Mr French ⓚⓚ
Gehoben **Stadtplan** 3 C3
Tullhus 2, Skeppsbron, 111 30
📞 (08) 20 20 95
Einer der besten Köche Stockholms führt das Restaurant. Die Karte ist inspiriert durch französische Brasserie-Kost.

Pontus! ⓚⓚ
Gehoben **Stadtplan** 3 C3
Brunnsgatan 1, 111 30
📞 (08) 545 273 00   ● So
Meisterkoch Pontus Frithiof bietet erfindungsreiche Küche. Ob Burger oder Foie gras – die Gerichte reichen von ländlich bis luxuriös.

Frantzén ⓚⓚⓚ
Gehoben **Stadtplan** 3 B3
Lilla Nygatan 21, 111 28
📞 (08) 20 85 80   ● So, Mo
Dieser elegante Bestandteil der kulinarischen Szene Stockholms hat es auf die Liste der besten 50 Restaurants der Welt geschafft. Zu empfehlen ist das 17-gängige Tasting-Menü.

City

Ett litet hak ⓚⓚ
Traditionell **Stadtplan** 2 E4
Grev Turegatan 15, 114 46
📞 (08) 660 13 09   ● So
Der Name bedeutet so viel wie »Das kleine Stammlokal«. Hier gibt es schwedische Gerichte wie Seesaibling, geräucherten Lachs und Fischeintopf. Bei gutem Wetter sollten Sie draußen speisen.

Fredsgatan 12 ⓚⓚ
Gehoben **Stadtplan** 3 A1
Fredsgatan 12, 111 52
📞 (08) 248 052   ● So
Das mit einem Michelin-Stern ausgezeichnete Restaurant bietet eine große Karte mit den besten Zutaten. Fasan und Muscheln sind besonders zu empfehlen.

Nalen ⓚⓚ
Traditionell **Stadtplan** 2 D3
Regeringsgatan 74, 111 39
📞 (08) 505 292 00   ● So
Das Nalen liegt auf einer der bekanntesten Ausgehmeilen Schwedens. In der Nähe finden sich ein Konzertsaal, Bar und Nightclub. Einfache, traditionelle schwedische Küche.

Sturehof
Modern schwedisch
Stadtplan 2 D4
Sturegallerian 42, Stureplan 2, 114 46
📞 (08) 440 57 30
Rühmt sich seiner stolzen Tradition als Stockholms erstes Restaurant für Fisch und Meeresfrüchte. Hier gibt es täglich die frischesten Produkte.

Preiskategorien
Preise für ein Drei-Gänge-Menü pro Person mit einer halben Flasche Wein, inklusive Steuer und Service.
ⓚ   unter 450 Kronen
ⓚⓚ   450 – 1000 Kronen
ⓚⓚⓚ   über 1000 Kronen

Vis-à-Vis-Tipp

Operakällaren ⓚⓚⓚ
Gehoben **Stadtplan** 3 B1
Operahuset, Karl XII:s Torg, 111 86
📞 (08) 676 58 00   ● So, Mo
Eine der historischen kulinarischen Institutionen Schwedens. Das Operakällaren (»Opernkeller«) bekam seinen Namen 1787, als es direkt im Keller unter der Oper eingerichtet wurde. Die herrliche Umgebung ergänzt das exquisite kulinarische Erlebnis. Auf dem Operngelände befinden sich außerdem das Café Opera, die Opera Bar und eine Terrasse.

Blasieholmen und Skeppsholmen

Mathias Dahlgren Matsalen ⓚⓚⓚ
Gehoben **Stadtplan** 3 C1
Södra Blasieholmshamnen 6, 111 48
📞 (08) 679 35 84   ● So, Mo
Das Restaurant im Grand Hôtel ist beeindruckend. Serviert wird moderne schwedische Gourmetküche. Im selben Haus befindet sich auch das Matbaren-Bistro, das auch mittags geöffnet hat.

Abstecher

**DJURGÅRDEN:
Rosendals Trädgårds Café** ⓚ
Traditionell
Rosendalsterrassen 12, 115 21
📞 (08) 545 812 70
● So, Mo im Winter
In einem freundlichen Garten gelegen, bietet dieses Café Sandwiches und saisonale Gerichte zu absolut erschwinglichen Preisen.

DJURGÅRDEN: Wärdshuset Ulla Winbladh ⓚⓚ
Traditionell
Rosendalsvägen 8, 115 21
📞 (08) 534 897 01
Ein ehemaliger Bäckereibetrieb aus dem Jahr 1897. Den Gast erwartet hier ländliche schwedische Hausmannskost mit frischen, regionalen Zutaten je nach Saison und dazu eine große Auswahl an guten Weinen.

Speiseraum im Den Gyldene Freden in Gamla Stan

Restaurantkategorien *siehe Seite 291*

STOCKHOLM UND OST-SVEALAND | 295

GÄRDET: Dell'Attore ⓚ
Italienisch
Skeppargatan 60, 114 59
📞 (08) 442 61 18
Bei den Einheimischen beliebte Pizzeria. Genießen Sie echte italienische Pizza. Im Voraus reservieren wird empfohlen.

**KUNGSHOLMEN:
La Famiglia** ⓚⓚ
Italienisch
Alströmergatan 45, 112 47
📞 (08) 650 63 10 ⬤ So, Mo im Juli
Familienfreundliches Restaurant. Serviert werden klassische italienische Pastagerichte, Fisch und regionale Spezialitäten. Guter Nachtisch.

**KUNGSHOLMEN:
Mäster Anders** ⓚⓚ
Modern schwedisch
Pipersgatan 1, 112 24
📞 (08) 654 20 01
Fleisch- und Fischgerichte, gegart auf dem Holzkohlengrill. Probieren Sie den Seesaibling.

**NORRTULL:
Stallmästaregården** ⓚⓚ
Gehoben
Norrtull, 113 47
📞 (08) 610 13 00
Altmodische Gaststätte oberhalb der Brunnsvikenbucht. Geboten werden klassische schwedische Gerichte mit Betonung auf regionalen Erzeugnissen.

Vis-à-Vis-Tipp

**ÖSTERMALM:
Östermalm Saluhall** ⓚ
Traditionell
Östermalms Torg, 114 39
📞 (08) 553 404 40 ⬤ So
Stockholms wunderbarer Speisesaal in einem Gebäude aus dem 19. Jahrhundert beherbergt acht gastronomische Angebote. Darunter auch Bistros, und Sandwichbars. Besonders beliebt ist »Gerdas« Fischrestaurant. Hier finden Gäste auch einen Markt, auf dem sie frische Erzeugnisse kaufen können. Alle Einrichtungen sind nur tagsüber geöffnet.

**ÖSTERMALM:
Esperanto** ⓚⓚ
Fusion
Kungstensgatan 2, 114 25
📞 (08) 696 23 23 ⬤ So–Di
Dieses elegante Restaurant präsentiert eine Karte, die gekonnt schwedische Gerichte mit japanischen Zutaten kombiniert. Die Karte wechselt mit der Saison. Probieren Sie Wildlachs mit gekühltem Dashi.

Auswahl an Weinen im Gondolen in Södermalm

ÖSTERMALM: Teatergrillen ⓚⓚ
Modern schwedisch
Nybrogatan 3, 114 34
📞 (08) 545 035 65 ⬤ So
Die Karte hat einen Dreh ins Französische. Sie sollten das berühmte Biff Rydberg, Rind mit Kartoffeln, probieren. Oder das vom Silverwagnen (Servierwagen) servierte Entrecôte.

SOLNA: Ulriksdals Wärdshus ⓚⓚ
Traditionell
Ulriksdals Slottspark, 170 79 Solna
📞 (08) 85 08 15 ⬤ Mo
Diese wunderschöne Gaststätte bietet typische rustikale schwedische Küche und ist besonders berühmt für ihr Smörgåsbord (kaltes und warmes Buffet).

SÖDERMALM: Nytorget Deli ⓚ
Modern schwedisch
Nytorget 4, 116 40
📞 (08) 599 091 80
Eine Bäckerei, ein Feinkostgeschäft und ein Restaurant – alles unter einem Dach. Das Nytorget Deli ist auch bei den Einheimischen sehr beliebt.

SÖDERMALM: Roxy ⓚ
Modern schwedisch
Nytorget 6, 116 40
📞 (08) 640 96 55
Schwedisches Essen mit Einflüssen aus Spanien, Italien und Frankreich. Am Wochenende Mittagsbrunch.

SÖDERMALM: Gondolen ⓚⓚ
Gehoben
Stadsgården 6, 116 45
📞 (08) 641 70 90 ⬤ So
Herrliche Lage mit Blick aufs Wasser aus 33 Meter Höhe. Genießen Sie die spektakulären Ausblicke auf die Stadt und die köstliche Gourmetküche.

SÖDERMALM: Nyagatan ⓚⓚ
Traditionell
Skånegatan 84, 116 37
📞 (08) 644 48 84
Hier wird mit Produkten aus biologischem Anbau gekocht. Dazu gibt es köstliches hausgemachtes Brot. Kochkurse und andere Veranstaltungen im Angebot.

SÖDERMALM: Pelikan ⓚⓚ
Traditionell
Blekingegatan 40, 116 62
📞 (08) 556 090 90
Beste schwedische Hausmannskost. Fleischbällchen, Hering und Krebse.

SÖDERMALM: Sjögräs ⓚⓚ
Gehoben
Timmermansgatan 24, 118 55
📞 (08) 84 12 00 ⬤ So
Französische Küche mit schwedischen Einflüssen. Täglich wechselndes Tagesgericht. Die Rum Bar im Untergeschoss beherbergt die größte Auswahl an Rumsorten in ganz Nordeuropa.

**VASASTAN: Stockholms
Matvarufabrik** ⓚⓚ
Modern schwedisch
Idungatan 12, 113 45
📞 (08) 32 07 04 ⬤ So
Das Restaurant liegt in einer alten Lebensmittelfabrik. Geboten wird eine gute Mischung aus Fleisch- und Fischgerichten sowie vegetarischen Speisen.

VASASTAN: Storstad ⓚⓚ
Gehoben
Odengatan 41, 113 51
📞 (08) 673 38 00 ⬤ So
Ein geräumiges, familienbetriebenes Restaurant, das dem Gast kreative schwedische Küche bietet.

**VASASTAN: Värdshuset
Clas på Hörnet** ⓚⓚ
Gehoben
Surbrunnsgatan 20, 113 48
📞 (08) 16 51 36 ⬤ So
Das Restaurant befindet sich in den Räumen einer Gaststätte, die im Jahr 1731 eröffnet wurde. Heute gibt es schwedische Küche mit internationaler Note.

Ost-Svealand

JÖNÅKER: Wreta Gestgifveri ⓚⓚ
Modern schwedisch
Wreta Gestgifveri, 611 90 Ålberga
📞 (0155) 720 22
Schwedische und internationale Gerichte im Angebot. Dazu großartige Desserts. Im Sommer wird auch draußen serviert. Schöner Garten.

Stadtplan Stockholm siehe Seiten 118 – 123

Die Bar im Restaurant Jay Fu in Uppsala

NYKÖPING: Mickes Skafferi ⓚⓚ
Modern schwedisch
Västra Storgatan 29, 611 32
📞 (0155) 26 99 50   🅟 So
»Mickes Speisekammer« serviert schwedische Kost mit interessanten mediterranen Einflüssen. Probieren Sie den Lammrücken mit Rüben und Pilzgnocchi.

Vis-à-Vis-Tipp

TROSA: Bomans Hotel & Restaurang ⓚⓚ
Traditionell
Östra Hamnplan 1, 619 30
📞 (0156) 525 00   🅟 So
Dieses beliebte familienbetriebene Restaurant hat eine kleine, aber hochwertige Karte. Hier gibt es traditionelle schwedische Gerichte mit den passenden Weinen. Probieren Sie das Rind mit Trüffeln und Rotwein. Zudem gibt es ein großes Angebot an schwedischen und internationalen Bieren.

UPPSALA: Jay Fu ⓚⓚ
Asiatisch-amerikanisch
Saluhallen, St Eriks Torg 8, 753 10
📞 (018) 15 01 51   🅟 So
Bekannt als »Amasian Steakhouse«. Hier gibt es fabelhafte Steaks, knusprige japanische Tempura, Schweinekoteletts und Burger. Zudem eine große Auswahl an Bieren und internationalen Weinen.

**UPPSALA:
Restaurang Lingon** ⓚⓚ
Gehoben
Svartbäcksgatan 30, 753 32
📞 (018) 10 12 24
Ein klassisches schwedisches Restaurant in einem Holzhaus. Küchentradition trifft hier auf moderne, kreative Kochstile. Im Sommer können Gäste draußen speisen.

UPPSALA: Villa Anna ⓚⓚ
Modern schwedisch
Odinslund 3, 753 10
📞 (018) 580 20 00   🅟 So
Preisgekrönte Köche entwickeln hier aus traditionellen schwedischen Gerichten innovative Gaumenfreuden. Produkte aus biologischem Anbau.

UTÖ: Utö Värdshus ⓚⓚ
Gehoben
Gruvbryggan, 130 56
📞 (08) 504 20 300
Das frühere Verwaltungsbüro einer Mine wurde hier in eine freundliche Gaststätte verwandelt. Im Sommer wird auch draußen serviert.

VÄSTERÅS: Frank ⓚⓚ
Bistro
Stora Torget 3, 722 15
📞 (021) 13 65 00   🅟 So, Mo
Lebhaftes Bistro, in dem die Speisekarte mit den Produkten der Saison, aber auch mit den Launen des Kochs wechselt. Gutes Überraschungsmenü.

Ost-Götaland

JÖNKÖPING: Den Småländska Kolonin ⓚⓚ
Modern schwedisch
Kyrkogatan 4, 553 16
📞 (036) 71 22 22   🅟 So
Ein aufregendes Restaurant mit ungewöhnlichen Gerichten wie etwa Schokoladen-Terrine mit Artischockeneis. Täglich wechselnde Karte. Im Obergeschoss gibt es zudem eine Bar.

KALMAR: Gröna Stugan ⓚⓚ
Gehoben
Larmgatan 1, 392 32
📞 (0480) 158 58
In den 1920 Jahren war dieses Haus ein Kaffeehaus, bekannt unter dem Namen »Grüne Scheune«. Heute wird schwedische Gourmetküche geboten. Tägliche Mittagsangebote zum Festpreis.

**LINKÖPING:
Stångs Magasin** ⓚⓚ
Modern schwedisch
Södra Stånggatan 1, 582 73
📞 (013) 31 21 00   🅟 So
Das Restaurant ist in einem alten Lagerhaus untergebracht. Der Koch legt Wert auf Produkte aus lokalem organischen Anbau. Tasting-Menüs im Angebot. Gute Weinkarte.

**MOTALA: Bryggeriet
Rock 'n' Roll Bar** ⓚ
American
Prästgatan 3, 591 30
📞 (0141) 23 39 13   🅟 So – Di
Eine Bar mit Restaurant. Großartige Burger, Nachos und Burritos. Gute Auswahl an Bieren und Whiskeys.

NORRKÖPING: Pappa Grappa ⓚ
Italienisch
Gamla Rådstugugatan 26 – 28, 602 24
📞 (011) 18 00 14
Traditionelle italienische Trattoria. Serviert werden Antipasti, Pasta sowie Fleisch- und Fischgerichte. Nebenan gibt es preisgünstige Pizza.

ÖLAND: Kvarn Krogen ⓚ
Pizzeria
Eketorpsvägen 1, 386 63, Degerhamn
📞 (0485) 66 11 40   🅟 Mo
Untergebracht in einer alten Windmühle, bietet dieses Restaurant À-la-carte-Menüs, aber auch verschiedene Sorten Pizza. Sehr familienfreundlich.

Vis-à-Vis-Tipp

ÖLAND: Guntorps Herrgård ⓚⓚ
Gehoben
Gunstorpsgatan, 387 36, Borgholm
📞 (0485) 130 00   🅟 So im Winter
Gelegen in freundlicher Umgebung in einem weiß gestrichenen Herrenhaus. Das Restaurant bietet eine der besten Küchen Ölands. Verwendet werden vornehmlich lokale und saisonale Produkte. Die Karte wechselt wöchentlich und richtet sich nach dem Angebot an Erzeugnissen. Auf der Karte stehen Hirschfilet und Salat mit geräuchertem Schweinebauch. Wählen Sie zwischen Drei-Gänge- und Fünf-Gänge-Menüs.

Restaurantkategorien *siehe Seite 291*   Preiskategorien *siehe Seite 294*

OST-SVEALAND BIS SÜD-GÖTALAND | **297**

VÄSTERVIK: Saltmagasinet ⓚⓚ
Modern schwedisch
Kulbacken, 593 38
(0490) 189 35
Dieses Restaurant ist landesweit bekannt für seine strikte Umweltschutzorientierung und seine Verwendung von Zutaten aus biologischem Anbau. Zum Betrieb gehören eine eigene Bäckerei und Patisserie.

VIMMERBY: Brygghuset ⓚⓚ
International
Åbrovägen 13, 598 40
(0492) 753 80 ● So
Ein Pub, in dem Fish and Chips und Burger angeboten werden. Es gibt aber auch eine Mittags- und Abendkarte, ein spezielles Kindermenü und eine Salatbar. Dazu eine gute Auswahl an Bieren und Whiskeys.

Gotland

VISBY: Hamnplan 5 Restaurang & Nattklubb ⓚ
International
Hamnplan 5, 621 57
(0498) 21 07 10 ● So – Do
Ein Restaurant und Nightclub. Buntes Speiseangebot. Es gibt sowohl Pastagerichte als auch Tex-Mex-Spezialitäten und schwedische Gerichte.

VISBY: 50 Kvadrat ⓚⓚⓚ
Gehoben
S:t Hansgatan 15, 621 56
(0498) 27 83 80 ● Nov & Dez
Gilt als eines der besten Restaurants Schwedens. Wählen Sie aus einem der Vier- bis Acht-Gänge-Probiermenüs aus. Verwendet werden nur beste saisonale Produkte.

VISBY: Bakfickan ⓚⓚ
Traditionell
Stora Torget 1, 621 56
(0498) 27 18 07
Malerisches, viel besuchtes Restaurant mit Schwerpunkt auf rustikaler saisonaler Küche. Spezialitäten sind geräucherte Garnelen und Fischsuppe.

VISBY: Friheten Restaurang ⓚⓚ
Bistro
Strandgatan 6, 621 43
(0498) 24 99 07 ● So
Angenehme Taverne aus dem 17. Jahrhundert. Schwedische Gerichte und einige internationale Speisen.

Süd-Götaland

ÅHUS: Handelsbaren ⓚⓚ
Modern schwedisch
Åvägen 4, 296 38
(044) 24 73 30 ● Winter
Eine rote Holzvilla am Meer. Darin ein charmantes Restaurant mit großartiger maritimer Küche. Genießen Sie die Aussicht.

BILLEBERGA: Farbror Elofs Skafferi ⓚⓚ
Modern schwedisch
Kvarngården 1, 260 21
(0418) 43 11 77 ● Mo
Die Karte legt den Schwerpunkt auf toskanische und provenzalische Küche. Die Kräuter kommen aus dem Garten. Serviert wird in einer alten Scheune oder im Hof.

BRANTEVIK: Branteviks Bykrog ⓚⓚ
Gehoben
Mästergränd 2, 272 38
(0414) 220 69 ● Mo, Di
Diese Gastwirtschaft im Dorf ist spezialisiert auf französische Gourmetküche. Exzellentes Essen mit hervorragenden Weinen. Kochkurse im Angebot.

BRÖSARP: Brösarps Gästgifveri ⓚ
Modern schwedisch
Albovägen 21, 273 50
(0414) 736 80
Romantisches Gasthaus. Die Speisekarte bietet lokale Köstlichkeiten wie etwa Wildschwein. Probieren Sie an Sonntagen das Herings-Buffet.

GENARP: Häckeberga Slott ⓚⓚ
Traditionell
Häckeberga Slott, 247 98
(040) 48 04 40 ● So
Gaumenfreuden in einer alten Burg. Frühstücksbuffet, Mittag- und Abendkarte. Zu empfehlen sind das Gänsefleisch und die lokalen Käsesorten.

Die fantastische Bar im Brygghuset in Vimmerby

HELSINGBORG: Gastro ⓚⓚⓚ
Gehoben
Södra Storgatan 11–13, 252 23
(042) 24 34 70 ● Mo, Di
Eines der besten Restaurants der Provinz Skåne. Den Gast erwarten saisonale Menüs und diverse Weinkarten. Gleich nebenan liegt ein Bistro mit einfachen, preiswerten Gerichten.

KARLSKRONA: 2 Rum & Kök ⓚⓚ
Modern schwedisch
Södra Smedjegatan 3, 371 31
(0455) 104 22 ● So
Der Name bedeutet »Zwei Räume und eine Küche«. Das »Von Nord-nach-Süd-Menü« bietet einen kulinarischen Überblick über Schweden.

KRISTIANSTAD: Bar-B-Ko ⓚⓚ
Bistro
Tivoligatan 4, 291 53
(044) 21 33 55 ● So
Spezialisiert auf grillte Speisen. Fleischgerichte dominieren, aber es finden sich auch Fischgerichte und vegetarische Speisen auf der Karte.

KRISTIANSTAD: Tomarp Gårdshotell ⓚⓚ
Modern schwedisch
Helmershusvägen 218, 291 94
(044) 931 18 ● So
Ein angenehmes Hotel und Restaurant auf dem Land. Mittagskarte und Afternoon Tea. Rechtzeitig reservieren.

LANDSKRONA: Pumphuset ⓚⓚ
Traditionell
Nedre Gatan 97, 261 61
(0418) 131 30 ● Mo
Ein restauriertes Pumpwerk beherbergt dieses Restaurant. Es gibt traditionelle schwedische Gerichte wie etwa Hering, Seesaibling und Würste.

Sautierter Thunfisch im Pumphuset, Landskrona

Edle Einrichtung im Bastard
Mat & Vin, Malmö

LUND: Gattostretto
Italienisch
Kattesund 6A, 222 23
(046) 32 07 77 — So
Man könnte den ganzen Tag hier verbringen. Kuchen zum Frühstück, Pasta zum Mittag, Eis am Nachmittag und dann ein ausgedehntes Abendessen.

MALMÖ: Bastard Mat & Vin
Europäisch
Mäster Johansgatan 11, 211 21
(040) 12 13 18 — So, Mo
Wahrscheinlich das Restaurant, das in Malmö am meisten im Trend liegt. Produkte aus lokalem biologischem Anbau und Bio-Weine.

MALMÖ: Grand Öl & Mat
Bistro
Monbijougatan 17, 211 53
(040) 12 63 13 — So–Di abends, Sa mittags; Juni–Mitte Juli: mittags; Mitte Juli–Mitte Aug
Eine Kombination aus noblem Hotel und lauter Bierschwemme. Genießen Sie großartige Speisen und Geselligkeit.

Vis-à-Vis-Tipp

MALMÖ: Salt & Brygga
Traditionell
Sundspromenaden 7, 211 16
(040) 611 59 40
So; Mitte Dez–Anfang Feb
Vielleicht eines der besten Bio-Restaurants Schwedens. Das Salt & Brygga setzt auf lokale Erzeugnisse und Fisch aus nachhaltiger Produktion sowie auf Fairtrade-Kaffee. Traditionelle schwedische Küche wird hier neu erschaffen und mit aufregenden, innovativen Einflüssen ergänzt. Hausgemachtes Brot und ein großes Salatbuffet gehören bei allen Mittagsmahlzeiten dazu.

MALMÖ: Årstiderna
Gehoben
*Kockska Huset,
Frans Suellsgatan 3, 211 22*
(040) 23 09 10 — So
Das »Jahreszeiten« vereint in intimer Umgebung das beste aus schwedischer und internationaler Küche. Auch vegetarische Gerichte auf der Karte.

MÖLLE: Maritime
Gehoben
Bökebolsvägen 11, 263 77
(042) 36 22 30 — So
Fisch und Meeresfrüchte bestimmen die Karte. Schlemmen Sie Gourmetgerichte. Gut bestückter Weinkeller.

SKANÖR: Skanörs Fiskrögeri
Traditionell
Skanörs hamn, 239 21
(040) 47 40 50
Mo (Apr, Mai, Sep); Okt–März
Eine altmodische Rögeri (Räucherei) in traditionsreicher Lage. Natürlich spezialisiert auf geräucherten, marinierten oder gegrillten Fisch und sonstige Meeresfrüchte.

TRELLEBORG: Idala Gård
International
Idalavägen 335, 231 91
(0410) 33 13 13
Sa mittags, So abends
Hier werden schwedische Speisen mit einer guten Dosis italienischer Kochkunst geboten. Großartige italienische Käse, Oliven, Aufschnitte und Salate.

Vis-à-Vis-Tipp

VIKEN: Vikens Hamnkrog
Gehoben
Böösa Backen 6, 260 40
(042) 23 73 03
Mo–Do abends
Dieses »Wirtshaus am Hafen« ist ein angenehmes Restaurant in einem ruhigen Dorf an der schwedischen Südküste. Gäste können aus einem großen Angebot an Seefischgerichten und Meeresfrüchten wählen. Auf der Karte stehen aber auch Lammrücken mit gebackener Artischocke oder gegrillte Forelle. Die gemütliche Bar bietet zudem ein »After Work«-Buffet.

YSTAD: Bryggeriet Restaurant & Pub
Modern schwedisch
Långgatan 20, 271 43
(0411) 699 99 — So–Di
Ein Restaurant und ein Pub mit eigener kleiner Brauerei in rustikaler Umgebung. Schwerpunkte sind Grillmenüs und Pubmenüs. Täglich besondere Mittagsangebote.

Göteborg

ZENTRUM: Restaurang Trädgår'n
Modern schwedisch
Nya Allén 11, 411 38
(031) 10 20 80 — So
Das beliebte, stilvolle Restaurant ist bekannt für seinen Wochenend-Brunch. Die Karte bietet eine große Auswahl an Gerichten von Steaks über Fisch bis zu Pasta.

ZENTRUM: Familjen
Traditionell
Arkivgatan 7, 411 34
(031) 20 79 79
Ein freundliches Restaurant, betrieben vom Team des Kock & Vin *(siehe unten)*. Freitag- und samstagabends Happy Hour mit Champagner und Austern.

ZENTRUM: Heaven 23
International
Mässans gata 24, 412 51
(031) 750 88 05
Das Restaurant liegt im 23. Stock des Gothia Towers Hotel und bietet spektakuläre Ausblicke auf die Stadt. Geboten wird saisonale Küche. Das Markenzeichen des Restaurants ist das King Size Shrimp Sandwich.

ZENTRUM: Kock & Vin
Gehoben
Viktoriagatan 12, 411 25
(031) 701 79 79 — So
Ausgezeichnet mit Michelin-Sternen, gilt dieses Restaurant als eines der besten Schwedens. Saisonal wechselnde Menüs. Im Angebot auch moderne schwedische Küche à la carte.

Speiseraum im Salt & Brygga, Malmö

SÜD-GÖTALAND BIS WEST-SVEALAND | 299

ZENTRUM:
Restaurang Gabriel ⓚⓚ
Gehoben
Feskekörka, Rosenlundsgatan, 411 20
📞 (031) 13 90 51   🔴 So, Mo
Fisch und Meeresfrüchte für Gourmets. Das Restaurant liegt auf dem Gelände des Fischmarkts. Das Krebsbuffet bietet den frischesten Fang des Tages. Nur mittags geöffnet.

ZENTRUM: Smaka ⓚⓚ
Traditionell
Vasaplatsen 3, 411 26
📞 (031) 13 22 47
Rustikale traditionelle schwedische Hausmannskost. Gute Bierauswahl. Im Sommer wird draußen serviert.

Vis-à-Vis-Tipp

ZENTRUM: Fiskekrogen ⓚⓚⓚ
Gehoben
Lilla Torget 1, 411 18
📞 (031) 10 10 05   🔴 So
Eines der besten Fischrestaurants im Land. Das Fiskekrogen wurde 1977 eröffnet. Es stehen ein Meeresfrüchte-Buffet und eine große Zahl verschiedener Fischgerichte zur Auswahl. Die eindrucksvolle Umgebung macht das Restaurant zu einem perfekten Ort für ein romantisches Abendessen.

ZENTRUM:
Restaurang Fond ⓚⓚⓚ
Traditionell
Götaplatsen, 412 56
📞 (031) 81 25 80   🔴 So
Der Schwerpunkt liegt auf saisonalen Produkten von lokalen Erzeugern. Bestellen Sie das Probiermenü und guten Wein.

ABSTECHER:
Sjömagasinet ⓚⓚⓚ
Gehoben
Klippans Kulturreservat
Adolf Edelsvärds gata 5, 414 51
📞 (031) 775 59 20   🔴 So
Geboten werden Fischgerichte und eine täglich wechselnde Mittagskarte. In der alten Schmiede finden Kochkurse statt.

West-Götaland

HALMSTAD: Restaurang
Akvarell ⓚⓚ
Gehoben
Tylöhusvägen 1, Tylösand, 301 16
📞 (035) 305 01   🔴 So, Mo; Jan, Feb
Eines der besten Restaurants Schwedens. Serviert werden exzellente Menüs. Die Weinauswahl ist umfassend

Außenansicht der Villa Sjötorp, Ljungskile

KARLSBORG: Idas Brygga ⓚⓚ
Modern schwedisch
Skepparegatan 9, 546 32
📞 (0505) 131 22   🔴 So abends
Historisches Hotel und Restaurant am Göta-Kanal. Hochwertige Küche aus regionalen Zutaten, ergänzt mit internationalen Einflüssen.

LJUNGSKILE: Villa Sjötorp ⓚⓚ
Gehoben
Sjötorpsvägen 5, 459 33
📞 (0522) 201 74
Das Restaurant liegt in einer schönen weißen Villa mit großem Garten und Terrasse. Außergewöhnliche saisonale Menüs mit Zutaten aus biologischem Anbau.

MARIESTAD: Sill & Dynamit ⓚⓚ
Traditionell
Gästhamnen, Hamngatan 19, 542 30
📞 (0501) 141 80   🔴 So abends
Die Karte dieses Restaurants basiert auf den Produkten der umliegenden Landwirtschaft, Seen und Wälder. Gute Fischvorspeisen und Weinkarte.

MARSTRAND: Restaurang
Grand Tenan ⓚⓚⓚ
Gehoben
Rådhusgatan 2, 442 67
📞 (0303) 603 22
Das Restaurant dieses Grandhotels bietet elegante Abendessen in schöner Umgebung. Das Markenzeichen der Küche sind die Krebsgerichte.

MELLBYSTRAND:
Strandhotellet Mellbystrand ⓚ
Traditionell
Kustvägen 39, 312 60
📞 (0430) 250 19
1927 erbaut, war das Strandhotellet ehemals ein bevorzugter Treffpunkt der besseren Gesellschaft. Das Restaurant ist heute bekannt für seine gute Küche. Abendessen nur im Sommer.

Vis-à-Vis-Tipp

STRÖMSTAD: Rökeriet
i Strömstad ⓚⓚ
Traditionell
Torskholmen, 452 31
📞 (0526) 148 60   🔴 So, Mo
Diese familienbetriebene Räucherei liegt direkt am Meer und verwendet nur Produkte aus der Region. Altmodische, holzbefeuerte Öfen werden benutzt, um die Fische für die delikaten Gerichte zu räuchern. Auf dem Gelände befindet sich auch ein Laden für Fische und Meeresfrüchte.

SYDKOSTER: Kosters
Trädgårdar ⓚⓚ
Gehoben
Kosters Trädgårdar, 452 05
📞 (0526) 205 99   🔴 Sep–Mai
Wunderbares Restaurant mit herrlichem Garten. Für viele Gerichte werden Erzeugnisse aus eigenem biologischen Anbau benutzt.

VÄNERSBORG: Restaurang
Teatergränd ⓚ
Modern schwedisch
Kungsgatan 13, 462 33
📞 (0521) 644 60   🔴 So, Mo
Neben dem À-la-carte-Angebot gibt es noch Dinnerspecials und ein Freitagabendbuffet.

West-Svealand

ARVIKA: Barbord ⓚⓚ
Modern schwedisch
Hantverksmagasinet, Spårgatan 1, 671 30
📞 (0570) 133 30   🔴 So–Di
Liebenswertes Hafenrestaurant mit Terrasse zur Seeseite. Auf der Karte stehen schwedische Gerichte mit internationalem Dreh. Großartige Cocktails.

Vis-à-Vis-Tipp

BOGEN: Värdshuset Tvällen
Traditionell
*Tvällen, Bogen,
670 35 Gunnarskog*
 (0570) 77 30 24
 Mo, Di (Aug – Juni)
Dieses Gasthaus liegt weit abgelegen an einem Waldsee. Aber der Weg lohnt sich. Auf der Karte findet sich traditionelle schwedische Hausmannskost, darunter vornehmlich Wildgerichte von Elch, Hirsch oder Wildschwein. Als Beilagen werden Pilze oder Beeren gereicht.

Der Eingang zum Take Mikado in Östersund

FALUN: Kopparhatten Café & Kök
Bistro
Stigaregatan 2 – 4, 791 60
 (023) 191 69 So – Di abends
Gäste können sich an der Tapas-Bar bedienen oder von der Karte bestellen. Dazu ist ein Mittagsbuffet im Angebot. Kaffee und Kuchen werden den ganzen Tag über serviert.

KARLSTAD: Blå Kök & Bar
Modern schwedisch
Kungsgatan 14, 652 24
 (054) 10 18 15
 So; mittags im Sommer
Hier wird ausgezeichnete schwedische Küche mit vielen kreativen Ideen serviert. Täglich gibt es mittags wie abends spezielle Angebote.

KRISTINEHAMN: Mastmagasinet
Modern schwedisch
Södra Hamngatan 5, 681 31
 (0550) 803 40 So
Ein altes rot gestrichenes, hölzernes Lagerhaus am Vänern-See. Die umfangreiche Karte bietet eine große Vielfalt wie etwa Kartoffelkuchen, Erbsensuppe und Lachspastete.

ÖREBRO: Slottskällaren
Gehoben
Drottninggatan 1, 701 45
 (019) 15 69 60 So; Mo abends
Das Restaurant liegt in einem rustikalen Kellergewölbe aus dem 14. Jahrhundert. Im Sommer wird auf der Terrasse serviert.

RÄTTVIK: Jöns Andersgården
Schwedisch-italienisch
Bygatan 16, 795 35
 (0248) 130 15
 Mo – Mi; Okt – Feb
Kosten Sie in einem alten Bauernhaus typische Küche der Region Dalecarlia mit starkem italienischem Einfluss.

SÄLEN: Gammelgården
Traditionell
Sälfjället 1, 780 67
 (0280) 877 00
In dieser Skihütte wird traditionelle schwedische Kost gekocht. Hier gibt es auch eine Waffelhütte, in der noch nach einem 100 Jahre alten Rezept gebacken wird.

TÖCKFORS: Waterside Restaurant
Mediterran
Bögatan 1, 670 10
 (0573) 299 99
 Mo; Mitte Dez – Mitte Feb
Das Waterside liegt in natürlicher Umgebung am Dalsland-Kanal. Mittagskarte, abends Wahlmöglichkeiten à la carte.

Süd-Norrland

ÅRE: Villa Tottebo
Modern schwedisch
Parkvägen 1, 830 13
 (0647) 506 20
In dieser Jagdhütte aus dem Jahr 1897 werden traditionelle Gerichte mit modernem Dreh zubereitet. Probieren Sie den luftgetrockneten Schinken.

BJÄSTA: Näske Krog
Traditionell
Norum, 893 91
 (0660) 22 82 38
 Mitte Dez – Apr
Ein Restaurant und Café an der malerischen Steilküste. Neben traditioneller Kost gibt es auch einige internationale Gerichte auf der Speisekarte.

GÄVLE: Restaurang Matildas
Gehoben
Timmermansgatan 23, 802 52
 (026) 62 53 49 So, Mo
Ein familienbetriebenes Restaurant mit hochwertiger schwedischer Küche, in der auf lokale Produkte aus biologischem Anbau gesetzt wird.

HÖGA KUSTEN: Restaurang Skutskepparn
Traditionell
Barsta 270, 870 30 Nordingrå
 (0613) 230 90 Winter
Dieses Sommer-Restaurant liegt in einem alten Fischerdorf. Auf der Speisekarte steht frischer Fisch und hausgemachtes Kartoffelpüree. Beliebt sind die Troubadour-Abende.

ÖSTERSUND: Innefickan Restaurant & bar
Gehoben
Postgränd 11, 830 31
 (063) 12 90 99 So, Mo
Das Restaurant liegt zentral und serviert vornehmlich lokale Produkte in ungewöhnlichen Kombinationen wie etwa Rentier mit Cassis.

Vis-à-Vis-Tipp

ÖSTERSUND: Take Mikado
Japanisch
Infanterigatan 12, 831 32
 (063) 209 08 So, Mo
Vielleicht das beste japanische Restaurant in Schweden. Das Take Mikado verführt mit traditionellen Gerichten, zubereitet von Chefkoch Tsukasa Takeuchi. Auf der Karte finden sich beispielsweise Sashimi, Tempura und Misosuppe. Gerichte und Tische müssen drei Tage im Voraus gebucht werden.

STORLIEN: Restaurang Flamman
Modern schwedisch
Vintergatan 46, 830 19
 (0647) 700 10 Mo, Di, Do
Das Restaurant bietet zahlreiche moderne schwedische Klassiker,

aber auch im Holzofen gebackene Pizza. Eine preisgünstige Alternative.

SUNDSVALL: Brandstation Bar & Matsalar ⓚⓚ
Modern schwedisch
Köpmangatan 29, 851 11
📞 (060) 12 39 36 ⬤ So
»Eine Fleisch- und Bier-Bar«, so beschreibt sich die Feuerwache selbst. Hier gibt es moderne Klassiker mit italienischen und französischen Einflüssen. Exzellente Rentiergerichte.

SUNDSVALL: Sundsvalls Stadshus ⓚⓚ
Gehoben
Stora Torget, 852 30
📞 (060) 12 92 60 ⬤ So
Schwedische Küche mit mediterranem Dreh, serviert im alten Rathaus der Stadt. Im Sommer speist man auf der Terrasse.

VEMHÅN: Vålkojan ⓚⓚ
Traditionell
Vålkojan 615, 840 91
📞 (0684) 320 41
Traditionelles Restaurant, Café und Bar in einer natürlichen Flusslandschaft. Schwedische Gerichte, Sandwiches und delikate Waffeln.

Nord-Norrland

BODEN: Norrigården Restaurang & Konferens ⓚⓚ
Traditionell
Kyrkkläppen 3, 961 64
📞 (0921) 103 51 ⬤ Sa, So
Das Restaurant liegt in malerischer Umgebung in einem Herrenhaus aus dem 18. Jahrhundert. Mittags- und Abendkarte. Exzellente Waffeln.

BORGAFJÄLL: Hotell Borgafjäll & Spa ⓚⓚ
Gehoben/Bistro
Hotell Borgafjäll, 917 04
📞 (0942) 421 00
⬤ Okt, Nov, Mai, Juni
Wählen Sie zwischen Drei-Gänge-Menüs und sechs Gängen. Lokale Spezialitäten. Beachten Sie die gute Weinkarte.

GAMMELSTAD: Margaretas Värdshus ⓚⓚ
Traditionell
Lulevägen 2, 954 33
📞 (0920) 25 42 90
Altmodisches Gasthaus mit dem Schwerpunkt auf der traditionellen Küche Lapplands. Gemütliche Atmosphäre.

JOKKMOKK: Hotel Jokkmokk ⓚⓚ
Traditionell
Solgatan 45, 962 31
📞 (0971) 777 00
Gäste können hier traditionelle lappländische Gerichte bei einem herrlichen Ausblick auf den Talvatis-See genießen.

Vis-à-Vis-Tipp
JUKKASJÄRVI: Icehotel Restaurant ⓚⓚⓚ
Modern schwedisch
Marknadsvägen 63, 981 91
📞 (0980) 668 00
Ein preisgekröntes Restaurant. Moderne europäische Küche, verbunden mit den Traditionen Lapplands. Viele Zutaten stammen aus umliegenden Seen, Flüssen und Bergen. Serviert wird auf Eistabletts. Mit Wasser aus dem nahen Fluss Torne werden an der Bar Cocktailgläser aus Eis geformt. Sie sind eines der Markenzeichen des Hauses.

KIRUNA: Restaurang Reenstierna ⓚ
International
Scandic Hotel Ferrum, Lars Janssonsgatan 15, 981 31
📞 (0980) 39 86 00
Großartige Ausblicke auf den Kebnekaise, Schwedens höchsten Berg. Die Karte bietet Standardgerichte, inklusive Pasta und Burger.

LULEÅ: Restaurang Ripan ⓚ
Modern schwedisch
Varvsgatan 39, 972 32
📞 (0920) 168 68
Klassische schwedische Kost, aber auch internationale Alternativen wie etwa Pizza. Das bei den Einheimischen beliebte Mittagsbuffet bietet traditionelle Speisen und eine Salatbar.

LULEÅ: Tallkotten Restaurang ⓚⓚ
Italienisch
Storgatan 15, 972 32
📞 (0920) 27 40 20 ⬤ So; Juli
Klassische italienische Kost, serviert in einer hellen und luftigen Umgebung. Wählen Sie aus einer großen Vielfalt an Pasta und Pizza und anderen Hauptgerichten.

SKELLEFTEÅ: Nordanågården ⓚⓚ
Gehoben
Nordanå, 931 21
📞 (0910) 533 50
Charmantes altes Gasthaus aus dem Jahr 1868. Preiswertes Mittagsbuffet, am Sonntag beliebter Brunch.

TÄRNABY: Virisen ⓚ
Traditionell
Virisen 105, 920 64
📞 (0940) 860 13, 070 274 41 88
Hier kann man lappländische Küche kennenlernen. Wie etwa *Ptarmigan* (Wildvogel) oder Seesaibling mit Pilzen. Es empfiehlt sich, zeitig zu buchen.

UMEÅ: Viktoria ⓚⓚ
Gehoben
»Blå Huset«, Vasagatan 11, 903 29
📞 (090) 71 11 15 ⬤ So
Das populäre Restaurant serviert nur Gerichte aus frischesten lokalen Zutaten. In der Bar Soffan gibt es wochentags einen »Express-Lunch«.

VILHELMINA: Hotell Wilhelmina ⓚⓚ
Bistro
Volgsjövägen 16, 912 34
📞 (0940) 554 20
Das Restaurant in einem schönen Berghotel bietet schwedische und internationale Gerichte. Es gibt auch eine Kinderkarte.

Die Innenansicht des Icehotel Restaurant, Jukkasjärvi

Shopping

Schweden bietet exzellente Shopping-Möglichkeiten. In den meisten schwedischen Klein- und Großstädten liegen Läden in Einkaufsvierteln nahe beieinander und sind leicht zu Fuß zu erreichen. In den Stadtzentren reihen sich kleine, elegante Boutiquen, Möbel- und Antiquitätenläden, internationale Designer-Shops und gut sortierte Kaufhäuser aneinander. Kameras, Handys, Pelze, Kinderkleidung, Spielzeug, schwedisches Glas und Design sind preiswerter als in vielen anderen Ländern. Beliebte Souvenirs sind Dala-Pferde oder Schnapsgläser aus dem Kristallreich. Kunsthandwerk der Samen aus Lappland im hohen Norden – etwa Messer mit geschnitztem Beingriff und Silberwaren – wird in den meisten Kunstgewerbeläden verkauft. Relativ preisgünstig sind auch hochwertige Leder- und Pelzprodukte.

Öffnungszeiten

Die meisten Läden in Schweden haben von 10 bis 18 Uhr geöffnet, die im Zentrum von Stockholm meist bis 19 Uhr. In der Mehrzahl haben Geschäfte samstags bis 14 Uhr geöffnet, die größeren Warenhäuser bis 17 Uhr. Große Kaufhäuser, Einkaufszentren und einige Läden in der City öffnen auch sonntags ihre Pforten. Markthallen sind an Sonn- und Feiertagen geschlossen. Viele große Supermärkte sind täglich bis 20 Uhr geöffnet.

Bezahlung

Die meisten Läden akzeptieren alle gängigen Kreditkarten und Reiseschecks, unter Umständen werden Sie nach Ihrem Ausweis gefragt. Einige größere Kaufhäuser und Einkaufszentren nehmen auch Euro (siehe S. 322f). Waren können gegen Vorlage der Quittung umgetauscht werden, oder man erhält den Kaufbetrag zurück.

Mehrwertsteuer

Mehrwertsteuer (schwedisch: *moms*) wird außer auf Tageszeitungen wie folgt erhoben: sechs Prozent auf Bücher, zwölf Prozent auf Lebensmittel und 25 Prozent auf alle anderen Waren. Die Mehrwertsteuer ist bereits im Preis enthalten.

Bürger aus Ländern außerhalb der EU können sich die auf ihre Einkäufe angefallene Mehrwertsteuer bei der Ausreise zurückerstatten lassen. Achten Sie auf Läden mit dem Zeichen »Tax-free shopping«. Gegen Vorlage der Quittungen erhalten Sie bei der Ausreise am Flughafen oder Fährhafen zwischen 15 bis 18 Prozent zurück.

Schlussverkauf in einem eleganten Schuhgeschäft in Stockholm

Schlussverkauf

Zweimal im Jahr finden in Schweden Schlussverkäufe für Kleidung, Schuhe und andere Modeartikel statt. Sie werden mit dem Wort *rea* angekündigt. Der Winterschlussverkauf beginnt gleich nach Weihnachten und dauert den ganzen Januar, Sommerschlussverkauf ist von Ende Juni bis Ende Juli.

Kaufhäuser und Shopping-Center

Das international bekannteste schwedische Warenhaus ist **IKEA**. Die 18 Filialen von Haparanda im Norden bis Malmö im Süden sind zur Attraktion geworden, obwohl IKEA bereits in 34 Ländern mit 303 Filialen (in Deutschland: 46 Filialen) vertreten ist (Stand: 2012). Hier findet man neben Möbeln alles Mögliche zum Wohnen und Leben.

International bekannt ist auch die Modekette **H & M** (Hennes & Mauritz), die in

NK, Stockholms exklusivstes Kaufhaus

SHOPPING | 303

IKEA – der weltweite Siegeszug begann im schwedischen Älmhult

vielen Städten Filialen betreibt. Hier bekommt man die neueste Mode zu günstigen Preisen. Hauseigene Designer entwerfen bei H&M Mode für Frauen, Männer, Teenager und Kinder. Die Läden führen zudem Accessoires, Unterwäsche, Parfüm und Kosmetik.

NK (Nordiska Kompaniet) in Stockholm und Göteborg ist Schwedens führendes Kaufhaus. Dort haben viele bekannte Mode- und Kosmetikmarken eigene Abteilungen. NK ist praktisch, wenn man wenig Zeit hat. Hier bekommt man alles – von schwedischem Design über Schmuck, Kunstgewerbe und Souvenirs bis hin zu Kameras, Filmen, Büchern und CDs.

Die Kaufhauskette **Åhléns** hat in vielen Städten Filialen und zeichnet sich durch günstige Preise aus.

Das bereits im Jahr 1882 eröffnete Warenhaus **PUB** ist ein wahres Paradies für Mode- und Designliebhaber.

In fast jeder größeren Stadt gibt es ein Einkaufszentrum mit den gängigen Geschäften wie H&M, Lindex, Kappahl, Twilfit und Dressmann (Kleidung), Guldfynd (Schmuck), Cervera (Glas und Porzellan), Hemtex (Textilien), Elgiganten (Kameras, Audio, TV) und Teknikmagasinet (Elektronik).

In Stockholm ist **Gallerian** in der Hamngatan das größte Shopping-Center. Dort liegen die Preise niedriger als in der eleganten **Sturegallerian** beim Stureplan mit ihren vielen exklusiven Boutiquen.

In Göteborg gehören zum Einkaufszentrum **Nordstan** nahe dem Brunnsparken Kaufhäuser wie Åhléns und Spezialgeschäfte.

Malmös modernes, zentrales Shopping-Center heißt **HansaCompagniet**.

Große Einkaufszentren sind **Krämaren** in Örebro, **Forumgallerian** in Uppsala, **Kungspassagen** in Umeå.

In den meisten Städten gibt es Märkte, auf denen Blumen, Obst, Gemüse und auch Kunsthandwerk verkauft werden. In kleineren Orten finden diese einmal wöchentlich im Freien statt, am Hötorget in Stockholm bieten die Händler von Montag bis Samstag Waren an.

Wein und Spirituosen

Alkoholika kann man in Schweden nur in den staatlichen Systembolaget-Läden montags bis freitags von 10 bis 18 Uhr, samstags von 10 bis 14 Uhr kaufen. Um Alkohol zu erwerben, muss man mindestens 20 Jahre alt sein und sich gegebenenfalls ausweisen können (siehe auch S. 319).

Åfors Glasladen, Kristallreich, Småland (siehe S. 156f.)

Auf einen Blick

Kaufhäuser und Shopping-Center

Åhléns
Klarabergsgatan 50, Stockholm.
Stadtplan 1 C4. (08) 676 60 00. ahlens.se

Forumgallerian
Bredgränd 6, Uppsala.
Stadtplan siehe S. 135.
forumgallerian.se

Gallerian
Hamngatan 37, Stockholm.
Stadtplan 2 D4. (08) 533 373 00. gallerian.se

HansaCompagniet
Stora Nygatan, Malmö.
Stadtplan siehe S. 183. (040) 770 00. hansamalmo.se

H&M
Hamngatan 22, Stockholm.
Stadtplan 2 D4. (08) 524 635 30. hm.com/se

IKEA
Kungens Kurva, Stockholm.
0775 700 500.
ikea.se

Kompassen
Kungsgatan 58–60, Göteborg.
Stadtplan siehe S. 196f.
kompassen.se

Krämaren
Drottninggatan 29, Örebro.
Stadtplan siehe S. 243. (019) 760 92 40. kramaren.se

Kungspassagen
Skolgatan 62, Umeå.
forvandlingen.se

NK
Östra Hamngatan 42, Göteborg.
(031) 710 10 00. nk.se

NK
Hamngatan 18–20, Stockholm.
Stadtplan 2 D4. (08) 762 80 00. nk.se

Nordstan
Brunnsparken, Göteborg.
Stadtplan siehe S. 196f. (031) 700 86 60. nordstan.se

PUB
Drottninggatan 63, Stockholm.
Stadtplan 3 A1. pub.se

Sturegallerian
Grev Turegatan 9 A, Stockholm.
Stadtplan 2 D4. (08) 611 46 06. sturegallerian.se

Triangeln Köpcentrum
Södra Förstadsgatan 41, Malmö.
Stadtplan siehe S. 183.
(040) 23 02 06.

Stadtplan Stockholm siehe Seiten 118–123

Souvenirs

Das hölzerne Dala-Pferd ist wahrscheinlich das meistgekaufte schwedische Souvenir. Doch gleich danach kommt der Elch, der zum Symbol des Landes mit seiner weitgehend intakten Natur geworden ist. Schweden lieben die Natur und alles, was man in ihr unternehmen kann. Deshalb gibt es viele Läden, die hochwertige Sportausrüstung anbieten. Schwedisches Glas ist weltberühmt, Orrefors und Kosta Boda sind zwei Hersteller klassischer und moderner Glaswaren. Das Land ist zudem bekannt für sein pädagogisches Spielzeug aus Naturmaterialien. Bunte Clogs findet man in vielen Schuhläden.

Handbemalte Clogs

Handwerk und Design

Modernes schwedisches Design hat sich auf der ganzen Welt durchgesetzt, vor allem für Gegenstände des täglichen Gebrauchs (siehe S. 30f). Handwerk hat in Schweden eine lange Tradition, beliebte Materialien sind Eisen, Holz, Ton und Naturfasern.

Dala-Pferd und Hahn
Ursprünglich waren das bunt bemalte Dala-Pferd und der Hahn Spielzeug, das aus Holzabfällen hergestellt wurde. Später entwickelte sich das Pferd zum Landessymbol.

Schwedisches Glas
Mundgeblasene Einzelstücke und kunstvolle Kristallkreationen werden ebenso sorgfältig hergestellt wie schöne Gebrauchsgegenstände.

Käseschneider und -messer von Michael Björnstierna

Glaskaraffe von Gunnar Cyrén, Orrefors

Traditionelle Schnapsgläser

Tablett mit Design von Josef Frank, Svenskt Tenn

Designerstücke
Kaufhäuser verkaufen oft Objekte von bekannten Designern in Kommission. Porzellan, Glas, Textilien und Haushaltswaren sind beliebte Mitbringsel.

Mama, ein witziger Kleiderhaken

Teppich *Crux* von Pia Wallén

Spielzeug
Buntes Holzspielzeug von Brio ist weltweit beliebt. Auch mit den schönen Bilderbüchern, Spielen und Puzzles macht man Kindern eine Freude.

Outdoor-Ausrüstung

Ausrüstung für Angler, Jäger, Segler, Golfspieler, Camper und Wintersportler bekommt man in bester Qualität und großer Auswahl. Eine Besonderheit sind Gegenstände aus Rentierhorn oder -leder, die in Lappland gefertigt werden.

Handgestricktes
Mützen und Handschuhe mit schönen Mustern *(lovikka)* werden aus einer speziellen Wolle gestrickt, die gegen Kälte wie auch Nässe schützt.

Trinkgefäß aus Holz

Rucksack aus Rentierleder
Rucksäcke sind bei Jung und Alt beliebt. Dieses exklusive Modell wurde in Lappland hergestellt.

Angelkurbel und Köder
ABU-Garcia stellt hochwertige Angelausrüstung her, die man an der Küste oder an den vielen Seen und Flüssen auch gleich ausprobieren kann.

Handwerk aus Lappland
Ein Jagdmesser mit einer Scheide aus Rentierhorn oder eine *kåsa*, ein Trinkgefäß aus Birkenholz, sind dekorativ und auch in der Wildnis nützlich.

Schwedische Spezialitäten
Beliebt sind Gläser mit Wildbeeren wie Preiselbeeren (zum Fleisch) oder Moltebeeren (mit Sahne serviert). Hering, Knäckebrot und Ingwerplätzchen gibt es in Lebensmittelläden, Bonbons werden einzeln verkauft, Schnapsfläschchen in Geschenkpackungen.

Preiselbeeren   **Moltebeermarmelade**

Matjes
Matjes isst man am besten mit neuen Kartoffeln, Dill, Schnittlauch und Crème fraîche. Es gibt auch Varianten mit Senf, Dill oder anderen Kräutern und Gewürzen.

Schwedische Spirituosen als Mitbringsel

Himbeerbonbons   **Salzige Lakritze**   **Knäckebrot**   **Ingwerplätzchen**

Shopping-Paradiese

Mode aller bekannten internationalen Marken gibt es in Stockholm, Malmö und Göteborg. Etwas Besonderes sind die Kreationen der jungen schwedischen Designer. Markenzeichen schwedischer Möbel und Innenausstattung sind klare Linien, Funktionalität und helles Holz – das Land ist ein wahres Design-Mekka. Handwerkliche Erzeugnisse sind oft von hoher Qualität. Freizeit- und Sportartikel bieten in der Regel ein exzellentes Preis-Leistungs-Verhältnis.

Mode

Stockholms erste Adressen für Mode liegen im »goldenen Dreieck« zwischen Stureplan, Nybroplan und Norrmalmstorg. Günstige Kleidung findet man in Kaufhäusern und Einkaufszentren, die es im ganzen Land gibt. **Gekås** in Ullared und **Knalleland** in Borås sind wegen ihrer niedrigen Preise, der vielen Filialen und Outlets allseits beliebt. Borås ist auch die »Versandhaus-Stadt« und blickt auf eine lange Textilgeschichte zurück.

Die Kaufhäuser **NK** in Stockholm und Göteborg *(siehe S. 303)* bieten eine gute Auswahl an Mode von jungen Designern sowie etablierte schwedische Marken. Elegante hochwertige Männermode entwirft Oscar Jacobsson, Hemden von Stenström werden in Kaufhäusern und gehobenen Boutiquen angeboten. **Björn Borg** verkauft in eigenen Läden Herren- und Damenmode, Unterwäsche, Parfüm sowie Accessoires. Elegante Kleidung für modebewusste Frauen und Männer entwirft **Filippa K**.

Design und Einrichtung

Kreationen von jungen Designern und bekannten Künstlern findet man in zahlreichen Läden in Stockholm, Göteborg und Malmö. Die Filialen von **DesignTorget** präsentieren die neuesten Trends in allen drei Städten. Zu den zahlreichen Läden für modernes Design zählen u. a. **R.O.O.M.** im Stockholmer Kaufhaus PUB, **Asplund** in Östermalm sowie **Norrgavel** in Stockholm, Göteborg, Malmö, Umeå, Uppsala und Lammhult.

Svenskt Tenn ist Stockholms ältester Innenausstatter. Hier findet man klassisches und neues Design. Die **Nordiska Galleriet** in Stockholm führt exklusive moderne Möbel und Einrichtungsartikel, **Blås & Knåda** in der Hornsgatan bietet die größte Auswahl zeitgenössischer schwedischer Gebrauchs- und Kunstobjekte aus Keramik und Glas.

Nordiska Kristall offeriert in der Kungsgatan ein breites Angebot an schwedischen Glaswaren, die man auch in Kaufhäusern erstehen kann.

Musik und Multimedia

Viele schwedische Popgruppen sind international erfolgreich. Ständig kommen vielversprechende junge Talente in die Charts, ihre CDs werden in den großen Plattenläden angeboten, bevor sie auch außerhalb von Schweden erhältlich sind. Jenseits von Pop und Rock blickt Schweden aber auch auf eine lange Volksmusiktradition zurück. Zudem stammen von hier viele Jazzmusiker und Opernsänger.

Sport und Freizeit

Schweden verbringen ihre Freizeit gern mit Sport und Aktivitäten im Freien. Im ganzen Land erhält man in den Läden von **Naturkompaniet** und **Peak Performance** ein exklusives Angebot an Sportbekleidung und Outdoor-Artikeln. **Stadium** und **Intersport** bieten ebenfalls landesweit eine breite Auswahl an Sportkleidung und Sportartikeln zu attraktiven Preisen. Gute Ausrüstungsgegenstände und exklusive Kleidung für die Jagd und zum Angeln führt **Walter Borg** in Stockholms City.

Auf den Laufsport spezialisiert sind die landesweit vertretenen Filialen von **Löplabbet**.

Souvenirs und Kunsthandwerk

Schnapsgläser, handbemalte Clogs, Silberschmuck, Kerzen, Weihnachtsschmuck, sämisches Handwerk, Arbeiten aus Schmiedeeisen und Handgestricktes werden in Kaufhäusern und Spezialgeschäften für schwedisches Kunsthandwerk angeboten.

Im Freilichtmuseum Skansen in Stockholm können Besucher in hübschen kleinen Häusern hochwertige Souvenirs kaufen.

Echte Dala-Pferdchen gibt es in Nusnäs in Dalarna bei **Nils Olsson Hemslöjd AB**.

Yllet in Visby verkauft handgesponnene Wolle, Wollkleidung und Lederwaren.

Märkte

Kleine lokale Märkte werden fast überall abgehalten, einige wenige sind so groß, dass sie sogar international bekannt sind.

Der Wintermarkt in Jokkmokk (erster Do bis Sa im Feb) ist ein großer Samenmarkt, der Kivik-Markt (Mitte Juli) präsentiert sich dagegen eher wie ein Jahrmarkt. Die Geschichte des klassischen Skånninge-Markts (erster Mi und Do im Aug) geht bis ins Mittelalter zurück. Im Herbst finden in Mittelschweden die Michaelmas-Märkte statt.

Auf dem geschäftigen Flohmarkt im Vårberg Centrum, Stockholm, findet man jeden Tag Schnäppchen. Er kostet am Wochenende Eintritt (werktags frei).

Glas und Porzellan

Schwedische Glaswaren sind in vielen Kaufhäusern und Souvenirläden erhältlich. Im Kristallreich *(siehe S. 156f)* kann man unter 13 Glashütten im Umkreis von wenigen Kilometern wählen. Schnäppchenjäger finden günstige Alltags- und Designer-Glaswaren in den Glashütten in **Orrefors** und **Kosta** – sie gehören zur Orrefors Kosta Boda AB – sowie in

Rejmyre in Östergötland. Gutes und zugleich günstiges Porzellan bietet der Fabrikladen in **Rörstrand**.

Schwedische Spezialitäten

Stockholms drei große Markthallen – **Hötorgshallen Östermalmshallen** und **Söderhallarna** – sind ein Erlebnis für alle Sinne. Das Angebot umfasst schwedische Spezialitäten wie Lachs, Kaviar, Räucheraal oder geräuchertes Rentierfleisch. Schwedische Delikatessen bieten auch die Markthallen **Saluhall** in Lund und **Briggen** in Göteborg an.

Die Westküste Schwedens ist ein Paradies für Liebhaber von Seafood. Hier kauft man Garnelen, Krebse oder im Herbst Hummer am besten direkt am Hafen, wenn die Fischerboote mit ihrem Fang einlaufen. Im Norden gelten alle Arten von Wildbret als Spezialität. Die Lebensmittelläden bieten hier häufig geräuchertes Rentierfleisch oder Rentierherzen an, aber auch eingelegte Ostseeheringe und Moltebeermarmelade aus Norrland.

Weltbekannt ist das schwedische Knäckebrot, das man in Leksand direkt im Fabrikladen kaufen kann. Traditionelle rot und weiß gestreifte Zuckerstangen aus Gränna werden dort ebenfalls in vielen Läden verkauft.

Auf einen Blick

Mode

Björn Borg
Sergelgatan 12, Stockholm. **Stadtplan** 1 C4.
📞 (08) 21 70 40.
🌐 bjornborg.com

Charlotte Göteborg
Drottninggatan 28, Göteborg. **Stadtplan** siehe S. 196f.
📞 (031) 701 75 40.
🌐 charlottegoteborg.se

Dunderdon
Stuk, Södra Larmgatan 16, Göteborg.
Stadtplan siehe S. 196f.

Filippa K
Grev Turegatan 18, Stockholm. **Stadtplan** 2 D4.
🌐 filippa-k.com

Gekås
Danska Vägen, Falkenberg. 📞 (0346) 375 00.
🌐 gekas.se

Knalleland
Bergslenagatan 45, Borås.
📞 (033) 14 03 35.

MQ
Södra Tullgatan 3, Malmö.
📞 (040) 12 01 31. Strömpilsplatsen 9–15, Umeå.
📞 (090) 786 36 80.
🌐 mq.se

Olsén Mode
Södergatan 21, Malmö.
Stadtplan siehe S. 183.
📞 (040) 12 10 50.

Design und Einrichtung

Asplund
Sibyllegatan 31, Stockholm. **Stadtplan** 2 E3.
📞 (08) 662 52 84.
🌐 asplund.org

Blås & Knåda
Hornsgatan 26, Stockholm. **Stadtplan** 3 A5.
📞 (08) 642 77 67.
🌐 blasknada.se

DesignTorget
Kulturhuset, Sergels Torg 3, Stockholm. **Stadtplan** 1 C4. 📞 (08) 21 91 50.
Södra Vallgatan 3, Malmö.
📞 (040) 30 70 82.
Vallgatan 14, Göteborg.
Stadtplan siehe S. 196f.
📞 (031) 774 00 17.
🌐 designtorget.se

Establish
Humlegårdsgatan 14, Stockholm. **Stadtplan** 2 E3.
📞 (08) 545 853 40.

Nordiska Galleriet
Nybrogatan 11, Stockholm. **Stadtplan** 2 E4.
📞 (08) 442 83 60.
🌐 nordiskagalleriet.se

Nordiska Kristall
Kungsgatan 9, Stockholm. **Stadtplan** 2 E4.
📞 (08) 10 43 72.

Norrgavel
Birger Jarlsgatan 27, Stockholm. **Stadtplan** 2 D3.
📞 (08) 545 220 50.
Engelbrektsgatan 20, Malmö. **Stadtplan** siehe S. 183. 📞 (040) 12 22 46.
🌐 norrgavel.se

R.O.O.M.
PUB, Hötorget, Stockholm. **Stadtplan** 1 C4.
📞 (08) 692 50 00.

Svenskt Tenn
Strandvägen 5, Stockholm. **Stadtplan** 2 E4.
📞 (08) 670 16 00.
🌐 svenskttenn.se

Musik

Bengans Skivbutik
Stigbergstorget 1, Göteborg. 📞 (031) 14 33 00.
🌐 bengans.se

Sport und Freizeit

Intersport
Björnvägen 1, Umeå.
📞 (090) 70 63 50.

Löplabbet
Djäknegatan 2, Malmö.
📞 (040) 12 35 70.

Naturkompaniet
Kungsgatan 4A, Stockholm. **Stadtplan** 2 D4.
📞 (08) 723 15 81.

Peak Performance
Biblioteksgatan 18, Stockholm. **Stadtplan** 2 D4.
📞 (08) 611 34 00.
Södergatan 9, Malmö.
Stadtplan siehe S. 183.
📞 (040) 97 02 20.

Stadium
Fredsgatan 8, Göteborg.
Stadtplan siehe S. 196f.
📞 (031) 711 06 09.
🌐 stadium.se

Walter Borg
Kungsgatan 57B, Stockholm. **Stadtplan** 1 C4.
📞 (08) 14 38 65.
🌐 walterborg.se

Souvenirs und Kunsthandwerk

Nils Olsson Hemslöjd AB
Edåkersvägen 17, Nusnäs.
📞 (0250) 372 00.

Svensk Hemslöjd
Norrlandsgatan 20, Stockholm. **Stadtplan** 2 D4.
📞 (08) 23 21 15.

Yllet
St. Hansgatan 19, Visby.
📞 (0498) 21 40 43.

Glas und Porzellan

Orrefors Kosta Boda Glasbruk
Kosta. 📞 (0478) 345 00.
Orrefors. 📞 (0478) 345 29.
🌐 kostaboda.se
🌐 orrefors.se

Reijmyre
Rejmyre. 📞 (011) 871 84.
🌐 reijmyre.se

Rörstrand (Iittala)
Lidköping.
📞 (0510) 250 80.

Gustavsberg.
📞 (08) 570 356 55.
🌐 rorstrand.se
🌐 iittala.com

Schwedische Spezialitäten

Briggen
Nordhemsgatan 28, Göteborg.

Hötorgshallen
Hötorget, Stockholm.
Stadtplan 1 C4.

Östermalmshallen
Östermalmstorg, Stockholm.
Stadtplan 2 E4.

Saluhall
Lund.
🌐 lundssaluhall.se

Söderhallarna
Medborgarplatsen, Södermalm, Stockholm.

Stadtplan Stockholm siehe Seiten 118–123

Unterhaltung

Schweden bietet reichlich Kultur und Unterhaltung, das Spektrum reicht von Folkloreveranstaltungen bis zu Gastspielen internationaler Stars in den großen Arenen. Die Jahreszeiten prägen auch den Veranstaltungskalender: Die Stadttheater haben im Sommer Pause und öffnen wieder Ende August oder Anfang September mit neuen Theater-, Opern- und Ballettprogrammen. Im Sommer finden im ganzen Land Veranstaltungen statt, dann werden beliebte Komödien und lokale Historienspiele aufgeführt. Auch in Parks, Schlossgärten und Freizeitparks treten häufig Künstler auf. Es finden zahlreiche Märkte und Festivals zu den Themen Film, Jazz, Musik, Essen, Theater, Folklore usw. statt. Im Winter sorgen Skirennen und Eislaufwettbewerbe, Messen sowie Weihnachtsmärkte für Unterhaltung. Das Nachtleben ist das ganze Jahr über lebendig und interessant. In den Städten gibt es exzellente Nachtclubs und Casinos sowie Live-Musik für jeden Geschmack in Jazzclubs und Musiklokalen.

Information

Zuverlässig ist im Internet der offizielle Veranstaltungskalender und Führer von **Visit Sweden**. Hier findet man Veranstaltungen von Musik über Sport bis hin zu Events wie der Mittelalter-Woche in Visby oder dem Wasalauf in Dalarna, außerdem Links zu den Websites von Stockholm, Göteborg und Malmö sowie detaillierte Infos zu Veranstaltungen in ganz Schweden.

Informationen über regionale Konzertveranstaltungen, Theater und Nachtclubs bieten Tageszeitungen und kostenlose Lokalzeitungen. Veranstaltungskalender erhält man in den Informationsbüros und in den meisten Hotels, die auch Karten vorbestellen.

Tickets

Karten für Veranstaltungen bekommt man meist an den Kassen des jeweiligen Theaters oder Stadions. Wer sichergehen will, kann vorbestellen. Dies geht am besten mithilfe des Hotels oder des Fremdenverkehrsbüros – oder über Ticketagenturen wie **ticnet.se**. Dort kann man online Karten für Shows, Konzerte und Sportveranstaltungen kaufen. In Stockholm sind bei **Boxoffice** Karten für verschiedenste Veranstaltungen in ganz Schweden und im Ausland direkt erhältlich und können auch gesammelt bestellt werden. Viele Tickets werden zudem überall von Agenturen verkauft.

Große Arenen und Kulturzentren

Neben den traditionellen Theatern gibt es in vielen Städten Kulturzentren, in denen vielfältige Veranstaltungen stattfinden. Häufig sind diese Zentren auch der Sitz des lokalen Theaterensembles und Stadtorchesters.

Dalhallas Bühne *(siehe S. 245)* in einem Steinbruch bei Rättvik

Die großen Veranstaltungsarenen wie das **Ericsson Globen** und die **Friends Arena** in Stockholm, die **Malmö Arena** in Malmö und das **Scandinavium** in Göteborg bieten Platz für Tausende von Zuschauern. Hier finden üblicherweise Rock- und Popkonzerte mit internationaler Starbesetzung, Wohltätigkeitsgalas sowie große Sportveranstaltungen statt.

Im Sommer treten Musiker aller Stilrichtungen von Volksmusik über Jazz, Rock und Pop bis zur Klassik auf großen Open-Air-Bühnen auf, etwa in Skansen und Gröna Lund in Stockholm, Liseberg in Göteborg und Dalhalla zwischen Rättvik und Mora.

Theater

Schweden wartet landesweit mit fast 500 Theatern auf. Das sind meist Stadt- oder Provinzbühnen, doch gibt es darüber hinaus auch Privattheater, die in Schweden auf eine lange Tradition zurückblicken, sowie kleine Park- und Amateurbühnen.

Beim jährlichen Open-Air-Konzert der Philharmoniker in Stockholm

Schwedens Nationaltheater **Kungliga Dramatiska Teatern** (siehe S. 77) verfügt über sechs Bühnen. Hier werden internationale und schwedische Klassiker wie Shakespeare und Strindberg aufgeführt sowie moderne schwedische und internationale Stücke.

Leichtere Theaterkost und Musicals bieten häufig das **China Teatern** in Stockholm und das **Lorensbergsteatern** in Göteborg. Bühnen wie das **Konsertteatern** in Sundsvall und das **Göta Lejon** in Stockholm spielen oft Kinder- und Familientheaterstücke.

GöteborgsOperan bietet ein breites Opern- und Musicalrepertoire

Klassische Musik, Ballett und Oper

Weltklassemusik bietet die Stockholmer **Berwaldhallen**. Sie ist Sitz des Sveriges Radios Symfoniorkester und des Radiokören. Der Chor zählt zu den besten A-cappella-Ensembles der Welt. Das **Konserthuset** in Stockholm (siehe S. 74) ist Sitz des Royal Stockholm Philharmonic Orchestra. Die Konzertsaison dauert von August bis Mai.

Im **Konserthuset** in Göteborg spielen Göteborgs Symfoniker. In Norrköping steht **Louis De Geer Konsert & Kongress** und im Sundsvaller Folkets Park die **Tonhallen**, einer der besten Konzertsäle Schwedens.

Hervorragende Opern- und Ballettaufführungen bietet die **Kungliga Operan** (siehe S. 72f) Stockholms. Pro Saison finden hier drei große Ballettevents vor meist ausverkauftem Haus statt, zudem traditionelle Opernaufführungen in Originalsprache. Beliebt sind im Sommer im **Drottningholms**

Sundsvalls Teater ist eine ambitionierte Regionalbühne

Slottsteater (siehe S. 115) die Opern aus dem 18. Jahrhundert, die mit Instrumenten aus der Zeit begleitet werden.

Ein aufregendes, international renommiertes Haus für Oper, Ballett und Musical ist die spektakuläre moderne **GöteborgsOperan** (siehe S. 200). Zwei weitere große Opern- und Balletthäuser sind die Norrlandsoperan in Umeå und das Malmö Opera och Musikteater.

Im **Dansens Hus** in Stockholm, das die ehemalige Bühne des Nationaltheaters übernommen hat, treten oft internationale und schwedische Tanztruppen auf.

Volksmusik

Schwedische Volksmusik erlebt derzeit eine Renaissance. In Stockholms Skansen (siehe S. 98) treten regelmäßig Volksmusik- und Volkstanzgruppen zu traditionellen Gelegenheiten auf. Darüber hinaus gibt es praktisch überall in Schweden lokale Volksmusikgruppen und regionale Clubs. Wer sich für schwedische Volksmusik interessiert, informiert sich am besten in den örtlichen Fremdenverkehrsbüros oder in der Lokalpresse über entsprechende Veranstaltungen.

Zu den wenigen festen Volksmusikbühnen zählen das **Folkmusikhuset** in Stockholm, das **Folkmusikkaféet** in Göteborg und das **Folkmusikens Hus** in Rättvik. Wie diese bieten auch andere Einrichtungen ein breit gefächertes Veranstaltungsprogramm.

Kirchenmusik

Viele Kirchen in den Städten veranstalten mittags Orgelkonzerte. So auch die Jacobs Kyrka in Stockholm (siehe S. 72), in der Besucher in friedvoller Atmosphäre eine Verschnaufpause einlegen können. Im Frühling und Herbst finden in der Storkyrkan (siehe S. 63) an Samstag- und Sonntagnachmittagen Konzerte statt. Jeden Samstag ertönen zudem die Orgeln in der Domkirche in Uppsala (siehe S. 134) und derjenigen in Västerås (siehe S. 142). Viele Kirchen haben ein spezielles Konzertprogramm in Verbindung mit den großen christlichen Festen.

Rock und Pop

Die größten Konzerthallen sind das Ericsson Globen und die Friends Arena in Stockholm, die Malmö Arena in Malmö und das Scandinavium in Göteborg. Hier treten internationale Stars und viele erfolgreiche schwedische Bands auf. Ein schönes altmodisches Ambiente bietet die Musik- und Theaterbühne **Cirkus** in Stockholm.

Moderne Rockkonzerthallen sind Stockholms **Münchenbryggeriet**, das **Kulturbolaget** in Malmö und das **Trädgår'n** in Göteborg. Überall haben zudem kleinere Theater, Studentenverbindungen und Clubs Bühnen, auf denen Musiker und andere Künstler auftreten.

Konzert in den Ruinen von Burg Bohus in Kungälv

Jazzclubs

Der Jazz erlebt seit einiger Zeit eine Renaissance – das Angebot wird jährlich größer. In dem bekannten Stockholmer Club **Fasching** treten fast täglich Musiker auf. Ebenfalls in Stockholm lockt das **Stampen** ein etwas reiferes Publikum an. Empfehlenswert ist das **Nefertiti** in Göteborg. Im ganzen Land verstreut gibt es Clubs, in denen etwa monatlich Konzerte stattfinden.

Im Sommer erfreuen sich Jazzfahrten immer größerer Beliebtheit. Zwischen den Stockholmer Inseln kreuzt u. a. die SS **Blidösund**, es werden auch Musikfahrten in anderen Landesteilen organisiert, etwa auf dem Vättern- oder dem Åland-See, dem Dalälven und im Archipel von Göteborg.

Musiklokale

Die schwedische Gastro-Kultur hat sich in den letzten Jahren enorm verändert. Auch hier ist es mittlerweile üblich, nach der Arbeit in einem Lokal oder einer Bar etwas zu trinken und Musik zu hören.

Viele Lokale bieten Live-Musik, die Palette reicht von regelmäßig auftretenden Volksmusikern bis zu DJs. Über das Angebot informieren am besten die Veranstaltungskalender *(nöjen)* der Lokalpresse.

In Stockholm wird im Pub **The Dubliner** irische Live-Musik gespielt, in der beliebten Bar **Engelen** treten mehrmals pro Woche Musiker auf. Zu Göteborgs besten Kneipen zählen **Sticky Fingers** und **Jameson's**. Das englische Pub Charles Dickens in Helsingborg erfreut seine Gäste mit Karaoke, Live-Musik, Bands und etlichen anderen Unterhaltungsangeboten.

Überall in Schweden bieten englische oder irische Pubs eine breite Auswahl an Bieren und anderen Alkoholika sowie Snacks.

Clubs, Casinos und Shows

Generell veranstalten große Clubs freitags und samstags die üblichen Disco-Abende, an den anderen Wochentagen werden die Lokale oft von kleineren Clubs angemietet, die verschiedene Musikrichtungen präsentieren. In fast allen größeren Orten und Städten gibt es einen oder zwei Clubs, deren Qualität und Musikangebot allerdings erheblich variieren können.

In Stockholm finden sich die meisten und besten Clubs

Traditionelles Volksmusikfest in Tällberg am Siljan-See, Dalarna

rund um den Stureplan. International gibt sich Stockholms älteste bestehende Institution, das **Café Opera** hinter der Oper. Hier ist das Publikum in der Regel bunt gemischt, man sieht schicke junge Gäste ebenso wie eine gesetztere elegante Klientel. Der große Club **Sturecompagniet** erstreckt sich über mehrere Stockwerke, im Erdgeschoss befindet sich eine Rockbar. Schwedische VIPs und internationale Stars trifft man im In-Lokal **Spy Bar**. An manchen Abenden ist es sehr schwierig hineinzugelangen.

Bekannte Clubs sind in Malmö das **Crown** und in Visby das **Gutekällaren**.

Eine relativ neue Einrichtung ist die staatliche Casinokette **Casino Cosmopol**, die derzeit Filialen in Stockholm, Göteborg, Malmö und Sundsvall unterhält.

Gutes Essen und Spitzen-Entertainment zugleich bietet Stockholms **Hamburger Börs**. Dort treten die besten schwedischen Künstler auf. **Wallmans Salonger** in Stockholm und Helsingborg (Sommer) sowie in Sälen und Åre (Winter) bietet musikalische Unterhaltung und dazu ein Dinner, das von professionellen Darstellern serviert wird. Ein klassisches Showtheater ist das **Rondo** in Göteborg.

Festivals

Überall in Schweden finden im Sommer zahllose kleine und große Festivals statt. Fast jede Stadt organisiert ihre eigene Festveranstaltung, bietet etwa Volksmusik, Jazz oder Rock.

Zu den bekanntesten Stadtfesten gehören das Göteborgs kulturkalas in Göteborg, Storsjöyran in Östersund und Sundsvalls Gatufesten.

Beliebt sind auch die zahlreichen Musikfestivals, die teilweise wahre Massen anziehen. Zu den bekanntesten Festivals zählen etwa das Sweden Rock Festival in Sölvesborg, das

UNTERHALTUNG | 311

Gotland Kammermusikfestival in Visby, das Stockholm Jazz Festival und das Jazzfestival in Umeå, bei dem internationale Größen auftreten.

Die bekanntesten schwedischen Filmfestspiele sind das **Göteborg International Film Festival** (Jan/Feb) sowie das **Stockholm International Film Festival** (Nov). Einige Städte veranstalten darüber hinaus Filmfestivals zu bestimmten Themen, dasjenige von Umeå findet im September statt.

Auf einen Blick

Information

Visit Sweden
- (08) 789 10 00.
- visit-sweden.com

Tickets

Boxoffice
Kungsgatan 38, Stockholm.
- (08) 10 88 00.
- boxoffice.se

ticnet.se
- 077 170 70 70.
- ticnet.se

Große Arenen

Ericsson Globen
Globentorget 2, Stockholm.
- 077 131 00 00.

Friends Arena
169 79 Solna, Stockholm.
- (08) 502 535 00.
- friendsarena.se

Malmö Arena
Arenagatan 15, Malmö.
- 0775 78 00 00.

Scandinavium
Valhallagatan 1, Göteborg.
- (031) 81 10 20.

Theater

China Teatern
Berzelii Park, Stockholm.
- (08) 562 892 00.

Göta Lejon
Götgatan 55, Stockholm.
- (08) 505 290 00.

Konsertteatern
Köpmangatan 11, Sundsvall.
- (060) 61 32 62.

Kungliga Dramatiska Teatern
Nybroplan, Stockholm.
- (08) 667 06 80.

Lorensbergsteatern
Lorensbergsparken, Göteborg.
- (031) 708 62 00.

Klassische Musik, Ballett und Oper

Berwaldhallen
Dag Hammarskjölds Väg 3, Stockholm.
- (08) 784 18 00.

Dansens Hus
Barnhusgatan 12–14, Stockholm. **Stadtplan** 1 C3.
- (08) 508 990 90.
- dansenshus.se

Drottningholms Slottsteater
Drottningholms Slott, Lovön, westl. von Stockholm.
- (08) 556 931 00.

GöteborgsOperan
Christina Nilssons Gata, Göteborg.
- (031) 13 13 00.

Konserthuset
Götaplatsen, Göteborg.
- (031) 726 53 00.

Konserthuset
Hötorget, Stockholm. **Stadtplan** 1 C4.
- (08) 786 02 00.

Kungliga Operan
Gustav Adolfs Torg, Stockholm. **Stadtplan** 2 D5.
- (08) 791 43 00.

Louis De Geer Konsert & Kongress
Dalsgatan 15, Norrköping.
- (011) 15 50 30.
- louisdegeer.com

Tonhallen
Universitetsallén 22, Sundsvall.
- (060) 19 88 00.

Volksmusik

Folkmusikens Hus
Dalagatan 7, Rättvik.
- (0248) 79 70 50.

Folkmusikhuset
Skeppsholmsgården, Stockholm. **Stadtplan** 2 E5.
- (072) 875 74 46.

Folkmusikkaféet
Allégården, Göteborg.
- folkmusikkafeet.net

Rock und Pop

Cirkus
Djurgårdsslätten, Stockholm.
- (08) 660 10 20.

Kulturbolaget
Bergsgatan 18, Malmö.
- (040) 30 20 11.

Münchenbryggeriet
Torkel Knutssonsg 2, Stockholm.
- (08) 658 20 00.
- m-b.se

Trädgår'n
Nya Allén, Göteborg.
- (031) 10 20 80.

Jazzclubs

Fasching
Kungsgatan 63, Stockholm. **Stadtplan** 1 B4.
- (08) 534 829 60.

Nefertiti
Hvitfeldtsplatsen 6, Göteborg.
- (031) 711 15 33.

Stampen
Stora Nygatan 5, Stockholm. **Stadtplan** 3 B4.
- (08) 20 57 93.

Musiklokale

Engelen
Kornhamnstorg 59 B, Stockholm. **Stadtplan** 3 B4.
- 0771 13 01 60.

Sticky Fingers
Kaserntorget 7, Göteborg.
- (031) 701 00 17.

The Dubliner
Hollandargatan 1, Stockholm. **Stadtplan** 1 C3.
- (08) 679 77 07.

Clubs, Casinos und Shows

Café Opera
Operahuset, Stockholm. **Stadtplan** 3 B1.
- (08) 676 58 07.

Casino Cosmopol
Kungsgatan 65, Stockholm. **Stadtplan** 1 B4.
- (08) 781 88 00.

Packhusplatsen 7, Göteborg.
- 020 219 219.

Slottsgatan 33, Malmö.
- (040) 664 18 00.

Casinoparken 1, Sundsvall.
- 020 219 219.

Crown
Amiralsgatan 23, Malmö.
- (040) 611 80 88.

Gutekällaren
Stora Torget, Visby.
- (0498) 21 00 43.

Hamburger Börs
Jakobsgatan 6, Stockholm. **Stadtplan** 2 D5.
- (08) 787 85 00.

Rondo
Örgrytevägen 5, Göteborg.
- (031) 40 01 00.

Spy Bar
Birger Jarlsgatan 20, Stockholm. **Stadtplan** 2 D3.
- (08) 545 076 00.

Sturecompagniet
Sturegatan 4, Stockholm. **Stadtplan** 2 D3.
- (08) 545 076 70.

Wallmans Salonger
Teatergatan 3, Stockholm. **Stadtplan** 2 E5.
- (08) 505 560 00.

Bollbrogatan 6, Helsingborg.
- (08) 505 560 00.

Festivals

Göteborg International Film Festival
- (031) 339 30 00.
- giff.se

Stockholm International Film Festival
- (08) 677 50 00.
- stockholm filmfestival.se

Stadtplan Stockholm siehe Seiten 118–123

Sport und Aktivurlaub

Schwedens herrliche Natur kann man dank des einzigartigen »Allemansrätten« (»Jedermannsrecht«) ideal erkunden. Unternehmungen in der Natur gehören zum Lebensstil – nicht zuletzt wegen dieses ungeschriebenen Rechts, sich fast überall im Land frei bewegen zu können. Der Begeisterung für Outdoor-Aktivitäten kommt man mit einer wachsenden Zahl an Wander- und Radwegen, Kanustrecken, Skiliften, Golfplätzen und Häfen entgegen. Seit einigen Jahren erleben Abenteuer- und Extremsportarten einen Boom. Die Herausforderungen reichen von Wanderungen in den Bergregionen über Kajaksafaris in den Inselwelten bis zu Langstrecken-Wettbewerben wie dem »Schwedenklassiker«, zu dem der Wasalauf, der Schwimmwettkampf Vansbrosimningen, der Querfeldeinlauf Lidingöloppet und das Radrennen Vätternrundan gehören. Wer es langsamer angehen lassen möchte, hat ebenfalls genügend Möglichkeiten, etwa Angeln, Reiten, Golfen und Wandern.

Information

Neben den Fremdenverkehrsbüros *(turistbyrå)* stehen Naturliebhabern weitere Organisationen zur Seite. Auf der hervorragenden Website des staatlichen **Naturvårdsverket** findet man nützliche Informationen über Schwedens 28 Nationalparks. Mit ihren zahlreichen Aktivitäten und Angeboten bildet darüber hinaus die 100-jährige Freiwilligenorganisation **Friluftsfrämjandet** ein unverzichtbares Netzwerk.

Wanderwege

Auch wenn man fast überall in Schweden sein Zelt aufschlagen darf, ist es doch praktischer, einem der zahllosen gepflegten Wanderwege zu folgen. Das Tiefland kann auf vielen Strecken zu Fuß erkundet werden, etwa auf dem Skåneleden, der in Süd-Nord-Richtung durch Skåne führt. Unter den Bergpfaden sticht der berühmte, 450 Kilometer lange Kungsleden-Weg heraus *(siehe S. 278f).*

Wanderkarten informieren meist über Verkehrsanbindungen, Sehenswürdigkeiten, Unterkünfte und Verpflegungsmöglichkeiten an der Strecke.

In vielen Bergregionen kann man auf markierten Wegen Ein- und Mehrtagestouren unternehmen, Hütten und Bergstationen bieten Unterkunft und Verpflegung. Seit über 100 Jahren hat vor allem **Svenska Turistföreningen (STF)** diese Infrastruktur aufgebaut. Die Bergwanderwege führen durch straßenfreie Gebiete, in denen die STF-Hütten an strategisch günstigen Punkten von Abisko in Lappland bis Grövelsjön in Dalarna stehen. Trotz ihrer exponierten Standorte sind sie relativ leicht zu erreichen und somit exzellente Startpunkte für Bergwanderungen. Die Stationen bieten Unterkünfte, Restaurants, Küchen für Selbstversorger sowie

Nordic Walking ist auch in Schweden sehr beliebt

Läden und verleihen auch Ausrüstung. An den Wanderstrecken kann man auch in einfachen Hütten schlafen, kochen und manchmal Proviant kaufen. Betten können nicht reserviert werden, in der Regel findet aber jeder ein Dach über dem Kopf. Im Sommer stehen ausgebildete STF-Führer mit Rat und Tat zur Seite.

Die Wanderwege im Hochgebirge können für Unerfahrene extrem anstrengend sein. Blinder Ehrgeiz und mangelhafte Ausrüstung sind hier absolut fehl am Platz.

Mit plötzlichen Wetterumschwüngen muss man immer rechnen – achten Sie auf Wettervorhersagen, die meist an Hütten und Stationen aushängen. Die Sommersaison dauert in den Bergen von Mitte Juni bis Mitte September.

Ausdauerwettkämpfe

Gemeinsame Wettkämpfe für Spitzen- und Privatsportler sind in Schweden sehr beliebt und zählen oft Tausende Teilneh-

Wanderer auf dem Weg zur Sylarna-Bergstation, Jämtland

SPORT UND AKTIVURLAUB | 313

In den Bergen hat der STF zahlreiche Hütten errichtet

mer. Einige versuchen sich am »Schwedenklassiker«. Hierfür muss man innerhalb eines Jahres am Wasalauf *(siehe S. 249)* oder dem 60 Kilometer langen Engelbrektsloppet teilnehmen, bei der Vätternrundan 300 Kilometer Rad fahren, beim Vansbrosimningen drei Kilometer schwimmen und beim 30 Kilometer langen Lidingöloppet mitlaufen. Beliebt sind auch der Stockholm Marathon *(siehe S. 33)* und der O-ringen Orientierungslauf.

Schwimmen

Normalerweise kann man ohne Beschränkungen in allen schwedischen Seen, Flüssen und im Meer baden. Doch sollte man keine unnötigen Risiken eingehen und lieber in ausgewiesenen Badegebieten schwimmen gehen, die es zu Tausenden gibt. Dort wird die Wasserqualität vom Gesundheitsamt überprüft. Sogar im Norden gibt es zahlreiche Bademöglichkeiten, etwa an den sonnigen Stränden von Pite Havsbad, der »Nordischen Ri-

viera« *(siehe S. 272)*. Vielerorts locken neben den Naturbädern Wasserparks und Spaßbäder, so etwa das Skara Sommarland *(siehe S. 227)* und Sydpoolen in Södertälje.

Generell ist die Wasserqualität in Schweden sehr gut. Sogar in den Städten kann man stellenweise an Fels- und Sandstränden schwimmen gehen. Besonders beliebt ist Långholmen in Stockholms City. In heißen Sommern treten manchmal giftige Algen an der Küste auf. In diesem Fall sollte man sich vor Ort erkundigen, ob Baden möglich ist.

Äußerst beliebt sind auch Hallenbäder – in Stockholm etwa das historische Centralbadet und das Sturebadet.

Zudem blickt die Kur- und Badekultur in Schweden auf eine lange Tradition zurück. Dies gilt vor allem für Orte wie das moderne Loka Brunn *(siehe S. 143)*.

Radfahren

Mit dem Fahrrad lassen sich Orte und Landschaften beson-

ders gut entdecken. Das Radfahren hat in Schweden eine wahre Renaissance erlebt, vor allem in Stockholm wurden erkleckliche Summen in neue Radwege und spezielle Fahrradrouten investiert.

Radferien stehen auf verkehrsarmen Inseln wie Öland und Gotland seit Langem hoch im Kurs. Dort verlaufen Radwege an Nebenstraßen und verlassenen Bahnstrecken. Sie sind häufig mit den grünen Radweg-Schildern gekennzeichnet. Zudem gibt es ein breites Angebot an organisierten Radurlauben, man kann überall Räder, Tandems und Anhänger ausleihen.

Im Land gibt es etwa 30 regionale Radstrecken, für die man jeweils mindestens zwei Tage braucht. Häufig stehen sie mit dem landesweiten, 2590 Kilometer langen Radweg Sverigeleden in Verbindung, der von Helsingborg im Süden bis nach Karesuando im hohen Norden führt. Für die gut ausgeschilderte Strecke sind spezielle Karten erhältlich.

Auf den zu 97 Prozent asphaltierten leichteren Radstrecken kann man mit reichlich Zeit Schwedens vielfältige Landschaften hautnah erleben. Informationen über Radwanderwege erhält man beim **Svenska Cykelsällskapet**.

Eine reizvolle Alternative zu Radtouren sind die Überlandtouren mit fahrradähnlichen Draisinen, die an einigen stillgelegten Bahnstrecken angeboten werden.

Fahrradtouren am Vättern-See bieten einfache Strecken, faszinierende Aussichten und schöne Landschaften

Skiwanderer auf dem Weg zum Storsylen in den Bergen von Jämtland

Wintersport

Es überrascht kaum, dass schwedische Ski- und Langläufer im Weltcup stets eine wichtige Rolle spielen. Das Land liegt im Winter großteils unter einer dicken Schneedecke begraben und bietet hervorragende Möglichkeiten für Wintersportler.

Viele Strecken des dichten Loipennetzes sind mit Flutlicht beleuchtet – eine Notwendigkeit in den dunklen Wintermonaten. Man kann aber auch auf verschneiten Golfplätzen, vereisten Seen oder dem zugefrorenen Meer zwischen den Inseln langlaufen. Das Eis bietet gute Bedingungen fürs Schlittschuhlaufen, doch sollte man sich stets über Sicherheitswarnungen informieren.

Hunderte Skilifte sind auf der Website des Skiverbands **SLAO** verzeichnet. Die beiden größten Skigebiete sind das 600 Kilometer nördlich von Stockholm gelegene Åre sowie Sälen, das gut 400 Kilometer nördlich der Hauptstadt liegt. Die meisten Winterurlauber übernachten in Ferienhäusern oder -wohnungen für Selbstversorger. Unterkünfte bucht man vor allem für die Hochsaison lange im Voraus, üblicherweise wochenweise (So bis So), für lange Wochenenden (Do bis So) oder Kurzwochen (So bis Do). Am besten kauft man Liftpässe und leiht sich Skier oder Snowboards an Ort und Stelle.

Golf

Schwedische Golfer sind seit einigen Jahren sehr erfolgreich. Das gilt insbesondere für die Frauen, allen voran Anna Nordqvist. Das »Golfwunder« basiert zum Teil auf einem Nachwuchsprogramm, das von vielen schwedischen Golfclubs mitgetragen wird. Unter der Schirmherrschaft des **Svenska Golfförbundet** sind über 400 Golfplätze verzeichnet – im Vergleich zur schwedischen Bevölkerung eine hohe Zahl. Obwohl das Klima in manchen Landesteilen nicht sehr golffreundlich ist, bieten die Golfplätze im Sommer doch erstklassige Möglichkeiten. Fast alle Golfplätze stehen auch Gästen offen, die allerdings Mitglied eines Golfclubs sein müssen. Die Nachfrage ist so groß, dass man sich in der Hochsaison oft nur mit Schwierigkeiten am Abschlagplatz einreihen kann. Die Gebühren liegen auf einfachen Plätzen bei 150 Kronen und können bei exklusiven Clubs bis zu 500 Kronen betragen.

Reiten

Reiten ist ein beliebter Sport, davon zeugen fast 1000 Reitclubs im Land. Das Angebot reicht von Ausritten für Anfänger auf Island-Ponys bis zu Reitsafaris in den Bergen für Geübte. Adressen erhält man bei den Fremdenverkehrsbüros.

Ausritt auf Island-Ponys

Boot- und Kanufahren, Wildwasser-Rafting

Die lange Küste, Archipele und unzählige Seen laden dazu ein, Schweden auf dem Wasserweg zu entdecken. Fast 500 klassifizierte Häfen bieten Seglern beste Möglichkeiten. Die Einstufung nimmt der **Svenska Kryssarklubben** vor, der auch hervorragende Informationen über Naturhäfen und zum Bootfahren im Allgemeinen bereithält. Alle erdenklichen Bootstypen vom Ruderboot über große Motorboote bis zu Yachten können im ganzen Land an den Marinas gechartert werden.

Zwar sind für kleine Segelboote keine besonderen Voraussetzungen zu erfüllen, doch sollte man auch für einen Tagesausflug zumindest grundlegende Kenntnisse besitzen. Als Faustregel gilt, dass man für

Snowboarden und Skifahren sind beliebte Sportarten

größere Boote einen Schein vorweisen muss, der dem schwedischen Schein »förarintyg« entspricht.

Für Kanuten bieten die insgesamt fast 20 000 Kilometer umfassenden Strecken auf Binnengewässern und um die Inseln fantastische Möglichkeiten. Auf der Website von **Kanotleder i Sverige** sind 400 Touren für Kanadier und Kajaks aufgelistet, zudem Kanuzenten und Verleihstellen in ganz Schweden. Kajakfahrten um die äußeren Inseln und Wildwasserfahrten auf den Norr ander Flüssen locken erfahrene Kanuten. Beliebt sind auch Wildwasserfahrten mit großen Gummiflößen oder Jetskis.

Jagen und Angeln

In Schweden gibt es mehr als 300 000 Jäger, während der Jagdsaison für Elche sind manche Walddörfer regelrecht übervölkert. Jedes Jahr werden rund 100 000 Elche geschossen. Ausländer können als Gast eines Landbesitzers oder einer Jagdgesellschaft an Jagden auf Kleinwild und Elche teilnehmen, müssen für die Elchjagd jedoch eine spezielle Schießprüfung ablegen und einen Jagdschein besitzen. Da das Mitbringen von eigenen Waffen mit einem ungeheuren bürokratischen Aufwand verbunden ist, leiht man sich besser eine Waffe vor Ort. Informationen erhält man beim **Svenska Jägareförbundet.**

Ein Drittel aller Schweden geht jährlich mindestens einmal zum Angeln – immerhin verfügt das Land über die

An Schwedens langer Küste ist freies Angeln oft gestattet

fischreichsten Gewässer Europas. An der Westküste leben über 200 Meeresfischarten, einige davon sind auch in der weniger salzigen Ostsee heimisch. Hinzu kommen rund 40 Süßwasserfischarten in den Seen und Flüssen.

Angeln ist an der Küste oft kostenlos, für andere Gewässer kann man den dafür benötigten Angelschein vor Ort erwerben. Den landesweit gültigen Angelschein **Sveafiskekortet** stellt Sveaskog aus. Diese Institution verwaltet die Staatsforste und -ländereien, die etwa ein Fünftel des schwedischen Territoriums ausmachen. Ebenfalls dem Staat gehören die traditionsreichen Lachsgewässer in Blekinges Mörrum (siehe S. 191).

Lachse und Lachsforellen kann man sogar mitten in Stockholm im für eine Millionenstadt erstaunlich sauberen Strömmen fangen.

Außerdem angeboten werden Angelfahrten mit Booten. Informationen zum Sportfischen bietet **Sportfiskarna.**

Auf einen Blick

Information

Friluftsfrämjandet
(08) 447 44 40.
w friluftsframjandet.se

Naturvårdsverket
(08) 698 10 00.
w naturvardsverket.se

Svenska Turistföreningen (STF)
(08) 463 21 00.
w svenskaturistforeningen.se

Radfahren

Svenska Cykelsällskapet
Schwedens Radwanderwege.
w svenska-cykelsallskapet.se

Wintersport

Skistar
Zentrale Buchung für die Skigebiete Sälen, Vemdalen und Åre. w skistar.com

SLAO
Skilifte.
w slao.se

Golf

Svenska Golfförbundet
(08) 622 1500.
w sgf.golf.se

Boot- und Kanufahren

Kanotleder i Sverige
Kanutouren und -verleih.
w kanot.com

Maringuiden
w maringuiden.se

Svenska Kryssarklubben
(08) 448 2880.
w sxk.se

Jagen und Angeln

Sportfiskarna
(08) 410 806 00.
w sportfiskarna.se

Sveafiskekortet
w sveaskog.se

Svenska Jägarförbundet
077 183 03 00.
w jagareforbundet.se

Schwedens Naturlandschaften lassen sich gut mit dem Kanu entdecken

GRUND-INFORMATIONEN

Praktische Hinweise	318–325
Reiseinformationen	326–333

Praktische Hinweise

Schweden ist ein Land der weiten Entfernungen: Vom südschwedischen Malmö liegt Treriksröset im hohen Norden genauso weit entfernt wie Rom. Man sollte daher seine Reiseroute gut planen. Nützliche Informationen liefern im Internet die Seiten der örtlichen Fremdenverkehrsbüros, zudem kann man Zimmer vom Luxushotel bis zur Frühstückspension sowie Ferienhäuser und Apartments online buchen. In Schweden stehen über 300 offizielle Fremdenverkehrsbüros Reisenden mit Rat und Tat zur Seite. In den Städten sind Banken, medizinische Notdienste und das Telefonsystem auf dem neuesten Stand. Zoll- und Grenzkontrollen fallen v. a. für Bürger aus Ländern an, die nicht zur EU gehören, für EU-Bürger ist die Einreise problemlos.

Information

Schweden betreibt über **Visit Sweden** etliche Fremdenverkehrsbüros im Ausland. Einen Überblick über die Angebote sowie Links zu allen örtlichen Fremdenverkehrsbüros bietet: www.visitsweden.com

Anwenderfreundlich ist auch die allgemeine Website des **Svensk TuristGuide** (www.sverigeturism.se). Mit Klick auf die Karte erreicht man regionale Fremdenverkehrsbüros und erhält Informationen über Unterkünfte, Restaurants, Sehenswürdigkeiten und Veranstaltungen. Broschüren und Reisetipps können per E-Mail oder telefonisch bestellt werden.

Die 300 offiziellen Fremdenverkehrsbüros (*turistbyråer*) in Schweden werden im Sommer durch Informationsstände ergänzt, die sich meist bei wichtigen Sehenswürdigkeiten befinden. Büros mit blau-gelbem »I« bieten einen umfassenderen Service als jene mit grünweißem »I«.

Stockholms Fremdenverkehrsorganisation ist das **Stockholm Tourist Center**.

Einreise und Zoll

Bürger aus Ländern der Europäischen Union und der Schweiz müssen bei der Einreise nach Schweden noch nicht einmal Reisepass oder Personalausweis vorzeigen. Gleichwohl muss ein Lichtbildausweis mitgeführt werden. Das gilt auch für Kinder jeglichen Alters.

Auch der schwedische Zoll wird EU-Bürger in der Regel nicht behelligen, dafür ist zollfreier Einkauf nur für Ziele und Reisende außerhalb der EU gestattet.

Bei der Mitnahme von versteuerten Waren gelten für EU-Bürger ebenfalls andere Mengen als für Bürger außerhalb der EU. Bei der Einreise aus EU-Ländern darf man im Prinzip Alkoholika (Spirituosen, Wein, Bier) in unbegrenzten Mengen einführen, sofern sie für den privaten Gebrauch bestimmt sind und im Land nicht weiterverkauft werden. Für Reisende aus Nicht-EU-Ländern gelten als Höchstgrenze ein Liter Spirituosen oder zwei Liter Süßwein, dazu vier Liter Wein und 16 Liter Bier. Bei Zigaretten gilt: 400 für EU-Bürger, 200 für Reisende aus Nicht-EU-Ländern.

Die Einfuhr von Lebensmitteln unterliegt ebenfalls Beschränkungen. Essen in Dosen darf unbegrenzt importiert werden, EU-Bürger können zusätzlich 15 Kilogramm frische Lebensmittel pro Person einführen.

Devisen dürfen unbegrenzt eingeführt werden. Hunde und Katzen aus EU-Ländern können nach Schweden mitgenommen werden. Zusätzlich zum EU-Heimtierausweis (das Tier muss dafür mit Tätowierung oder Mikrochip gekennzeichnet sein) verlangt Schweden einen Nachweis des Tollwutimpfschutzes und eine Behandlung gegen Bandwürmer, die maximal zehn Tage vor der Einreise durchgeführt wurde. Hunde müssen in Schweden vom 1. März bis 20. August an der Leine geführt werden.

Mehrwertsteuerfrei einkaufen können nur Bürger mit Wohnsitz außerhalb der EU. Aktuelle mehrsprachige Informationen bietet **Tullverket** telefonisch und im Internet.

Öffnungszeiten und Eintritt

Die meisten Museen und Sehenswürdigkeiten haben ganzjährig zwischen 10 oder 11 Uhr und 17 oder 18 Uhr geöffnet, im Sommer gelten in der Regel längere Öffnungszeiten. Montags hat fast alles geschlossen. Einige staatliche Museen verlangen keinen Eintritt, ansonsten muss man mit etwa 50 bis 150 Kronen rechnen. Für Kinder, Studenten und Senioren gibt es meist Ermäßigungen.

Fremdenverkehrsbüro in Stockholm

◀ Spektakuläres Nordlicht in Lappland

Kirchen sind oft nur zum Gottesdienst geöffnet, teilweise können sie zu bestimmten Zeiten besichtigt werden.

Stockholm und andere Städte bieten spezielle Ermäßigungskarten für Gäste an, z. B. die Stockholm Card. Sie sind in Fremdenverkehrsbüros und vielen Hotels erhältlich und für einen oder mehrere Tage gültig. In der Regel gibt es auch Familienkarten. Mit ihnen kann man öffentliche Verkehrsmittel frei benutzen und kostenlos oder ermäßigt Museen sowie andere Sehenswürdigkeiten und Veranstaltungen besuchen. Zudem erhält man manchmal Rabatte in Läden.

Discos und Clubs verlangen im Allgemeinen zwischen 60 und 120 Kronen Eintritt. Karten für Theater, Konzerte und Sportveranstaltungen kann man vor Ort kaufen, in den Städten an den Vorverkaufsstellen sowie online über **Ticnet** (www.ticnet.se).

Behinderte Reisende

Es ist in Schweden Gesetz, dass alle öffentlichen Gebäude behindertengerecht ausgestattet sein müssen und auch für Allergiker verträglich sind – in dieser Hinsicht hat das Land weltweit eine Vorreiterrolle inne. Rollstuhlrampen und Behindertentoiletten finden sich in allen neueren Gebäuden. Behinderte Autofahrer können mit dem in ihrem Heimatland ausgestellten Behindertenausweis in ausgewiesenen Zonen parken.

In Stockholm sind die Tunnelbana und Lokalbahnen behindertengerecht ausgebaut, Niederflurbusse ermöglichen das Ein- und Aussteigen. Besucher können sich telefonisch oder im Internet auf Englisch bei **De Handikappades Riks-**

Mit dem GöteborgPass kann man kostenlos Museen besichtigen

förbund (DHR) informieren. Broschüren mit Informationen über behindertengerechte Einrichtungen in Theatern, Kinos, Museen und Bibliotheken erhält man in den jeweiligen Fremdenverkehrsbüros.

Etikette

Rauchen ist auch in Schweden fast überall unerwünscht. Rauchverbot in öffentlichen Gebäuden und Verkehrsmitteln, in allen Bahnhöfen sowie in allen Restaurants, Bars und Cafés (ausgenommen sind Freiluftzonen, z. B. Terrassen und Gärten).

Schweden stellen sich meist geduldig in der Schlange an. Generell sind sie freundlich und hilfsbereit zu Besuchern. Die Anrede mit Vornamen ist allgemein üblich, ein lockeres »Hej!« ist der normale Gruß.

Legere Kleidung wird überall akzeptiert, auch in guten Restaurants und insbesondere im Sommer.

Trinkgeld ist immer im Preis eingeschlossen, dennoch rundet man in Restaurants die Summe um bis zu zehn Prozent auf, wenn man mit dem Service zufrieden war.

Logo des staatlichen Spirituosenladens Systembolaget

Alkohol

Schweden betreibt eine sehr restriktive Politik hinsichtlich Alkohol. Wein und Spirituosen können nur in den wenigen staatlichen Systembolaget-Läden erworben werden. Sie sind montags bis freitags von 10 bis 18 oder 19 Uhr offen, sehr wenige auch samstags bis 15 Uhr. Oft sind die Warteschlangen lang, vor allem am Freitag. Um Alkohol kaufen zu können, muss man mindestens 20 Jahre alt sein, wer jünger wirkt, muss sich ausweisen. Auch in Restaurants wird Alkohol nur an Volljährige ausgeschenkt. Die meisten Restau-

Auf einen Blick

Information

Visit Sweden
- (069) 22 22 34 96 (in D).
- (0620) 62 01 50 11 (in S).
- visitsweden.com

Stockholm Tourist Center
Vasagatan 14, 111 20 Stockholm.
Stadtplan 1 B4.
- Mo–Fr 9–18 Uhr (Mai-Mitte Sep: bis 19 Uhr), Sa 9–16, So 10–16 Uhr.
- (08) 508 28 508; aus dem Ausland: +46 (0)8 508 28 508.
- visitstockholm.com

Göteborgs Turistbyrå
Kungsportsplatsen 2,
411 10 Göteborg.
- (031) 368 42 00.
- goteborg.com
- turistinfo@goteborg.com

Malmö Turism
Skeppsbron 2 (gegenüber dem Hauptbahnhof), 211 20 Malmö.
- (040) 341 200.
- malmotown.com
- malmo.turism@malmo.se

Einreise und Zoll

Tullverket
- 0771 520 520.
- tullverket.se

Behinderte Reisende

DHR
(Information für behinderte Reisende) (08) 685 80 00.
- dhr.se

Alkohol

Systembolaget
- systembolaget.se

rants schließen um 1 Uhr, nur wenige Bars haben bis 5 Uhr morgens geöffnet.

Für Autofahrer ist Alkohol praktisch verboten – die erlaubte Alkoholgrenze liegt bei 0,2 Promille.

In Schweden prostet man sich zu. Um skål zu sagen, schaut man dem anderen direkt in die Augen, hebt das Glas, trinkt, wiederholt den Augenkontakt und stellt dann erst das Glas wieder ab.

Sicherheit und Gesundheit

Schweden ist ein sicheres Reiseland. Es kommt weder zu gewalttätigen Ausschreitungen noch Terrorismus oder Naturkatastrophen. Sicher gibt es auch in Schweden Kriminalität, in einigen Städten mehr als in anderen, doch Reisende kommen damit selten in Kontakt. Gleichwohl sollte man seinen Wagen verschließen und Wertsachen nicht offen liegen lassen. Achten Sie im Sommer auf Taschendiebe, meiden Sie nachts menschenleere Stadtviertel. Schweden besitzt ein exzellentes Notfallnetzwerk, hervorragende Rettungsdienste und Unfallkliniken.

Polizist   Wachmann

Polizeiauto aus Stockholm

Diebstahl

Obwohl Schweden ein sehr sicheres Reiseland ist, kann man als Besucher natürlich trotzdem in Schwierigkeiten geraten. Vor allem in den Sommermonaten sind bei belebten Veranstaltungen Handtaschenräuber und Taschendiebe aktiv. In den Städten sollte man noch sorgfältiger auf sein Hab und Gut achten, insbesondere auf Kameras und Handtaschen. Vermeiden Sie Garderoben ohne Garderobenpersonal in Restaurants und Museen.

Wertsachen und Ausweise sollte man immer im Hotelsafe sicher deponieren. Lassen Sie auch keine Wertsachen im Auto. Idealerweise wählt man ein Hotel mit guten Parkmöglichkeiten.

Tragen Sie nicht unnötig große Bargeldsummen bei sich. Alle gängigen Kreditkarten werden praktisch in allen Restaurants, Bars und Läden akzeptiert, Geldautomaten sind zumindest in größeren Orten weitverbreitet.

Persönliche Sicherheit

Die schwedische Polizei ist im Allgemeinen äußerst hilfsbereit, die meisten Polizisten sprechen Englisch, bisweilen auch ein bisschen Deutsch. Polizeipatrouillen zu Fuß oder im Auto sind in Städten ein vertrautes Bild, bei Veranstaltungen ist oft berittene Polizei im Einsatz. In Vorstädten tritt die Polizei seltener in Erscheinung, auf dem Land gibt es wenig Dienststellen. Nicht in allen Kleinstädten patrouillieren nachts Polizisten, nur wenige Dörfer haben ein Polizeirevier.

In vielen Orten führen uniformierte Wachmänner Polizeiaufgaben aus. Man sieht sie in Kaufhäusern, auf Bahnhöfen und in der Tunnelbana sowie unterwegs im Auto.

Berittene Polizei

Stockholm, Göteborg und Malmö kann man sicher zu Fuß erkunden. Die Stockholmer Tunnelbana ist effizient, komfortabel und in der Regel auch sicher. An einigen Bahnhöfen, Plätzen, Kaufhäusern und Läden sind Überwachungskameras installiert.

Halten Sie sich beim Autofahren an die strengen Bestimmungen, die für Alkohol, Drogen und einige Medikamente am Steuer gelten. Der erlaubte Alkoholwert im Blut liegt in Schweden bei 0,2 Promille, wer schwer betrunken fährt (ab 1,0 Promille), riskiert sogar eine Gefängnisstrafe. Der Besitz von Drogen jeder Art ist illegal.

Verkehrsvergehen werden mit empfindlichen Geldstrafen geahndet, dies gilt vor allem für zu schnelles Fahren.

Jahrelang war die Prostitution in Schweden verboten. Doch wurden nicht die Prostituierten, sondern die Freier bestraft. Als Folge sieht man auch heute nur wenige Prostituierte in den Stadtzentren.

Fundbüros

Verlorenes oder gestohlenes Eigentum sollte man beim nächsten Polizeirevier anzeigen, nicht zuletzt weil man nur mit einem Polizeibericht Versicherungsansprüche geltend machen kann. Neben den Fundbüros der Polizei (Polisens Hittegodsexpedition) gibt es in großen Orten und Städten Fundbüros (Hittegodsavdel-

SICHERHEIT UND GESUNDHEIT

ning) an Bahnhöfen, Busbahnhöfen und Flughäfen. Diese haben oft nur tagsüber geöffnet und geben nicht immer telefonisch Auskunft. In der Regel wird ein hoher Prozentsatz verlorener Gegenstände wiedergefunden.

Wer seine Ausweispapiere verliert, sollte sich an das Konsulat oder die Botschaft seines Heimatlands wenden

Notfälle

Die Notrufnummer für Polizei, Feuerwehr und Notarzt ist **112**. In Notfällen kann man gebührenfrei von allen öffentlichen Telefonen aus anrufen.

Gesundheit

Für einen Aufenthalt in Schweden sind keine besonderen Impfungen nötig, ein FSME-Impfschutz ist für Reisen in den Sommermonaten dennoch zu empfehlen, vor allem wenn man sich viel im Freien aufhalten will.

Bei den abends und am Wochenende tätigen ärztlichen Bereitschaftsdiensten macht man telefonisch einen Termin aus. Viele – auch private – Krankenhäuser haben Unfallstationen und Notaufnahmen. Bei leichteren Beschwerden wendet man sich nicht an Notfallkliniken, sondern an den Gesundheitsinformationsdienst **Sjukvårdsrådgivningen**. Dort wird man auch auf Englisch beraten und an das geeignete Krankenhaus oder den Bereitschaftsarzt verwiesen. Vor allem in der Ferienzeit kann man mithilfe dieser zentralen Informationsstelle lange Wartezeiten vermeiden. Bei schlimmen Zahnschmerzen helfen in der Regel die Zahnärzte vor Ort. In größeren Ortschaften gibt es einen zahnärztlichen Bereitschaftsdienst.

Gesetzlich Krankenversicherte aus Ländern der Europäischen Union werden in Schweden nach Vorlage ihrer Europäischen Krankenversicherungskarte (EHIC) kostenlos behandelt. Privatversicherte bekommen Ausgaben in der Regel von ihrer Versicherung ersetzt. Halten Sie zudem Ausweis oder Pass bereit. Empfehlenswert ist eine zusätzliche Reisekrankenversicherung, die gegebenenfalls auch den Krankenrücktransport ins Heimatland übernimmt.

Medikamente

Medikamente werden in Schweden nur in Apotheken verkauft. Mittel gegen kleinere Beschwerden sind oft rezeptfrei, doch müssen viele Arzneien, die in anderen Ländern frei erhältlich sind, ärztlich verschrieben werden. Medikamente, die Sie regelmäßig benötigen, sollten Sie auf jeden Fall in ausreichender Menge auf die Reise mitnehmen.

Die gut ausgebildeten Apotheker können auch medizinisch beraten. Auf dem Land sind Apotheken rar und haben sonntags geschlossen. Einige Naturheilmittel erhält man auch in Bio- oder Reformkostläden.

Apothekenzeichen

Risiken in der Natur

Naturgewalten sind in Schwedens abwechslungsreicher Landschaft nicht zu unterschätzen. In den Bergen kann das Wetter innerhalb kurzer Zeit umschlagen. Mit Vorsicht und der richtigen Ausrüstung werden bei Bergwanderungen Gefahren minimiert. In den STF-Bergstationen erhält man Wetterberichte und nützliche

Auf einen Blick
Notfälle
Notarzt, Polizei, Feuerwehr, Küstenwache ☎ 112.

Gesundheit
Sjukvårdsrådgivningen
☎ (08) 32 01 00 (24 Stunden).

Botschaften
Deutschland
Skarpögatan 9, 115 27 Stockholm.
☎ +46 (0)8-670 15 00.
🌐 stockholm.diplo.de

Österreich
Kommendörsgatan 35/V, 114 58 Stockholm. ☎ +46 (0)8-665 17 70.
🌐 aussenministerium.at/stockholm

Schweiz
Valhallavägen 64, 100 41 Stockholm. ☎ +46 (0)8-676 79 00.
🌐 eda.admin.ch/stockholm

Informationen über sichere Routen.

An der Küste sind jedes Jahr Ertrunkene zu beklagen. Fahren Sie nicht mit zerbrechlichen Booten hinaus, auch nicht mit einem Boot, das Sie nicht beherrschen. Achten Sie auf die Wetterprognosen der Einheimischen. Seien Sie beim Schwimmen im Meer auf Strömungen gefasst.

Raubtiere stellen in den Wäldern keine Gefahr dar. Bären, Wölfe, Luchse und Vielfraße sind zu scheu, um sich Menschen zu nähern. Dies gilt auch für Schwedens einzige Giftschlange, die Kreuzotter. Bei einem eventuellen Schlangenbiss sollte man unbedingt einen Arzt aufsuchen.

Stechmücken können von Juni bis Herbst vor allem in der Dämmerung, am Wasser und in den Bergen eine Plage sein. Insektenschutzmittel gibt es in Apotheken. Gefährlicher sind Zecken, die Krankheiten wie Borreliose oder FSME übertragen können. Sie sollten so schnell wie möglich entfernt werden. Suchen Sie einen Arzt auf, wenn die Hautrötung um einen Biss nicht schnell verschwindet.

Notarztwagen

Banken und Währung

Schwedens Währung ist die schwedische Krone *(krona)*. Das Land ist zwar EU-Mitglied, hat sich aber gegen den Euro entschieden. Viele Läden in den wichtigen Fremdenverkehrszentren akzeptieren dennoch Euro, die Preise sind jedoch fast nur in Kronen ausgezeichnet. Banken wechseln ausländische Währungen, bessere Kurse bekommt man oft in den länger geöffneten Wechselstuben in den Hauptorten. Geldautomaten findet man überall vor Banken und in Einkaufszentren. Kreditkarten werden fast überall akzeptiert, Gleiches gilt für die girocard.

Bankomat, ein gemeinsames Automatensystem der Banken

Banken

Die zahlreichen Banken in den Städten bieten alle einen guten Service. Die Öffnungszeiten variieren, liegen aber in der Regel zwischen 9.30 und 15 Uhr. Einige Banken haben an einem Tag bis 18 Uhr geöffnet. Alle Geldinstitute sind am Wochenende, an Feiertagen und an den Tagen vor Feiertagen geschlossen.

Der **Svensk Kassaservice** ist für den Bargeldverkehr in den schwedischen Postämtern zuständig und unterhält landesweit fast 1000 Filialen. Sie übernehmen auch Transaktionen für bestimmte Banken.

Fast 3000 Geldautomaten sichern landesweit die Versorgung mit Bargeld. Bankomat ist das gemeinsame Automatensystem der Privatbanken, die Uttag-Geldautomaten gehören zu den FöreningsSparbanken. Reisende können an den Automaten beider Systeme mit den gängigen Kreditkarten sowie der girocard (mit PIN) Geld abheben. Die Bedienungsanleitungen an den Automaten sind in mehreren Sprachen. Die Gebühren sind je nach Bank und Kartentyp verschieden (meist ein Prozent vom abgehobenen Betrag, mindestens drei bis fünf Euro).

Geldwechsel

Allgemein bieten Wechselbüros wie **Forex** oder **X-Change** bessere Kurse an als Banken, auch sind sie in den Stadtzentren dicht gesät. Am teuersten wechselt man im Hotel. Es lohnt sich, Kurse und Gebühren zu vergleichen, die Unterschiede sind erheblich. An internationalen Flughäfen kann man täglich ab 5.30 Uhr Geld wechseln, an den Bahnhöfen in den Städten ab 7 Uhr.

Auf einen Blick

Banken und Wechselstuben

Forex
Service-Center
☎ 0771 22 22 21.
🌐 forex.se

Handelsbanken
Kungsträdgårdsgatan 2.
Stadtplan 4 C1.
☎ 0771 77 88 99.
🌐 handelsbanken.se

Nordea
Hamngatan 12.
Stadtplan 3 D4.
☎ 0771 22 44 88.
Aus dem Ausland:
+46 (0)771-22 44 88.
🌐 nordea.se

SEB
Sergels Torg 2.
Stadtplan 2 C4.
☎ 0771 365 365.
Aus dem Ausland:
+46 (0)771-365 365.
🌐 seb.se

Swedbank
Brunkebergstorg 8.
Stadtplan 3 D4.
☎ 0771 22 11 22.
🌐 swedbank.se

X-Change
☎ 020 39 40 00.
🌐 x-change.se

Kartenverlust

Allg. Notrufnummer
☎ +49 116 116.
🌐 116116.eu

American Express
☎ 0771 295 600.
🌐 americanexpress.com/sweden

Diners Club
☎ (08) 14 68 78.
🌐 dinersclub.se

MasterCard
☎ 020 79 13 24.
🌐 mastercard.com/se

Visa
☎ 020 79 56 75.
🌐 visa.se

girocard
☎ +49 (0)69 740 987.

Zentrale der Handelsbanken in der Kungsträdgårdsgatan, Stockholm

BANKEN UND WÄHRUNG | 323

Logo der in Städten und Flughäfen ansässigen Forex-Wechselstuben

Kredit- und Debitkarten

Die gängigen Kreditkarten wie **Visa**, **MasterCard** und **Diners Club** werden in ganz Schweden in Hotels, Restaurants, Läden und bei Veranstaltern akzeptiert. Aufgrund der hohen Gebühren (die für den anfallen, der die Karte akzeptiert), kann man dagegen nicht überall mit Karten von **American Express** bezahlen. Bei Kartenzahlung wird in den meisten Läden nach dem Ausweis und/oder der Eingabe Ihrer PIN gefragt. In einigen Läden kann man beim Einkauf auch kleine Bargeldsummen abheben.

Mit einer Debitkarte wie der **girocard** (früher Maestro-/EC-Karte) können Sie teilweise direkt bezahlen und an vielen Automaten Geld abheben. Die girocard gibt es mit Maestro- oder VPay-Logo. Beide funktionieren in Schweden gleichermaßen. Den Verlust Ihrer Karte(n) sollten Sie sofort melden.

Reiseschecks

Reiseschecks werden mittlerweile in Hotels und Läden nicht mehr akzeptiert, doch in Banken und Wechselstuben kann man sie noch gegen Bargeld einlösen. Bei Reiseschecks sollten Sie die Quittung mit den Seriennummern getrennt von den Schecks sicher aufbewahren.

Währung

Schwedens Währung ist die *krona* (Mehrzahl: *kronor*). Eine *krona* (abgekürzt SEK oder Kr) hat offiziell 100 Öre. Die kleinste Münze ist allerdings die 1-Krone-Münze, die größte Banknote der 1000-Kronen-Schein. Um Probleme mit dem Wechselgeld zu vermeiden, zahlt man am besten mit höchstens 500-Kronen-Scheinen.

In Ferienorten und in Stockholm kann man bisweilen mit Euro bezahlen, erhält dann aber Kronen zurück.

20 Kronen (Selma Lagerlöf)

Banknoten

Die schwedische Währung gibt es in Banknoten zu 20, 50, 100, 500 und 1000 Kronen. Darauf abgebildet sind berühmte Schweden, Könige, Dichter und Wissenschaftler.

50 Kronen (Jenny Lind)

100 Kronen (Carl von Linné)

500 Kronen (König Karl XI)

Münzen

Münzen werden im Wert von 1, 5 und 10 Kronen geprägt. Die zu 1 und 10 Kronen zeigen Schwedens König, auf dem 5-Kronen-Stück ist auf der Rückseite sein Monogramm. Die 50-Öre-Münze ist seit Oktober 2010 ungültig.

1000 Kronen (König Gustav Vasa)

1 Krone   5 Kronen   10 Kronen

Kommunikation und Medien

Schwedens Telefonnetz gehört zu den weltweit besten. Die nationale Telekommunikationsindustrie und ein hoher Lebensstandard haben dazu beigetragen, dass Schweden eine außergewöhnliche Handydichte und extrem viele Internet-Anschlüsse vorweisen kann – nicht umsonst sitzt einer der größten Hersteller von Kommunikationstechnik in Schweden. Im Herbst 2010 hat Schweden zudem als weltweit erstes Land den neuen Mobilfunkstandard LTE (4G-Netz) eingeführt. Öffentliche Telefonzellen funktionieren mit Telefonkarten und oft auch mit Kreditkarten.

Moderne schwedische Telefonzelle

Telefonieren

Schweden ist in 250 Ortsbereiche aufgeteilt. Bei Anrufen ins Ausland wählt man Doppelnull und Ländervorwahl (Deutschland 49, Österreich 43, Schweiz 41), dann die Telefonnummer ohne Null vor der Ortsvorwahl. Schwedens Landesvorwahl lautet **0046**.

Fragen, etwa ob Ihr Telefon in den Bergen funktionieren wird, beantwortet der Kundenservice von **Telia** unter (0046) 771 99 02 00. Die schwedische Auskunft erreicht man unter 118 118 oder online unter www.eniro.se oder www.hitta.se. So kann man auch Handynummern in Erfahrung bringen.

Die Zahl der Telefonzellen hat angesichts der vielen Handys erheblich abgenommen. Die verbliebenen öffentlichen Telefone gehören der Telia und sind hauptsächlich Kartentelefone. Am günstigsten telefoniert man mit schwedischen Telefonkarten, die es zu 50 oder 120 Einheiten gibt. Man erhält sie an Zeitungskiosken und in Geschäften.

Ortsgespräche kosten mindestens vier Einheiten, internationale und Anrufe ins Mobilnetz sind teurer. Man kann aber auch bestimmte Kreditkarten und internationale Telefonkarten benutzen, doch liegen hier die Gebühren höher.

Die Gebrauchsanweisungen der öffentlichen Telefone sind auch auf Englisch. Mit 2# kann man von öffentlichen Telefonen R-Gespräche führen. Die Nummer von Deutschland Direkt lautet: 020 799 049.

Die seltenen Münztelefone funktionieren mit 1-, 5- und 10-Kronen-Münzen.

Mobiltelefone

Die große Reichweite des schwedischen GSM- und UMTS-Netzes sorgt für guten Empfang auch außerhalb der Städte. Nehmen Sie Ihr Handy auch in die Wildnis mit – im Notfall können Sie damit Hilfe rufen.

Zu Schwedens großen Netzanbietern zählen **Telia**, **Telenor**, Tele2/Comviq und 3 Sweden.

Mit einem Handy mit schwedischer Prepaid-Karte können Sie günstig innerhalb Schwedens telefonieren. Handys mit Prepaid-Vertrag bekommen Sie im **Phone House**, bei Telia oder Telenor.

Bitte beachten Sie: Mit dem Handy müssen Sie immer die **Ortsvorwahl** mitwählen. Die Landesvorwahl ist nicht nötig.

Die EU begrenzt seit 2007 die Roaming-Gebühren in den Mitgliedsstaaten. Der Minutenpreis für ein abgehendes Telefonat beträgt demnach seit Juli 2014 maximal 0,19 Euro, für ein ankommendes Gespräch 0,05 Euro. Eine SMS kostet maximal 0,06 Euro, Datenübertragung pro MB maximal 0,20 Euro (alle Angaben zuzüglich Mehrwertsteuer). In Zukunft sollen die Roaming-Gebühren ganz wegfallen. Ein konkreter Termin dafür steht noch nicht fest, anvisiert ist laut EU-Kommission 2016.

Internet, E-Mail, Fax

Fast alle Hotels bieten ihren Gästen Fax- und E-Mail-Dienste und meist auch Internet-Zugang (via WLAN) an. Online gehen können Sie auch an Terminals in öffentlichen Büchereien.

Ein Angebot von **Sidewalk Express** ist der Internet-Zugang von Computerterminals, der minutengenau abgerechnet wird, etwa am Flughafen Arlanda, am Stockholmer

Computerterminals bei Sidewalk Express in Stockholms Hauptbahnhof

Hauptbahnhof und in einer Reihe von Pressbyrån- und 7-Eleven-Läden. Die Kosten rangieren zwischen 25 und 35 Kronen pro Stunde.

An vielen öffentlichen Plätzen, in Hotels und Cafés gibt es Wi-Fi-Hotspots. Einige sind kostenfrei, andere sehr günstig.

Post

Die schwedische Post kann auf eine fast 400-jährige Geschichte zurückblicken, doch nach Meinung vieler Schweden hat sich ihr Leistungsangebot in den letzten Jahren verschlechtert. Postämter wurden geschlossen und durch wenige große, hauptsächlich für Firmen nutzbare Postzentralen ersetzt. Für die Allgemeinheit gibt es nun kleine Servicestellen meist in Supermärkten oder Tankstellen. Sie haben zwar abends länger und teils auch am Wochenende geöffnet, sind jedoch eng und wenig kundenfreundlich. Den besten Service bietet wohl die mobilen Postangestellten in den abgelegenen Gebieten. Briefmarken bekommt man in Postämtern, an Pressbyrån-Kiosken und in Fremdenverkehrsbüros.

Standardpostkarten und Briefe unter 20 Gramm kosten innerhalb Schwedens sechs Kronen, ins Ausland zwölf Kronen. Die blauen Briefkästen sind für die örtliche die gelben für die landesweite oder internationale Post. Die Leerungszeiten sind an den Briefkästen angegeben. In Großstädten werden Eilbriefkästen erst am Abend geleert.

Die meisten internationalen Kurierdienste wie **DHL**, **FedEx** und **TNT** haben Niederlassungen in schwedischen Städten, einen eigenen Kurierdienst betreibt die schwedische Post.

Fernsehen und Radio

Die meisten Hotels bieten schwedisches und internationales Fernsehen auf dem Zimmer. Die häufigsten Sender sind die schwedischen Kanäle SVT1, SVT2, TV3, TV4 und Channel 5 sowie die internationalen Sender CNN, Sky News, BBC und Eurosport. SVT1 und SVT2 sind staatliche Sender, SVT2 und TV4 senden morgens und abends Lokalprogramme und Wetterberichte.

Die lokalen Raciosender bringen hauptsächlich internationale und schwedische Musik. P6, SR International, strahlt auf 89,6 MHz auch englisch- und deutschsprachige Programme aus.

Zeitungen und Zeitschriften

Ausländische Zeitungen und Zeitschriften erhält man in den Städten, an Flughäfen und anderen Verkehrsknotenpunkten. Auch in Pressbyrån-Kiosken, Tabakläden, Kaufhäusern und manchen Fremdenverkehrsbüros ist ausländische Presse erhältlich.

Pressbyrån-Kioske verkaufen auch Briefmarken

Logo der schwedischen Post

Gelber Briefkasten für internationale, blauer für lokale Post

Auf einen Blick

Telefonieren

Auskunft
📞 118 118 (Schweden).
📞 118 119 (international).

Deutschland Direkt
📞 020 799 049.

Telia-Kundendienst
📞 0771 99 02 00.
🌐 telia.se

Mobiltelefone

Telenor
🌐 telenor.se

Telia
🌐 telia.se

Phone House
Gallerian, Hamngatan 37, Stockholm. **Stadtplan** 2 D4.
📞 0771 99 10 00.

Internet

Sidewalk Express
🌐 sidewalkexpress.com

Post

DHL
📞 0771 345 345.
🌐 dhl.se

FedEx
📞 0200 252 252.
🌐 fedex.com/se

Posten
📞 020 23 22 21 (Kundenservice).
🌐 posten.se

TNT
📞 020 960 960.
🌐 tnt.com/se

Reiseinformationen

Schwedens wichtigster internationaler Flughafen ist Arlanda bei Stockholm, gefolgt von Göteborgs Flughafen Landvetter sowie Sturup in der Nähe von Malmö. Seit Sommer 2000 ist das Land durch die Öresund-Brücke mit Dänemark und damit mit dem europäischen Kontinent verbunden. Es ist somit möglich, nach Kopenhagen zu fliegen oder zu fahren und von dort über die Brücke Malmö zu erreichen. Es verkehren auch viele Autofähren zwischen Dänemark und Schweden, in der Ostsee von Deutschland, Finnland und den baltischen Staaten sowie in der Nordsee von Norwegen. Im Sommer werden schwedische Häfen bei Kreuzfahrtschiffen immer beliebter. Züge und Expressbuslinien bieten Verbindungen in viele europäische Städte.

Mit dem Flugzeug

Von den meisten deutschen Flughäfen gehen Direktflüge nach Stockholm, fast alle großen international operierenden Fluggesellschaften fliegen Arlanda an. Der Flughafen liegt 40 Kilometer nördlich des Stadtzentrums. Arlanda ist auch eine Drehscheibe für den innerschwedischen Flugverkehr und für Charterflüge.

Direkte Linienflüge zwischen Stockholm und zahlreichen deutschen Städten (zum Teil mehrmals täglich) führen **Lufthansa**, **SAS** und **Finnair** durch. Von Wien und Zürich fliegen u. a. **Austrian** beziehungsweise **Swiss** ebenfalls direkt nach Stockholm.

Es gibt zwei weitere Flughäfen: Bromma liegt neun Kilometer nordwestlich vom Zentrum und wird von nationalen Fluggesellschaften angeflogen. Auch wer mit **Malmö Aviation** über Malmö fliegt, kommt hier an. Skavsta liegt etwa 100 Kilometer südlich von Stockholm in der Nähe von Nyköping und wird von einigen Billigfluglinien angeflogen. Von hier bringt Sie ein Bus nach Stockholm.

Der Arlanda Express fährt zwischen Arlanda und Stockholm

Verbindungen zum Flughafen

Alle internationalen Flughäfen bieten mit dem Flugplan abgestimmte Busverbindungen in die Innenstädte. Am Stockholmer Flughafen Arlanda treten die Busse von **Flygbussarna** zu Stoßzeiten alle zehn Minuten die 35-minütige Fahrt zum Hauptbahnhof an. Noch im Bus kann man ein Taxi zur Weiterfahrt bestellen.

Die Fahrt mit dem Taxi in die Innenstadt ist schneller, aber auch deutlich kostspieliger. Es gibt verschiedene Preiskategorien, viele Taxiunternehmen bieten einen Festpreis für die Fahrt von Arlanda ins Zentrum an, der um 500 Kronen liegt. Alle Taxis am Flughafen sind umweltfreundliche »Ecotaxis«. Für längere Strecken kann man bei Flygtaxi vor Terminal 4 ((08) 120 920 00; www.flygtaxi.se) einen Wagen buchen.

Die schnellste Verbindung bietet der **Arlanda Express**: Er erreicht den Stockholmer Hauptbahnhof in nur 20 Minuten (ca. 260 Kronen). Die Züge fahren alle 15 Minuten ab Arlanda Süd (für die Terminals 2, 3 und 4) und ab Arlanda Nord (für Terminal 5).

Flugpreise

Wer zeitlich flexibel ist oder schon sehr früh bucht, kann unter vielen Angeboten günstiger Flüge wählen. Durch den verschärften Wettbewerb zwischen den Fluglinien sind auch die Flüge von vielen europäischen Städten nach Schweden erheblich preiswerter geworden. SAS etwa stellt sich der Konkurrenz mit Billigflügen ohne großen Service. Von europäischen Großstädten aus gibt es schon Flüge für wenig Geld.

Reisebüros bieten häufig günstige Pakete aus Flug und Übernachtung an. Attraktive Last-Minute-Angebote findet man in Zeitungsannoncen und auf den Websites der Reiseunternehmen.

Terminal 5 (Internationale Flüge) am Flughafen Arlanda bei Stockholm

Die Fähre von Finnland unterwegs zum Kai in Stockholm

Mit der Fähre

Mehrere Fährlinien bieten von Deutschland Direktverbindungen über die Ostsee nach Schweden. Die großen Autofähren sind komfortabel, haben gutes Essen, Unterhaltung und Einkaufsmöglichkeiten, für längere Fahrten auch Kabinen.

Die meisten Fähren von Deutschland legen in Trelleborg an. Von Rostock und Travemünde fährt **TT-Line** mehrmals täglich nach Trelleborg, auch **Scandlines** verbindet mehrmals täglich Rostock und Sassnitz mit Trelleborg (Fahrzeit zwischen 3 und 7 Std.). Mit **Stena Line** kann man täglich von Kiel nach Göteborg fahren, mit **Color Line** jeden zweiten Tag von Kiel nach Oslo (Fahrzeit rund 14 beziehungsweise 21 Stunden, vorherige Reservierung unbedingt anzuraten).

Die Öresund-Brücke hat zwar den Fährverkehr von Dänemark reduziert, doch fahren noch immer Schiffe von **Scandlines** und **HH-Ferries** die kurze Strecke Helsingør – Helsingborg. **Stena Line** fährt auf den Routen Grenå – Varberg und Fredrikshavn – Göteborg.

Polferries betreibt die Routen Świnoujście – Ystad und Gdansk – Nynäshamn, **Stena Line** Gdynia – Karlskrona. Aus Finnland fahren Fähren von Helsinki, Turku und Mariehamn nach Stockholm und Kapellskär. Die Stockholmer Kais von **Viking Line** und **Tallink Silja Line** liegen in Stadsgården beziehungsweise Värtahamnen. Fähren von **RG-Line** verkehren zwischen Vaasa in Finnland und Umeå in Nordschweden, die Schiffe von Tallink Silja Line zwischen Tallinn, Estland und Stockholm sowie Paldiski und Kapellskär. Tallink fährt auch vom lettischen Riga aus nach Stockholm.

Mit Zug oder Bus

Die Zugverbindungen zum europäischen Kontinent sind hervorragend, zudem gibt es ein großes Busnetz. Im Internet findet man auf der Website von ResRobot die besten Zug- und Busverbindungen nach Schweden von Kopenhagen, Oslo oder Sassnitz.

Mit dem Auto

Von Deutschland aus erreicht man Schweden über Dänemark: Via Flensburg, Kolding und die Store-Bælt-Brücke kommt man nach København, von dort fährt man über die Öresund-Brücke (siehe S. 185) nach Malmö. Die Brückenbenutzung kostet 45 Euro (375 kr) Maut für einen Pkw. Alternativ kann man von Dänemark die 20-minütige Autofähre zwischen Helsingør und Helsingborg nehmen. Eine weitere Möglichkeit der Anreise über Dänemark sind die Fähren Puttgarden – Rødby (1 Std.) oder Rostock – Gedser (2 Std.).

Ankunftshalle des Stockholmer Hauptbahnhofs

Auf einen Blick

Fluglinien

SAS
- 0770 727 727 (Schweden).
- 01805 11 70 02 (D).
- flysas.com

Malmö Aviation
- 0771 55 00 10 (Schweden).
- malmoaviation.se

Finnair
- finnair.com

Lufthansa
- 0770 11 10 10 (Schweden).
- lufthansa.com

Austrian
- 0770 82 73 73 (Schweden).
- austrian.com

Swiss
- (08) 587 704 45 (Schweden).
- swiss.com

Flughafentransfer

Arlanda Express
- arlandaexpress.se

Flygbussarna
- flygbussarna.se

Fähren

Polferries
- (040) 12 17 00.
- polferries.se

Scandlines
- (042) 18 61 00.
- scandlines.se

Stena Line
- 0770 57 57 00.
- stenaline.se

Tallink Silja Line
- (08) 22 21 40.

TT-Line
- (0410) 562 00.
- ttline.se

Viking Line
- (08) 452 40 00.
- vikingline.se

Zug und Expressbus

ResRobot
- resrobot.se

In Schweden unterwegs

Angesichts der riesigen Entfernungen sind Inlandsflüge in Schweden sehr praktisch. Häufig sind sie auch nicht teuer. Eine komfortable Alternative für lange Strecken sind die bequem ausgestatteten Schlafwagen der Eisenbahn. Der Hochgeschwindigkeitszug SJ verbindet die großen Städte und kann hinsichtlich Reisedauer und Komfort durchaus mit Inlandsflügen konkurrieren. In vielen Landesteilen sind Busse die hauptsächlichen öffentlichen Verkehrsmittel. Mit dem Boot kann man Schwedens schöne Inseln und Gewässer besonders intensiv erkunden.

Mit SAS kann man innerhalb Schwedens fliegen

Inlandsflüge

Deregulierung und verstärkter Wettbewerb haben in den letzten Jahren die Preise für Inlandsflüge sinken lassen. In Schweden mit seinen riesigen Entfernungen bieten sie überlegenswerte Möglichkeiten. 45 Flughäfen gehören zum Linienflugnetz, zwölf davon werden von der staatlichen **Swedavia** betrieben. Besuchen Sie die Website von **Luftfartsverket** für Informationen über alle schwedische Flughäfen, darunter auch aktuelle Ankunfts- und Abflugzeiten.

Der wichtigste Flughafen ist Arlanda (Stockholm), doch fliegen einige Linien den zentraleren Hauptstadtflughafen Bromma an. Große Flughäfen sind zudem Landvetter (Göteborg) und Sturup bei Malmö.

Die Flugzeiten sind allgemein kurz: Stockholm – Göteborg dauert 55 Minuten, der längste Direktflug von Stockholm nach Kiruna nur knapp zwei Stunden.

SAS verzeichnet die meisten Passagiere. Weitere Fluglinien sind **Malmö Aviation** und **Norwegian**. Flugtickets kauft man in Reisebüros oder direkt auf den Websites der Fluglinien.

Online reservierte Tickets werden im Allgemeinen mit Kredit- oder Debitkarte bezahlt und zu Hause ausgedruckt oder am Flughafen abgeholt. Insbesondere Frühbucher können durch Preisvergleiche Geld sparen. Für junge Leute unter 26 Jahren gibt es in Schweden günstige Stand-by-Tickets.

Reisende nach Malmö können auch nach Kastrup in Kopenhagen fliegen und von dort schnell mit dem Zug über die Öresund-Brücke Malmös Zentrum erreichen.

Logo der Eisenbahn

Ein Zug fährt durch das winterliche Dorf Storlien in Süd-Norrland

An großen Flughäfen fahren Zubringerbusse in Abstimmung mit dem Flugplan.

Mit dem Zug

Ein dichtes Eisenbahnnetz mit guten Bahnhöfen und Dienstleistungen erschließt Schweden von der Öresund-Brücke im Süden bis Riksgränsen im Norden. Die Linien werden von konkurrierenden Unternehmen betrieben. Die staatliche Bahnlinie **SJ** operiert auf den meisten Fernstrecken. Große Eisenbahngesellschaften sind etwa **Veolia Transport** und **Tågkompaniet**, die Teile des Bahnnetzes in Norrland betreiben. Auf Provinzebene werden Bahnlinien von lokalen Unternehmen als Partner von Bus- und Fährlinien unterhalten.

Reisen mit verschiedenen Unternehmen und Transportmitteln verwaltet **Samtrafiken**, an dem verschiedene Transportgesellschaften beteiligt sind. Über Resplus kann man für alle Fahrten mit allen Transportmitteln ein Ticket erwerben.

Seit den 1990er Jahren ist den Fluggesellschaften durch den Hochgeschwindigkeitszug SJ (früher X2000), der von Kopenhagen und Malmö über Göteborg, Östersund und Falun nach Stockholm fährt, eine harte Konkurrenz erwachsen. Er benötigt von Malmö aus rund fünf, von Göteborg rund drei Stunden nach Stockholm. Wie in Flugzeugen gibt es eine Business Class.

Die wichtigste Alternative zum SJ ist auf Langstrecken der InterCity. Hier kann man zwischen erster und zweiter Klasse wählen. Schlafwagen empfehlen sich für lange Strecken wie Göteborg – Östersund und Strecken in Nord-Norrland. Sie sind hochwertig ausgerüstet, oft kann man sogar ein eigenes Abteil mit Dusche buchen. Die normalen Abteile sind mit einer bis sechs Liegen ausgestattet. Die Kosten für Fahrkarten unterscheiden sich erheblich je nach Art des Zugs. Es gibt viele Sondertarife.

Fahrkarten erhält man online oder an größeren Bahnhöfen. Wer erst im Zug eine Karte kauft, muss eine Gebühr von 100 Kronen zahlen. Im SJ und in Nachtzügen müssen Plätze/Betten reserviert werden.

Mit der **Inlandsbanan** kann man in den Sommermonaten durch Schwedens Wildnis, Wälder und Berge fahren. Die 1300 Kilometer lange Strecke verläuft von Kristinehamn am Vänern-See bis Gällivare im nördlichen Lappland.

Mit dem Bus

Busse sind in vielen Gegenden die einzigen öffentlichen Verkehrsmittel. Auf dem Land fahren sie allerdings nicht besonders häufig. Fahrpläne findet man auf der Website von **Samtrafiken**.

Die modernen Expressbusse sind auf Langstrecken eine langsamere, aber preisgünstigere Alternative zu Zug und Flugzeug. Auf Samtrafikens Website sind Fahrpläne und Strecken verzeichnet. Bei manchen Buslinien, etwa **Swebus Express**, muss man keine Plätze reservieren. Ist ein Bus voll, wird ein weiterer eingesetzt.

Viele Expressbuslinien organisieren speziell Ausflugsfahrten. Auskunft erhält man bei den Fremdenverkehrsämtern. Angeboten werden auch Fahrten zu den mit dem Zug nicht erreichbaren südlichen Fjällen, etwa von **Fjällexpressen**, dessen Skibusse von Stockholm und Göteborg abfahren.

Der kleine Bahnhof von Abisko an der Malmbanan

Mit dem Boot

Schwedens lange Küste, die unzähligen Seen und Inseln erfordern Bootsverbindungen. Neben den regelmäßigen Fährdiensten werden im Sommer auch Ausflugsfahrten angeboten, bei denen zum Teil alte Dampfer zum Einsatz kommen.

Hübsche Boote fahren auf dem Dalsland-, Strömsholm- und Kinda-Kanal, am beliebtesten ist jedoch der Göta-Kanal (siehe S. 150f). In drei Tagen passiert man auf dem 611 Kilometer langen Wasserweg 65 Schleusen, die drei größten schwedischen Seen und wunderschöne Landschaften. Bei Rederi AB Göta Kanal erhält man weitere Informationen.

Zur größten Ostsee-Insel Gotland fahren moderne Hochgeschwindigkeitsfähren von **Destination Gotland** in weniger als drei Stunden von Nynäshamn beziehungsweise Oskarshamn nach Visby. In der Hauptsaison im Sommer legen täglich bis zu acht Boote ab. Obwohl rund 500 Autos auf jede Fähre passen, bekommt man in den Ferien und an Feiertagen ohne Reservierung nur schwer einen Platz für ein Auto.

Auf einen Blick

Inlandsflüge

Luftfartsverket
Flughäfen, Flugpläne, Information.
w lfv.se/en/About-us/Swedish-Airports

Malmö Aviation
☎ 0771 55 00 10.
w malmoaviation.se

Norwegian
☎ 0770 45 77 00.
w norwegian.com

SAS
☎ 0770 727 727.
w scandinavian.net

Swedavia
w swedavia.se

Zug, Bus, Boot

Samtrafiken
☎ (08) 762 44 00 (Information).
w reseplanerare.resrobot.se

Zugreisen

Inlandsbanan
☎ 0771 53 53 53.
w inlandsbanan.se

SJ
☎ 0771 75 75 75.
w sj.se

Tågkompaniet
☎ 0771 444 111.
w tagkompaniet.se

Veolia Transport
☎ 0771 26 00 00.
w connex.se

Busreisen

Fjällexpressen
☎ (08) 12 00 45 60.
w fjallexpressen.com

Swebus Express
☎ 0771 218 218.
w swebus.se

Bootsreisen

Destination Gotland
☎ 0771 22 33 00.
w destinationgotland.se

Rederi AB Göta Kanal
☎ (031) 80 63 15.
w stromma.se/sv/Gota-Kanal

Hochgeschwindigkeits-Katamaran zwischen Gotland und Visby

Mit dem Auto unterwegs

Die riesigen Entfernungen können oft nur mit dem eigenen Auto oder einem Mietwagen überwunden werden. Das Straßennetz ist gut ausgebaut, die Straßen sind zwar unterschiedlich in Schuss, die Hauptstraßen jedoch sehr gepflegt. Zwischen den Inseln fahren kostenlos staatliche Fähren. Im Vergleich mit anderen europäischen Metropolen ist der Verkehr in den Großstädten moderat. Als Papiere genügen der nationale Führerschein und der Fahrzeugschein, die Grüne Versicherungskarte wird empfohlen.

In den Wäldern muss man mit Elchen auf der Straße rechnen

Straßen

Schwedens ausgedehntes öffentliches Straßennetz umfasst über 210 000 Kilometer. Fast ebenso lang sind die nicht zugänglichen Straßen, hauptsächlich Forststraßen, die mit einer Schranke versperrt sind. Die meisten öffentlichen Straßen sind asphaltiert und in gutem Zustand. Eine Ausnahme bilden manchmal die Straßen in den Waldregionen des Nordwestens, denen Eis und Schwerverkehr heftig zusetzen.

Das schwedische Straßennetz umfasst *europavägar* (Europastraßen), *riksvägar* (Reichsstraßen) und *länsvägar* (Landstraßen). Das Autobahnnetz ist insgesamt nur 1200 Kilometer lang. Außer für die Öresund- und die Svinesund-Brücke muss man auf keiner Straße Maut bezahlen.

Die dreispurigen Straßen erfordern einige Konzentration. Hier fließt der Verkehr in beiden Richtungen auf jeweils einer oder zwei Spuren, dazwischen ist nur ein trennender Drahtzaun.

Verkehrsregeln

Generell verläuft der Verkehr in Schweden in geordneten Bahnen, Verkehrsregeln werden normalerweise beachtet. Trotz gelegentlich dichten Verkehrs und schwieriger Wetterbedingungen ist die Verkehrssicherheit hoch. Die Zahl der tödlichen Unfälle liegt – wie in den 1940er Jahren – jährlich etwa bei 500.

Die meisten Verkehrsvergehen sind trotz Kameraüberwachung und Radarkontrollen Geschwindigkeitsübertretungen. Sie werden mit höheren Geldstrafen als in Deutschland und gegebenenfalls sogar mit Führerscheinentzug geahndet.

Die Höchstgeschwindigkeit auf Autobahnen beträgt 110, auf Schnellstraßen 90 Kilometer pro Stunde, auf Landstraßen in der Regel 70, in geschlossenen Ortschaften 50 und bei Schulen und Kindergärten 30 Kilometer pro Stunde. Wohngebiete sind oft durch verengte Straßen und Schwellen verkehrsberuhigt. Sowohl Fahrer als auch Mitfahrende müssen den Sicherheitsgurt anlegen. Für Kinder bis sechs Jahren ist ein Kindersitz vorgeschrieben.

Achten Sie auf die strengen Bestimmungen für Alkohol am Steuer. Die erlaubte Höchstgrenze liegt bei einem Blutwert von 0,2 Promille, wer schwer betrunken fährt (ab 1,0 Promille), kann mit Gefängnis bestraft werden.

An Kreuzungen ohne Ampeln haben Fußgänger »Vorfahrt«. Fahrzeuge müssen beim Einfahren von kleineren in größere Straßen anhalten, auch wenn kein Stoppschild vorhanden ist. Im Kreisverkehr haben die Fahrzeuge Vorfahrt, die sich bereits im Kreis befinden. Bei Ampeln bedeutet »Gelb« bereits stopp, wer ein Rotlicht missachtet, muss mit deftigen Strafen rechnen. Das Abblendlicht muss immer, auch am Tag, eingeschaltet sein.

Winterreifen sind zwischen 1. Dezember und 31. März Pflicht, Spikes vom 1. Mai bis zum 30. September verboten, außer die Straßenverhältnisse machen sie erforderlich.

Autofähren

Staatliche Autofähren fahren kostenlos zwischen den Inseln und über einige Flüsse. Mancherorts gibt es auch private kostenpflichtige Fähren. Man muss nur selten reservieren, sollte jedoch rechtzeitig den Fahrplan einsehen, da spätabends nur wenige Fähren unterwegs sind. Auskunft gibt es bei **Färjerederiet Trafikverket**.

Die Straßenbrücke Uddevallabron an der E6

MIT DEM AUTO UNTERWEGS | 331

Straßenschilder

Schwedische Straßenschilder entsprechen im Großen und Ganzen den in Europa üblichen. Schilder mit Elchen, Rehen oder Rentieren warnen vor Wildwechsel. Jedes Jahr ereignen sich Tausende Unfälle mit Wildtieren, ein Zusammenstoß mit einem ausgewachsenen Elch kann tödlich enden. Die Gefahr ist vor allem im Sommer zwischen 5 und 8 Uhr morgens und zwischen 22 und 2 Uhr hoch. Zäune an den Straßen sind kein garantierter Schutz vor Wild auf der Straße.

Das Schild »M« (weißer Buchstabe auf blauem Grund) bedeutet: Gegenverkehr beachten und gegebenenfalls Ausweichstelle benutzen.

Wie in Europa üblich machen braune Schilder mit weißen Symbolen auf Panoramastraßen, Kulturdenkmäler und Sehenswürdigkeiten wie etwa Nationalparks oder historische Bauten aufmerksam.

Vorsicht, Elche!

Parken

Parken in geschlossenen Ortschaften, Städten und vor allem in Stadtzentren ist in der Regel gebührenpflichtig, nicht selten rund um die Uhr sowie am Wochenende. An vielen Parkuhren kann man mit Kreditkarte zahlen, ansonsten sollte man 10-Kronen-Münzen zur Hand haben.

Eine durchgehende gelbe Linie am Fahrbahnrand bedeutet Halteverbot, eine gestrichelte gelbe Linie oder eine gelbe Zickzacklinie Parkverbot.

Politessen bestrafen Falschparker mit Strafzetteln, die ziemlich ins Geld gehen, zumal wenn man unberechtigterweise auf einem Behindertenparkplatz steht.

Wo das Parken nichts kostet, gilt oft an bestimmten Tagen ein Halteverbot, damit die Straßenreinigung arbeiten kann. Achten Sie darauf, damit Ihr Wagen nicht abgeschleppt wird. Auf Parkplätzen von Supermärkten kann man oft kostenlos parken, meist muss man aber eine Parkscheibe mit der Ankunftszeit an der Windschutzscheibe platzieren.

Tanken und Werkstätten

Tankstellen sind an den Hauptstraßen und in Ortschaften dicht, auf dem Land jedoch teilweise sehr dünn gesät. Einige Servicestationen sind zwar rund um die Uhr besetzt, doch muss man sich häufig an automatischen Zapfsäulen bedienen, an denen man mit Kreditkarten oder Banknoten zahlen kann. Vor Nachtfahrten sollte man unbedingt volltanken. Bei technischen Problemen findet man nur selten außerhalb der Arbeitszeiten Hilfe – Werkstätten haben in der Regel abends und am Wochenende geschlossen.

Die Pannendienste **Falck** und **Assistancekåren** haben mit vielen ausländischen Automobilclubs Partnerabkommen, auch mit ADAC und ÖAMTC.

Autovermietung

Neben den internationalen gibt es lokale Mietwagenfirmen, darunter auch die Verleihdienste der Ö gesellschaften. In den meisten Orten kann man Autos mieten.

Man kann vom Ausland aus über das Internet oder telefonisch einen Mietwagen buchen, den man dann vor Ort am Flughafen oder einem größeren Bahnhof in Empfang nimmt und meist auch an einem anderen Zielort wieder abgeben kann. In der Regel braucht man nur einen gültigen Führerschein, um ein Auto zu mieten, bei manchen Firmen muss man allerdings mindestens 20 Jahre alt sein. Die Preisunterschiede sind erheblich, ein Vergleich lohnt sich. Häufig gibt es spezielle Wochenendangebote. Angesichts der langen Strecken mietet man am besten mit unbegrenzter Kilometerzahl.

Politesse

Auf einen Blick

Verkehrsinformation

Trafikverket
📞 0771 921 921.
🌐 trafikverket.se

Autovermietung

Avis
📞 0770 82 00 82.
🌐 avis.com

Europcar
📞 0770 77 00 50.
🌐 europcar.com

Hertz
📞 0771 211 212.
🌐 hertz.com

OKQ8
📞 020 850 850. 🌐 okq8.se

Statoil
📞 (08) 429 63 00.
🌐 statoil.se

Autofähren

Färjerederiet Trafikverket
📞 0771 921 921.
🌐 farjerederiet.se

Pannendienste

Assistancekåren
📞 020 912 912.
🌐 assistancekaren.se

Falck
📞 020 38 38 38.
🌐 falck.se

Autofahren im Winter

Die unterschiedlichen winterlichen Straßenverhältnisse hängen vom Wetter und der geografischen Lage ab. Spikes sind im Winter erlaubt und nördlich von Zentralschweden sogar empfohlen.

Wer keine Erfahrung mit winterlichen Straßen hat, sollte bei Schnee und Eis keine Fahrten unternehmen. Die Hauptstraßen sind gesalzen und im Allgemeinen gut geräumt, doch sogar im südlichen Skåne können Schneestürme ein Chaos verursachen. Es ist daher empfehlenswert, im Winter Schneeketten mitzuführen.

In Stockholm unterwegs

Stockholm lässt sich hervorragend zu Fuß erkunden. Die Sehenswürdigkeiten liegen nicht weit voneinander entfernt. Die Aussicht am Wasser ist oft atemberaubend, immer wieder gibt es Interessantes zu entdecken. Das Rad ist ein beliebtes Fortbewegungsmittel, in der City verlaufen viele Radwege. Noch besser eignen sich Gebiete wie Djurgården zum Fahrradfahren. Der öffentliche Nahverkehr ist hervorragend. Außer in Gamla Stan und zur Hauptverkehrszeit kommt man auch mit dem Auto gut voran – nur Parkplätze sind Mangelware.

Uferspaziergang am Djurgårdsbrunnsviken

Zu Fuß

Am besten erkundet man die Innenstadt zu Fuß. Die Stockholmer verhalten sich verkehrstechnisch disziplinierter als die Bewohner anderer Großstädte: Fußgänger gehen hier keinesfalls bei Rot über die Straße, Autofahrer halten an Zebrastreifen stets für Fußgänger an.

Dank der eindeutigen Beschilderung findet man sich leicht zurecht, zudem sind die Stockholmer Besuchern gegenüber sehr hilfsbereit. Viele Wege werden von Fußgängern und Radfahrern zugleich benutzt. Achten Sie darauf, nicht auf den Radwegen zu spazieren. Sie sind oft nur mit einer weißen Linie vom Gehweg abgetrennt.

Gamla Stan ist bei Spaziergängern besonders beliebt. Auch Kungsträdgården hat immer etwas Interessantes zu bieten. Bei gutem Wetter ist der zentrumsnahe Djurgården mit seinen vielen Attraktionen und der schönen Parklandschaft unschlagbar.

Schöne Spazierwege verlaufen auch am Wasser und an den Kais, etwa vom Stadshuset zum Norr Mälarstrand und zur Riddarfjärden-Bucht.

Mehrsprachige Stadtführungen finden regelmäßig statt und folgen häufig einem bestimmten Motto.

Mit dem Fahrrad

Stockholms Radwegenetz wird stetig erweitert, doch eignet sich das Zentrum nur für großstadterfahrene Radfahrer. Ansonsten bietet Stockholms Umland ideale Bedingungen. Djurgården lässt sich wunderbar mit dem Fahrrad erkunden. Räder kann man bei **Djurgårdscykeln** ausleihen; mit einer SL Access Card sogar umsonst.

Mit dem Auto

Wer je in einer größeren Stadt hinter dem Steuer gesessen hat, wird in Stockholm keine Probleme haben. Zu den Stoßzeiten (von 7.30 bis 9.30, 12 bis 13 und 15.30 bis 18 Uhr) sind die Straßen allerdings auch hier sehr voll, auch wenn die Mitte 2007 eingeführte City-Maut (Trängselskatt = »Gedrängelsteuer«) den Verkehr deutlich reduziert hat. Autos mit ausländischem Kennzeichen sind von der City-Maut befreit. Eigentlich ist das Auto im Stadtzentrum überflüssig. Nur wenn man in die Umgebung fahren will, kann es sinnvoll sein.

Die erlaubte Höchstgeschwindigkeit liegt bei 50 km/h, in der Nähe von Schulen bei 30 km/h. Auf den Hauptstraßen sind zum Teil 70 km/h erlaubt.

Parkplätze sind Mangelware und oft rund um die Uhr kostenpflichtig. Meist kann man jedoch abends, nachts und am Wochenende kostenlos parken. Achten Sie auf die Zeiten der Straßenreinigung, damit Ihr Auto nicht abgeschleppt wird.

Stockholms Politessen arbeiten gründlich, Falschparker

können sich Strafen von bis zu 550 Kronen einhandeln. Lassen Sie niemals Wertgegenstände im Auto.

Mit dem Taxi

Da in der Innenstadt nur kurze Entfernungen überwunden werden müssen, kosten die meisten Taxifahrten rund um 200 Kronen.

Außer in der Rushhour sind Taxis an Taxiständen und bei Sehenswürdigkeiten leicht zu finden. Man kann aber auch an der Straße leere Wagen (erkennbar am erleuchteten Taxischild) heranwinken, sie telefonisch rufen oder vorbestellen. Fragen Sie immer vorher nach dem Fahrpreis, da Unternehmen oft Festpreise verlangen. Vorsicht empfiehlt sich vor allem nachts bei den inoffiziellen »schwarzen« Taxis, die weder ein Taxischild außen noch eine Lizenz innen an der Windschutzscheibe aufweisen.

Öffentliche Verkehrsmittel

Der öffentliche Nahverkehr untersteht **Stockholms Lokaltrafik**, die Transportmittel selbst gehören aber verschiedenen Unternehmern. Mit zahllosen Nahverkehrszügen, U-Bahnen, Bussen und Fähren strömen täglich Tausende Pendler aus den Vorstädten in die City. Im Zentrum sind die U-Bahnen der grünen, roten und blauen Tunnelbana-Linien (T-bana) die wichtigsten Verkehrsmittel, gefolgt von Stadtbussen, Straßenbahnen und Fähren.

In Stockholm kann man zwischen Einzel-, Tages-, Dreitage-, Wochen- und Monatskarten wählen. Es ist sinnvoll, eine aufladbare SL Access Card zu kau-

Fähre zwischen Gamla Stan und Djurgården

fen. Die Karte hält man an die Kartenlesegeräte, bevor man das Transportmittel seiner Wahl besteigt. Die Tickets sind eine Stunde lang nach der Entwertung gültig. Einzelkarten kann man kurz vor Fahrtantritt kaufen, andere Tickets und die SL Access Card sind an Pressbyrån-Kiosken, SL- und T-bana-Bahnhöfen erhältlich.

Das Netz der roten Stadtbusse ist auf das der blauen Zubringerbusse abgestimmt, die häufiger fahren. Viele Straßen im Stadtzentrum haben eigene Busspuren, sodass man schnell vorankommt. Mit einem Fahrschein können Sie zwei Stunden lang unbegrenzt fahren und beliebig umsteigen. Die besten »Sightseeing«-Linien sind die 2, 3, 4, 47, 62 und 69.

Die öffentlichen Linienschiffe von **Waxholmsbolaget** bieten im Archipel ganzjährig gute Verbindungen und sind von Juni bis August noch häufiger unterwegs. Besonders lohnend ist eine Fahrt mit den Fähren ab Strömkajen, die an vielen malerischen Kais halten.

Empfehlenswert sind Fahrten nach Birka, Drottningholm und Mariefred/Gripsholm *(siehe S. 138f)* sowie nach Djurgården mit der Fähre von Slussen nach Allmänna Gränd. Auf der Djurgården-Fähre sind die SL-Tages- und Dreitagekarten gültig.

Ausflüge

Auf sehr angenehme Weise entdeckt man Stockholm vom Wasser aus mit den Ausflugsbooten von **Strömma Kanalbolaget**.

Auf einen Blick
Verkehrsinformation

Stockholms Lokaltrafik
📞 (08) 600 10 00.
🌐 sl.se

Fahrradverleih

Djurgårdscykeln
📞 (031) 227 227.
🌐 djurgardscykeln.se

Taxi

Taxi Kurir
📞 (08) 30 00 00.

Taxi Stockholm
📞 (08) 15 00 00.

Taxi 020
📞 020 20 20 20.

Sightseeing per Boot

Open Top Tours
📞 (08) 1200 4000.
🌐 opentoptours.com

Strömma Kanalbolaget
Nybrokajen, Stadshusbron.
📞 (08) 12 00 40 00.
🌐 stromma.se

Waxholmsbolaget
Strömkajen, Vaxholm, Stavsnäs.
📞 (08) 679 58 30.
🌐 waxholmsbolaget.se

Die Fahrt »Rund um Kungsholmen« beginnt stündlich an den Kais beim Rathaus, die Touren »Rund um Djurgården« und »Unter den Brücken von Stockholm« starten am Strömkajen beim Grand Hôtel mit Zusteigemöglichkeit am Nybroplan. Karten gibt es an beiden Kais, Erklärungen in vielen Sprachen über Kopfhörer. Die Ausflüge finden in der Regel im Stundentakt statt und werden meist nur im Sommer angeboten. Einige Touren kann man jedoch bis Dezember unternehmen.

Busrundfahrten bietet etwa **Open Top Tours**, deren Doppeldeckerbusse nahe den Sehenswürdigkeiten in der City halten. An der Strecke kann man nach Belieben zu- und aussteigen.

Roter Stadtbus und blauer Zubringerbus

Textregister

Fett gedruckte Seitenzahlen beziehen sich auf Haupteinträge. Die Buchstaben **å**, **ä** und **ö**, die im Schwedischen eigentlich am Ende des Alphabets stehen, sind eingeordnet.

A

Aalto, Alvar 72
ABBA The Museum (Stockholm) 93
Abelin, Rudolf 178
Abisko 268, 278f
  Hotels 289
ADAC 331
Ådalen 259
Adam von Bremen 135
Adel 38f, 43, 45
Adelcrantz, Carl Fredrik 73
  Adolf Fredriks Kyrka (Stockholm) 75
  Hoftheater (Drottningholm, Stockholm) 115
  Klara Kyrka (Stockholm) 74
  Sturehof (Botkyrka) 141
  Ulriksdal (Stockholm) 103
Adolf Fredrik, König 58, 61
  Adolf Fredriks Kyrka (Stockholm) 75
  Drottningholm 112, 114
  Marinmuseum (Karlskrona) 192
af Chapman (Schiff, Stockholm) 78, 80, **83**
Åfors 160
Aguéli, Ivan 142
Ahrbom, Per 74
Åhus 190, 297
Ájtte Svenskt Fjäll- och Samemuseum (Jokkmokk) 277
Akvariet (Göteborg) 208
Albert Engströmsmuseet (Grisslehamn) 133
Albertus Pictor 131, 136, 272
Albrecht von Mecklenburg, König 39
Alby 257
Ales Stenar (Kåseberga) 175, **186**
Algotsson, Bischof Brynolf 224
Alingsås 227
Alkohol 319
Almedalen (Visby) 170
Alnön 258
Alskog 172
Alsnö, Erlass von 39
Alsters Herrgård 238
Alströmer, Jonas 227
Alvastra Kloster 147, 154
Älvkarleby 254
Älvros 265
Älvsborgsbron (Göteborg) 209
Åmål **215**
American Express 322f
Amiralitetskyrkan (Karlskrona) 193
Ammarnäs 278
Anckarström, Jacob Johan 44, 47
Anderberg, Axel 72, 102
Andersson, Dan 240
Andersson, Johan Gunnar 82
Andrée, Salomon August 154

Andrén, Vicke 73
Ånge 257
Ängelholm 178
Angeln 29, 315
Ångermanland 251–253, 258–261
Ansgar (Mönch) 136
Anshelm, Klas 181, 183
Anthroposophen 137
Anund Jakob Skötkonung 38
Apotheken 321
Aqua Nova (Örebro) 243
Aragon, Louis 85
Arboga 129, **141**
Arbrå 33, 252, **256**
Archäologie 37
  siehe auch Bronzezeit, Eisenzeit, Hügelgräber, Museen und Sammlungen, Steinschiffe, Steinzeit
Archipel-Bootstag 33
Architektur 26f
  siehe auch einzelne Baustile
Åre **263**, 288, 300
Arendtz, Cornelius 36
Åreskutan 263
Arjeplog 277
Arken (Örnsköldsvik) 259
Armémuseum (Stockholm) 76
Armfelt, Carl Gustaf 263
Årsta-Brücke 82
Årsunda 255
Arvfurstens Palats (Stockholm) 70, **73**
Arvidsjaur 277
Arvika 237, 288, 299
Asberget 216
Äschentag 33, 273
Askersund 240
Asmussen, Erik 137
Åsnen-See 191
Asplund (Stockholm) 31, 306
Asplund, Gunnar 81, **105**, 111, 201
Asschierska Huset (Karlshamn) 191
Åstol 220f
Astrid Lindgrens Värld (Vimmerby) 157
Ausdauerwettkämpfe 312f
Außenpolitik 23
Austrian Airlines 326f
Auswanderung 22, 45, **155**
Autofahren 330f, 332f
Autofähren *siehe* Fähren
Autoreisen 327, 330f
Autovermietung 331
Äventyret Sommarland (Leksand) 244
Äventyrslandet 231
Axel Ebbes Konsthall (Trelleborg) 186
Axel Oxenstiernas Palats (Stockholm) 56
Axvall 227

B

Bååtska Palatset (Stockholm) 85
Bäckaskog Slott 190
Bäckaskog-Frau 90
Bäckström, Leutnant Arthur 141

Badande Wännerna 171
Baertling, Olle 72
Bahnreisen *siehe* Zug
Balck, Victor 102
Baldersnäs Herrgård 214
Ballett 73, 309, 311
Ballone, Gränna 154
Baltic Aquarium (Stora Fjäderholmen) 116
Banken 322
Barken Viking (Göteborg) 199, **200**
Barnens Petes 173
Bärnstensmuseet (Höllviken) 181
Bassholmen 218f
Båstad 178, 286
Bauer, John 29, 155
Bed & Breakfast 283
Behinderte Reisende 319
Beijershamn 159
Bejemark, K. G. 239
Bekleidung 28, 319
Bellevueparken (Stockholm) 104
Bellman, Carl Michael 29, 76, 93, 98, **99**, 108
Bengtsfors 214
Bengtsson, Walter 101
Berg 150f
Berg, Christer 66
Berga 249
Bergdala 156
Bergeforsen 262
Bergh, Richard 98
Berghütten 312f
Bergman, Ingmar 23, **77**
Bergman, Ingrid 23, 216f
Bergrum Boliden 271
Bergs Slussar 151
Bergsten, Carl 205
Bergviks Industrimuseum 255
Bernadotte, Dynastie 60, 66
Bernadotte, Jean-Baptiste
  siehe Karl XIV. Johan
Bernadotte-Räume (Königliches Schloss, Stockholm) 59, **60**
Berns (Stockholm) 85
Bevölkerung **22**, 45, 48
Bil och Teknikhistoriska Samlingarna (Köping) 142
Bildmuseet (Umeå) 270
Bildsteine (Gotlands Museum, Visby) 170
Billeberga 297
Billingen 226
Biologiska Museet (Fågelfors) 158
Biologiska Museet (Stockholm) 92f
Birger Jarl
  siehe Magnusson, Birger
Birger, König 39, 138
Birgersson, Waldemar 38f
Birgitta, hl. 145, **149**
Birka 37, 129, **136f**
Bjälbo Kyrka 149
Bjälbo, Dynastie 38f
Bjärehalvön 178
Björk, Oscar 77, 98
Björketorpsstenen 191
Björling, Jussi 241
Björnstierna, Michael 304

TEXTREGISTER | 335

Blå Jungfrun 158f
Blå Vagen 268, **270f**
Blasieholmen und Skeppsholmen
  (Stockholm) **78–87**
  Detailkarte: Skeppsholmen 80f
  Stadtteilkarte 79
Blasieholmstorg (Stockholm) 85
Blauer Saal (Stadshuset, Stockholm) 106
Blekinge 175, 190–193
Blekinge Museum (Karlskrona) 192
Blom, Henrik 72
Boberg, Ferdinand 72, 98f
Bocksten-Mann 230
Boda 157
Böda 160
Boden **273**, 301
Bohlin, Jonas 31
Bohus Fästning (Kungälv) 221
Bohuslän 211–213, 215–221
Bohusläns Försvarsmuseum
  (Uddevalla) 218
Bohusläns Museum (Uddevalla) 218
Bokenäs 218
Boliden 271
Bollerups Borg 186
Bollnäs 33, 256
Bonde, Graf Philip 180
Bönhamn 261
Bootfahren 314f
Bootsausstellungen 32, 35
Borås 228
Borensberg 150
Borg, Björn 306
Borgholm **160**
Borgsjö 257
Borgström, Hans 100
Borgviks Bruk 237
Börjesson, John 77
Borlänge **241**, 288
Börse (Stockholm) 64
Börsen (Göteborg) 201
Bosjökloster 180
Botanische Gärten siehe
  Parks und Gärten
Botilsäter 237
Botkyrka 141
Botschaften 321
Bottnischer Meerbusen 257, 260, 273
Botvidarson, Lafrens 165
Bouchardon, J. P. 58
Boucher, François 60
Boulognerskogen (Gävle) 254
Bråbygden, Naturschutzgebiet 158
Brahe, Graf Per 154
Brahe, Tycho **178**, 179
Brahehus **154**
Brantevik 297
Branting, Hjalmar 48
Braunbären 25, 233, 238, 248
Breitenfeld, Schlacht von 42
Bremön (Minensuchschiff) 192
Briefmarken 65, 325
Bro Kyrka 167
Broa 165

Brofjorden 218
Brömsebro 191
Brömsehus 191
Bronzezeit 37, 90, **216**
  Gannarve Skeppssättning
    (Gotland) 172
  Jävre 272
  Kinnekulle 225
  Tanum 212, **216**
Brösarp 297
Brösarps Backar
  Naturschutzgebiet 187
Brostaden (Malmö) 185
Broström, Familie 208
Bröt-Anund, König 142
Brücken
  Älvsborgsbron (Göteborg) 209
  Högakustenbron 260
  Ölandsbron 145, 159
  Öresund 175, 177, **185**, 327
  Store-Bælt 327
  Tjörn 220
  Västerbron (Stockholm) 108
Brunflo **263**
Brunkeberg (Stockholm) 105
Brunkeberg, Schlacht von 39
Brunnby Kyrka 178
Bruns Gård Apotheke
  (Hudiksvall) 256
Bunge 166
Bünszowska Huset
  (Stockholm) 92
Burgen, Schlösser und Festungen
  Bäckaskog Slott 190
  Bohus Fästning (Kungälv) 221
  Bollerups Borg 186
  Borgholms Slottsruin 160
  Brahehus **154**
  Brömsehus 191
  Bulverket (Tingstäde) 167
  Carlstens Fästning (Marstrand) 220
  Citadel (Landskrona) 179
  Eketorps Borg (Öland) 161
  Engsö 140
  Falsterbohus 181
  Gävle Slott 254
  Gråborg 159
  Gräfsnäs Slottsruin und Park 227
  Gripsholms Slott (Mariefred) **138f**, 140
  Halmstad Slott 231
  Ismantorps Borg (Långlöt) 160f
  Kalmar Slott 159
  Karlsborg 225
  Karlsvärds Fästning (Enholmen) 166
  Kärnan (Helsingborg) 179
  Kastellet (Karlshamn) 190
  Kastellholmen (Stockholm) 83
  Krapperups Slott 178
  Läckö Slott 213, **224**
  Löfstad Slott 148
  Lojsta Slott 172
  Malmöhus 184
  Nääs Slott 227
  Nya Älvsborgs Fästning 202, **209**
  Nyköpinghus 39, 138

Örebro Slott 10, 241
Oscarsborg (Söderhamn) 255
Rödbergsfortet (Boden) 273
Skansen Kronan (Göteborg) 205
Skokloster 129, **133**
Sofiero 179
Stegeholms Fästning (Västervik) 158
Stenhammar 138
Sturefors 148
Sunbyholms Slott 139
Torpa Stenhus 228
Torsburgen 172
Trelleborgen 186
Trolle-Ljungby 190
Uppsala Slott 134
Uraniborg (Ven) 179
Varbergs Fästning 230
Vaxholms Fästning 116
Visby, Stadtmauer 168, **170**, 171
Visingsborg Slott 154
Wanås Slott 190
Wik 141
Burgsvik 286
Burmeister, Hans 168
Burmeisterska Huset 168
Buskgården (Särna) 248
Busreisen 327, 329
Byggstam, Per Eddi 259
Bystad 228
Byxelkrok 159, **160**

C

Cadier, Régis 83
Calatrava, Santiago 185
Camping 283
Capellagården, Schule für
  Handwerk und Design (Vickleby) 159
Carl XVI. Gustaf, König 22, 59, 61, 103, 138
Carl Larssongården (Sundborn) 31, **241**
Carlberg, Bengt Wilhelm 202
Carlberg, Carl Wilhelm 202, 229
Carlstens Fästning (Marstrand) 220
Carolina Rediviva (Uppsala) 134
Carove, Carlo 103, 112, 114
Carove, Giovanni 112, 114
Casinos 310f
Cederflychtska Huset (Västervik) 158
Cederström, Gustav 43, 77, 179
Celsing, Peter 74
Chapman, Fredrik Henrik af 83, 100, 208
Charlotte Berlins Museum (Ystad) 186
Chinesischer Pavillon
  (Drottningholm, Stockholm) 114f
Chirico, Giorgio de 85
Christentum 37f, 129, 136
Christian I., König von Dänemark 39
Christian II., König von Dänemark 39f, 64

TEXTREGISTER

Christian III., König von Dänemark 179
Christian IV., König von Dänemark 190f, 231
City (Stockholm) **68–77**
  Detailkarte: Kungsträdgården 70f
  Stadtteilkarte 69
Clarhäll, Lenny 259
Clason, Isak Gustaf 77, 92, 94
Clubs 310f
Conran, Terence 85
Cousinet, Jean François 61
Cyrén, Gunnar 304

D

Dacke, Nils 145, 155
Dahlbergh, Erik
  Carlstens Fästning (Marstrand) 220
  Göteborg 195, 205
  Karlskrona 192
  Oxenstierna-Soopska Kapelle (Landskyrkan, Askersund) 240
  Statue (Uddevalla) 218
Dahlgren, F. A. 29
Dala-Pferdchen 245, 304
Dalälvarnas Flottningsmuseum (Gysinge) 254
Dalälven Delta 254
Dalarna 233–235, 240f, 244f
Dalarnas Museum (Falun) 244
Dalby Söderskog 181
Dalén, Gustaf 227
Dalhalla 245
Dalsland 211–215
Dalsland-Kanal, Tour am 214
Dänemark 39–41, 43, 175
Dannemora Gruva (Österbybruk) 132
Danska-Wasserfall 231
Dansmuseet (Stockholm) **73**
Dardel, Nils 105
Das Jahr in Schweden 32–35
De Geer, Louis 132, 148
De la Gardie, Jakob 103, 224
De la Gardie, Magnus Gabriel 60, 104, 224
De Vries, Adrian 112, 115
Delfinarium, Kolmårdens Djurpark **148**
Delsbo 26, 256
Descartes, René 75
Desideria, Königin 99
Design **30f**, 306f
Design Torget 31, 306
Desirée, Königin 45
Desprez, Louis Jean 56, 115
Die Verlobten (Ekwall) 95
Diebstahl 320
Diners Club 322f
Disagården (Uppsala) 135
Ditzinger, Gustaf Adolf 73
Djurberga 248
Djurgården (Stockholm) 96, 99
Docksta 260
Döda Fallet (Jämtland) 262, 272 (Norrbotten)
Döderhultarmuseet (Oskarshamn) 158
»Döderhultarn« (Petersson) 158
Domkyrkan siehe Kathedralen

Dreißigjähriger Krieg 41, **42**
Drentwett, Abraham 61
Drottningholm 46f, 60, **112–115**, 141
Dunkers Kulturhus (Helsingborg) 179

E

Ebbe, Axel 186
Eckstein, Johan Niklas 114
Edestads Kyrka 191
Edmund Skötkonung 38
Eghil, Meister 255
Ehrenheim, Familie 140
Ehrenstrahl, David Klöcker von 63, 67, 114
Einkaufen siehe Shopping
Einreise 318
Eintrittskarten, Veranstaltungen 308, 311
Einwohnerzahl 18, 22
Eisenbahnmuseen siehe Museen und Sammlungen
Eisenzeit 37
  Bollnäs Museum 256
  Eketorps Borg (Öland) 161
  Gene Fornby 259
  Gråborg 159
  Ljugarn 172
  Lojstahallen 172
  Neptuni Åkrar 160
  Pilane Gravfält (Tjörn) 220
  Seby Gravfält (Öland) 161
  Skåftekärr Järnåldersby (Böda) 160
Eiszeit 37
Eketorps Borg (Öland) **161**, 242
Ekman, P. J. 201
Ekoparken (Stockholm) **103**, 116
Ekornavallen 227
Ekshärad 238
Eksjö 155
Ekwall, Knut 95
Elche 25, 29, 221, 315, 330f
Eldh, Carl 102, 104, 107, 237
Elgström, Ossian 276
Elisabeth, Reliquie 91
Enånger 257
Engelbrekt Engelbrektsson 39, 107, 191, 235
Engelsbergs Bruk (Fagersta) 129, **142f**
Englundsgården, Freilichtmuseum (Kalix) 273
Engsö 140
Engström, Albert 133
Engström, Leander 98
Enköping 136
Erici, Andreas 257
Ericson, Sigfrid 204
Ericsson, John **239**
Ericsson, Nils 214, 239
Ericsson Globen (Stockholm) 35, 111, 308f
Erik Klipping, König von Dänemark 231
Erik von Pommern 39, 184
Erik XIV., König 40, 72, 155, 191
  Grabstätte (Domkyrkan, Västerås) 142
  Krone 61
  Reichsapfel 52

Eriksberg Vilt- och Naturpark 191
Eriksbergsvarvet (Göteborg) 209
Eriksson, Amalia 154
Eriksson, Christian 77, 99, 106, 237, 276
Eriksson, Gustav siehe Gustav I. Wasa
Eriksson, König Erik 38
Eriksson, Nils Einar 205
Erixson, Sven 111, 205
Erlandsson, Theodor 166
Erskine, Ralph 200
Eskil, hl. 139
Eskilstuna **139**, 285
Esrange 276
Estelle, Prinzessin 49
Etikette 28, 319
Etnografiska Museet (Stockholm) 99
Eugen, Prinz 98f, 106, 205, 276
Evert Taubes Terrass (Stockholm) 66
Evertsberg 249

F

Fagerberg, Carl 102
Fagersta 142f
Fahlsten, Lars 74
Fahlströmska Gården (Arboga) 141
Fähren **327**, 329, 330
Falbygden 212
Falbygdens Museum (Falköping) 227
Falkenberg **230f**
Falköping 39, **227**
Falsterbo 181
Falu Gruva (Falun) 244
Falun **244**, 288, 300
Fängelsemuseet (Gävle) 255
Färjestaden 159
Färnebofjärden 254
Fårö **165**
Fårösund 166, 173
Fattighuset (Halmstad) 231
Fauna 24f
Feiertage 35
Felsritzungen 37, 216
  Himmelstalund (Norrköping) 148
  Högsbyn 214
  Nämforsen 253, 259
  Sigurdsristningen 139
  Tanum 212, 216
Ferienhäuser 29, 282, **283**
Ferlin, Nils 239
Fernsehen 325
Fersen, Axel von 53, 136
Feskekörka (Göteborg) 196, **205**
Festivals 28, 32–35, 310f
Festungen siehe Burgen, Schlösser und Festungen
Filipstad 34, **239**
Film 221, 311
Finnhamn 117
Finska Kyrkan (Stockholm) 57
Fisch 24, 33, 34
Fischindustrie 190, 219, 220
Fiske- och Sjöfartsmuseet (Umeå) 270
Fiskebäckskil 126, 219
Fjäderholmarna 116
Fjaestad, Gustaf 237
Fjällbacka **216f**
  Hotels 287

TEXTREGISTER | **337**

Fjällgatan (Stockholm) 110
Fjärils- & Fågelhuset (Hagaparken, Stockholm) 102f
Flen 138
Flora 24f
Flüchtlinge 49
Flugreisen 326–328
Flugzeuge 148f, 255
Flygvapenmuseum (Malmen) 148f
Flyinge Kungsgård 181
Fogelberg, Bengt Erland 199, 201
Fogelström, Per Anders 110
Folklore *siehe* Traditionen und Bräuche
Folkung, Dynastie 38, 145
Forsbacka 215
Forseth, Einar 106
Forshems Kyrka (Kinnekulle) 225
Forsmarks Bruk 132
Forsmarks Kärnkraftverk 132
Forsviks Bruk (Karlsborg) 225
Fossum 216
Fotomuseet Olympia (Falkenberg) 231
Foucquet, Jacques 43
Frank, Josef 30, 304
Franzén, Anders 97
Fredman, Jean 99
Fredriksdal Friluftsmuseum (Helsingborg) 179
Fredrikskyrkan (Karlskrona) 192
Fredriksten, Belagerung von 41, 43, 62
Freizeitparks
  Äventyret Sommarland (Leksand) 244
  Gröna Lund (Stockholm) 98
  Lådbilslandet (Löttorp) 160
  Liseberg (Göteborg) 204
  Parken Zoo (Eskilstuna) 139
  Skara Sommarland 227, 313
Fremdenverkehrsbüros 318f
Fridman, Sigrid 105
Friedenspolitik 23, 270
Friedhof Skogskyrkogården (Stockholm) 105, **111**
Friends Arena (Stockholm) 308, 309
Friluftsmuseet Fiskartorpet (Strömstad) 215
Fröå Gruva 263
Fröding, Gustaf 258
Frölén, Sture 101
Frösö Kyrka 263
Frösö Zoo 263
Frösön 262
Frostavallen 180
Frühlingssalon (Liljevalchs Konsthall, Stockholm) 32, 93
Fryken-Seen 126, 233, 236
Fryksås 248
Fryksdalsbanan 234, 236
Fulufjällets Nationalpark 248
Funäsdalen 264
Fundbüros 320f
Funktionalistischer Stil 89, 101, 105, 111
Furuviksparken (Gävle) 255

Fußball 203
Fyrisån, Fluss 134f

G

Gällivare 267, **276f**
Galtström 258
Gamla Linköping 148
Gamla Örlogsvarvet (Karlskrona) 192f
Gamla Stan (Stockholm) **54–67**
  Detailkarte: Slottsbacken 56f
  Stadtteilkarte 55
Gamla Uppsala 135
Gammel-Remsgården 265
Gammelgården (Mora) 233
Gammelstads Kyrkstad 267, 272
Gammelstan (Norrboda) 245
Gammelvala Brunskog 33
Gammlia Friluftsmuseum (Umeå) 270
Gannarve Skeppssättning (Gotland) 172
Garbo, Greta 23, **111**, 158
Gärdet (Stockholm) 32, 89, 101
Gärdslösa Kyrka 160
Gästrikland 251–255
Gate, Simon 157
Gathenhielm, Lars 208
Gathenhielmska Huset (Göteborg) 208
Gävle 251, **254f**, 300
Gegerfelt, Victor von 205
Geldautomaten 322
Genarp 297
Gene Fornby 259
Geschichte 36–49
Gesunda 245
Gesundheit 321
Getränke *siehe* Speisen und Getränke
Geunja Lapp 269
Gimo 132
girocard 322f
Gjörwell, C.C. 104
Glas **30f**, 304, 306f
  Kristallreich 33, 127, **156f**
  Småland 31, 33, 145, 155
Gletscher 21
Glimmingehus 187
Gökhems Kyrka 227
Gold 271
Goldener Saal (Stadshuset, Stockholm) 106
Goldsaal (Historiska Museet, Stockholm) 91
Golf 314f
Gordon, Willy 66
Gösslunda Kyrka 224
Göta-Kanal 145f, **150f**, 152f, 225
Götaplatsen (Göteborg) 126, 204f
Göteborg 12f, **194–209**
  Anreise 197
  Bootsfahrten 209
  Detailkarte: Västra Nordstan 198f
  Geschichte 195
  Hotels 287
  Klima 34
  Restaurants 298f
  Sehenswürdigkeiten auf einen Blick 196
  Veranstaltungen 35, 310f

  Zentrumskarte 196f
GöteborgsOperan 198, **200f**, 309
Göteborgs Stadsmuseum 198, **202**
Götene 225
Götesam, Staffan 92
Göthe, Erik 72
Götheborg 206f
Göthlinska Gården 143
Gotland **162–173**, 191
  Hotels 286
  Ponys 163, **172**
  Regionalkarte 164f
  Restaurants 297
  Sehenswürdigkeiten auf einen Blick 164
  Überblick 165
  Veranstaltungen 33, 117, 163
Gotlands Djurpark (Alskog) 172
Gotlands Museum (Visby) 168, **170**
Gotska Sandön 173
Gråborg 159
Grafikens Hus (Mariefred) 138f
Gräfsnäs Slottsruin und Park 227
Granbergsdals Hytta 239
Grängesberg Lokmuseum 240
Gränna 145, 154, 285
Granqvist, Carl Jan 143
Grand Hôtel (Stockholm) 83
Gråsten, Viola 72
Greenaway, Peter 183
Grenna Museum (Gränna) 154
Grevagården (Karlskrona) 192
Grilska Huset (Stockholm) 64
Grinda 116f
Grip, Bo Johnsson 138
Gripsholms Slott (Mariefred) **138f**, 140
Gris, Juan 84
Grisslehamn 33, **133**
Gröna Lund (Stockholm) 94, 98
Grönsöö 140
Großmacht Schweden **42f**, 192, 240
Großraum Stockholm 88–117
Grövelsjön **248**, 278
Grundsund 219
Grünewald, Isaac 75, 98
Grut, Torben 102
Grythyttan 143
Gudhems Klosterruin und Klostermuseum 227
Gudmarsson, Birgitta *siehe* Birgitta, hl.
Gudmarsson, Ulf 149
Gullesson, Håkon 257
Gullholmen 219
Gunnebo Slott 211, **229**
Gustaf, Prinz 240
Gustav I. Wasa, König 36, 40, 64, 66
  Domkyrkan (Strängnäs) 139
  Grab (Uppsala Domkyrka) 134
  Hagaparken (Stockholm) 102
  Livrustkammaren (Stockholm) 62
  Mora 245
  Örnässtugan 235, **241**
  Statue (Nordiska Museet, Stockholm) 95
  Wasalauf 249

Gustav II. Adolf, König 40f, 61, 96
  Grab 66
  Reiterstatue (Stockholm) 70
  Statue, Göteborg 199, 201
  Statue (Sundsvall) 258
  Streiff-Statue 57f
Gustav III., König 44, **46f**, 62, 64
  Antikenmuseum (Stockholm) 59, **61**
  Drottningholm (Stockholm) 115
  Königliches Schloss (Stockholm) 59–61
  Malmö 184
  Pavillon (Hagaparken, Stockholm) 102
  Statue 57
  Theater, Gripsholms Slott (Mariefred) 138
Gustav IV. Adolf, König 44, 103
Gustav V., König 48, 99, 137
Gustav VI. Adolf, König 66, 82, 179
Gustav Adolfs Torg (Göteborg) 199, **201**
Gustav-Adolf-Tag (Göteborg) 35
Gustavi Domkyrkan (Göteborg) 202
Gustavianischer Stil 47
Gustavianum (Uppsala) 134
Gustavsvik (Örebro) 243
Gyllenhielm, Admiral Karl Karlsson 104

H

Hafen, Göteborg 209
Haga (Göteborg) **205**
Hagaparken (Stockholm) 102f
Hagfors 238
Hägg, Axel 172
Hakarps Kyrka 155
Håkon Magnusson, König von Norwegen 221
Hall, Johan 229
Halland 34, 211f, 230f
Hallands Väderö 178
Hällevik 190
Hållö 217
Hallwyl, Walther und Wilhelmina von 77
Hallwylska Museet (Stockholm) 52, 77
Halmstad 212, **231**, 287, 299
Hälsingland 26f, 251, 252, 255–257
Hälsinglands Museum (Hudiksvall) 256f
Hammarby 130, 135
Handöl 263
Handwerk 169, 186, **304–307**
Hanö 190
Hans Hedbergs Museum (Örnsköldsvik) 259
Hanse 38, 64, 170f, 186
Hansen, Jacob 179
Hansson, Per Albin 48
Haparanda **273**, 289
Harald Blauzahn 186
Harg 132
Härjedalen 251, **264f**
Härjedalens Fjällmuseum (Funäsdalen) 264
Härkeberga Kyrka 131, **136**

Hårleman, Carl
  Drottningholm (Stockholm) 112
  Göteborgs Stadsmuseum 198, **202**
  Jacobs Kyrka (Stockholm) 72
  Klara Kyrka (Stockholm) 74
  Königliche Kapelle (Stockholm) 61
  Königlicher Palast (Stockholm) 58
  Observatorium (Stockholm) 105
  Övedskloster 180f
  Riddarholmskyrkan (Stockholm) 66
  Ulriksdal (Stockholm) 103
  Uppsala Slott 134
Härnösand **258**, 289
Harpsund 138
Hasselberg, Per 98
Hasselberg-Olsson, Elizabeth 67
Haupt, Georg 60f, 73, 112
Haupt, Georg (Großvater) 61
Haverö Strömmar 257
Håverud-Aquädukt 214
Havets Hus (Lysekil) 218
Hazelius, Artur 94
Hebel, Hans 72
Hedareds Kapell 228
Hedberg, Hans 30, 259
Hedemora 240f
Hedin, Sven 99
Hedvig Eleonora, Königin 103, 113, 114
Heidenstam, Verner von 149, 158
Heilige Georg und der Drache, Der (Notke) 54, 63
Heineman, Hans-Erland 226
Helags 252, 264
Helénsstugan (Skövde) 226
Helge And (Visby) 171
Helgeandsholmen (Stockholm) 55
Hellerström, Alfred 179
Helsingborg **178f**, 286, 297
Hemavan 268, 271, **278**
Hembygdsparken (Nässjö) 155
Hennen, Jobst 65
Henning, Gerhard 204
Hidemark, Ove 109
Hill, Carl Fredrik 98
Hill, Joe 254
Hilleström, Pehr 46, 115
Himmelstalund (Norrköping) 148
Hindersmässen (Örebro) 35
Hirschska Huset (Sundsvall) 258
Historische Aufführungen 29
Hjärne, Urban 149
Hjertén, Sigrid 98
Hjo 33, **226**
Hjorth, Bror 276
Hjortsberga-Friedhof 191
Hjortzberg, Olle 74
Hoburgen 163, **173**
Hoftheater (Drottningholm, Stockholm) 115
Höga Kusten **260f**, 289, 300
Högakustenbron 260
Högbo 255

Högbonden 261
Höglund, Erik 157, 192
Högsbyn, Felsritzungen 214
Hohe Küste *siehe* Höga Kusten
Höhlen 167, 173
Holmöarna 270
Holocaust-Mahnmal (Stockholm) 85
Holzboote (Strandvägen, Stockholm) 92
Holzhäuser 26f
Holzindustrie 251, 258f
  Dalälvarnas Flottningsmuseum (Gysinge) 254
  Skogs- och Flottningsmuseet (Storforsen) 272
Höör 180
Hoppet (Schoner) 100
Horn, Gustav 73, 85
Hornborgasjön-See 32, **227**
Hornbrytare, Härjulf 265
Hornsgatan (Jansson) 99
Hotell Knaust (Sundsvall) 258
Hotels **282–289**
  Buchung 282f
  Preise 282f
Hovs Hallar, Naturschutzgebiet 178
Hovstallet (Stockholm) 76
Huberget, Freilichtmuseum 257
Hudiksvall **256f**, 289
Hügelgräber 37
  Anundshögen 142
  Ekornavallen 227
  Gammla Uppsala 135
  Gannarve Skeppssättning (Gotland) 172
  Hjortsberga-Friedhof 191
  Högom 258
  Karleby 227
  Pilane Gravfält (Tjörn) 220
  Skegriedösen 186
Humlegården (Stockholm) 76
Hunnebostrand 217
Huså Bruk 263
Huså Herrgård 263
Husaby 38, 211, 224
Husbyringen 241
Huss, Magnus (Vildhussen) 262
Hydman-Vallien, Ulrika 156

I

Icehotel (Jukkasjärvi) 127, **276**, 289, 301, 307
Idre 248
Idrefjäll 248
Iggesund 256
IKEA 155, 302f
  Schwedisches Design 30f
Immigration 22
Indalsälven, Fluss 262
Industrie 22
Industrielle Revolution 45
Industrimuseum (Mariestad) 225
Informationstechnologie 23
Ingrid Bergmans Torg (Fjällbacka) 217
Inlandsbanan 234, 252, 277, 329
Innovatum Science Center (Trollhättan) 221
Internet 324f

TEXTREGISTER | 339

Isaac, Aaron 104
Ismantorps Borg (Långlöt) 160f
Iwersson, Gottlieb 73
Izikowitz, Jan 201

J

Jacobs Kyrka (Stockholm) 71, 72, 309
Jacobsen, Arne 72
Jaenecke, Fritz 203
Jagen 29, 315
Jahreszeiten 32
Jämtland 33, 191, 251f, 262f
Jamtli (Östersund) 262f
Jansson, Eugène 98f
Järnvägsmuseum (Nässjö) 155
Jarramas (Schulschiff, Karlskrona) 192
Järvsö 33, 256f
Järvso Bergscykel Park 257
Jazz 33, **310f**
Jedermannsrecht 22f, 29, 312
Joe Hill Gården (Gävle) 254
Johann III., König 40, 72, 74, 142, 161
  Grab (Uppsala Domkyrka) 134
Johannishus Åsar 191
Johannson, Cyrillus 104, 116
Johansfors 157
Johansson, Ingemar 203
Johnsson, Ivar 102, 105, 208
Jokkmokk 35, **277**, 301
Jolin, Einar 98
Jönåker 295
Jonasson, Mats 157
Jönköping **154f**, 285, 296
Jonze, Paul 262
Jörgen Kocks Hus (Malmö) 182
Josephson, Ernst 204
Jösse 237
Juden 87, 104f
Jüdisches Zentrum (Stockholm) 85
Judiska Museet (Stockholm) 104f
Jugendherbergen 282, **283**
Jugendstil 67, 77, 116
Jukkasjärvi 35, 127, 267, **276**, 289, 301
Julita Gård 130, **141**
Jungstedt, Axel 73
Junibacken (Stockholm) **92**, 93
Jussi Björlingmuseet (Borlänge) 241

K

Kachelöfen 141
Kaga Kyrka 148
Kaknästornet (Stockholm) 100f
Kalix 273
Kalixälven, Fluss 273
Kallbadhuset (Varberg) 230
Källemo 31
Kalmar **159**, 285, 296
Kalmarer Union 39, 159
Kalmarsund 145, 158f
Kämpen, Freilichtmuseum (Bollnäs) 256
Kamprad, Ingvar 155
Kanalfahrten 150f
Kanalmuseet (Mariestad) 225

Kandell, John 31
Kanonen 82, 86, 184
Kanufahren 130, **314f**
Kapellen siehe Kirchen
Kapitelhusgården (Visby) 169
Käringön 219
Karl Knutsson, König 66
Karl IX., König 40, 139, 239
  Arvidsjaur 277
  Karlstad 237
  Örebro Slott 242
Karl X. Gustav, König 41, 109, 161
  Porträt 43
  Statue (Uddevalla) 218
Karl XI., König 41, 43, 224
  Carolus XI (Sjöhistoriska Museet, Stockholm) 100
  Karl-XI.-Galerie (Drottningholm, Stockholm) 114
  Karl-XI.-Galerie (Königliches Schloss, Stockholm) 43, 59, 60
  Karlskrona 177
Karl XII., König 41, 43, 66
  Karl XII. Hus (Ystad) 186
  Karlbergs Slott (Stockholm) 104
  Livrustkammaren (Stockholm) 62
  Statue (Stockholm) 71
Karl XIII., König 22, 71
Karl XIV. Johan, König 22, 44f, 61
  Bernadotte-Räume Königliches Schloss, Stockholm) 59, **60**
  Göta-Kanal 150
  Grab 66
  Karlsborg 225
  Örebro Slott 242
Karl XV., König 76, 103, 242
Karl XVI. Gustav siehe Carl XVI. Gustaf
Karlbergs Slott (Stockholm) 104
Karleby 227
Karlevistenen 159
Karlfeldt, Erik Axel 244
Karlfeldtsgården – Sångs i Sjugare 244
Karlsborg 225, 299
Karlshamn 190f
Karlskoga 239
Karlskrona 175, 190, **192f**
  Hotels 286
  Restaurants 297
  Zentrumskarte 193
Karlslunds Herrgård (Örebro) 243
Karlsöarna 172f
Karlstad 238, 288, 300
Karlsvärd, Burg (Enholmen) 166
Kärnan (Helsingborg) 179
Karten
  Dalsland-Kanal 214
  Drottningholm 114
  Fryken-Seen 236
  Göteborg 196f
  Göteborg: Innerer Hafen 209
  Göteborg: Västra Nordstan 198f
  Gotland 164f
  Karlskrona 193

Kristallreich 156f
Mälardalens Schlösser 140f
Malmö 183
Nord-Norrland 268f
Örebro 243
Ost-Götaland 146f
Ost-Svealand 130f
Österlen 187
Schweden 18f, 126f
Stockholm 52f
Stockholm: Blasieholmen und Skeppsholmen 79–87
Stockholm: City 69–77
Stockholm: Fjällgatan 110
Stockholm: Gamla Stan 55–67
Stockholm: Großraum 89
Stockholm: Stadtplan 118–123
Süd-Götaland 176f
Uppsala 135
Visby 168–171
West-Götaland 212f
West-Svealand 234f
Kåseberga 186
Kastellet (Karlshamn) 190
Kastellholmen 79, **83**
Katarina Kyrka (Stockholm) 109
Katarinahissen (Stockholm) 109
Kathedralen
  Domkyrka St. Maria (Visby) 162, 169
  Domkyrkan (Kalmar) 159
  Domkyrkan (Linköping) 148
  Domkyrkan (Strängnäs) 139
  Domkyrkan (Västerås) **142**, 309
  Gustavi Domkyrkan (Göteborg) 202
  Karlstad 238
  Luleå 272
  Lunds Domkyrka 181
  Mariestad 225
  St. Nicolai (Visby) 171
  St. Petri Kyrka (Malmö) 182, 188f
  Skara 226
  Storkyrkan (Stockholm) 56, **63**, 309
  Uppsala Domkyrka 127, **134**, 309
  Växjö 155
Katholizismus 40
Katrineholm 285
Katthammarsvik 172
Kebnekaise-Massiv 274f, **276**, 279
Keramik 230, 306f
Key, Ellen 154
Kil 236
Kinne-Vedum 225
Kinnekulle 224f
Kirchen
  Adolf Fredriks Kyrka (Stockholm) 75
  Älvros 265
  Amiralitetskyrkan (Karlskrona) 193
  Bjälbo Kyrka 149
  Bro Kyrka 167
  Brunnby Kyrka 178
  Bunge Kyrka 166
  Edestads Kyrka 191
  Fårö Kyrka 165
  Finska Kyrkan (Stockholm) 57

Kirchen *(Fortsetzung)*
  Forshems Kyrka (Kinnekulle) 225
  Fredrikskyrkan (Karlskrona) 192
  Fröjel Kyrka (Gotland) 172
  Frösö Kyrka 263
  Gärdslösa Kyrka 160
  Gökhems Kyrka 227
  Gösslunda Kyrka 224
  Hakarps Kyrka 155
  Härkeberga Kyrka 131, **136**
  Hedareds Kapell 228
  Helge And (Visby) 171
  Heliga Korsets Kapell 105, **111**
  Heliga Trefaldighets Kyrka (Arborga) 141
  Heliga Trefaldighetskyrkan (Gävle) 254
  Heliga Trefaldighetskyrkan (Karlskrona) 192
  Heliga Trefaldighetskyrkan (Kristianstad) 190
  Jacobs Kyrka (Stockholm) 71, **72**, 309
  Kaga Kyrka 148
  Katarina Kyrka (Stockholm) 109
  Kinne-Vedum 225
  Klara Kyrka (Stockholm) 74
  Königliche Kapelle (Stockholm) 58, **61**
  Landskyrkan (Askersund) 240
  Lärbro Kyrka 166
  Lau Kyrka 172
  Lidens Kyrka 262
  Lojsta Kyrka (Gotland) 172
  Nederluleå Kyrka (Gammelstads Kyrkstad) 272
  Riddarholmskyrkan (Stockholm) 66
  Rinkaby Kyrka 190
  St. Jakobs Kyrka (Hudiksval) 256
  St. Karin (Visby) 169, **170**
  St. Nicolai Kyrka (Örebro) 242
  St. Nikolai Kyrka (Sölvesborg) 190
  St. Olovs Kyrka (Ljusdal) 257
  Samenkirche (Arvidsjaur) 277
  Samenkirche (Gällivare) 276
  Själevads Kyrka 259
  Skäfthammars Kyrka (Öregrund) 132
  Skogskapellet (Stockholm) 111
  Södra Vings Kyrka 228
  Sofia Kyrka (Stockholm) 111
  Trefaldighetskyrkan (Karlskrona) 177
  Tronö Kyrka 255
  Tyska Kyrkan (Stockholm) 64f
  Ulrika Eleonora Kyrka (Söderhamn) 255
  Uppståndelsekapellet (Stockholm) 111
  Vadstena Klosterkyrka **149**
  Valleberga Kyrka 186
  Våmbs Kyrka 226
  Varnhems Klosterkyrka 226
Kirchenmusik 309
Kirchner, Ernst Ludwig 84
Kirsten Munks Haus (Halmstad) 231
Kiruna (Schnee-Festival) 35, **276**, 289

Kivik 187
Klarälven, Fluss 233, 238
Klässbols Linneväveri 237
Klima 21f, **34**
Klintehamn 286
Klippan 179
Klöster
  Alvastra Kloster 147, 154
  Gudhems Klosterruin 227
  Kloster 241
  Klostergränden (Trelleborg) 186
  Roma Kloster 167
  St. Nicolai (Visby) 171
Kloster, Abteiruinen von 241
Klostergränden (Trelleborg) 186
Kock, Jörgen 182
Kolmården 145
Kolthoff, Gustaf 93
Kommendanthuset (Malmö) 184
König-Chulalongkorn-Denkmal (Utanede) 262
Königlich Schwedischer Yachtclub 117
Königliche Kapelle (Stockholm) 58, **61**
Königliche Philharmoniker 33, 75
Königliches Schloss (Stockholm) 43, 57, **58–61**
Konserthuset *siehe* Theater
Konsthall/Konstmuseet *siehe* Museen und Sammlungen
Konzertsäle *siehe* Theater
Kopenhagen 185
Köping 142
Köpmantorget (Stockholm) 57
Kopparberg 143
Kosta Glasbruk 127, 156f, 306f
Koster-Inseln 215
Kramm, Johann 259
Krankenhäuser 321
Krapperups Slott 178
Kreativum (Karlshamn) 191
Krebsfeste 29, 33
Kredit- und Debitkarten 283, 302, 322, **323**
Kremberg, Jacob 181
Kreuger, Nils 98
Kristallreich 33, 127, 146, **156f**
Kristianopel 191
Kristianstad **190**, 286, 297
Kristina, Königin von Schweden 41, 62, 66
  Sommerhaus (Stockholm) 71
  Thron 58, 60
Kristinehamn 239, 300
Kristler, Hans Jakob 103
Krok, Olof 110
Kronan (Kriegsschiff) 159
Kronberg, Julius 75, 77
Kronhuset (Göteborg) 199, **201**
Krusmyntagården 167
Küche, schwedische 292f
Kukkolaforsen 33
Kulbackens Museum (Västervik) 158
Kullabygden 178
Kultur 23, 46
Kulturen (Lund) 181
Kulturens Östarp 180
Kulturhuset (Skövde) 226
Kulturhuset (Ytterjärna) 137
Kungajaktmuseet Älgens Berg (Hunneberg) 221

Kungälv 221
Kungliga Biblioteket (Stockholm) 76
Kungliga Dramatiska Teatern (Stockholm) 77
Kungliga Konsthögskolan (Stockholm) 80, **83**
Kungliga Myntkabinettet 57, **62**
Kungliga Operan (Stockholm) 70, **72f**
Kungliga Slottet (Stockholm) *siehe* Königliches Schloss
Kungsbacka 230
Kungshamn 27
Kungsholm, Festung (Karlskrona) 193
Kungsholmen **89**
Kungsleden-Weg 264, 267, **278f**
Kungsträdgården (Stockholm) 70f, **72**
Kunstgalerien *siehe* Museen und Sammlungen
Kupfer 143, 244, 263
Kurierdienste 325
Küste 24
Kvilleken *siehe* Rumskullaeken
Kyllaj 166

L

L'Archevêque, Pierre Hubert 70
Lachs 32, 34, **191**, 231
Läckberg, Camilla 217
Läckö Slott 213, **224**
Lådbilslandet (Löttorp) 160
Laestadius Pörte 273
Laestadius, Lars Levi 273, 276
Lagerlöf, Selma 111, **237**
  Mårbacka 233, 234, **236**
Laholm 231
Lallerstedt, Erik 116
Lamberg, Johan Anders 204
Landschaft 21, **24f**
Landskrona **179**, 287, 297
Landskrona Slott Citadellet 179
Landskyrkan (Askersund) 240
Landwirtschaft 22, 141
Långban 239
Långbryggan Pier (Rättvik) 244f
Långe Jan (Öland) 161
Långe Raden (Stockholm) 81
Långholmen (Stockholm) 108
Länsmuseet *siehe* Museen und Sammlungen
Laponia 268, 276, **279**
Lappland 267, 274–279
Lärbro 166
Larsen, Henning 184
Larsson, Carl 31, 241
  Carl Larssongården (Sundborn) **241**
  Göteborgs Konstmuseum 204
  Kungliga Dramatiska Teatern (Stockholm) 77
  Kungliga Operan (Stockholm) 73
  Nationalmuseum 87
  Thielska Galleriet (Stockholm) 99
Larsson, Karin 30f, **241**
Lassekrog 257
Lau Kyrka 172
Laxens Hus (Mörrum) 191
Leipzig, Völkerschlacht bei 45
Leksand 29, **244**

Lerkaka 161
Lewerentz, Sigurd 111
Liberale Partei 48
Lidens Kyrka 262
Lidingö 34, **101**
Lidköping **224**, 287
Liljefors, Bruno 93, 98
   Liljeforsateljén (Österbybruk) 132
   Stadion (Stockholm) 102
   Thielska Galleriet (Stockholm) 99
Liljekrantz, Johan 141
Liljevalch, C. F. 93
Liljevalchs Konsthall (Stockholm) 35, 98
Lilla Bommen (Göteborg) 200, 209
Lilla Karlsö 172f
Lillhärdal 265
Lilljekvist, Fredrik 77
Limhamn (Malmö) 185
Limtorget (Lidköping) 224
Lindegren, Agi 93
Lindgren, Astrid **93**, 145
   Fjällbacka 217
   Junibacken (Stockholm) 92
   Lunds By 158
   Vimmerby 157
Lindroos, Bengt 100
Lindström, Rune 29, 244
Ling, P. H. 102
Linköping 145, **148f**, 286, 296
Linné, Carl von 25, 32, **134**
   Botaniska Trädgården (Uppsala) 135
   Hammarby 130, **135**
   Naturhistoriska Riksmuseet (Stockholm) 102
   Universität von Uppsala 44, 134
   Västerbotten 267
Linnquist, Hilding 105
Liseberg (Göteborg) 204
Livrustkammaren (Stockholm) 57, **62**
Ljugarn 172, 286
Ljungadalen 257
Ljusdal 257
LKABs Gruvmuseum (Gällivare) 276
LKAB Visitor Centre (Kiruna) 276
Löfgren, Ludvig 156
Löfstad Slott 148
Lohe-Schatz (Stockholms Stadsmuseum) 108
Lojsta 172
Löka (Gundbo) 256
Loka Brunn 143
Lövånger 271
Lovisa Ulrika, Bibliothek von (Drottningholm) 113
Lovisa Ulrika, Königin 112f, 114f
Lövstabruk 132
Lübeck 40, 64, 171
Lucia 28, **35**
Ludvika 240
Lufthansa 326f
Luleå 34, **272**, 289, 301
Lummelundagrottan 157
Lund **181**, 287, 298
Lundberg, Theodor 77
Lundberg, Willy Maria 256
Lundgren, Per 103

Lundqvist, John 111
Lunds By 158
Lundström, Gebrüder 154
Lundströmska Gården (Sigtuna) 136
Luossastugan (Skattlösberg) 240
Lurö 237
Lutfisk 220
Lutheraner 40
Lützen, Schlacht von 41f, 62, 201
Lycksele 270, **271**
Lysekil 218

M

MS *Juno* 150f
Måås-Fjetterström, Märta 30
Maestro-/EC-Karte
   siehe girocard
Magnus Eriksson, König 39, 155, 242
Magnus Ladulås, König 39, 66, 154, 231
Magnus, Olaus 134
Magnusson, Arn 29
Magnusson, Birger 38, 63, 66, 149
Maifeiertag 28, 32
Mälardalen 24, 140f
Mälardalens Schlösser 140f
Mälarsee (Mälaren) 35, 108, 117, 129
Målerås 157
Malmahed (Malmköping) 138
Malmbanan 278f
Malmköping 138
Malmö 13, 34, 175, 1**82–185**
   Hotels 287
   Restaurants 298
   Zentrumskarte 183
Malmö Arena (Malmö) 308f, 311
Malmsten, Carl 107, 159
Mälsåkers, Schloss (Selaön) 139
Måltidens Hus i Norden (Grythyttan) 143
Mamsell Josabeths Treppe (Stockholm) 110
Marathon, Stockholm 33, 313
Mårbacka 233f, **236**
Marcus Wallenberg-Hallen (Södertälje) 137
Mardsele-Wasserfall 271
Maré, Rolf de 73
Margareta, Königin von Dänemark-Norwegen 39
Maria Eleonora, Königin 66
Maria von der Pfalz 225
Maria von Viklau (Skulptur) 91
Marie Euphrosyne, Prinzessin 224
Marieberg, Porzellanfabrik 141
Mariebergsskogen 238
Mariefred 128, 138f
Mariestad 225, 287, 299
Maritiman 198, **201**
Marklund, Bror 90
Märkte 33 – 35, **306**
Marstrand 212, **220f**, 288, 299
Marsvinsholms Slott 186
Mårtagården (Rydet) 230
Mårten Trotzigs Gränd (Stockholm) 65
Martinstag 35
Masreliez, Jean Baptiste 60

Masreliez, Louis 73, 102
MasterCard 322f
Mathsson, Bruno 30
Mecklenburg, Herzog von 39
Medelhavsmuseet (Stockholm) 70, **73**
Medelpad 251f, 257f
Medevi Brunn 149
Media 325
Medikamente 321
Mehrwertsteuer 302
Mellbystrand 231
Mem 150
Messingarbeiten 142
Mietwagen 331
Milles, Carl 77
   Boulognerskogen (Gävle) 254
   Europa-Brunnen (Halmstad) 231
   Millesgården (Stockholm) **101**
   Nike 126
   Nordiska Museet (Stockholm) 95
   Orpheus 75
   Poseidon (Götaplatsen, Göteborg) 126, 197, 204
   Skogskapellet (Stockholm) 111
   Stadparken (Eskilstuna) 139
   Ulriksdal (Stockholm) 103
Millesvik 237
Mittelalter-Feste 29, 33
Mittsommer 28, **33**, 227
Moberg, Vilhelm 155
Mobiltelefone 324
Mode 306f
Moderna Museet (Malmö) 182
Moderna Museet (Stockholm) 53, 81, **84f**
Modernismus 74
Möja 117
Molin, J. P. 71, 72
Mölle 298
Möller-Nielsen, Egon 101
Möllerberg, Nils 105
Mollösund 220
Monarchie 22f, 49
Moneo, Rafael 81, **84**
Mora 33, 233, 245, 249
   Hotels 288
   Restaurants
Moritska Gården (Umeå) 270
Mörrumsån, Fluss 32, **191**
Morups Tånge 231
Moskosel 277
Motala 296
MS *Sylvia* (Ulricehamn) 228
Mücken 321
Muddus-Nationalpark 277, 279
Mulen 248
Munch, Edvard 99
Munthe, Ulf 105
Museen und Sammlungen
   ABBA The Museum (Stockholm) 93
   Aguélimuseet (Sala) 142
   Ájtte Suenskt Fjäll- och Samemuseum (Jokkmokk) 277
   Albert Engströmsmuseet (Grisslehamn) 133
   Alingsås Kulturhus 227
   Alingsås Museum 227
   Amals Hembygdsmuseum 215

Museen und Sammlungen *(Forts.)*
Antikenmuseum von Gustav III. (Stockholm) 47, 59, **61**
Arbetets Museum (Norrköping) 148
Arkitekturmuseet (Stockholm) 81, **82**
Armémuseum (Stockholm) 76
Arvika Fordonsmuseum 237
Axel Ebbes Konsthall (Trelleborg) 186
Barnens Petes 173
Bärnstensmuseet (Höllviken) 181
Båtmuseet (Galtabäck) 230
Bellman Museum (Långholmen) 108
Bergrum Boliden 271
Bergviks Industrimuseum 255
Bil och Teknikhistoriska Samlingarna (Köping) 142
Bildmuseet (Umeå) 270
Biologiska Museet (Fågelfors) 158
Biologiska Museet (Stockholm) 92f
Birkamuseet 137
Blekinge Museum (Karlskrona) 192
Bohusläns Försvarsmuseum (Uddevalla) 218
Bohusläns Museum (Uddevalla) 218
Bollnäs Museum 256
Borås Museum 228
Borgsjö, Freilichtmuseum 257
Bungemuseet (Bunge) 166
Buskgården (Särna) 248
Charlotte Berlins Museum (Ystad) 186
Dalälvarnas Flottningsmuseum (Gysinge) 254
Dalarnas Museum (Falun) 244
Dalénmuseet (Stenstorp) 227
Dansmuseet (Stockholm) 70, **73**
Disagården (Uppsala) 135
Döderhultarmuseet (Oskarshamn) 158
Dunkers Kulturhus (Helsingborg) 179
Eisenbahnmuseum (Åmål) 215
Eisenbahnmuseum (Mariefred) 139
Etnografiska Museet (Stockholm) 99
Falbygdens Museum (Falköping) 227
Falkenbergs Hembygdsmuseum 230f
Falkenbergs Museum 230
Falsterbo Konsthall 181
Falsterbo Museum 181
Falu Gruva (Falun) 244
Fängelsemuseet (Gävle) 255
Fischereimuseum (Hällevik) 190
Fiske- och Sjöfartsmuseet (Umeå) 270
Flygvapenmuseum (Malmen) 148f
Forsviks Bruk (Karlsborg) 225
Fotomuseet Olympia (Falkenberg) 231
Fredriksdal Friluftsmuseum (Helsingborg) 179
Friluftsmuseet Fiskartorpet (Strömstad) 215
Gamla Linköping 148
Gammlia Friluftsmuseum (Umeå) 270
Garvaregården (Kåkstan) 137
Göteborgs Konstmuseum 204f
Göteborgs Naturhistoriska Museum 208
Göteborgs Stadsmuseum 198, **202**
Göthlinska Gården 143
Gotlands Museum (Visby) 168, **170**
Grafikens Hus (Mariefred) 138f
Grängesberg Lokmuseum 240
Grenna Museum (Gränna) 154
Gudhems Klostermuseum 227
Hallands Kulturhistoriska Museum (Varberg) 230
Hallwylska Museet (Stockholm) 52, **77**
Hälsinglands Museum (Hudiksvall) 256f
Hängengården (Arvidsjaur) 277
Hans Hedbergs Museum (Örnsköldsvik) 259
Härjedalens Fjällmuseum (Funäsdalen) 264
Historiska Museet (Lund) 181
Historiska Museet (Stockholm) 90f
Hjo Stadsmuseum 226
Holmöns Båtmuseum 270
House of Peace (Uppsala Slott) 135
Huberget, Freilichtmuseum 257
Innovatum Kunskapens Hus (Trollhättan) 221
Jamtli (Östersund) 262, 263
Järnvägsmuseum (Nässjö) 155
Joe Hill Gården (Gävle) 254
Jönköpings Läns Museum 155
Judiska Museet (Stockholm) 104f
Julita Gård 130, **141**
Jussi Björlingmuseet (Borlänge) 241
Kalmar Konstmuseum 159
Kalmar Läns Museum 159
Kalmar Sjöfartsmuseum 159
Kämpen, Freilichtmuseum (Bollnäs) 256
Karlshamns Konsthall 190
Karlshamns Museum 190
Klockarbolet (Odensåker) 225
Kommendanthuset (Malmö) 184
Konstgalleriet (Uddevalla) 218
Konsthallen (Göteborg) 205
Konstmuseet (Visby) 168
Konstmuseum (Uppsala Slott) 134
Kopparbergs Miljömuseum 143
Koversta, Freilichtmuseum (Österfärnebo) 254
Kulbackens Museum (Västervik) 158
Kulturen (Lund) 181
Kulturens Östarp 180
Kulturhuset (Skövde) 226
Kulturhuset und Stockholms Stadsteater (Stockholm) 74
Kulturzentrum (Steninge Slott, Sigtuna) 136
Kungajaktmuseet Älgens Berg (Hunneberg) 221
Laestadius Pörte 273
Laholms Teckningsmuseum 231
Landskrona Museum 179
Landwirtschaftsmuseum (Julita Gård) 141
Länsmuseet Gävleborg 254
Länsmuseet Västernorrland (Härnösand) 258
Laxens Hus (Mörrum) 191
Lerkaka Linmuseum 161
Leuchtturm (Bönan) 27
Liljevalchs Konsthall (Stockholm) 32, 98
Limhamn Museum 185
Livrustkammaren (Stockholm) 57, **62**
Ljusdalsbygdens Museum 257
LKAB Visitor Centre (Kiruna) 276
LKABs Gruvmuseum (Gällivare) 276
Ludvika Gammelgård och Gruvmuseum 240
Lunds Konsthall 181
Malmahed (Malmköping) 138
Malmö Konsthall 183
Malmö Museum 184
Marcus Wallenberg-hallen (Södertälje) 137
Mariebergsskogen 238
Mariestads Industrimuseum 225
Marinmuseum (Karlskrona) 192
Maritiman (Göteborg) 198, **201**
Medelhavsmuseet (Stockholm) 70, **73**
Mining Museum (Utö) 117
Moderna Museet (Malmö) **182**
Moderna Museet (Stockholm) 53, 81, **84f**
Museisparvägen (Malmköping) 138
Museum of Sketches (Lund) 181
Musik- & Teatermuseet (Stockholm) 76
Näs Gård 228
Nationale Porträtgalerie (Gripsholms Slott, Mariefred) 138
Nationalmuseum (Stockholm) 31, 53, **86f**
Naturhistoriska Riksmuseet (Stockholm) 102
Naturum Vattenriket (Kristianstad) 190
Nobelmuseet (Karlskoga) 239
Nobelmuseet (Stockholm) 64
Nordiska Akvarellmuseet (Skärhamn) 27, 220
Nordiska Museet (Stockholm) 31, 53, **94f**
Norrbottens Museum (Luleå) 272
Observatoriemuseet (Stockholm) 105
Ölands Museum (Himmelsberga) 160f
Örebro Läns Museum 242
Örnsköldsviks Museum 259
Orrefors Glasmuseum 157
Oskarshamns Sjöfartsmuseum 158

TEXTREGISTER | **343**

Östasiatiska Museet 80, **82**
Polhemsmuseet (Stjärnsund) 241
Porjus Expo 277
Postmuseum (Stockholm) 65
Pythagoras (Norrtälje) 133
Rackstadmuseet (Arvika) 237
Rallarmuseet (Moskosel) 277
Röhsska Museet (Göteborg) 31, 203
Rörstrands Museum (Lidköping) 224
Rosenlöfs Tryckerimuseum (Sandviken) 255
Roslagsmuseet (Norrtälje) 133
Sandgrund Lars Lerin (Karlstad) 238
Silurum (Lummelundas Bruk) 167
Silvermuseet (Arjeplog) 277
Sjöfartsmuseet (Göteborg) 208
Sjöfartsmuseet (Trelleborg) 186
Sjöfartsmuseum (Skärhamn) 220
Sjöhistorika Museet (Stockholm) 33, 100
Skalbanksmuseet (Kuröd) 218
Skansen, Freilichtmuseum (Stockholm) 33, 35, 53
Skellefteå Museum 271
Skogs- och Flottningsmuseet (Storforsen) 272
Slipstensmuseet (Mässbacken) 248
Smålands Museum (Växjö) 155
Sockenmuseet (Lövånger) 271
Söderhamns Stadsmuseum 255
Söderhamns/F15 Flygmuseum 255
Sölvesborgs Museum 190
Sörmlands Museum (Nyköping) 138
Spielzeugmuseum (Tidö) 140
Spritmuseum (Stockholm) 93
Stadsmuseum (Skövde) 226
Stensjö By 158
Stjärnsfors Kwarn (Hagfors) 238
Stockholms Medeltidsmuseum 67
Stockholms Stadsmuseum 108
Stora Hyttnäs (Sundborn) 241
Strindbergsmuseet Blå Tornet (Stockholm) 75
Strömstads Museum 215
Sundsvall Museum 258
Svenska Skidmuseet 270
Sveriges Järnvägsmuseum (Gävle) 254f
Sveriges Sjömanshusmuseum (Uddevalla) 218
Tändstickmuseet (Jönköping) 154f
Teknikens Hus (Luleå) 272
Teknikens och Sjöfartens Hus (Malmö) 184f
Tekniska Museet (Stockholm) 100
Textilmuseet 228
Theatermuseum (Drottningholm, Stockholm) 115
Thielska Galleriet (Stockholm) 99
Tom Tits Experiment (Södertälje) 137

Torekällbergets Museum (Södertälje) 137
Tre Kronor Museum (Stockholm) 61
Trelleborgs Museum 186
Tycho Brahe Museum (Ven) 179
Ulricehamns Konst- och Östasiatiska Museum 228
Umeå Energicentrum 271
Utvandrarnas Hus (Växjö) 155
Vadsbo Museum (Mariestad) 225
Vagnmuseum (Malmö) 182
Vänermuseum (Lidköping) 224
Vänersborgs Museum 221
Världskulturmuseet (Göteborg) 203
Värmlands Museum (Karlstad) 238
Vasaloppsmuseet (Mora) 245
Vasamuseet (Stockholm) 53, **96f**
Västerbottens Museum (Umeå) 270
Västergötlands Museum (Skara) 227
Vaxholm, Burgmuseum 116
Viktor Rydbergs Museum (Jönköping) 154f
Vitlycke Museum 216
Vuollerim 6000 År 277
Wadköping (Örebro) 242f
Waldemarsudde (Stockholm) 98f
Wanås Slott 190
Ystads Konstmuseum 186
Zornmuseet (Mora) 245
siehe auch Palais und Schlösser
Musik 23, 28f, 309–311
 Festivals 33, 34, 310f
 Shopping 306f
 siehe auch Theater
Musikaliska 87
Musiklokale 310
Mythen und Legenden 29, 135, 158

N

Nääs Slott 227
Nämforsen 253, **259**
Napoléon 22, 44f
Närke 233f, 240
Näs Gård 228
Nässjö **155**
Nationale Porträtgalerie (Gripsholms Slott, Mariefred) 138
Nationalfeiertag 33, 40
Nationalmuseum (Stockholm) 31, 53, **86f**
Nationalparks
 Fulufjället 248
 Gotska Sandön 173
 Muddus 277, 279
 Norra Kvill 157
 Padjelanta 277, 279
 Sarek 277, **278**, 279
 Sjaunja 279
 Skuleskogens 260
 Söderåsen 179
 Stora Sjöfallet 277, **279**
 Tivedens 212, **225**

Nationalromantischer Stil 105, 111, 245
Naturhistoriska Museet siehe Museen und Sammlungen
Naturschutzgebiete
 Aboda Klint 158
 Bassholmen 218f
 Brösarps Backar 187
 Döda Fallet 262
 Eriksberg Vilt- och Naturpark 191
 Hallands Väderö 178
 Holmöarna 270
 Hovs Hallar 178
 Johannishus Åsar 191
 Karlsarna 172f
 Koster-Inseln 215
 Morups Tånge 231
 Ottenby Naturum 161
 Rogen 264
 Skurugata 155
Naturum Vattenriket (Kristianstad) 190
Nederluleå Kyrka (Gammelstads Kyrkstad) 272
Nedre Gärdet 101
Neptuni Åkrar 160
Neutralität 23
Nikkaluokta 279
Nils Holgerssons Abenteuerpark 236
Njarka Sameläger 263
Njupeskär-Wasserfall 248
NK Clock (Stockholm) 71
Nobel, Alfred **75**, 239
Nobel-Tag 35
Nobelmuseet (Karlskoga) 239
Nobelmuseet (Stockholm) 64
Nobelpreis **75**, 83, 106
Nolhaga Slott (Alingsås) 227
Nora 143
Nord-Norrland **266–279**
 Hotels 289
 Regionalkarte 268f
 Restaurants 301
 Sehenswürdigkeiten auf einen Blick 269
 Überblick 268
Nordamerika, Auswanderung nach 45, **155**
Nordanå Kulturcentrum (Skellefteå) 271
Nordens Ark (Åby Säteri) 217
Nordenskiöld, Adolf Erik 102
Nordingrå 260
Nordische Götter 135
Nordiska Akvarellmuseet (Skärhamn) 27, **220**
Nordiska Kompaniet (NK) 71, **72**, 303
Nordiska Museet (Stockholm) 31, 53, **94f**
Nordkoster 215
Nordlicht 266
Nordström, Karl 99
Norra Kvill, Nationalpark 157
Norrbotten 267, 272f
Norrbottens Museum (Luleå) 272
Norrköping 145, **148**, 286, 296
Norrtälje **133**, 285
Norwegen, Union mit 45
Notfallnummern 321
 Kreditkarten 322

Notke, Bernt 54, 63
Nusnäs 245
Nya Älvsborgs Fästning 202, **209**
Nya Stadens Torg (Lidköping) 224
Nyköping 29, **138**, 285, 296
Nyköpinghus 39, 138
Nynäs Slott 138
Nynäshamn **173**
Nyströmska Gården (Köping) 142

O

Obelisk (Stockholm) 56, 74
Observatoriemuseet (Stockholm) 105
Observatorium, Stjärneborg (Ven) 80, **179**
Öffentliche Verkehrsmittel 332f
Öffnungszeiten 318f
   Banken 322
   Läden 302
   Restaurants 290f
Ohlsson, Olof Thorwald 101
Öhrström, Edvin 74
Öja Kirche (Gotland) 170, 172
Olaf, hl. 166
Öland 24f, 145, **159–161**, 296
Ölands Djurpark 159
Ölands Museum (Himmelsberga) 160f
Ölandsbron 145, 159
Olof Skötkonung, König 38, 62, 211, 224
Olovson, Gudmar 217
Omberg 146, **154**
Oper 309, 311
   GöteborgsOperan 198, **200f**, 309
   Kungliga Operan (Stockholm) 44, 46f, 70, **72f**
Orchideen **24f**, 163, 173
Örebro 35, 212, 233, **242f**, 294f, 300
   Zentrumskarte 243
Öregrund 132
Öresund 175, 178, **185**
Öresund-Brücke 175, 177, **185**
Orm, Edvard 155
Örnässtugan 235, **241**
Örnskold, Per Abraham 259
Örnsköldsvik **259**, 289
Orrefors 157
Orsa 248
Orsa Grönklitt 248
Orust 218f, **220**
Oscar I., König 114, 158, 240
Oscar II., König 60, 73, 76, 217
Oscarsborg (Söderhamn) 255
Oskarshamn **158**, 159
Öst, Per Nilsson 256
Ost-Götaland **144–161**
   Hotels 285f
   Regionalkarte 146f
   Restaurants 296f
   Sehenswürdigkeiten auf einen Blick 147
   Überblick 146
Ost-Svealand **128–143**
   Hotels 285
   Regionalkarte 130f
   Restaurants 295f
   Sehenswürdigkeiten auf einen Blick 130
   Überblick 131
Östarp **180**
Östasiatiska Museet 80, **82**
Östberg, Ragnar 100, 106, 270
Österbybruk 132
Österfärnebo 254
Östergötland 38, 145, 148–161
Österlen 126, **187**
Östermalm **89**
Ostern 28
Östersund 34, **262f**, 289, 300
Östhammar 132
Ostindien-Kompanie 198, **202**
Ostindiska Huset (Göteborg) 202
Östra Granfjället 248
Östra Nordstan (Göteborg) 198
Ostsee 42
Ottenby Fägelstation 145, **161**
Ottenby Naturum 161
Övedskloster 180f
Övertorneå 273
Övralid 149
Oxenstierna, Axel 56, 140
Oxenstierna, Bengt Bengtsson 66
Oxenstierna-Soopska-Kapelle (Landskyrkan, Askersund) 240
Oxhälja-Markt (Filipstad) 34

P

Paddan-Boote 209
Padjelanta, Nationalpark 277, 279
Pajala 273
Palais und Schlösser
   Arvfurstens Palats (Stockholm) 70, **73**
   Axel Oxenstiernas Palats (Stockholm) 56
   Bååtska Palatset (Stockholm) 85
   Drottningholm (Stockholm) 46f, **112–115**
   Haga Slott (Stockholm) 103
   Hallwylska Museet (Stockholm) 52
   Karlbergs Slott (Stockholm) 104
   Königliches Schloss (Stockholm) 43, **58–61**
   Mälsåkers, Schloss (Selaön) 139
   Nordiska Kompaniet (Stockholm) 71, **72**
   Riddarhuset (Stockholm) 47, **66f**
   Roggeborgen (Strängnäs) 139
   Rosersberg (Sigtuna) 136
   Sagerska Palatset (Stockholm) 73
   Sollidens Slott 160
   Steninge Slott (Sigtuna) **136**, 141
   Strömsholms Slott **140**
   Tessinska Palatset (Stockholm) 57, **62**
   Tullgarns Slott 137
   Tynnelsö Slott (Selaön) 139
   Ulriksdal (Stockholm) 103
   Utrikesministerhotellet (Stockholm) 85
   Waldemarsudde (Stockholm) 98f
   Wrangelska Palatset (Stockholm) 66
Palme, Olof 49, 75
Palmstedt, Erik 64f, 73
Papierindustrie 179, 251
Paradeschlafzimmer von Hedvig Eleonora (Drottningholm) 113
Paradies (Tinguely/de Saint Phalle) 53, 80
Parken 331
Parken Zoo (Eskilstuna) 139
Parks und Gärten
   Almedalen (Visby) 170
   Astrid Lindgrens Värld (Vimmerby) 157
   Bellevueparken (Stockholm) 104
   Berzelii Park (Stockholm) 87
   Bosjökloster 180
   Botaniska Trädgården (Göteborg) 195, **208f**
   Botaniska Trädgården (Uppsala) 135
   Botaniska Trädgården (Visby) 171
   Boulognerskogen (Gävle) 254
   Drottningholm (Stockholm) 112, **115**
   Ekoparken (Stockholm) **103**, 116
   Fredriksdal Friluftsmuseum (Helsingborg) 179
   Grönsöö 140
   Gunnebo Slott 229
   Hagaparken (Stockholm) 102f
   Harpsund 138
   Hembygdsparken (Nässjö) 155
   Humlegården (Stockholm) 76
   Kapitelhusgården (Visby) 169
   Krusmyntagården 167
   Kungsträdgården (Stockholm) 70f, **72**
   Landskrona Slott Citadellet 179
   Långholmen (Stockholm) 108
   Liseberg (Göteborg) 204
   Miniland (Halmstad) 231
   Nils Holgerssons Abenteuerpark 236
   Nordanå Kulturcentrum (Skellefteå) 271
   Norrvikens Trädgårdar 178
   Ramnaparken (Borås) 228
   Rosengården (Kristianopel) 191
   Skäftekärr Järnåldersby (Böda) 160
   Skansberget (Göteborg) 205
   Slottsskogen (Göteborg) 208
   Sofiero 179
   Stadspark (Hjo) 226
   Stadsparken (Borås) 228
   Stadsparken (Örebro) 242
   Stadsparken (Skara) 227
   Stadsparken (Trelleborg) 186
   Sträckleparken (Vännersborg) 221
   Sundsvall Stadspark 258
   Tessinparken (Stockholm) 101
   Tomteland (Gesunda) 245
   Trädgårdsföreningen (Göteborg) 202f
   Ulriksdal (Stockholm) 103
   Vita Bergen (Stockholm) 111
   Waldemarsudde (Stockholm) 98f
   Wanås Slott 190
   siehe auch Freizeitparks; Nationalparks
Parlament 22, 55, **67**
Pass 318
Pataholm 159
Pauli, Georg 67

T E X T R E G I S T E R | 345

Pauli, Hanna 168
Peace and Love Festival 33
Pensionen 282, **283**
Pernevi, Pa le 205
Pershyttan (Nora) 143
Persönliche Sicherheit 320
Persson, Sigurd 31, 75
Pest 39
Peter der Große 41
Peterson-Berger, Wilhelm 262f
Petersson, Axel 99, 158
Petes 173
Petri, Olaus 56, 63, 242
Petrus de Dacia 171
Picasso, Paolo 84, 231, 239
Pilane Gravfält (Tjörn) 220
Pilo, C. G. 46
Piper, Fredrik Magnus 102
Piteå **272**
  Hotels 239
Platen, Baltzar von 150
Polhem, Christopher 247
Politik 22f, 48f
Polizei 320f
Poltava, Schlacht bei 41
Popmusik 309
Porjus Expo 277
Porzellan 224
Poseidon (Milles) 126, 197, 204
Post 325
Postmuseum (Stockholm) 65
Postrodden Postbootrennen
  (Grisslehamn) 33
Precht, Burchardt 141
Preisnachlässe 101, 318f
Prinzengalerie (Stadshuset,
  Stockholm) 107
Prunksäle (Königliches Schloss,
  Stockholm) 58, **60f**
Pukeberg 157
Punschfabriken (Karlshamn) 190
Puppenhäuser (Nordiska Museet,
  Stockholm) 94
Pythagoras (Norrtälje) 133

Q

Qvarnström, C. G. 235

R

Rackstadmuseet (Arvika) 237
Rademacher, Reinhold 139
Radfahren 313, 315, 332
  Rennen 32f, 313
Rådhuse: siehe Rathäuser
Radio 325
Rafting 238, 314f
Rågårdsvik 219
Rallarmuseet (Moskosel) 277
Ramlösa Brunn 179
Ramnaparken (Borås) 228
Ramsey, Christopher 157
Ramundberget 264
Raoul Wallenbergs Torg
  (Stockholm) 87
Rathäuser
  Rådhuset (Göteborg) 201
  Rådhuset (Laholm) 231
  Rådhuset (Malmö) 182
  Rådhuset (Örebro) 242
Rättvik 33, **244f**, 288, 300
Raucher 319
Raumfahrtzentrum, Esrange 276

Regen 34
Regierung 22f
Rehn, Jean Eric 61, 112f, 132
Reiseschecks 323
Reiten 314
Religion 49
Rembrandt 86
Rentiere 25, 251, 265
Residenset (Malmö) 182
Restaurants **290–301**
  Mit Kindern essen 291
  Preise 291
  Reservierung 290
  Schwedische Küche 292f
Riddarholmen (Stockholm) 55, 66
Riddarholmskyrkan (Stockholm) 66
Riddarhuset (Stockholm) 47, **66f**
Riksdagshuset (Stockholm) 55, 67
Riksgränsen 279
Riksjarl 38
Rinkaby Kyrka 190
Robben 24, 173, 215
Rockmusik 309
Rödbergsfortet (Boden) 273
Rogen-See 264
Roggeborgens Schloss
  (Strängnäs) 139
Röhss, Wilhelm und Augustus 203
Röhsska Museet (Göteborg) 31, 203
Röks Kyrka 154
Roma 167
Romani 23
Romare, Bengt 90
Ronneby 191
Rörstrands Museum (Lidköping)
  224
Rosengården (Kristianopel) 191
Rosenlund-Kanal (Göteborg) 196
Rosersberg, Schloss (Sigtuna) 136
Roskilde, Frieden von 41, 191
Roslagen 129, 133
Roslagsmuseet (Norrtälje) 133
Roslin, Alexander 87
Rottneros 126, 236
Roxen-See 150
Rubens, Peter Paul 53, 60
Rudbeck, Olof 134, 135
Rudbeckius, Johannes 142
Rudern 33
Rumskullaeken 157
Runensteine 136, 154, 159, 191

S

Sachs, Josef 72
Sagerska Palatset (Stockholm) 73
Saggat-See
Sahlström, Geschwister 236
Sahlströmska Gården (Utterbyn)
  236
Saint Phalle, Niki de 53, 80
Sala 142
Sälen 233, **248f**, 300
Saloman, Geskel 155
Saluhall (Lund) 307
Salvius, Johan Adler 63
Samen 21, 263–265, 267, 276f
  Handwerk 305
  Sprache 23
  Tracht 28
Sampe, Astrid 72
Sandhammaren 186
Sandhamn 33, **117**

Sandviken **255**
Sånfjället 264, 265
Sankta Annas Archipel 145
Sarek, Nationalpark 277, **278**, 279
Särg, Heikki 200
Särna 248
SAS (Scandinavian Airlines) 326f
Scandinavium (Göteborg) 308f
Schantzka Huset (Stockholm)
  64
Scharinska Villa (Umeå) 270
Schatz (Königliches Schloss,
  Stockholm) 61
Schiff aus Steinen 142
Schlösser *siehe* Burgen; Paläste
Schmetterlinge 102f, 226
Schneesturm auf hoher See
  (Strindberg) 95
Scholander, F.W. 85, 103, 182
»Schönheit für alle«, Bewegung
  31
Schultheis, Jakob 98
Schweden
  Architektur 26f
  Bevölkerung 22
  Das Jahr in Schweden 32–35
  Geschichte 36–49
  Karten 18f, 126f
  Klima 21f, **34**
  Landschaften und Tierwelt 21,
    24f
  Regierung und Politik 22f
  Schweden auf der Weltbühne
    23
  Schwedisches Design **30f**, 306
  Sprachen und Dialekte 23
  Territorium 18, 21
  Traditionen und Bräuche 28f
Schweden entdecken 10–17
  Eine Woche an der Westküste
    14f
  Eine Woche in Südschweden 15
  Zwei Tage in Göteborg 12f
  Zwei Tage in Malmö 13
  Zwei Tage in Stockholm 12
  Zwei Wochen in Schweden 16f
Schwedische Akademie 46, 64
Schwedische Moderne 30
Schwimmen 33, 52, **313**
Seby Gravfält (Öland) 161
Seereisen 327, 329
Segeln 23, 33f, 117, **314f**
Sehlstedt, Elias 117
Selaön 139
Selbstversorger 282f
Sergel, Johan Tobias 73
  Adolf Fredriks Kyrka (Stockholm)
    75
  Cupido und Psyche 86
  Die Priesterin 61
  Gustav III., Büste 59
  Gustav III., Statue 57
  Klara Kyrka (Stockholm) 74
  Kungliga Operan (Stockholm) 73
Seyfridtska Huset (Stockholm) 64
Shopping **302–307**
  Mehrwertsteuer 302
  Souvenirs 31, **304f**
Shows 310f
Sibbe der Weise 159
Sicherheit 320f
Sidewalk Express 324, 325

346 | TEXTREGISTER

Siebenjähriger Krieg 40, 191
Sigtuna **136**, 285
Sigurdsristningen 139
Silurum (Lummelundas Bruk) 167
Silvergruvan (Sala) 142
Silvermuseet (Arjeplog) 277
Silvester 28, 35
Silvia, Königin 22, 58, 61
Simlångsdalen 231
Simrishamn 187
Singen **28f**, 33
Sista Styverns Trappor (Stockholm) 110
Själevads Kyrka 259
Sjaunja, Nationalpark 279
Sjöberg, Birger 221
Sjöbert, Josabeth 110
Sjöfartsmuseet
  siehe Museen und Sammlungen
Sjögren, Nils 100, 105
Sjöhistorika Museet (Stockholm) 33, 100
Sjömanstornet (Göteborg) 208
Sjötorp 151
Skäftekärr Järnåldersby (Böda) 160
Skäfthammars Kyrka (Gimo) 132
Skaftö 219
Skagerrak 211
Skalbanksmuseet (Kuröd) 218
Skåne 21, 24, 175, **178–181**
Skåneleden-Weg 176
Skånes Djurpark (Frostavallen) 180
Skänninge-Markt 33
Skanör **181**
Skansen, Freilichtmuseum (Stockholm) 33, 35, 53, 98
Skansen Kronan (Göteborg) 205
Skara **226f**, 313
Skärhamn 220
Skarsgård, Stellan 23
Skegriedösen 186
Skellefteå 267, **271**, 289, 301
Skepparhuset (Gullholmen) 219
Skeppsholmen siehe Blasieholmen und Skeppsholmen
Skifahren 23, 314f
  Rennen 32, 35, 245, **249**
Skogaholm, Herrenhaus 26
Skogs- och Flottningsmuseet (Storforsen) 272
Skogskapellet (Stockholm) 111
Skogskyrkogården (Stockholm) 105, **111**
Skokloster 129, **133**, 141
Sköld, Otte 67, 205
Skottsbergska Gården (Karlshamn) 190f
Skövde 29, **226**
Skule Song Festival 33
Skuleskogens Nationalpark 260
Skultuna Messingsbruk 142
Skurugata, Naturschutzgebiet 155
Slipstensmuseet (Mässbacken) 248
Slottsbacken (Stockholm) 56f
Slottsskogen (Göteborg) 208
Småland 24, 145, 154f
  Glasobjekte 31, 33, 145
Smålands Museum (Växjö) 155
Smögen **217**, 222f, 288
Smörgåsbord 292

Societetshuset (Marstrand) 26
Societetshuset (Varberg) 230
Sockenmuseet (Lövånger) 271
Söderåsen, Nationalpark 179
Söderblom, Nathan 255
Söderhamn **255**
Söderköping 151
Södermalm (Stockholm) 89, **110f**
Södermanland 129, 137–141
Södertälje **137**
Södra Vings Kyrka 228
Sofia Albertina, Prinzessin 73
Sofia Kyrka (Stockholm) 111
Sofia Magdalena, Königin 46f, 60, 62
Sofiero 179
Soldat-torpet (Limhamn) 185
Sollerön 245
Sollidens Slott 160
Sölvesborg 190
Sommarhagen (Frösön) 262f
Sommerlah, Silvia siehe Silvia, Königin
Sonnenschein 34
Sörmlands Museum (Nyköping) 138
Sotenkanalen 217
Souvenirs 304f, 306f
Sozialdemokratische Partei 22, 48f
Sparre, Lars 66
Speisen und Getränke 29, 290–293, 305, 307
Spielzeug 140, 158, 173
Spikarna 258
Spikens Fiskehamm, Kållandsö 224
Sport und Aktivurlaub 306, **312–315**
Sportstadien 102, 111, 203
Sprachen und Dialekte 22
Spritmuseum (Stockholm) 93
SS *Blidösund* 117
SS *Freja af Fryken* 236
SS *Trafik* 226
St. Olofskolm 166
Stadion (Stockholm) 102
Stadsbiblioteket (Malmö) 184
Stadsbiblioteket (Stockholm) **105**
Stadsgården, Hafen (Stockholm) 110
Stadshuset (Göteborg) 201
Stadshuset (Stockholm) 52, **106f**
Stadsmuseum (Stockholm) 108f
Stadsparken siehe Parks und Gärten
Stadsteatern (Göteborg) 205
Stadtmauer, Visby 168, **170**, 171
Ståhle, Ephraim 60
Steep Backafallen (Ven) 179
Stegeholm Burg (Västervik) 158
Steiner, Rudolf 137
Steingut 30
Steinschiffe 172, 175, 186
Steinzeit
  Höörs Stenalderby 180
  Karleby 227
  Kinnekulle 225
  Skegriedösen **186**
  Vuollerim 6000 År 277
Stenbrohult 32
Stenhammar Schloss 138
Stenhammar, Ernst 116f

Steninge Slott (Sigtuna) **136**, 141
Stenkil, Dynastie 38
Stenkyrkamannen (Gotlands Museum, Visby) 170
Stensjö By 158
Stiller, Mauritz 111
Stjärneborg Observatorium (Ven) 178, **179**
Stjernsunds Slott 240
Stockholm 12, **50–87**
  Abstecher 88–117
  Bevölkerung 74
  Blasieholmen und Skeppsholmen 78–87
  City 68–77
  Gamla Stan 54–67
  Geschichte 38–49
  Hotels 284f
  Klima 34
  Restaurants 294f
  Sightseeing 117, 333
  Stadtplan 118–123
  Überblickskarte 52f
  Unterwegs in 332f
  Veranstaltungen 32–35
Stockholm Photography Week 32
Stockholm-Archipel 21, 27, **116f**
Stockholmer Blutbad 39f, **64**, 249
Stockholms Medeltidsmuseum 67
Stöde Kyrkby 257
Stora Alvaret 161
Stora Hyttnäs 241
Stora Karlsö 172f
Stora Sjöfallet, Nationalpark 277, **261**
Stora Torget (Visby) 169, **170**
Stora Tuna 241
Storforsen 262, **272**
Storkyrkan (Stockholm) 56, **63**, 309
Storlien **263**, 289, 300f
Störlinge Kvarnrad 160
Storsjön-See 255, 262, 263
Storsjöyran-Festival 33, 310
Stortorget (Karlskrona) 192
Stortorget (Malmö) 182
Stortorget (Stockholm) 56, **64**
Sträckleparken (Vännersborg) 221
Strand 154
Strandvägen (Stockholm) 92
Strängnäs 139
Straßenschilder 331
Strickwaren 228, 305
Strindberg, August 48, 85
  Strindberg-Sammlung (Nordiska Museet, Stockholm) 95
  Strindbergsmuseet Blå Tornet (Stockholm) 75
  Thielska Galleriet (Stockholm) 99
Strom aus Wasserkraft 221, 254, 271, 277
Strömbergshyttan 156
Strömmen-Kanal (Stockholm) 79, 86
Strömsholm-Kanal 143
Strömsholms Slott **140**
Strömstad **215**, 288, 299
Strykjärnet (Norrköping) 148
Stüler, August 86

TEXTREGISTER | **347**

Sture, Sten, d. Ä. 39, 63
Sture, Sten, d. J. 64
Sturefors 148
Sturehof 141
Süd-Götaland **174–193**
   Hotels 286f
   Regionalkarte 176f
   Restaurants 297f
   Sehenswürdigkeiten auf
    einen Blick 177
   Überblick 177
Süd-Norrland **250–265**
   Hotels 288f
   Landschaft 252
   Regionalkarte 252f
   Restaurants 300f
   Sehenswürdigkeiten auf
    einen Blick 253
   Überblick 252
Sunbyholms Slott 139
Sundborn 31, **241**
Sundsvall **258**, 262, 289, 301
Sunne **236**, 288
Surströmming 251, **259**, 250
Svampen (Örebro) 243
Svea, Königreich 224
Sveafallen 239
Sveg 265, 289
Sven Tveskägg, König 181
Svenska Skidmuseet 270
Svensksund, Schlacht vor 44, 46, 81
Svenskt Tenn (Stockholm) 30f, 304, 306f
Sveriges Järnvägsmuseum (Gävle) 254f
Sveriges Sjömanshusmuseum (Uddevalla) 218
Sverker, Dynastie 38, 161
Swedenborg, Emanuel 26, 44, 100
Swiss 326f
Sydow, Max von 23
Sylvius, Johan 112, 113, 114
Synagogan (Stockholm) 85

T

Taberg 155
Tällberg **245**, 288
Tändstickmuseet (Jönköping) 154f
Tännforsen 263
Tanum 212, **216**
»Tanz der Kraniche« 32
Tärnaby 278
Taube, Astri Bergman 221
Taube, Evert 29, 66, 111, 219
Taxis 333
Tegneby 216
Teknikens Hus (Luleå) 272
Teknikens och Sjöfartens Hus (Malmö) 184f
Tekniska Museet (Stockholm) 100
Telefonieren 324
Telenor 324, 325
Telia 324, 325
Tempelman, Olof 102
Temperaturen 21f, **34**
Tengbom, Anders 75
Tengbom, Ivar 74f, 227
Tengbom, Svante 75
Tessin, Carl Gustaf 62

Tessin, Nicodemus, d. Ä.
   Bååtska Palatset (Stockholm) 85
   Domkyrkan (Kalmar) 159
   Drottningholm (Stockholm) 112f
   Rådhuset (Göteborg) 201
   Stockholms Stadsmuseum 108
   Ulriksdal (Stockholm) 103
   Wrangelska Palatset (Stockholm) 66
Tessin, Nicodemus, d. J. 56
   Drottningholm (Stockholm) 112
   Fredrikskyrkan (Karlskrona) 192
   Heliga Trefaldighetskyrkan (Karlskrona) 192
   Kongliche Kapelle (Stockholm) 61
   Kongliches Schloss (Stockholm) 58, 60
   Steninge Slott 136, 141
   Stockholms Stadsmuseum 108
   Storkyrkan (Stockholm) 63
   Tessinska Palatset (Stockholm) 57, 62
   Ulrika Eleonora Kyrka (Söderhamn) 255
Tessinparken (Stockholm) 101
Tessinska Palatset (Stockholm) 57, **62**
Textilindustrie 227f, 255
Thaveniuska Huset (Stockholm) 92
Theater 115, 308f, 311
   Dalhalla 245, 308
   Dunkers Kulturhus (Helsingborg) 179
   Gävle 254
   GöteborgsOperan 198, **200f**
   Hofteater (Drottningholm, Stockholm) 115
   Ice Arena (Jukkasjärvi) 276
   Konserthuset (Göteborg) 205
   Konserthuset (Stockholm) 74f
   Kulturhuset und Stockholms Stadsteater (Stockholm) 74
   Kulturhuset (Ytterjärna) 137
   Kungliga Dramatiska Teatern (Stockholm) **77**, 309
   Kungliga Operan (Stockholm) 70, **72f**
   Musikaliska 87
   Oper (Stockholm) 44, 46f
   Romateatern (Roma Kloster) 167
   Scandinavium (Göteborg) 308
   Stadsteatern (Göteborg) 205
   Sundsvalls Teater 309
   Theaterladen (Hedemora) 241
Thiel, Ernest 99
Tickets 308
Tidö 140
Tingstäde 167
Tinguely, Jean 53, 80
Tiveden, Wälder 212, 233, 240
Tivedens Nationalpark 225
Tjejmilen (Stockholm) 34
Tjolöholms Slott 230
Tjörn 220, 288
Tjugondedag Knut 28
Tom Tits Experiment (Södertälje) 137
Tomelilla 187
Tomteland (Gesunda) 245

Torekällbergets Museum (Södertälje) 137
Torekov 178
Torhamn, Gunnar 111
Torne, Fluss 33, 267, **273**
Tornedalen **273**
Törneman, Axel 67
Törngrens Krukmakeri (Falkenberg) 230
Torpa Stenhus 228
Torsburgen 172
Torshälla 139
Tossebergsklätten 236
Touren
   Dalsland-Kanal 214
   Fryken-Seen 236
   Kristallreich 156f
   Mälardalens Schlösser 140f
   Österlen 187
Trädgårdsföreningen (Göteborg) 202f
Traditionen und Bräuche **28f**, 98
Transport **326–333**
Transportmuseen
   siehe Museen und Sammlungen
Tre Kronor Museum (Stockholm) 61
Trefaldighetskyrkan (Karlskrona) 177
Trelleborg **186**, 298
Triewald, Mårten 132
Trolle-Ljungby 190
Trollhättan 32, **221**, 288
Trollhättan-Kanal 151, 221
Trollkyrka 225
Trollskogen Wald 176
Tronö Kyrka 255
Trosa **137**, 285, 296
Trotting-Rennen 32, 34
Trysunda 261
Tullgarns Slott 137
Tundra 24f
Turning Torso (Malmö) 174f, 185
Tycho Brahe Museum (Ven) 179
Tylösand 212, 231
Tynnelsö Slott (Selaön) 139
Tyska Kyrkan (Stockholm) 64f

U

Übernachten *siehe* Hotels
Uddeholm 238
Uddevalla 43, **218**
Ullångersfjärden 260
Ullevi (Göteborg) 203
Ulricehamn 228
Ulrika Eleonora Kyrka (Söderhamn) 255
Ulriksdal (Stockholm) 103
Ulvöhamn 259, 261
Umeå 34, 267, **270**, 277
   Hotels 289
   Restaurants 301
Umeå Energicentrum 271
Umwelt 23
Universeum (Göteborg) 203
Universitäten 134, 181, 270
UNO *siehe* Vereinte Nationen
Unterhaltung **308–311**
Uppland 129, 132–136
Uppsala 32, 37, **134f**
   Hotels 285
   Restaurants 296
   Zentrumskarte 135

348 | TEXTREGISTER

Uraniborg (Ven) 179
Utkiken (Göteborg) 199, **200**
Utmeland-Denkmal 245
Utö 117
Utrikesministerhotellet (Stockholm) 85
Utvandrarnas Hus (Växjö) 155
Utzon, Kim 179

V

Väddö 133
Vadsbo Museum (Mariestad) 225
Vadstena **149**, 226, 286
Valhallavägen (Stockholm) 101
Valleberga Kyrka 186
Vallée, Jean de la 67, 104, 109, 240
Vallée, Simon de la 67
Vallien, Bertil 155f
Vällingby 48
Vallonsmedjan (Österbybruk) 132
Våmbs Kyrka 226
Våmhus 248
Vänermuseet (Lidköping) 224
Vänern-See 151, 211f, 233
Vänersborg 221, 288, 299
Vansbrosimningen 33, 313
Varberg **230**
  Hotels 288
Värmland 33, **232–238**
Värmlands Museum (Karlstad) 238
Värmlandsnäs 237
Varnhems Klosterkyrka 226
Vasa (Kriegsschiff) 53, **96f**
Vasaloppsmuseet (Mora) 245
Vasamuseet (Stockholm) 53, **96f**
Västerås **142**, 285, 296
Västerbotten 267–271
Västerbottens Museum (Umeå) 270
Västerbron (Stockholm) 108
Västergötland 38, 211, 212, 221, 224f
Västergötlands Museum (Skara) 227
Västerlånggatan (Stockholm) 65
Västervik 144, **158**, 297
Västmanland 129, 141–143
Västra Nordstan (Göteborg) 198f
Vatlings Gård 167
Vattenborgen (Karlskrona) 192
Vättern-See 33, 146, 233, 313
Vätternakvarium (Hjo) 226
Växbo 256
Vaxholm (Stockholm-Archipel) 33, **116**
Växjö **155**, 156, 286
Vega-Monument (Stockholm) 102
Vegetarische Gerichte 290
Vemdalsfjällen 265
Ven 178, **179**
Ver Weiden, Cornelius 61
Vereinte Nationen 23, 49
Verfassung 49
Verkehrsregeln 330
Verlorene Gegenstände 320f
Verteidigung 23
Vetlanda 286
Vickleby 159
Victoria, Kronprinzessin 22, 160
Viking (Barke) 10, 199, **200**

Viksten, Albert 257
Viktor Rydbergs Museum (Jönköping) 154f
Vilhelm, Prinz 138
Vilhelmina 301
Vimmerby **157**, 286, 297
Vingboons, Justus 67
Visa (Kreditkarte) 322f
Visby 38, 127, 163, **168–171**
  Detailkarte 168f
  Feste 29, 33, 171
  Hotels 286
  Karten 168f, 170
  Restaurants 297
  Zentrumskarte 170
Visingsö 154, 226
Visit Sweden 318, 319
Vita Bergen (Stockholm) 111
Vitlycke 216
Vögel 24f
Volksbewegungen 45
Volksmusik 23, **29**, 309, 311
Volvo 22, 195, 221
Von-der-Lindeska-Haus (Stockholm) 65
Von Echstedtska Gården (Västra Smedbyn) 237
Vrams Gunnarstorp 179
Vuollerim 6000 År 277

W

Wachablösung (Königliches Schloss, Stockholm) 58
Wachtmeister, Admiral-General Hans 192
Wadköping (Örebro) 242f
Wåhlström, Ann 31
Währung 322f
Waldemar IV. Atterdag, König von Dänemark 163, 171
Waldemarsudde (Stockholm) 98f
Wälder 25
Wallén, Pia 304
Wallenberg, K. A. 73
Wallenberg, Raoul 87
Wallquist, Einar 277
Walpurgisnacht 28, 32
Wanås Slott 190
Wandern 29, **312**
Wärff, Göran 127
Wasa, Gustav siehe Gustav I. Wasa
Wasalauf 21, 32, **249**
Wassersport 23, 314f
Watteau, Antoine 86
Weben 237
Wechselstuben 322
Weihnachten 28f, 35, 245
Weihnachtsmann 245, 273
Wein und Spirituosen 303
Weltkriege
  Erster Weltkrieg 49
  Zweiter Weltkrieg 49, 85, 87
Wendelstam, Johan 64
Werften
  Göteborg 209
  Karlskrona 192
West-Götaland **210–231**
  Hotels 287f
  Regionalkarte 212f
  Restaurants 299
  Überblick 212

West-Svealand **232–249**
  Hotels 288
  Landschaft 234
  Regionalkarte 234f
  Restaurants 299f
  Überblick 234
Westfälischer Friede 41
Westin, Fredrik 72
Westman, Carl 203
Wik 141
Wikinger 37, 90
  Ales Stenar 175
  Årsunda Wikingerzentrum 255
  Birka 129, 136
  Gotlands Museum (Visby) 170
  Jamtli (Östersund) 262, 263
  Kämpinge Vall 181
  Örebro Läns Museum 242
  Trelleborgen 186
  Västerås 142
Wildtiere 24f
  siehe auch Naturschutzgebiete, Zoos und Wildparks
Wildwasser-Rafting 314f
Wilhelm, Heinrich 67
Windmühlen 147, 160f
Wintersport 23, 314f
Wrangel, Carl Gustav 43, 66, 133, 141
Wrangelska Palaset (Stockholm) 66

Y

Ystad **186**, 187, 287, 298
Ytterjärna 137

Z

Zeitungen und Zeitschriften **325**
Zettervall, Helgo 180f
Zitadelle (Landskrona) 124f, 179
Zoll 318
Zollhaus (Sandhamn) 117
Zoos und Wildparks
  Borås Djurpark 228
  Fjäril- & Fågelhuset (Hagaparken, Stockholm) 102f
  Frösö 263
  Furuviksparken (Gävle) 255
  Gotlands Djurpark (Alskog) 172
  Gunnesbo (Skaftö) 219
  Kolmårdens Djurpark **148**
  Lycksele Djurpark 271
  Nolhaga Slott (Alingsås) 227
  Nordens Ark (Åby Säteri) 217
  Ölands Djurpark 159
  Orsa Björnpark 248
  Parken Zoo (Eskilstuna) 139
  Rovdjurscenter (Ekshärad) 238
  Skånes Djurpark (Frostavallen) 180
  Skansen (Stockholm) 98
  Tropikcenter (Halmstad) 231
Zorn, Anders 98f, **245**
Zug 327–329
  Dampfzüge (Mariefred) 139
  Dampfzüge (Nora) 143
  Friksdalsbanan 234, 236
  Inlandsbanan 234, 252, 277, 329
  Linie Västervik–Hultfred 158
  Malmbanan 278f

Danksagung und Bildnachweis

Dorling Kindersley dankt allen, deren Arbeit und Unterstützung dieses Buch ermöglichten:

Hauptautoren

Ulf Johansson produziert schwedische Reiseführer wie *Sverigeboken* und *Sverigevägvisaren* und arbeitet zudem als Autor und Redakteur des Jahrbuchs für die schwedische Fremdenverkehrsorganisation Svenska Turistföreningen.

Mona Neppenström arbeitet als Redakteurin und Reisejournalistin. Sie hat zahlreiche schwedische Reiseführer verfasst, darunter *Sverigeboken, Sverigevägvisaren, Turisttoppen* und die Reiseführer der Eisenbahngesellschaft SJ, *Längs spåret*.

Kaj Sandell, der Autor des *Vis-à-Vis Stockholm*, begann seine Laufbahn als Journalist für den schwedischen Verlag Åhlén & Åkerlunds Förlag sowie für die große schwedische Tageszeitung *Dagens Nyheter*.

Publisher
Douglas Amrine

Publishing Manager
Jane Ewart, Anna Streiffert

Senior Editor
Christine Stroyan

Karten-Koordination
Casper Morris

DTP-Manager
Jason Little

Production Controller
Linda Dare

Zusätzliche Bildrecherche
Rachel Barber

Zusätzliche Fotos
Ian O'Leary

Fact Check
Lena Ahlgren

Korrektur
Stewart J Wild

Register
Helen Peters

Bildnachweis
Svenska Aerobilder AB

Revisionsteam
Namrata Adhwaryu, Kate Berens, Subhashree Bharti, Hilary Bird, Alannah Eames, Anna-Maria Espsater, Anna Freiberger, Amy Harrison, Yvette Holman, Shobhna Iyer, Alison McGill, Sonal Modha, Vikki Nousiainen, Susie Peachey, Rada Radojicic, Lucy Richards, Ellen Root, Marta Bescos Sanchez, Sands Publishing Solutions, Kathleen Blankenship Sauret, Azeem Siddiqui, Deepika Verma, Nikhil Verma, Alex Whittleton.

Genehmigung für Fotografien

Dorling Kindersley bedankt sich bei allen für die Fotografier-Erlaubnis in Museen, Schlössern, Kirchen, Restaurants, Hotels, Läden und an zahlreichen anderen Orten, die hier nicht aufgeführt werden können. Unser besonderer Dank gilt der Gesellschaft der Museumsdirektoren in Stockholm, der Genehmigung, in ihr Bildarchiv zu benutzen und zusätzliche Fotografien von Objekten und Exponaten anfertigen zu dürfen.

Bildnachweis
o = oben, m = Mitte, u = unten, l = links, r = rechts.

Kunstwerke sind mit der Genehmigung folgender Urheberrechtsinhaber abgebildet worden:

© ADAGP, Paris, und DACS, London 2008: *Paradise* 1963 Jean Tinguely und Niki de Sainte Phalle 53ul, 80mlu; © DACS, London: Nils Ferlin KG Bejemark 239m; Concrete, Jonas Bohlin 31or; Glaskaraffe, Gunnar Cyren 304mlu; *Der sterbende Dandy*, Nils Dardel 86ul; *Das Gehirn des Kindes*, Giorgio De Chirico 85ul; *The Dance*, Carl Eldh 107ul; *Selma Lagerlöf*, Carl Eldh 237ul; Einar Forseth 106or; Simon Gate 157or; Statue von Evert Taube, Willy Gordon 66mlu; Hans Hedberg 30or; *Visbys Stadtmauer*, Hanna Hirsch-Pauli 168or; *Altarbild in der Kirche in Jukkasjärvi*, Bror Hjort 276m; Märta Måås-Fjetterström 30ur; *Orpheus*, Carl Milles 75ol; *Poseidon*, Carl Milles 197mr, 204o; Sigurd Persson 31ol; Teppich Pia Wallén 304ul; © DACS, London/VAGA, New York 2008: *Monogram*, Robert Rauschenberg 86mru; © Succession Picasso/DACS, London 2008; *Frühstück im Grünen*, Pablo Picasso 84or.

Wir haben uns bemüht, alle Copyright-Inhaber ausfindig zu machen. Sollte es uns in einigen Fällen nicht gelungen sein, bitten wir das zu entschuldigen und würden uns freuen, wenn wir die unbeabsichtigte Auslassung in künftigen Auflagen berichtigen könnten.

Die meisten im Buch abgebildeten Fotografien stammen von den vom Verlag beauftragten Hauptfotografen des Buchs, Peter Hanneberg, Erik Svensson und Jeppe Wikström. Ihre Archivbilder sind im Bildnachweis aufgeführt. Der Verlag dankt allen Fotografen, Personen, Organisationen und Bildbibliotheken für die Erlaubnis, ihre Fotografien und Illustrationen abbilden zu dürfen:

Alamy Images: Rolf Adlercreutz 324ur; Annems 20; Arterra Picture Library 2–3; Marie-Louise Avery 292ml; blickwinkel 144; Matija Brumen 270ol; Frank Chmura 17u, 78; Peter Forsberg 293m; Niels Poulsen Kirke 188–189; Lphoto 211u; Nicholas Pitt 293ol; Prisma/Chmura Frank 210; Rohan Van Twest 198ul.
Amarok AB: Magnus Elander 24or, 24mlu.
Armémuseum: 270ul.
Áttje Fjäll- och Samemuseum: Jan Gustavsson 28or.

Bastard Mat & Vin: Per-Anders Jörgensen 298ol.
Brygghuset Restaurant: 297o.

Corbis: Bettmann 6–7; Bob Krist 162; Hans Strand 274–275.

Dreamstime.com: Alexander Bondarchiuk 14u; Byggam79 206–207; Kim Carlson 13u; Davthy 172ur; Michael Elliott 25mlu; Rosemarie Henriksson 11m; Inger Anne Hulbækdal 328u; Jensottoson 316–317; Antony Mcaulay 13ol, 16ul; Sophie Mcaulay 10ml.
Drottningholms Slottsteater: Bengt Wanselius 115or, 115um.

Fagersta Turism: 143ml.
Hotel Fjällgården: 288u.
Fjärils & Fågelhuset: 103ml.
Fotolia: Mikhail Markovskly 14mr; Philipp Weiss 219ur.

Getty Images: AFP 249mlo; Christian Aslund 14or; David Clapp 266; Dan Wiklund 174.
Gondolen Restaurant: 295o.
Gunnebo Slott: 229mlo.
Göteborgs Konstmuseum: *Karin und Kersti*, Carl Larsson 241ur.

BILDNACHWEIS

Den Gyldene Freden Restaurant: 294u.
HSB Malmö 2006: Ole Jais 185lur.
Peter Hanneberg: 4–5om, 24mlo, 24mro, 25om, 25or, 25ml, 25ur, 27mr, 28ul, 29mu, 129u, 165ul, 165or, 173or, 251u, 252m, 262ul, 263or, 267u, 272m, 273ur, 278mlo, 279mru, 279ur, 310um, 312u, 313ol, 313u.
Christer Hägg: *Wasa*, Jacob Hägg 202ul.
Icehotel Sweden: 282u, 301ul, 382u.
IMS Bildbyrå: 49ol.
Jay Fu Restaurant: 296ol.
Jönköpings Läns Museum: *Bianca Maria zwischen Elfen und Trollen*, John Bauer 29ul.
Jumbo Stay Hotel: 284u.
Kosta Boda: Ann Wåhlström 31ul; Ulrika Hydman Vallien 156um; Kjell Engman 157um.
Kosta Boda Art Hotel: 286o.
Kungliga Biblioteket: 42ur, 76ul.
Kungliga Husgerådskammaren: Alexis Daflos 4ur, 60or, 60mlu, 61or, 113om, 112ml, 112ul, 113ul, 114or, 114mlu; *Die Triumphe Karls XI.*, Jacques Foucquet 43ol; 52u; Håkan Lind 58ml, 58mu, 58um; 59mo, 59mr, 60mlo, 113mr; 139ml.
Kungliga Myntkabinettet: 57mru; Jan Eve Olsson 62ml, 75or.
Kungliga Operan: Mats Bäcker 70or, 73ol, 73m.
Källemo AB: 31m.
Livrustkammaren: 43ul, 47ur; Göran Schmidt 47mlo, 57ol; Nina Heins 62ul.
Malmö Turism: Mårten Swemark 183ol.
Medelhavsmuseet: Ove Kaneberg 70mlo.
Moderna Museet: 84ur, 84ul; Per Anders Allsten 84um.
Museum tre Kronor: 61ur.
Musikmuseet: Nina Heins 76mr.
Nationalmuseum: 30mlu; *Blumen auf dem Fensterbrett*, Carl Larsson 30–31us; *Gustav I. Wasa*, Cornelius Arendtz 36; *Ansgar predigt das Christentum*, Georg Pauli 38ul; *Stockholmer Blutbad*, Dionysius Padt-Brügge 39o; *König Gustav I. Wasa von Schweden zieht in Stockholm ein, 1523*, Carl Larsson 40o; *Porträt von Erik XIV.*, Steven van der Meulen 40m; *Brand im königlichen Palast am 7. Mai 1697*, Johan Fredrik Höckert 41or; *Porträt der Königin Kristina*, David Beck 41mlu; *Gustav II. Adolf von Schweden fällt in der Schlacht von Lützen*, Carl Wahlbom 42ul; *Die Überquerung des Großen Belt*, Johan Philip Lemke 42–43ms; *Karl X. Gustav*, Sébastien Bourdon 43mr; *Karls XII. letzte Reise*, Gustaf Cederström 43ur; *König Gustav III. von Schweden*, Lorens Pasch d.y. 44ol; *Porträt der Familie Bernadotte*, Fredrik Westin 44mru; *Die Krönung Gustavs III.*, Carl Gustav Pilo 46mlu; *Die Schlacht von Svensksund*, J. T. Schoultz 46mlu; *Fröhliches Abendessen*, Johan Tobias Sergel 46um; *Unterhaltung in Drottningholm*, Pehr Hillerström 46–47ms; *Die Ermordung Gustavs III.*, A. W. Küssner 47or; *Bacchanal auf Andros*, Peter Paul Rubens 53ol; 59ur; *Die Verschwörung des Claudius Civilis*, Rembrandt 86mlo; *Amor und Psyche* (1787), Johan Tobias Sergel 86mlu; 86um; *Lamino Chair* (1955), Yngve Ekstrom, Foto Hans Thorwid 87mlu; *Die Liebeslektion*, Antoine Watteau 86or; *Dame mit Schleier*, Alexander Roslin 87ol; *Karl XIV. Johan besichtigt Berg*, A. C. Wetterling 150or; *Waldemar Atterdag plündert Visby 1361*, Carl Gustaf Hellqvist 171ur.
Naturhistoriska Riksmuseet: Staffan Waerndt 102m.
Nordiska Museet: Birgit Brånvall 94or; Mats Landin 53or; 94ml; Sören Hallgren 94um; *Schneesturm auf hoher See*, August Strindberg 95mr; 95mo; *Die Verlobten*, Knut Ekwall 95ol.

Östasiatiska Museet: 80ol, Erik Cornelius 82ul; Karl Zetterstrom 80mlo.
Parken Zoo I Eskilstuna AB: 139um.
Pontus Restaurants: 291o.
Postmuseum: 65mru.
Pressens Bild: 5or, 21u, 22ol, 29or, 33ur; Hans T. Dahlskog 49ur; 59ol, 93ol; Jan Delden 74ur; Gunnar Seijbold 77ol; Axel Malmström 105or; 111ur, 126or, 302mor, 303ol, 308mr, 314ol.
Pumphuset: 297ul.

Red Boat Hotel: 283u.
Rederi AB Göta Kanal: 151mro.
Laila Reppen: 26–27m.

Salt & Brygga: 291u, 298u.
Scandic Hotels: 285o, 287ul, 289o.
Sheraton Stockholm: 283o.
Villa Sjötorp: 290u, 299o.
Sjöhistoriska Museet: 100m.
Skogskyrkogården: 111m.
Ingalill Snitt: 26or.
Spritmuseum: 93m.
Statens Historiska Museum: 90mlo, 90mlu, 90ul, 90ur, 91om, 91mo, 91mu, 91ur, 91ul, 136ur.
Steninge Slott: 136o.
Stockholms Auktionsverk: 47ul.
Stockholms Stadshus: Jan Asplund 107ur, 107ol.
Stockholms Stadsmuseum: *Schloss Tre Kronor*, Govert Camphuysen 42ml; *Zeitungsleser*, J. A. Cronstedt 45ol; *Die Bestrafung des Königsmörders Anckarström vor dem Riddarhuset*, 47mr; 48mlu, 49mlu.
Strindbergsmuseet: Per Bergström 75um.
Superstock: Age Fotostock 124–125; Anders Ekholm 35mr; Macduff Everton 50–51; Robert Harding Picture Library 128; Hemis.fr 35om; Imagebroker.net 222–233, 264ur; Image Source 68; Johner 250; Jonathan Larsen o; Naturbild 246–247; Nordic Photos 192, 263ul; Prisma 145ul; Stock Connection 116mlo, 152–153, 232.
Svenska Akademien: Leif Jansson 46or.
Rolf Sørensen: 24ul, 25ul.

Thielska Galleriet: *Hornsgatan*, Eugène Jansson 99ol.

Vasaloppsmuseet: 249mro, 249ur.
Vasamuseet: Hans Hammarskiöld 34ur, 96om, 96ml, 96ul, 96ur, 97om, 97mro; 97ur, 97ul.
Visit Karskrona: Therese Hagstrom 193mr.

Claes Westlin: 30mlo.
Jeppe Wikström: 32ur, 33o, 35ul, 62or, 70ul, 71mru, 71ul, 74ol, 82ul, 83mo, 92o, 103ur, 105mlo, 105ur, 106ur, 108o, 109o, 109ul, 116mlo, 117ol, 117ur, 308ul, 327o.

Vordere Umschlaginnenseiten
Alamy Images: blickwinkel ru; Prisma/Chmura Frank lm; **Corbis:** Bob Krist rm; **Getty Images:** David Clapp lu; **Superstock:** Johner rm; Nordic Photos lm; Robert Harding Picture Library ru; Stock Connection lo.

Umschlag
Vorderseite: **Getty Images:** Jeppe Wikström.
Rückseite: **Dorling Kindersley.**
Buchrücken: **Getty Images:** Jeppe Wikström

Alle anderen Bilder © Dorling Kindersley.
Weitere Informationen unter
www.dkimages.com

Sprachführer Schwedisch

Aussprache
Die schwedische Aussprache der meisten Buchstaben unterscheidet sich nicht allzu sehr von der deutschen. Abweichend vom Deutschen sind folgende Aussprachregeln zu beachten:

å	ein dunkles o, lang [oː] oder kurz [ɔ]
c	vor ä, e, i, ö, y wie stimmloses s [s], sonst wie k [k]
dj, gj, hj, lj	wie dt. j [j]
f	am Silbenende wie dt. w [v]
g	vor ä, e, i, ö, y sowie nach l, r wie dt. j [j]
k	vor ä, e, i, ö, y zwischen dt. ch in »ich« und sch [ɕ]
kj, tj	zwischen deutschem ch in »ich« und sch [ɕ]
o	teils wie langes u [uː] oder kurz [ʊ]
rd, rl, rn, rs, rt	jeweils retroflexer Laut ähnlich wie im Englischen (auch über Wortgrenzen hinweg) [ɖ], [ɭ], [ɳ], [ʂ], [ʈ]
sch, sj, skj, stj	ähnlich wie sch und ch in »ach« gleichzeitig [ɧ]
sk	vor ä, e, i, ö, y wie sch und ch gleichzeitig [ɧ]
st	vor ä, e, i, ö, y wie stimmloses sch [ʃ]
-sion, -tion	in der Endung wie sch und ch gleichzeitig [ɧuːn]
u	ähnlich wie o [ɵ] oder zwischen dt. u und ü [ʉ]
v	immer wie dt. w [v]
y	wie ü, lang [yː] oder kurz [ʏ]

Anrede
Wie im Deutschen gibt es im Schwedischen zwei Formen der Anrede: Ni ist die Höflichkeitsform und entspricht dem deutschen »Sie«, die vertraute Anrede ist: du. In Schweden gilt es nicht als unhöflich, auch Fremde mit du anzusprechen.

Im Notfall

Hilfe!	Hjälp!	[jɛlp]
Stopp!	Stanna!	[ˈstana]
Rufen Sie einen Arzt!	Ring efter en doktor!	[riŋ ˈɛftər en ˈdɔktɔr]
Rufen Sie einen Krankenwagen!	Ring efter en ambulans!	[riŋ ˈɛftər en ambɵˈlans]
Rufen Sie die Polizei!	Ring polisen!	[riŋ puˈliːsən]
Rufen Sie die Feuerwehr!	Ring efter brandkåren!	[riŋ ˈɛftər brandkoːrən]
Wo ist das nächste Telefon?	Var finns närmaste telefon?	[var fins ˈnærmastə teleˈfoːn]
Wo ist das nächste Krankenhaus?	Var finns närmaste sjukhus?	[var fins ˈnærmastə ɧʉːkhʉːs]

Grundwortschatz

ja	ja	[jaː]
nein	nej	[nɛj]
bitte (Wunsch)	var snäll och …	[va: snɛl ɔk …]
bitte (beim Anbieten)	var så god	[va: soː guːd]
danke	tack	[tak]
Entschuldigung	ursäkta	[ˈɵrsɛkta]
hallo	hej	[hɛj]
auf Wiedersehen	hej då / adjö	[hɛj doː / aˈjøː]
gute Nacht	god natt	[gɔt nat]
Morgen	morgon	[ˈmɔrɔn]
Nachmittag	eftermiddag	[ˈɛftarmidag]
Abend	kväll	[kvɛl]
gestern	igår	[iˈgoːr]
heute	idag	[iˈdaːg]
morgen	imorgon	[iˈmɔrɔn]
hier	här	[hæːr]
dort	där	[dæːr]
was?	vad?	[vaːd]
wann?	när?	[næːr]
warum?	varför?	[ˈvaːrfœr]
wo?	var?	[vaːr]

Nützliche Redewendungen

Wie geht's?	Hur mår du?	[hʉːr moː dʉː]
Sehr gut, danke.	Mycket bra, tack.	[ˈmykət braː tak]
Erfreut, Sie zu sehen.	Trevligt att träffas.	[ˈtreːvligt at ˈtrɛfas]
Bis bald.	Vi ses snart.	[viː seːs snaːrt]
Das ist gut.	Det går bra.	[dɛ goːr braː]
Wo ist/sind …?	Var finns …?	[vaːr fins]
Wie weit ist es bis …?	Hur långt är det till …?	[hʉːr lɔŋt ɛ dɛ til …]

Wie komme ich nach …?	Hur kommer jag till …?	[hʉːr kɔmər jɑːg til]
Sprechen Sie Deutsch?	Talar du/ni tyska?	[ˈtɑːlar dʉː / niː ˈtyska]
Sprechen Sie Englisch?	Talar du/ni engelska?	[ˈtɑːlar dʉː / niː ˈɛngəlska]
Ich verstehe nicht.	Jag förstår inte.	[jɑːg fœˈʂtoːr ˈintə]
Könnten Sie etwas langsamer sprechen, bitte?	Kan du/ni tala långsammare, tack?	[kan dʉː / niː ˈtɑːla ˈlɔŋsamare, tak]
Tut mir leid.	Förlåt.	[fœˈloːt]

Nützliche Wörter

groß	stor	[stuːr]
klein	liten	[ˈliːtən]
warm	varm	[varm]
kalt	kall	[kal]
gut	bra	[braː]
schlecht	dålig	[ˈdoːlig]
genug	tillräckligt	[ˈtilrɛklig]
geöffnet	öppen	[ˈøpən]
geschlossen	stängd	[stɛŋd]
links	vänster	[ˈvɛnstər]
rechts	höger	[ˈhøːgər]
geradeaus	rakt fram	[rɑːkt fram]
nah	nära	[ˈnæːra]
weit	långt	[lɔŋt]
auf/über	upp / över	[øp / øːvər]
unter/darunter	ner / under	[neːr / ˈɵndər]
früh	tidig	[ˈtiːdig]
spät	sen	[seːn]
Eingang	ingång	[ˈiŋgɔŋ]
Ausgang	utgång	[ˈʉːtgɔŋ]
Toilette	toalett	[tuaˈlɛt]
mehr	mer	[meːr]
weniger	mindre	[ˈmindrə]

Shopping

Wie viel kostet das?	Hur mycket kostar den här?	[hʉːr ˈmykət ˈkɔstar dɛn hæːr]
Ich möchte gerne …	Jag skulle vilja …	[jɑːg ˈskɵla ˈvilja]
Haben Sie …?	Har du / ni …?	[hɑː dʉː / niː …]
Ich schaue mich nur um, danke.	Jag ser mig bara omkring.	[jɑːg sɛr mɛj ˈbaːra ɔmˈkriŋ]
Akzeptieren Sie Kreditkarten?	Tar du/ni kreditkort?	[tɑː dʉː / niː ˈkreːditkɵt]
Wann öffnen Sie?	När öppnar ni?	[næːr ˈøpnar niː]
Wann schließen Sie?	När stänger ni?	[næːr ˈstɛŋar niː]
dies hier	den här	[dɛn hæːr]
das da	den där	[dɛn dæːr]
neuer	dyr	[dyːr]
billig	billig	[ˈbilig]
Kleidergröße	storlek	[ˈstuːlɛk]
weiß	vit	[viːt]
schwarz	svart	[svaʈ]
rot	röd	[røːd]
gelb	gul	[gʉːl]
grün	grön	[grøːn]
blau	blå	[bloː]

Läden

Antiquitätenladen	antikvitetsaffär	[antikviˈteːtsaˈfæːr]
Apotheke	apotek	[apʉˈteːk]
Bäckerei	bageri	[baːgəˈriː]
Bank	bank	[baŋk]
Buchhandlung	bokhandel	[ˈbuːkhandəl]
Fischgeschäft	fiskaffär	[ˈfiskaˈfæːr]
Friseur	frisör	[friˈsøːr]
Konditorei	konditori	[kɔnˈditɔriː]
Lebensmittelladen	speceriaffär	[spesəriːaˈfæːr]
Markt	marknad	[ˈmarknad]
Metzgerei	slakteri	[slaktəˈriː]
Postamt	postkontor	[ˈpɔstkɔnˈtuːr]
Reisebüro	resebyrå	[ˈreːsəbyˈroː]
Schuhgeschäft	skoaffär	[ˈskuːaˈfæːr]
Supermarkt	snabbköp	[ˈsnabcøːp]
Tabakladen	tobaksaffär	[ˈtuːbaksaˈfæːr]
Zeitungskiosk	tidningskiosk	[ˈtiːdniŋski.ɔsk]

Sightseeing

Deutsch	Schwedisch	Aussprache
Bahnhof	järnvägsstation	[ˇjæːɳveːgsstaˈʰjuːn]
Bibliothek	bibliotek	[bibliuˈtɛk]
Busbahnhof	busstation	[ˇbɛsstaˈʰjuːn]
Garten	trädgård	[ˇtrɛgoːd]
Haus	hus	[hʉːs]
Info-Stelle	informationskontor	[infɔrmaˈʃuːnskɔnˈtuːr]
Kirche	kyrka	[ˇçyrka]
Kunstgalerie	konstgalleri	[ˇkɔnstgaləˈriː]
Museum	museum	[mɵˇseːɵm]
Platz	torg	[tɔrj]
Rathaus	stadshus	[ˇstatshʉːs]
Straße	gata	[ˇgaːta]
Tourismusbüro	turistbyrå	[tɵˈristbyːˇroː]
Wegen Ferien geschlossen	stängd för semester	[stɛŋd fœːr seˈmɛstər]

Im Hotel

Deutsch	Schwedisch	Aussprache
Haben Sie ein freies Zimmer?	Har ni några lediga rum?	[hɑːr niː ˇnoːgra ˇleːdiga rɵm]
Doppelzimmer mit Doppelbett	dubbelrum med dubbelsäng	[ˈdɵbelrɵm meːd ˇdɵbelsɛŋ]
mit zwei Betten	med två sängar	[meːd tvoː ˈsɛŋar]
Einzelzimmer	enkelrum	[ˇɛŋkelrɵm]
Zimmer mit Bad	rum med bad	[rɵm meːd bɑːd]
Dusche	dusch	[dɵʃ]
Schlüssel	nyckel	[ˇnykal]
Ich habe reserviert.	Jag har beställt rum.	[jɑːg hɑːr beˈstɛlt rɵm]

Im Restaurant

Deutsch	Schwedisch	Aussprache
Haben Sie einen Tisch für …?	Har ni ett bord för …?	[hɑːr niː et bɵːd fœːr …]
Ich möchte einen Tisch reservieren.	Jag skulle vilja boka ett bord.	[jɑːg ˇskɵlə ˇvilja ˇbɵːka et bɵːd]
Die Rechnung, bitte.	Notan, tack.	[ˇnuːtan, tak]
Ich bin Vegetarier/in.	Jag är vegetarian.	[jɑːg ɛr vegatariˈɑn]
Kellnerin	servitris	[særviˈtriːs]
Kellner	servitör	[særviˈtœːr]
Speisekarte	meny / matsedel	[meˈnyː / ˈmɑːtsedəl]
Fixpreismenü	meny med fast pris	[meˈny meːd fast priːs]
Weinkarte	vinlista	[ˇviːnlista]
ein Glas Wasser	ett glas vatten	[et glɑːs ˈvatən]
Flasche	flaska	[ˇflaska]
Messer	kniv	[kniːv]
Gabel	gaffel	[ˇgafəl]
Löffel	sked	[ʃeːd]
Frühstück	frukost	[ˇfrɵkɔst]
Mittagessen	lunch	[lɵnʃ]
Abendessen	middag	[ˇmidag]
Hauptgericht	huvudrätt	[ˇhʉːvədrɛt]
Vorspeise	förrätt	[ˇfœːrɛt]
Tagesgericht	dagens rätt	[ˇdɑːgənsrɛt]
Kaffee	kaffe	[ˇkafə]
Tee	te	[teː]
blutig	blodig	[ˇblʉːdig]
medium	medium	[ˇmedium]
durchgebraten	välstekt	[ˇvɛːlstekt]

Auf der Speisekarte

Schwedisch	Aussprache	Deutsch
abborre	[ˇabɔrə]	Barsch
ägg	[ɛg]	Ei
älg	[ɛlj]	Elch
ansjovis	[anˈʰuːvis]	Anchovis
bakelse	[ˇbɑːkəlsə]	Gebäck, Törtchen
biff	[bif]	Rindfleisch, Steak
bröd	[brøːd]	Brot
choklad	[ʃɔkˈlɑːd]	Schokolade
citron	[siˈtruːn]	Zitrone
dessert	[deˈsæːr]	Nachspeise
fisk	[fisk]	Fisch
fläsk	[flɛsk]	Schweinefleisch
forell	[fɔˈrɛl]	Forelle
frukt	[frɵkt]	Obst
glass	[glɑːs]	Eiscreme
grönsaker	[ˇgrøːnsɑːkər]	Gemüse
gurka	[ˇgɵrka]	Gurke
hummer	[ˇhɵmər]	Hummer
kallskuret	[ˇkalskɵrɛt]	kalter Aufschnitt
korv	[kɔrv]	Würstchen
kött	[ɕøt]	Fleisch
kräfta	[ˇkrɛfta]	Krebs
kyckling	[ˇçykliŋ]	Hühnchen
lamm	[lam]	Lamm
lax	[laks]	Lachs
laxöring	[ˈlaksøriŋ]	Forelle
lök	[løːk]	Zwiebel
med / utan kolsyra	[meːd / ˈʉːtan ˇkoːlsyra]	mit/ohne Kohlensäure
mineralvatten	[minəˈrɑːlvatən]	Mineralwasser
mjölk	[mjølk]	Milch
nötkött	[ˇnøːtɕøt]	Rindfleisch
nötter	[ˇnøːtər]	Nüsse
öl	[øːl]	Bier
olja	[ˇɔlja]	Öl
ost	[ust]	Käse
paj / kaka	[paj / ˇkɑːka]	Tarte, Kuchen
peppar	[ˇpepar]	Pfeffer
potatis	[pʉˈtɑːtis]	Kartoffeln
räkor	[ˇrɛːkɔr]	Garnelen, Krabben
ris	[riːs]	Reis
rökt lax	[røːkt laks]	Räucherlachs
rökt skinka	[røːkt ˈʰjŋka]	Räucherschinken
rostat bröd	[ˇrɔstad brøːd]	Toast
rött vin	[røːt viːn]	Rotwein
saft	[saft]	Limonade
salt	[salt]	Salz
sås	[soːs]	Sauce
sill	[sil]	Hering
skaldjur	[ˇskɑːljʉːr]	Meeresfrüchte
småfranska	[smoːˈfranska]	Brötchen
smör	[smœːr]	Butter
socker	[ˇsɔkər]	Zucker
soppa	[ˇsɔpa]	Suppe
stekt	[steːkt]	gebraten
strömming	[ˇstrømiŋ]	Ostseehering
te	[teː]	Tee
ungsstekt	[ˇɵŋstekt]	gebacken, gegrillt
vinäger	[vinˈɛːgər]	Essig
vispgrädde	[vispˇgrɛdə]	Schlagsahne
vitlök	[ˇviːtløːk]	Knoblauch
vitt vin	[viːt viːn]	Weißwein

Zahlen

	Schwedisch	Aussprache
0	noll	[nɔl]
1	ett	[et]
2	två	[tvoː]
3	tre	[treː]
4	fyra	[ˇfyːra]
5	fem	[fɛm]
6	sex	[sɛks]
7	sju	[ʰuː]
8	åtta	[ˇɔta]
9	nio	[ˇniːu]
10	tio	[ˇtiːu]
11	elva	[ˇɛlva]
12	tolv	[tɔlv]
13	tretton	[ˇtrɛtɔn]
14	fjorton	[ˇfjuːtɔn]
15	femton	[ˇfɛmtɔn]
16	sexton	[ˇsɛks tɔn]
17	sjutton	[ˇʰøtɔn]
18	arton	[ˇɑːtɔn]
19	nitton	[ˇnitɔn]
20	tjugo	[ˇɕʉːgu]
30	trettio	[ˇtretiu]
40	fyrtio	[ˇfœtiu]
50	femtio	[ˇfɛmtiu]
60	sextio	[ˇsɛkstiu]
70	sjuttio	[ˇʰøtiu]
80	åttio	[ˇɔtiu]
90	nittio	[ˇnitiu]
100	(ett) hundra	[et ˈhɵndra]
200	tvåhundra	[tvoː ˈhɵndra]
1000	(ett) tusen	[et ˈtʉːsən]
1 000 000	en miljon	[en milˈjuːn]

Zeit

Deutsch	Schwedisch	Aussprache
eine Minute	en minut	[en miˈnʉːt]
eine Stunde	en timme	[en ˇtimə]
eine halbe Stunde	en halvtimme	[en ˇhalvtimə]
Montag	måndag	[ˈmɔndɑːg]
Dienstag	tisdag	[ˇtisdɑːg]
Mittwoch	onsdag	[ˇunsdɑːg]
Donnerstag	torsdag	[ˇtuːʂdɑːg]
Freitag	fredag	[ˇfreːdɑːg]
Samstag	lördag	[ˇlœːdɑːg]
Sonntag	söndag	[ˇsøndɑːg]

Vis-à-Vis

VIS-À-VIS-REISEFÜHRER

Ägypten · Alaska · Amsterdam · Apulien · Argentinien
Australien · Bali & Lombok · Baltikum · Barcelona & Katalonien · Beijing & Shanghai · Belgien & Luxemburg
Berlin · Bodensee · Bologna & Emilia-Romagna
Brasilien · Bretagne · Brüssel · Budapest
Chicago · Chile · China · Costa Rica
Dänemark · Danzig & Ostpommern
Delhi, Agra & Jaipur · Deutschland · Dresden
Dublin · Florenz & Toskana · Florida
Frankreich · Griechenland · Griechische Inseln
Großbritannien · Hamburg · Hawaii · Indien · Irland · Istanbul · Italien
Italienische Riviera · Japan · Jerusalem · Kalifornien
Kambodscha & Laos · Kanada · Kanarische Inseln · Karibik · Kenia
Korsika · Krakau · Kroatien · Kuba · Las Vegas · Lissabon
Loire-Tal · London · Madrid · Mailand · Malaysia & Singapur
Mallorca, Menorca & Ibiza · Marokko · Mexiko · Moskau
München & Südbayern · Myanmar · Neapel · Neuengland
Neuseeland · New Orleans · New York · Niederlande
Nordspanien · Norwegen · Österreich · Paris · Peru · Polen · Portugal
Prag · Provence & Côte d'Azur · Rom · San Francisco
St. Petersburg · Sardinien · Schottland · Schweden
Schweiz · Sevilla & Andalusien · Sizilien · Slowenien
Spanien · Sri Lanka · Stockholm · Straßburg & Elsass
Südafrika · Südtirol & Trentino · Südwestfrankreich
Thailand · Thailand – Strände & Inseln · Tokyo
Tschechien & Slowakei · Türkei · USA ·
USA Nordwesten & Vancouver · USA Südwesten & Las Vegas · Venedig & Veneto · Vietnam & Angkor
Washington, DC · Wien · Zypern

www.dorlingkindersley.de

Vis-à-Vis

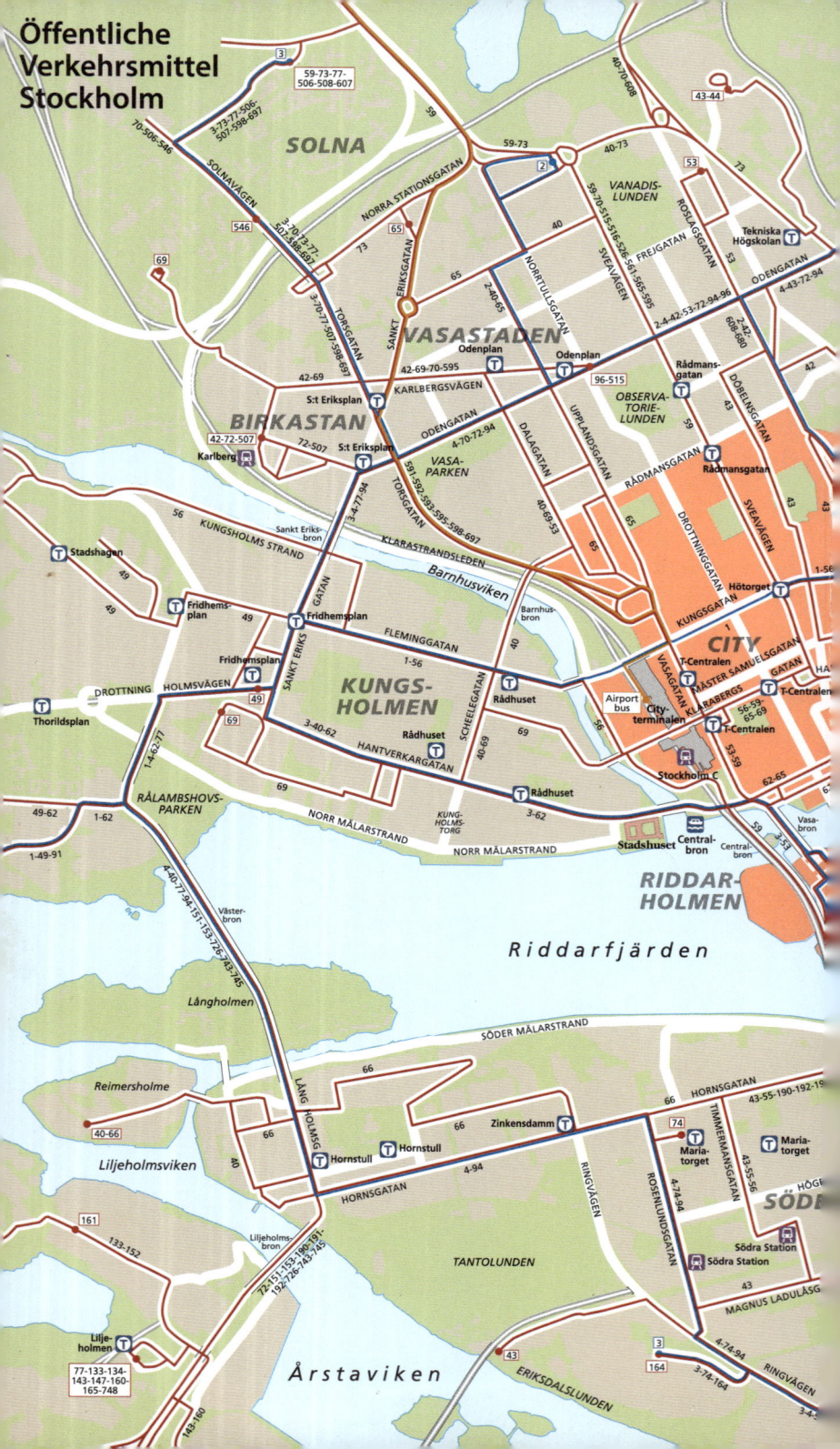